NEUROCIÊNCIA CLÍNICA BÁSICA

NEUROCIÊNCIA CLÍNICA BÁSICA

3ª edição

Paul A. Young, PhD, DSc (hon)

Professor and Chairman Emeritus
Department of Anatomy and Neurobiology
Saint Louis University School of Medicine
St. Louis, Missouri

Paul H. Young, MD
Clinical Professor of Neurosurgery
Department of Surgery
Clinical Professor of Anatomy
Center for Anatomical Science and Education
Department of Surgery
Saint Louis University School of Medicine
St. Louis, Missouri

Daniel L. Tolbert, PhD
Emeritus Professor of Anatomy and Surgery
Emeritus Director, Center for Anatomical Science and Education
Department of Surgery
Saint Louis University School of Medicine
St. Louis, Missouri

Manole

Título original em inglês: *Basic Clinical Neuroscience*, 3rd edition

Copyright © 2015 Wolters Kluwer

Copyright © 2008, 1997 Lippincott Williams & Wilkins, a Wolters Kluwer business. Todos os direitos reservados.
Publicado mediante acordo com a Wolters Kluwer, USA. Wolters Kluwer não participou da tradução desta obra.

Esta publicação contempla as regras do Novo Acordo Ortográfico da Língua Portuguesa.

Editora-gestora: Sônia Midori Fujiyoshi
Produção editorial: Cláudia Lahr Tetzlaff

Tradução: Soraya Imon de Oliveira
Revisão científica: Leonor Bezerra Guerra
    Médica, mestre e doutora em Fisiologia e Morfologia – Biologia Celular pela UFMG
    Neuropsicóloga pela Universidade FUMEC
    Professora aposentada do setor de Neuroanatomia do Departamento de Morfologia e
      do Programa de Pós-Graduação em Neurociências do Instituto de Ciências Biológicas da
      Universidade Federal de Minas Gerais
    Coordenadora do Projeto NeuroEduca

Revisão de tradução e revisão de prova: Depto. editorial da Editora Manole
Diagramação: Luargraf Serviços Gráficos Ltda
Capa: Hélio de Almeida

Dados Internacionais de Catalogação na Publicação (CIP)
(Câmara Brasileira do Livro, SP, Brasil)

Young, Paul A.
    Neurociência clínica básica / Paul A. Young,
Paul H. Young, Daniel L. Tolbert ; [tradução Soraya
Imon de Oliveira ; revisão científica Leonor Bezerra
Guerra]. - - 3. ed. - - Barueri, SP : Manole, 2018.

    Título original: Basic clinical neuroscience
    Bibliografia.
    ISBN 978-85-204-5099-4

    1. Neuroanatomia 2. Neurociências 3. Sistema
nervoso – Fisiopatologia I. Young, Paul H.
II. Tolbert, Daniel L. III. Título.

18-13014
        CDD-611.8
        NLM-WL 101

Índices para catálogo sistemático:
1. Neuroanatomia humana : Ciências médicas 611.8
2. Sistema nervoso : Anatomia humana : Ciências
   médicas 611.8

Edição brasileira – 2018

Direitos em língua portuguesa adquiridos pela:
Editora Manole Ltda.
Av. Ceci, 672 – Tamboré – 06460-120 – Barueri – SP – Brasil
Fone: (11) 4196-6000 | www.manole.com.br | info@manole.com.br

Impresso no Brasil
Printed in Brazil

Aos nossos pais

Prefácio à 3ª edição

Esta 3ª edição do *Neurociência Clínica Básica* dá seguimento ao objetivo fundamental da 1ª edição, que é "fornecer a base anatômica das anormalidades neurológicas..." de modo a conseguir responder a pergunta "qual é a localização da lesão?". A 2ª edição, além da ênfase na "correlação de estruturas neuroanatômicas com funções de relevância clínica", incluiu conceitos fisiológicos básicos subjacentes à função normal do sistema nervoso e as bases fisiopatológicas da atividade anômala do sistema nervoso. Nesta nova edição, a nossa meta continua sendo a de descrever o assunto de forma sucinta e simples, de modo a facilitar o aprendizado para estudantes de todos os campos das ciências da saúde.

Alterações substanciais foram introduzidas na 3ª edição, com o intuito de facilitar o aprendizado das neurociências clínicas pelo estudante. Em primeiro lugar, e o mais importante, a maioria das figuras foi editada em cores, ressaltando bastante os aspectos mais relevantes das estruturas e conexões neurais. Em segundo lugar, a revisão do texto trouxe conhecimento atualizado sobre estrutura e função do encéfalo. Além disso, para chamar a atenção dos estudantes acerca das correlações clínicas das estruturas e conexões encefálicas, foram incluídos novos quadros, Conexões Clínicas. Por fim, questões adicionais, a maioria no formato do *United States Medical Licensing Examination*, foram incluídas ao final de cada capítulo, com as respostas comentadas no Apêndice A.

Os autores agradecem à Patricia Anderson e, em especial, à Kris Sherman pela assistência na preparação do manuscrito. Larry Clifford preparou as ilustrações usadas na 1ª edição, muitas das quais foram modificadas e incluídas na 3ª edição, com adição de múltiplas cores para destacar as estruturas e conexões significativas. Os autores agradecem e se sentem em dívida para com a equipe da Wolters Kluwer, pelo interesse e suporte, em particular Crystal Taylor, Lauren Pecarich e Jennifer Clements. Toda a equipe da Wolters Kluwer foi extremamente atenciosa e paciente ao auxiliar os autores ao longo da produção da 3ª edição.

Prefácio da 1ª edição

O principal objetivo desta obra é fornecer a base anatômica das anormalidades neurológicas. O conhecimento sobre neuroanatomia clínica básica permitirá aos estudantes de medicina responder a primeira pergunta que se faz ao examinar um paciente cujo sistema nervoso esteja lesado ou apresentando uma doença: "Qual é a localização da lesão?". O conhecimento sobre neuroanatomia clínica básica permitirá aos estudantes das áreas relacionadas à saúde como enfermagem, fisioterapia, terapia ocupacional, bem como aos assistentes dos médicos, a compreenderem a base anatômica das anormalidades neurológicas de seus pacientes. Para alcançar esses objetivos, são enfatizadas as relações anatômicas e funções de estruturas clinicamente importantes. Esforços são conduzidos no sentido de simplificar ao máximo os aspectos anatômicos do encéfalo e da medula espinal.

Esta obra não é um livro de referência nem um livro-texto de neuroanatomia. A maioria dos livros-texto de neuroanatomia inclui muita informação sobre as estruturas anatômicas que ajudam a compreender um sistema ou mecanismo em particular. No entanto, quando essas estruturas são danificadas, não há sinais nem sintomas clínicos resultantes. Neste livro, informações supérfluas como essas foram reduzidas ao mínimo possível.

Esta obra de anatomia clínica básica está dividida em três seções: (1) o plano básico, (2) os sistemas funcionais, e (3) as estruturas associadas. O plano básico inclui a organização do sistema nervoso, suas características histológicas e estruturas de suporte, as características anatômicas que distinguem as subdivisões do encéfalo e da medula espinal, e uma introdução aos níveis funcionais do encéfalo e da medula espinal que apresentam relevância clínica. Apenas aquelas estruturas necessárias para identificar as subdivisões e seus níveis foram incluídas nessa parte.

A segunda seção aborda os sistemas funcionais e suas características clinicamente relevantes. Essa seção está organizada de modo que os sistemas motor e somatossensorial, de suprema importância por incluírem estruturas localizadas em cada subdivisão do encéfalo e da medula espinal, sejam os primeiros a serem descritos. O restante da seção inclui as vias associadas a sentidos especiais, funções mentais superiores, além dos sistemas comportamental e visceral.

Na terceira seção, são apresentados o suprimento vascular e o sistema do líquido cerebrospinal ventricular.

A visualização das relações anatômicas tridimensionais tem papel fundamental na localização das lesões e na compreensão da base anatômica dos transtornos neurológicos. Foram feitos todos os esforços possíveis no sentido de incluir ilustrações que aprimorassem essa visualização das imagens tridimensionais de estruturas clinicamente importantes. Além das ilustrações tridimensionais, diagramas esquemáticos dos sistemas funcionais e esboços de cortes corados para mielina oriundos de níveis funcionais selecionados do encéfalo e da medula espinal são usados para mostrar as relações anatômicas que ampliam o conhecimento acerca da base anatômica dos transtornos neurológicos e suas síndromes. A relevância clínica é enfatizada ao longo de todo o livro, e são incluídas ilustrações de algumas anormalidades neurológicas.

Questões para revisão são encontradas ao final de cada capítulo, e um capítulo inteiro é dedicado aos princípios de localização de lesões e correlações clínicas. As respostas das questões são encontradas nos apêndices. Também nos apêndices, há uma seção destinada aos componentes dos nervos cranianos e suas correlações clínicas, um glossário de termos, uma lista de sugestões de leitura e um atlas de cortes corados para mielina usados ao longo do livro todo.

Os autores agradecem a Larry Clifford, por suas habilidades artísticas na criação das ilustrações, que são uma parte de valor inestimável deste livro. Expressamos a nossa profunda gratidão à Susan Quinn, pela magnífica assistência na preparação do manuscrito, e à Susan McClain, pelos conhecimentos de informática empregados na preparação dos gráficos e das tabelas. Por fim, os autores sentem-se muito gratos a editora Williams & Wilkins e suas equipes editorial e de marketing pelo interesse, suporte e paciência ao longo de todo o projeto.

Sumário

Parte VI

A formação reticular e os nervos cranianos

Parte VII

Componentes acessórios

Parte VIII

Desenvolvimento, envelhecimento e resposta dos neurônios à lesão

Parte IX

Onde está a lesão?

Apêndices

Parte I

Organização, componentes celulares e topografia do sistema nervoso central

1 Introdução, organização e componentes celulares

Duas propriedades fundamentais dos animais, irritabilidade e condutibilidade, atingem seu desenvolvimento máximo no sistema nervoso humano. A irritabilidade, que é a capacidade de responder a um estímulo, e a condutibilidade, que consiste na capacidade de transmitir sinais, são propriedades especializadas das unidades funcionais básicas do sistema nervoso: as células nervosas ou neurônios. Os neurônios respondem aos estímulos, transmitem sinais e processam informação que possibilita a consciência de si próprio e do mundo ao redor; funções mentais como memória, aprendizado e fala; e a regulação da contração muscular e da secreção glandular.

Organização do sistema nervoso

A unidade funcional básica do sistema nervoso é o neurônio. Cada neurônio tem um corpo celular que recebe impulsos nervosos e um axônio que transmite o impulso nervoso para fora do corpo celular, ou seja, em direção centrífuga. O sistema nervoso engloba neurônios dispostos em séries longitudinais. A disposição em série forma dois tipos de circuitos: reflexo e retransmissor. Um circuito reflexo transmite os impulsos que resultam em uma resposta involuntária, como uma contração muscular ou secreção glandular (Fig. 1.1A). Um circuito retransmissor transmite impulsos de uma parte do sistema nervoso para outra. Exemplificando, os circuitos retransmissores transmitem impulsos de órgãos sensoriais presentes na pele, nos olhos, nas orelhas e assim por diante, que são percebidos pelo cérebro como sensações (Fig. 1.1B). Os circuitos retransmissores são classificados de acordo com suas funções e denominados vias funcionais (p. ex., via da dor, via visual ou via motora ou do movimento voluntário). Uma via funcional pode consistir em uma série de apenas dois a três neurônios ou de muitas centenas de neurônios. Os circuitos reflexos podem se sobrepor a partes dos circuitos retransmissores (Fig. 1.1C).

Uma via funcional pode conter milhares ou até milhões de corpos celulares de neurônios e seus axônios. Os corpos celulares neuronais podem formar conjuntos ou aglomerados, sendo então denominados núcleos ou gânglios, ou podem ainda estar dispostos em camadas ou lâminas. Os axônios em uma via funcional geralmente formam feixes chamados tratos, fascículos ou nervos. Portanto, todo o sistema nervoso é composto de vias funcionais cujos corpos celulares neuronais estão localizados em núcleos, gânglios ou camadas e cujos axônios constituem tratos ou nervos.

O sistema nervoso humano está dividido nas partes central e periférica. O encéfalo e a medula espinal formam o sistema nervoso central (SNC), enquanto os nervos cranianos, espinais e autonômicos e seus gânglios formam o sistema nervoso periférico (SNP). O SNC integra e controla todo o sistema nervoso, recebendo informa-

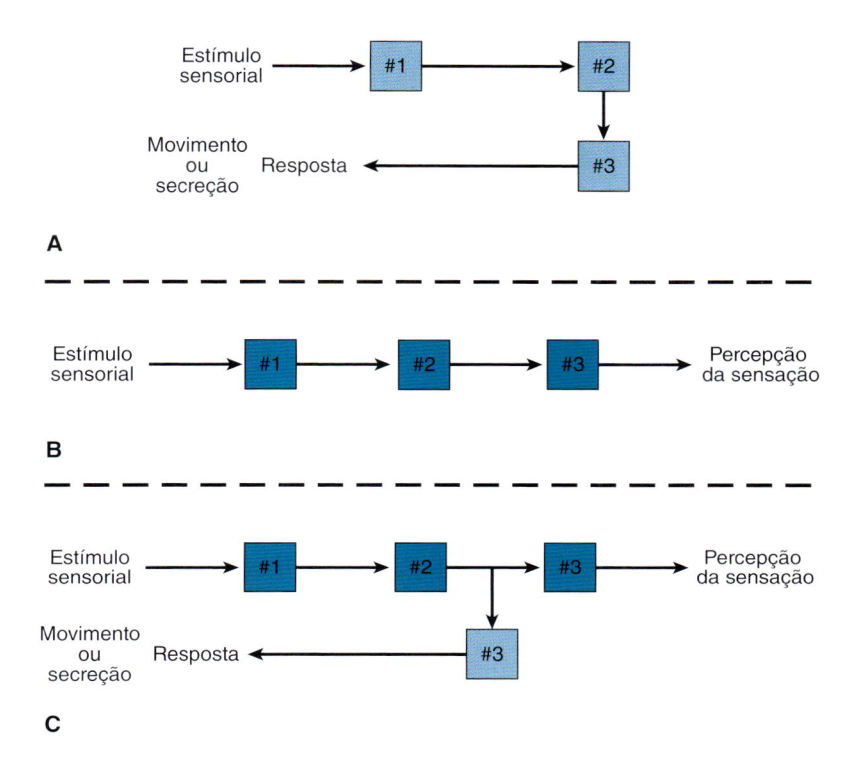

Figura 1.1 Reflexo simples e circuitos retransmissores. **A.** Circuito reflexo de três neurônios. **B.** Circuito retransmissor sensorial de três neurônios. **C.** Circuitos reflexo e retransmissor de três neurônios, combinados.

ção (estímulo) referente às alterações ocorridas nos ambientes interno e externo do indivíduo, interpretando e integrando essa informação, e fornecendo sinais (respostas) para a execução de atividades como movimento ou secreção. O SNP conecta o SNC aos tecidos e órgãos do corpo. Dessa forma, o SNP é responsável pela transmissão dos sinais que entram como estímulos no SNC e dos sinais que saem como respostas a partir do SNC. Os sinais que chegam ao SNC são chamados **aferentes**, enquanto os sinais que saem do SNC são denominados **eferentes**.

Proteção e suporte do sistema nervoso

As células nervosas são extremamente frágeis e não sobrevivem sem a proteção de células de suporte. O encéfalo e a medula espinal, igualmente muito frágeis, são protegidos dos ossos adjacentes do crânio e do canal vertebral por três revestimentos ou membranas denominadas meninges.

As meninges

O SNC é sustentado e protegido pelas meninges, que são três membranas de tecido conjuntivo localizadas entre o encéfalo e os ossos cranianos, e entre a medula espinal e a coluna vertebral. As meninges são, de fora para dentro, a **dura-máter**, a **aracnoide** e a **pia-máter**. As meninges que revestem o encéfalo e a medula espinal são contínuas no forame magno, abertura ampla existente na base do crânio, onde o encéfalo e a medula espinal são contínuos.

Dura-máter

A dura-máter é uma membrana fibrosa resistente composta por duas camadas ou folhetos. Na dura-máter craniana, que circunda o encéfalo, esses dois folhetos são fundidos e aderem às superfícies internas dos ossos cranianos, exceto nas regiões onde os folhetos se separam (Fig. 1.2) para formar os seios venosos que levam sangue do encéfalo para as veias do pescoço. O folheto interno da dura-máter forma quatro pregas que se estendem internamente e promovem a divisão parcial de várias partes do encéfalo (Fig. 1.3). A **foice do cérebro**, com

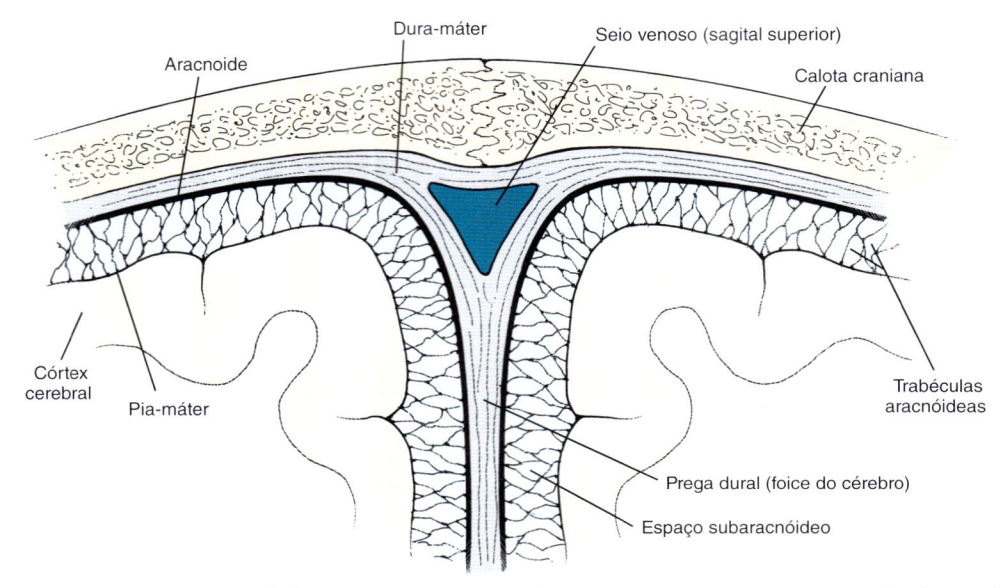

Figura 1.2   Corte coronal das meninges mostrando um seio venoso e uma prega da dura-máter.

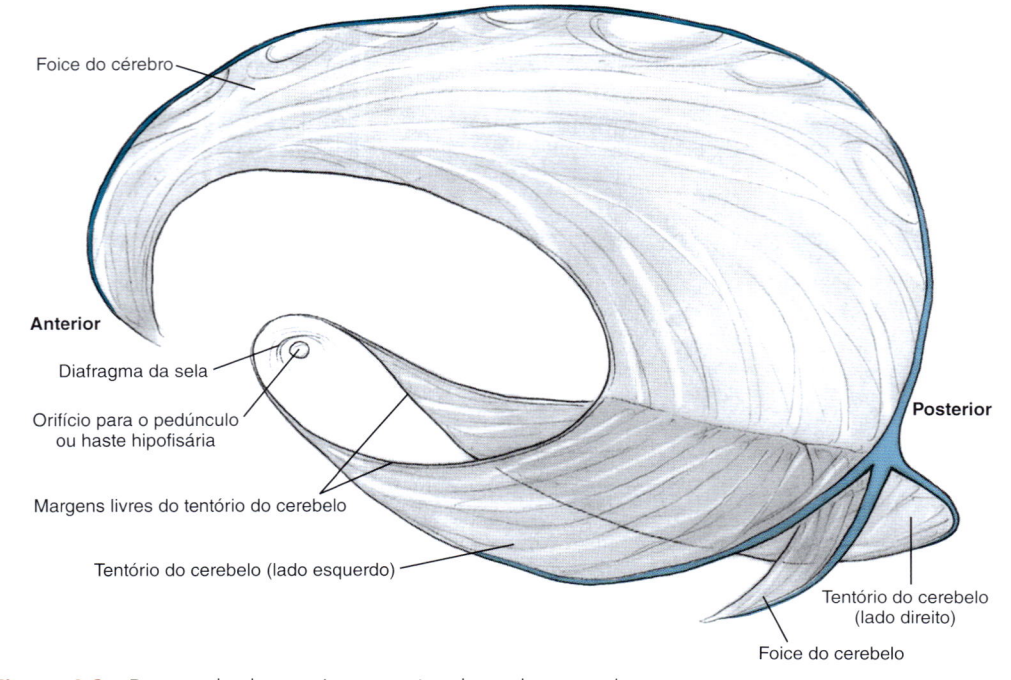

Figura 1.3   Pregas da dura-máter em vista lateral esquerda.

seu formato falciforme, repousa no sulco longitudinal entre as partes superiores do encéfalo, os hemisférios cerebrais. A **foice do cerebelo**, também orientada em sentido longitudinal, separa posteriormente os hemisférios do cerebelo, ou "pequeno cérebro". O tentório do cerebelo é uma prega da dura-máter achatada que separa as partes posteriores dos hemisférios cerebrais situados acima, do cerebelo que fica abaixo. O **diafragma da sela** é uma prega horizontal e circular, localizada abaixo do cérebro, que recobre a sela turca onde a glândula hipófise está localizada. A haste ou pedúnculo da glândula hipófise perfura o diafragma da sela e se fixa à superfície inferior do cérebro.

A dura-máter espinal consiste em duas camadas ou folhetos: a camada externa forma o revestimento de periósteo dos forames vertebrais que formam o canal vertebral ou espinal; a camada interna envolve frouxamente a medula espinal e forma um manguito em torno dos nervos espinais, à medida que estes emergem do canal vertebral.

Aracnoide

A aracnoide é uma membrana delgada e delicada que reveste frouxamente o encéfalo e a medula espinal. A parte externa da aracnoide adere à dura-máter (Fig. 1.4). Estendendo-se internamente a partir dessa parte externa, há numerosas projeções ou trabéculas similares a teias de aranha que se prendem à pia-máter.

Pia-máter

A pia-máter é a membrana delgada que reveste intimamente o encéfalo e a medula espinal. É altamente vascularizada e contém os pequenos vasos sanguíneos que suprem o encéfalo e a medula espinal.

Espaços meníngeos

Vários espaços clinicamente importantes estão associados às meninges (Fig. 1.4). O **espaço epidural** está localizado entre o osso e a dura-máter, enquanto o **espaço subdural** está localizado entre a dura-máter e a aracnoide. Normalmente, ambos os espaços, epidural e subdural, são espa-

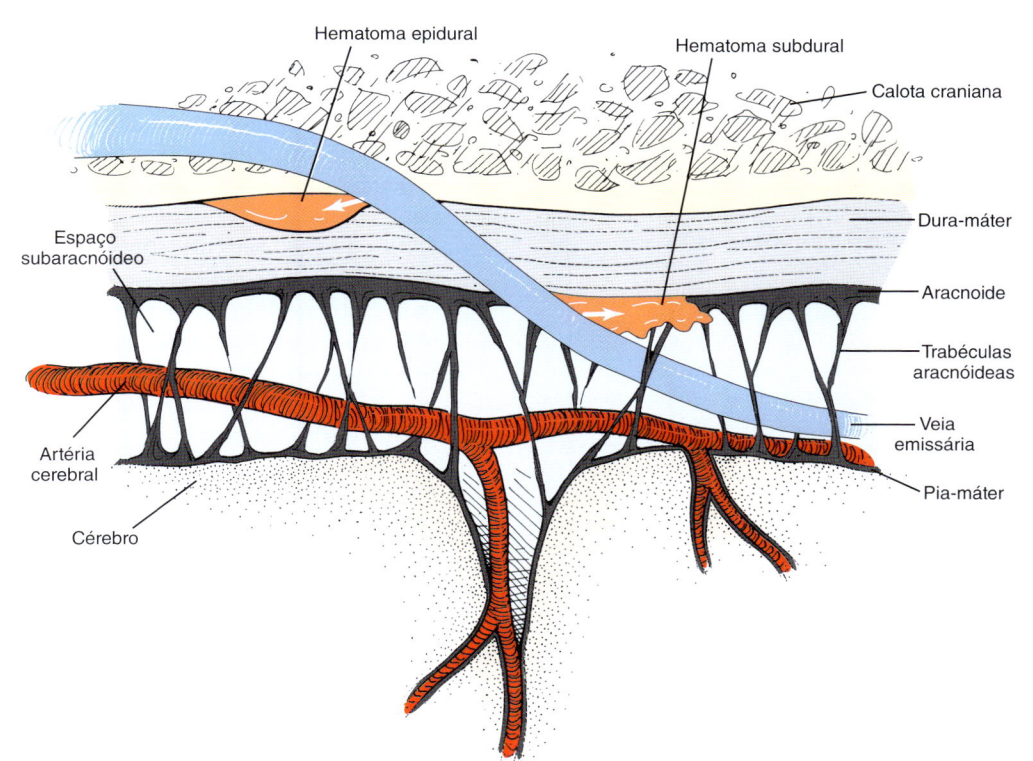

Figura 1.4 Relação dos espaços meníngeos com vasos sanguíneos e hemorragias.

ços potenciais no interior da cavidade craniana. Ambos podem se tornar espaços verdadeiros se houver acúmulo de sangue em decorrência de hemorragias epidurais ou subdurais causadas pela ruptura traumática de vasos sanguíneos que atravessam esses espaços. Na medula espinal, o espaço subdural também é potencial, mas o espaço epidural é real e contém gordura e veias de paredes finas.

O **espaço subaracnóideo** está localizado na área situada entre a aracnoide e a pia-máter, e contém o líquido cerebrospinal. O espaço subaracnóideo se comunica com as cavidades ou ventrículos do encéfalo onde o **líquido cerebrospinal** é formado. Também localizadas no espaço subaracnóideo, estão as porções iniciais dos nervos cranianos e espinais, além de numerosos vasos sanguíneos sobre as superfícies do encéfalo e da medula espinal. Acidentes vasculares que envolvem esses vasos resultam em hemorragia subaracnóidea.

Conexão clínica

A inflamação das membranas meníngeas que revestem o encéfalo e a medula espinal, e que decorre principalmente de infecção viral ou bacteriana das meninges, pode resultar em uma condição que ameaça a vida, denominada meningite. Entre as causas menos comuns, estão as meningites fúngicas, parasitárias e induzidas por fármacos. Em adultos, os sintomas primários da meningite são rigidez cervical e cefaleia acompanhada de febre, alteração da consciência, vômitos e aversão à luz intensa ou a barulhos altos. Em crianças, os sintomas podem ser menos evidentes do que em adultos e consistem apenas em irritabilidade e sonolência. O acesso do patógeno às meninges pode se dar pelo sangue ou como resultado da entrada direta a partir das cavidades nasais. O diagnóstico é mais comumente estabelecido por punção lombar, desde que não haja indicação de pressão intracraniana elevada no paciente. A meningite bacteriana é tratada com antibióticos.

Células de suporte

Existem três tipos básicos de células de suporte ou gliais: ependimárias, microgliais e macrogliais. As células ependimárias revestem

as cavidades cheias de líquido ou ventrículos encefálicos e o canal central da medula espinal. As células microgliais, ou microgliócitos, têm origem mesodérmica e derivam da medula óssea, são formadas em todas as partes do encéfalo e da medula espinal, e desempenham funções imunológicas. Elas também se transformam em macrófagos que fagocitam os restos de tecidos resultantes de lesões, infecções ou doenças que afetam o SNC. A macroglia deriva do neuroectoderma e consiste em quatro tipos celulares: **astrócitos** e **oligodendrócitos** no SNC; e **células de Schwann** e **células capsulares**, também denominadas anfícitos ou células satélites, no SNP.

Astrócitos

Os astrócitos são as células mais numerosas no SNC (Fig. 1.5). Cada astrócito tem um corpo celular em forma de estrela e numerosos prolongamentos de formato irregular, alguns dos quais podem ser extremamente longos. Os prolongamentos de alguns astrócitos têm extremidades que terminam na superfície do encéfalo ou da medula espinal, denominadas pés terminais. Esses pés terminais formam uma cobertura protetora chamada membrana limitante externa ou membrana glial. Muitos prolongamentos astrocitários têm extremidades terminais, os chamados pés vasculares, que circundam capilares. As células endoteliais dos capilares do SNC são interconectadas por zonas de oclusão (*tight junctions*) e formam a **barreira hematoencefálica**, que controla seletivamente a passagem de substâncias, incluindo muitos fármacos, do sangue circulante para o SNC.

Os astrócitos também exercem outras funções. Eles desempenham papel relevante no equilíbrio eletrolítico do SNC; produzem os fatores neurotróficos necessários à sobrevivência neuronal; e removem certos neurotransmissores da fenda sináptica. Os astrócitos são as primeiras células a sofrerem alterações em resposta a agressões ao SNC, como isquemia, traumatismo ou radiação. Do mesmo modo, os astrócitos formam cicatrizes resultantes de lesões no SNC. Os astrócitos são altamente suscetíveis à formação de neoplasias.

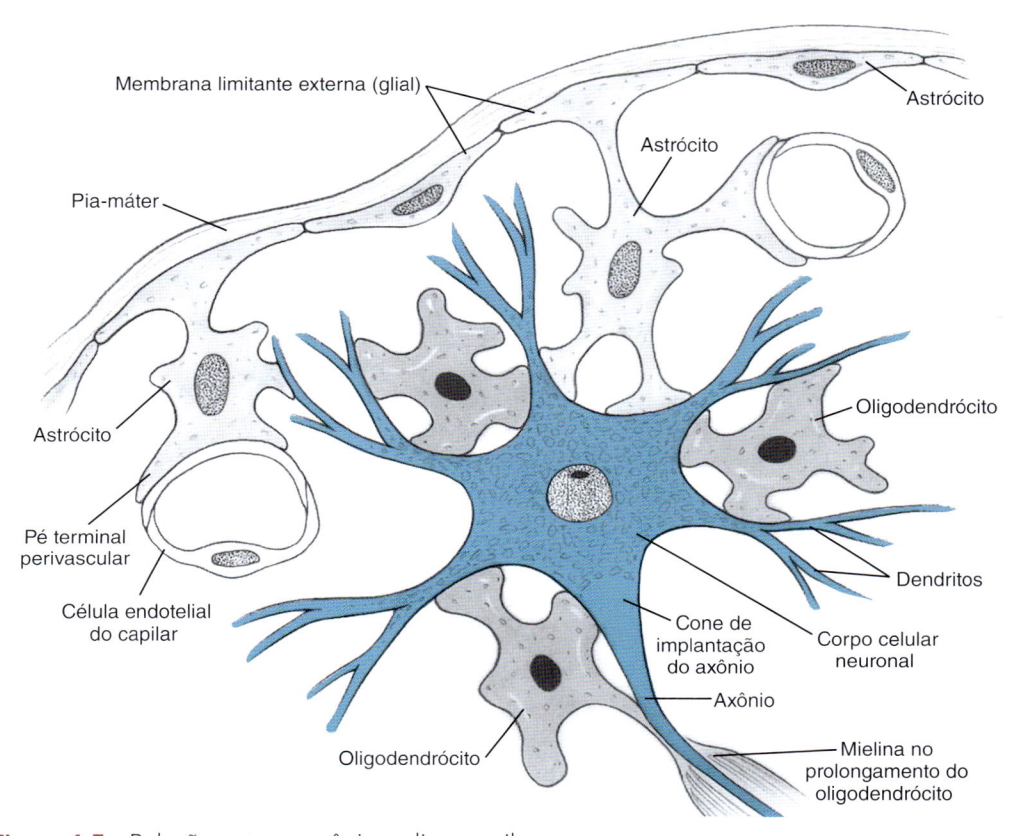

Figura 1.5 Relação entre neurônios, glia e capilares.

Oligodendrócitos

A formação e a manutenção da mielina do SNC são as funções primárias dos oligodendrócitos, pequenas células gliais que contêm relativamente poucos prolongamentos (Fig. 1.5). A bainha de mielina é formada por prolongamentos de oligodendrócitos, que envolvem o axônio formando uma espiral apertada. A mielina propriamente dita está localizada nos prolongamentos. Cada oligodendrócito envolve um número variável de axônios, dependendo da espessura das bainhas de mielina. No caso das bainhas de mielina delgadas ou finas, um oligodendrócito pode estar relacionado a 40-50 axônios. Os oligodendrócitos também podem circundar os corpos celulares dos neurônios, embora não formem mielina nessa localização. Pesquisas recentes sugerem que os oligodendrócitos também produzem fatores neurotróficos, dentre os quais o mais importante é um fator de crescimento neural capaz de promover o crescimento de axônios lesados do SNC. As reações autoimunes à mielina do SNC podem estar relacionadas à esclerose múltipla.

Células de Schwann

No SNP, a contraparte do oligodendrócito é a célula de Schwann. Diferentemente do oligodendrócito, que envolve muitos axônios mielinizados, a célula de Schwann envolve somente parte de um axônio mielinizado. Durante o desenvolvimento da bainha de mielina, a célula de Schwann primeiro circunda e, então, forma repetidas espirais em torno do axônio, dando origem a múltiplas camadas ou lamelas. Na verdade, a mielina está localizada nas lamelas da célula de Schwann (Fig. 1.6). A camada mais externa das lamelas da célula de Schwann é denominada **neurilema** ou **bainha de Schwann**. Como cada célula de Schwann mieliniza ape-

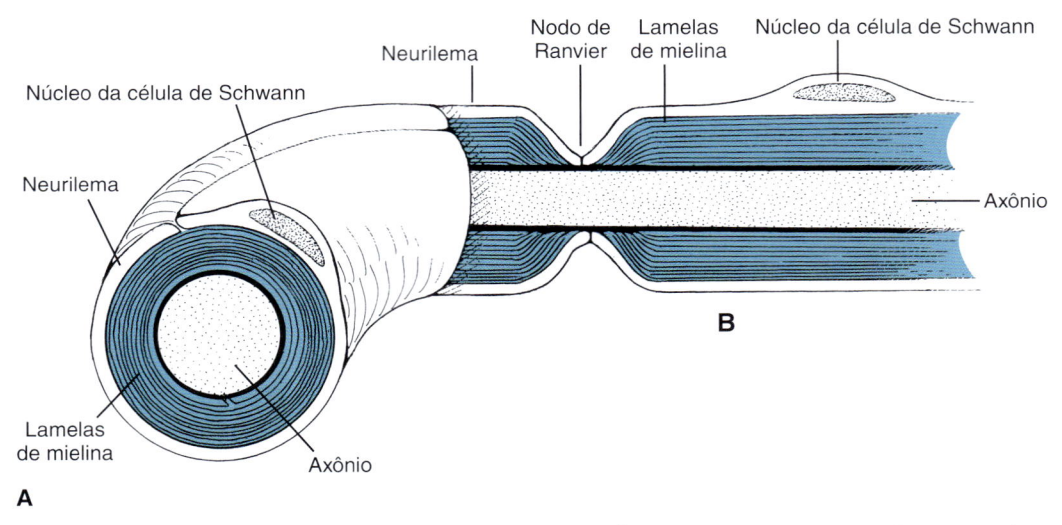

Figura 1.6   Axônio mielinizado no sistema nervoso periférico. **A.** Corte transversal. **B.** Corte longitudinal.

nas uma pequena extensão do axônio, a mielinização do axônio inteiro requer um longo cordão de células de Schwann. Entre cada célula de Schwann, há interrupção da mielina. Essas áreas onde a bainha de mielina está interrompida são denominadas **nodos de Ranvier** (Figs. 1.6 e 1.7). Interrupções similares da bainha de mielina também ocorrem no SNC. Nas fibras não mielinizadas, uma célula de Schwann envolve muitos axônios. As reações autoimunes à mielina do SNP podem estar relacionadas à síndrome de Guillain-Barré.

As células de Schwann não só formam e mantêm a bainha de mielina como também são extremamente importantes na regeneração de axônios danificados. Quando um axônio é cortado, a parte do axônio separada do corpo celular degenera. Entretanto, o cordão de células de Schwann distal à lesão prolifera e forma um tubo. Brotos de crescimento surgem a partir da extremidade proximal do axônio transeccionado, entram nesse tubo e seguem em direção às estruturas que o axônio inervava antes da lesão. Essa regeneração axonal funcional é comum no SNP. Por outro lado, a regeneração axonal não foi observada no SNC humano e essa ausência de regeneração pode estar relacionada, em parte, com a ausência de células de Schwann.

Células capsulares

As células capsulares são os elementos gliais que circundam os corpos celulares neuronais nos gânglios sensoriais e autonômicos. Os gânglios sensoriais dos nervos espinais e de alguns nervos cranianos contêm grandes neurônios redondos, cujos corpos celulares são circundados por uma camada quase completa de células satélites ou capsulares achatadas, separando assim as células ganglionares do tecido conjuntivo não neural e de estruturas vasculares. Embora as células capsulares estejam presentes em gânglios autonômicos, os formatos irregulares dessas células ganglionares fazem com que as cápsulas sejam menos uniformes e, portanto, incompletas.

Neurônios

Propriedades morfológicas

Um neurônio consiste em um corpo celular ou soma e prolongamentos protoplasmáticos chamados **dendritos** e **axônios** (Fig. 1.7). O corpo celular é o centro metabólico de um neurônio e contém o núcleo e o citoplasma. O núcleo contém nucleoplasma, cromatina, um nucléolo proeminente e, somente no sexo

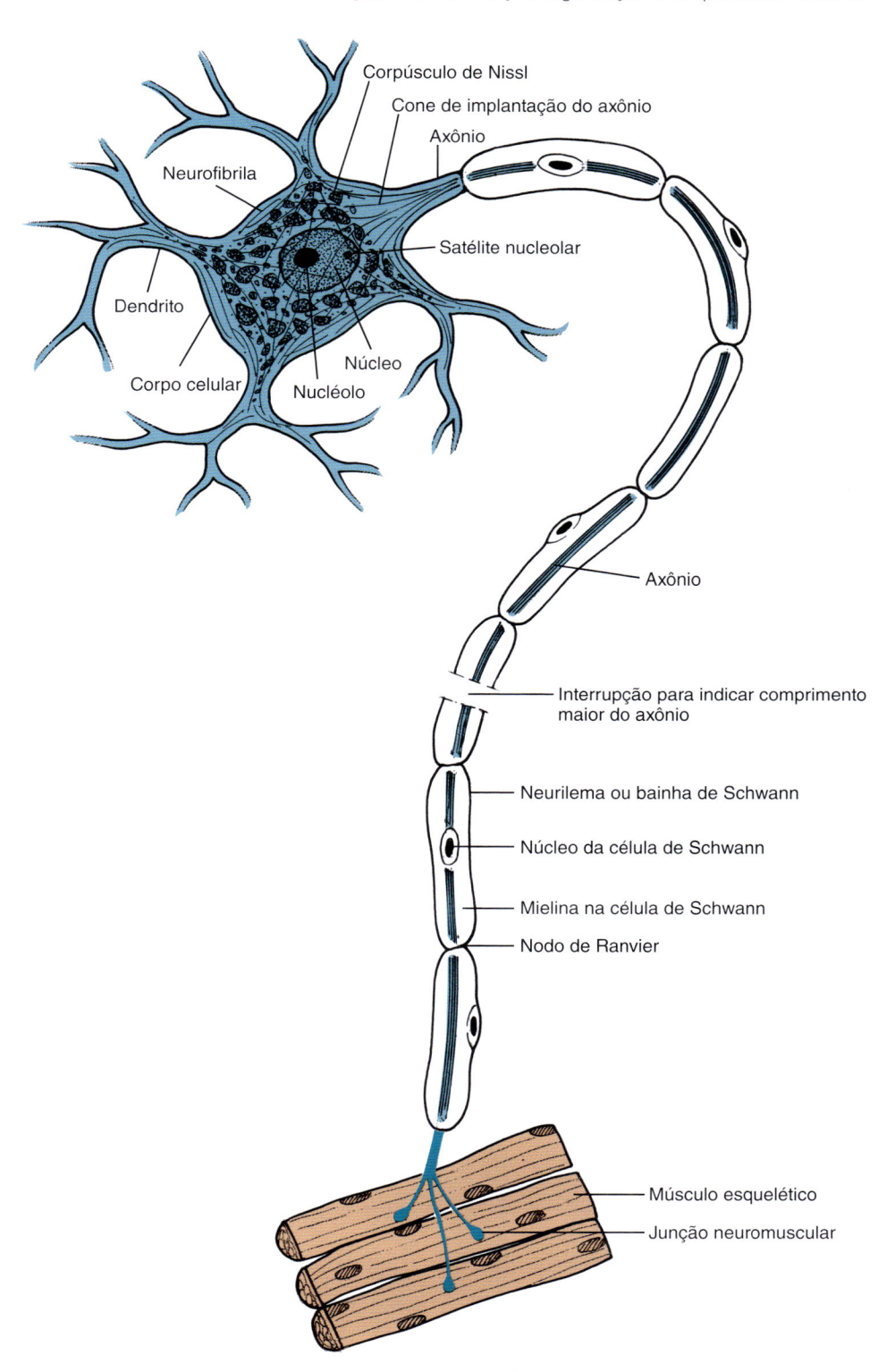

Figura 1.7   Neurônio cujo axônio mielinizado supre fibras musculares esqueléticas.

feminino, um satélite nucleolar, o corpúsculo de Barr. O citoplasma contém as organelas celulares usuais, como mitocôndrias, aparelho de Golgi e lisossomos. Além disso, aglomerados de vários tamanhos de retículo endoplasmático rugoso, denominados **corpúsculos de Nissl**, são proeminentes no citoplasma dos neurônios. Entretanto, o citoplasma neuronal onde o axônio emerge é destituído de corpúsculos de Nissl. Essa área é chamada de cone de implantação do axônio. Outra característica citoplasmática dos neurônios são as neurofibrilas, que estão dispostas longitudinalmente no corpo celular, nos axônios e nos dendritos.

Os neurônios são morfologicamente classificados em unipolares, bipolares ou multipolares, de acordo com seu número de prolongamentos protoplasmáticos (Fig. 1.8). O único prolongamento de um neurônio unipolar é o axônio. Os neurônios unipolares[1] estão localizados quase exclusivamente nos gânglios dos nervos espinais e de alguns nervos cranianos. Os neurônios bipolares têm um axônio e um dendrito, e estão limitados às vias visual, auditiva e vestibular. Todas as demais células nervosas são neurônios multipolares que têm um axônio e entre 2-12 dendritos ou mais.

---

1 N.R.C.: O autor se refere aos chamados neurônios pseudounipolares. O prolongamento desses neurônios unipolares se bifurca, sendo que uma porção se comporta funcionalmente como axônio e a outra como dendrito associado a órgãos sensoriais. Por isso esses neurônios dos gânglios são denominados neurônios pseudounipolares.

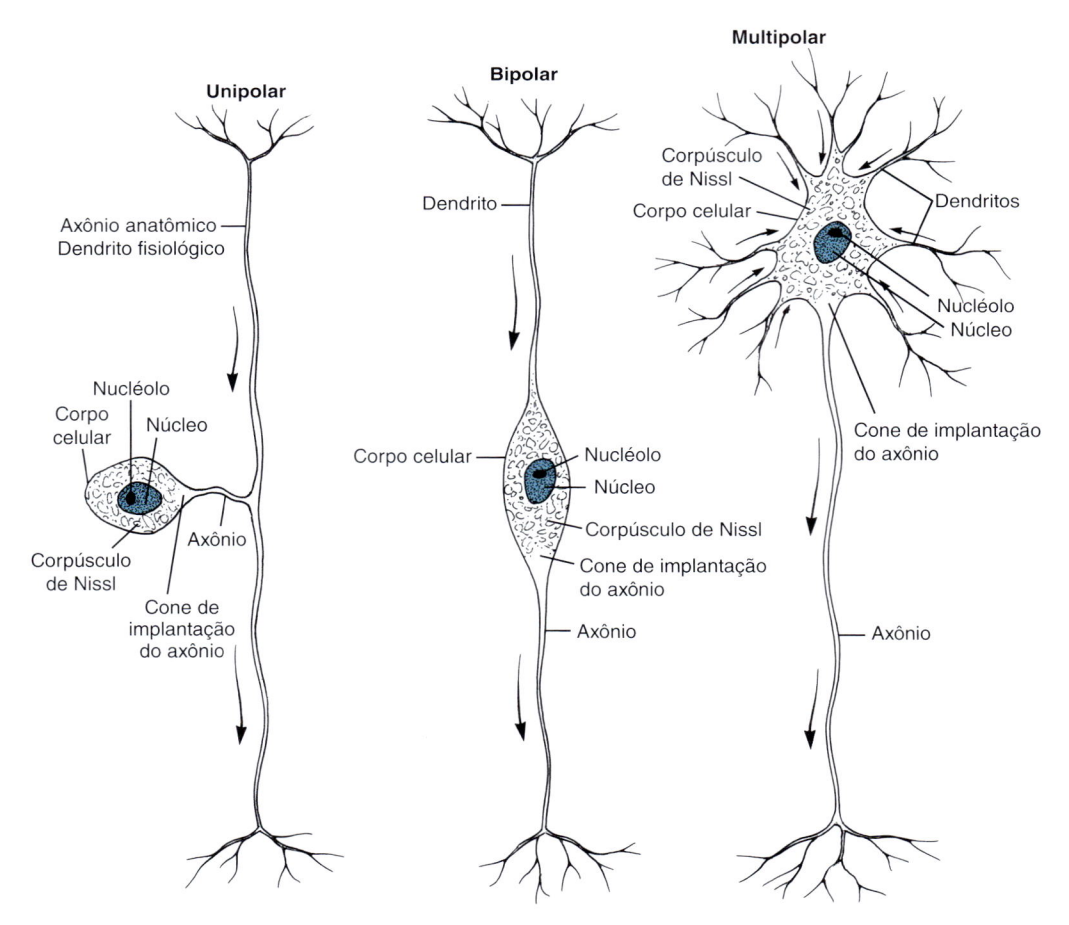

Figura 1.8   Tipos morfológicos de neurônios (as setas indicam a direção dos impulsos).

Dendritos e axônios

Os dendritos, citologicamente similares ao corpo celular neuronal, são curtos e transmitem impulsos na direção do corpo celular (Tab. 1.1). Os axônios não contêm corpúsculos de Nissl, têm tamanhos que variam de mícrons a metros, e transmitem impulsos a partir do corpo celular em direção centrífuga.

A integridade do axônio, seja qual for seu comprimento, é mantida pelo corpo celular por meio de dois tipos de fluxo axoplasmático ou transporte axonal. No transporte axonal anterógrado, os nutrientes do corpo celular são transportados adiante, a partir do corpo celular do neurônio em direção à terminação ou extremidade distal do axônio. O **transporte axonal anterógrado** é vital para o crescimento axonal durante o desenvolvimento, para a manutenção da estrutura axonal e para a síntese e liberação dos **neurotransmissores**, os compostos químicos que auxiliam na transferência dos impulsos nervosos de uma célula a outra.

Além do transporte anterógrado, o **transporte axonal retrógrado** ocorre da extremidade distal do axônio para o corpo celular. A função do transporte axonal retrógrado consiste em devolver materiais usados ou desgastados para o corpo celular a fim de que sejam renovados.

Os axônios podem ser mielinizados ou não mielinizados. Os axônios mielinizados são isolados por uma bainha de mielina que surge perto do corpo celular e continua até pouco antes do ponto onde o axônio termina (Fig. 1.7). A mielina é um fosfolipídio disposto em múltiplas camadas encontrado em células de suporte do axônio[2]. A bainha de mielina aumenta a velocidade de condução do impulso nervoso ao longo do axônio. Quanto mais espessa a bainha de mielina, mais rápida a velocidade de condução.

Conexão clínica

O transporte axonal retrógrado tem importância clínica por ser a via pela qual toxinas (p. ex., tetânica) e vírus (p. ex., herpes simples, raiva e poliovírus) são transportados para dentro do SNC a partir da periferia.

Sinapses

Os terminais ou extremidades axonais estabelecem relação com outros neurônios, células musculares ou células glandulares. A junção entre a terminação axonal e o neurônio, célula muscular ou célula glandular é denominada **sinapse**. Uma importante característica anatômica da sinapse é que a terminação axonal é separada da superfície da outra célula nervosa, muscular ou glandular, por um espaço, a fenda sináptica. Uma característica fisiológica importante de uma sinapse é a polarização, ou seja, o impulso sempre se propaga de um axônio para o próximo neurônio do circuito ou para as células musculares ou glandulares supridas pelo axônio.

---

2 N.R.C.: É a mielina produzida pelos oligodendrócitos e células de Schwann já descritas.

Tabela 1.1 Comparação entre axônios e dendritos

	Axônios	Dendritos
Função	Transporta impulsos a partir do corpo celular	Recebe impulsos e os transporta na direção do corpo celular
Comprimento	Varia de mícrons a metros	Mícrons; raramente > 1 mm
Padrão de ramificação	Limitado a colaterais, pré-terminais e terminais	Varia de arborizações simples a complexas
Superfície	Regular	Varia de regular a espinhosa
Coberturas	Células de suporte e frequentemente mielina	Sempre desnuda

Quando um impulso nervoso chega na sinapse, substâncias químicas chamadas neurotransmissores são liberadas no espaço da fenda sináptica. Os neurotransmissores, produzidos e liberados pelos neurônios, atravessam a fenda sináptica e atuam no neurônio pós-sináptico, no músculo ou na célula glandular. Nas sinapses neuromusculares e neuroglandulares, os neurotransmissores são excitatórios, ou seja, provocam contração muscular ou secreção glandular. Entretanto, nas sinapses entre os neurônios, os neurotransmissores podem ser excitatórios, intensificando a produção de um impulso no neurônio pós-sináptico, ou inibitórios, dificultando a produção do impulso no neurônio pós-sináptico. Todas as funções do SNC, ou seja, consciência das sensações, controle dos movimentos ou secreções glandulares, e funções mentais superiores, resultam da atividade de sinapses excitatórias e inibitórias em neurônios de vários circuitos.

Propriedades fisiológicas

Potencial de repouso da membrana

Sob condições de estado estável, os neurônios são eletricamente polarizados em torno de -60 mV em razão da separação de cargas catiônicas extracelulares e cargas aniônicas intracelulares. Esse potencial de membrana, denominado potencial de repouso, resulta da distribuição diferencial de íons e da permeabilidade seletiva da membrana, com quatro principais cátions e ânions contribuindo para o potencial de repouso da membrana. Os íons Na^+ e Cl^- estão concentrados no meio extracelular, enquanto K^+ e ânions orgânicos (proteínas e aminoácidos) se concentram no meio intracelular. Os poros ou canais transmembrana com seletividade para íons permitem a difusão passiva dos íons Na^+, K^+ e Cl^- através da membrana, como consequência de gradientes elétrico e de concentração. As proteínas e aminoácidos não se movem através da membrana, o que contribui parcialmente para o potencial de repouso da membrana. Este é determinado em grande parte pelo influxo de Na^+ e efluxo de K^+, bem como pelo transporte ativo desses íons de volta aos respectivos meios extra e in-

tracelular, por meio de uma bomba de Na^+/K^+ ATP-dependente, mantendo assim o potencial de membrana em torno de -60 mV.

Condução eletrotônica na membrana somato-dendrítica[3]

Os potenciais transientes eletrotônicos, que são pequenas alterações no potencial de repouso da membrana do corpo celular e dos dendritos, podem tornar o interior da célula relativamente mais negativo ou hiperpolarizado, ou menos negativo ou despolarizado. Essas alterações de potencial são eletrotonicamente somadas, de modo temporal e espacial, à medida que vão sendo passivamente conduzidos do soma e dos dendritos até o cone de implantação e segmento inicial do axônio (Fig. 1.9).

Início e condução do potencial de ação

A despolarização da região do cone de implantação do axônio e de seu segmento inicial em torno de -45 mV resulta na geração de um potencial de ação. Diferentemente do soma e dos dendritos, onde os potenciais transientes de membrana são graduados, a condução no cone de implantação e segmento inicial do axônio se torna autossustentada com a iniciação de um potencial de ação. A fase ascendente ou de iniciação de um potencial de ação é causada pelo influxo rápido de Na^+ através de canais sensíveis à voltagem. A subsequente fase descendente do potencial de ação é discretamente mais prolongada e se dá pelo efluxo de K^+. Começando no segmento inicial do axônio e continuando ao longo dele até suas ramificações terminais, a propagação do potencial de ação ocorre como uma alteração de voltagem não decremental, ou seja, sustentada. A velocidade de propagação de um potencial de ação depende do diâmetro axonal e da mielinização.

Condução saltatória

Em axônios não mielinizados, em geral de pequeno diâmetro (0,2-1,5 µm) (motor tipo IV ou sensorial tipo C), as condutâncias de Na^+ e K^+ e a propagação de impulsos ocorrem de

---

3 N.R.C.: É o conjunto constituído pela membrana do corpo celular (soma) e pela membrana dos seus dendritos.

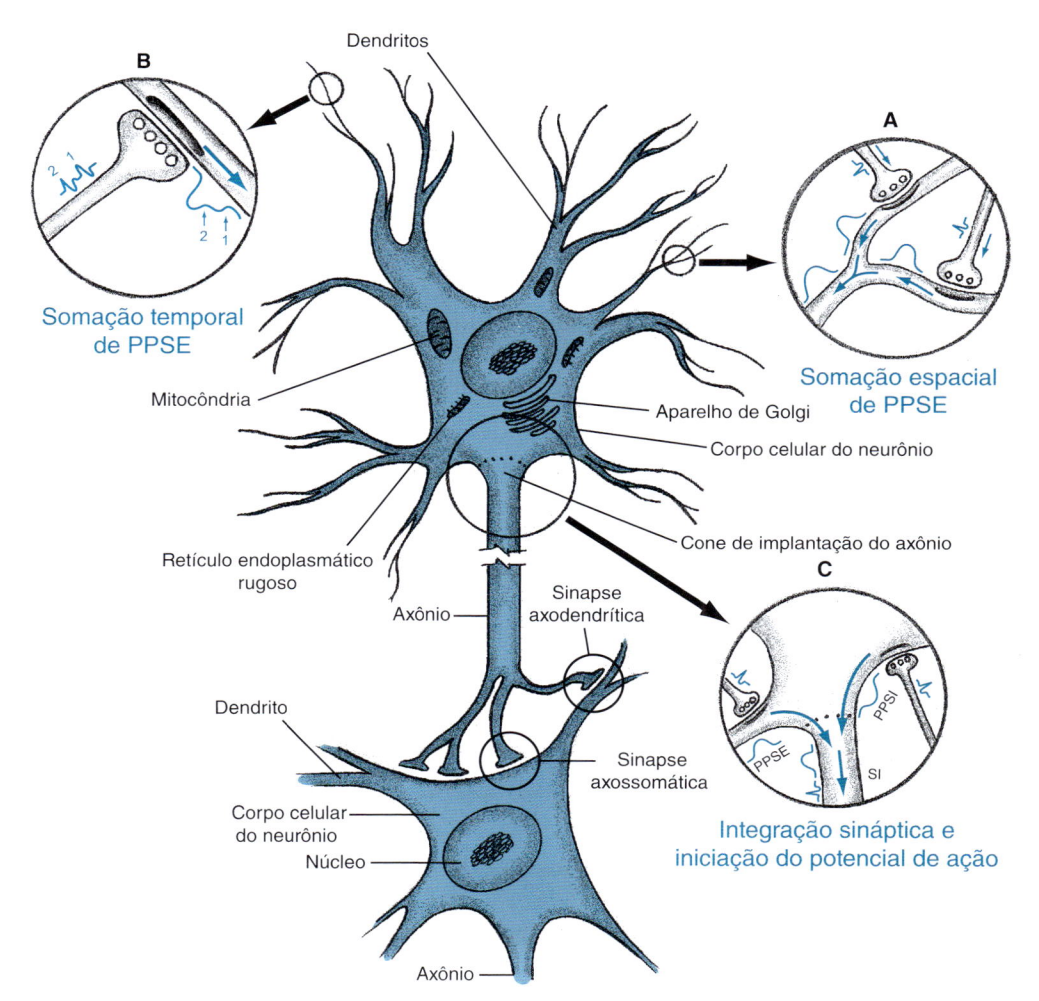

Figura 1.9 Condução eletrotônica no neurônio, somação temporal e espacial e iniciação do potencial de ação. Interações sinápticas: **A.** Os potenciais pós-sinápticos excitatórios (PPSE) podem se somar espacialmente ao convergirem, à medida em que são conduzidos eletrotonicamente a partir dos dendritos para o soma. **B.** Os PPSE podem se somar temporalmente quando o mesmo sinal sináptico é rapidamente ativado por múltiplos potenciais de ação pré-sinápticos. **C.** Os sinais excitatórios e inibitórios são integrados no segmento inicial do axônio, e a despolarização suficiente gera um potencial de ação (PPSE, potencial pós-sináptico excitatório; PPSI, potencial pós-sináptico inibitório; SI, segmento inicial).

forma contínua entre segmentos adjacentes da membrana axonal, resultando em uma transmissão de impulsos mais lenta (0,5-2 m/s). Por outro lado, em axônios mielinizados de grande diâmetro (13-20 μm) (tipo I ou Aα), a propagação do impulso é bem mais veloz (80-120 m/s), porque as alterações na condutância de Na^+ e K^+ ocorrem de modo descontinuado ao longo da membrana axonal, em pequenos intervalos (1 μm), existentes entre as bordas da bainha de mielina, conhecidos como nodos de Ranvier. Nessas regiões nodais, os canais de Na^+ são muitas vezes mais numerosos do que na porção internodal da membrana axonal, enquanto os canais de K^+ estão espalhados ao longo do axolema internodal. A baixa capacitância internodal e a concentração dos canais de Na+ nos nodos permitem que o potencial de ação salte (**condução saltatória**) entre os nodos, aumentando a velocidade de condução nos axônios mielinizados (Fig. 1.10).

A frequência do potencial de ação codifica informação

A informação é transmitida entre neurônios, ou entre neurônios e estruturas efetoras, pela propagação de potenciais de ação. Em muitos neurônios, a frequência do potencial de

ação exibe correlação linear com a intensidade do estímulo e com o valor resultante da despolarização da membrana somato-dendrítica. Quanto mais sustentada é a despolarização, maior é a frequência de potenciais de ação. Em outros neurônios, "rajadas ou salvas" de potenciais de ação são geradas pela ação sobreposta de correntes de Ca^{2+} e, como resultado, a membrana permanece despolarizada por mais tempo, levando a ciclos repetitivos de influxo de Na+ e efluxo de K+. Ainda, outros neurônios associados a funções neuromodulatórias e au-

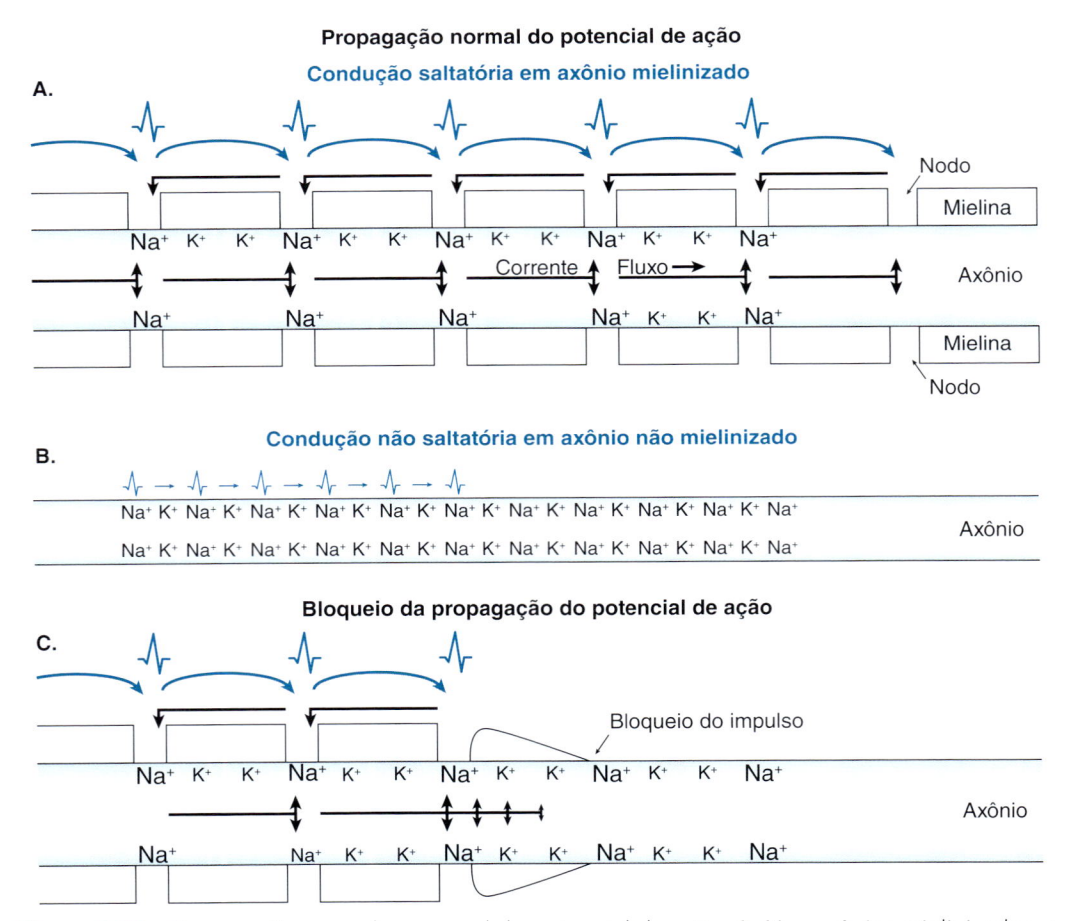

Figura 1.10   Propagação normal e anormal do potencial de ação. **A.** Nos axônios mielinizados, a propagação do potencial de ação é rápida por causa do fluxo de corrente saltatório ao longo dos nodos de Ranvier, onde os canais de Na+ estão concentrados. **B.** Em axônios não mielinizados, a propagação do potencial de ação é mais lenta porque os canais de Na+ estão uniformemente distribuídos no axolema. **C.** A propagação do potencial de ação é bloqueada nos axônios desmielinizados porque o fluxo de corrente se dissipa ao longo da membrana descoberta antes de chegar ao próximo aglomerado de canais de Na+.

tonômicas disparam de forma espontânea em uma frequência relativamente baixa (1-10 Hz).

Transmissão sináptica

A sinapse é o ponto de contato funcional entre neurônios, enquanto a junção neuromuscular é o ponto de contato funcional entre axônios e o músculo esquelético. A maioria das sinapses são eletroquímicas e mediadas por neurotransmissores. Algumas sinapses são caracterizadas como rápidas quando o retardo entre a liberação pré-sináptica e a ação pós-sináptica é de cerca de 0,5 ms e envolvem neurotransmissores (p. ex., acetilcolina) e aminoácidos armazenados em vesículas ou ancorados na zona ativa da membrana pré-sináptica. Outras sinapses são caracterizadas como lentas (o retardo é em segundos) e ocorrem quando neuropeptídios e aminas biogênicas armazenadas em vesículas de núcleo denso à distância da membrana do terminal pré-sináptico são liberadas mais tardiamente e por tempo mais prolongado. A liberação de neurotransmissor é deflagrada, sequencialmente, pelo potencial de ação eletrotônico que invade o terminal sináptico, pelo influxo de íons Ca^{2+} através de canais voltagem-dependentes, o que desencadeia a ligação de vesículas sinápticas nas zonas ativas pré-sinápticas, e pela subsequente liberação de neurotransmissor, por exocitose, dentro da fenda sináptica. Cada vesícula sináptica contém um total de *quanta*[4] de neurotransmissor, e o número de *quanta* liberado está diretamente correlacionado com a quantidade de Ca^{2+} que entra no terminal. Os neurotransmissores presentes na estreita fenda sináptica (cerca de 100 nm) promovem alterações conformacionais em receptores pós-sinápticos específicos para cada tipo de neurotransmissor, levando à abertura ou ao fechamento de canais iônicos. As alterações transmembrana mediadas por receptores ionotrópicos que rapidamente despolarizam o neurônio pós-sináptico geram **potenciais pós-sinápticos excitatórios** (PPSE), enquanto as alterações iônicas que hiperpolarizam o neurônio são classificadas como **potenciais pós-sinápticos inibitórios**. No SNC, os contatos sinápticos também podem ocorrer em sinapses *en passant* que ocorrem em regiões alargadas ao longo do axônio.

Fisiopatologia de doenças que afetam a neurotransmissão e a propagação do potencial de ação

Distúrbios hereditários relativamente comuns afetam a transmissão eletroquímica na junção neuromuscular ao reduzirem a liberação pré-sináptica ou a ação pós-sináptica da acetilcolina.

Os distúrbios autoimunes adquiridos afetam a transmissão na junção neuromuscular. A **miastenia *gravis*** é uma doença autoimune que afeta os receptores nicotínicos da acetilcolina, levando à fraqueza esquelética e à fatigabilidade da musculatura orbital, orofaríngea e dos membros. A fraqueza e a fatigabilidade muscular em geral são variáveis quanto à gravidade e progridem no decorrer das horas ativas do dia. As fibras nervosas permanecem intactas e a liberação de acetilcolina no terminal nervoso é normal. Anticorpos atacam o receptor de acetilcolina nas pregas pós-juncionais, levando à diminuição progressiva da amplitude dos potenciais de placa terminal evocados e a potenciais de ação musculares diminuídos com a estimulação repetitiva. Também ocorrem alterações estruturais nas pregas pós-juncionais e diminuição da localização do receptor na crista das pregas. O aumento da eficácia da ação da acetilcolina na fenda neuromuscular com o uso de inibidores de acetilcolinesterase diminui a gravidade dos sintomas.

A fraqueza e a fatigabilidade muscular ocorrem de forma predominante na musculatura proximal dos membros e do tronco, como é visto na síndrome miastênica de Lambert-Eaton, em decorrência da menor liberação pré-sináptica de acetilcolina a partir dos terminais nervosos. A excitabilidade muscular permanece normal.

---

4 N.R.C.: Um *quantum* (plural: *quanta*) é a quantidade mínima necessária de um dado neurotransmissor para que ele exerça seu efeito.

As doenças desmielinizantes afetam as células de Schwann do SNP ou os oligodendrócitos do SNC. A **síndrome de Guillain-Barré** é o protótipo de uma neuropatia desmielinizante periférica inflamatória, de início agudo e adquirida, em que há preservação axonal. Múltiplas áreas focais de desmielinização de raízes espinais e fibras nervosas proximais resultam em velocidades de condução nervosa muito lentas e em amplitude reduzida do potencial de ação composto nos registros eletrofisiológicos dos nervos afetados. O enfraquecimento simétrico e temporalmente progressivo dos movimentos, primeiro nas pernas e depois nos braços, dá a impressão de uma paralisia ascendente. As dificuldades para caminhar e levantar da cadeira são queixas comuns. A paralisia dos músculos respiratórios resulta em alto risco de insuficiência respiratória. Após o tratamento, existe a possibilidade de recuperação funcional por remielinização axonal. A **doença de Charcot-Marie-Tooth** (tipo 1A) é a polineuropatia hereditária mais comum que resulta em desmielinização de axônios sensitivos e motores.

A **esclerose múltipla** é a doença desmielinizante adquirida mais comum no SNC, cuja causa é imunológica. A sintomatologia depende dos tratos axonais envolvidos. Os segmentos contíguos de mielina são perdidos (placas desmielinizantes) nos tratos da substância branca no cérebro, no cerebelo, no tronco encefálico e na medula espinal. A condução normal de impulsos ocorre proximal e distalmente às placas, mas nestas é bloqueada ou retardada (Fig. 1.10C). As propriedades biofísicas do axolema desmielinizado são alteradas, afetando assim a propagação do impulso. Nos axônios desmielinizados, as correntes despolarizantes não estão mais focadas nos nodos e sim dissipadas ao longo do axolema desmielinizado em função da escassez de canais de Na^+ no axolema internodal e da aumentada capacitância elétrica do segmento afetado do axônio. Nos axônios com mielina intacta, os potenciais de ação saltam entre os nodos de Ranvier por causa da alta concentração de canais de Na^+ na região nodal. A esclerose múltipla é caracterizada por ciclos cronicamente prolongados de recidiva e remissão. A remissão com melhora dos sintomas reflete a remielinização parcial dos segmentos axonais afetados. Déficits persistentes podem refletir a falha da remielinização ou, mais provavelmente, uma lesão axonal junto à placa e degeneração axonal.

Outros distúrbios comuns que afetam diretamente os axônios resultam da compressão/constrição (aprisionamento) crônica de nervos ou de doenças degenerativas. A neuropatia por aprisionamento mais comum envolve o nervo mediano na síndrome do túnel do carpo. O nervo mediano é um nervo misto, sensitivo e motor, que transmite impulsos sensoriais da superfície palmar do polegar e dos primeiros 2 ½ dedos (excluindo o dedo mínimo) e impulsos motores para os músculos intrínsecos da mão. Como o nervo mediano segue do antebraço e atravessa o túnel do carpo no punho, ele pode ser comprimido no carpo em consequência de alguns fatores. Os movimentos manuais altamente repetitivos podem fazer com que os tendões adjacentes sofram irritação e fiquem edemaciados. Outro fator que contribui para a síndrome pode ser uma predisposição genética a um túnel do carpo pequeno, o que é consistente com o fato da síndrome ser três vezes mais frequente no sexo feminino do que no sexo masculino. A constrição dos axônios do nervo mediano gera impulsos anormais inicialmente caracterizados como sensações de formigamento ou queimação, ou ainda como uma dormência leve na superfície palmar do polegar e dos dedos indicador, médio e na metade lateral do anelar. Se não forem tratadas, essas sensações podem se tornar dolorosas. A compressão prolongada resultará na degeneração dos axônios do nervo mediano (ver Cap. 26). Um diagnóstico de síndrome do túnel do carpo é fortemente sustentado quando o médico golpeia de leve o nervo mediano no punho do paciente e evoca sensações de formigamento ou dor na superfície palmar e nos dedos da mão. Trata-se de um teste de Tinel positivo. A disestesia leve apresentada inicialmente pelo paciente com compressão do nervo no túnel do carpo pode ser tratada com repouso da mão em um suporte (tala ou imobilizador) ou com injeções de esteroides dentro do túnel. Os casos moderados a graves exigem descompressão do nervo no punho por meio de incisão cirúrgica do retináculo.

As neuropatias devidas a doenças são diversas e bilaterais, afetando mais comumente os axônios sensitivos e motores nas regiões mais distais dos membros inferiores e superiores. Sensações de ardência ou queimação, formigamento, dormência e fraqueza são progressivamente seguidas de perda da sensibilidade, diminuição da massa muscular, anormalidades de reflexos e fasciculações musculares. Estas geralmente são referidas como polineuropatias. Embora o diabetes seja a causa mais comum de polineuropatia, existem muitas outras condições, muitas de etiologia indeterminada, que também contribuem para os distúrbios.

Degeneração e regeneração

Todas as células do corpo humano são capazes de se reproduzir, exceto as células nervosas. Como resultado, a perda de neurônios é irreparável. Uma vez destruído, o neurônio jamais poderá ser reposto[5]. Por outro lado, os axônios conseguem se regenerar e recuperar suas funções, até mesmo após terem sido completamente transeccionados ou cortados, enquanto o corpo celular permanecer viável. Contudo, essa capacidade de regeneração é limitada aos axônios do SNP. A regeneração axonal funcional ainda não foi observada no SNC humano. Portanto, a degeneração dos corpos celulares neuronais em qualquer parte do sistema nervoso, assim como a degeneração dos axônios do SNC, são irreparáveis.

---

5 N.R.C.: A afirmativa do autor é muito categórica. Atualmente existem dados da literatura que evidenciam regeneração de neurônios no SNC.
Steward MM[1], Sridhar A, Meyer JS. Neural regeneration. Curr Top Microbiol Immunol. 2013;367:163-91. doi: 10.1007/82_2012_302.
Matsui T1, Akamatsu W[1], Nakamura M[2], Okano H[3]. Regeneration of the damaged central nervous system through reprogramming technology: basic concepts and potential application for cell replacement therapy. Exp Neurol. 2014 Oct;260:12-8. doi: 10.1016/j.expneurol.2012.09.016. Epub 2012 Oct 1.

Questões para revisão

1. Quais são as duas principais classes de células presentes no sistema nervoso central?
2. O que é uma sinapse e quais são as principais características das sinapses no sistema nervoso central?
3. Qual é a importância do transporte axonal ou fluxo axoplasmático?
4. Quais são as principais diferenças entre astrócitos e oligodendrócitos?
5. Entre quais estruturas cranianas estão localizados:
   a. Hematoma subdural.
   b. Líquido cerebrospinal.
   c. Hematoma epidural.
6. Qual das seguintes células estão mais provavelmente envolvidas em um tumor originário de células formadoras de mielina no sistema nervoso central?
   a. Neurônios.
   b. Oligodendrócitos.
   c. Astrócitos.
   d. Células microgliais.
   e. Células endoteliais.
7. Uma via comum pela qual vírus como o da pólio ou o da raiva seguem para os corpos celulares neuronais do sistema nervoso central é por:
   a. Transporte através da barreira hematoencefálica.
   b. Transporte axonal anterógrado.
   c. Transporte pelo líquido cerebrospinal.
   d. Transporte axonal retrógrado.
   e. Transporte trans-sináptico.
8. A célula mais comumente associada a tumores do sistema nervoso central é:
   a. Astrócito.
   b. Célula endotelial.
   c. Célula microglial.
   d. Neurônio.
   e. Oligodendrócito.
9. A hemorragia de uma artéria na superfície do cérebro resultará em extravasamento de sangue para dentro do:
   a. Espaço epidural.
   b. Sistema ventricular.

c. Espaço subdural.

d. Espaço extracelular cerebral.

e. Espaço subaracnóideo.

10. Um paciente se queixa de fraqueza muscular e fadiga progressivas ao longo do dia. Os resultados de um exame de condução nervosa são normais. A estimulação repetitiva do nervo é seguida de diminuição progressiva da amplitude das contrações musculares em decorrência dos potenciais de ação musculares diminuídos. Esse distúrbio provavelmente é:

a. Síndrome de Lambert-Eaton.

b. Esclerose múltipla.

c. Doença de Charcot-Marie-Tooth.

d. Miastenia *gravis*.

e. Síndrome de Guillain-Barré.

11. O distúrbio identificado na Questão 10 resulta de:

a. Diminuição da propagação de potencial de ação no terminal axonal.

b. Liberação pré-sináptica anormal de acetilcolina na junção neuromuscular.

c. Resposta pós-sináptica anormal à acetilcolina.

d. Propagação anormal de potenciais de ação musculares.

e. Diminuição das propriedades contráteis das células musculares.

2 Medula espinal: topografia e níveis funcionais

De acordo com o U.S. Department of Health and Human Services, cerca de 10 mil novos casos de lesões de medula espinal ocorrem nos Estados Unidos a cada ano, dos quais pelo menos 50% resultam em incapacidades permanentes. Em torno de 200 mil norte-americanos precisam usar cadeira de rodas por causa de lesões na medula espinal. A maioria dessas lesões resulta de traumatismos, como ocorre nos acidentes automobilísticos ou esportivos. Estima-se que $2/3$ das vítimas tenham até 30 anos de idade e que a maioria seja do sexo masculino.

A medula espinal se conecta aos nervos espinais e é a estrutura pela qual o encéfalo, que inclui o cérebro, se comunica com todas as partes do corpo situadas abaixo da cabeça. Os impulsos para sensações gerais, como tato e dor, que surgem nos membros, no pescoço e no tronco, passam pela medula espinal para chegar ao cérebro, onde são percebidos. Do mesmo modo, os comandos para movimentos voluntários dos membros, do tronco e do pescoço se originam no cérebro e devem passar pela medula espinal para chegar aos nervos espinais que inervam os músculos apropriados. Assim, o dano à medula espinal pode resultar na perda das sensibilidades gerais e em paralisia dos movimentos voluntários nas partes do corpo supridas pelos nervos espinais.

Anatomia macroscópica da medula espinal

A medula espinal está localizada dentro do canal vertebral, que é formado pelos forames das 7 vértebras cervicais (VC), 12 vértebras torácicas (VT), 5 vértebras lombares (VL) e 5 vértebras sacrais (VS) que formam a coluna vertebral. A medula espinal se estende do forame magno, a abertura ampla na base do crânio, até a primeira vértebra lombar (Fig. 2.1). Superiormente, a medula espinal é contínua com o encéfalo e, inferiormente, termina se afunilando de forma abrupta, formando o cone medular (Fig. 2.1).

Conexão clínica

A medula espinal é protegida pelo forte anel ósseo formado pela coluna vertebral. No entanto, objetos em alta velocidade (p. ex., projétil de arma de fogo) ou impactos em altas velocidades contra objetos imóveis (p. ex., árvores, calçadas ou painel de automóvel) podem fraturar vértebras ou deslocá-las nas articulações intervertebrais e comprimir ou lacerar a medula espinal. As vértebras cervicais são as menores e mais frágeis, de modo que a maioria das fraturas ocorre nesse nível. Os deslocamentos tendem a ocorrer nos pontos de maior mobilidade, que são (em ordem decrescente de ocorrência) as articulações entre VC5 e VC6, VT12 e VL1, e VC1 e VC2 (Fig. 2.1).

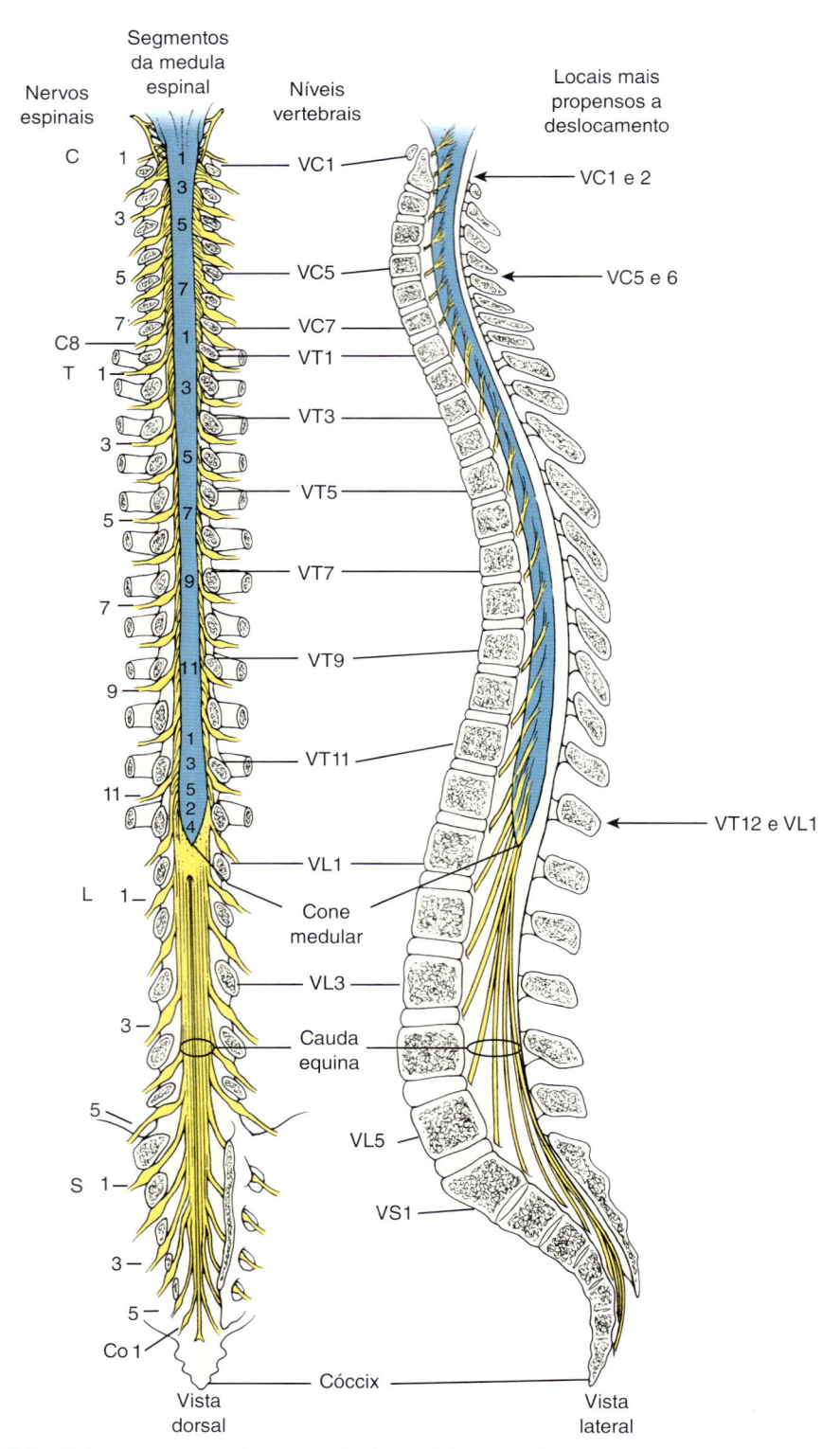

Figura 2.1 Relações entre coluna vertebral, medula espinal e nervos espinais.

Existem 31 segmentos medulares espinais (Fig. 2.1): 8 cervicais (C), 12 torácicos (T), 5 lombares (L), 5 sacrais (S) e 1 coccígeo (Co). Os segmentos são nomeados e numerados de acordo com a conexão dos nervos espinais. Os nervos espinais são nomeados e numerados de acordo com suas emergências a partir do canal vertebral. Os nervos espinais C1 a C7 emergem através dos forames intervertebrais localizados acima de suas respectivas vértebras. Como existem apenas 7 vértebras cervicais, o nervo espinal C8 emerge entre VC7 e VT1. Os demais nervos espinais emergem abaixo de suas respectivas vértebras (Fig. 2.1).

Até o terceiro mês do desenvolvimento fetal, a posição de cada segmento da medula espinal em desenvolvimento corresponde à posição de cada vértebra em desenvolvimento. A partir de então, a coluna vertebral se alonga mais rapidamente do que a medula espinal. No recém-nascido, a medula espinal termina entre VL2 e VL3. Com o crescimento subsequente da coluna vertebral, a extremidade inferior ou caudal da medula espinal geralmente se localiza no terço médio de VL1 no indivíduo adulto. Entretanto, podem ocorrer variações desde o terço médio de VT11 até o terço médio de VL3. A relação aproximada entre os níveis dos segmentos medulares e das vértebras é mostrada na Figura 2.1.

Conexão clínica

A relação existente entre os níveis dos segmentos medulares e os níveis das vértebras é clinicamente importante. O nível das lesões de medula espinal é sempre localizado conforme o segmento da medula espinal afetado. Contudo, a maioria dos níveis dos segmentos medulares não corresponde aos níveis das vértebras. Se houver necessidade de realizar procedimentos cirúrgicos, o nível do segmento medular deve ser correlacionado com o nível vertebral adequado.

Meninges espinais

A medula espinal é circundada por três membranas de tecido conjuntivo denominadas meninges espinais. De dentro para fora as meninges espinais são a pia-máter, aracnoide e dura-máter (Fig. 2.2).

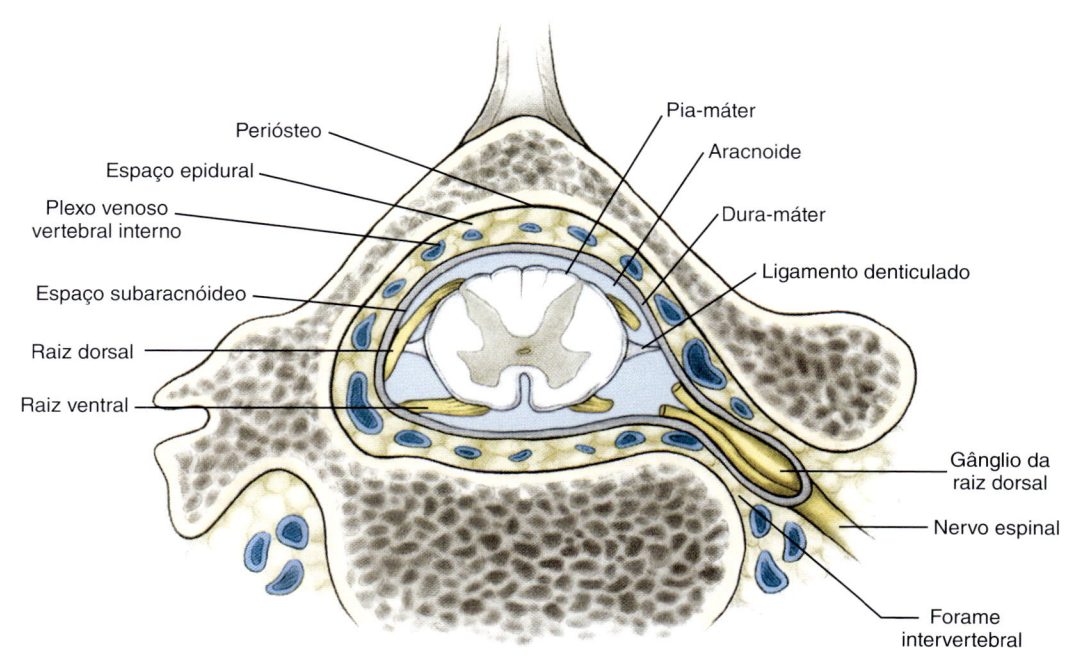

Figura 2.2 Relações entre as meninges espinais.

Pia-máter e aracnoide

A pia-máter circunda totalmente e adere à medula espinal. A aracnoide circunda frouxamente a medula espinal e se fixa à superfície interna da dura-máter. A medula espinal está ancorada à dura-máter pelos **ligamentos denticulados** e pelas raízes dos nervos espinais. Os ligamentos denticulados consistem em 21 pares de bainhas fibrosas localizadas nas laterais da medula espinal. Medialmente, os ligamentos formam uma fixação longitudinal contínua à pia-máter. Lateralmente, eles formam prolongamentos triangulares semelhantes a dentes que se fixam à dura-máter. Como suas fixações estão localizadas a meio caminho entre as superfícies posterior e anterior da medula espinal, os ligamentos denticulados podem ser usados como referências para procedimentos cirúrgicos. A medula espinal também é fixada pelas raízes dos nervos espinais, que são embainhados por um manguito de dura-máter no local onde a perfuram, perto dos forames intervertebrais.

Dura-máter

A dura-máter espinal circunda frouxamente a medula espinal. A área entre a dura-máter espinal e o periósteo que reveste o canal vertebral é o espaço epidural. Seus conteúdos incluem tecido conjuntivo frouxo, tecido adiposo e o plexo venoso vertebral interno.

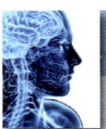

Conexão clínica

O plexo venoso vertebral interno constitui uma comunicação sem válvulas entre os **seios da dura-máter** craniana, que coletam sangue das veias cerebrais, e as veias das cavidades torácica, abdominal e pélvica. Portanto, ele fornece uma via direta para disseminação de infecções, êmbolos ou células tumorais das vísceras para o cérebro.

Caudalmente à medula espinal, a dura-máter forma o **saco dural** (Fig. 2.3), que se estende inferiormente até o terço médio da segunda vértebra sacral. Caudalmente a esse ponto, a dura-máter circunda o filamento terminal, extensão filiforme da pia-máter, e desce em direção à região posterior do cóccix como ligamento coccígeo, que se mistura ao periósteo. O saco dural está localizado entre a porção média da VL1, onde a medula espinal termina como cone medular, e a borda inferior de VS2, onde a dura-máter termina. Como a aracnoide está fixa à superfície interna da dura-máter que reveste o saco dural, os conteúdos desse saco ficam no espaço subaracnóideo. Portanto, o saco dural contém (1) o filamento terminal; (2) a **cauda equina**, que consiste nas raízes nervosas lombossacrais descendo da medula espinal para seus pontos de emergência nos forames intervertebrais lombar e sacral; e (3) líquido cerebrospinal.

A medula espinal termina logo acima de VL2, enquanto o espaço subaracnóideo segue em sentido caudal até VS2. É possível introduzir uma agulha hipodérmica no espaço subaracnóideo (Fig. 2.3), dentro do saco dural, sem o risco de lesar acidentalmente a medula espinal, o que causaria dano irreparável, uma vez que não ocorre regeneração nem reparo de neurônios e axônios na medula espinal (ou no encéfalo).

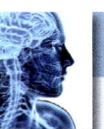

Conexão clínica

Este procedimento, denominado **punção lombar**, pode ser usado para coletar líquido cerebrospinal para análise, para medir a pressão no líquido cerebrospinal e também para introduzir agentes terapêuticos, anestésicos e meio de contraste. Não é recomendável fazer a punção acima do espaço entre VL2-VL3 em adultos e acima do espaço entre VL4-VL5 em bebês ou crianças pequenas. A punção lombar é contraindicada para pacientes com pressão intracraniana elevada em consequência de traumatismo, acidente vascular encefálico e outros eventos, porque a retirada de líquido cerebrospinal pode precipitar herniação de tonsila.

Nervos espinais

Cada nervo espinal (com exceção do primeiro e do último) é conectado a um segmento medular espinal por raízes posterior (dorsal)

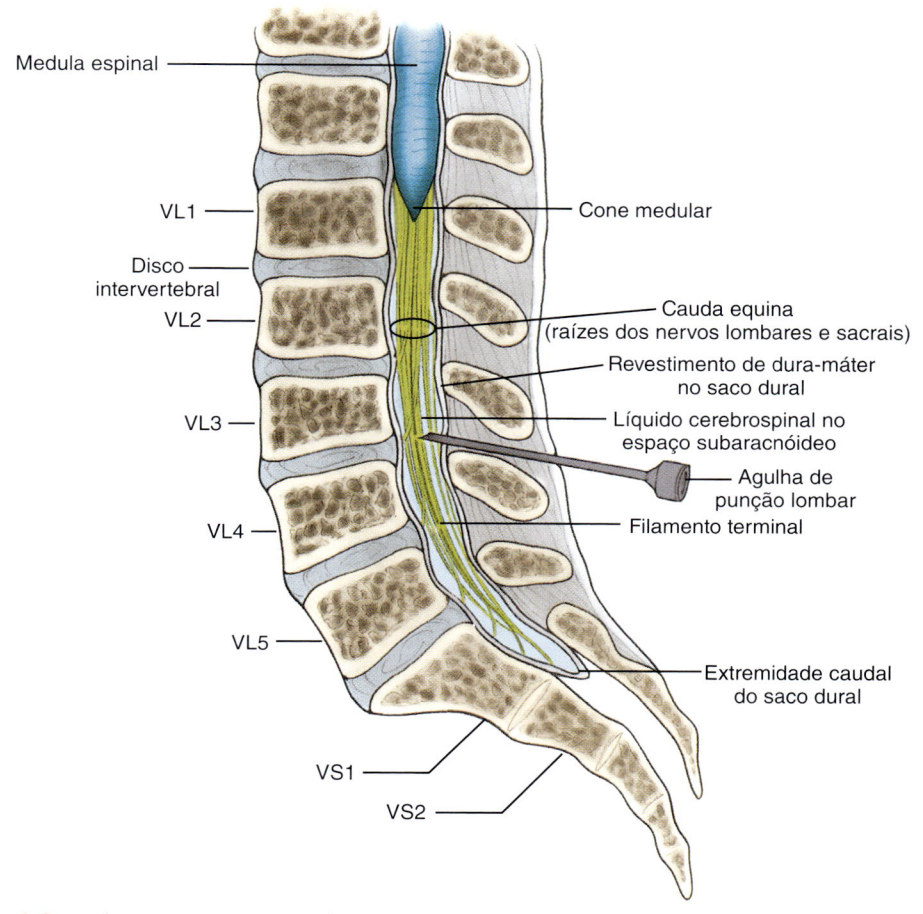

Figura 2.3 Relações entre o saco dural e a punção lombar.

e anterior (ventral) (Fig. 2.4). Assim, cada segmento dá origem a quatro raízes nervosas separadas, uma posterior e uma anterior em cada lado da medula. Cada uma dessas raízes individuais é ligada à medula espinal por uma série de radículas. As raízes posterior e anterior seguem um curso lateral descendente dentro do espaço subaracnóideo (Fig. 2.1) e ficam recobertas pela dura-máter ao se aproximarem dos foramens intervertebrais (Fig. 2.2). A raiz posterior ou o gânglio espinal, constituído por grupos de neurônios localizados na raiz posterior, estão dentro dos foramens torácicos, lombares e sacrais, porém ligeiramente distais aos foramens cervicais. As raízes posteriores e anteriores se unem imediatamente além dos gânglios para formar os nervos espinais, que então saem dos foramens intervertebrais e imediatamente começam a se ramificar.

Topografia medular espinal

Na superfície da medula espinal há vários sulcos longitudinais (Fig. 2.4). O mais proeminente desses sulcos é a fissura mediana anterior, ocupada pela artéria espinal anterior e as partes proximais de seus ramos sulcais. No lado oposto, há um sulco bem menos conspícuo, o sulco mediano posterior. As radículas anterior e posterior dos nervos espinais emergem lateralmente a esses sulcos medianos, nos sulcos lateral anterior e lateral posterior, respectivamente. As pequenas artérias espinais posteriores estão localizadas nesses últimos sulcos.

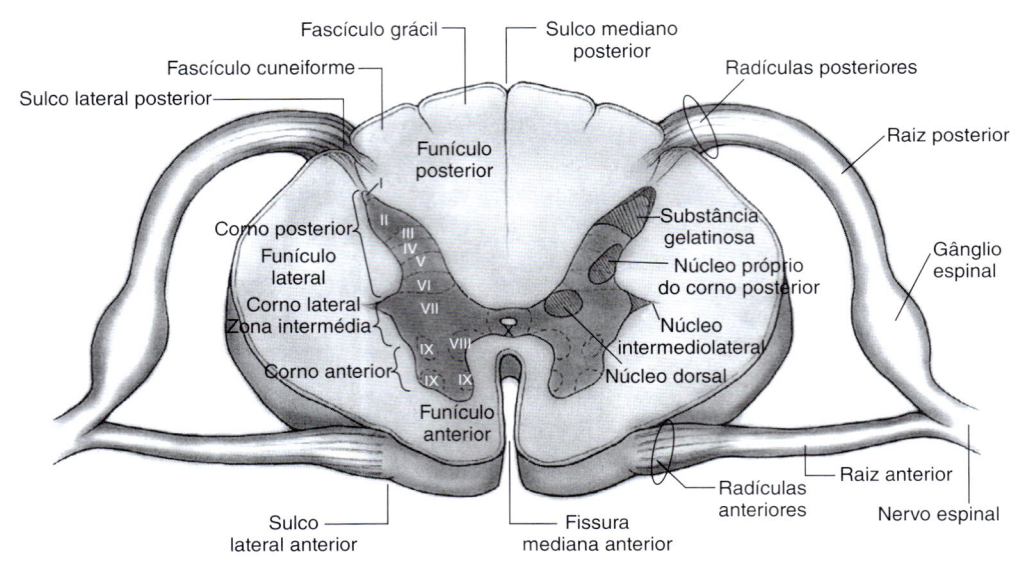

Figura 2.4 Corte transversal mostrando um conjunto de estruturas em vários segmentos da medula espinal e a formação de um nervo espinal.

Estrutura interna da medula espinal

A medula espinal tem partes externas e internas que são similares ao longo de sua extensão. A parte externa é a substância branca, que consiste em milhões de axônios transmitindo impulsos em direção superior (cranial) e inferior (caudal). Um grande número de fibras é mielinizada, contribuindo assim para a tonalidade branca nos cortes de medula espinal à fresco e não corados.

A parte interna é a substância cinzenta, que consiste nos corpos celulares neuronais e no neurópilo, que inclui dendritos, axônios pré-terminais e terminais, capilares e glia entre os neurônios. Ela contém algumas fibras mielinizadas que entram e saem, mas exibe tonalidade acinzentada nos cortes de medula espinal à fresco e não corados em razão da quase ausência de mielina.

Substância branca

A substância branca está dividida em três áreas chamadas funículos. De acordo com suas posições, essas áreas são os funículos posterior, lateral e anterior (Fig. 2.4). Cada funículo está subdividido em grupos de axônios, ou fibras nervosas, chamadas fascículos ou tratos. Como exemplo, nos níveis cervicais, cada funículo posterior é dividido em uma parte medial, o fascículo grácil, e uma parte lateral, o fascículo cuneiforme. Nem sempre é evidente uma separação bem definida entre esses dois feixes de axônios. Isso em geral é válido para a maioria dos tratos na medula espinal. Dessa forma, as localizações dos vários tratos na substância branca espinal são baseadas em estudos *post-mortem* feitos em seres humanos com anormalidades neurológicas comprovadas.

Substância cinzenta

A substância cinzenta está dividida em quatro partes principais:

1. Os cornos posteriores ou dorsais.
2. Os cornos anteriores ou ventrais.
3. As zonas intermédias.
4. Os cornos laterais.

Para fins descritivos, uma linha horizontal imaginária atravessando de lado a lado a parte mais profunda de cada funículo posterior e se estendendo lateralmente pela substância cinzenta define os limites anteriores dos cornos posteriores (Fig. 2.4). Os cornos posteriores contêm grupos de neurônios que são influenciados principalmente por impulsos que entram na medula espinal por meio das raízes posteriores. Portanto, os cornos posteriores são primariamente as partes "sensoriais" da substância cinzenta da medula e muitos de seus neurônios dão origem a axônios que entram na substância branca e sobem para o encéfalo.

Os cornos anteriores estão localizados entre os funículos anterior e lateral. A maioria de seus neurônios atua no movimento voluntário, e muitos dão origem aos axônios que emergem nas raízes anteriores. Dessa forma, os cornos anteriores são primariamente as partes "motoras" da substância cinzenta da medula.

As zonas intermédias estão localizadas entre os cornos anterior e posterior, e são contínuas, medialmente, com a substância cinzenta que cruza a linha média no canal central. As zonas intermédias são compostas principalmente de neurônios de associação ou interneurônios para integração segmentar e intersegmentar das funções da medula espinal. Portanto, as zonas intermédias são as partes de "associação" da substância cinzenta da medula e a maioria dos axônios oriundos de seus neurônios permanece na medula espinal, embora alguns se projetem para o encéfalo.

O corno lateral é uma pequena extensão triangular da zona intermédia para dentro do funículo lateral dos segmentos torácicos e dos dois segmentos lombares superiores. Ele contém os corpos celulares dos neurônios pré-ganglionares do sistema nervoso **simpático**.

Núcleos ou colunas celulares

Os neurônios da substância cinzenta da medula espinal estão dispostos em grupos longitudinais de células similares do ponto de vista funcional, referidas como colunas ou núcleos (Fig. 2.4). Alguns destes núcleos se estendem por toda a extensão da medula espinal, enquanto outros são encontrados somente em certos níveis. Exemplificando, a substância gelatinosa e o núcleo próprio do corno posterior, que estão

relacionados aos impulsos dolorosos vindos de todos os nervos espinais, se estendem ao longo de toda a medula espinal, mas outros núcleos, como o núcleo dorsal (núcleo dorsal de Clarke ou torácico posterior) e o núcleo intermediolateral, relacionados respectivamente com as vias cerebelares de propriocepção inconsciente e com o sistema nervoso autônomo, existem apenas em determinados segmentos medulares.

Lâminas

A substância cinzenta da medula espinal também pode ser dividida em lâminas ou camadas que contêm neurônios morfologicamente similares (Fig. 2.4). As lâminas fornecem uma identificação mais precisa de áreas dentro da substância cinzenta da medula e são bastante úteis para a descrição dos locais de origem e término das vias funcionais. A substância cinzenta medular é constituída por 10 lâminas que, de modo geral, são numeradas no sentido posteroanterior. O corno posterior inclui as lâminas I a VI; a zona intermédia é principalmente a lâmina VII; e o corno anterior contém parte da lâmina VII e as lâminas VIII e IX inteiras. A lâmina X está na área comissural que circunda o canal central da medula.

Diferenças regionais

Cortes transversais das quatro principais regiões da medula espinal, corados para mielina, podem ser facilmente distinguidos uns dos outros pelo tamanho e formato das respectivas substâncias cinzentas (Figs. 2.5 a 2.8). Em razão do maior tamanho dos membros inferiores, os segmentos lombar e sacral têm cornos posteriores e anteriores maiores e mais volumosos. Nos segmentos lombares, o corno anterior apresenta uma extensão medial, enquanto nos segmentos sacrais, o corno anterior se estende lateralmente. Além disso, a margem de substância branca que circunda a substância cinzenta sacral é bem mais delgada do que na medula lombar.

Nos segmentos torácico e cervical, o corno posterior é estreito em comparação aos segmentos lombar e sacral. Entretanto, em virtude do volume muscular dos membros su-

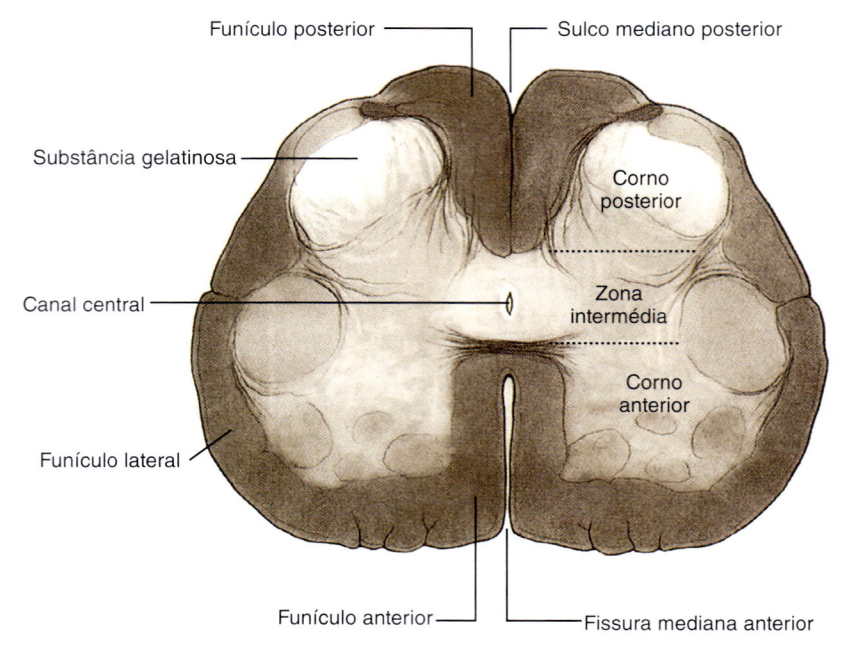

Figura 2.5   Corte transversal de medula espinal sacral. Note os enormes cornos anterior e posterior circundados por substância branca estreita.

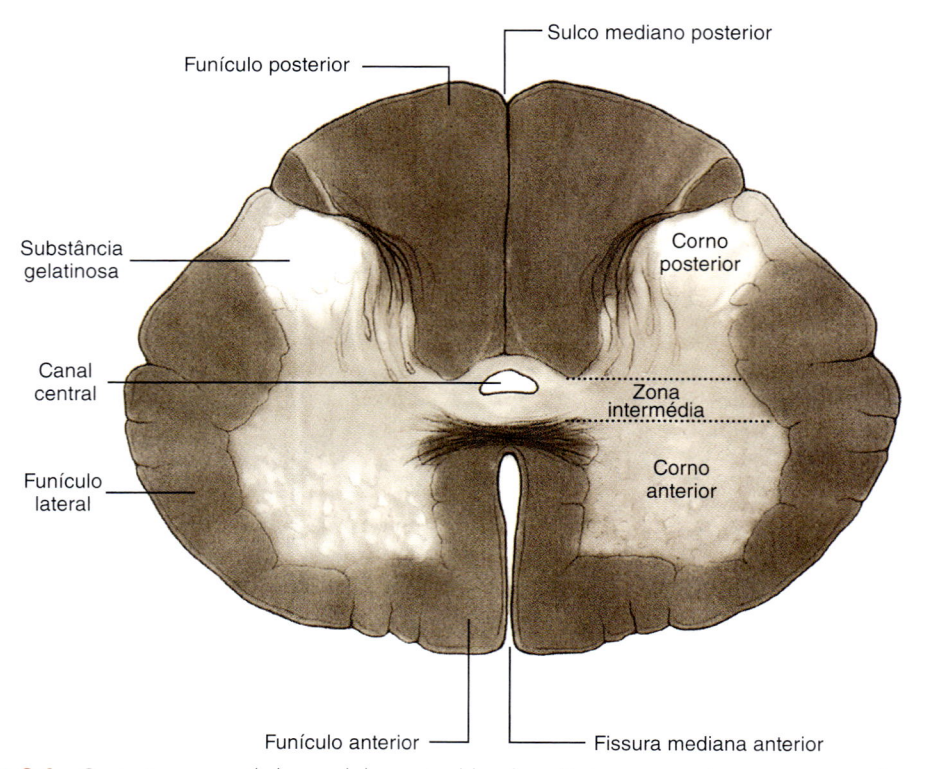

Figura 2.6   Corte transversal de medula espinal lombar. Note os grandes cornos anterior e posterior, e os amplos funículos posteriores.

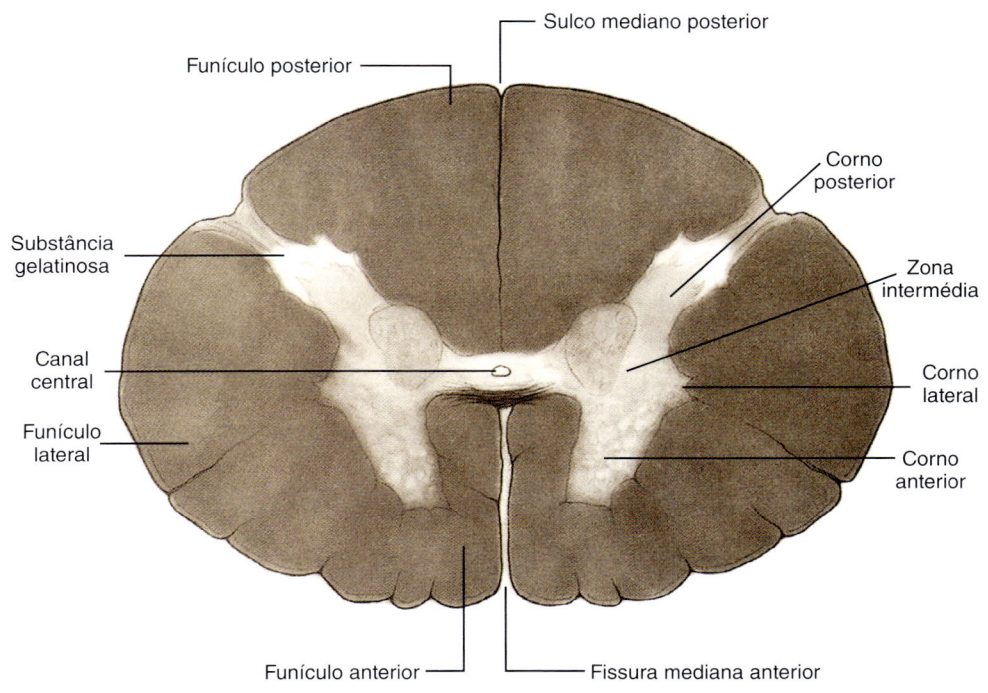

Figura 2.7 Corte transversal de medula espinal torácica. Note os cornos anterior e posterior delgados, e o corno lateral recortando o funículo lateral.

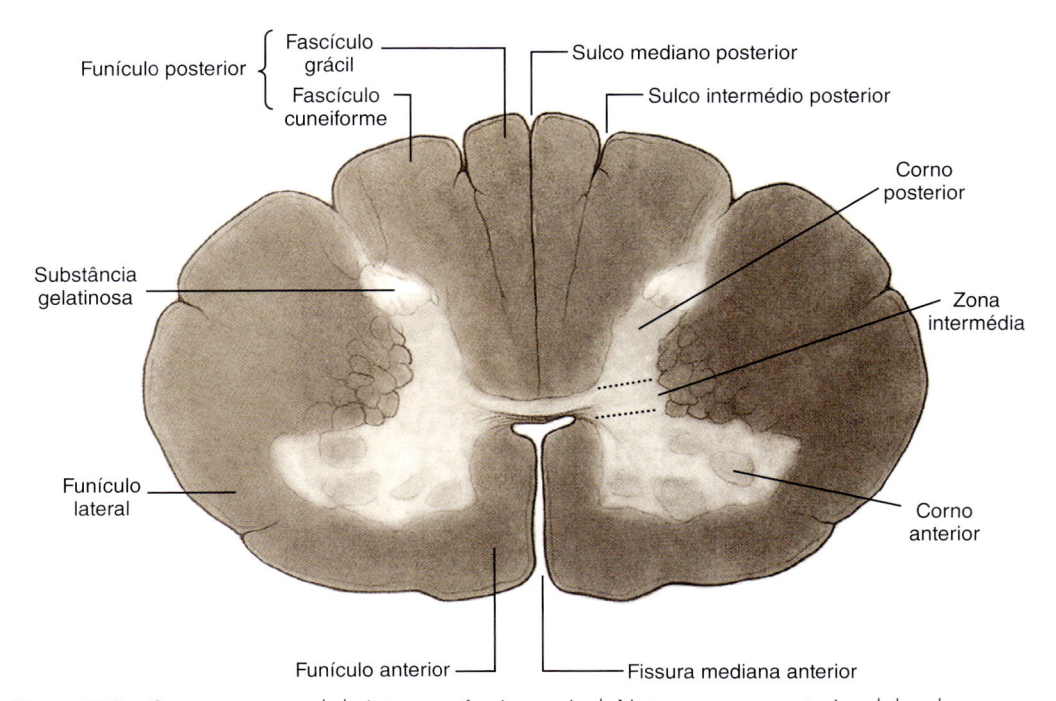

Figura 2.8 Corte transversal da intumescência cervical. Note o corno posterior delgado, o corno anterior grande e a divisão do enorme funículo posterior.

periores, o corno anterior dos segmentos cervicais é bem maior do que os dos torácicos, que suprem principalmente os músculos intercostais e subcostais, relativamente pequenos. Os segmentos torácicos têm a menor quantidade de substância cinzenta, tanto no corno como no posterior.

As diferenças em relação à quantidade de substância branca ao longo da medula espinal são sutis. Ainda assim, como a substância branca contém axônios que transmitem informação entre os segmentos medulares e o encéfalo, a quantidade de substância branca diminui em cada segmento no sentido superoinferior (crânio-caudal).

Lesões da medula espinal

As lesões da medula espinal podem ser de dois tipos fundamentalmente diferentes: aguda e crônica. A lesão aguda da medula espinal pode resultar de traumatismo ou acidente vascular, enquanto a lesão crônica pode resultar de infecções, inflamação, tumores, distúrbios genéticos e compressão. A lesão traumática com compressão momentânea ou prolongada da medula espinal está associada ao aparecimento imediato de sinais clínicos que variam, dependendo dos tratos e neurônios/núcleos especificamente envolvidos (Cap. 27). O acidente vascular que envolve as artérias espinais anterior ou posterior (Cap. 22) resulta em síndromes distintas. Uma combinação de traumatismo e interrupção vascular acompanha as contusões medulares. Embora a transecção da medula espinal seja improvável, o "machucado" produzido pela sua contusão resulta, mesmo assim, em uma lesão que culmina em insuficiência vascular e necrose (transecção fisiológica). A substância branca da medula espinal é mais resistente à hipóxia em comparação à substância cinzenta. Uma lesão por contusão é seguida de destruição da região central da medula espinal, formação de um cisto que leva à produção de uma cavidade oca, com inflamação e cicatriz glial no tecido intacto circundante. A substância branca circunjacente, em especial na periferia da área danificada, pode sobreviver e

continuar a transmitir impulsos ascendentes e descendentes. Essa é a base anatômica subjacente à preservação sacral (ver Fig. 11.9).

Questões para revisão

1. Quais são os conteúdos do espaço epidural relacionado à medula espinal?
2. Quais são os conteúdos do saco dural?
3. Quais são as três articulações intervertebrais onde mais provavelmente ocorrem deslocamentos, e quais segmentos medulares estão relacionados a cada uma?
4. Por que as punções lombares são feitas ao nível de VL3 a VL4 ou VL4 a VL5 em adultos?
5. Quais são as características que distinguem os cortes transversais de medula espinal nos níveis sacral, lombar, torácico e cervical?
6. O nervo C8 emerge entre quais das seguintes vértebras?
   a. VC6 e VC7.
   b. VC7 e VC8.
   c. VC8 e VT1.
   d. VC7 e VT1.
   e. VT1 e VT2.
7. Cada uma das alternativas relacionadas com a cauda equina é verdadeira, EXCETO:
   a. A cauda equina está localizada dentro do saco dural.
   b. A cauda equina contém as raízes dorsais dos nervos lombossacrais.
   c. A cauda equina contém as raízes ventrais dos nervos lombossacrais.
   d. A cauda equina está localizada no espaço subaracnóideo.
   e. Todas são verdadeiras.
8. A disparidade entre os níveis dos segmentos medulares e os níveis das vértebras em adultos é devida:
   a. Ao crescimento diferencial ou alongamento da medula espinal em comparação à coluna vertebral durante o desenvolvimento.
   b. Ao menor tamanho da medula espinal caudal, em comparação aos níveis rostrais.

c. À cauda equina que compensa a medula espinal mais curta.

d. A diferença está principalmente correlacionada à altura do indivíduo. Indivíduos mais baixos, em comparação aos mais altos, têm menos espaço entre a extremidade da medula e a extremidade do canal vertebral.

e. A disparidade dos níveis é insignificante e não tem consequência funcional.

9. Os ligamentos denticulados da medula espinal servem de referenciais anatômicos para:

a. Zona de entrada para raízes dorsais.

b. Zona de saída para raízes ventrais.

c. Zona de saída para radículas de neurônios do corno lateral.

d. Lesões cirúrgicas para tratamento de dor intratável.

e. Não têm significado funcional.

10. A preservação sacral pode ocorrer após a lesão da medula espinal, porque:

a. O traumatismo afetou somente um lado da medula espinal.

b. O acidente vascular comprometeu o suprimento vascular tanto para as partes anterior como posterior da medula.

c. A contusão medular resultará em degeneração interna da medula, contudo a substância branca periférica pode permanecer funcional.

d. A medula espinal sacral não foi lesada.

e. Os tratos axonais da medula sacral são mais resistentes ao dano.

3 Tronco encefálico: topografia e níveis funcionais

O tronco encefálico contém os centros funcionais associados a todos os 12 nervos cranianos, com exceção de apenas um deles.[1] Ele também contém os longos tratos que transmitem impulsos somatossensoriais de todas as partes do corpo até o cérebro (prosencéfalo), bem como impulsos motores originados no cérebro para produção dos movimentos voluntários. Lesões no tronco encefálico se manifestam como disfunções somatossensoriais ou motoras, ou ambas, acompanhadas de alterações nas funções dos nervos cranianos. O nível de uma lesão no tronco encefálico pode ser determinado, geralmente, pela disfunção de nervos cranianos. Em razão da natureza vital de muitos centros funcionais localizados no tronco encefálico, especialmente nos níveis mais caudais, as lesões no tronco encefálico, com frequência, são fatais.

O tronco encefálico é a parte do encéfalo que se assemelha a uma haste, localizada na fossa posterior da base do crânio. Ele consiste no bulbo, na ponte e no mesencéfalo (Fig. 3.1). O bulbo está em continuidade com a medula espinal no forame magno, enquanto o mesencéfalo é contínuo com o cérebro na incisura tentorial, a abertura existente nas margens livres do tentório do cerebelo.[1]

O tronco encefálico é coberto posteriormente pelo cerebelo, ao qual está conectado por volumosas massas de fibras nervosas que formam os três pares de **pedúnculos cerebelares**. Sua superfície anterior está intimamente relacionada ao clivo (*clivus*), a superfície inclinada da fossa craniana posterior, entre o dorso da sela turca e o forame magno (Fig. 3.2).

Conexão clínica

Uma situação clínica potencialmente fatal, que envolve o tronco encefálico, pode ocorrer quando uma punção lombar é realizada em um paciente com pressão intracraniana aumentada. Nessa circunstância, o tronco encefálico é empurrado para baixo à medida que o cerebelo sofre herniação por meio do forame magno, o que causa compressão do bulbo. A pressão sobre os centros cardiovascular e respiratório bulbares resulta rapidamente em morte.

Anatomia do tronco encefálico

Bulbo

O bulbo, ou medula oblonga, se estende da medula espinal até a ponte (Figs. 3.1 e 3.2). A superfície posterior de sua parte rostral está anatomicamente relacionada ao cerebelo, ao

---

1 N.R.C.: Dos 12 pares de nervos cranianos, dois não fazem conexão direta com o tronco encefálico, quais sejam, o nervo olfatório que tem conexão com o telencéfalo e o nervo óptico que tem conexão com o diencéfalo.

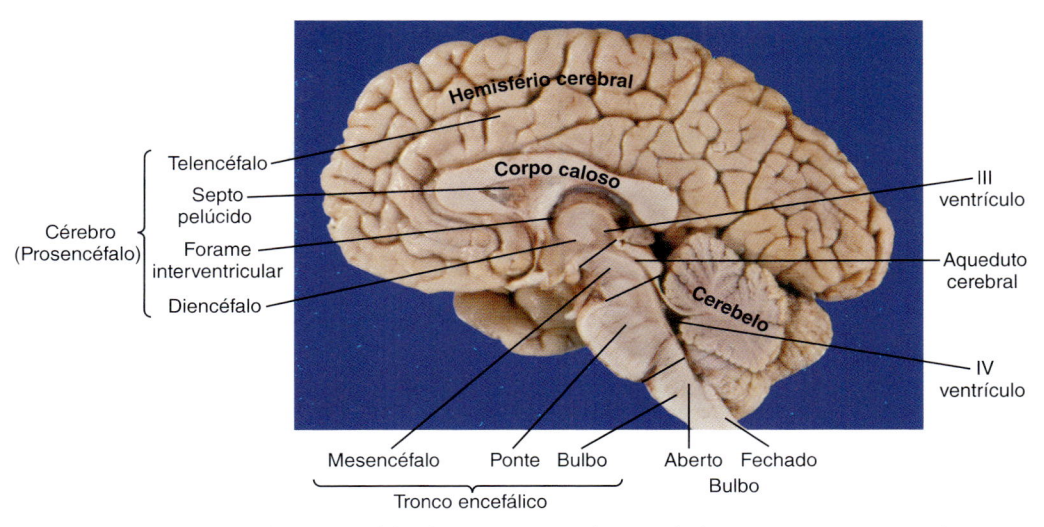

Figura 3.1 Vista medial do encéfalo direito mostrando as subdivisões e suas partes do sistema ventricular.

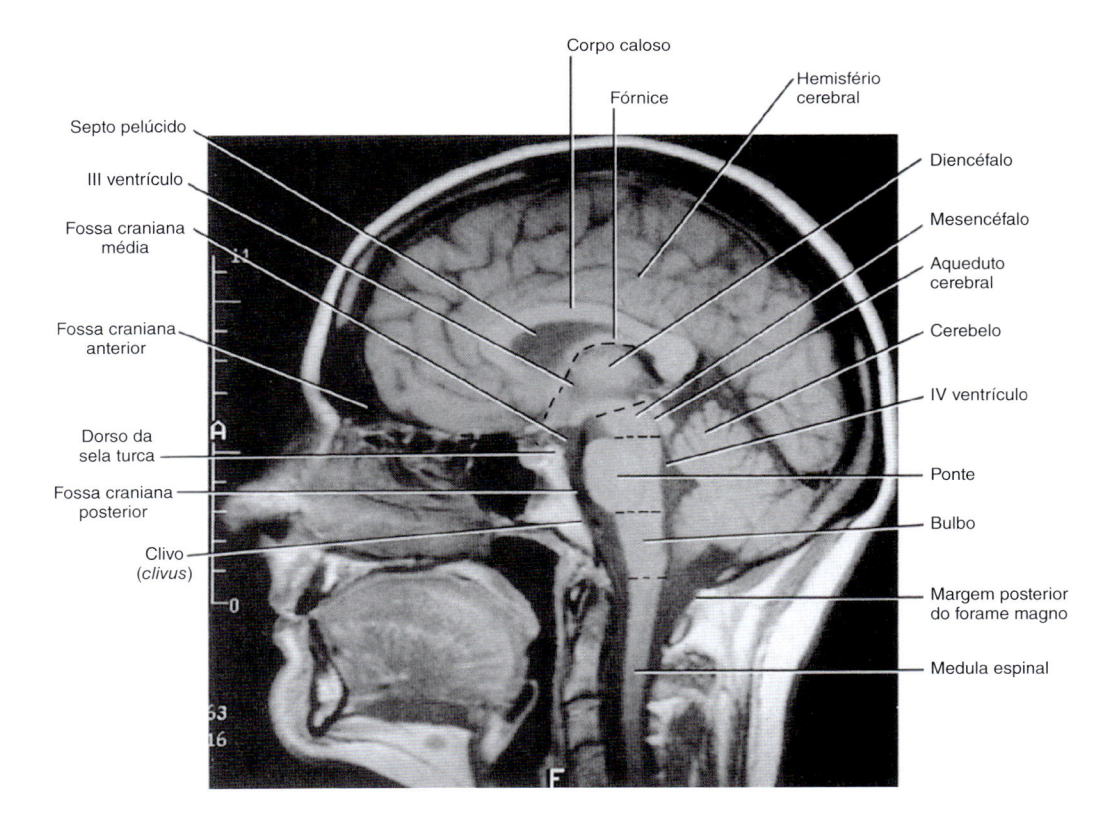

Figura 3.2 Imagem de ressonância magnética de vista medial da metade direita do encéfalo.

qual se conecta pelos pedúnculos cerebelares inferiores.

A metade caudal do bulbo contém um prolongamento do canal central da medula espinal e é referida como sendo a parte fechada do bulbo. A superfície posterior da metade rostral do bulbo forma a parte caudal ou bulbar do assoalho do IV ventrículo, a cavidade cheia de líquido cerebrospinal situada entre o cerebelo e a ponte e a porção aberta do bulbo (Fig. 3.2). A metade rostral do bulbo é referida como sendo a porção aberta. O bulbo contém núcleos relacionados com os nervos cranianos vestibulococlear (VIII), glossofaríngeo (IX), vago (X), parte craniana do nervo acessório (XI) e hipoglosso (XII), além de conter centros associados ao equilíbrio, à audição, à deglutição, à tosse, ao vômito, à salivação, aos movimentos da língua, à respiração e à circulação.

Ponte

A ponte se estende do bulbo até o mesencéfalo. Posteriormente, forma o assoalho da parte rostral do IV ventrículo e é coberta pelo cerebelo, ao qual se prende pelos pedúnculos cerebelares médios ou braços da ponte. A ponte contém núcleos relacionados com os nervos cranianos trigêmeo (V), abducente (VI) e facial (VII), e contém centros associados à mastigação, aos movimentos oculares, à expressão facial, ao piscamento, à salivação, ao equilíbrio e à audição.

Mesencéfalo

O mesencéfalo fica entre a ponte e o cérebro e está localizado na incisura tentorial. É a menor parte do tronco encefálico e contém os núcleos dos nervos cranianos oculomotor (III) e troclear (IV), bem como os centros associados aos reflexos auditivos, visuais e pupilares. Contém o **aqueduto cerebral** (Figs. 3.1 e 3.2), o canal estreito que constitui a única via de saída de LCS dos ventrículos encefálicos para o IV ventrículo. Uma linha imaginária que atravessa o aqueduto cerebral de lado a lado divide o mesencéfalo em uma parte posterior, o teto mesencefálico, e uma parte anterior, o pedúnculo cerebral.

Topografia do tronco encefálico

Conforme referido no Prefácio, antes de descrever as vias funcionais de importância clínica, é imperativo que o leitor se familiarize com as características distintivas das subdivisões do encéfalo e seus níveis funcionalmente importantes. Como apenas os referenciais anatômicos mais notáveis são necessários para distinguir as subdivisões e seus níveis funcionais, eles serão isoladamente descritos a seguir. Outras estruturas de relevância clínica são descritas com as vias funcionais.

Superfície anterior

Bulbo

Na superfície anterior do bulbo (Fig. 3.3), estão as pirâmides, um par de elevações alongadas em cada lado da fissura mediana anterior, que se torna parcialmente obstruída no nível caudal pela decussação das pirâmides. Lateralmente à parte rostral de cada pirâmide, há uma elevação proeminente, a oliva. O sulco raso existente entre a oliva e a pirâmide é o sulco lateral anterior, onde emergem as radículas do nervo hipoglosso (XII). O sulco posterior à oliva é o sulco lateral posterior, que é o local onde as radículas dos nervos glossofaríngeo (IX) e vago (X) se fixam (no sentido superoinferior). As radículas cranianas do nervo acessório (XI) emergem alinhadas às do nervo vago, porém inferiormente ao sulco lateral posterior. Como essas radículas acabam se unindo e sendo distribuídas com o nervo vago, a chamada raiz ou parte craniana do nervo acessório é considerada por muitos uma denominação inadequada.

Ponte

A porção anterior da ponte é a parte basilar. Sua superfície consiste em faixas transversais formadas por feixes de fibras que se tornam contínuas lateralmente com os pedúnculos cerebelares médios. O sulco basilar, raso e situado próximo à linha média, é normalmente ocupado pela artéria basilar.

O nervo abducente (VI) emerge no sulco bulbopontino, perto da borda lateral da pirâ-

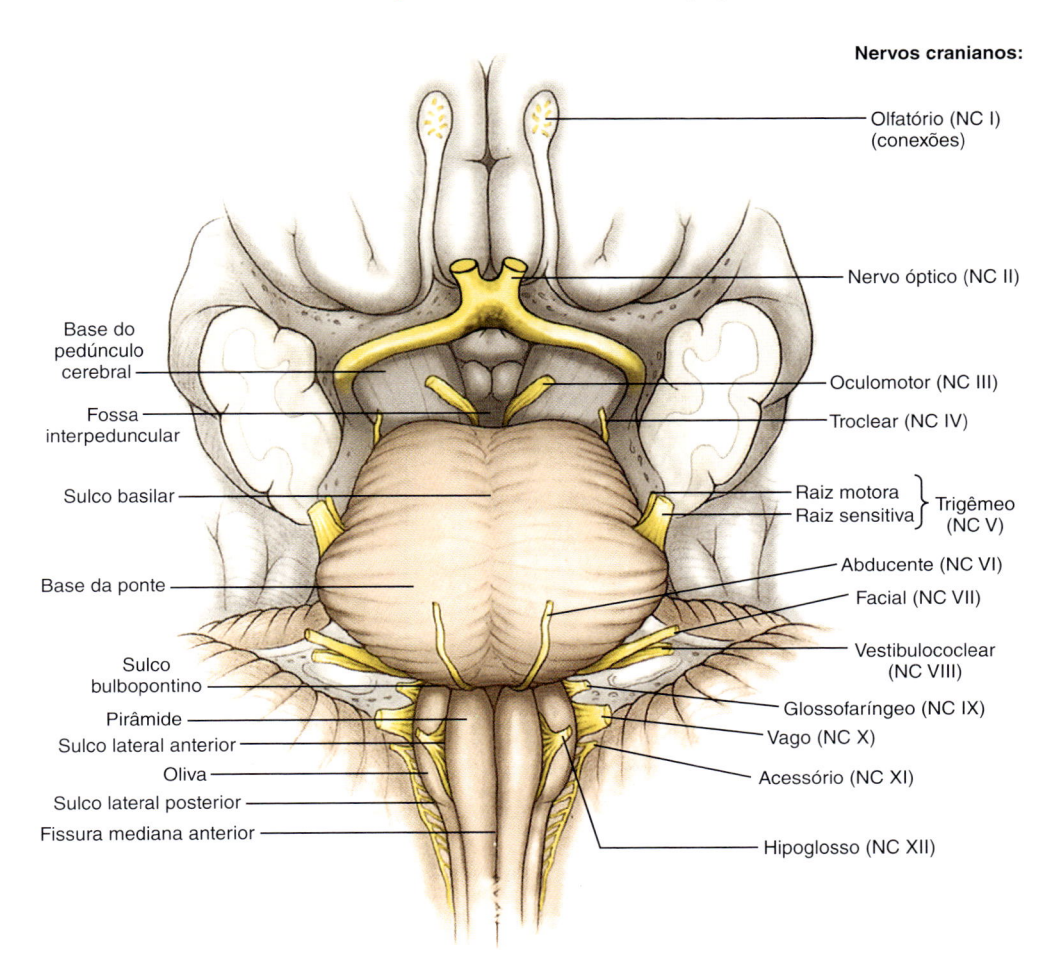

Figura 3.3 Superfície anterior do tronco encefálico.

mide. Emergindo mais lateralmente no sulco bulbopontino, estão os nervos facial (VII) e vestibulococlear (VIII). Na superfície anterolateral da ponte, mais ou menos a meio caminho entre o bulbo e o mesencéfalo, está a emergência do nervo trigêmeo (V). Este nervo consiste em uma raiz sensitiva inferolateral maior e uma raiz motora superomedial menor.

Mesencéfalo

A superfície anterior do mesencéfalo é formada pelos pedúnculos cerebrais. Estes consistem na base dos pedúnculos cerebrais convergentes (partes mais anteriores dos pedúnculos cerebrais), que são separados um do outro pela

fossa interpeduncular. Os nervos oculomotores (III) emergem das paredes da fossa interpeduncular.

Superfície posterior

Bulbo

A superfície posterior da metade fechada ou caudal do bulbo contém os tubérculos grácil de cada lado do sulco mediano posterior (Fig. 3.4). Lateralmente a cada tubérculo grácil e se estendendo ligeiramente mais rostral, está o tubérculo cuneiforme. A superfície posterior da metade aberta do bulbo e a superfície posterior da ponte formam o assoalho do IV ventrículo.

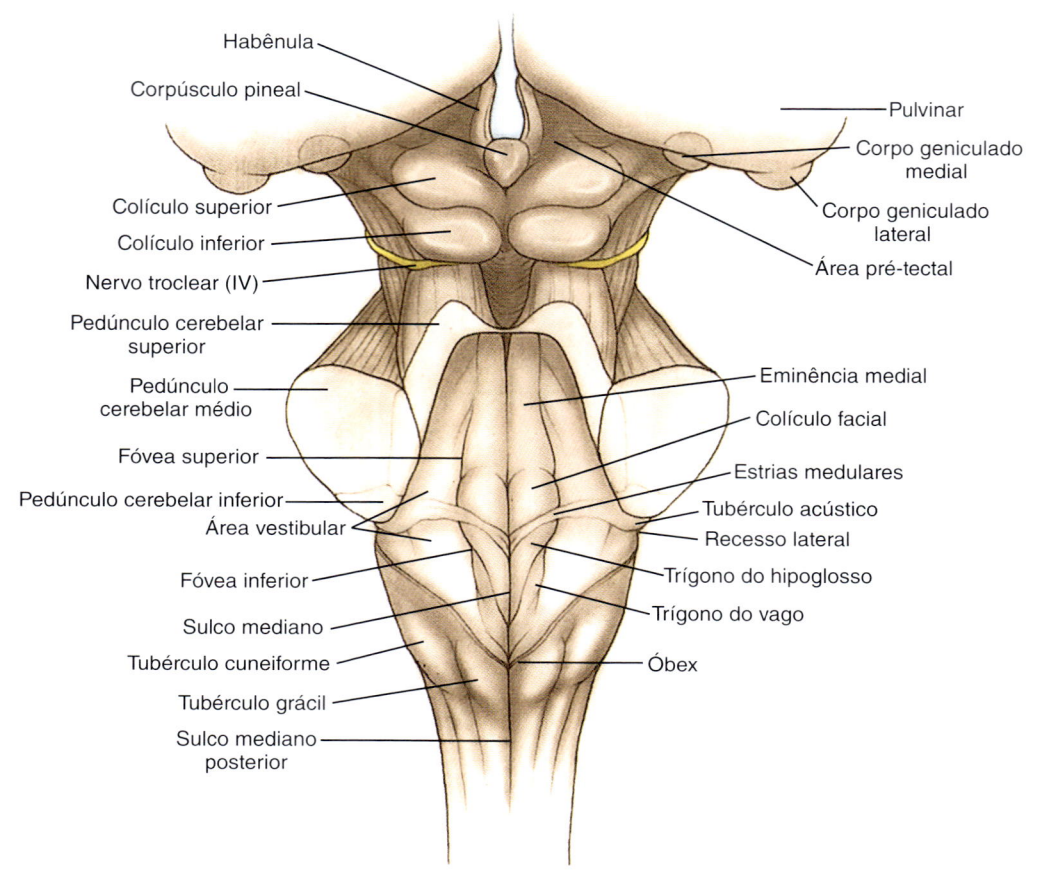

Figura 3.4   Superfície posterior do tronco encefálico.

O IV ventrículo

O assoalho do IV ventrículo pode ser dividido nas partes bulbar e pontina traçando-se uma linha horizontal imaginária entre os recessos laterais, que são encontrados no ponto mais amplo do IV ventrículo. A extremidade caudal do IV ventrículo fica entre os tubérculos grácil e é denominada óbex. Na maioria dos encéfalos, a parte rostral do assoalho bulbar contém número variável de estrias brancas conhecidas como estrias medulares, que se estendem lateralmente do sulco mediano na direção do recesso lateral.

O sulco mediano divide o assoalho do IV ventrículo em metades simétricas. Cada metade é adicionalmente subdividida nas partes medial e lateral pelas fóveas superior e inferior, pequenas depressões nos níveis pontino e bulbar, respectivamente. Essas fóveas são remanescentes do sulco limitante e indicam o limite entre estruturas motoras (mediais) e estruturas sensitivas (laterais). Portanto, estendendo-se lateralmente a partir das duas fóveas em direção ao recesso lateral, está a área vestibular e, no recesso lateral, há uma eminência pequena chamada tubérculo acústico. Ambos, a área vestibular e o tubérculo acústico, são estruturas sensitivas. Entre a fóvea inferior e o sulco mediano, existem duas áreas triangulares pequenas que são o trígono do hipoglosso, posicionado medialmente, e o trígono do vago, posicionado lateralmente, ambos estruturas motoras. Entre a fóvea superior e o sulco mediano, encontra-se a eminência medial. Sua parte caudal se alarga e constitui o colículo facial, que se sobrepõe ao núcleo abducente.

Pedúnculos cerebelares

As superfícies de corte dos pedúnculos cerebelares são observadas em uma visão lateral da ponte e no teto do IV ventrículo. O volumoso **pedúnculo cerebelar médio** ou braço da ponte é contínuo com a parte basilar da ponte. Em sua parte inferomedial está o **pedúnculo cerebelar inferior** ou corpo restiforme que conecta o bulbo ao cerebelo. O **pedúnculo cerebelar superior** ou braço conjuntivo passa do teto do IV ventrículo para dentro do tegmento da porção rostral da ponte.

Mesencéfalo

A superfície posterior do mesencéfalo é composta pelo teto mesencefálico. Este consiste em dois pares de saliências, os corpos quadrigêmeos, que são os colículos inferiores e superiores. Os nervos trocleares (IV) emergem caudalmente aos colículos inferiores. A pequena área rostral aos colículos superiores é a área pré-tectal.

Formação reticular do tronco encefálico

Estendendo-se ao longo da parte central do bulbo, da ponte e do mesencéfalo, há um complexo emaranhado de núcleos e tratos não muito bem diferenciados que constitui a formação reticular do tronco encefálico (Fig. 3.5). Como sua localização central (Figs. 3.6 a 3.13) pode sugerir, está intimamente associada às vias ascendentes e descendentes, bem como aos núcleos dos nervos cranianos. Em consequência, recebe estímulos de todas as partes do sistema nervoso e, por sua vez, exerce ampla influência sobre praticamente todas as funções do sistema nervoso central, conforme descrito no Capítulo 20.

Níveis funcionais do tronco encefálico

Depois que as características de superfície do tronco encefálico se tornam familiares, essas mesmas estruturas podem ser identificadas em cortes transversais feitos nos níveis utilizados

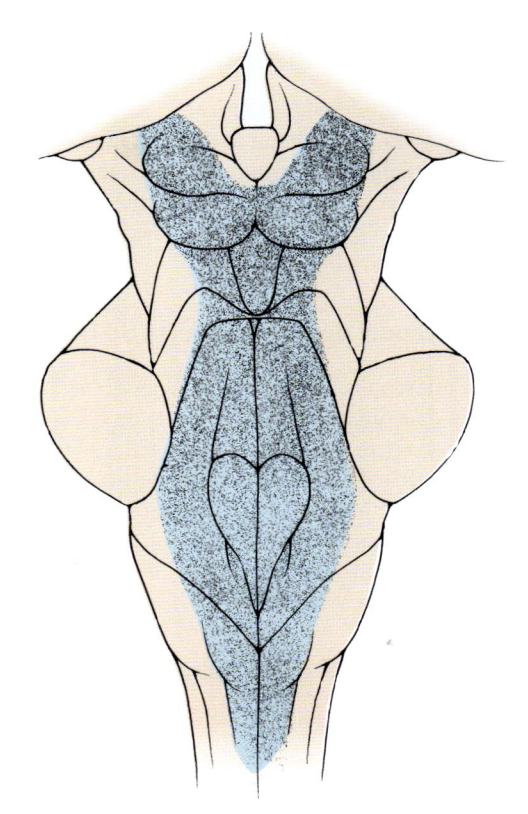

Figura 3.5 Localização da formação reticular do tronco encefálico (área sombreada em azul).

para localização das lesões de tronco encefálico. Identificando-se em um corte transversal de tronco encefálico os mesmos referenciais de superfície, é possível determinar com precisão a partir de que região do tronco encefálico o corte foi obtido. Exemplificando, consulte as ilustrações de tronco encefálico mostradas nas Figuras 3.3 e 3.4, e compare-as cuidadosamente com os cortes transversais mostrados nas Figuras 3.6 a 3.13. Como os cortes transversais de tronco encefálico são referidos repetidamente à medida que os sistemas funcionais são estudados, conhecer de maneira precisa suas localizações dentro do encéfalo melhorará o desenvolvimento de uma imagem tridimensional das vias funcionais. Esse processo é importante porque o clínico deve formar seu conhecimento sobre o sistema nervoso, seja qual for a fonte, a partir da macroscopia do encéfalo mas fundamentalmente baseado no cérebro vivo *in situ*.

Parte rostral da porção fechada do bulbo

As pirâmides são anteriores e estão separadas pela fissura mediana anterior (Fig. 3.6). Os tubérculos grácil e cuneiforme são posteriores e estão separados pelo sulco intermédio posterior. O sulco mediano posterior está localizado entre os tubérculos grácil.

Parte caudal da porção aberta do bulbo

Posicionadas anteriormente, estão as pirâmides e as olivas com as radículas do nervo hipoglosso entre elas (Fig. 3.7). Os sulcos laterais anteriores e posteriores são anteriores e posteriores às olivas, respectivamente. Posteriormente, o assoalho do IV ventrículo contém, no sentido medial-lateral, os trígonos do hipoglosso e do vago, a fóvea inferior e a área vestibular.

Parte rostral da porção aberta do bulbo

Anteriormente, a superfície do bulbo apresenta, no sentido medial-lateral, a fissura mediana anterior, as pirâmides, os sulcos laterais anteriores, as olivas e os sulcos laterais posteriores (Fig. 3.8). Posteriormente, a parte mais ampla do assoalho do IV ventrículo é relativamente regular, exceto no recesso lateral, onde está a eminência do tubérculo acústico. Lateral a esse tubérculo, está a abertura lateral do IV ventrículo, uma abertura para dentro do espaço subaracnóideo. A maior parte do assoalho do IV ventrículo consiste na área vestibular. Os feixes de fibras mielinizadas presentes no assoalho são as estrias medulares do IV ventrículo.

Parte caudal da ponte

A parte anterior ou basilar da ponte consiste em substância cinzenta, núcleos pontinos e substância branca, feixes circulares amplos de fibras descendentes e feixes menores de fibras transversais que entram lateralmente no pedúnculo cerebelar médio (Fig. 3.9). As estruturas mais notáveis na parte posterior ou tegmentar da ponte são as partes intrabulbares dos nervos abducente (VI) e facial (VII), além do núcleo abducente profundamente localizado em relação ao colículo facial.

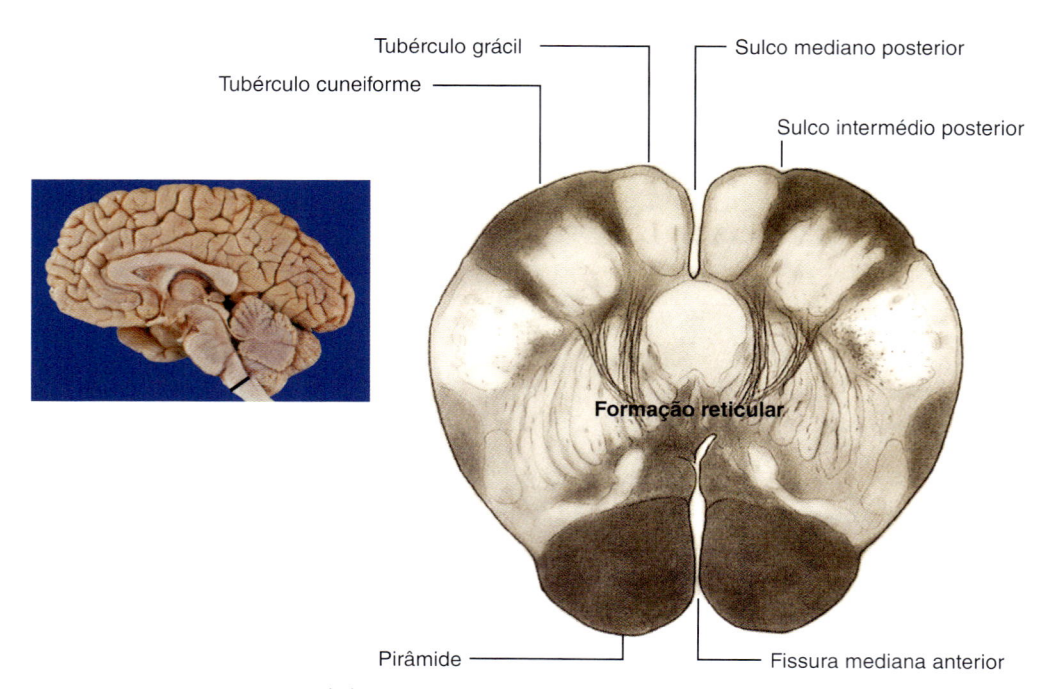

Tubérculo grácil — Sulco mediano posterior
Tubérculo cuneiforme — Sulco intermédio posterior
Formação reticular
Pirâmide — Fissura mediana anterior

Figura 3.6 Corte transversal da parte rostral da porção fechada do bulbo.

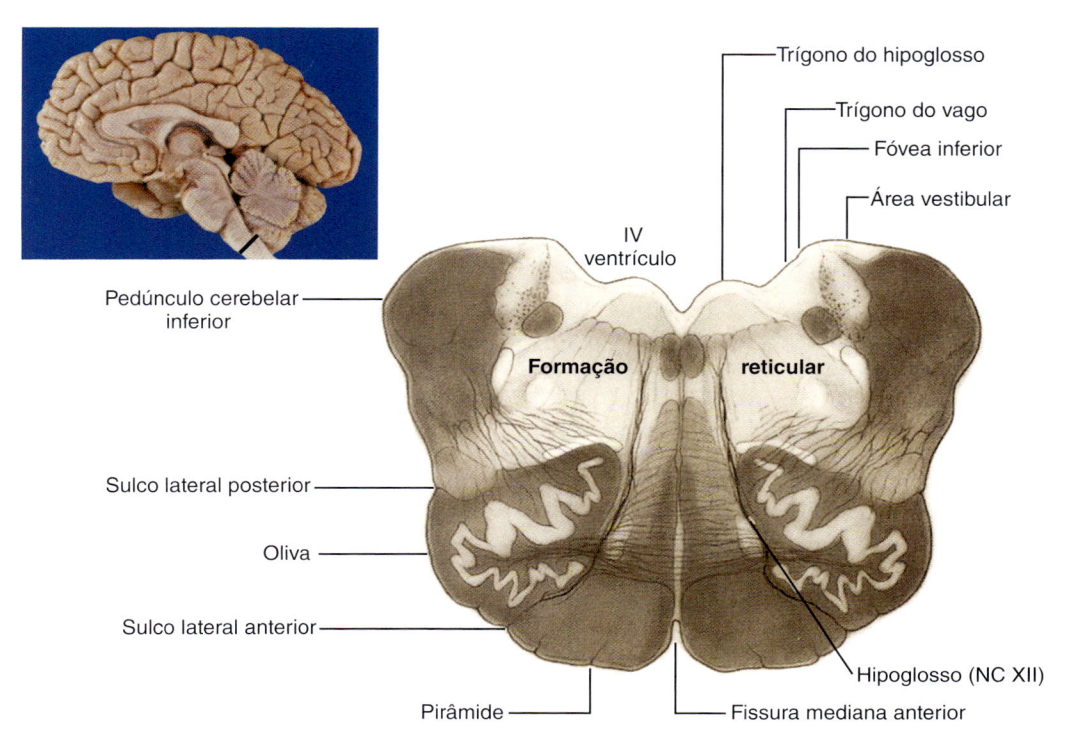

Figura 3.7 Corte transversal no nível da parte caudal da porção aberta do bulbo (NC, nervo craniano).

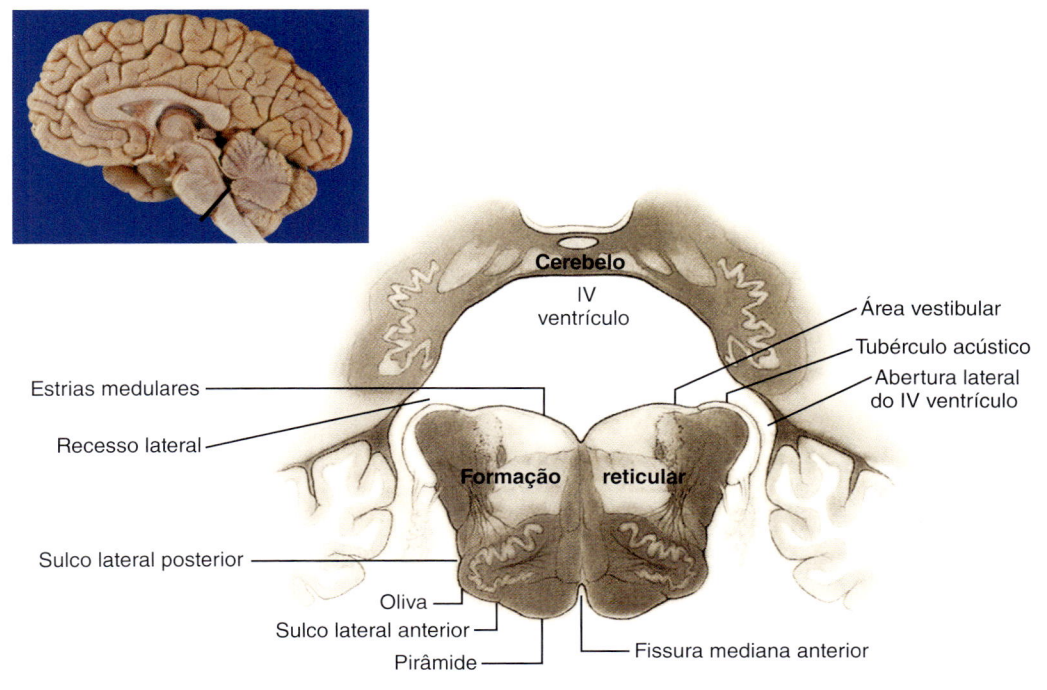

Figura 3.8 Corte transversal no nível rostral da porção aberta do bulbo.

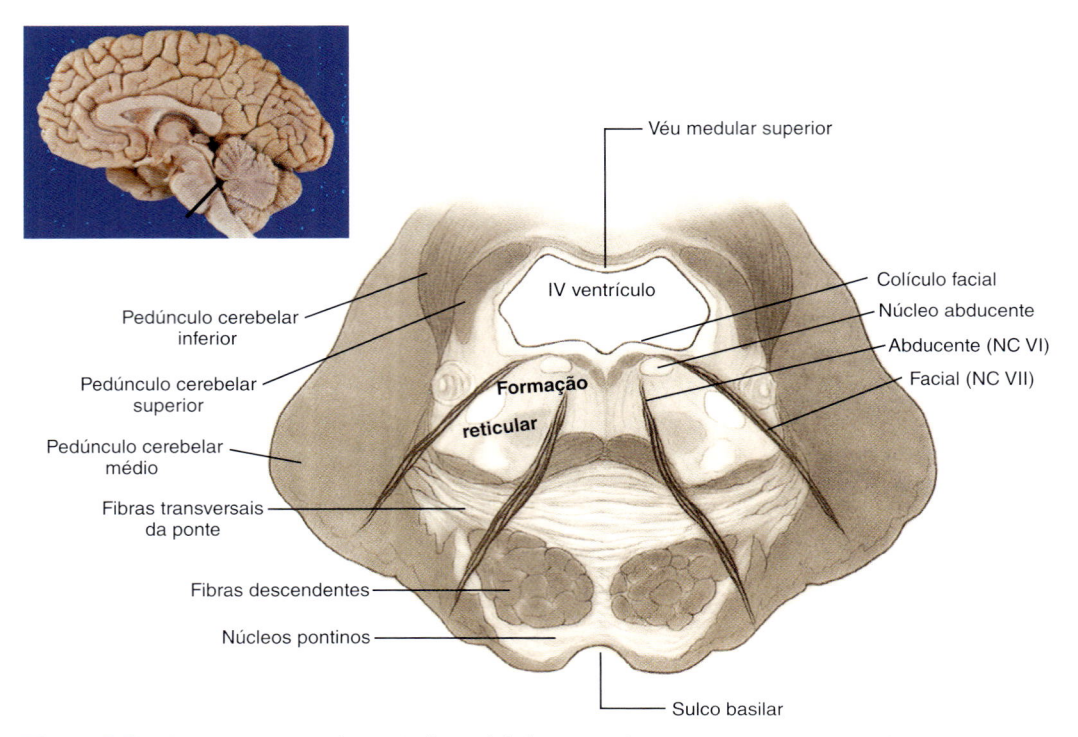

Véu medular superior

IV ventrículo

Colículo facial

Núcleo abducente

Abducente (NC VI)

Facial (NC VII)

Pedúnculo cerebelar inferior

Pedúnculo cerebelar superior

Pedúnculo cerebelar médio

Formação reticular

Fibras transversais da ponte

Fibras descendentes

Núcleos pontinos

Sulco basilar

Figura 3.9   Corte transversal no nível caudal da ponte (nervos cranianos VI e VII).

Parte média da ponte

Este corte está no nível médio da ponte, onde o nervo trigêmeo emerge (Fig. 3.10). Embora seu tamanho e formato possam variar, a parte basilar da ponte aparece de modo similar em todos os níveis pontinos. As estruturas mais visíveis na parte lateral do tegmento pontino são o núcleo motor do nervo trigêmeo, oval e o núcleo sensitivo do trigêmeo, menor e lateral a ele. Os pedúnculos cerebelares superiores estão no teto do IV ventrículo. O **véu medular superior** está entre eles.

Parte rostral da ponte

Na superfície posterior da parte rostral da ponte, está a decussação e a emergência dos nervos trocleares (IV), os únicos nervos cranianos a emergirem da superfície posterior do tronco encefálico (Fig. 3.11). O IV ventrículo sofreu estreitamento para se tornar o aqueduto cerebral. Os pedúnculos cerebelares superiores

volumosos entraram no tegmento e estão começando a decussar ou cruzar. A parte basilar contém feixes maiores de fibras separados pelos núcleos pontinos.

Parte caudal do mesencéfalo

Posteriormente, os colículos inferiores são separados pela substância cinzenta periaquedutal que circunda o aqueduto cerebral (Fig. 3.12). Anteriormente, está localizado o pedúnculo cerebral que, no sentido posterior-anterior, consiste no tegmento, na substância negra e na base do pedúnculo cerebral. A ampla fossa interpeduncular está entre as **bases dos pedúnculos cerebrais**.

Parte rostral do mesencéfalo

Posteriormente, os colículos superiores estão parcialmente separados pela substância cinzenta periaquedutal e pelo aqueduto cerebral (Fig. 3.13). Os núcleos oculomotores, formando um

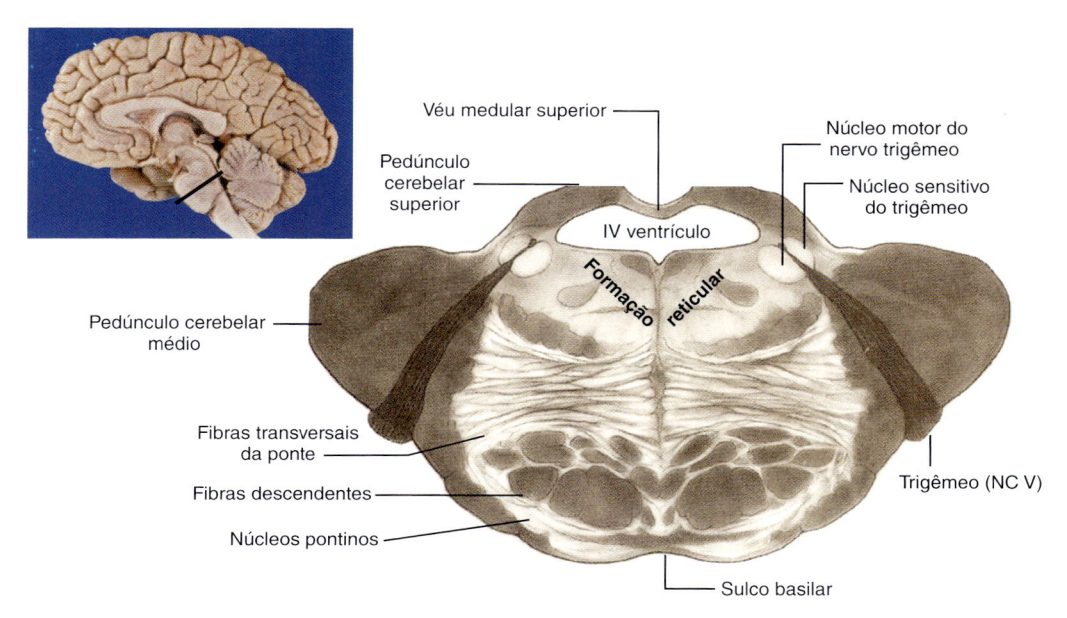

Figura 3.10 Corte transversal no nível médio da ponte (NC, nervo craniano).

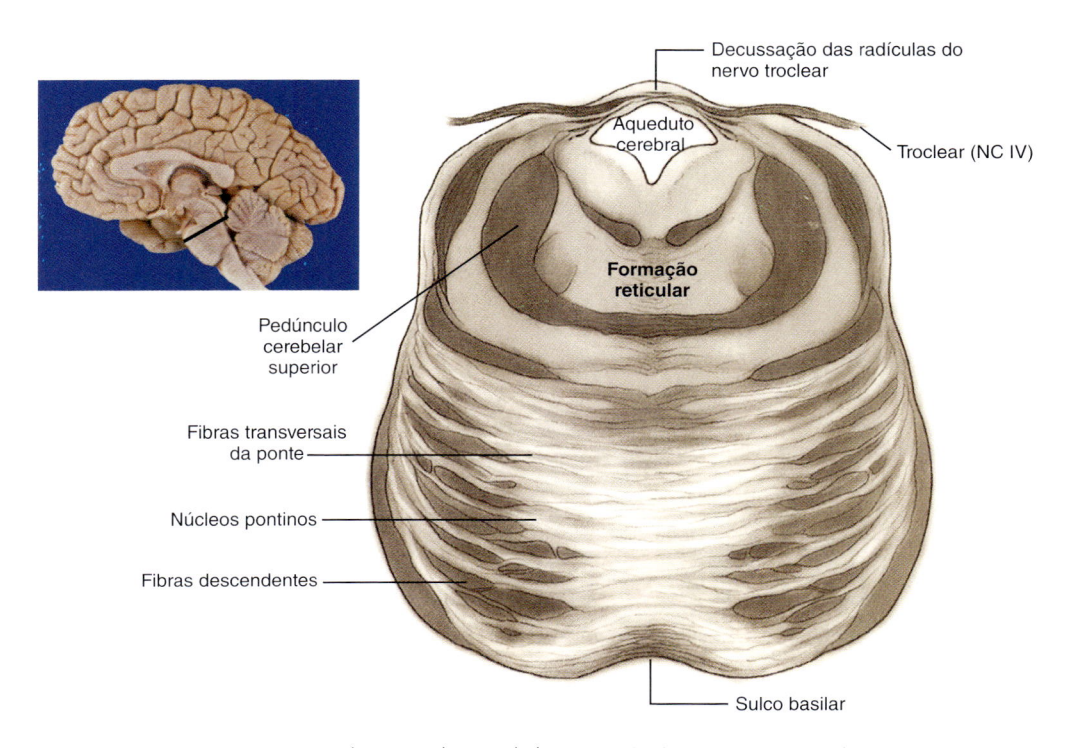

Figura 3.11 Corte transversal no nível rostral da ponte (NC, nervo craniano).

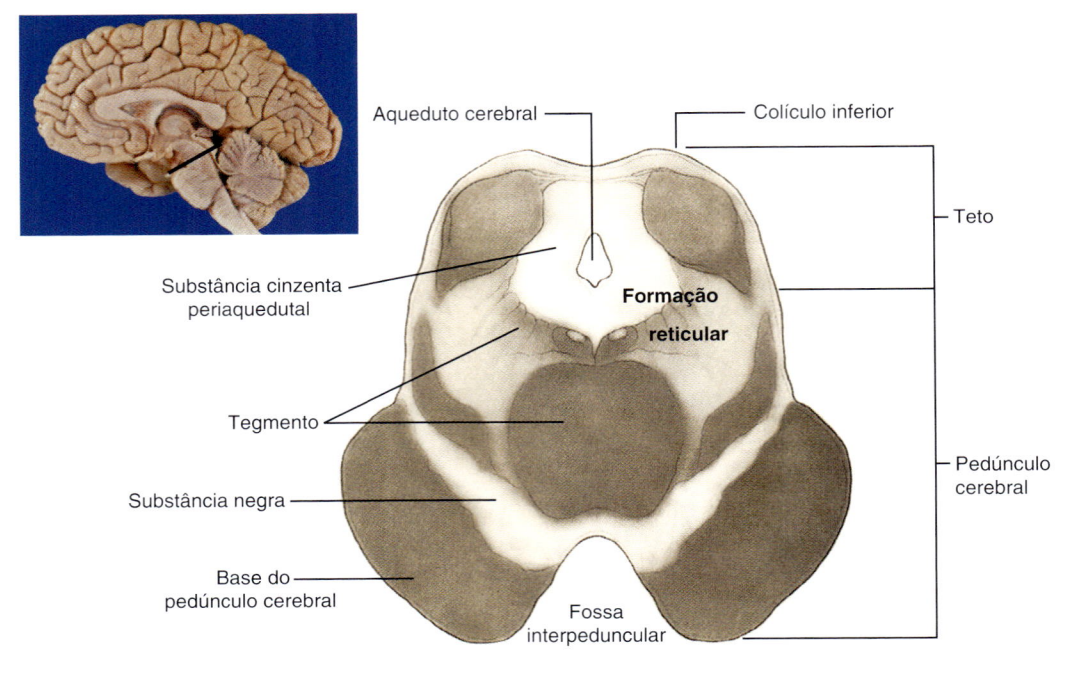

Figura 3.12 Corte transversal no nível caudal do mesencéfalo.

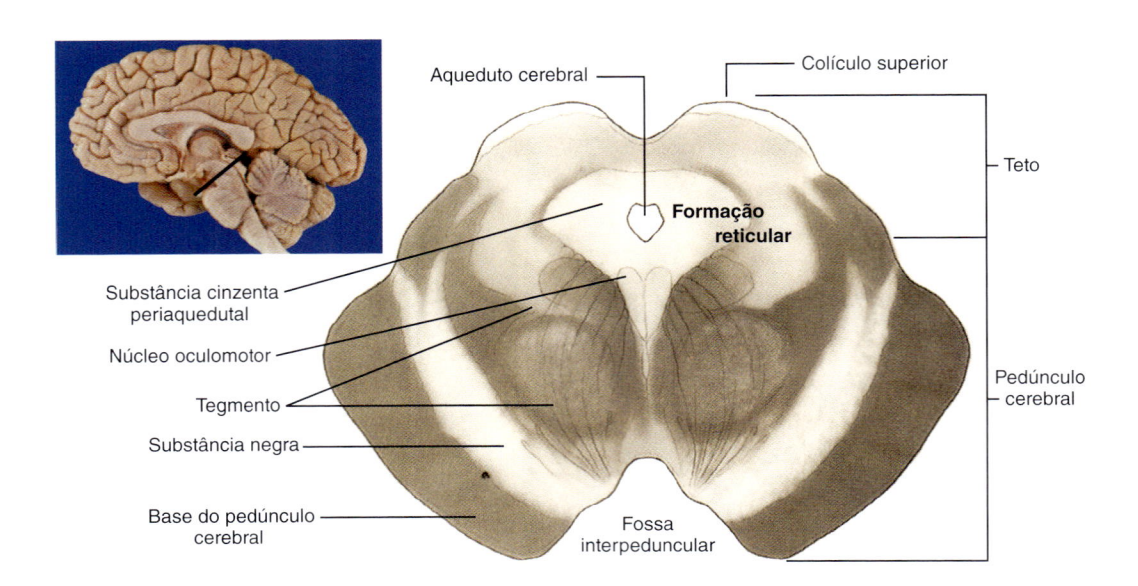

Figura 3.13 Corte transversal no nível rostral do mesencéfalo.

"V", são anteriores à substância cinzenta peria-quedutal. Anteriormente, o pedúnculo cerebral é composto pelo tegmento, pela substância negra e pela base do pedúnculo cerebral. Os nervos cranianos oculomotores (III) emergem das paredes da fossa interpeduncular.

Questões para revisão

1. Quais são as características distintivas da superfície ventral (anterior) do (a) bulbo, da (b) ponte e do (c) mesencéfalo?
2. Quais são as características distintivas da superfície dorsal (posterior) da (a) porção fechada do bulbo, da (b) porção aberta do bulbo, da (c) ponte e do (d) mesencéfalo?
3. O que é e onde está localizada a formação reticular do tronco encefálico?
4. Em qual nível específico do tronco encefálico está cada uma das seguintes estruturas?
   a. Trígono do hipoglosso.
   b. Núcleo motor do nervo trigêmeo.
   c. Colículo superior.
   d. Decussação do nervo troclear.
   e. Tubérculo acústico.
   f. Tubérculo grácil.
   g. Colículo facial.
   h. Colículo inferior.
5. O tronco encefálico está localizado:
   a. Na fossa craniana anterior.
   b. Na fossa craniana média.
   c. Na fossa craniana posterior.
   d. No compartimento supratentorial da cavidade craniana.
   e. Nenhuma das anteriores.

6. As estruturas motoras e sensoriais no assoalho do IV ventrículo estão separadas:
   a. Pela fissura mediana anterior.
   b. Pelas fóveas superior e inferior.
   c. Pelo sulco mediano.
   d. Pelo sulco lateral anterior.
   e. Pelo sulco basilar.
7. A base do pedúnculo cerebral, a substância negra e o tegmento adjacente estão localizados:
   a. No teto mesencefálico.
   b. No bulbo.
   c. Nos pedúnculos cerebelares.
   d. Na ponte.
   e. Na porção do mesencéfalo situada ventralmente ao aqueduto cerebral.
8. O único nervo (espinal ou craniano) que inerva musculatura esquelética no lado oposto do corpo é:
   a. Oculomotor (III).
   b. Troclear (IV).
   c. Abducente (VI).
   d. Glossofaríngeo (IX).
   e. Vago (X).
9. Imediatamente posterior ao pedúnculo cerebelar inferior, à medida que este se curva dorsalmente para dentro do cerebelo, encontra-se:
   a. O nervo vestibular.
   b. O nervo trigêmeo.
   c. A abertura lateral do IV ventrículo.
   d. As estrias medulares.
   e. A abertura mediana do IV ventrículo.

4 Prosencéfalo: topografia e níveis funcionais

Lesões no prosencéfalo, mais comumente referido como cérebro[1], podem resultar em alterações que envolvem desequilíbrio hormonal, regulação da temperatura, emoções ou comportamento. As lesões no prosencéfalo (cérebro) também podem afetar a percepção sensorial e os movimentos voluntários, bem como a memória, a capacidade de julgamento e a fala. As lesões vasculares mais comuns em todo o sistema nervoso são os "acidentes vasculares cerebrais capsulares", que comprometem a cápsula interna, localizada na substância branca do prosencéfalo (cérebro).

O prosencéfalo ou cérebro, consiste no telencéfalo, constituído pelos dois hemisférios cerebrais, e no diencéfalo. Este último contém os centros funcionais para integração de toda informação que passa do tronco encefálico e da medula espinal aos hemisférios cerebrais, bem como para integração das atividades motoras e viscerais. Os dois hemisférios cerebrais integram as funções mentais superiores, como a consciência das sensações e emoções, aprendizado e memória, inteligência e criatividade, e linguagem.

O diencéfalo recebe os nervos ópticos (II) e está subdividido em quatro partes: tálamo, hipotálamo, subtálamo e epitálamo. Os hemisférios cerebrais recebem os nervos olfatórios (I).

O diencéfalo contém o III ventrículo, enquanto os hemisférios cerebrais contêm os ventrículos laterais que estão parcialmente separados entre si pelo septo pelúcido (Figs. 3.1, 3.2 e 4.2).

Terminologia anatômica para definição de direção e posição

O prosencéfalo (cérebro) está localizado nas fossas cranianas anterior e média, em posição supratentorial, ou seja, superiormente ou acima do tentório do cerebelo. Está orientado quase que perpendicularmente ao tronco encefálico e à medula espinal (Figs. 3.1, 3.2 e 4.1). A mudança de direção ocorre na junção entre o mesencéfalo e o prosencéfalo (cérebro), e nessa junção é que ocorre uma mudança em termos de direção e posição. Nas descrições da medula espinal e do tronco encefálico, os termos "anterior" ou "ventral" indicam a direção no sentido frontal do corpo, enquanto os termos "posterior" ou "dorsal" significam a direção no sentido para trás do corpo. Além disso, "superior" ou "rostral" indicam superiormente

---

1 N.R.C.: Prosencéfalo, mesencéfalo e rombencéfalo são três vesículas encefálicas características de etapa da formação do sistema nervoso. O prosencéfalo desenvolve-se originando o telencéfalo e o diencéfalo que, em conjunto, constituem o cérebro. O rombencéfalo se desenvolve em metencéfalo e mielencéfalo que, respectivamente, originam a ponte e o bulbo que, com o mesencéfalo, constituem o tronco encefálico. Embriologicamente, o cérebro corresponde ao prosencéfalo.

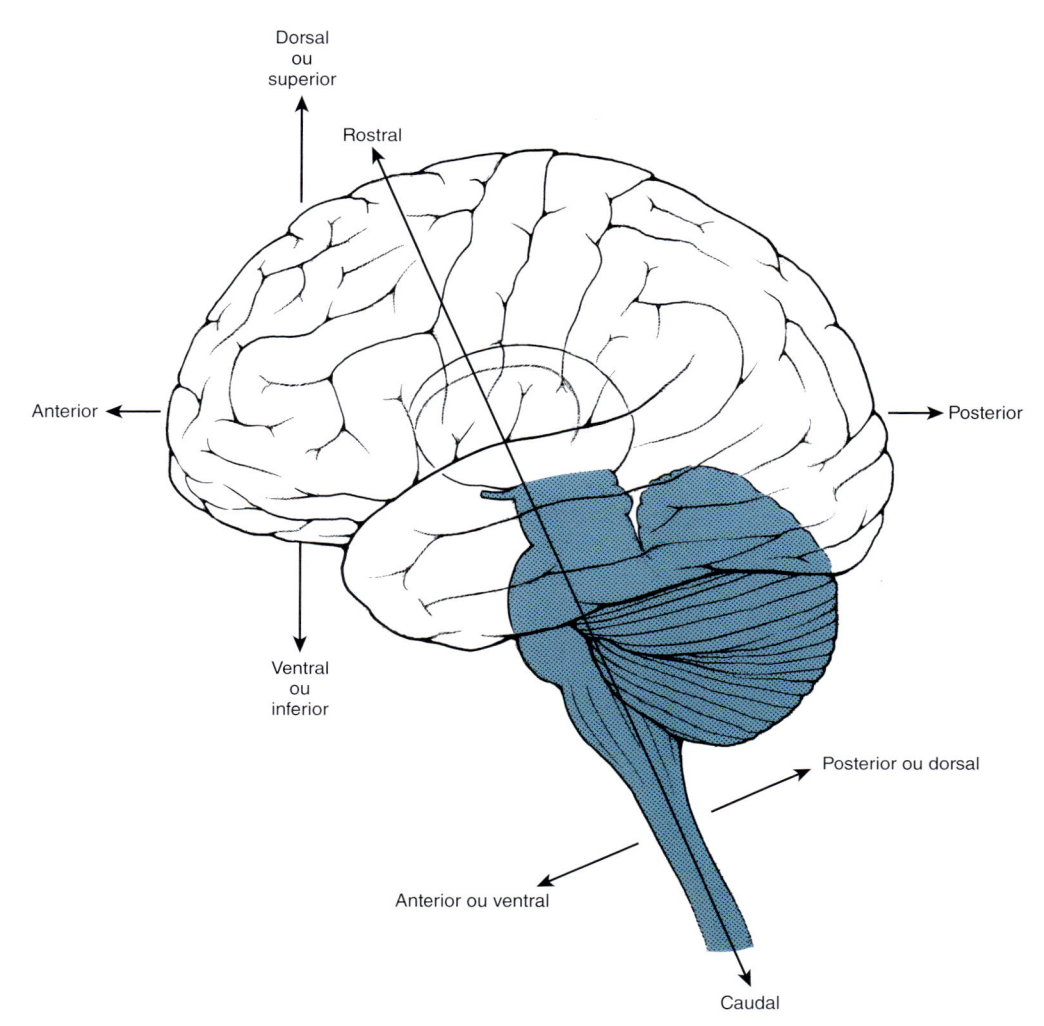

Figura 4.1 Terminologia anatômica para definição de direções e posições no sistema nervoso central. O mesencéfalo, o rombencéfalo e a medula espinal (área colorida) são orientados praticamente em sentido vertical, ao passo que o prosencéfalo é orientado em sentido horizontal. Por causa dessa mudança de orientação na junção mesencéfalo-prosencéfalo, os termos "dorsal" e "ventral" possuem conotações diferentes rostral e caudalmente a essa junção.

ou na direção do topo ou para cima, enquanto "inferior" ou "caudal" significam inferiormente ou para baixo ou embaixo.

Com a mudança de direção que ocorre na junção mesencéfalo-prosencéfalo, os termos para indicação de direção e posição usados nas descrições anatômicas do prosencéfalo (cérebro) são:

Anterior – na direção da frente do crânio.

Posterior – na direção da parte de trás do crânio.

Ventral ou inferior – na direção da base do crânio.

Dorsal ou superior – na direção do topo do crânio.

Diencéfalo

A cavidade preenchida por líquido cerebrospinal encontrada no meio do diencéfalo é o III ventrículo (Figs. 3.1 e 3.2). Posteriormente, o III ventrículo é contínuo com o aqueduto cerebral. Anteriormente, está em continuidade com os dois ventrículos laterais através dos **forames interventriculares (de Monro)**. O sulco hipotalâmico atravessa a parede lateral do III ventrículo a partir do forame interventricular até o aqueduto cerebral e separa o tálamo (acima) do hipotálamo (abaixo).

O diencéfalo inclui o tálamo, uma volumosa estrutura constituída de núcleos, formando a parte dorsal da parede do III ventrículo; o hipotálamo, que forma a parte ventral da parede do III ventrículo e se estende ventralmente desde a parte medial do tálamo até a base do cérebro; o subtálamo, ventral à parte lateral do tálamo e lateral ao hipotálamo, todavia sem se estender até a superfície do cérebro; e o epitálamo, uma pequena área dorsal à parte mais posterior do III ventrículo.

Hipotálamo

A única subdivisão do diencéfalo na superfície ventral do cérebro é o hipotálamo (Fig. 4.2). Ele está localizado na porção média da fossa craniana média (Fig. 4.2), acima do diafragma selar. O hipotálamo é subdividido em três áreas principais no plano anteroposterior. Posteriormente encontra-se a região mamilar, que está relacionada com os corpos mamilares – massas esféricas pareadas com tamanho quase igual ao de pequenas ervilhas, localizadas na parte rostral da fossa interpeduncular. Anteriormente, encontra-se a região supraóptica em localização dorsal ao quiasma óptico. Entre as regiões mamilar e supraóptica, está o túber cinéreo, que deu o nome à região tuberal. A parte anterior da região tuberal contém o **infundíbulo,** que se liga à haste da glândula hipófise, e que às vezes é referida como região infundibular.

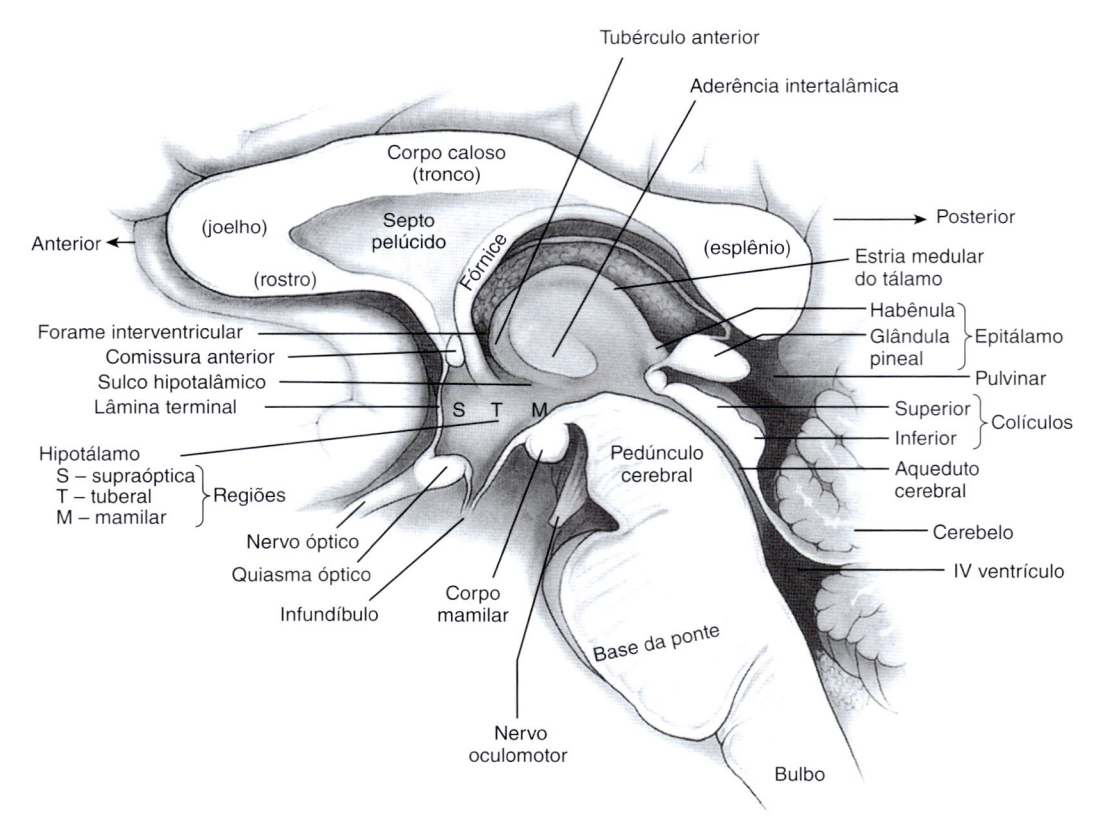

Figura 4.2 Vista medial do diencéfalo direito, e partes adjacentes do tronco encefálico e do hemisfério cerebral.

Tálamo

Os tálamos são duas massas ovoides que delimitam o III ventrículo, dorsais em relação ao sulco hipotalâmico (Fig. 4.2). Na maioria dos cérebros, os tálamos direito e esquerdo estão parcialmente fundidos ao longo do III ventrículo por meio da aderência intertalâmica ou massa intermédia. Sua porção anterior é dilatada e posicionada posteriormente ao forame interventricular, constituindo o tubérculo anterior. Na superfície dorsomedial do tálamo há um feixe de fibras, a estria medular. Posteriormente, o pulvinar se projeta sobre o mesencéfalo, parecendo um travesseiro.

Núcleos talâmicos

O tálamo consiste em um grande número de núcleos dispostos em oito conjuntos nomeados de acordo com suas localizações anatômicas (Fig. 4.3). A lâmina medular interna, uma fina lâmina de feixes mielinizados, separa o tálamo em três subdivisões maiores: anterior, medial e lateral. A subdivisão anterior está localizada no tubérculo anterior do tálamo e consiste nos núcleos anteriores (A). A subdivisão medial inclui principalmente um grande núcleo medial dorsal (MD) e um estreito núcleo da linha

média (M) ao longo da parede do III ventrículo. A aderência intertalâmica é uma ponte de núcleos na linha média.

A subdivisão lateral é composta por dois conjuntos de núcleos. O mais ventral é subdividido em núcleos ventral anterior (VA), ventral lateral (VL) e ventral posterior (VP). O núcleo ventral posterior é ainda subdividido em núcleos ventral posterolateral (VPL) e ventral posteromedial (VPM). O conjunto mais dorsal consiste nos núcleos laterais, o dorsolateral (DL) e o lateroposterior (LP) anteriormente, e o pulvinar (P) posteriormente. Na superfície inferior do pulvinar, estão os núcleos metatalâmicos, os núcleos geniculado lateral (GL) e geniculado medial (GM).

Os outros dois conjuntos de núcleos estão anatomicamente relacionados com as lâminas medulares. Dentro das lâminas medulares internas, há vários núcleos intralaminares, dentre os quais o mais proeminente é o centromediano (CM). Lateralmente à lâmina medular externa, está o núcleo reticular (R), um núcleo estreito que forma a maior parte da face lateral do tálamo.

Subtálamo

O **subtálamo** consiste em uma área cuneiforme ventral ao tálamo e lateral ao hipotála-

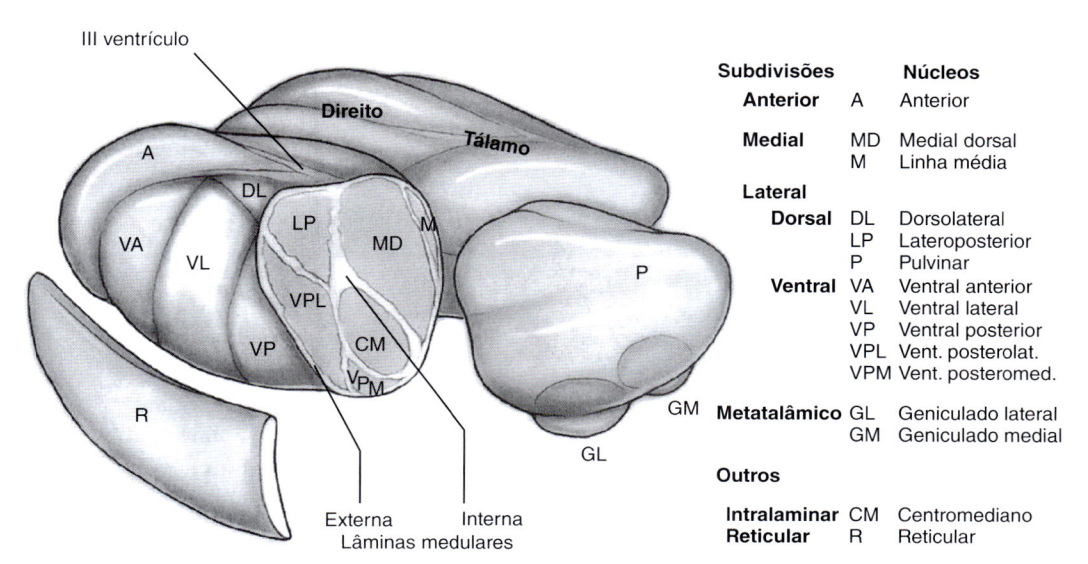

Figura 4.3 Vista lateral dos núcleos talâmicos esquerdos, incluindo um corte coronal da parte posterior do tálamo.

mo. Contém vários núcleos, dentre os quais o mais proeminente é o núcleo subtalâmico.

Epitálamo

Posteriormente, a superfície dorsal do diencéfalo é formada pelo epitálamo. Este consiste na glândula pineal e na **habênula** (Figs. 3.4 e 4.2).

Hemisfério cerebral

Os hemisférios cerebrais direito e esquerdo consistem nas partes cortical (córtex cerebral), medular (centro branco medular do cérebro) e nuclear (núcleos da base). A parte cortical de cada hemisfério está localizada externamente e consiste em substância cinzenta que forma pregas ou circunvoluções que originam os giros. Estes são separados por sulcos. Subjacente ao córtex, há conjuntos de fibras nervosas que formam a substância branca ou o centro branco medular do hemisfério, comumente denominada centro semioval. Profundamente localizados na substância branca, estão os núcleos telencefálicos, dentre os quais os mais proeminentes são o caudado e o lentiforme.

Superfície lateral

A superfície lateral (Fig. 4.4) é convexa e se conforma à concavidade da abóboda craniana. O sulco mais uniforme e proeminente encontrado na superfície lateral do hemisfério é o sulco lateral ou **fissura de Sylvius**, que começa na base do cérebro, se estende para a **superfície lateral** do hemisfério e segue em sentido posterior e ligeiramente superior. Separa os lobos frontal e parietal (superiormente) do lobo temporal (inferiormente). O próximo sulco mais uniforme e proeminente é o sulco central ou fissura de Rolando, que está entre os lobos frontal e parietal. Esse sulco é orientado na direção dorsoventral, atrás do giro mais anterior que se estende de modo ininterrupto desde o sulco lateral até a margem superior do hemisfério. As paredes anterior e posterior do sulco central são formadas pelos giros pré-central e pós-central, respectivamente.

O lobo frontal se estende anteriormente desde o sulco central até a extremidade anterior do hemisfério, chamada polo frontal. O lobo parietal está superior ao sulco lateral e posterior ao sulco central. O lobo temporal está inferior ao sulco lateral. Seu formato é semelhante ao do polegar

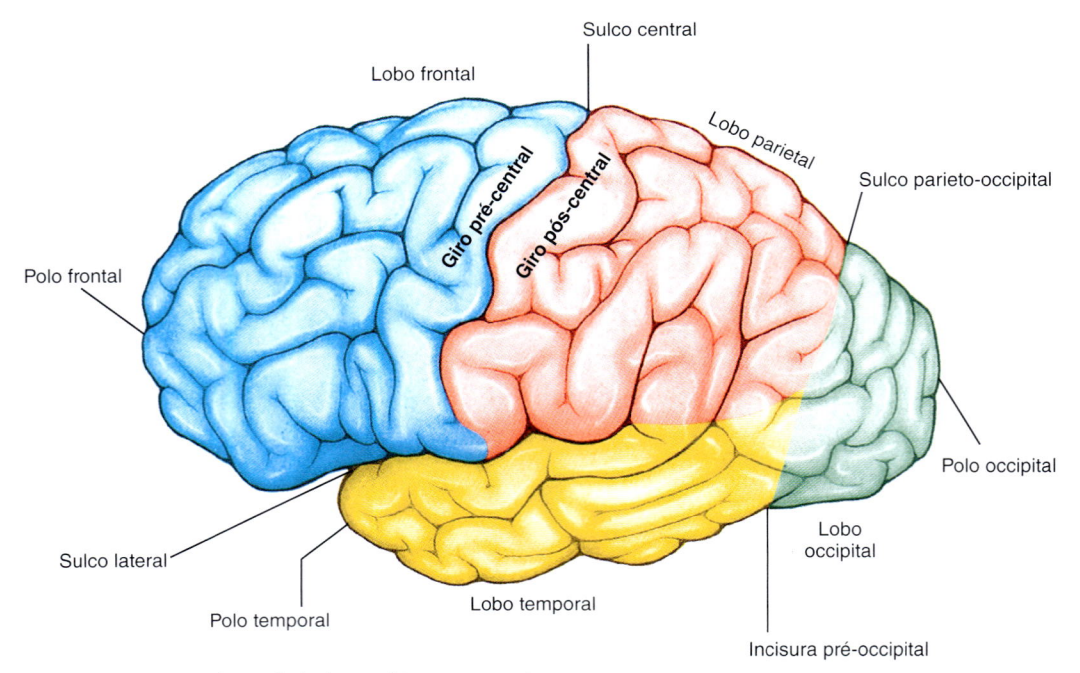

Figura 4.4   Vista lateral do hemisfério esquerdo.

de uma luva de boxe e sua parte mais anterior é chamada polo temporal. Posteriormente, os lobos parietal e temporal se tornam contínuos com o lobo occipital. Este é delimitado dos lobos parietal e temporal por uma linha imaginária traçada entre o sulco parieto-occipital e a incisura pré-occipital. Esse polo occipital é a parte mais posterior do hemisfério cerebral.

Superfície medial

As superfícies mediais dos hemisférios (Fig. 4.5) são planas e verticais, e formam as paredes da fissura longitudinal existente entre os dois hemisférios. Os sulcos mais visíveis na superfície medial são dois sulcos orientados em sentido horizontal, o sulco do corpo caloso e o sulco do cíngulo, e o sulco parieto-occipital orientado em sentido vertical. O sulco do corpo caloso é dorsal ao corpo caloso, o enorme feixe de fibras nervosas que conecta os dois hemisférios. O sulco do cíngulo circunda o giro do cíngulo, que é dorsal ao sulco do corpo caloso. O sulco parieto--occipital, localizado a curta distância posteriormente ao corpo caloso, separa os lobos parietal e occipital. O sulco central atinge a superfície medial do hemisfério, na parte posterior do lóbulo

paracentral. Entre o lóbulo paracentral e o sulco parieto-occipital, está o pré-cúneo.

Níveis funcionais do prosencéfalo (cérebro)

Talâmico posterior

Este nível tem como referência a parte posterior do tálamo e a parte rostral do pedúnculo cerebral que se encontra recoberta por essa porção do tálamo (Fig. 4.6). O nível também inclui partes do hemisfério cerebral: corpo caloso, ventrículos laterais e núcleos caudado e lentiforme. Estes são núcleos telencefálicos.

Conforme se observa em cortes de mesencéfalo, este apresenta no sentido anteroposterior a base do pedúnculo cerebral, a substância negra e o tegmento. Dorsalmente ao mesencéfalo, está o tálamo. Os núcleos talâmicos mais proeminentes são o núcleo centromediano, de formato arredondado e localização central na lâmina medular interna, e o núcleo ventral posteromedial, localizado em posição ventrolateral àquele. O núcleo ventral posterolateral é lateral e ligeiramente dorsal ao núcleo ventral posteromedial.

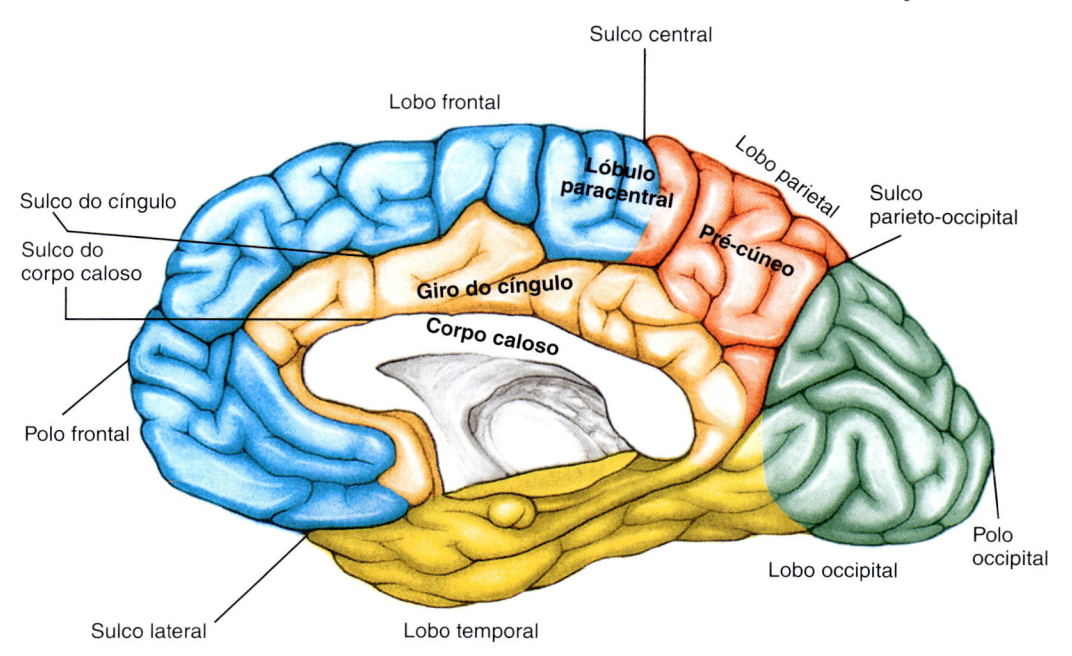

Figura 4.5 Vista medial do hemisfério direito.

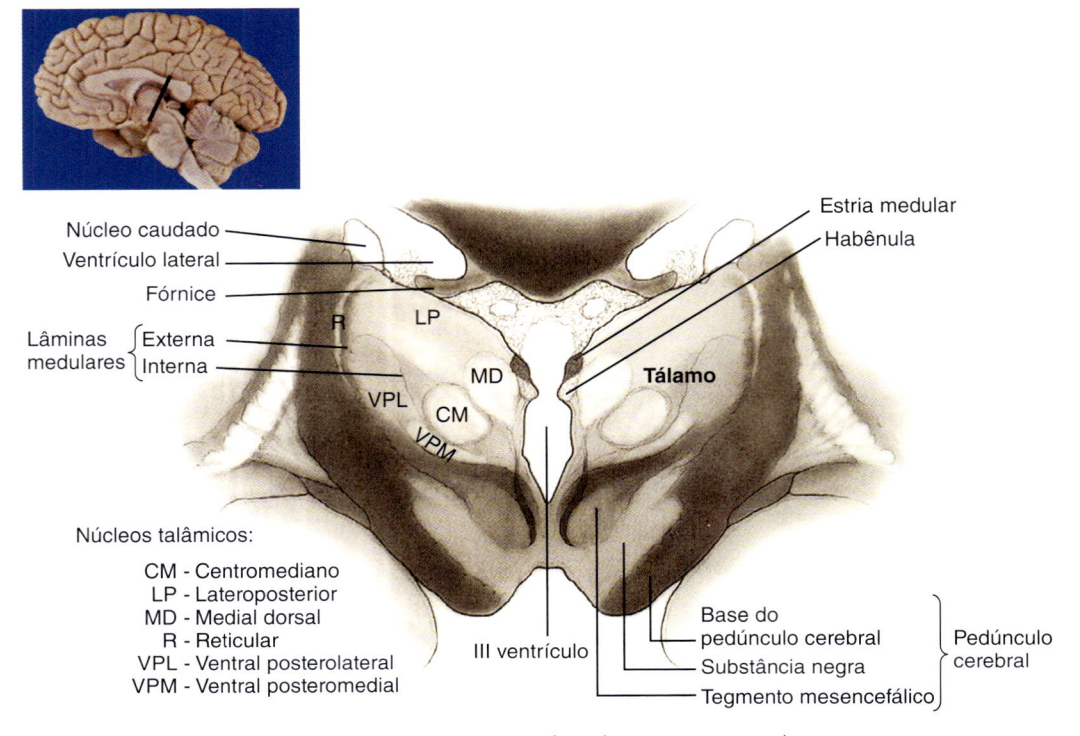

Figura 4.6   Corte coronal na região posterior do tálamo. Note a sobreposição com a porção rostral do pedúnculo cerebral.

Outros núcleos talâmicos nesse nível são os núcleos medial dorsal, lateroposterior e reticular, sendo este último lateral à lâmina medular externa. Nas paredes do III ventrículo, medialmente à porção dorsal de cada tálamo, estão as habênulas do epitálamo e as estrias medulares.

Mamilar

Este nível tem como referência os corpos mamilares e inclui estruturas do diencéfalo e partes adjacentes dos hemisférios cerebrais (Fig. 4.7). Na linha média, no sentido ventrodorsal, estão a área hipotalâmica entre os corpos mamilares, o III ventrículo, a aderência intertalâmica e o corpo caloso. As paredes do III ventrículo são formadas ventralmente pelo hipotálamo e dorsalmente pelo tálamo. O tálamo se estende lateralmente até a **cápsula interna**, um grande conjunto de fibras nervosas que constitui parte da substância branca hemisférica. Muitas dessas fibras são contínuas com a base do pedúnculo

cerebral. A área delimitada medialmente pelo hipotálamo, dorsalmente pelo tálamo, lateralmente pela cápsula interna e ventralmente pela base do pedúnculo cerebral é o subtálamo. A estrutura biconvexa dorsal à base do pedúnculo cerebral é o núcleo subtalâmico.

O ventrículo lateral está abaixo da parte lateral do corpo caloso. O núcleo caudado encontra-se junto à parede lateral do ventrículo lateral. Mais ventralmente, e lateralmente à cápsula interna, está o núcleo lentiforme. Este consiste em dois segmentos mediais, o globo pálido e um segmento lateral – o putame.

Tuberal

O nível tuberal tem como referência o túber cinéreo e inclui a parte anterior do tálamo e o hemisfério cerebral circundante (Fig. 4.8). Na linha média, no sentido ventrodorsal, está o túber cinéreo do hipotálamo, o III ventrículo e o corpo caloso. O fórnice, um grupo de

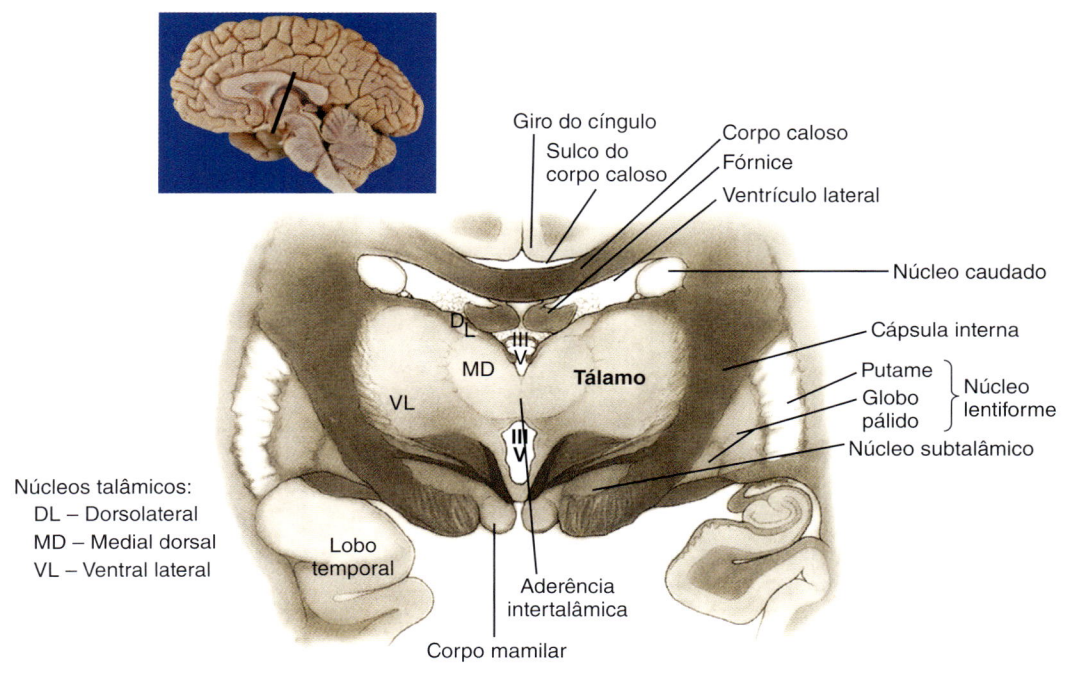

Figura 4.7   Corte coronal no nível dos corpos mamilares.

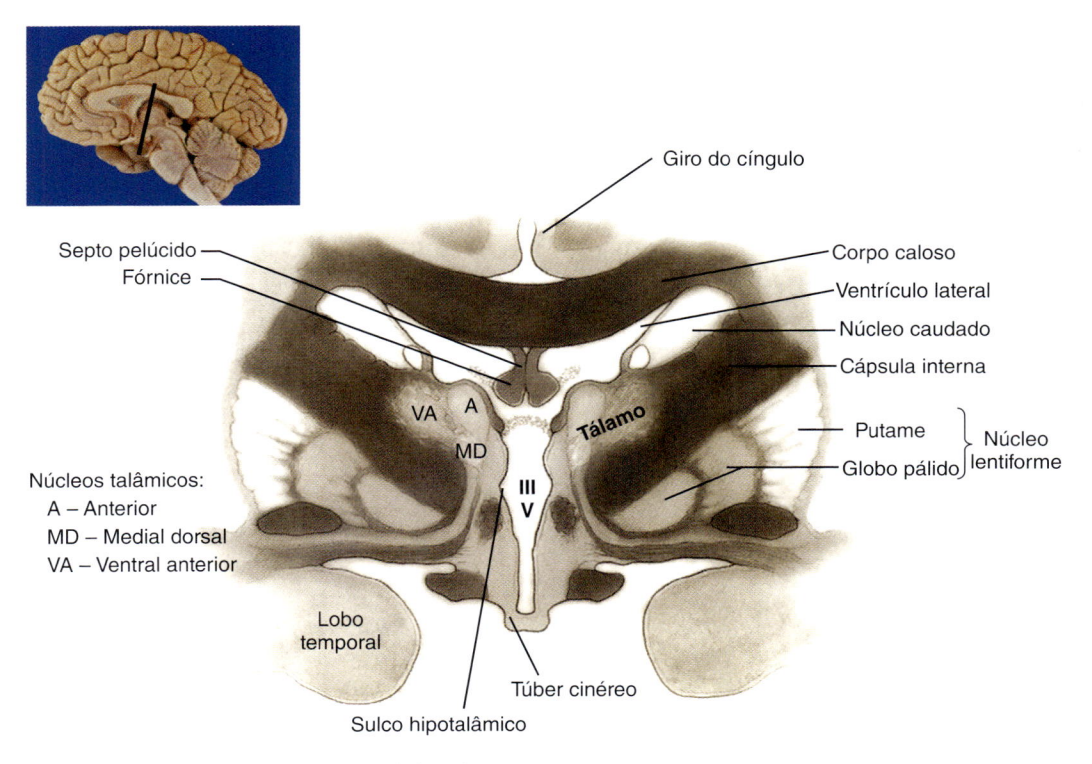

Figura 4.8   Corte coronal no nível do túber cinéreo.

fibras nervosas que se arqueia abaixo do corpo caloso, é suspenso a partir do corpo caloso pelo septo pelúcido. As paredes do III ventrículo são formadas ventralmente pelo hipotálamo e dorsalmente pelo tálamo. Lateralmente ao tálamo, está a cápsula interna. No ângulo entre a cápsula interna e o corpo caloso, estão o núcleo caudado e o ventrículo lateral. Lateralmente à cápsula interna, estão o putame e o globo pálido, os dois núcleos que formam o núcleo lentiforme.

Questões para revisão

1. Qual(is) é(são) a(s) diferença(s) entre nervos cranianos e nervos espinais?

2. Quais nervos cranianos se conectam ao prosencéfalo, ao mesencéfalo e ao rombencéfalo?

3. Em quais divisões cerebrais estão localizadas as várias partes do sistema ventricular?

4. Em quais situações os termos "anterior ou ventral" e "posterior ou dorsal" são sinônimos, com relação ao sistema nervoso central?

5. A lâmina medular interna separa quais dos seguintes núcleos talâmicos?
   a. Anterior, medial e reticular.
   b. Anterior, lateral e medial.
   c. Anterior, medial e ventral.
   d. Anterior, lateral e de linha média.
   e. Anterior, medial e metatalâmico.

6. Qual das seguintes alternativas contém a relação anatômica correta das regiões ou níveis do hipotálamo?
   a. Supraóptica posterior à mamilar.
   b. Tuberal anterior à supraóptica.
   c. Infundibular posterior à mamilar.
   d. Mamilar anterior à tuberal.
   e. Nenhuma das anteriore.

7. O referencial mais uniforme e proeminente na superfície lateral do hemisfério cerebral é:
   a. O sulco central.
   b. O giro pós-central.
   c. O sulco parieto-occipital.
   d. O giro pré-central.
   e. O sulco lateral.

8. O lóbulo paracentral inclui partes dos lobos:
   a. Temporal e occipital.
   b. Frontal e parietal.
   c. Occipital e parietal.
   d. Parietal e temporal.
   e. Temporal e frontal.

9. O sulco hipotalâmico demarca:
   a. Os hipotálamos direito e esquerdo.
   b. O hipotálamo do subtálamo.
   c. O limite ventral do III ventrículo.
   d. O limite entre o hipotálamo e o tálamo.
   e. O hipotálamo do epitálamo.

10. Apenas duas das quatro subdivisões do diencéfalo podem ser vistas na superfície cerebral. Essas subdivisões são:
    a. Hipotálamo e subtálamo.
    b. Tálamo e epitálamo.
    c. Subtálamo e tálamo.
    d. Hipotálamo e tálamo.
    e. Epitálamo e hipotálamo.

Parte II

Sistemas motores

5 Motoneurônios inferiores: paralisia flácida

Certa manhã, um estudante de medicina de 22 anos acordou e percebeu que o lado esquerdo de sua face estava paralisado. O sulco nasolabial esquerdo estava liso e seus lábios estavam puxados para o lado direito. Ele não conseguia retrair o canto esquerdo da boca, nem franzir os lábios como que para assobiar. Era impossível franzir e levantar a sobrancelha esquerda, e ele não conseguia fechar firmemente o olho esquerdo. Não havia outras alterações motoras nem alterações sensoriais.

O sistema motor consiste em neurônios e vias cuja atividade integrada permite que os movimentos normais aconteçam. Por conveniência da descrição, esse sistema complexo é tradicionalmente dividido em cinco grupos de neurônios: motor inferior, sistema piramidal, núcleos da base, cerebelar e centros motores do tronco encefálico (Fig. 5.1). Todos esses grupos participam da sequência de eventos que ocorre quando um movimento voluntário é desejado. A ideia ou desejo de realizar o movimento ocorre nas áreas de associação do córtex cerebral. Os impulsos oriundos dessas áreas passam para os núcleos da base e o cerebelo. Os núcleos da base permitem que ocorram os movimentos voluntários desejados e os ajustes posturais necessários, enquanto o cerebelo controla a programação para a coordenação dos movimentos. Ambos, núcleos da base e cerebelo, exercem suas influências sobre as áreas pré-motora e motora do córtex cerebral. O sistema piramidal, que se origina das áreas pré-motora e motora, transporta então os comandos corticais aos motoneurônios inferiores (MNI) localizados no tronco encefálico e na medula espinal. Os MNI, por sua vez, transportam os comandos destinados às unidades motoras dos músculos voluntários e, assim, o movimento ocorre. Durante a execução do movimento, os receptores musculares que registram o estiramento dos músculos enviam informação de volta aos MNI e para o cerebelo, para o ajuste fino da coordenação do movimento, à medida que este continua. O ajuste fino ocorre por meio das conexões cerebelares com o córtex motor e com os centros motores do tronco encefálico, sendo que ambos influenciam os MNI. É preciso ter em mente que, embora as cinco subdivisões sejam descritas separadamente, todas participam dos movimentos comandados e todas devem estar intactas para que os movimentos voluntários normais ocorram.

A unidade motora

Os MNI também são denominados **motoneurônios alfa**. Seja na medula espinal ou no tronco encefálico, os motoneurônios alfa e seus axônios são as únicas conexões entre o sistema nervoso central (SNC) e as unidades de contração musculares esqueléticas, as chamadas **fibras**

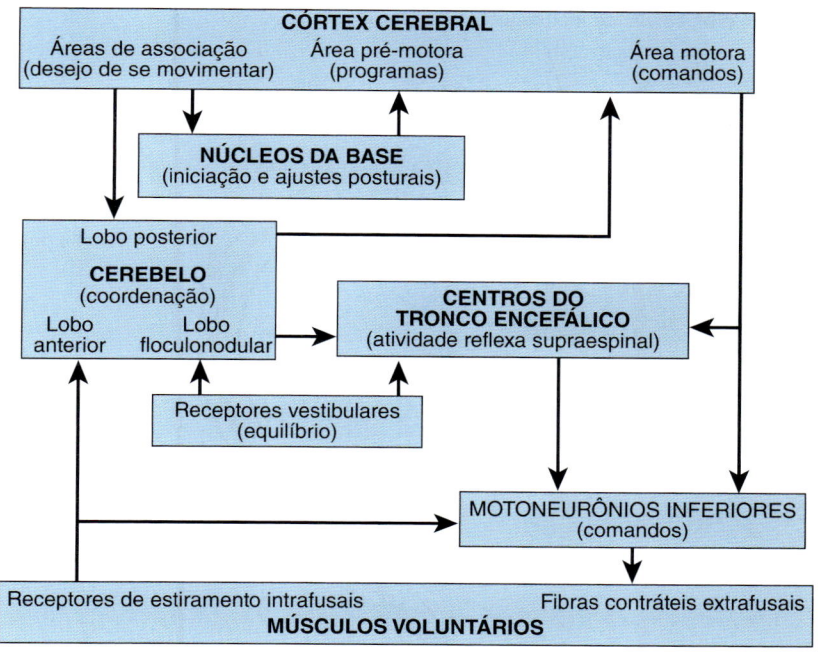

Figura 5.1 Interconexões do sistema motor.

musculares extrafusais. Esses enormes neurônios multipolares são influenciados por impulsos oriundos de muitas estruturas. Como todas as influências do SNC sobre a contração dos músculos esqueléticos devem ser mediadas por essas unidades, elas são então designadas **"via motora comum final"**. Seus extensos axônios mielinizados, que chegam a ter mais de 1 m de comprimento em indivíduos altos, fazem sinapses com **placas motoras** (junções neuromusculares) das fibras musculares. A acetilcolina é o neurotransmissor nessas junções.

O motoneurônio alfa, seu axônio e as fibras musculares extrafusais por ele inervadas constituem a **unidade motora** (Fig. 5.2). O número de fibras musculares que constituem uma unidade motora varia de modo considerável e depende da delicadeza ou do quão grosseiro é o movimento produzido pelo músculo. Dessa forma, as unidades motoras nos músculos envolvidos em movimentos delicados, como os músculos extraoculares, lumbricais ou interósseos, incluem menos de uma dúzia de fibras musculares. As unidades motoras nos músculos envolvidos em movimentos grosseiros, como os músculos bí-

ceps, glúteo máximo ou sóleo, podem conter em torno de mil fibras musculares.

Além dos motoneurônios alfa, os músculos esqueléticos também são supridos por **motoneurônios gama**. Os axônios dos motoneurônios gama inervam as fibras intrafusais dos **fusos musculares**, que são órgãos sensoriais estimulados pelo alongamento ou estiramento do músculo. As fibras intrafusais estão localizadas nos polos dos fusos musculares. Quando ativadas pelos motoneurônios gama, as fibras intrafusais aumentam a tensão sobre os receptores do fuso muscular, diminuindo assim os limiares desses receptores. Os motoneurônios gama exercem papel importante no tônus muscular.

Motoneurônios inferiores do tronco encefálico

Todos os nervos cranianos (NC), com exceção dos nervos olfatório, óptico e vestibulococlear, contêm axônios de MNI. Os corpos celulares desses MNI estão aglomerados em núcleos pareados localizados desde o nível do colículo superior até a parte caudal do bulbo (Fig. 5.3).

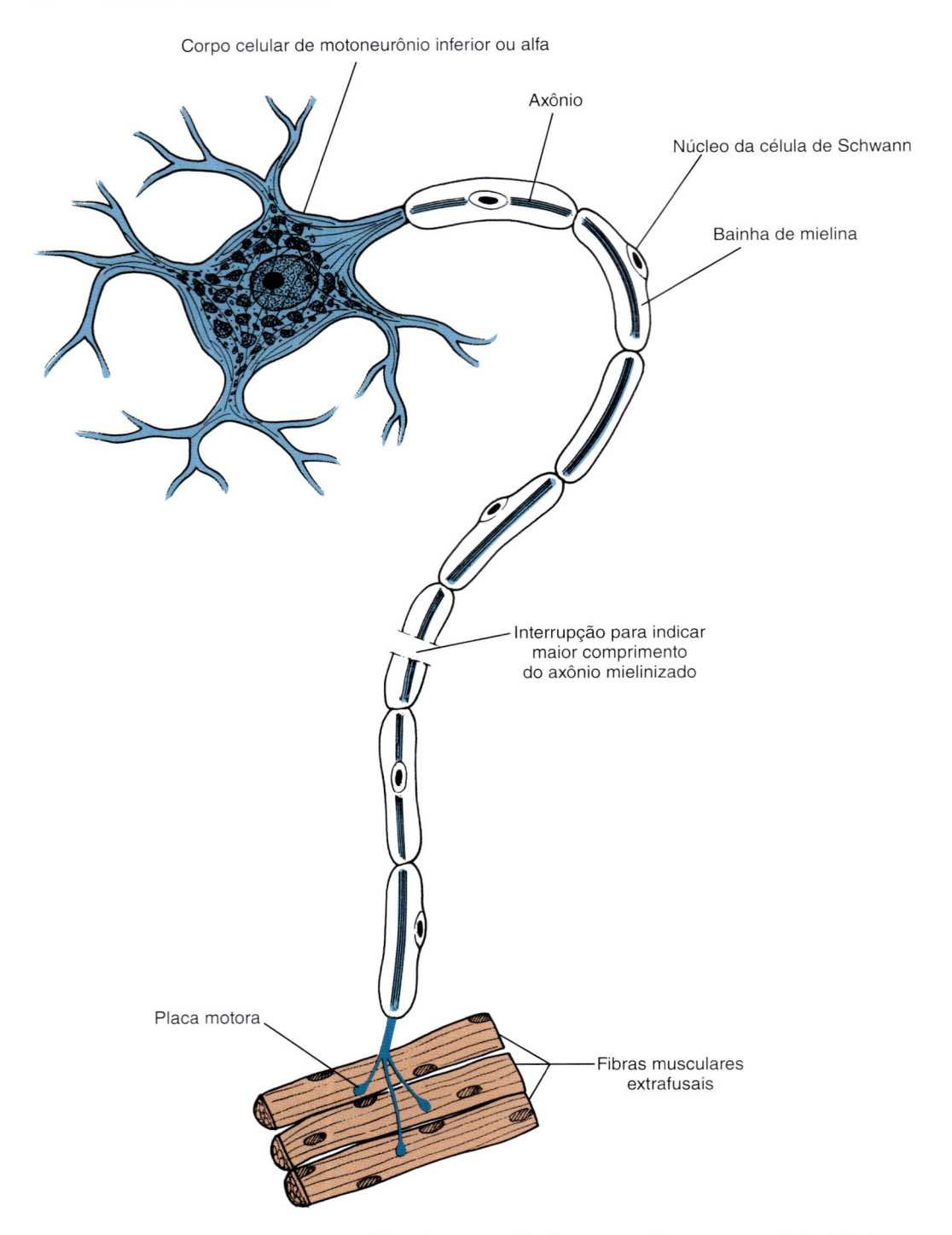

Figura 5.2 Representação esquemática de uma unidade motora. Um motoneurônio inferior ou alfa e as fibras musculares extrafusais que inervam. O corpo celular está localizado na medula espinal ou no tronco encefálico, e seu axônio mielinizado segue em um nervo espinal ou por nervos cranianos para fazer sinapse em um número variável de fibras musculares extrafusais.

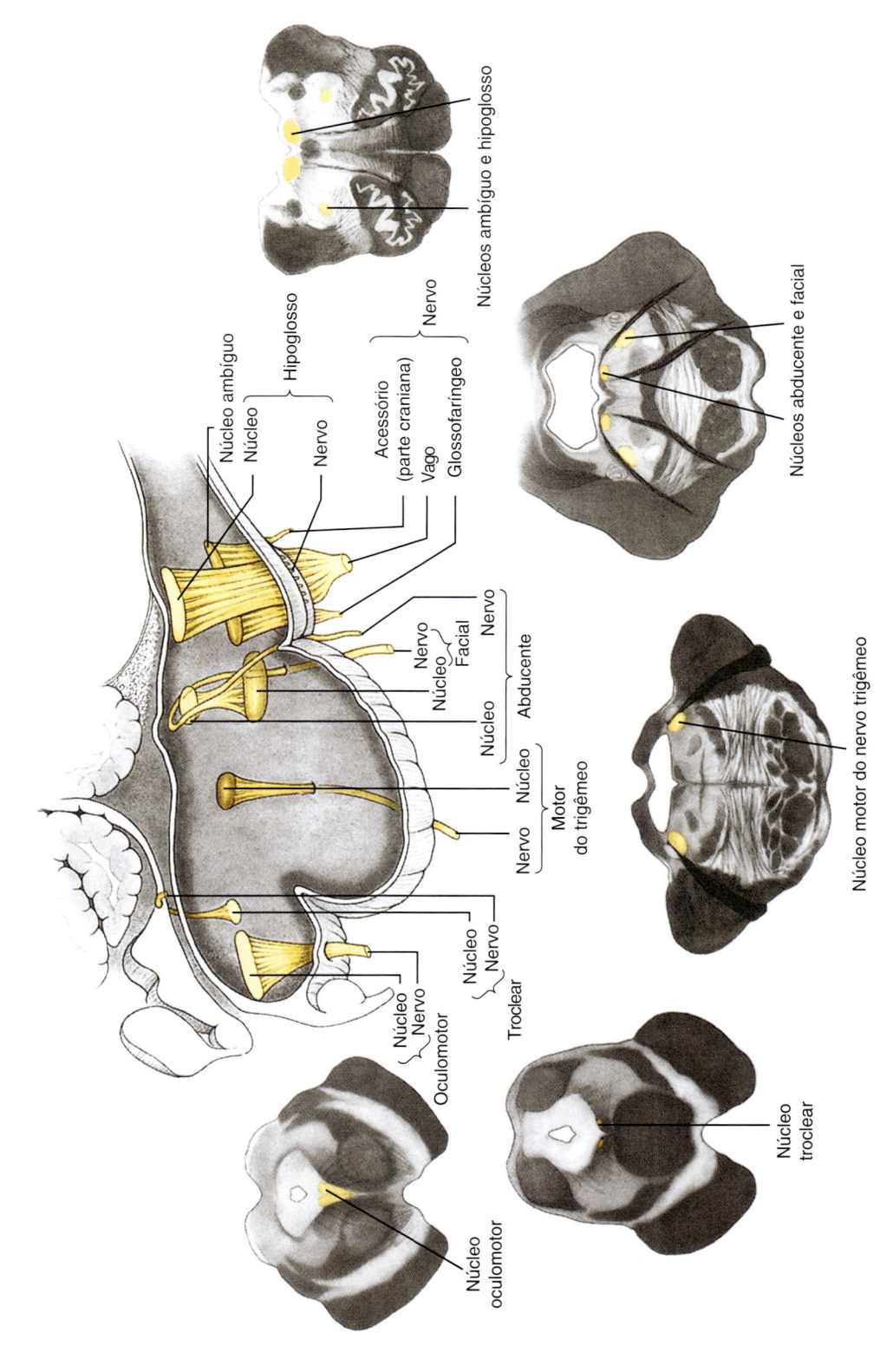

Figura 5.3   Distribuição e relações dos núcleos motores do tronco encefálico.

Núcleo oculomotor e nervo craniano III

O núcleo oculomotor está localizado na parte ventral em forma de "V" da substância cinzenta periaquedutal do mesencéfalo, no nível do colículo superior (Fig. 5.4). As radículas do oculomotor (NC III) passam ventralmente e emergem na parede da fossa interpeduncular imediatamente medial à base do pedúnculo cerebral. O nervo oculomotor inerva cinco músculos: quatro músculos extrínsecos do bulbo do olho (retos superior, medial, inferior e oblíquo inferior) e o levantador da pálpebra superior.

Núcleo troclear e nervo craniano IV

O núcleo troclear está localizado na borda ventral da substância cinzenta periaquedutal do mesencéfalo, no nível do colículo inferior (Fig. 5.5). As radículas do nervo troclear (NC IV) fazem um arco em sentido dorsal e caudal na parte externa da substância cinzenta periaquedutal para alcançarem a parte mais rostral da ponte. Assim, as radículas decussam no véu

Conexão clínica

Uma lesão do nervo ou núcleo oculomotor resulta em oftalmoplegia ipsilateral, na qual o olho vira para baixo e para fora, e em **ptose**, ou flacidez da pálpebra superior. Além disso, por causa da presença dos componentes visceromotores, geralmente se observa uma **midríase** ipsilateral (pupila dilatada) que muitas vezes é o sinal inicial da **paralisia** oculomotora. Do mesmo modo, é perdida a acomodação do cristalino para a visão de perto. O olho afetado está virado para baixo e para fora em decorrência das ações sem oposição dos músculos reto lateral e oblíquo superior que não são inervados pelo nervo oculomotor. A ptose palpebral ocorre em consequência da paralisia do músculo levantador da pálpebra superior.

medular superior antes de emergirem da superfície dorsal do tronco encefálico, imediatamente caudal ao colículo inferior. O nervo troclear inerva o músculo oblíquo superior do olho. Ele difere de todos os outros nervos cranianos

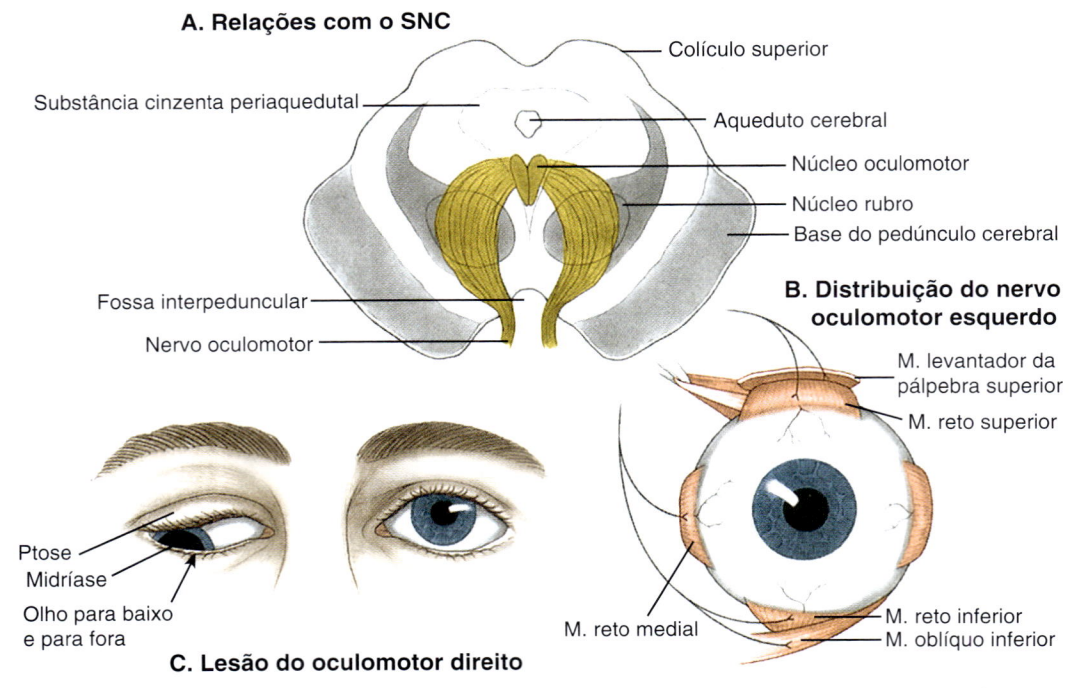

A. Relações com o SNC

Colículo superior
Substância cinzenta periaquedutal
Aqueduto cerebral
Núcleo oculomotor
Núcleo rubro
Base do pedúnculo cerebral

Fossa interpeduncular
Nervo oculomotor

B. Distribuição do nervo oculomotor esquerdo

M. levantador da pálpebra superior
M. reto superior

Ptose
Midríase
Olho para baixo e para fora

M. reto medial
M. reto inferior
M. oblíquo inferior

C. Lesão do oculomotor direito

Figura 5.4 Núcleo e nervo oculomotor (NC III). **A.** Relações com o sistema nervoso central (SNC). **B.** Distribuição (m, músculo). **C.** Resultados da lesão.

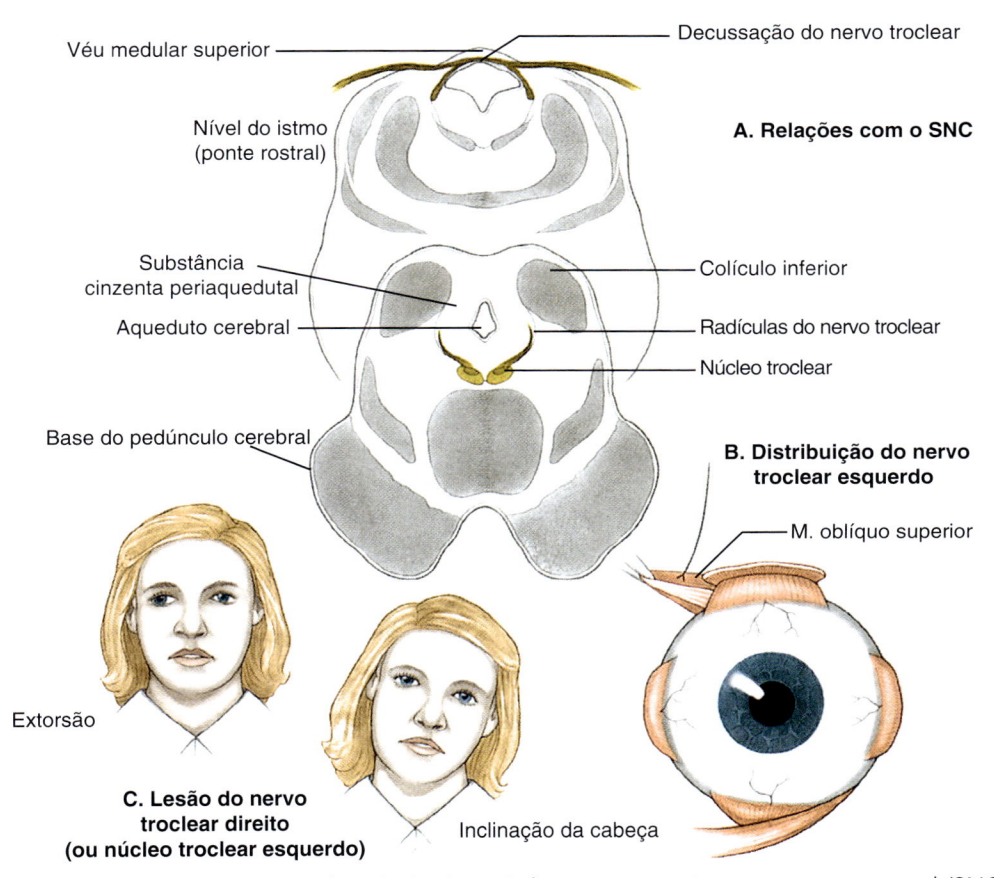

Figura 5.5 Núcleo e nervo troclear (NC IV). **A.** Relações com o sistema nervoso central (SNC). **B.** Distribuição (m, músculo). **C.** Resultados da lesão.

quanto a dois aspectos: emerge da superfície dorsal do tronco encefálico e todas as suas fibras se originam do núcleo troclear do lado oposto.

Conexão clínica

As lesões do núcleo troclear são raras mas, quando acontecem, são observadas duas alterações no olho contralateral: uma discreta extorsão ou rotação para fora da parte superior do globo ocular, que é compensada pela inclinação da cabeça levemente para baixo e na direção do ombro contralateral; e um discreto comprometimento da capacidade de olhar para baixo durante a adução do olho. A diplopia resultante de uma paralisia troclear é mais perceptível para o paciente quando ele desce uma escada. Quando o nervo troclear é lesado, essas alterações estão presentes no olho ipsilateral.

Núcleo motor do nervo trigêmeo e raiz motora do nervo craniano V

O núcleo motor do nervo trigêmeo está situado na parte dorsolateral do tegmento, no nível médio da ponte (Fig. 5.6). Seus axônios emergem pela raiz motora do nervo trigêmeo e, após entrarem na divisão mandibular, inervam principalmente os músculos da mastigação – masseter, temporal e pterigóideos medial e lateral.

Conexão clínica

Uma lesão do núcleo motor do nervo trigêmeo, de sua raiz motora ou do nervo mandibular resulta em paralisia e fraqueza dos músculos da mastigação ipsilaterais.

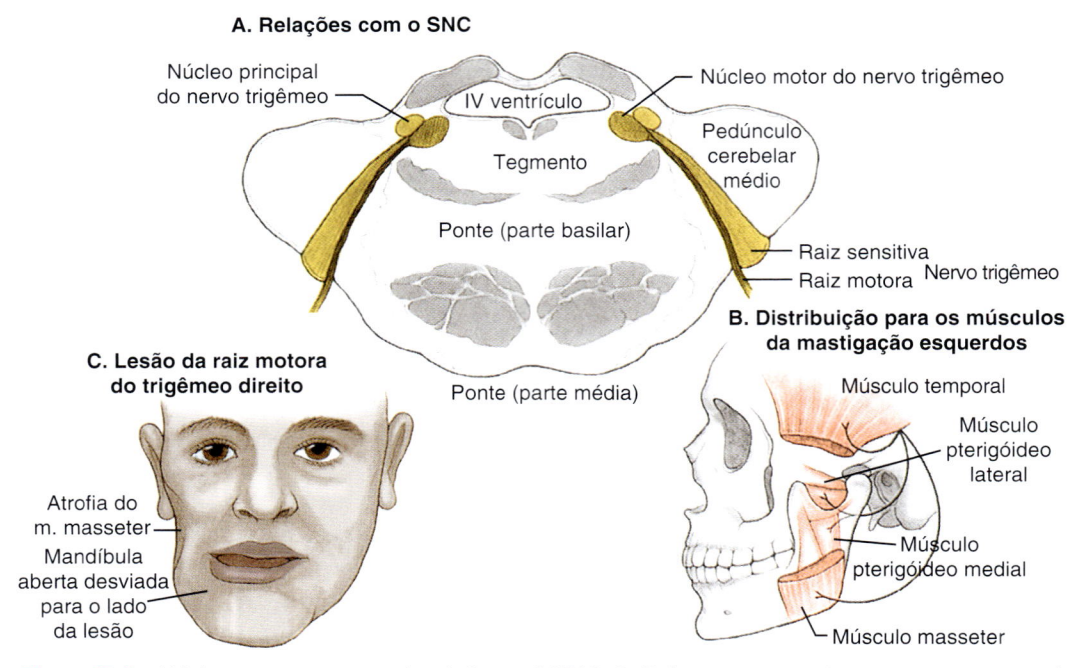

Figura 5.6   Núcleo e nervo motor do trigêmeo (NC V). **A.** Relações com o sistema nervoso central (SNC). **B.** Distribuição. **C.** Resultados da lesão (m, músculo).

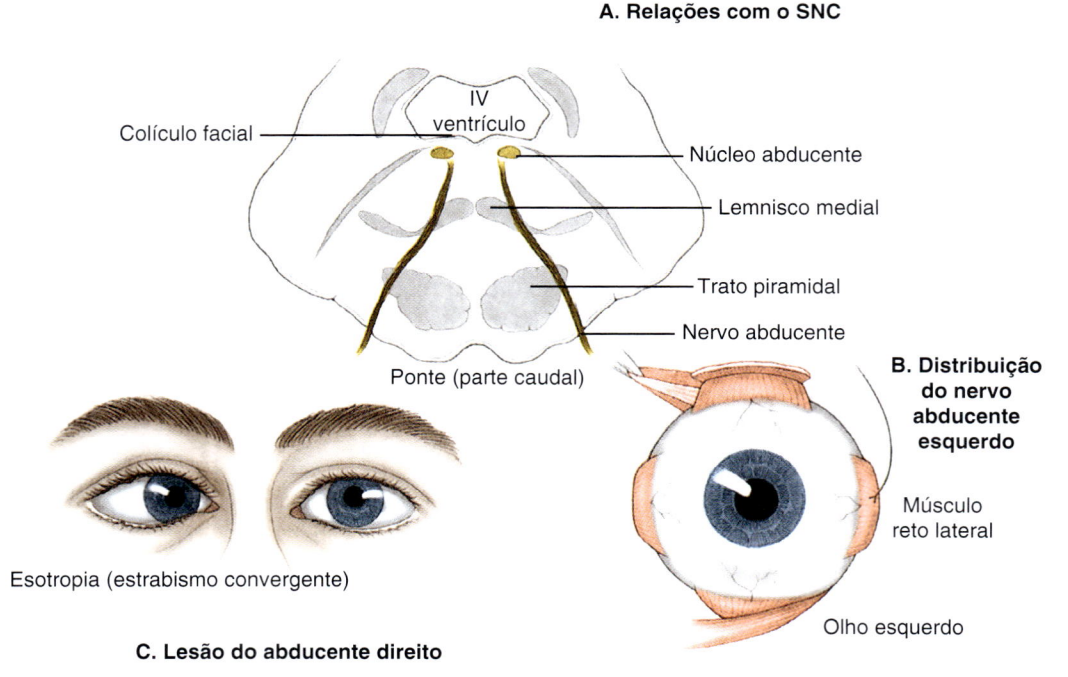

Figura 5.7   Núcleo e nervo abducente (NC VI). **A.** Relações com o sistema nervoso central (SNC). **B.** Distribuição. **C.** Resultados da lesão.

A mandíbula aberta também pode se desviar para o lado ipsilateral, como resultado da ação sem oposição do músculo pterigóideo lateral contralateral.

Núcleo abducente e nervo craniano VI

O núcleo abducente está localizado embaixo do colículo facial, no assoalho do IV ventrículo na parte caudal da ponte (Fig. 5.7). As radículas do abducente (NC VI) passam ventralmente perto ou atravessam as partes laterais do lemnisco medial e do trato piramidal, e emergem no sulco bulbopontino, próximo à pirâmide. O nervo abducente inerva o músculo reto lateral do olho.

Conexão clínica

As lesões do núcleo ou nervo abducente resultam em desvio medial ou **esotropia** (estrabismo convergente) e paralisia da abdução do olho ipsilateral.

Núcleo do nervo facial e raiz motora do nervo craniano VII

O núcleo do nervo facial está situado na parte lateral do tegmento da parte caudal da ponte (Fig. 5.8). Esse núcleo motor é dividido em duas partes: uma parte pequena que inerva os músculos faciais superiores e uma parte maior que supre os músculos faciais inferiores.

As fibras da raiz do nervo facial, ao emergirem do núcleo, seguem em sentido dorsomedial como fibras individuais ou em pequenos grupos (não visualizados em cortes corados para mielina) para o assoalho do IV ventrículo, onde formam a raiz ascendente do nervo facial, um feixe compacto que se dirige rostralmente por cerca de 2 mm. A raiz ascendente está localizada medialmente ao núcleo abducente e, na borda rostral desse núcleo, as fibras da raiz ascendente se curvam sobre ele, constituindo o joelho do nervo facial. As fibras, então, seguem em sentido ventrolateral, passando lateralmente ao núcleo do nervo facial antes de emergirem na parte lateral do sulco bulbopontino no **ângulo**

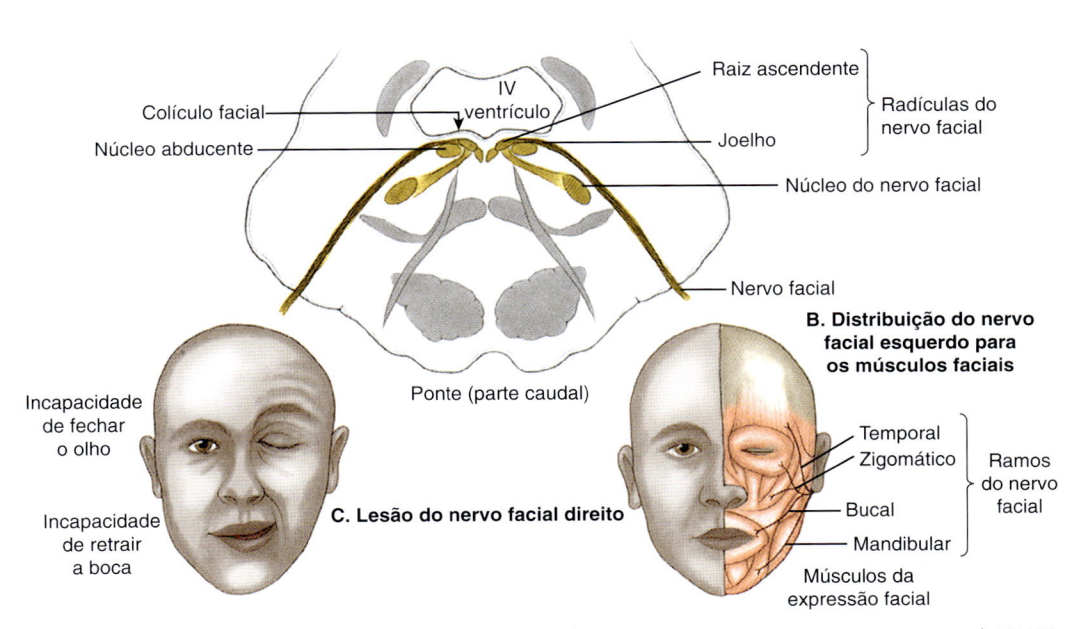

A. Relações com o SNC

Colículo facial
IV ventrículo
Núcleo abducente
Raiz ascendente
Radículas do nervo facial
Joelho
Núcleo do nervo facial
Nervo facial

B. Distribuição do nervo facial esquerdo para os músculos faciais

Ponte (parte caudal)

Incapacidade de fechar o olho
Incapacidade de retrair a boca

C. Lesão do nervo facial direito

Temporal
Zigomático
Bucal
Mandibular
Ramos do nervo facial
Músculos da expressão facial

Figura 5.8 Núcleo e nervo facial (NC VII). **A.** Relações com o sistema nervoso central (SNC). **B.** Distribuição. **C.** Resultados da lesão.

pontocerebelar. O núcleo facial inerva os músculos da expressão facial e vários outros músculos, incluindo o estapédio.

Conexão clínica

Conforme relatado no caso apresentado no início deste capítulo, as lesões do núcleo ou do nervo facial resultam em paralisia dos músculos faciais ipsilaterais tanto superiores como inferiores. A lesão mais comum no nervo facial ocorre na **paralisia de Bell**, que acarreta fraqueza dos músculos faciais superiores e inferiores, bem como incapacidade de fechar o olho firmemente. Além disso, o lacrimejamento, a salivação e o paladar podem ficar comprometidos (em decorrência do envolvimento das fibras que inervam as glândulas salivares e das gustativas), acompanhados de **hiperacusia** (acuidade auditiva mais intensa ocasionada pela paralisia do músculo estapédio). Uma reação inflamatória do nervo ao longo de seu trajeto pelo canal facial é a causa provável da paralisia de Bell. As alterações concomitantes dependem da localização da inflamação no canal facial. Felizmente, a maioria dos pacientes com paralisia de Bell apresenta recuperação completa em cerca de 1 a 2 meses.

Núcleo ambíguo e raízes motoras dos nervos cranianos IX, X e XI

O núcleo ambíguo é uma coluna alongada de motoneurônios alfa localizada na parte ventrolateral da formação reticular do bulbo (Fig. 5.9). Seus axônios emergem com os nervos glossofaríngeo e vago, e com a parte craniana do nervo acessório. Este último se une ao nervo vago no forame jugular. O núcleo ambíguo é responsável pela inervação dos músculos esqueléticos do palato, da faringe, da laringe e da parte superior do esôfago, estando, assim, envolvido na deglutição e na fonação.

Conexão clínica

Uma lesão na parte rostral do núcleo, que fornece axônios para o nervo glossofaríngeo, resulta em **disfagia** decorrente de paralisia do músculo estilofaríngeo. Uma lesão do restante do núcleo, que fornece axônios para o nervo vago, resulta em paralisia dos músculos vocais (causando rouquidão

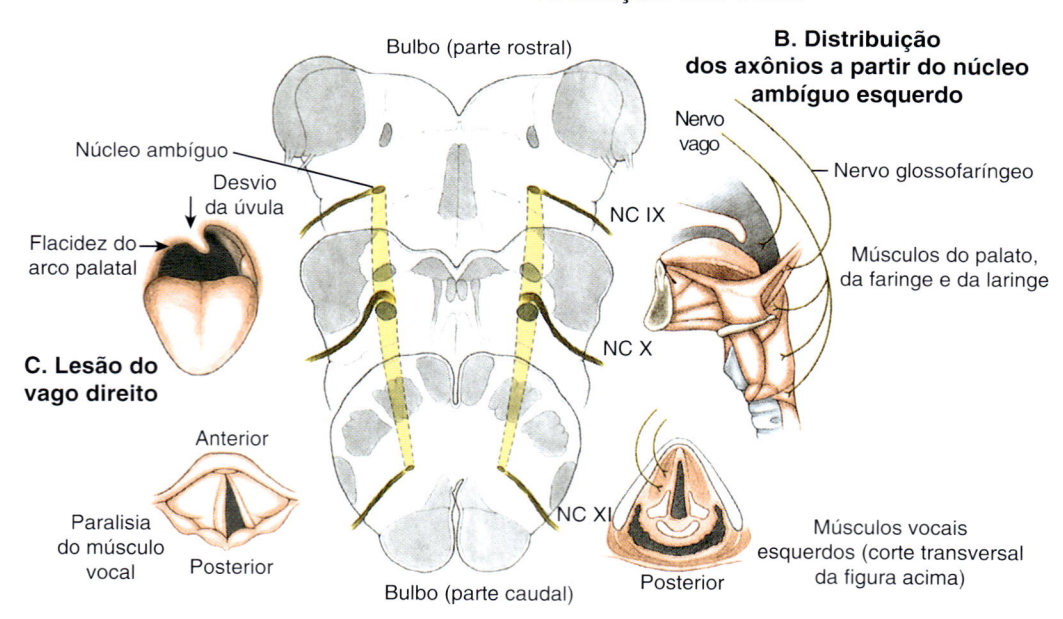

A. Relações com o SNC

Bulbo (parte rostral)

Núcleo ambíguo

Desvio da úvula

Flacidez do arco palatal

C. Lesão do vago direito

Anterior

Paralisia do músculo vocal

Posterior

Bulbo (parte caudal)

B. Distribuição dos axônios a partir do núcleo ambíguo esquerdo

Nervo vago

Nervo glossofaríngeo

NC IX

Músculos do palato, da faringe e da laringe

NC X

NC XI

Posterior

Músculos vocais esquerdos (corte transversal da figura acima)

Figura 5.9 Núcleo ambíguo e nervos glossofaríngeo (NC IX); vago (NC X) e acessório (parte craniana) (NC XI). **A.** Relações com o sistema nervoso central (SNC). **B.** Distribuição. **C.** Resultados da lesão (NC, nervo craniano).

e fraqueza vocal). A paralisia dos músculos do palato resulta em flacidez do arco palatal ipsilateral e desvio da úvula para o lado contralateral. As lesões bilaterais que envolvam os nervos vagos ou os componentes vagais do núcleo ambíguo podem resultar em um fechamento de vias aéreas grave o bastante para requerer traqueostomia.

Núcleo hipoglosso e nervo craniano XII

Este núcleo motor alongado está localizado no assoalho da parte bulbar do IV ventrículo, próximo à linha média (Fig. 5.10). As radículas do nervo hipoglosso passam ventralmente pelo bulbo e emergem no sulco lateral anterior. Ao longo de seu trajeto, as radículas situam-se perto ou nas partes laterais do lemnisco medial e do trato piramidal. O nervo hipoglosso inerva os músculos ipsilaterais da língua.

Conexão clínica

As lesões do núcleo ou do nervo hipoglosso resultam em paralisia e atrofia dos músculos ipsilaterais da língua. Além

disso, ao se realizar protrusão da língua, esta se desvia para o lado da lesão como resultado das ações sem oposição dos músculos genioglosso e transverso do outro lado.

Motoneurônios inferiores da medula espinal

Na medula espinal, os MNI constituem duas das principais colunas celulares que formam a lâmina IX no corno anterior. A coluna medial tem tamanho uniforme e, em sua maior parte, estende-se ao longo de toda a extensão da medula, inervando a musculatura paravertebral ou paraxial. A coluna lateral apresenta variação de tamanho conforme o segmento medular e é relativamente menor nos segmentos torácicos, pois seus neurônios inervam apenas os músculos intercostais e abdominais. Em contraste, a coluna lateral é extremamente volumosa nas intumescências cervical e lombar, onde está subdividida em alguns núcleos. Os núcleos mais laterais da coluna lateral inervam os músculos mais distais dos membros, enquanto os núcleos mais mediais inervam os músculos localizados mais proximalmente (Fig. 5.11).

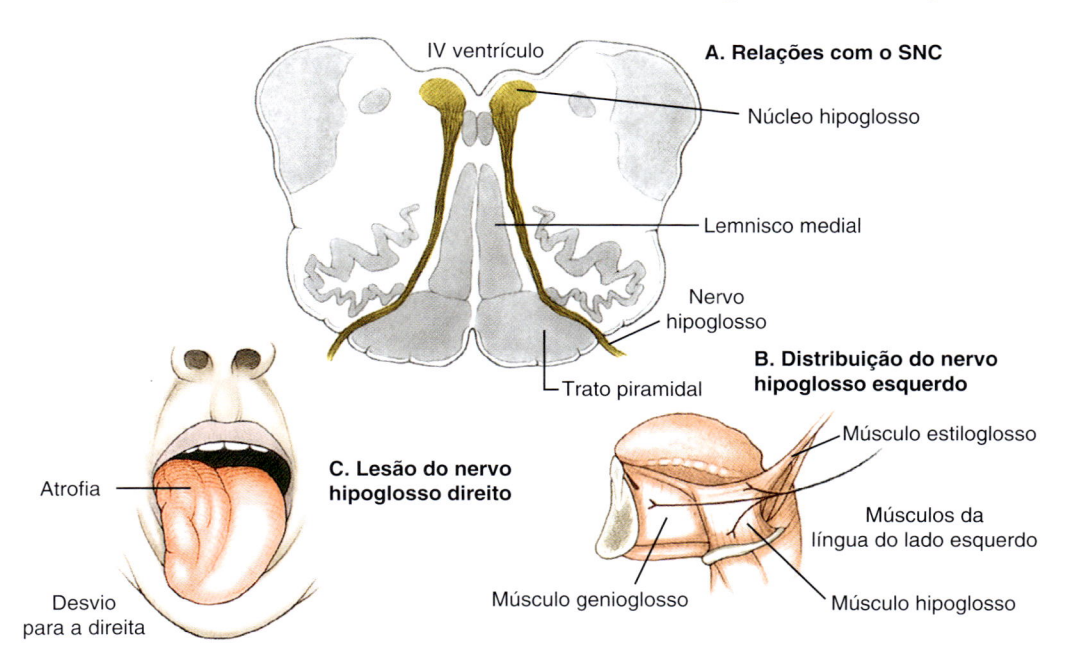

Figura 5.10 Núcleo e nervo hipoglosso (NC XII). **A.** Relações com o sistema nervoso central (SNC). **B.** Distribuição. **C.** Resultados da lesão.

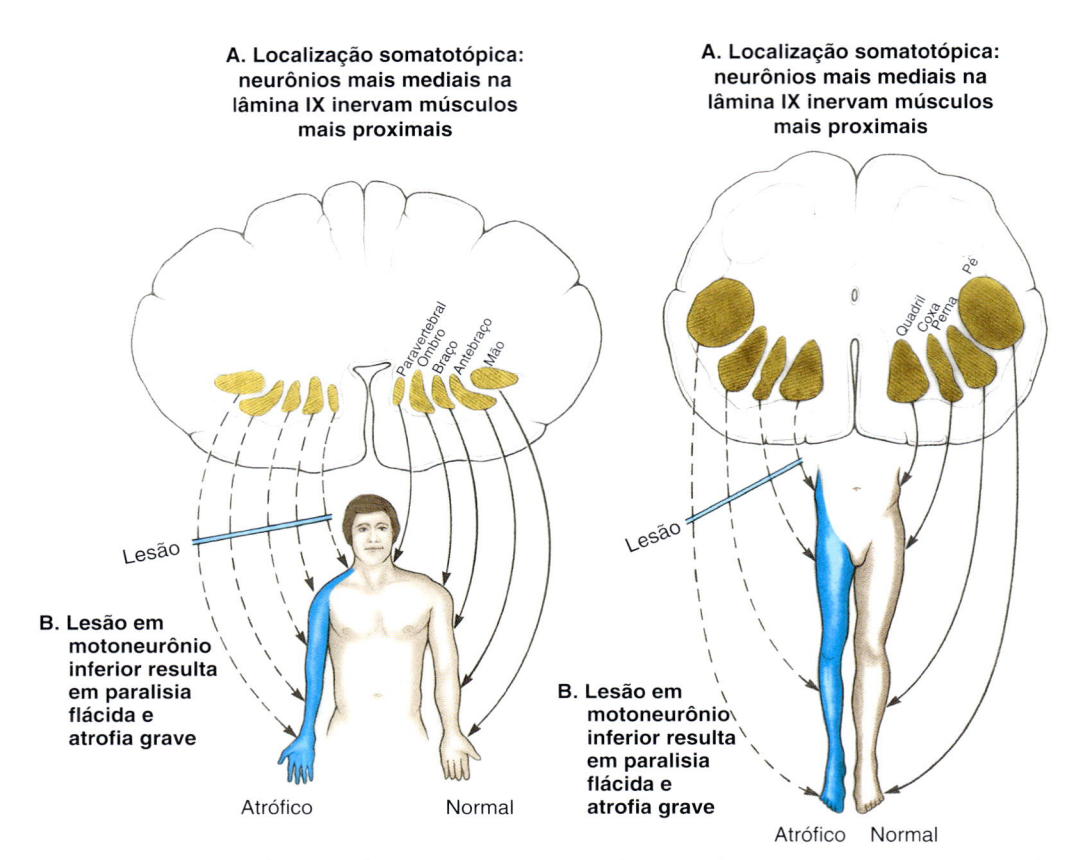

A. Localização somatotópica: neurônios mais mediais na lâmina IX inervam músculos mais proximais

Lesão

B. Lesão em motoneurônio inferior resulta em paralisia flácida e atrofia grave

Atrófico   Normal

A. Localização somatotópica: neurônios mais mediais na lâmina IX inervam músculos mais proximais

Lesão

B. Lesão em motoneurônio inferior resulta em paralisia flácida e atrofia grave

Atrófico   Normal

Figura 5.11 **Esquerda:** MNI da intumescência cervical. **A.** Localização somatotópica. **B.** Resultados das lesões. **Direita:** MNI da intumescência lombar (lombossacral). **A.** Localização somatotópica. **B.** Resultados das lesões.

Conexão clínica

Três grupos de motoneurônios – núcleo acessório espinal e núcleo frênico na região cervical da medula espinal, e núcleo de Onuf na região sacral – são especialmente interessantes. O núcleo acessório espinal está localizado nos segmentos cervicais superiores 5-6, originando o nervo acessório que inerva os músculos esternocleidomastóideo e trapézio. As lesões do nervo acessório resultam em fraqueza ao girar a cabeça para o lado oposto e ao encolher o ombro ipsilateral. O núcleo frênico, cujos axônios inervam o diafragma, está localizado nos segmentos cervicais 3, 4 e 5. As lesões desse núcleo, ou do nervo frênico, resultam em paralisia do hemidiafragma ipsilateral ou, quando bilateral, em insuficiência respiratória. O núcleo de Onuf, também

denominado núcleo do nervo pudendo, constitui um grupo à parte de motoneurônios alfa nos segmentos sacrais 2, 3 e 4. Esses neurônios inervam os esfíncteres uretral externo e anal, exercendo assim importante função nos mecanismos de continência urinária e fecal.

Os motoneurônios alfa da medula espinal que inervam qualquer músculo (com exceção dos músculos intercostais) são encontrados em mais de um segmento medular espinal. Portanto, além de uma representação medial-lateral dos músculos na medula espinal, há também uma representação segmentar. Os músculos inervados por um único segmento medular espinal formam um **miótomo**. A inervação segmentar de alguns grupos musculares importantes é mostrada na Tabela 5.1.

Tabela 5.1 Inervação segmentar de alguns músculos

Músculos	Nervos
Trapézio	C3, C4 e parte espinal do NC XI
Deltoide	**C5,**ª C6
Bíceps	C5, **C6**ª
Tríceps	C6, **C7,**ª C8
Flexor profundo dos dedos	C7, **C8,**ª T1
Tenar, hipotenar, interósseo	C8, **T1**ª
Abdominal	T6–L1
Quadríceps	L2, L3, **L4**ª
Extensor do hálux	L4, **L5,**ª S1
Gastrocnêmio	L5, **S1,**ª S2
Esfíncter retal	S3, S4

ªFornece a principal inervação.

Síndrome do motoneurônio inferior

A lesão de MNI interrompe o fluxo de impulsos ao longo da via motora final comum e resulta em **paralisia flácida**, ou paralisia acompanhada de hipotonia (porque são os MNI que mantêm o tônus normal). Além disso, há diminuição ou ausência de reflexos superficiais e profundos (porque os MNI são componentes eferentes de todos os reflexos musculares esqueléticos). Também podem ocorrer espasmos musculares espontâneos ou fasciculações. Por fim, ocorre uma pronunciada diminuição de volume (atrofia) dos músculos desnervados após algumas semanas a meses (Fig. 5.11).

A **síndrome do motoneurônio inferior** pode ocorrer em lesões do SNC ou do sistema nervoso periférico. No primeiro caso, os corpos celulares ou radículas (filamentos radiculares) de nervos cranianos ou espinais são envolvidos, enquanto no segundo caso há envolvimento dos axônios nos nervos periféricos. Outro aspecto da síndrome do MNI é a característica segmentar da paralisia e da atrofia, ou seja, essas alterações se restringem aos músculos individuais desnervados pela lesão, sem que haja envolvimento de nenhum outro músculo.

Músculo esquelético

As fibras musculares esqueléticas podem ser classificadas com base em (1) critérios histoquímicos (tipo I e tipo II); (2) propriedades fisiológicas como velocidade de contração (contração lenta, contração rápida); e (3) fatigabilidade determinada pelas vias metabólicas aeróbicas ou anaeróbicas que fornecem a energia necessária à contração. Os músculos do tipo I ou de contração lenta respondem lentamente à ativação neural, produzindo quantidade relativamente pequena de tensão por um período prolongado. Os músculos de tipo I usam, de maneira predominante, as vias enzimáticas do metabolismo aeróbico ou oxidativas para contrações contínuas. Os músculos do tipo I são constituídos por células musculares relativamente menores, cada uma delas contendo menos elementos contráteis e, portanto, produzindo menor força contrátil. As unidades motoras do tipo II ou de contração rápida podem ser resistentes à fadiga (tipo IIA) ou fatigáveis (tipo IIB), dependendo de sua capacidade metabólica para sustentar contrações musculares contínuas. Nos músculos do tipo II, as enzimas do metabolismo são predominantemente glicolíticas ou anaeróbias. Os músculos do tipo II são relativamente maiores, porque contêm mais unidades contráteis e produzem contrações mais rápidas e com maior força de contração. Os músculos em geral contêm grupos de fibras musculares de diferentes tipos, mas pode haver predominância de um tipo de fibra. A análise histoquímica de biópsias de músculo é usada de maneira diagnóstica para identificar doenças musculares.

Conexão clínica

Três tipos teoricamente diferentes de movimentos resultam da contração dos músculos esqueléticos: (1) **reflexos**, que são respostas motoras automáticas a estímulos sensoriais periféricos; (2) movimentos posturais e **estereotípicos**, como locomoção ou mastigação; e (3) movimentos altamente **qualificados ou especializados** dirigidos a objetivos específicos. Esses diferentes tipos de movimentos usam músculos distintos e são comandados e controlados por diferentes componentes do sistema motor.

Fisiologia da unidade motora

Conforme já mencionado, o motoneurônio inferior ou alfa, seu axônio e as fibras musculares extrafusais por ele inervadas constituem a unidade motora.

As fibras musculares extrafusais são inervadas unicamente por motoneurônios alfa, a via motora comum final. Cada motoneurônio inervará apenas um tipo de fibra muscular. Os três tipos distintos de unidades motoras são inervados por MNI de tamanhos diferentes. Os músculos do tipo I, menores, são inervados pelos menores MNI; as fibras musculares do tipo IIB são inervadas por MNI de tamanho intermediário; e as fibras musculares do tipo IIA são inervadas pelos maiores motoneurônios. Níveis basais de disparo ou atividade neural nos motoneurônios são responsáveis pelo tônus muscular normal. As contrações musculares acima desses níveis são causadas pela ativação dos motoneurônios por aferências periféricas, interneurônios e vias descendentes. Existe uma ordem fixa de recrutamento de MNI, dependendo da força e da velocidade da ação do músculo comandado. A sequência de recrutamento está correlacionada com as propriedades elétricas dos MNI. A ativação neuronal por um sinal ou estímulo sináptico excitatório depende da resistência elétrica do neurônio, que é inversamente relacionada ao seu tamanho ou área de superfície. Somas (corpos celulares) de MNI de pequeno diâmetro têm maior resistência elétrica interna do que os corpos celulares de MNI de maior diâmetro. De modo correspondente, MNI pequenos atingirão níveis de limiar de disparo com menor estimulação sináptica excitatória do que os motoneurônios maiores adjacentes. Dessa forma, o disparo dos MNI menores inicialmente e dos MNI maiores por último, permite a contração contínua de fibras musculares do tipo I fadiga-resistentes ao longo de um movimento inteiro. Os músculos de tipo II serão mantidos como reserva, para contrações sobrepostas, mais rápidas e menos sustentáveis. O recrutamento inicial do motoneurônio é caracterizado por uma frequência de disparo aproximada de 5-10 Hz. À medida que a demanda por contração muscular aumenta, a frequência de disparos aumenta nos motoneurônios e há aumento progressivo do recrutamento de motoneurônios maiores. De maneira correspondente, conforme a necessidade de contração muscular diminui, a frequência de disparos é reduzida em ordem inversa e os motoneurônios maiores são os primeiros a pararem de disparar.

A complexidade do controle neural do movimento é determinada pelo número de músculos requeridos para o movimento, pelo número e tipo de articulações envolvidas no movimento e pelo tipo de movimento. Os músculos somente podem tracionar ao se contraírem, de modo que um simples movimento bidirecional em uma articulação do tipo dobradiça (cotovelo, dedo da mão e joelho) requer o pareamento de músculos agonistas e antagonistas com ações opostas (p. ex., músculos bíceps e tríceps para flexionar e estender, respectivamente, o antebraço no nível do cotovelo). Por outro lado, as articulações esferoides (ombro e quadril), por permitirem uma amplitude de movimento bem maior, requerem interações entre um número maior de músculos. Os movimentos complexos, que envolvem movimentos sincronizados ou sequenciais sobre múltiplas articulações, requerem a maior quantidade de controle neural. Ademais, os movimentos voluntários rápidos não ocorrem pela atividade apenas de músculos agonistas. Em vez disso, a maioria dos movimentos rápidos envolve primeiro a superativação dos motoneurônios que inervam os músculos agonistas, seguida logo depois de ativação neural dos músculos antagonistas para contrapor o excedente resultante do movimento em decorrência da ação do(s) músculo(s) agonista(s). A falta de coordenação dos disparos neurais nos músculos agonistas e antagonistas pode ser vista em distúrbios envolvendo o cerebelo (Cap. 9).

Fisiopatologia da unidade motora

Os transtornos da unidade motora podem ser causados por doenças musculares esqueléticas (miopáticas), ou por disfunção do motoneurônio ou disfunção axonal (neuropática). As doenças neuropáticas e miopáticas resultam em fraqueza muscular. Geralmente, a fraqueza na musculatura distal do membro é sugestiva de neuropatia, enquanto a fraqueza na musculatura proximal do membro é sugestiva de miopatia. Fraqueza muscular, perda muscular (atrofia) e contrações involuntárias sincronizadas de todas as fibras musculares de uma unidade motora (fasciculações) são indicativos de doença do motoneurônio. As neuropatias desmielinizantes que afetam a propagação do potencial de ação e a neurotransmissão alterada na junção neuromuscular são descritas no Capítulo 1. A fraqueza e a atrofia musculares sem parestesia são indicativos de neuropatia seletiva do axônio motor (neuropatia motora).

Conexão clínica

As doenças de motoneurônios mais conhecidas são a esclerose lateral amiotrófica (ELA), ou doença de Lou Gehrig, e a poliomielite. Na ELA, a fasciculação ou espasmo muscular involuntário e espontâneo reflete atividade de potencial de ação composto anormal na parte distal do nervo motor, em sua arborização terminal ou na junção neuromuscular. A atrofia muscular (por perda da ação trófica) se segue à degeneração axonal. As miopatias são mais comumente observadas nas distrofias musculares hereditárias e com menos frequência nas polimiosites ou dermatomiosites adquiridas.

Atividade reflexa de motoneurônios da medula espinal

Os MNI da medula espinal estão envolvidos em numerosos mecanismos reflexos, três dos quais têm importância clínica – **reflexos miotático**, **miotático inverso** e de **alça-gama**.

Reflexo miotático

O reflexo miotático é a contração de um músculo ao ser estirado. Conhecido também como reflexo tendíneo ou de estiramento, o reflexo miotático é monossináptico (Fig. 5.12). Para iniciar o reflexo, o músculo é estirado golpeando-se o próprio músculo ou seu tendão com auxílio de um martelo de reflexo. A via aferente do reflexo consiste em **fibras aferentes Ia** e seus **receptores de estiramento anulospirais** localizados no centro de fusos musculares. Uma fibra aferente Ia é o ramo periférico do axônio de um neurônio pseudounipolar de um gânglio espinal ou da raiz dorsal. O ramo central do axônio do neurônio pseudounipolar tem sinapses excitatórias com MNI ou motoneurônios alfa na lâmina IX do corno anterior. Os axônios dos MNI entram nos nervos espinais apropriados através de suas raízes ventrais e fazem sinapse no músculo que foi estirado, causando assim a sua contração. As fibras Ia do músculo estirado também excitarão interneurônios inibitórios que realizarão

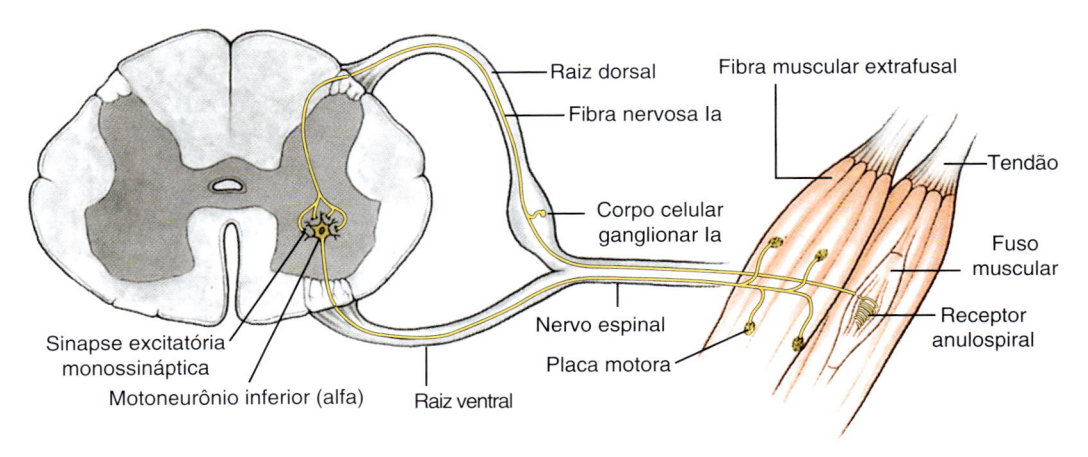

Figura 5.12 Reflexo miotático. Estiramento muscular → ativação de receptor anulospiral → impulso Ia excita diretamente o MNI → contração do músculo estirado.

inibição sináptica dos MNI, que inervam músculos antagonistas. Essa excitação mediada por reflexo de estiramento de alguns motoneurônios e a inibição de outros constitui a base da inervação recíproca. A inervação recíproca é importante para os movimentos voluntários em que os antagonistas dos músculos que se contraem para um dado movimento desejado são relaxados, proporcionando maior velocidade e eficácia ao movimento. Os reflexos miotáticos mais comumente testados e seus componentes centrais e periféricos são mostrados na Tabela 5.2.

Reflexo miotático inverso

A contração de um músculo voluntário é influenciada por receptores tendíneos que respondem aos aumentos de tensão. Esses receptores são os **órgãos tendinosos de Golgi**, que consistem em terminações das fibras nervosas pertencentes ao sistema aferente Ib. As **fibras aferentes Ib** diminuem a contração de seus próprios músculos por meio da inativação ou da inibição dos motoneurônios alfa que inervam esses músculos. Essa inativação do motoneurônio alfa ocorre por meio dos interneurônios inibitórios com os quais as fibras aferentes Ib fazem sinapse (Fig. 5.13). O reflexo miotático inverso, também chamado reflexo de alongamento ou de inibição autogênica, protege o tendão contra lesões que possam resultar de tensão excessiva. Esse reflexo também exerce papel importante nos mecanismos relacionados à fadiga e à hiperextensão ou hiperflexão de uma articulação.

A alça gama

Além das populações de grandes MNI ou motoneurônios alfa presentes no corno anterior da medula espinal, nele também existem numerosos motoneurônios gama pequenos. Os axônios dos motoneurônios gama, que representam cerca de $^1/_3$ do total de fibras da raiz ventral, inervam as **fibras musculares intrafusais** nos polos dos fusos musculares. Durante a contração, as fibras musculares intrafusais estiram as partes centrais dos fusos musculares, onde os receptores de estiramento anulospirais estão localizados. Regulando o estiramento ou tensão na parte central do receptor do fuso muscular, o motoneurônio gama pode manter a sensibilidade dos fusos musculares quando um músculo inteiro estiver em contração ou sendo encurtado durante as contrações voluntárias ou reflexas.

O sistema gama de motoneurônios pode participar da ativação e do controle de movimentos, produzindo tensão suficiente no fuso muscular para estimular os receptores de estiramento anulospirais e assim deflagrar reflexos miotáticos. Esse mecanismo, referido como alça gama (Fig. 5.14), pode ser influenciado por vários centros no encéfalo.

Os reflexos têm funções de proteção e postural

O número de neurônios interpostos entre o estímulo sensorial aferente e o motoneurônio eferente determina a simplicidade ou a complexidade dos reflexos e sua modificabilidade. Reflexos simples como o reflexo miotático são menos modificáveis sob condições normais, pois o reflexo requer apenas o neurônio sensitivo aferente e o motoneurônio eferente. Quando os interneurônios estão localizados entre o sinal sensorial aferente e a resposta motora eferente, os reflexos se tornam mais complexos e permitem maior modulação. Os reflexos podem

Tabela 5.2 Reflexos miotáticos mais comumente testados

Músculo ou tendão	Nervo	Segmento medular crucial
Bíceps	Músculo-cutâneo	C6
Tríceps	Radial	C7
Patelar	Femoral	L4
Calcâneo	Tibial e isquiático	S1

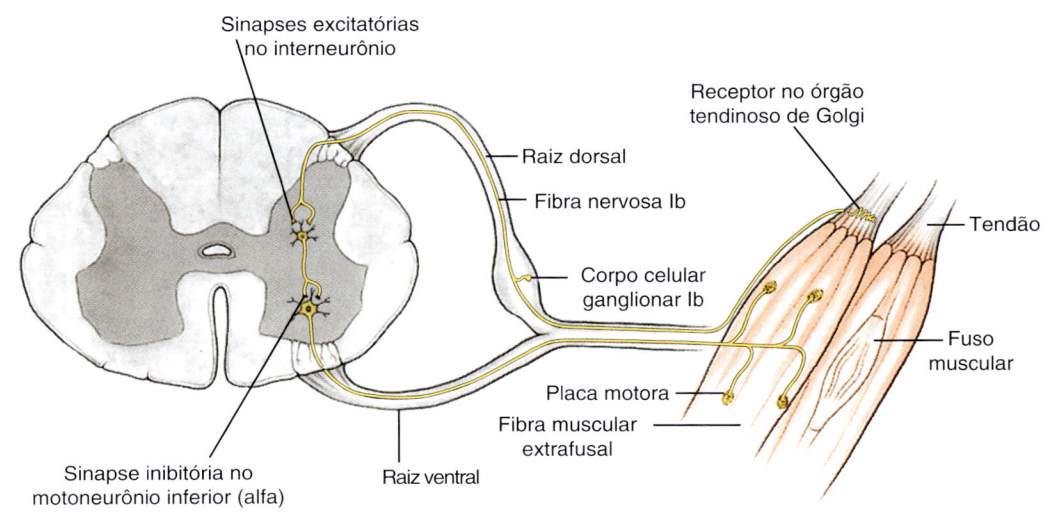

Figura 5.13 Reflexo miotático inverso: tensão no tendão → ativação do órgão tendinoso de Golgi → impulso Ib ativa o interneurônio que, por sua vez, inibe o MNI → relaxamento do músculo cujo tendão sofreu aumento de tensão. Impede a ruptura do tendão.

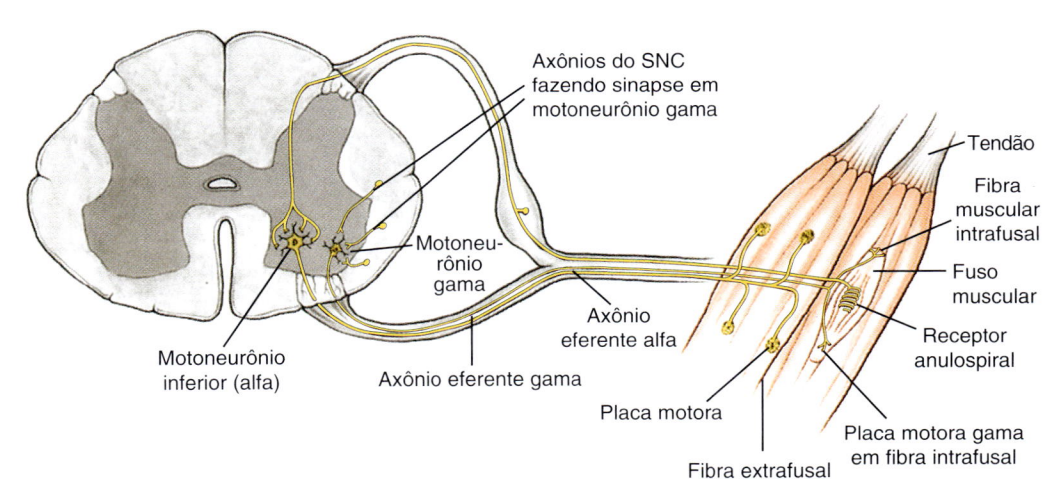

Figura 5.14 Alça gama. Excitação do motoneurônio gama → contração das fibras musculares intrafusais nos polos do fuso muscular → estiramento do receptor anulospiral. Regula a excitabilidade do fuso muscular (SNC, sistema nervoso central).

ser protetores, como ocorre quando a perna é retirada ao se pisar em um estímulo doloroso. Essa resposta é causada pela ativação reflexa de músculos flexores no lado do estímulo (reflexo flexor de retirada) seguida da contração reflexa dos extensores contralaterais (reflexo de extensão cruzado) para fornecer suporte postural.

A velocidade, a amplitude e a duração desses reflexos estão diretamente correlacionadas com a intensidade do estímulo. A respiração e o reflexo barorreceptor são exemplos de reflexos complexos. A respiração precisa estar sob controle voluntário para a realização de atividades como falar e cantar. É possível inibir a respiração de modo consciente apenas por um período de tempo relativamente breve, antes que o controle voluntário da respiração seja sobrepujado pelos movimentos inspiratórios e expiratórios reflexamente deflagrados por um sinal sensorial de altos níveis arteriais periféricos de dióxido de carbono. As vias motoras descendentes integram a miríade de reflexos espinais que coordenam a atividade do MNI, levando a movimentos coordenados complexos.

A excitabilidade do MNI é afetada pelas células inibitórias de Renshaw. Essas células são excitadas pelos colaterais de axônios do MNI e, então, estabelecem contatos sinápticos inibitórios com motoneurônios circundantes e interneurônios inibitórios Ia. Esse *feedback* negativo ajuda a regular os disparos dos MNI e a contração recíproca dos músculos antagonistas.

Questões para revisão

1. Defina o termo "unidade motora" e compare as que estão envolvidas nos movimentos delicados e nos grosseiros.
2. Explique as principais alterações associadas a uma lesão do motoneurônio inferior da medula espinal.
3. Qual tipo (I ou II) de fibra muscular esquelética seria ideal para uma contração muscular contínua?
4. Os movimentos rápidos com forças contráteis relativamente maiores em geral são realizados por fibras musculares esqueléticas de qual tipo (I ou II)?
5. Existem três tipos de fibras musculares: I, IIa e IIb. Quantos desses tipos são encontrados em uma unidade motora individual?
6. Qual tamanho de motoneurônios inferiores são mais excitáveis?
7. Fraqueza muscular, atrofia muscular e fasciculações são em conjunto fortemente sugestivos de qual transtorno do motoneurônio inferior?
8. Os colaterais de axônios do motoneurônio inferior excitam quais interneurônios que subsequentemente inibem os motoneurônios inferiores adjacentes?
9. Qual fenômeno resulta na inibição dos motoneurônios que inervam antagonistas sobre a ativação de motoneurônios que inervam agonistas?
10. Um paciente apresenta ptose palpebral unilateral com o olho voltado para baixo e para fora. Esses sinais clínicos são característicos de:
    a. Paralisia do nervo oculomotor.
    b. Paralisia do nervo troclear.
    c. Paralisia do nervo abducente.
    d. Paralisia do nervo trigêmeo.
    e. Paralisia do nervo facial.
11. Um paciente com lesão na "via motora final comum" se refere a uma lesão de:
    a. Neurônios piramidais.
    b. Neurônios do globo pálido.
    c. Neurônios da substância negra compacta.
    d. Motoneurônios alfa.
    e. Motoneurônios gama.
12. A raiz ventral em C7 é lesada. Fraqueza (paresia)/paralisia musculares seriam mais pronunciadas:
    a. No músculo deltoide.
    b. No músculo tríceps.
    c. No músculo flexor profundo dos dedos.
    d. Nos músculos interósseos.
    e. Nos músculos afetados do antebraço e da mão.
13. Um paciente apresenta diplopia ao olhar para baixo, acompanhada de inclinação compensatória da cabeça. Esses sinais são característicos de:
    a. Paralisia do nervo oculomotor.
    b. Paralisia do nervo troclear.
    c. Paralisia do nervo abducente.
    d. Paralisia do nervo trigêmeo.
    e. Paralisia do nervo facial.
14. Um paciente se queixa de dificuldade para deglutir. Essa dificuldade pode ser resultante de lesão das:
    a. Radículas do nervo trigêmeo.
    b. Radículas do nervo facial.
    c. Radículas espinais do nervo acessório.
    d. Radículas do nervo glossofaríngeo.
    e. Radículas do nervo hipoglosso.

15. Quais alterações resultam da lesão, aparecendo como uma área colorida, em cada corte?

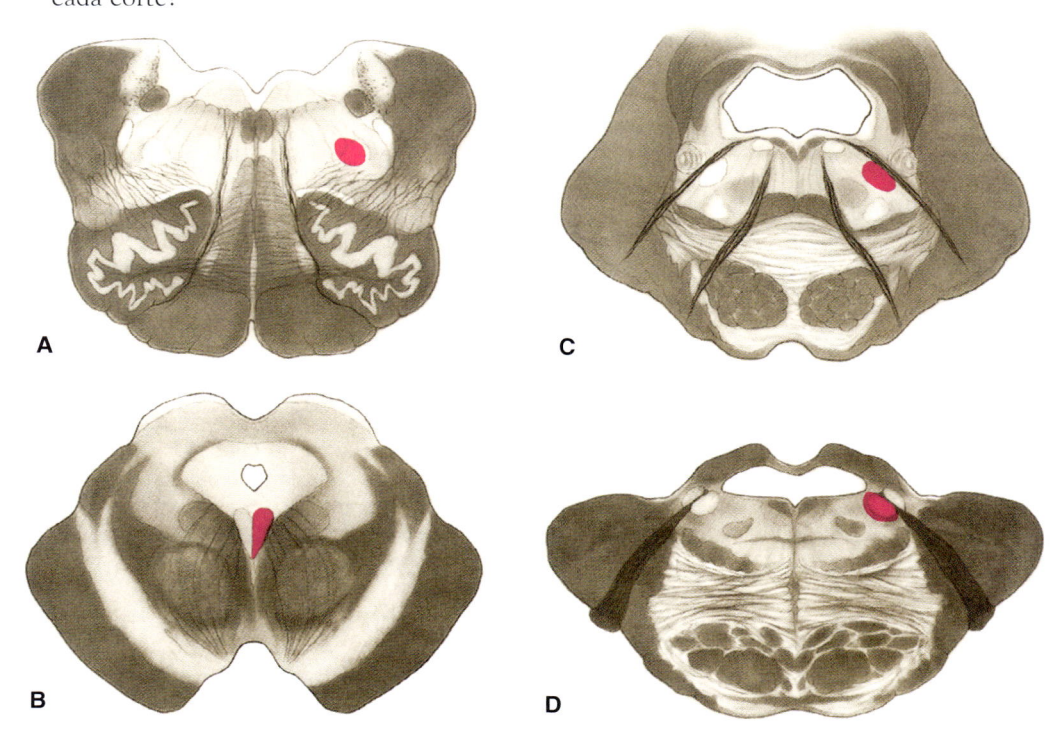

O sistema piramidal[1]: paralisia espástica

Um homem de 60 anos, hipertenso, teve cefaleia repentina acompanhada de hemiplegia espástica no lado direito do corpo. Uma resposta de extensão plantar está presente no lado direito, os reflexos tendíneos dos membros direitos estão exagerados e a resistência aos movimentos passivos está aumentada. Além disso, os músculos da metade inferior da face do lado direito estão enfraquecidos.

O sistema piramidal é composto por motoneurônios superiores, localizados no córtex cerebral. Os seus axônios passam sem interrupção até os motoneurônios inferiores ou até seus conjuntos de interneurônios, com o objetivo de iniciar e regular os movimentos voluntários (em especial, os movimentos mais complexos ou muito especializados). A maior parte dos corpos celulares neuronais do sistema piramidal está localizada no giro pré-central e na parte anterior do lóbulo paracentral.

Os axônios do sistema piramidal destinados aos núcleos motores da medula espinal formam o trato piramidal ou corticospinal, e aqueles destinados aos núcleos motores do tronco encefálico formam o trato corticobulbar (ou corticonuclear).

O trato piramidal ou corticospinal

O trato piramidal tem origem nos motoneurônios superiores, principalmente no córtex motor primário (M1), localizado no giro pré-central e na parte anterior do lóbulo paracentral (Figs. 6.1 e 6.2). Um grande número de neurônios do córtex pré-motor, imediatamente anterior a M1, e do córtex somestésico primário, no giro pós-central e parte posterior do lóbulo paracentral, também contribuem com fibras para esse trato. É questionável se os neurônios no córtex somestésico primário devem ser considerados "motoneurônios superiores", pois sua função é modular os neurônios sensitivos secundários na medula espinal.

Os neurônios do trato corticospinal que influenciam o membro superior estão localizados nas partes mais dorsais do giro pré-central, onde são representados os movimentos de membro superior contralaterais. Os neurônios do trato corticospinal que influenciam o membro inferior estão localizados na parte anterior do lóbulo paracentral, onde são representados os movimentos de membro inferior contralaterais.

---

1 N.R.C.: Atualmente, há uma tendência à apresentação do sistema motor utilizando-se a classificação das vias motoras em sistemas motores lateral e medial. É cada vez mais raro que os livros tragam os sistemas motores classificados como piramidal e extrapiramidal. No entanto, no contexto clínico, que é o foco desta obra, a abordagem das disfunções motoras ainda mais utilizada é a tradicional, que é a do autor.

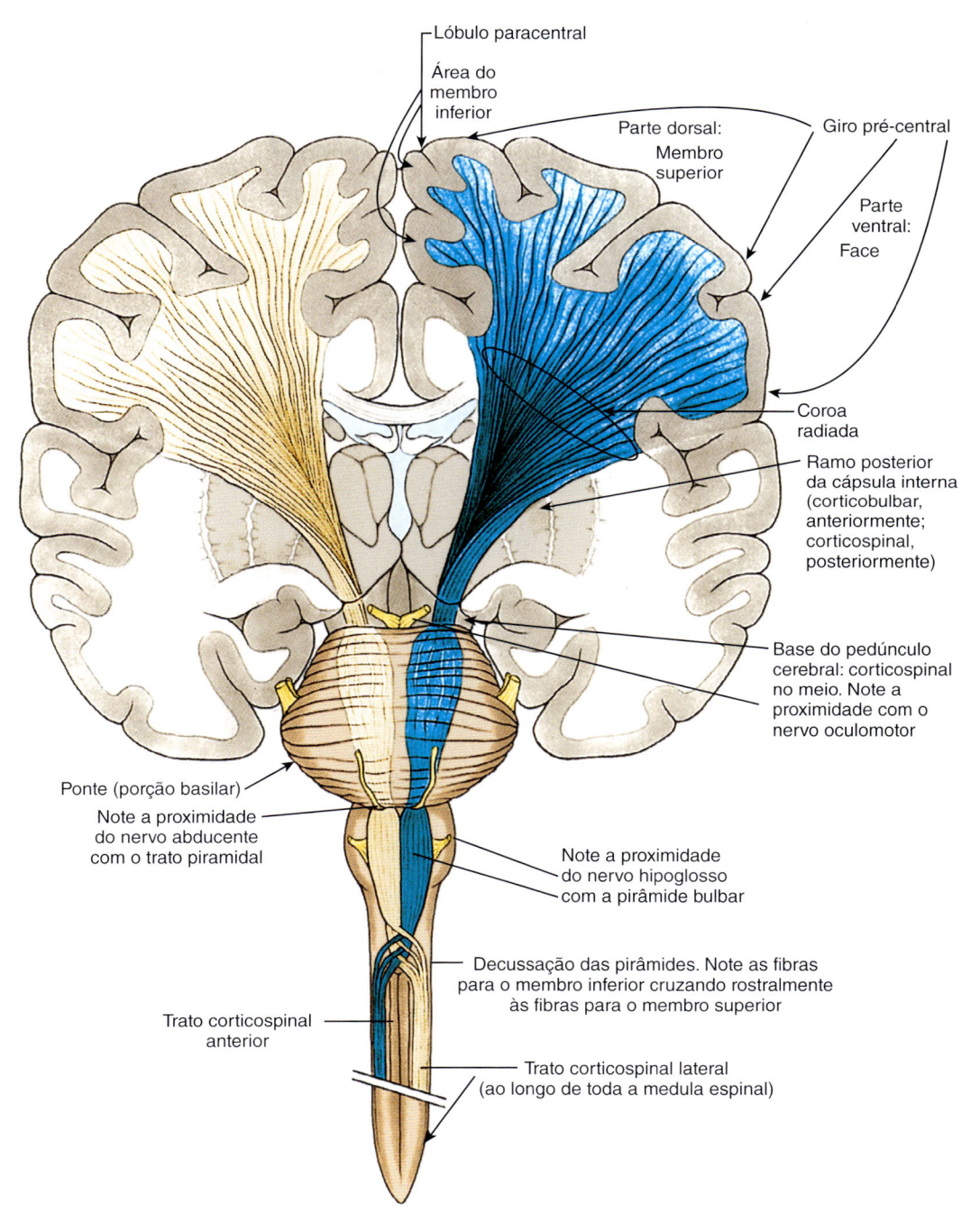

Figura 6.1   Vista anterior tridimensional do sistema piramidal, mostrando sua origem, trajeto e relações.

Após deixarem o córtex, os axônios do trato piramidal (trato corticospinal) descem pela **coroa radiada** para alcançarem o ramo posterior da cápsula interna (Figs. 6.1 e 6.2). Após atravessar a cápsula interna, o trato piramidal entra na base do pedúnculo cerebral, onde está localizado no terço médio (Fig. 6.3). Afirma-se que a base do pedúnculo cerebral contém cerca de

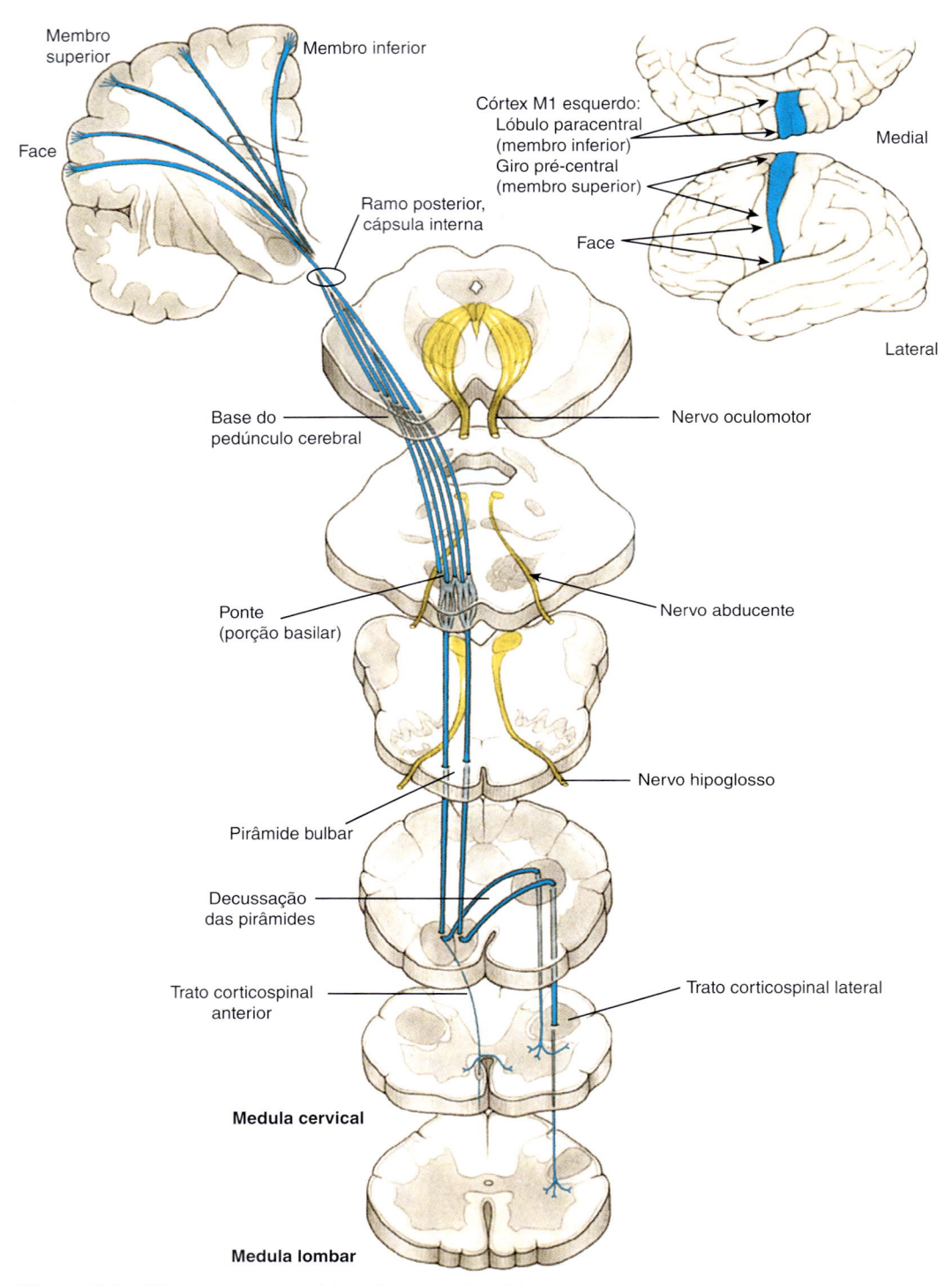

Figura 6.2   Diagrama esquemático do trato piramidal, mostrando sua origem, trajeto e relações (M1, córtex motor primário).

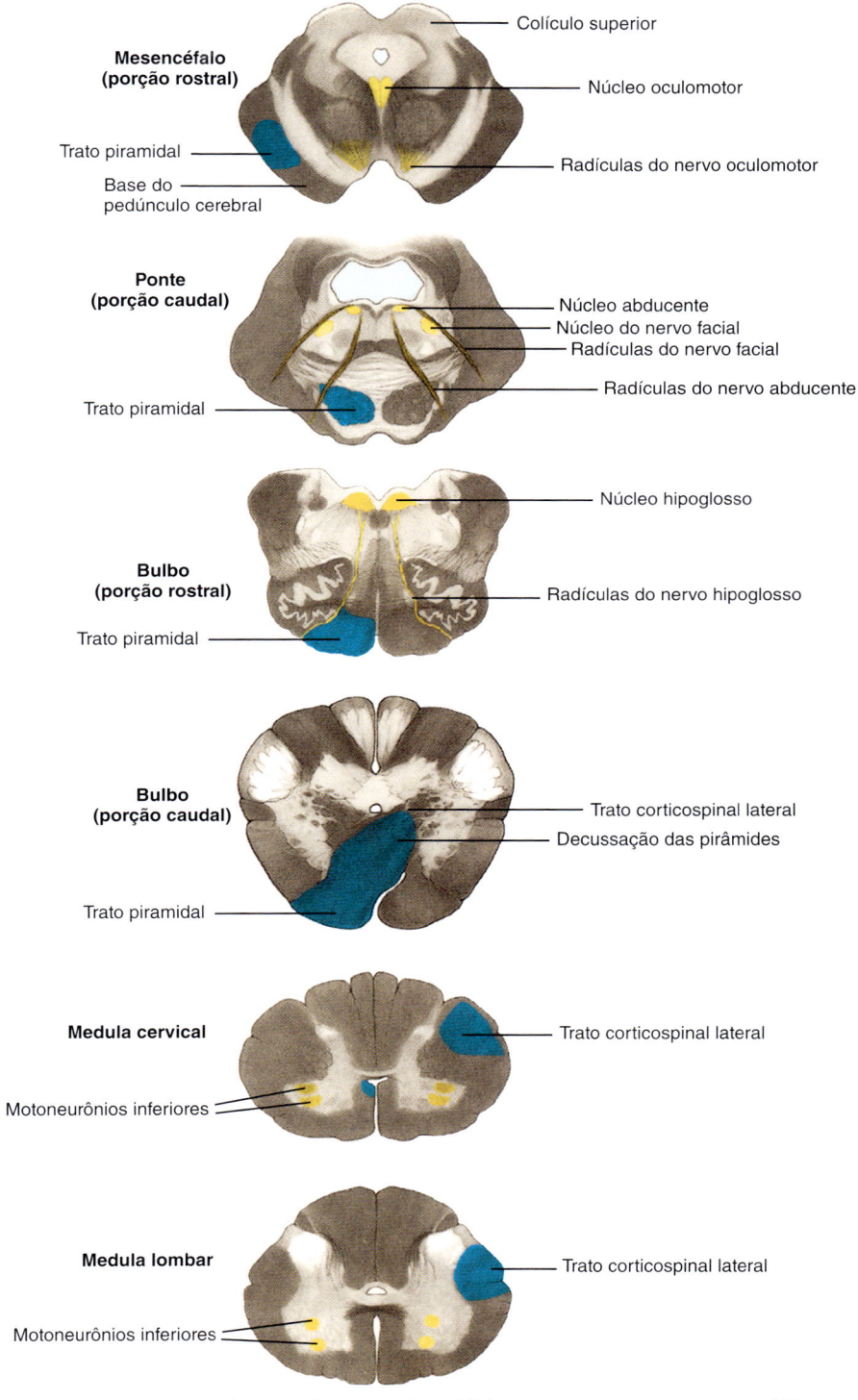

Figura 6.3   Localização e relações do trato piramidal em cortes de tronco encefálico e medula espinal.

20 milhões de fibras, das quais apenas a minoria (1-2 milhões) é constituída de fibras corticospinais. A maioria das demais são fibras corticopontinas associadas ao sistema cerebelar.

Na extremidade caudal do mesencéfalo, o trato piramidal se divide em feixes e estes entram na parte basilar da ponte. Esses feixes estão separados uns dos outros pelos núcleos pontinos e por fibras pontinas direcionadas em sentido transversal. Conforme os feixes piramidais descem pela ponte, vão se aproximando gradualmente uns dos outros, de modo que ao entrarem no bulbo voltam a formar um feixe único, a pirâmide bulbar (que deu nome ao trato piramidal).

A pirâmide se estende pelos $^2/_3$ rostrais do bulbo. No terço caudal do bulbo, suas fibras cruzam na decussação das pirâmides. Aqui, as fibras em decussação (normalmente, constituindo cerca de 90% do trato piramidal) passam dorsolateralmente e formam o trato corticospinal lateral. Esse trato então desce por todos os níveis da medula espinal, na metade dorsal do funículo lateral. As fibras piramidais que não cruzaram seguem diretamente no funículo anterior da medula espinal, como trato corticospinal anterior (em geral, limitado aos segmentos cervicais). A maioria das fibras do trato corticospinal anterior decussa na comissura branca anterior no nível em que terminam. Elas inervam bilateralmente os núcleos motores mais mediais, os quais suprem os músculos paraxiais que atuam simultaneamente uns com os outros. Em relação aos membros, os tratos corticospinais em geral são considerados totalmente cruzados.

Conexão clínica

O percentual de fibras que cruzam na decussação das pirâmides pode variar de totalmente cruzadas a totalmente não cruzadas, embora esses extremos pareçam ser bastante raros. Ainda assim, as variações na decussação do trato corticoespinal nas pirâmides e os componentes cruzados e não cruzados nos tratos corticospinais lateral e ventral podem ser responsáveis pelas alterações motoras incomuns que surgem após as lesões dos tratos corticospinais no encéfalo ou na medula espinal.

O trato corticobulbar ou corticonuclear

O trato corticobulbar tem origem nos motoneurônios superiores localizados primariamente na parte ventral do giro pré-central, a região da face do córtex motor. O trato corticobulbar acompanha o trato piramidal ao longo da coroa radiada e da cápsula interna (Figs. 6.1 e 6.2).

Conexão clínica

Por muitos anos, pensou-se que as fibras corticobulbares na cápsula interna estavam localizadas no **joelho**, ao passo que as fibras corticospinais estariam na parte adjacente do ramo posterior. Evidências recentes, baseadas em estimulação elétrica feita em seres humanos e em estudos de material de autópsia, sugerem que ambos os grupos de fibras estão localizados na metade posterior do ramo posterior da cápsula interna. Na realidade, dependendo do nível da cápsula interna, ambas as perspectivas estão corretas. Dissecações cuidadosas mostram que os tratos mudam gradativamente da porção anterior para a posterior, à medida que vão descendo pela cápsula no trajeto, a partir da coroa radiada para a base do pedúnculo cerebral. Como resultado, uma lesão na metade posterior do ramo posterior na parte dorsal da cápsula interna não danifica o trato corticobulbar, enquanto uma lesão de localização similar na parte ventral causa dano a esse trato.

Abaixo da cápsula interna, as fibras corticobulbares são difíceis de identificar. Algumas descem mantendo relação com as fibras corticospinais, enquanto outras descem no tegmento da ponte e do bulbo. À medida que o trato corticobulbar passa em direção caudal pelo tronco encefálico, ele emite fibras de maneira contínua para os vários núcleos motores dos nervos cranianos.

Os movimentos dos membros são controlados pelo córtex cerebral contralateral. Entretanto, os músculos presentes em ambos os lados do tronco ou na cabeça, que normalmente atuam simultaneamente, são influenciados pelo córtex motor de ambos os lados. Portanto, os núcleos motores associados à mastigação, à deglutição, à fonação e aos movimentos da língua são influenciados pelas fibras corticobulbares que surgem dos hemisférios contralateral e ipsilateral (Fig. 6.4). Como resultado, as lesões unilaterais do trato corticobulbar acima do nível do núcleo do nervo facial se manifestam por alterações que são mais pronunciadas na parte inferior da face contralateral. Como o córtex cerebral exerce influência mais poderosa até mesmo sobre os músculos contralaterais que atuam simultaneamente com seus homólogos do lado oposto, podem ocorrer alterações contralaterais transitórias subsequentemente às lesões agudas unilaterais corticais ou da cápsula interna. Essas alterações temporárias ocorrem sobretudo no caso do palato mole e da língua.

Os núcleos que inervam os músculos extrínsecos do olho não estão sob influência direta do córtex cerebral. Os movimentos oculares voluntários são tão complexos que são controlados por centros corticais, os quais influenciam centros no tronco encefálico, especializados no controle dos movimentos oculares (conforme descrito mais adiante com o sistema oculomotor).

Função do sistema piramidal

A estimulação da área cortical M1 ativa o sistema piramidal, resultando na excitação dos motoneurônios inferiores contralaterais e na contração de músculos individuais daquele lado. Movimentos individualizados e complexos (ou muito especializados), em particular dos membros distais e da musculatura facial, são coman-

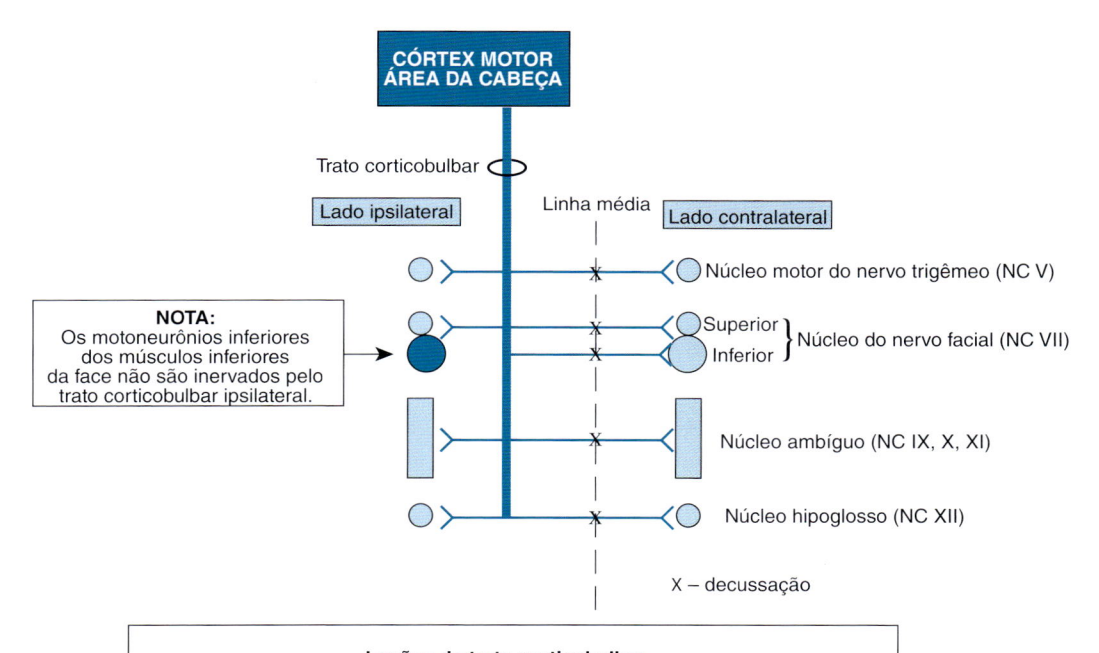

Figura 6.4 Conexões do trato corticobulbar com motoneurônios inferiores dos nervos cranianos (NC) V, VII, IX, X, XI e XII.

dados apenas por motoneurônios superiores da área cortical M1, via conexões monossinápticas entre os neurônios corticais e os motoneurônios inferiores, chamadas conexões corticomotoneuronais ou corticospinais monossinápticas. Outros tipos de movimentos, como caminhar e alcançar e pegar um objeto, os quais envolvem músculos mais proximais que atuam em múltiplas articulações, frequentemente são mediados por conexões polissinápticas entre os neurônios corticais e interneurônios na medula espinal e desses com os motoneurônios inferiores. Essas conexões são denominadas conexões cortico--interneuronal-motoneuronal polissinápticas. Menos projeções corticospinais se originam de motoneurônios superiores localizados no córtex pré-motor. Embora as projeções de M1 e das áreas pré-motoras se sobreponham em sua terminação na substância cinzenta da medula espinal, existem várias diferenças funcionais entre essas duas projeções. A estimulação elétrica do córtex pré-motor requer intensidades mais altas de estímulo do que as necessárias em M1 para evocar contrações musculares. Essa estimulação também ativa múltiplos músculos, em vez de músculos individuais, e movimentos proximais que envolvem várias articulações. As lesões dos motoneurônios superiores do córtex pré-motor não afetam a velocidade do movimento nem o grau de força gerada pela contração muscular. O córtex pré-motor parece estar mais envolvido com o planejamento de movimentos aprendidos do que com o comando para execução dos movimentos.

Controle da atividade do córtex motor primário

Os motoneurônios superiores em M1 comandam três componentes dos movimentos voluntários: (1) a velocidade do movimento; (2) a força da contração muscular; e (3) a direção do movimento. A atividade elétrica nos motoneurônios superiores de M1 sofre vários aumentos de 100 ms antes do início do movimento, acelera com a força aumentada exigida para a fase dinâmica do movimento e diminui um pouco durante qualquer fase tônica de manutenção do movimento. Essa atividade resulta de estímulos ou sinais que chegam a M1 provenientes de: (1) projeções cortico-corticais das áreas corticais somatossensoriais primárias (SI) e secundárias (SII) do lobo parietal localizado posteriormente; (2) córtex pré-motor, localizado anteriormente; e (3) projeções dos núcleos motores do tálamo. Os estímulos somatossensoriais fornecem informações proprioceptiva (músculo) e exteroceptiva (cutânea) organizadas de forma somatotópica e que são resultantes do movimento em execução. Assim, a área da mão do córtex SI se projeta para a área da mão contígua do córtex M1. O córtex pré-motor é subdividido em uma área pré-motora lateral, localizada na parte lateral do hemisfério cerebral, e em uma área motora suplementar (AMS), na qual o córtex pré-motor continua na superfície medial do hemisfério. As sequências de movimento autoiniciadas são organizadas primariamente na AMS e transmitidas ao córtex motor primário M1 para execução. As sequências de movimento deflagradas por estímulos somatossensoriais externos e as informações sobre o movimento orientado por estímulos visuais a partir do córtex parietoccipital atingem o M1 através da área pré-motora lateral. Os movimentos são concebidos ou imaginados no lobo frontal, anterior ao córtex pré-motor. Os núcleos motores talâmicos (1) fornecem acesso direto do cerebelo aos motoneurônios superiores para controle de movimentos complexos (ou muito especializados) e de execução rápida, bem como (2) transmitem a resposta ou estímulos dos núcleos da base às áreas corticais pré-motoras.

Síndrome do motoneurônio superior

As lesões envolvendo o sistema piramidal, especialmente o trato piramidal, são comuns. Isso ocorre porque o trato piramidal se estende por todo o encéfalo e a medula espinal, tornando-o assim suscetível a danos vasculares e traumáticos em qualquer nível do sistema nervoso central (SNC). Além disso, o trato piramidal contém numerosas fibras mielinizadas que o tornam suscetível ao comprometimento em doenças desmielinizantes, como a esclerose múltipla (EM) e a esclerose lateral amiotrófica (ELA).

Uma lesão do motoneurônio superior também é chamada **lesão supranuclear**, pois o dano ocorre na via que transporta impulsos para o motoneurônio inferior. A lesão de motoneurônios inferiores é chamada **lesão nuclear**, quando há envolvimento dos corpos celulares neuronais, e **lesão infranuclear**, quando os axônios dos motoneurônios inferiores são envolvidos. Os principais sinais da síndrome do motoneurônio superior incluem a ausência de movimentos volitivos (paralisia), tônus muscular aumentado, reflexos miotáticos exagerados e resposta plantar extensora – todos ocorrendo nos membros contralaterais. A Tabela 6.1 compara as síndromes dos motoneurônios superior e inferior.

Tabela 6.1 Comparação entre as síndromes dos motoneurônios superior e inferior

	Lesão em motoneurônio superior ou supranuclear	Lesão em motoneurônio inferior ou infranuclear	
Possíveis localizações	Apenas no SNC	SNC	SNP
Causas comuns	AVE, tumores, traumatismo, doenças desmielinizantes (EM, ELA), doenças infecciosas	AVE, poliomielite, tumor, traumatismo (ruptura de disco, perfuração à bala etc.)	Traumatismo, distúrbios metabólicos (alcoolismo, diabetes)
Estruturas envolvidas	Motoneurônios superiores no córtex cerebral ou tratos corticospinal e corticonuclear	Motoneurônios alfa no tronco encefálico ou na medula espinal, ou suas radículas	Fibras motoras de qualquer nervo espinal ou craniano, com exceção dos NC I, II e VIII
Distribuição das alterações	Nunca envolve músculos individuais – envolvimento de grupos musculares inervados por núcleos motores abaixo do nível da lesão Corticonuclear – músculos inferiores contralaterais da face Corticospinal – músculos dos membros – contralateral, se a lesão estiver acima da decussação; ipsilateral, se estiver abaixo	Segmentar – limitada aos músculos inervados por motoneurônios alfa lesados ou seus axônios	
Característica (condição) dos movimentos voluntários	Deficiente – paralisia ou paresia, especialmente de movimentos complexos (ou muito especializados)	Deficiente – paralisia, via motora comum final interrompida	
Característica do estiramento passivo (tônus muscular)	Aumentado – em particular nos músculos antigravitacionais (flexores dos membros superiores, extensores do quadril e do joelho, flexores plantares do pé e dos dedos do pé); pode haver sinal do "canivete"	Diminuído – a perda da via motora comum final produz hipotonia nos músculos afetados	
Característica (condição) dos reflexos miotáticos	Hiperativo ou exagerado – limiar do fuso muscular diminuído; pode haver clônus	Diminuído ou ausente – via ou componente eferente do reflexo interrompido	
Característica (condição) dos reflexos cutâneos	Alterações de alguns – plantar se torna extensor, em vez de flexor, ou seja, plantar extensor ou sinal de Babinski	Diminuído ou ausente – reflexo plantar, quando presente, do tipo flexor normal, exceto em bebês	
Volume muscular	Atrofia discreta por desuso	Atrofia pronunciada – 70-80%	
Descrição clássica	Paralisia espástica	Paralisia flácida	

ELA, esclerose lateral amiotrófica; NC, nervo craniano; SNC, sistema nervoso central; AVE, acidente vascular encefálico; EM, esclerose múltipla; SNP, sistema nervoso periférico.

Acidente vascular encefálico capsular

O distúrbio do sistema piramidal mais frequente resulta de um acidente vascular na cápsula interna e é chamado "acidente vascular encefálico capsular", conforme ilustrado no caso relatado no início deste capítulo. Após a interrupção da atividade nos tratos corticospinal e corticobulbar na cápsula interna, há paralisia dos membros contralaterais superiores e inferiores, bem como dos músculos inferiores da face. Em alguns casos, é possível observar uma fraqueza transitória do lado contralateral da língua e do palato mole como resultado de dano ao trato corticobulbar.

Imediatamente após um acidente vascular encefálico capsular, os movimentos volitivos nos membros contralaterais estão ausentes. Com o tempo, os movimentos nas partes mais proximais dos membros são totalmente recuperados, porém a recuperação nas partes mais distais é menos completa. Os movimentos rápidos dos dedos da mão, como os movimentos usados para tocar piano, jamais retornam. A base desse retorno parcial dos movimentos volitivos é descrita no Capítulo 7.

Além da paralisia, o paciente apresenta **hipertonia** ou tônus muscular aumentado. Essa condição se manifesta com o aumento da resistência ao estiramento passivo e é especialmente pronunciada nos músculos antigravitacionais, ou seja, nos flexores do braço e dedos da mão, e nos extensores da perna. A hipertonia grave é **espasticidade**, a qual, aliada à perda contralateral dos movimentos volitivos, é denominada hemiplegia espástica (Fig. 6.5). Uma característica da resistência aumentada vista na espasticidade é o **sinal do canivete** (Fig. 6.6), que consiste no colapso repentino e total da resistência enquanto um músculo é rapidamente estirado. O efeito "canivete" é causado pela atividade aumentada dos órgãos tendinosos de Golgi, cujas fibras aferentes Ib são excitatórias para os interneurônios espinais que inibem os motoneurônios alfa responsáveis pela hipertonia e resistência aumentada ao estiramento passivo (Fig. 5.13).

Na síndrome do motoneurônio superior, os reflexos miotáticos são mais hiperativos

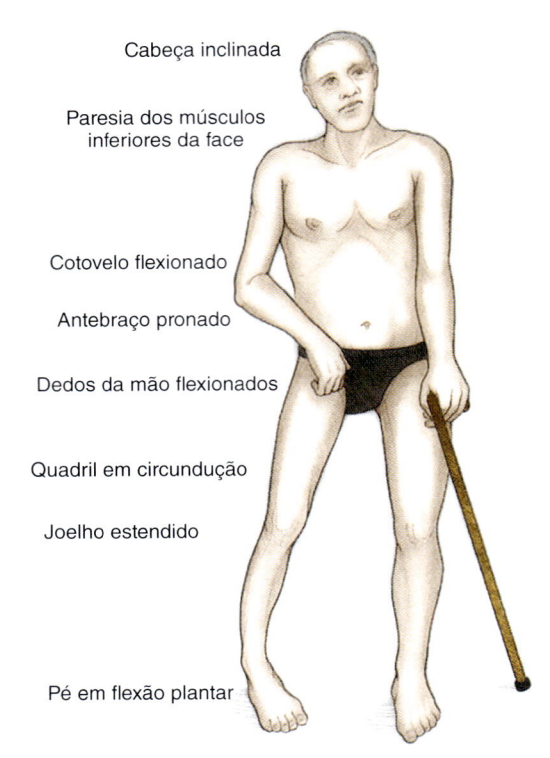

Cabeça inclinada

Paresia dos músculos inferiores da face

Cotovelo flexionado

Antebraço pronado

Dedos da mão flexionados

Quadril em circundução

Joelho estendido

Pé em flexão plantar

Figura 6.5   Hemiplegia espástica direita. Marcha resultante de lesão capsular esquerda.

ou exagerados nos músculos antigravitacionais, como o bíceps no membro superior e o quadríceps no membro inferior. Como resultado, os reflexos no bíceps e patelar são exagerados (Fig. 6.7). Acompanhando os reflexos hiperativos graves que ocorrem na hemiplegia espástica, há o **clônus**, que consiste em uma série rápida de contrações rítmicas deflagradas pelo estiramento de um músculo (Fig. 6.8). O clônus é causado por reflexos miotáticos hiperativos; a contração rápida de um grupo de músculos é suficiente para iniciar respostas miotáticas em seus antagonistas e assim por diante.

O sinal associado à síndrome do motoneurônio superior mais bem conhecido é a **resposta plantar extensora** ou **de Babinski** (Fig. 6.9). Esse reflexo cutâneo anormal consiste na extensão ou na dorsiflexão do hálux e extensão dos outros dedos do pé, que realizam o movimento descrevendo um formato de leque, ao se tocar a face lateral da planta do pé com um instrumento

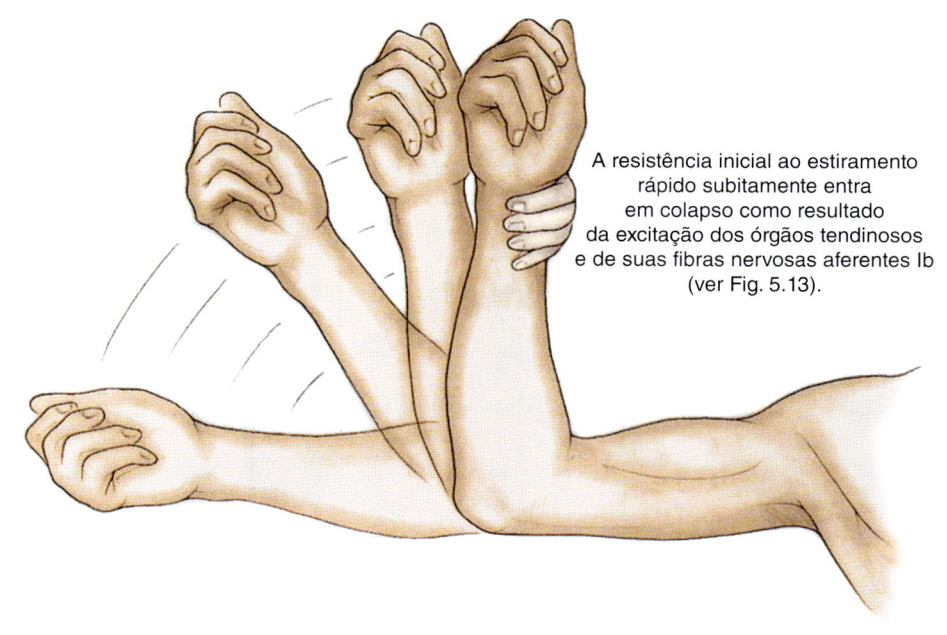

A resistência inicial ao estiramento rápido subitamente entra em colapso como resultado da excitação dos órgãos tendinosos e de suas fibras nervosas aferentes Ib (ver Fig. 5.13).

Figura 6.6 Sinal do "canivete".

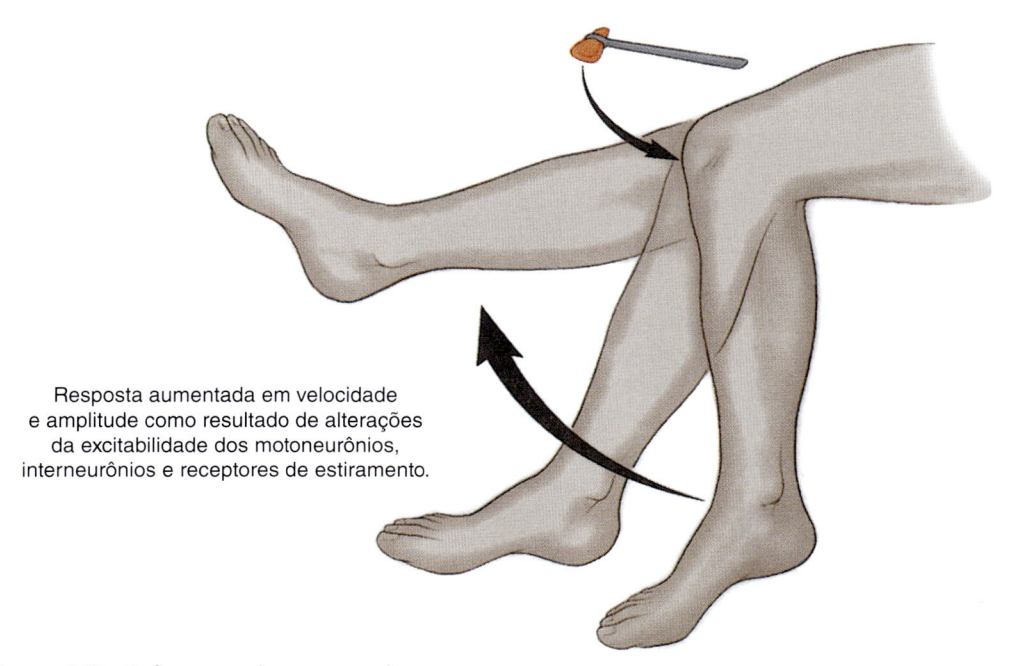

Resposta aumentada em velocidade e amplitude como resultado de alterações da excitabilidade dos motoneurônios, interneurônios e receptores de estiramento.

Figura 6.7 Reflexo patelar exagerado.

Durante estiramento do tendão do calcâneo,
a contração rápida dos agonistas inicia
um reflexo miotático nos antagonistas e assim
por diante, resultando em contrações repetitivas.

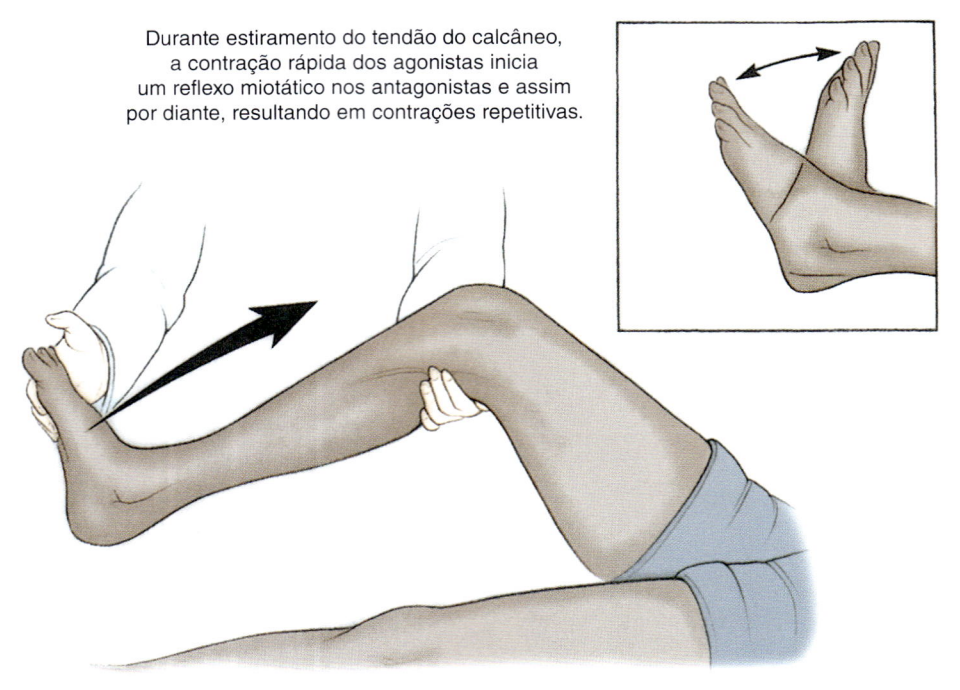

Figura 6.8　Clônus.

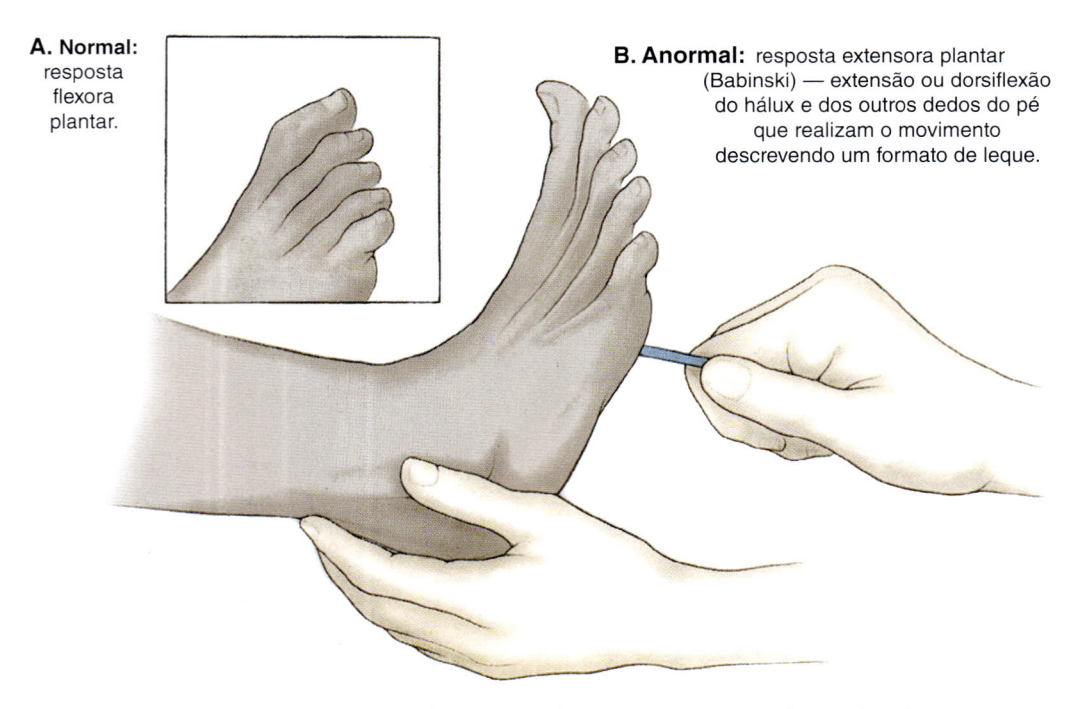

A. Normal: resposta flexora plantar.

B. Anormal: resposta extensora plantar (Babinski) — extensão ou dorsiflexão do hálux e dos outros dedos do pé que realizam o movimento descrevendo um formato de leque.

Figura 6.9　Respostas plantares. **A.** Flexor normal. **B.** Extensor anormal ou Babinski.

duro e sem ponta. Quando o sistema corticospinal é normal, esse estímulo deflagra a flexão de todos os dedos do pé, ou seja, uma resposta plantar flexora. O sinal de Babinski é um reflexo de retirada medular que normalmente é suprimido diretamente pelo córtex cerebral. É observado em bebês normais, antes de o trato corticospinal se tornar totalmente mielinizado e funcional. Caso contrário, está quase invariavelmente associado com dano ao trato corticospinal.

Fisiopatologia da espasticidade

A espasticidade é caracterizada pelo aumento da resistência ao estiramento passivo velocidade-dependente na ausência de movimento voluntário: quanto mais rápido o estiramento, maior a resistência. Isso sugere que os reflexos de estiramento anormais constituem o fundamento básico da hipertonia. Um estímulo periférico normal pode provocar uma resposta anormal em motoneurônios inferiores parcialmente desnervados por três mecanismos centrais: (1) aumento da excitabilidade intrínseca de motoneurônios que resulta em menor limiar de disparos ou de excitabilidade; (2) aumento da excitabilidade de motoneurônios inferiores aos sinais das vias neuromoduladórias descendentes intactas extrínsecas, que chegam à medula espinal; e (3) plasticidade das terminações aferentes Ia que reinervam os locais de sinapses desocupados pelos axônios corticospinais degenerados.

Lesões combinadas dos motoneurônios superior e inferior

As lesões que danificam o trato piramidal em certos níveis do tronco encefálico também podem envolver as radículas de nervos cranianos relacionadas a motoneurônios inferiores. Essas lesões produzem sinais combinados de motoneurônios superiores e inferiores. A mais comum dessas lesões envolve as radículas dos nervos cranianos III, VI ou XII que, em seus trajetos dentro do tronco encefálico, se tornam estreitamente relacionadas ao trato piramidal (Figs. 6.1, 6.2 e 6.3). O dano ao trato piramidal resulta em hemiplegia espástica contralateral em todos os casos. Como o déficit do motoneurônio superior se manifesta de modo contralateral, enquanto o déficit do nervo craniano ou motoneurônio inferior é ipsilateral, essas condições são referidas como **hemiplegia alterna** ou paralisias cruzadas. As condições são indicativas de lesão no tronco encefálico.

As lesões combinadas de motoneurônios superiores e inferiores também ocorrem na medula espinal. Nessas lesões medulares, a espasticidade e os outros fenômenos de lesão de motoneurônio superior ocorrem abaixo do nível da lesão, enquanto a paralisia flácida e outros fenômenos de lesão de motoneurônio inferior ocorrem no nível da lesão. Os sinais de ambos motoneurônios, superior e inferior, ocorrem de modo ipsilateral.

Conexão clínica

O papel significativo dos aferentes Ia na causa da espasticidade é sugerido por duas observações clínicas. Primeiro: a espasticidade é abolida pela secção das fibras aferentes da raiz dorsal oriundas dos músculos afetados, como é feito comumente como um tipo de tratamento em casos de paralisia cerebral. Segundo: a administração intratecal do fármaco baclofeno, um agonista do ácido gama-aminobutírico, na medula espinal resulta em diminuição da liberação do neurotransmissor pelos aferentes primários (inibição pré-sináptica).

Conexão clínica

Quando uma lesão que interrompe o trato piramidal na base do pedúnculo cerebral se estende medialmente e inclui as radículas do nervo oculomotor, a hemiplegia espástica contralateral é acompanhada de oftalmoplegia ipsilateral com o olho voltado para baixo e para fora, ptose e midríase (Fig. 5.4). Essa combinação de sinais é referida como hemiplegia alterna do oculomotor, hemiplegia alterna superior ou, mais comumente, **síndrome de Weber**. Quando uma lesão do trato piramidal na porção basilar da ponte se estende lateralmente, incluindo as radículas do nervo abducente, a hemiplegia espástica contralateral é acompanhada de esotropia ou estrabismo convergente e paralisia da abdução dos olhos ipsilaterais (Fig. 5.7). Esse quadro é conhecido como síndrome da hemiplegia alterna do abducente ou hemiplegia alterna média. Quando uma lesão do trato corticospinal na pirâmide bulbar se estende lateralmente e inclui as radículas do nervo hipoglosso, a hemiplegia espástica contralateral é acompanhada de paralisia do lado ipsilateral da língua (Fig. 5.10). Isso é chamado síndrome da hemiplegia alterna do hipoglosso ou hemiplegia alterna inferior.

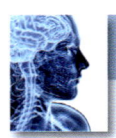

Conexão clínica

Um paciente cuja medula espinal tenha sido danificada em um lado (hemissecção), no nível de C8 e T1, apresentaria espasticidade, sinal plantar extensor e assim por diante no membro inferior ipsilateral, bem como paralisia flácida, atrofia e assim por diante nos músculos intrínsecos da mão ipsilateral.

Lesões da medula espinal

Os tratos piramidais são frequentemente danificados na medula espinal. Essas lesões são mais comuns nas fraturas ou deslocamentos de vértebras cervicais ou torácicas causados por acidentes automobilísticos ou tipos similares de acidentes com impacto, embora acidentes vasculares, tumores e doenças inflamatórias também possam atuar como causas.

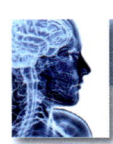

Conexão clínica

Os deslocamentos e fraturas ocorrem com mais frequência na região cervical inferior e na junção toracolombar. Essas lesões em geral comprimem a medula espinal e causam uma quantidade variável de danos. O dano se manifesta como perda total ou perda parcial da função abaixo do nível da lesão.

Quando uma perda parcial da função se segue ao traumatismo da medula espinal, o dano envolve mais frequentemente sua parte central e, dessa forma, preserva a periferia. Nesse caso, a atividade motora (e as sensações) associada aos segmentos sacrais inferiores da medula espinal permanece intacta até mesmo no estágio agudo da lesão. Esse fenômeno é chamado **preservação sacral**.

Conexão clínica

Quando há preservação sacral, a recuperação das demais funções da medula espinal no indivíduo é muito mais provável do que seria se não houvesse essa preservação. A base anatômica da preservação sacral está na localização somatotópica nas longas vias ascendentes e descendentes, nas quais as fibras que levam impulsos para ou a partir dos segmentos sacrais estão mais próximas da superfície da medula espinal, enquanto aquelas que levam impulsos oriundos dos níveis mais rostrais estão localizadas mais internamente.

Quando a medula espinal é totalmente transeccionada, surgem de imediato três anormalidades funcionais nas partes do corpo inervadas pelos segmentos medulares abaixo da lesão:

1. Todos os movimentos voluntários são perdidos, de forma total e permanente.
2. Todas as sensibilidades são perdidas, de forma total e permanente.
3. Todos os reflexos que envolvem segmentos medulares isolados são temporariamente abolidos.

Essa arreflexia resulta do **choque espinal,** caracterizado por ausência de atividade neural decorrente da interrupção súbita de todo o controle supraespinal. A condição persiste por 1-6 semanas, em média por 3 semanas. Após o estágio do choque, as respostas plantares extensoras surgem inicialmente, seguidas de atividade reflexa aumentada. Por fim, os membros se tornam espásticos. Espasmos espontâneos e cutaneamente provocados podem ocorrer. A princípio, esses espasmos são flexores, mas posteriormente exibem natureza flexora e extensora.

Conexão clínica

O nível de transecção é determinado a partir do quadro clínico. Com a transecção total em C7 ou acima, os membros superiores e inferiores ficam paralisados (**quadriplegia**). Se a lesão for acima de C5, a respiração também é comprometida. A transecção no nível de C8-T1 resulta em paralisia dos membros inferiores (**paraplegia**) e fraqueza muscular das duas mãos. As transecções torácicas e lombares também resultam em paraplegia. Além da paralisia e da perda da sensibilidade, ocorrem disfunções autonômicas nas lesões de medula espinal. Nas lesões cervicais agudas, o "choque simpático" resulta em **bradicardia**, hipotensão, **miose** e dificuldades de regulação da temperatura (que persistem somente por alguns dias). Os distúrbios autonômicos mais permanentes observados na transecção completa da medula espinal incluem a incontinência e a impotência.

Questões para revisão

1. Forneça a base anatômica da alta suscetibilidade à lesão no trato piramidal.
2. Quais são as principais diferenças entre as lesões de motoneurônios superiores e inferiores que afetam os músculos da face?
3. Quais são as alterações resultantes da lesão que aparece como uma área colorida em cada corte abaixo?

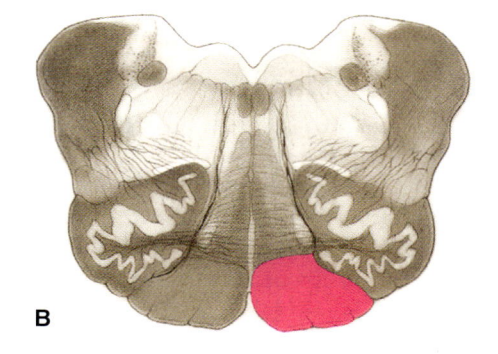

B

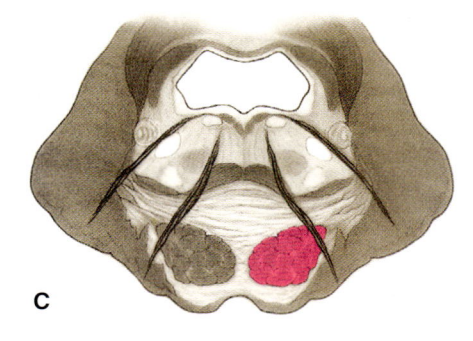

C

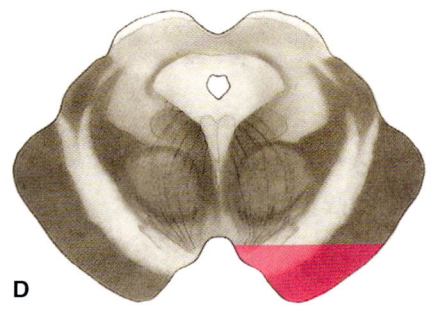

D

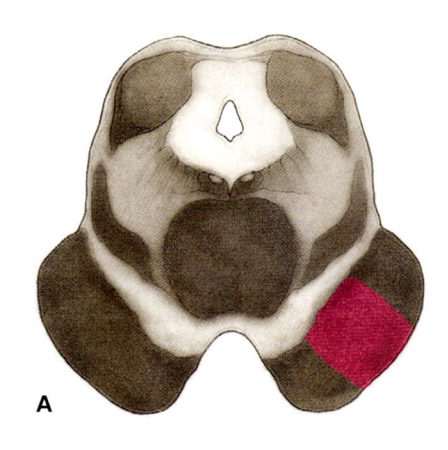

A

4. Os motoneurônios superiores no córtex motor primário são ativados por estímulos do:
   a. Córtex pré-motor.
   b. Córtex somestésico primário.
   c. Córtex somestésico secundário.
   d. Núcleos motores talâmicos.
   e. Todas as anteriores.
5. As sequências de movimento autoiniciadas se originam em qual área cortical antes da transmissão para os motoneurônios superiores no córtex motor primário?
6. Quais procedimentos cirúrgicos ou farmacoterapêuticos podem melhorar a espasticidade?
7. Quais movimentos estão associados às conexões corticomotoneuronais monossinápticas?

8. Um paciente com lesão no trato cortico-bulbar pode ter dificuldade para:
   a. Fechar os dois olhos.
   b. Olhar para a direita e para a esquerda.
   c. Realizar protrusão da língua.
   d. Retrair os dois cantos da boca.
   e. Fechar a boca.

9. Nesta manhã, um homem de 23 anos acordou com fraqueza muscular nas pernas e perda da sensibilidade. O exame mostrou fraqueza das duas pernas, reflexos tendinosos rápidos nos membros inferiores e respostas plantares extensoras bilateralmente abaixo do umbigo. Onde está a lesão medular?
   a. C8.
   b. T4.
   c. T8.
   d. T10.
   e. L1.

10. Uma lesão pequena na parte anterior do lóbulo paracentral direito resultará em:
    a. Reflexo patelar direito exagerado.
    b. Paralisia do movimento dos dedos na mão esquerda.
    c. Fraqueza dos músculos inferiores da hemiface direita.
    d. Resposta plantar extensora esquerda.
    e. Nenhum déficit.

O enunciado a seguir se refere às questões 11 a 14.

Um paciente apresenta (1) esotropia e paralisia de abdução direitas, e (2) no lado esquerdo, paralisia espástica de membros superiores e inferiores, reflexos de percussão do joelho exagerados e resposta plantar extensora.

11. A condição 1 resulta de dano ao:
    a. Nervo oculomotor direito.
    b. Nervo troclear esquerdo.
    c. Nervo abducente direito.
    d. Trato corticobulbar esquerdo.
    e. Trato piramidal direito.

12. A condição 2 resulta de dano:
    a. Ao córtex motor primário direito.
    b. Ao ramo posterior da cápsula interna direita.
    c. À base do pedúnculo cerebral direita.
    d. Ao trato piramidal direito.
    e. Ao trato corticospinal lateral esquerdo.

13. A lesão está localizada:
    a. No mesencéfalo.
    b. Na porção rostral da ponte.
    c. Na porção caudal da ponte.
    d. Na porção rostral do bulbo.
    e. Na porção caudal do bulbo.

14. Essa condição é conhecida como:
    a. Hemiplegia alterna superior.
    b. Hemiplegia alterna média.
    c. Hemiplegia alterna inferior.
    d. Síndrome de Wallenberg.
    e. Paralisia de Bell.

Organização motora da medula espinal e vias supraespinais do tronco encefálico: recuperação da lesão pós-capsular e postura de descerebração

Dois pacientes comatosos respondem de modos diferentes a estímulos auditivos ou dolorosos. Em um paciente, os membros superiores e inferiores se estendem, enquanto no outro, os membros inferiores se estendem e os membros superiores são flexionados.

A organização de movimentos complexos controlados pela medula espinal envolve a atividade de neurônios em muitos níveis. Os motoneurônios inferiores medulares, que constituem as vias motoras comuns finais de todos os movimentos voluntários da cabeça, do pescoço, do tronco e dos membros, são influenciados pelos motoneurônios superiores corticais do sistema piramidal, bem como por centros no tronco encefálico e na medula espinal. Esses centros supraespinais no tronco encefálico exercem papel importante na postura anormal observada em pacientes comatosos e na recuperação parcial dos movimentos volitivos após lesões na cápsula interna.

Motoneurônios da medula espinal

Os motoneurônios alfa medulares que inervam um músculo individual ou um grupo particular de músculos são dispostos em colunas longitudinais que se estendem por distâncias variadas em uma parte específica do corno anterior. A coluna medial de motoneurônios se estende por todo o comprimento da medula espinal e inerva os músculos paravertebrais ou axiais. A coluna lateral de motoneurônios, que

é encontrada nas intumescências da medula espinal, inervam os músculos dos membros. Dentro dessa coluna lateral, existe uma organização somatotópica adicional: os músculos proximais do membro estão representados medialmente, enquanto os músculos distais estão representados lateralmente (Figs. 5.11 e 7.1). Os músculos mais distais, dos dedos da mão e do pé, estão representados em sentido mais dorsolateral e se limitam aos segmentos mais caudais das intumescências cervical e lombossacral (lombar), respectivamente.

O sistema propriospinal de neurônios

Todos os movimentos requerem atividade de motoneurônios inferiores em mais de um segmento da medula espinal. O número de segmentos envolvidos em um movimento varia. Como os movimentos axiais dependem da atividade dos músculos que se estendem por amplas distâncias ao longo da coluna vertebral, os músculos paravertebrais são inervados por numerosos nervos espinais. Em contrapartida, os movimentos individuais dos dedos são controlados pelos músculos intrínsecos da mão que, por sua vez, são inervados somente pelos nervos espinais C8 e T1.

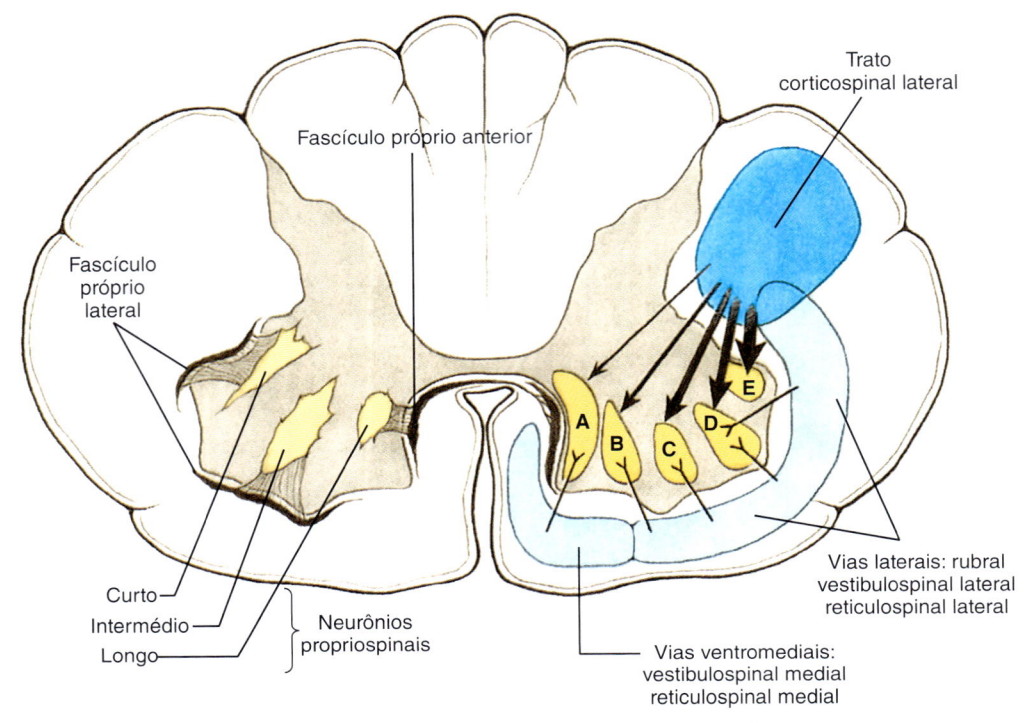

Figura 7.1   Organização motora de um segmento da medula espinal na intumescência cervical (**A**, axial; **B**, ombro; **C**, braço; **D**, antebraço; **E**, mão).

A atividade intersegmentar requerida para qualquer movimento em particular é integrada pelo sistema propriospinal de neurônios. Esse sistema inclui três grupos de neurônios intramedulares cujos axônios influenciam áreas homólogas da substância cinzenta da medula espinal em diferentes níveis ao seguirem pelos fascículos próprios, que contornam a substância cinzenta (Fig. 7.1):

1. Os neurônios propriospinais longos têm axônios que sobem e descem ao longo do fascículo próprio anterior com destino a todos os níveis da medula espinal. Esses neurônios exercem influência bilateral sobre os motoneurônios mais mediais que auxiliam os movimentos dos músculos axiais.
2. Os neurônios propriospinais intermédios têm axônios que se estendem por distâncias menores ao longo da parte ventral do fascículo próprio lateral e influenciam os motoneurônios que inervam os músculos mais proximais dos membros.

3. Os neurônios propriospinais curtos se limitam às intumescências cervical e lombossacral (lombar). Seus axônios seguem pelo fascículo próprio lateral e terminam em segmentos diversos dos de sua origem. Esses neurônios propriospinais influenciam os motoneurônios que inervam os músculos mais distais dos membros.

Centros supraespinais do tronco encefálico e suas vias

Os principais centros do tronco encefálico que influenciam a atividade motora da medula espinal são o complexo nuclear vestibular, os núcleos da formação reticular e os núcleos rubros.

Núcleos vestibulares

O complexo nuclear vestibular consiste em quatro núcleos vestibulares (medial, lateral, inferior e superior), localizados sob a área vestibular, no assoalho e na parede do IV ventrículo, nas porções rostral do bulbo e caudal da ponte (Fig. 7.2).

As fibras do nervo vestibular, que transportam os impulsos sensitivos associados à posição e ao deslocamento da cabeça no espaço e à manutenção do equilíbrio fazem sinapse nos núcleos vestibulares medial, lateral e inferior. Esses núcleos vestibulares têm projeções para os núcleos motores da medula espinal por meio dos tratos vestibulospinais lateral e medial. O trato vestibulospinal lateral, que se origina no núcleo vestibular lateral, tem importante ação sobre os músculos extensores nos membros ipsilaterais. As fibras do trato vestibulospinal medial emergem dos núcleos vestibulares medial e inferior, descem bilateralmente pelo **fascículo longitudinal medial**, e influenciam os músculos da cabeça, do pescoço, do tronco e das partes proximais dos membros.

Núcleos da formação reticular

Duas regiões da formação reticular se projetam para os motoneurônios da medula espinal.

A partir da formação reticular bulbar, surgem as fibras reticulospinais laterais, enquanto as fibras reticulospinais mediais surgem da formação reticular pontina.

Embora a formação reticular receba aferências ou estímulos de muitas fontes, parece que com relação ao seu papel nos movimentos voluntários, as projeções do córtex cerebral são especialmente importantes. Ambos os grupos de neurônios reticulospinais, pontino e bulbar, são influenciados pelo córtex cerebral por meio das fibras corticorreticulares. Além da forte aferência cortical, esses núcleos reticulares também são influenciados pelo cerebelo, pelos núcleos vestibulares e pelas fibras relacionadas a dor que ascendem a partir da medula espinal. De modo geral, os neurônios reticulares pontinos facilitam os movimentos extensores e inibem os movimentos flexores, ao passo que os neurônios reticulares bulbares inibem os extensores e facilitam os flexores. A área excitatória extensora pontina está sob controle inibitório dos centros superiores, enquanto a área inibitória bulbar é ativada pelos centros superiores.

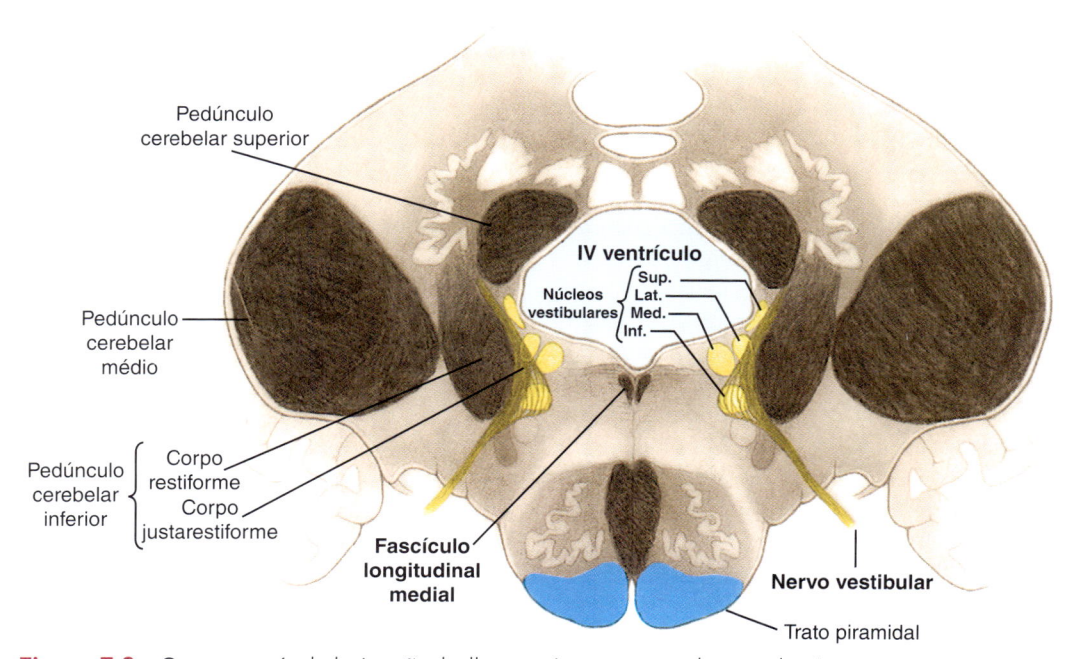

Figura 7.2   Corte no nível da junção bulbopontina, mostrando as relações entre o nervo e os núcleos vestibulares (inf., inferior; lat., lateral; med., medial; sup., superior).

Núcleos rubros

O núcleo rubro está no tegmento do mesencéfalo, no nível do colículo superior e da área pré-tetal. Sua extremidade rostral se sobrepõe ao tálamo. As aferências para o núcleo rubro chegam de duas fontes principais, o córtex cerebral e o cerebelo. As fibras corticorubrais surgem principalmente do córtex motor, não são cruzadas e exibem organização somatotópica típica. Algumas são colaterais do trato corticospinal. As fibras cerebelorubrais surgem principalmente no núcleo interpósito contralateral do cerebelo.

As principais eferências do núcleo rubro são um trato rubrobulbar volumoso e um trato rubrospinal pequeno e quase indistinto. Ambos cruzam imediatamente após sua origem e descem pelo tronco encefálico. O núcleo rubro favorece os movimentos flexores no membro superior contralateral, diretamente por meio do pequeno trato rubrospinal e indiretamente por meio das conexões do trato rubrobulbar com as áreas flexoras na formação reticular bulbar.

Organização das vias supraespinais na medula espinal

As vias motoras que descem pela medula espinal a partir dos centros superiores estão divididas em três grupos: ventromedial, lateral e cortical (Fig. 7.1). O grupo ventromedial está localizado no funículo anterior e inclui as fibras vestibulospinais mediais e as fibras reticulospinais mediais que influenciam principalmente os neurônios propriospinais longos e os motoneurônios inferiores nas partes mais mediais do corno anterior. O grupo ventromedial influencia fortemente os movimentos dos músculos axiais.

O grupo lateral das vias supraespinais está localizado no funículo lateral e inclui o trato rubrospinal e quaisquer outros axônios que conduzam impulsos a partir do núcleo rubro, bem como outras fibras que descem na parte ventral do funículo lateral (p. ex., reticulospinal lateral e vestibulospinal lateral). Esse grupo faz sinapse nas partes central e lateral do corno anterior, influenciando fortemente os músculos proximais e distais dos membros.

O grupo cortical consiste no trato corticospinal lateral, que faz sinapse ao longo da substância cinzenta intermédia, e na parte dorsolateral do corno anterior. Muitas de suas fibras terminam diretamente nos motoneurônios inferiores, em especial aquelas que inervam os músculos mais distais dos membros. De fato, os motoneurônios que suprem os músculos intrínsecos da mão não são influenciados por nenhuma outra via descendente. Assim, a localização das fibras supraespinais na substância branca da medula espinal está intimamente relacionada às áreas onde elas terminam e, por fim, com os músculos e movimentos que influenciam.

Implicações clínicas da organização motora da medula espinal

A organização somatotópica da medula espinal se aplica não só aos motoneurônios alfa, como também aos motoneurônios gama, conjuntos de interneurônios, neurônios propriospinais e terminações das vias supraespinais. Assim, a parte mais medial do corno anterior controla os movimentos axiais bilaterais associados à postura. Esses movimentos são mais fortemente influenciados pelas vias supraespinais localizadas nas partes ventromediais da medula espinal, em especial os tratos vestibulospinal medial e reticulospinal medial. Como os ajustes posturais da coluna vertebral requerem atividade muscular de forma bilateral e em múltiplos níveis, a comunicação intersegmentar se faz necessária. Isso ocorre por meio dos neurônios propriospinais, cujos axônios seguem bilateralmente para alcançar regiões homólogas no corno anterior, em níveis rostrais e caudais distantes. Embora os movimentos realizados pelos músculos paravertebrais possam ser comandados pelos tratos corticospinais, a influência do córtex é relativamente pequena e acontece apenas por meio dos interneurônios.

Os movimentos dos músculos proximais do membro estão representados nas partes mais centrais e ventrais do corno anterior. Os motoneurônios são aqui mais fortemente influenciados pelos tratos vestibulospinal e reticulospinal laterais, e de modo mais fraco pelos tratos corticospinais. Como esses movimentos são sobretudo unilaterais e podem estar restritos a um único membro, as conexões intersegmentares são ipsilaterais e mais limitadas. Essas conexões ocorrem por meio dos neurônios propriospinais intermédios.

Os movimentos de músculos mais distais, em especial dos flexores do membro superior, são mais fortemente influenciados pelos tratos corticospinal e rubrospinal. As conexões intersegmentares são feitas pelos neurônios propriospinais curtos.

Nas partes mais distais dos membros, como nos dedos da mão por exemplo, os movimentos estão sob controle direto do córtex cerebral. Os motoneurônios que suprem os músculos intrínsecos da mão estão localizados na coluna celular retrodorsolateral dos segmentos C8 e T1, e esses motoneurônios são inervados exclusivamente por um grande número de fibras corticospinais que fazem sinapse diretamente neles.

Portanto, três grupos de vias descendentes regulam os movimentos. O grupo ventromedial (tratos reticulospinal e vestibulospinal mediais) exerce a maior influência sobre os músculos axiais. O grupo lateral (tratos reticulospinal e vestibulospinal laterais) influencia fortemente os músculos proximais e distais dos membros. O grupo cortical reforça de maneira fraca as vias ventromediais para os movimentos axiais; reforça de forma mais forte as vias laterais para os movimentos dos músculos proximais e distais dos membros; e é o único responsável pelos movimentos que exigem mais habilidade de cada um dos dedos da mão.

Recuperação de lesão pós-capsular

A relevância clínica da organização motora da medula espinal e das vias do tronco encefálico supraespinais é mais bem exemplificada na recuperação da função subsequente à lesão do trato piramidal na cápsula interna. O paciente recupera prontamente os movimentos do pescoço e do tronco, pois esse tipo de movimento depende muito pouco do trato piramidal. O principal controle supraespinal dos movimentos do pescoço e do tronco se dá pelas vias descendentes ventromediais. A recuperação funcional ocorre mais devagar e de forma menos completa no sentido das partes mais proximais para as mais distais dos membros em virtude do aumento da influência exercida pelo trato corticospinal. Ainda assim, há certo grau de recuperação por causa das fortes influências, sobre os músculos proximais e distais dos membros, exercidas pelas vias descendentes laterais. É apenas em relação aos movimentos unicamente dependentes do trato corticospinal que não há recuperação. Portanto, os movimentos rápidos e independentes dos dedos da mão são perdidos de modo permanente.

Posturas descerebrada e decorticada

Os núcleos motores do tronco encefálico e suas projeções para a medula espinal têm uso limitado à localização de lesões focais. No entanto, suas atividades (ou inatividade) podem ser usadas como indicadores dos níveis de comprometimento do tronco encefálico em pacientes comatosos com compressão do tronco encefálico, geralmente causada por herniação.

Quando o comprometimento do tronco encefálico ocorre entre os níveis da extremidade rostral do núcleo rubro e os núcleos vestibulares (entre a porção rostral do mesencéfalo e a porção média da ponte; Fig. 7.3), observa-se a **postura descerebrada** (Fig. 7.4). Neste fenômeno, como exemplificado no caso apresentado no início do capítulo, os membros superiores e inferiores se estendem quando um paciente comatoso recebe um estímulo apropriado (estímulos dolorosos ou auditivos). Considera-se que essa postura extensora seja devida ao comprometimento da inibição que o córtex cerebral normalmente exerce sobre as áreas da formação reticular que regulam os motoneurônios que suprem a musculatura extensora. Como resultado, os motoneurônios extensores da medula espinal são ativados pelas partes facilitadoras extensoras da formação reticular, agora ativadas pelas vias que conduzem os impulsos deflagrados pelo estímulo nocivo, doloroso ou auditivo apropriado. Os núcleos vestibulares laterais também estão intimamente envolvidos. Conforme mostrado em animais descerebrados experi-

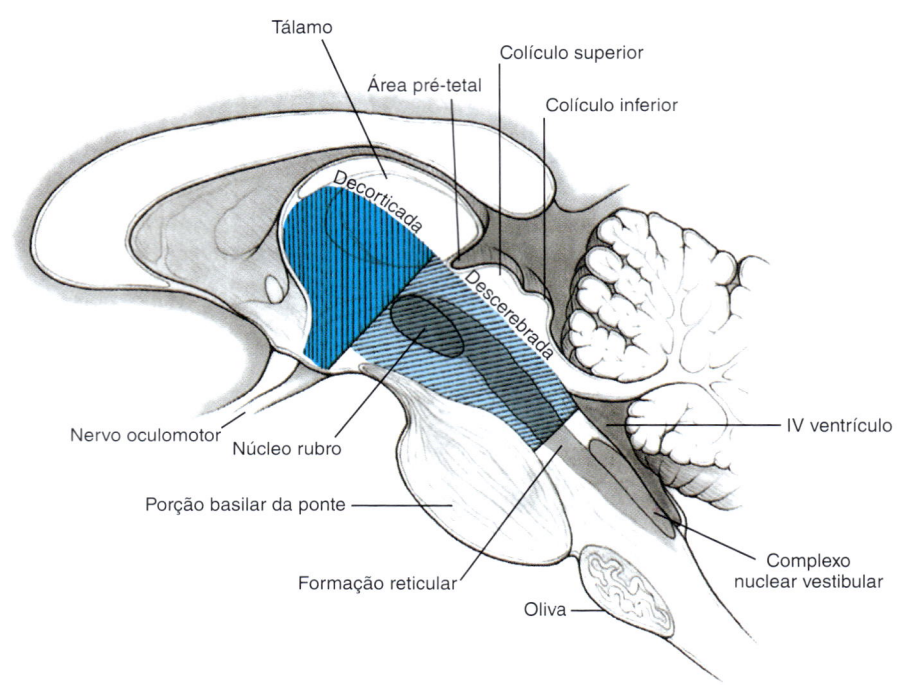

Tálamo

Colículo superior

Área pré-tetal

Colículo inferior

Decorticada

Descerebrada

Nervo oculomotor

Núcleo rubro

IV ventrículo

Porção basilar da ponte

Formação reticular

Oliva

Complexo
nuclear vestibular

Figura 7.3 Vista medial do tronco encefálico mostrando os níveis de comprometimento associados às posturas anormais: rostral ao núcleo rubro – decorticada; mesencéfalo ou porção rostral da ponte – descerebrada.

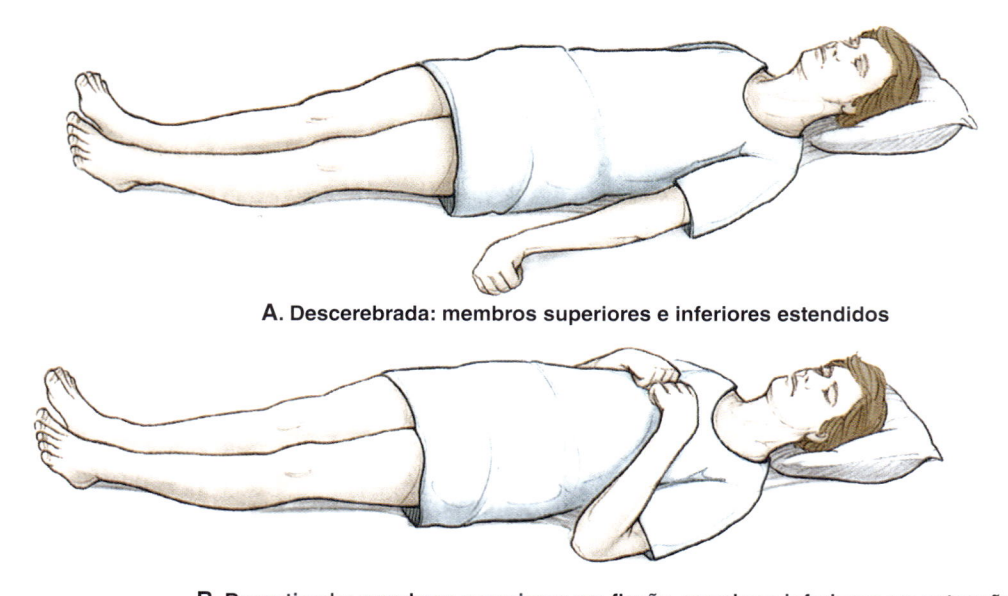

A. Descerebrada: membros superiores e inferiores estendidos

B. Decorticada: membros superiores em flexão, membros inferiores em extensão

Figura 7.4 Postura anormal no estado de coma. **A.** Descerebrada (membros superiores e inferiores se estendem). **B.** Decorticada (membros superiores em flexão; membros inferiores em extensão).

mentalmente, a postura extensora é bastante reduzida quando os núcleos vestibulares laterais são submetidos à ablação.

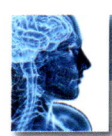

Conexão clínica

A postura decorticada implica um nível superior ou mais rostral de comprometimento do tronco encefálico do que a postura descerebrada. Desse modo, em pacientes comatosos cuja condição sofre alteração da postura descerebrada para a postura decorticada, o prognóstico é melhor do que nos pacientes que passam da postura decorticada para a descerebrada. No primeiro caso, o comprometimento do tronco encefálico está recuando do nível caudal para o rostral, enquanto no segundo caso, o comprometimento está progredindo do nível rostral para o caudal e pode se tornar um risco à vida, em razão da localização bulbar dos centros vitais, respiratório e cardiovascular.

Se o comprometimento da atividade do tronco encefálico estiver localizado mais rostralmente, ou seja, acima do nível do núcleo rubro, ocorre a **postura decorticada** (Fig. 7.4). Nesse caso, os membros inferiores se estendem, porém os membros superiores são flexionados quando o paciente comatoso recebe um estímulo apropriado. Esse fenômeno é uma manifestação de atividade nos centros do tronco encefálico facilitadores da musculatura flexora, como o núcleo rubro, que influencia mais fortemente a flexão nos membros superiores.

Questões para revisão

1. Quais são as relações anatômicas e funcionais entre as localizações dos motoneurônios inferiores da medula espinal e as vias supraespinais do tronco encefálico?
2. Explique a recuperação da função que ocorre após uma lesão no trato piramidal em decorrência de acidente vascular encefálico capsular.
3. Em quais níveis do tronco encefálico estão os núcleos vestibular e rubro?

4. A posição dos membros superiores em um paciente comatoso com postura decorticada é devida:
   a. À ação de axônios corticospinais.
   b. À atividade nos núcleos vestibulares.
   c. À atividade nos núcleos rubros.
   d. À atividade reflexa flexora na intumescência cervical.
   e. À atividade anormal nos tratos reticulospinais laterais.
5. Uma lesão irreparável no mesencéfalo que resulta em coma irreversível está associada a dano:
   a. No núcleo rubro.
   b. Na região paramediana da porção rostral do mesencéfalo.
   c. Na substância negra.
   d. No colículo superior.
   e. Na base do pedúnculo cerebral.
6. Mediante estímulo apropriado, um paciente em coma com comprometimento funcional rostral ao tronco encefálico pode exibir:
   a. Extensão de membro inferior e flexão de membro superior.
   b. Perda do reflexo corneano.
   c. Ataxia do tronco.
   d. Reflexo dos "olhos de boneca" anormal.
   e. Dismetria.
7. As vias descendentes ventromediais da medula espinal influenciam fortemente os movimentos:
   a. Da coluna vertebral.
   b. Do braço.
   c. Do antebraço.
   d. Dos dedos da mão.
   e. De todo o membro superior.
8. A recuperação parcial da função motora que ocorre com frequência após o acidente vascular encefálico capsular depende de alguns fatores. Entretanto, a paralisia resistente que se segue a essa lesão é em razão de:
   a. Perda das projeções corticais para os centros motores supraespinais do tronco encefálico.
   b. Plasticidade limitada de quaisquer axônios "sobreviventes" do trato corticospinal.
   c. Bloqueio, pela ação inibitória dos oligodendrócitos, da plasticidade das vias motoras supraespinais para reinervação

dos motoneurônios inferiores dorsolaterais da medula espinal.

d. Alguns motoneurônios inferiores que são unicamente inervados por projeções corticospinais.

e. Influência aumentada dos aferentes sensoriais primários que anulam o estímulo motor supraespinal recebido pelos motoneurônios inferiores.

9. Em um paciente com destruição bilateral dos funículos anteriores e metades anteriores dos funículos laterais, realizada por neurocirurgia, você observaria:

a. Paralisia flácida bilateral.

b. Respostas de Babinski bilaterais.

c. Rigidez bilateral.

d. Postura descerebrada.

e. Atividade motora relativamente normal.

8 Os núcleos da base: discinesia

Um homem de 63 anos tem sido atormentado pelo tremor de suas mãos e rigidez generalizada do corpo, sintomas que pioraram progressivamente ao longo dos últimos 3 anos. Ele se move devagar e deliberadamente, arrastando os pés ao andar. Os ombros e o tronco dele estão encurvados para a frente, enquanto seus braços estão pendentes junto às laterais. Sua face continua exibindo aspecto "de máscara", sem alterações na expressão. Em ambas as mãos, um tremor em repouso do tipo "contar moedas ou dinheiro", também denominado *pill-rolling* (contar dinheiro) somente cessa quando o paciente realiza um movimento voluntário, como pegar um lápis. O exame revela uma hipertonia muscular generalizada com resistência muito aumentada ao estiramento passivo em todas as direções. Embora o paciente mova os membros com pouca frequência, o exame revela que não há paralisia nem perturbações sensoriais em nenhuma parte do corpo.

O termo "núcleos da base" se refere a grandes massas constituindo núcleos fortemente interconectados, localizados profundamente nos hemisférios cerebrais, diencéfalo e mesencéfalo, que têm função dupla na regulação dos movimentos: permitir que os movimentos desejados ocorram e, ao mesmo tempo, inibir a ocorrência de movimentos competidores não intencionais. As alterações dos núcleos da base resultam em distúrbios do movimento, como as **doenças de Parkinson** e **Huntington**, nas quais os movimentos intencionais voluntários podem ocorrer de maneira coincidente com os movimentos não intencionais involuntários. Os núcleos da base são o corpo estriado (no hemisfério cerebral), o núcleo subtalâmico (no diencéfalo) e a substância negra (no mesencéfalo).

Corpo estriado

O **corpo estriado** está anatomicamente subdividido em núcleos caudado e lentiforme. Essas duas volumosas massas nucleares estão nas profundezas do hemisfério cerebral, com o núcleo caudado em forma de vírgula localizado na parede do ventrículo lateral (Fig. 8.1). O núcleo caudado está dividido em três partes: cabeça, corpo e cauda. A cabeça é a parte maior e se projeta para dentro do corno frontal do ventrículo lateral. Posteriormente, a cabeça é afunilada e, no nível do forame interventricular, se transforma no corpo. A cauda do núcleo caudado continua desde o corpo até se arquear para baixo e para a frente, entrando no lobo temporal, no qual por fim se torna contínuo com o núcleo amigdaloide (Fig. 8.2A).

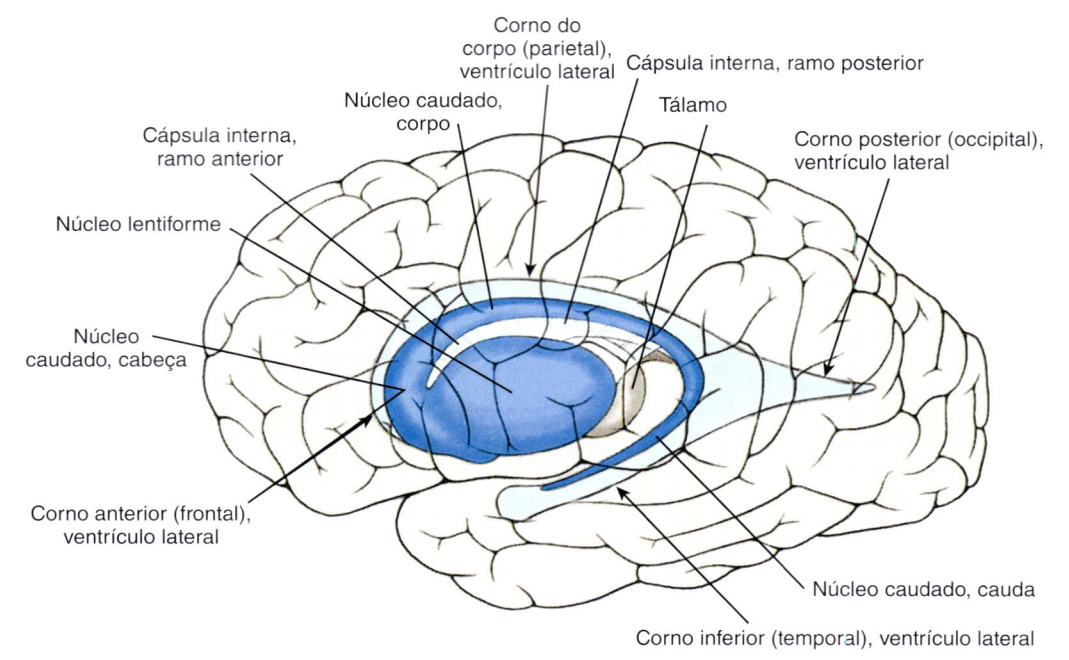

Figura 8.1 Vista lateral da posição do corpo estriado e suas relações com o hemisfério cerebral esquerdo.

O núcleo lentiforme tem forma de cunha e consiste em vários segmentos que formam o putame e o globo pálido (Figs. 8.2B, 8.3 e 8.4). O putame está na posição mais lateral e localizado entre a cápsula externa e o globo pálido. Esse último está localizado entre o putame e a cápsula interna, e está dividido nos segmentos lateral (externo) e medial (interno), denominados, respectivamente, pálido lateral e pálido medial.

O núcleo lentiforme é separado do tálamo pelo ramo posterior da cápsula interna (Figs. 8.2 e 8.5) e, superiormente, está separado da cabeça do núcleo caudado pelo **ramo anterior da cápsula interna**. Inferiormente, o putame se funde ao núcleo caudado através de finas faixas de substância cinzenta que se estendem sobre o ramo anterior da cápsula interna (Figs. 8.2B e 8.5). Em cortes de cérebro, as faixas alternadas de substância cinzenta e substância branca conferem a aparência estriada que deu nome ao corpo estriado.

Em decorrência das numerosas similaridades morfológicas e fisiológicas, o núcleo caudado e o putame são referidos como estriado (*striatum*).

O estriado é formado predominantemente por neurônios espinhosos (neurônios estriatais), de tamanho médio, que podem ser de um dentre dois tipos funcionais, dependendo do receptor dopaminérgico que possuem (D1 ou D2) e do segmento do globo pálido para o qual projetam. Entretanto, o globo pálido é morfológica e fisiologicamente diferente do restante do corpo estriado. Ele é referido como pálido (*pallidum*). Como resultado, o corpo estriado consiste em núcleo caudado, putame e globo pálido do ponto de vista estrutural, porém no estriado e no pálido no aspecto funcional (Fig. 8.6).

Núcleo subtalâmico

O núcleo subtalâmi co é a maior massa nuclear no subtálamo, a subdivisão em forma de cunha do diencéfalo localizada ventralmente ao tálamo e lateralmente ao hipotálamo. O subtálamo contém três núcleos: (1) a zona incerta dorsolateralmente; (2) o campo pré-rúbrico dorsomedialmente; e (3) o núcleo subtalâmico ventralmente (Fig. 8.4). O núcleo subtalâmico

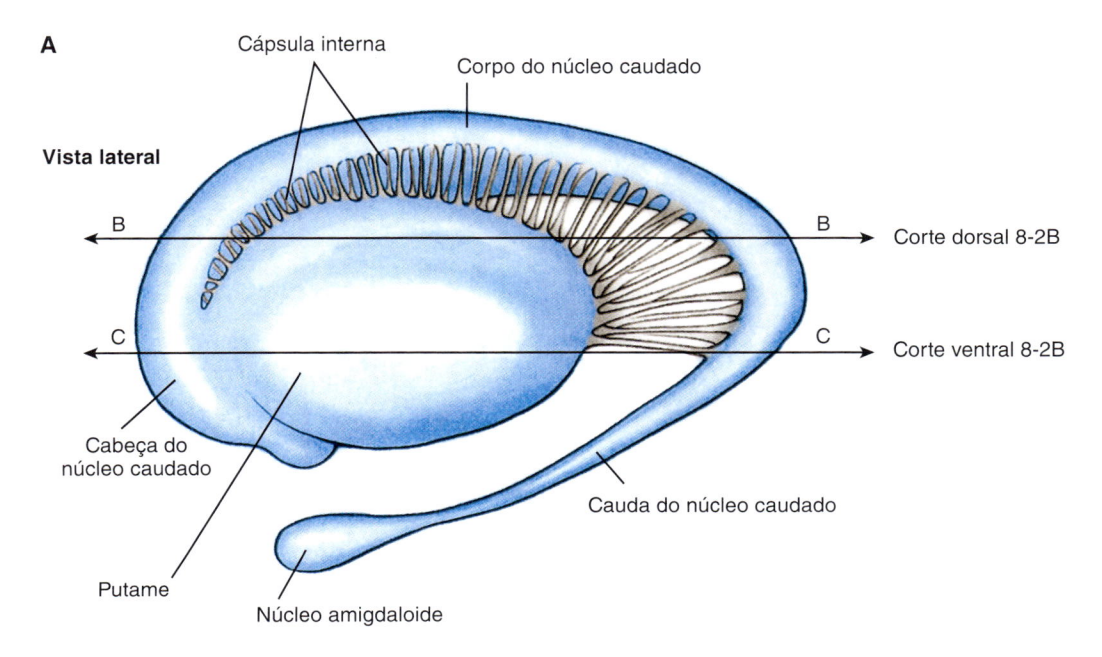

A

Cápsula interna

Corpo do núcleo caudado

Vista lateral

B — Corte dorsal 8-2B

C — Corte ventral 8-2B

Cabeça do núcleo caudado

Putame

Núcleo amigdaloide

Cauda do núcleo caudado

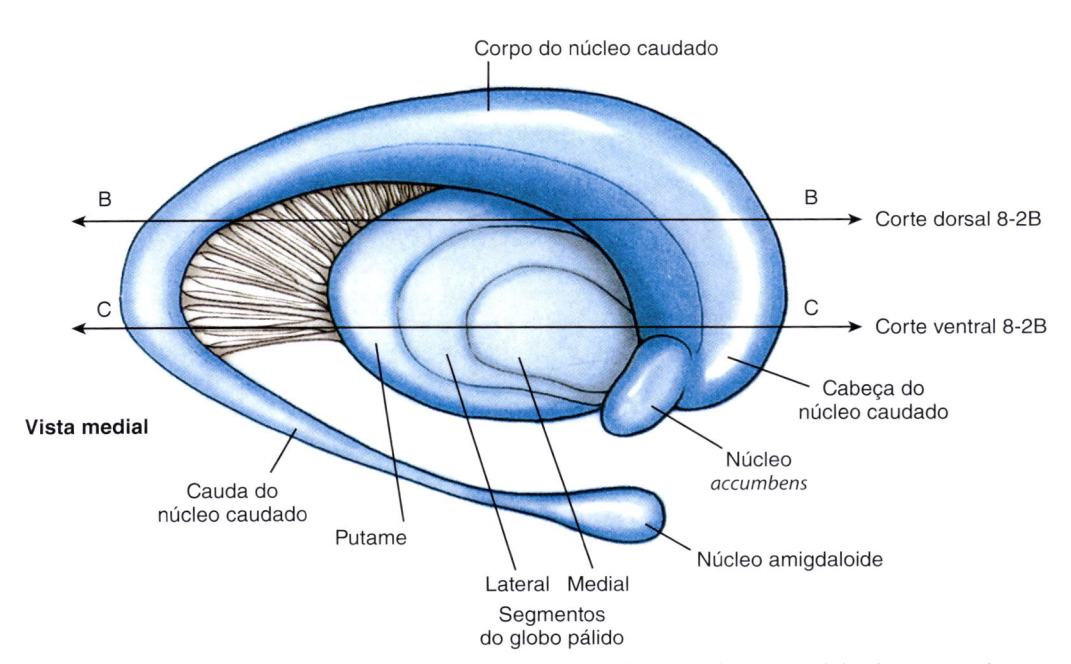

Corpo do núcleo caudado

B — Corte dorsal 8-2B

C — Corte ventral 8-2B

Cabeça do núcleo caudado

Núcleo *accumbens*

Vista medial

Cauda do núcleo caudado

Putame

Núcleo amigdaloide

Lateral Medial
Segmentos
do globo pálido

Figura 8.2 A. Vistas lateral e medial do corpo estriado e núcleo amigdaloide esquerdos. As linhas horizontais B-B e C-C indicam os níveis de **B** e **C**.

aparece como uma estrutura biconvexa proeminente localizada na parte mais rostral da base do pedúnculo cerebral, frequentemente referida como parte peduncular da cápsula interna.

Substância negra

A substância negra é a maior massa nuclear do mesencéfalo (Fig. 8.7), estendendo-se ao lon-

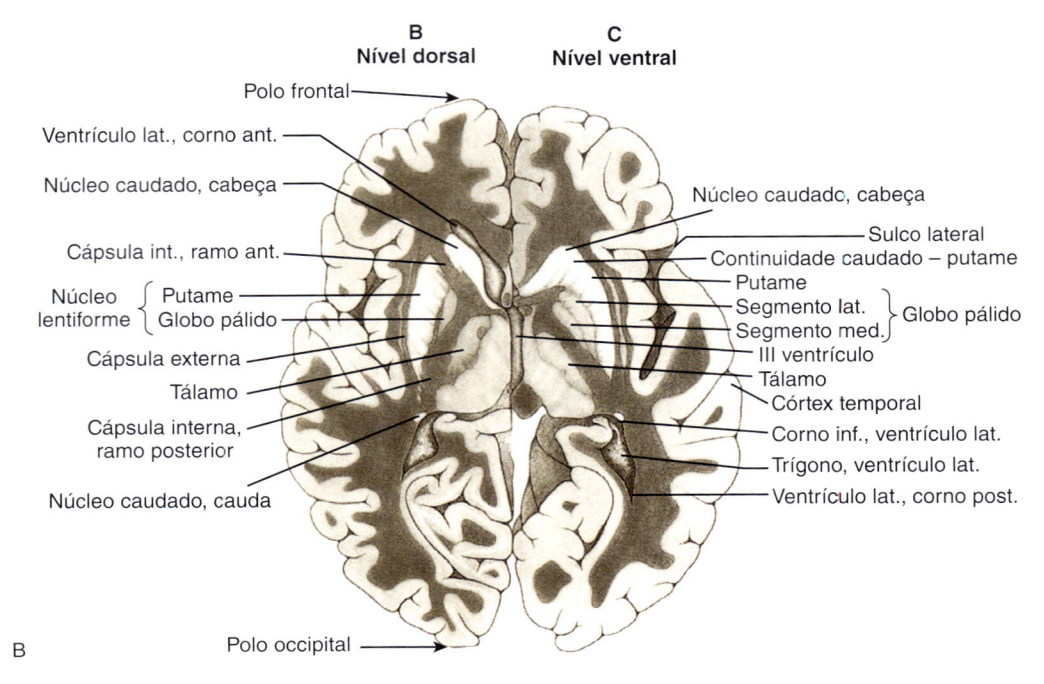

B
Nível dorsal　**C**
Nível ventral

Polo frontal

Ventrículo lat., corno ant.

Núcleo caudado, cabeça

Cápsula int., ramo ant.

Núcleo lentiforme { Putame / Globo pálido }

Cápsula externa

Tálamo

Cápsula interna, ramo posterior

Núcleo caudado, cauda

Polo occipital

Núcleo caudado, cabeça

Sulco lateral

Continuidade caudado – putame

Putame

Segmento lat. } Globo pálido
Segmento med.

III ventrículo

Tálamo

Córtex temporal

Corno inf., ventrículo lat.

Trígono, ventrículo lat.

Ventrículo lat., corno post.

B

Figura 8.2　(*Continuação*) **B.** Corte horizontal através do nível dorsal do corpo estriado. **C.** Corte horizontal através do nível ventral do corpo estriado (ant., anterior; inf., inferior; int., interno; lat., lateral; med., medial; post., posterior).

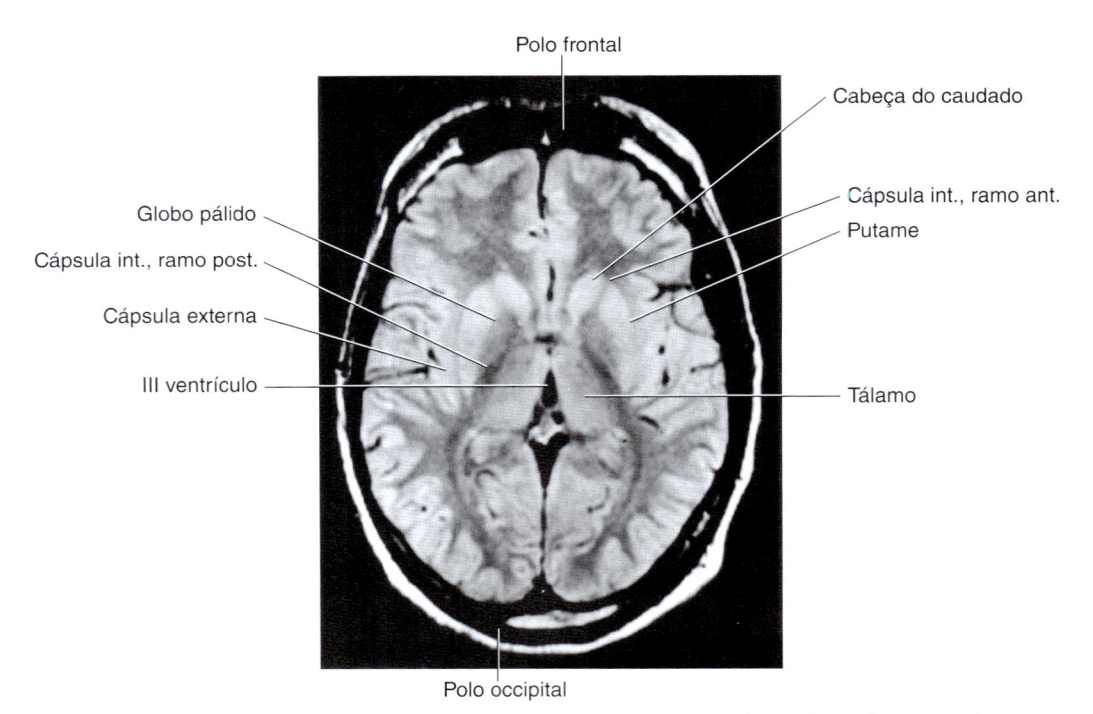

Polo frontal

Cabeça do caudado

Globo pálido

Cápsula int., ramo post.

Cápsula externa

III ventrículo

Cápsula int., ramo ant.

Putame

Tálamo

Polo occipital

Figura 8.3　Imagem de ressonância magnética em corte horizontal (axial) similar ao nível mostrado na Figura 8.2C (ant., anterior; int., interna; post., posterior).

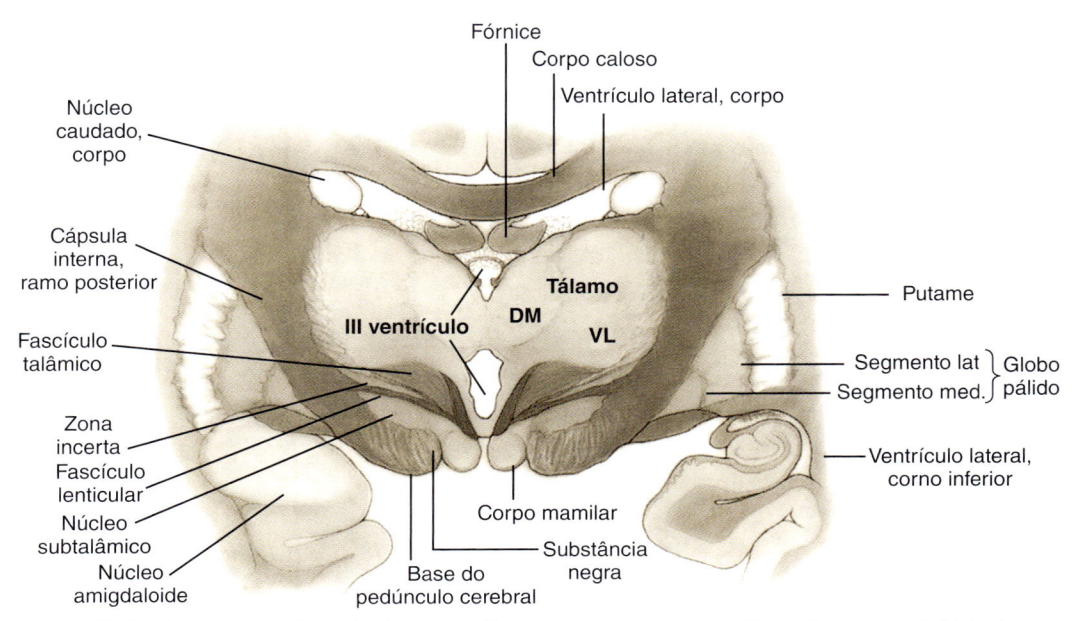

Figura 8.4   Corte coronal no nível do subtálamo e dos corpos mamilares (lat., lateral; DM, dorso-medial; med., medial; VL, ventral lateral).

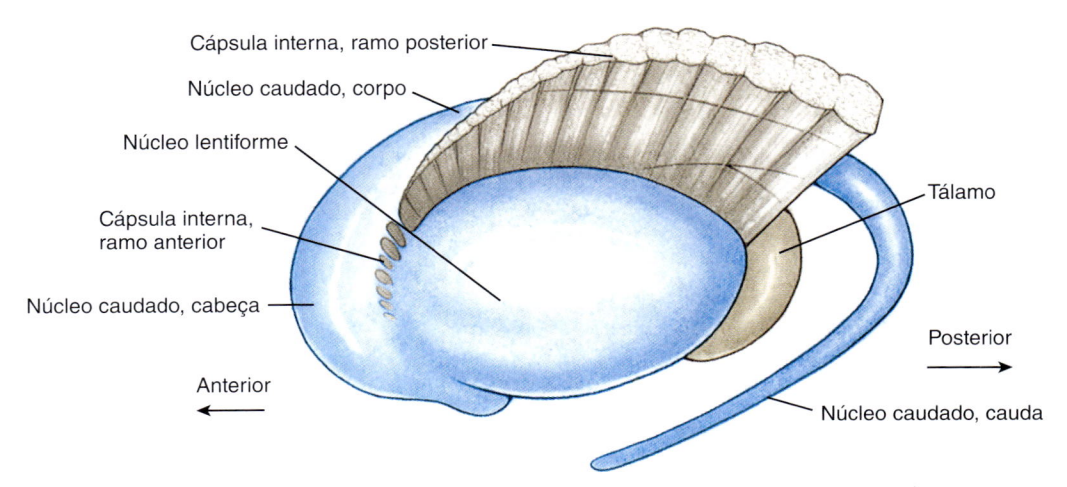

Figura 8.5   Relação entre o corpo estriado e a cápsula interna, vista lateral esquerda.

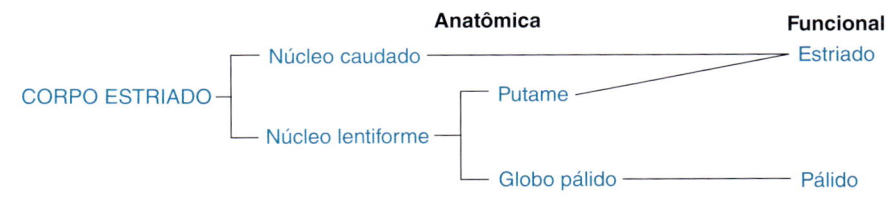

Figura 8.6   Subdivisões anatômica e funcional do corpo estriado.

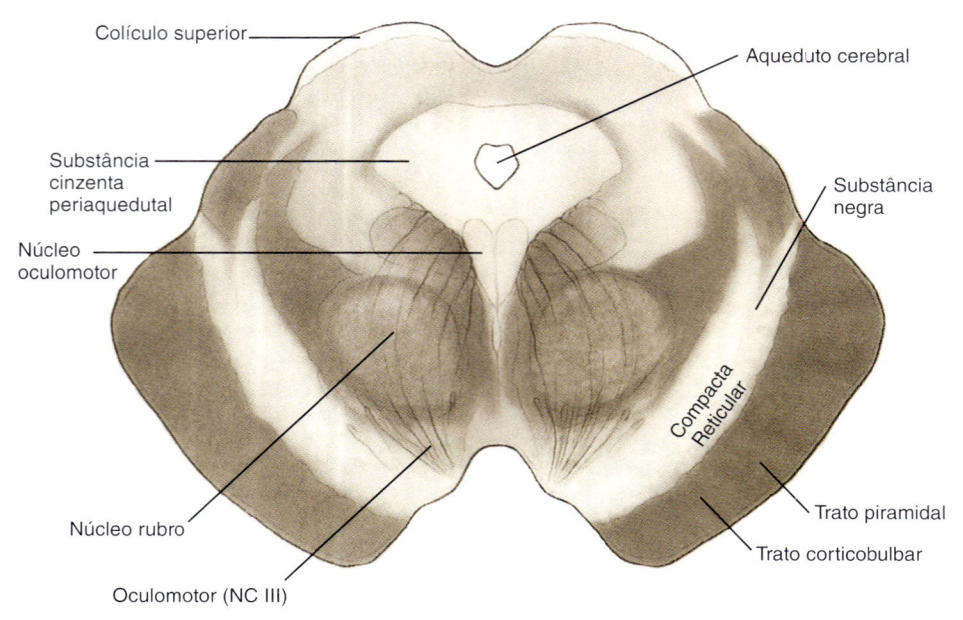

Figura 8.7 Corte transversal no nível da porção rostral do mesencéfalo.

go de toda sua extensão e até se sobrepondo ao subtálamo rostralmente (Fig. 8.4). Ela consiste em duas partes: uma **parte compacta** (substância negra compacta) mais dorsal, e uma **parte reticular** (substância negra reticular) mais ventral. A parte compacta contém neurônios cheios de **melanina**, que conferem a cor preta à substância negra. A parte reticular se mistura aos feixes de fibras da base do pedúnculo cerebral e se estende mais rostralmente do que a parte compacta (Fig. 8.4). Os neurônios da parte reticular da substância negra são morfológica, fisiológica e funcionalmente idênticos aos neurônios do segmento medial do globo pálido. De fato, a substância negra reticular na realidade é contínua com o pálido medial por meio de faixas de neurônios dispersos ao longo da parte mais rostral da base do pedúnculo cerebral e de sua continuação com a cápsula interna (Fig. 8.4).

Conexões dos núcleos da base

Visão geral – Circuitos topograficamente separados

Os núcleos da base estão conectados ao tálamo e ao córtex cerebral por meio de alguns circui-

tos paralelos, dispostos topograficamente de forma separada uns dos outros, e que realizam diferentes funções. O circuito **sensoriomotor** enfatizado neste capítulo se concentra nas vias que passam pelos núcleos da base e regulam os movimentos voluntários por meio das projeções talamocorticais para as áreas pré-motora, motora suplementar e motora primária do córtex cerebral. A descrição de circuitos paralelos importantes para os movimentos oculares e comportamentos não motores, como humor e cognição, não foi incluída neste capítulo.

As conexões dos núcleos da base (Fig. 8.8A) são extremamente complexas e, para fins de descrição, são divididas em:

1. Aferências (sinais de entrada) vindas de fontes externas aos núcleos da base.
2. Interconexões entre os núcleos que constituem o circuito dos núcleos da base.
3. Eferências (sinais de saída) dos núcleos da base para os centros motores localizados em outras partes do encéfalo.

Aferências

Os núcleos da base recebem aferências sobretudo do córtex cerebral (Fig. 8.8A). Quase

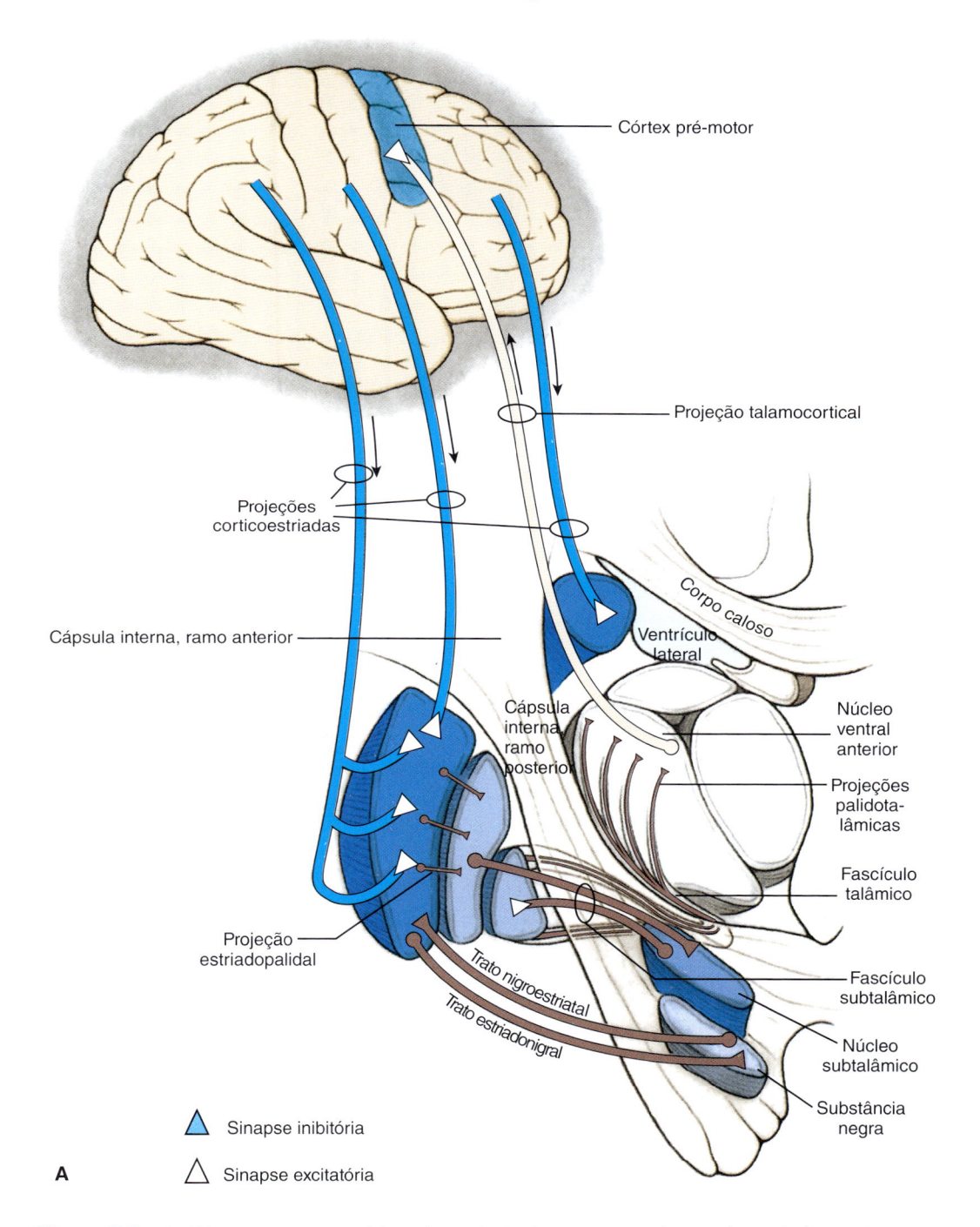

Figura 8.8 A. Diagrama esquemático das principais conexões dos núcleos da base. Sinapses excitatórias (*triângulos brancos*); sinapses inibitórias (*triângulos azuis*).

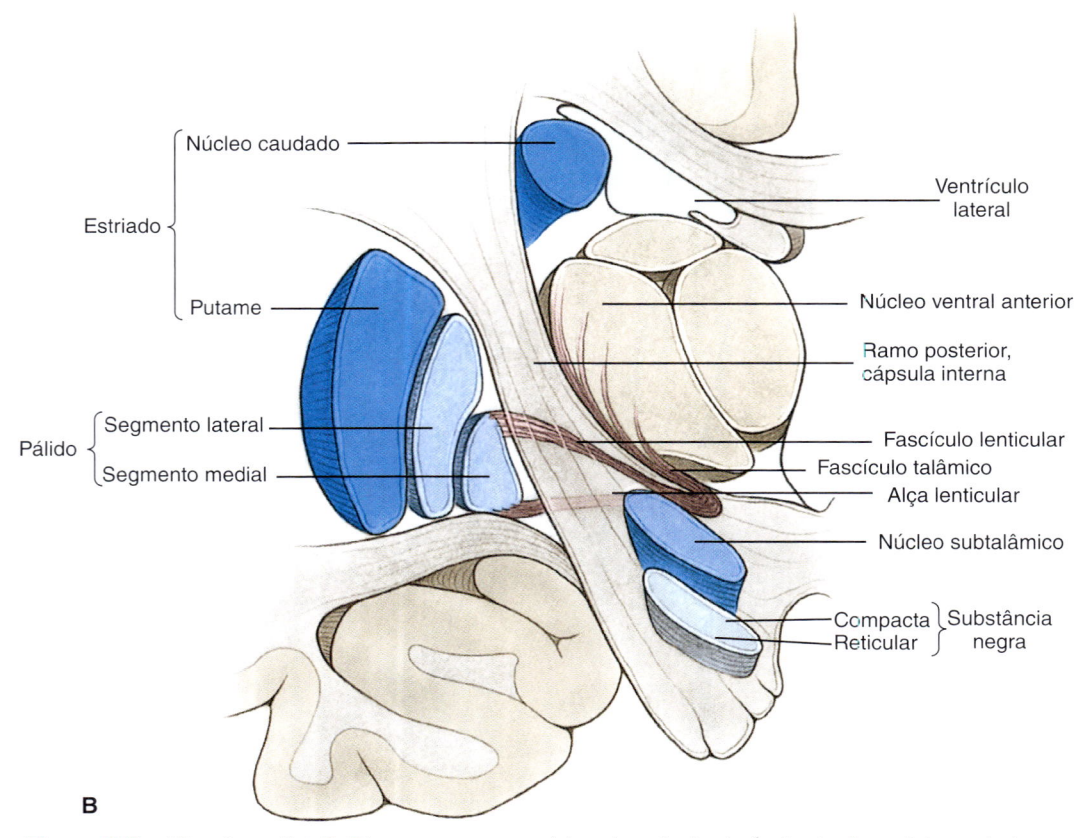

Figura 8.8   (*Continuação*) **B.** Diagrama esquemático da principal eferência dos núcleos da base. Posição das projeções palidotalâmicas.

todas as áreas do córtex cerebral se projetam de maneira ordenada para o estriado. Essas projeções corticoestriadas chegam ao núcleo caudado e ao putame diretamente a partir da substância branca adjacente, a maioria via ramo anterior da cápsula interna. As projeções corticoestriatais das áreas motora, pré-motora e somatossensorial do córtex cerebral se projetam somatotopicamente para o putame. Uma aferência (sinal de entrada) talâmica para o estriado tem origem nos núcleos intralaminares. Uma projeção cortical direta também passa das áreas motora e pré-motora para o núcleo subtalâmico.

Interconexões

As conexões mais importantes entre os núcleos individuais dos núcleos da base são:

1. Conexões recíprocas entre o estriado e a substância negra.
2. Conexões recíprocas entre o pálido e o núcleo subtalâmico.
3. Uma volumosa projeção estriadopalidal.

Uma projeção estriadonigral topograficamente organizada origina-se, vinda de todas as partes do estriado e termina principalmente na substância negra reticular. A partir da substância negra compacta, surge a projeção nigroestriatal que termina no núcleo caudado e no putame de uma maneira recíproca às projeções estriadonigrais.

O pálido e o núcleo subtalâmico são interconectados pelo fascículo subtalâmico, um pequeno feixe que faz intersecção com a cápsula interna, a qual separa esses dois núcleos.

As fibras pálido-subtalâmicas surgem principalmente do segmento lateral do globo pálido, enquanto as fibras subtalamopalidais se projetam sobretudo para o pálido medial (Fig. 8.8A).

Estendendo-se de todas as partes do estriado a todas as partes do pálido, há fibras estriadopalidais abundantes. As projeções estriadopalidais podem ser diretas ou indiretas. Os neurônios espinhosos médios com receptores D1 se projetam para o pálido medial, enquanto os neurônios estriatais com receptores D2 se projetam para o pálido lateral. As projeções corticoestriatais e estriadopalidais são topograficamente organizadas, de modo que áreas específicas do córtex cerebral influenciam partes específicas do globo pálido pela via corticoestriadopalidal.

Eferências

O principal núcleo eferente dos núcleos da base é o pálido medial, que exerce forte influência sobre o tálamo. As fibras palidotalâmicas se originam do segmento medial do globo pálido e se reúnem em dois feixes – o **fascículo lenticular** e a **alça lenticular**. O fascículo lenticular emerge da superfície dorsal do pálido medial (Fig. 8.8B), passa de início medialmente pelo ramo posterior da cápsula interna e, então, atravessa o subtálamo, onde se situa entre o núcleo subtalâmico e a zona incerta (Fig. 8.4). A alça lenticular emerge da superfície ventral do pálido medial (Fig. 8.8B) e forma uma alça anterior à cápsula interna para entrar no subtálamo. Ambos os feixes se unem e seguem no **fascículo talâmico** (Fig. 8.4 e 8.8), principalmente para o núcleo ventral anterior do tálamo, denominado aqui de tálamo motor. A partir deste núcleo, as influências do pálido são transmitidas via projeções talamocorticais para a área pré-motora do córtex cerebral que, por sua vez, se projeta para o córtex motor e seus motoneurônios superiores. Dessa forma, por fim, os núcleos da base influenciam os movimentos por meio do sistema piramidal.

Além dessas conexões palidotalâmicas evidentes, existem projeções menos numerosas da substância negra reticular também dirigidas ao tálamo. Essas fibras nigrotalâmicas também terminam principalmente no núcleo ventral anterior e parecem estar relacionadas sobretudo com os movimentos da cabeça e dos olhos.

Considerações funcionais

O conhecimento sobre as influências fisiológicas das várias partes dos núcleos da base, bem como dos principais neurotransmissores, está sendo gradualmente revelado (Fig. 8.9). As influências corticais sobre o estriado e o núcleo subtalâmico são excitatórias, com o glutamato agindo como neurotransmissor. A conexão nigroestriatal dopaminérgica parece produzir efeitos facilitatórios ou excitatórios sobre os neurônios estriatais com receptores D1 e efeitos depressores ou inibitórios sobre neurônios estriatais com receptores predominantemente D2. As eferências estriatais para a substância negra reticular e para o pálido são inibitórias, com o **ácido gama-aminobutírico (GABA)** atuando como neurotransmissor. Os impulsos excitatórios chegam ao núcleo subtalâmico vindos do córtex cerebral e ao pálido vindos do núcleo subtalâmico, com o glutamato atuando como neurotransmissor em ambos os casos. O pálido e a substância negra reticular inibem o núcleo ventral anterior do tálamo, com o GABA atuando como neurotransmissor. O núcleo ventral anterior ativa o córtex pré-motor com o glutamato como neurotransmissor.

Os programas de movimento são ativados ou inibidos pelos núcleos da base

As projeções palidotalâmicas e nigrotalâmicas tonicamente ativas promovem a inibição direta dos neurônios do núcleo ventral anterior que originam a projeção talamocortical, impedindo assim a ativação de neurônios no córtex cerebral. Essa inibição é diferencialmente modulada pela atividade paralela nas vias direta e indireta, desde o estriado até o pálido medial (Fig. 8.10). Uma atividade de movimento intencional pela *via direta* começa com a ativação cortical de alguns neurônios estriatais e subsequente inibição dos

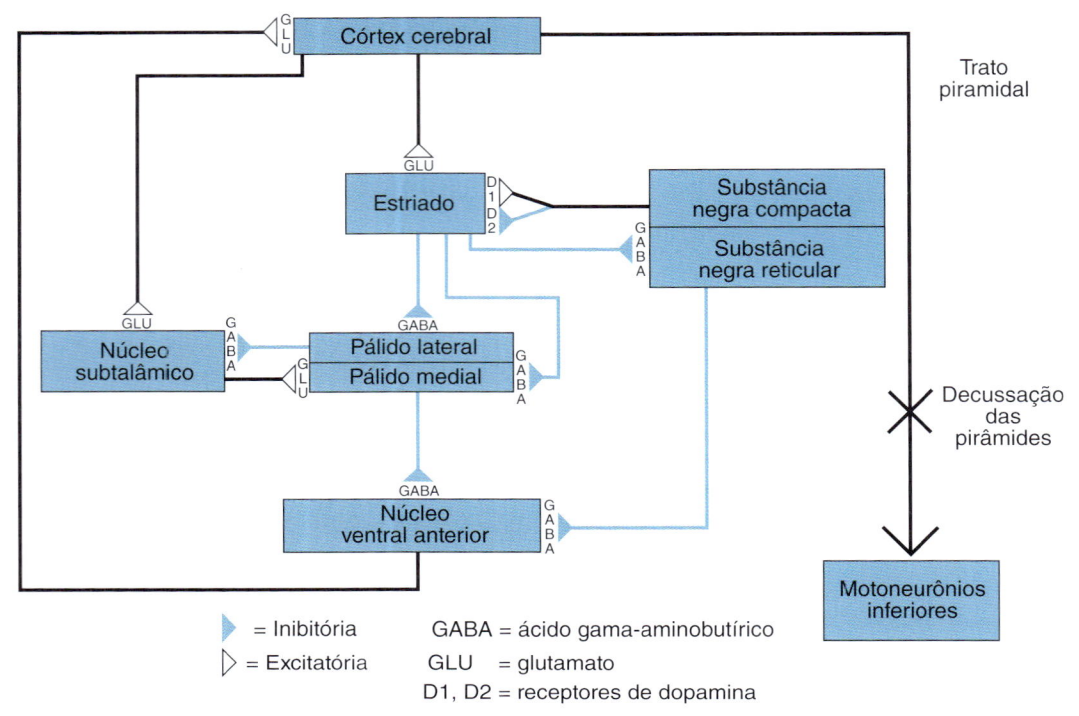

Figura 8.9 Circuito fisiológico principal e neurotransmissores nos núcleos da base. Sinapses excitatórias (*triângulos brancos*); sinapses inibitórias (*triângulos azuis*).

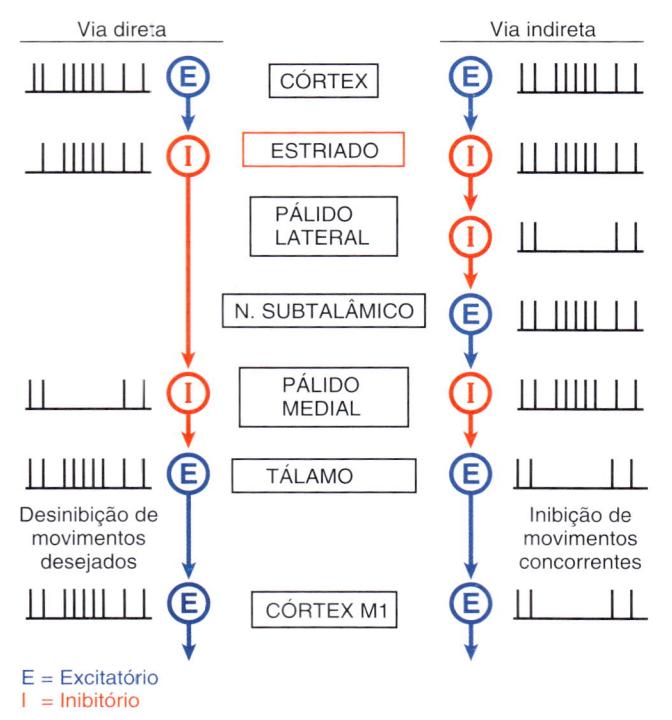

Figura 8.10 Os núcleos da base controlam os movimentos voluntários por meio da atividade equilibrada nas vias direta e indireta para o pálido medial, resultando na desinibição seletiva dos movimentos desejados e na inibição dos movimentos indesejados em diferentes neurônios do núcleo ventral anterior do tálamo (VA). O VA se projeta para o córtex pré-motor e deste para o córtex M1. N., núcleo.

neurônios do globo pálido medial, resultando em *desinibição* e atividade rebote de neurônios talâmicos, o que leva ao aumento da atividade elétrica nas projeções talamocorticais e à excitação de neurônios corticais. Por outro lado, a ativação cortical de outros neurônios estriatais na *via indireta* resulta em inibição estriatal de neurônios do globo pálido lateral, o que leva à desinibição de neurônios subtalâmicos, à ativação aumentada de neurônios do globo pálido medial, à inibição aumentada de neurônios talâmicos e, então, à inativação de neurônios corticais.

A dopamina afeta de forma diferenciada a atividade nas vias direta e indireta pela ativação dos receptores D1 e D2. Os neurônios estriatais na via direta têm receptores D1 que facilitam a atividade nesse circuito, enquanto os neurônios estriatais na via indireta têm receptores D2 que diminuem a atividade no circuito. As vias direta e indireta normalmente atuam em paralelo na regulação dos movimentos. As áreas do córtex frontal identificam um programa de movimento desejado. A ativação cortical da via direta, no devido curso, desinibe os neurônios talâmicos requeridos para ativação do programa daquele movimento específico, permitindo assim a iniciação do movimento desejado pelas áreas motoras do córtex. A ativação concomitante da via indireta levará à inibição de diferentes neurônios talâmicos que possam estar envolvidos em programas de movimento concorrentes. Em resumo, as vias direta e indireta ao longo dos núcleos da base permitem a iniciação cortical dos movimentos voluntários desejados por meio da desinibição seletiva de alguns neurônios da projeção talamocortical, e a supressão dos movimentos indesejados por meio da inibição seletiva de outros neurônios da projeção talamocortical.

Manifestações de distúrbios dos núcleos da base

As anormalidades associadas com o mau funcionamento dos núcleos da base resultam de um desequilíbrio da atividade nas vias direta e indireta, como consequência da perda do controle normalmente exercido sobre o estriado pela substância negra, ou sobre o pálido pelo estriado e núcleo subtalâmico. Em primatas, e particularmente nos seres humanos, o córtex cerebral é o centro motor "supremo". Em humanos, o córtex cerebral recebe os sinais sensoriais, e suas áreas de associação geram a disposição de se mover. O estriado libera o córtex para executar o sequenciamento de todos os programas de movimento específicos necessários para uma ação desejada e a supressão concomitante de movimentos conflitantes. O estriado permite e controla o movimento por meio do principal núcleo eferente dos núcleos da base, o pálido medial, que se projeta para o córtex pré-motor via núcleo ventral anterior do tálamo motor. O córtex pré-motor programa os movimentos voluntários complexos por meio das conexões com o córtex motor e seus motoneurônios superiores. O refinamento dos sinais de saída (eferências) do estriado e do pálido ocorre por meio das conexões recíprocas com a substância negra e o núcleo subtalâmico, respectivamente.

As anormalidades dos núcleos da base resultam em **sinais negativos** e **positivos**. Os sinais negativos são as ações que o paciente quer executar e não consegue, enquanto os sinais positivos são as ações espontâneas que o paciente não quer realizar e não consegue evitar. Os sinais negativos ocorrem porque os neurônios anormais já não são capazes de deflagrar atividade. Os sinais positivos ocorrem por causa da perda de controle ou da liberação de outras partes do sistema motor, consequentemente produzindo um padrão anômalo de movimento.

Sinais negativos

Os sinais negativos de doença dos núcleos da base incluem **acinesia**, **bradicinesia** e ajustes posturais anormais. A acinesia se refere à hesitação em iniciar um movimento, enquanto a bradicinesia consiste na lentidão com que o movimento é executado. Nenhuma ocorre por paresia ou paralisia, sendo que esses sinais são inexistentes nos distúrbios dos núcleos da base. Os ajustes posturais anormais assumem a forma de flexão da cabeça e do tronco, além de incapacidade de realizar os devidos ajustes ao cair ou se inclinar, ou ao tentar ficar em pé depois de ter estado sentado ou reclinado. A instabilidade postural e a queda são os fatores de risco primários dos pacientes com Parkinson. Uma forma de ajustes posturais anormais é vista na distonia, em que posturas fixas incomuns ocorrem de modo espontâneo. Essas anormalidades ocorrem com as lesões bilaterais do globo pálido, em que o paciente não consegue manter a cabeça e o tronco eretos: o pescoço fica flexionado, de modo que o queixo repousa sobre o peito; e quando o paciente está andando, o corpo se curva no nível da cintura, de modo que o tronco fica quase horizontal. Considera-se que a atividade elétrica alterada na via direta resulta em inibição aumentada dos neurônios talâmicos, com consequente diminuição da atividade talamocortical nas projeções do trato piramidal descendente.

Sinais positivos

Os sinais positivos de doença dos núcleos da base incluem alterações no tônus muscular e várias formas de **discinesia**. Ambas são manifestações dos fenômenos de "liberação", a perda da inibição realizada pelo pálido sobre os neurônios talâmicos. As alterações do tônus muscular nos distúrbios dos núcleos da base geralmente assumem a forma de hipertonia muscular. Em casos graves, há **rigidez** com aumento do tônus de todos os músculos que atuam em dada articulação. Nesses casos, a resistência aumentada ao estiramento passivo é bidirecional e ocorre ao longo de toda a amplitude do movimento. Esta condição é descrita como **rigidez do tipo cano de chumbo**. Quando há tremor intenso, a resistência ao estiramento passivo exibe solavancos intermitentes com aspecto característico semelhante a uma catraca ou cremalheira. A frequência dos solavancos corresponde à frequência dos tremores. A hipertonia, nesse caso, é denominada **rigidez do tipo roda dentada**.

Discinesias

As discinesias assumem a forma de tremores, **coreia**, **atetose**, **balismo** e **tiques**. Os tremores são movimentos rítmicos ou oscilatórios nas partes distais dos membros, como as mãos. A coreia consiste em movimentos abruptos (ou bruscos) rápidos nas partes mais distais dos membros e na face. A atetose compreende os movimentos lentos, contorcidos ou serpentiformes dos membros. O balismo refere-se aos movimentos de arremesso violentos do membro inteiro resultantes de contrações dos músculos mais proximais. Os tiques são movimentos estereotípicos e repetitivos que envolvem vários grupos musculares ao mesmo tempo.

A principal característica dos distúrbios dos núcleos da base é o fato de as várias formas de discinesia ocorrerem "em repouso", ou seja, na ausência de um comando. Esses movimentos anormais ocorrem contra a vontade do paciente, e não é possível impedir que comecem nem interrompê-los depois de iniciados.

Doença de Parkinson

A combinação de tremor, rigidez, acinesia, bradicinesia e ajustes posturais anormais é observada na doença de Parkinson, também chamada **paralisia agitante**. É a doença dos núcleos da base mais bem conhecida e também a doença descrita no caso apresentado no início deste capítulo. O tremor consiste em movimentos rítmicos nos polegares e nos outros dedos das mãos a uma frequência de 3-6 vezes/segundo, semelhante aos movimentos de contar dinheiro ou de rolar pílulas, e diminui durante o movimento voluntário. A rigidez é mais proeminente nos estágios avançados da doença. A acinesia e a bradicinesia são tão graves que os movimentos são iniciados e realizados de forma muito devagar. De fato, o paciente parece quase paralisado. A acinesia acompanhada de tremor serviu de base para o termo "paralisia agitante". De modo característico, o paciente com doença de Parkinson exibe expressão facial "em máscara" e, ao tentar andar, fica encurvado (Fig. 8.11), arrasta os pés, não oscila os braços e, ao ganhar impulso, não consegue parar e cai se ninguém o segurar. Nos estágios avança-

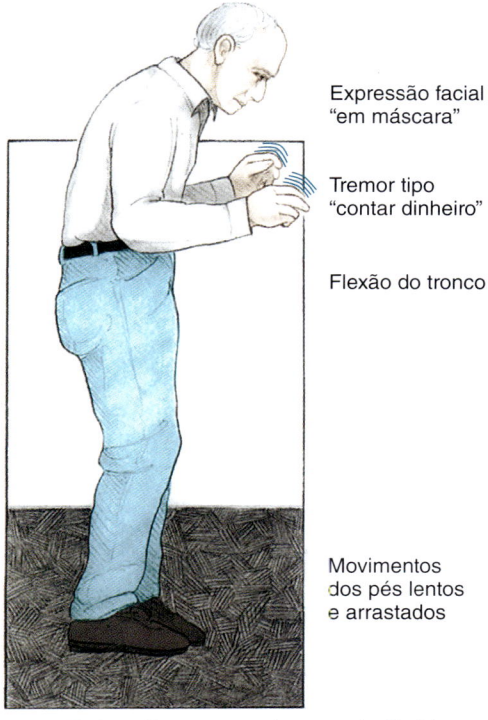

Expressão facial "em máscara"

Tremor tipo "contar dinheiro"

Flexão do tronco

Movimentos dos pés lentos e arrastados

Figura 8.11   Postura na doença de Parkinson. Expressão facial "em máscara", tremor tipo "contar dinheiro", tronco fletido e marcha lenta arrastando os pés.

dos, a comunicação manuscrita é abreviada e a fala é reduzida a sussurros.

A doença de Parkinson está associada à degeneração dos neurônios dopaminérgicos na substância negra. A resultante deficiência de dopamina no estriado é tratada com administração de levodopa (Dopar, Procter & Gamble, Norwich, NY), um precursor de dopamina que pode ser transportado através da barreira hematoencefálica. Procedimentos cirúrgicos como as ablações bilaterais do pálido medial ou, de forma atual e mais bem-sucedida, a estimulação cerebral (ou encefálica) profunda (ECP ou EEP) subsequente à implantação de eletrodos de autoestimulação dentro dos núcleos subtalâmicos estão sendo usados para tratar tremores graves em pacientes com doença de Parkinson avançada. Ambos os procedimentos interrompem as eferências (sinais de saída) anormais dos núcleos da base que resultam nos tremores intensos.

Conexão clínica

A ECP superou os procedimentos ablativos para tratamento cirúrgico dos distúrbios de movimento. Pacientes com doença de Parkinson e distonia refratárias à terapia farmacológica podem ser tratados com ECP. Eletrodos são implantados por cirurgia bilateralmente em diferentes núcleos no corpo estriado, no tálamo e no subtálamo, e conectados a um estimulador elétrico à bateria localizado no subcutâneo. Aparentemente, os locais para implante de eletrodo mais eficazes contra a rigidez, o tremor e a acinesia/bradicinesia da doença de Parkinson estão nos núcleos subtalâmicos. Melhoras imediatas dos movimentos voluntários e diminuição da rigidez são evidentes sob os parâmetros de estimulação ideais. O mecanismo de ação da ECP está sendo investigado. Parece que a base fisiológica para uma ECP efetiva se estende além da simples ativação de circuitos inibitórios nos locais dos eletrodos. Em vez disso, a modulação de alta frequência do impulso elétrico no axônio parece impedir a transmissão do impulso patológico. A ECP da substância periaquedutal e periventricular é usada para amenizar a dor.

Doença de Huntington

A doença mais bem conhecida associada ao estriado é a coreia de Huntington (Fig. 8.12). Trata-se de um distúrbio progressivo adquirido por herança de um gene dominante e que é causado pela degeneração de neurônios estriatais. A degeneração neuronal também pode ocorrer no córtex cerebral, e os pacientes afetados sofrem de demência progressiva. Também pode haver atetose na doença de Huntington. De fato, atetose e coreia, ou as formas intermediárias dessas duas condições (coreoatetose), são encontradas com frequência. A atetose foi associada primariamente a anormalidades no estriado, embora alterações patológicas no pálido também tenham sido encontradas. O gene associado à doença de Huntington foi identificado recentemente.

Lesões do núcleo subtalâmico

Um hemibalismo contralateral está associado a anormalidades do núcleo subtalâmico.

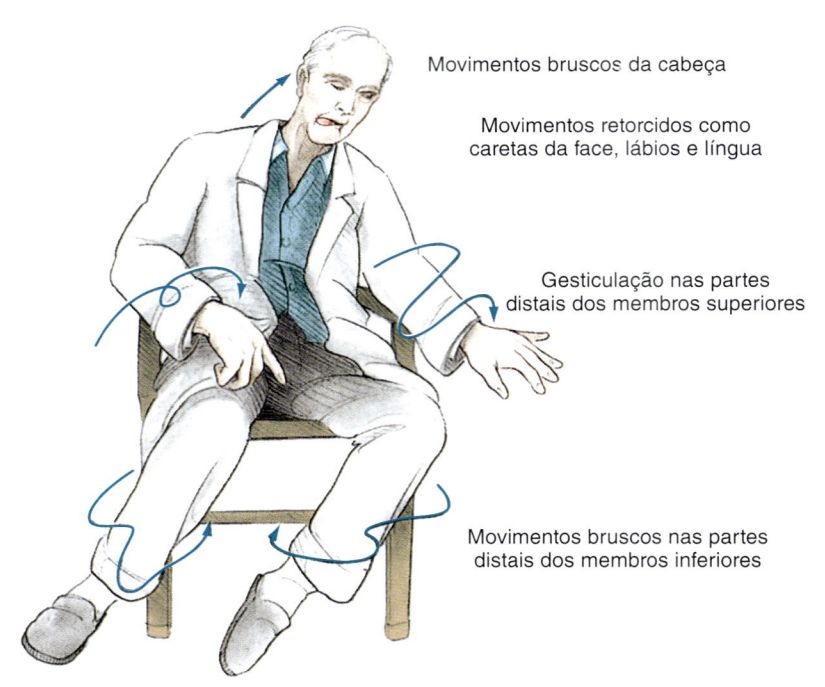

Movimentos bruscos da cabeça

Movimentos retorcidos como caretas da face, lábios e língua

Gesticulação nas partes distais dos membros superiores

Movimentos bruscos nas partes distais dos membros inferiores

Figura 8.12   Postura na coreia de Huntington. Movimentos bruscos da cabeça, estalar de lábios e língua, gesticulação das partes distais dos membros superiores e inferiores.

Essas anormalidades em geral são de natureza vascular e, felizmente, apesar de se tratar de condições extremamente violentas, elas têm duração quase sempre curta. Quando elas apresentam longa duração e não podem ser controladas com medicação, as partes motoras do tálamo (núcleos ventral anterior e ventral lateral) podem ser submetidas à ablação por criocirurgia como último recurso. Esse procedimento também era o tratamento de escolha para a doença de Parkinson grave antes do advento da levodopa. Em ambos os casos, o tálamo motor é submetido à ablação, interrompendo a influência anormal dos núcleos da base sobre as áreas motoras do córtex.

Discinesia tardia

A discinesia tardia é um distúrbio dos núcleos da base que envolve a face, os lábios e a língua, que se manifesta por movimentos involuntários de mastigação acompanhados de estalos produzidos com os lábios e a língua. É vista com frequência em trabalhadores expostos ao manganês e em pacientes submetidos ao tratamento prolongado com fármacos como a cloropromazina. Esse distúrbio é considerado resultante de hipersensibilidade à dopamina e seus agonistas.

Paralisia cerebral

A paralisia cerebral é um distúrbio neonatal do sistema nervoso central, não progressivo, que afeta o sistema motor e às vezes compromete a função mental. Os neurônios corticais que originam o trato piramidal e os núcleos da base são mais frequentemente envolvidos, enquanto o envolvimento cerebelar é bem menos comum. Dessa forma, é comum observar espasticidade ou discinesia e, apenas ocasionalmente, a **ataxia**. É possível identificar lesões no córtex cerebral, na substância branca dos hemisférios cerebrais, no estriado e no tálamo, bem como raramente no córtex ou na substância branca do cerebelo. De acordo com o National Institute of Neurological Disorders and Stroke, a paralisia cerebral congênita está presente ao nascimento e pode ser atribuída a infecções durante a gestação, à incompatibilidade Rh levando à icterícia ou ainda a uma grave falta de oxigênio ou traumatismo craniano durante o trabalho de parto. Estima-se que as complicações do nascimento, entre as quais a asfixia, contribuem para cerca de 6% dos casos de paralisia cerebral congênita. Aproximadamente 10-20% das crianças com paralisia cerebral adquirem o distúrbio após o nascimento, como resultado de dano cerebral depois de infecções como meningite ou encefalite, ou de lesão na cabeça, mais frequentemente decorrente de acidente com veículo motorizado, quedas ou abuso infantil.

Hipercinesia e núcleo subtalâmico

Os **distúrbios hipercinéticos** exemplificados por coreia, atetose, balismo e tiques aparentemente resultam do comprometimento da forte influência excitatória exercida pelo núcleo subtalâmico sobre o pálido medial (Fig. 8.10). Esse comprometimento pode ocorrer em consequência do dano ao núcleo em si, como acontece no balismo. Entretanto, na situação mais comum, ele é ocasionado pela atividade reduzida na via indireta entre o estriado e o pálido lateral que, por sua vez, inibe o núcleo subtalâmico. Em ambos os casos, o efeito final é uma redução da inibição exercida sobre o tálamo motor pelo pálido medial. Assim, as conexões entre o tálamo motor e as áreas motoras do córtex estão hiperativas.

Hipocinesia e dopamina

Na doença de Parkinson (Fig. 8.11), a acinesia, a bradicinesia e os reflexos posturais comprometidos, por vezes referidos como **distúrbios hipocinéticos**, resultam da dopamina diminuída no estriado. Essa deficiência aparentemente causa atividade aumentada das conexões estriatais inibitórias que atuam sobre o circuito pálido-subtalâmico inibitório, bem como atividade diminuída de inibição estriatal das projeções do pálido medial e, talvez, da

substância negra para o tálamo motor. Em ambos os casos, o efeito final é a maior inibição do tálamo motor. Desse modo, as conexões entre o tálamo motor e as áreas motoras do córtex estão com menor atividade. Como a dopamina diminuída no estriado resulta em atividade reduzida de outros neurônios estriatais inibitórios, o distúrbio hipercinético de rigidez também ocorre na doença de Parkinson.

Cognição

Além de seus papéis bem conhecidos na iniciação e no controle dos movimentos voluntários, partes dos núcleos da base parecem estar intimamente envolvidas nos aspectos cognitivos do comportamento. Os dois componentes do estriado podem exercer diferentes funções. O putame aparentemente pode estar mais associado à atividade motora, enquanto o núcleo caudado pode estar associado a funções cognitivas. Embora ambos exerçam suas influências por meio do pálido, principalmente para o núcleo ventral anterior, as partes do núcleo ventral anterior que se projetam para o córtex pré-motor são influenciadas pelo putame. Entretanto, as partes do núcleo ventral anterior e outros núcleos talâmicos que se projetam para o córtex pré-frontal parecem ser influenciadas pelo núcleo caudado. Portanto, o estriado provavelmente recebe aferências (sinais de entrada) de todas as partes do córtex cerebral, tendo assim acesso ao que acontece e programando o que é necessário ser feito em seguida.

Questões para revisão

1. Quais são as subdivisões anatômica e funcional do corpo estriado?
2. Os neurônios espinhosos médios no estriado são funcionalmente distinguidos por qual tipo de receptores?
3. Qual é a principal aferência (sinal de entrada) para os núcleos da base?
4. O quê caracteriza os efeitos fisiológicos da ativação da via direta nos neurônios do núcleo ventral anterior do tálamo?

5. A ativação da via indireta é responsável por qual componente dos movimentos intencionais?

6. As eferências (sinais de saída) dos núcleos da base regulam indiretamente a atividade de motoneurônios superiores no córtex motor primário sobretudo por meio de quais conexões?

7. A rigidez em cano de chumbo é caracterizada por:
   a. Cocontração de músculos agonistas e antagonistas.
   b. Ativação seletiva de grupos musculares antigravitacionais.
   c. Excitabilidade aumentada de motoneurônios gama.
   d. Ativação seletiva dos centros motores do tronco encefálico.
   e. Todas as anteriores.

8. Quais são as manifestações cardinais dos distúrbios dos núcleos da base?

9. Os distúrbios do movimento resultantes de patologia nos núcleos da base são manifestados principalmente por qual via de comando motor?

10. Quais estruturas estão envolvidas e quais anormalidades resultam da lesão (área colorida) ou das lesões mostradas nos cortes a seguir?

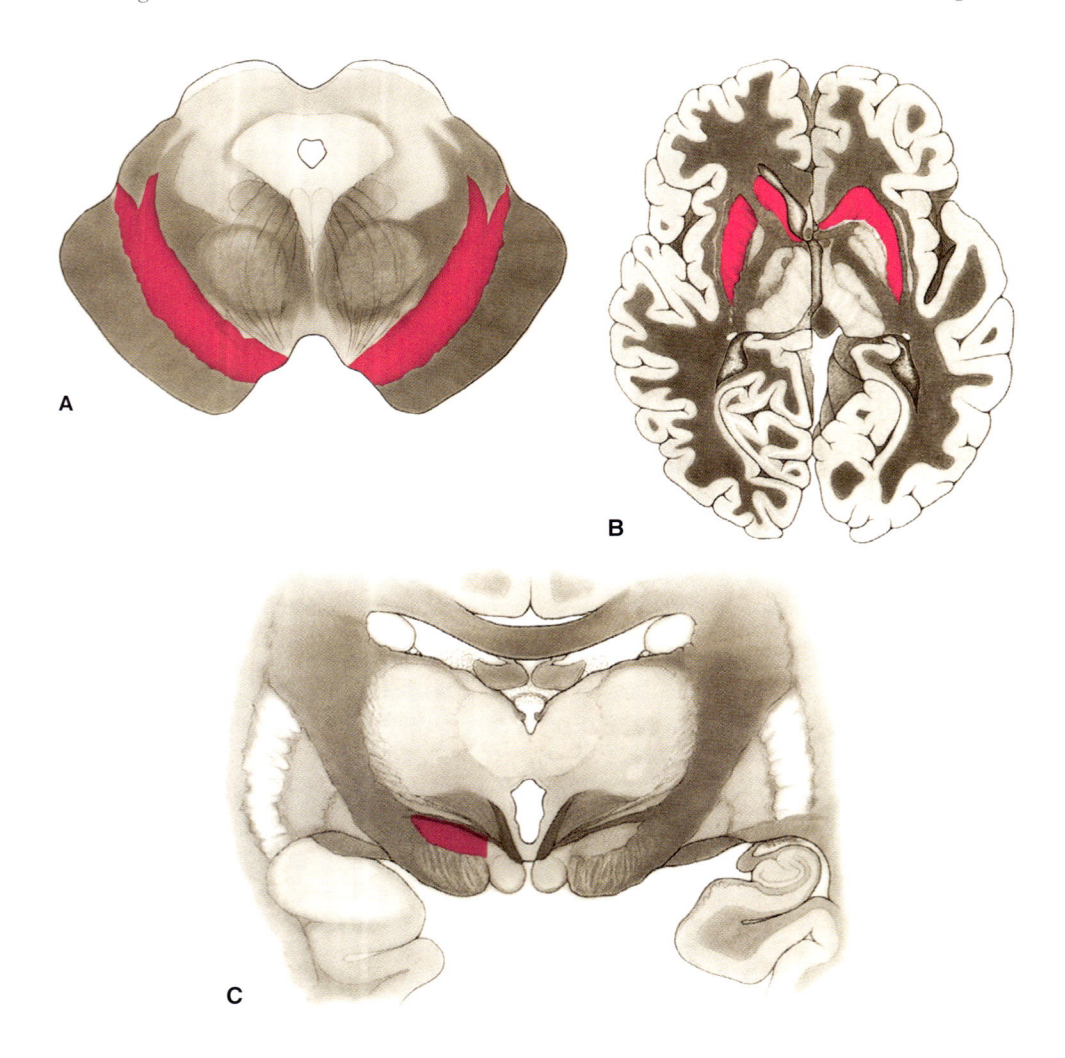

11. Um paciente do sexo masculino apresenta-se com movimentos rápidos, anormais, involuntários e abruptos dos membros bilateralmente. O estado mental era normal. Ele relatou que o pai, antes de morrer, sofreu de um distúrbio semelhante. Cortes do cérebro do pai desse paciente foram coletados na autópsia e histologicamente processados. Com base em suas observações e no histórico do paciente, você esperaria de forma mais provável observar degeneração neuronal:
    a. No núcleo ventral anterior do tálamo.
    b. No núcleo subtalâmico.
    c. Na parte compacta da substância negra.
    d. No estriado.
    e. No globo pálido.

12. Uma pequena lesão vascular no cérebro, no lado direito, resulta em hemibalismo. Como resultado desse acidente vascular encefálico, você esperaria observar:
    a. Degeneração axonal anterógrada no estriado ipsilateral.
    b. Degeneração neuronal na parte medial do globo pálido ipsilateral.
    c. Atividade elétrica[1] anormal no núcleo ventral lateral ipsilateral.
    d. Atividade elétrica anormal no trato piramidal ipsilateral.
    e. Atividade elétrica anormal no trato corticospinal lateral ipsilateral.

13. Os sinais positivos de distúrbios que envolvem os núcleos da base incluem movimentos anormais involuntários. A base fisiopatológica subjacente desses movimentos involuntários anormais pode ser resultante de:
    a. Atividade elétrica aumentada nas projeções subtalamopalidais.
    b. Atividade elétrica diminuída nas projeções pálido-subtalâmicas.
    c. Atividade elétrica diminuída nas projeções palidotalâmicas.
    d. Atividade elétrica aumentada nas projeções talamocorticais a partir dos núcleos ventrais anteriores.
    e. Atividade elétrica diminuída nas projeções talamocorticais a partir dos núcleos ventrais laterais.

14. A movimentação passiva do antebraço de um paciente com depleção de dopamina no estriado produz uma série de movimentos do tipo "cremalheira", independentemente da direção (flexão ou extensão) do movimento. Esse aspecto de "cremalheira" é caracterizado como:
    a. Sinal do canivete.
    b. Clônus.
    c. Dismetria.
    d. Fenômeno de rebote.
    e. Roda dentada.

15. Em um paciente com doença de Huntington, o curso clínico da manifestação de sintomas não deveria incluir:
    a. Aaparecimento repentino.
    b. Manifestação bilateral.
    c. Progressão prolongada.
    d. Aumento progressivo da gravidade dos sintomas ao longo do tempo.
    e. Um componente hereditário.

---

1   N.R.C.: A rigor, não seria necessário dizer que é "atividade elétrica" porque toda via neural só tem um tipo de atividade, o impulso nervoso cuja caracerística é elétrica.

9 O cerebelo: ataxia

Uma mulher de 56 anos, fumante compulsiva por 35 anos, está tendo dificuldades para caminhar e usar o braço direito. Ambos os sintomas pioraram de forma progressiva ao longo de um período de 4 meses. O exame revela tremor intencional e dismetria nos membros inferior e superior direitos ao realizar os testes dedo-nariz e calcanhar-joelho. Além disso, a paciente tem dificuldade para caminhar pé-ante-pé e tende a se desviar para a direita. Ela não consegue realizar supinação e pronação de seu braço direito repetidamente, ainda que por um curto período de tempo.

O cerebelo é o volumoso e bilateralmente simétrico "pequeno cérebro", localizado na fossa craniana posterior. Por meio de suas conexões aferentes e eferentes, o cerebelo influencia o ritmo e a força das contrações dos músculos voluntários que resultam em movimentos coordenados e regulares.

O número três é o número-chave associado ao cerebelo. Este está dividido sagitalmente em três áreas e, no plano horizontal, em três lobos. O cerebelo está conectado ao tronco encefálico por três pares de pedúnculos; seu córtex é composto por três camadas; seus impulsos eferentes ocorrem por meio de três núcleos; e existem três síndromes cerebelares identificáveis.

Subdivisões anatômicas

A superfície do cerebelo é dobrada em numerosas pregas paralelas, as folhas, orientadas no plano transversal, ou seja, na direção orelha-orelha. As folhas que compartilham um eixo comum de substância branca constituem um lóbulo. O córtex cerebelar forma 10 lóbulos.

No plano sagital, o cerebelo consiste em uma porção média, o **verme**, e nas expansões laterais do verme, os hemisférios (Fig. 9.1). Cada hemisfério é dividido nas partes paravermiana ou intermédia, também denominadas paraverme e lateral. O hemisfério lateral é maior no lobo posterior.

No plano transversal, duas fissuras principais separam os lóbulos em três lobos cerebelares (Fig. 9.1). Cada lobo é anatômica, filogenética e funcionalmente nomeado (Fig. 9.2). O pequeno **lobo floculonodular** é mais inferior e situado posteriormente à fissura posterolateral. O lobo floculonodular é filogeneticamente a parte mais antiga do cerebelo e recebe seus principais impulsos aferentes a partir do aparelho vestibular, sendo assim referido como **arquicerebelo** ou **vestibulocerebelo**. O **lobo anterior** é mais superior e situado anteriormente à fissura primária, tendo surgido mais tardiamente na evolução do que o vestibulocerebelo, e recebendo seus principais impulsos aferentes a partir dos membros, por meio de conexões com a medula espinal. Portanto, o lobo anterior é chamado **paleocerebelo** ou **espinocerebelo**.

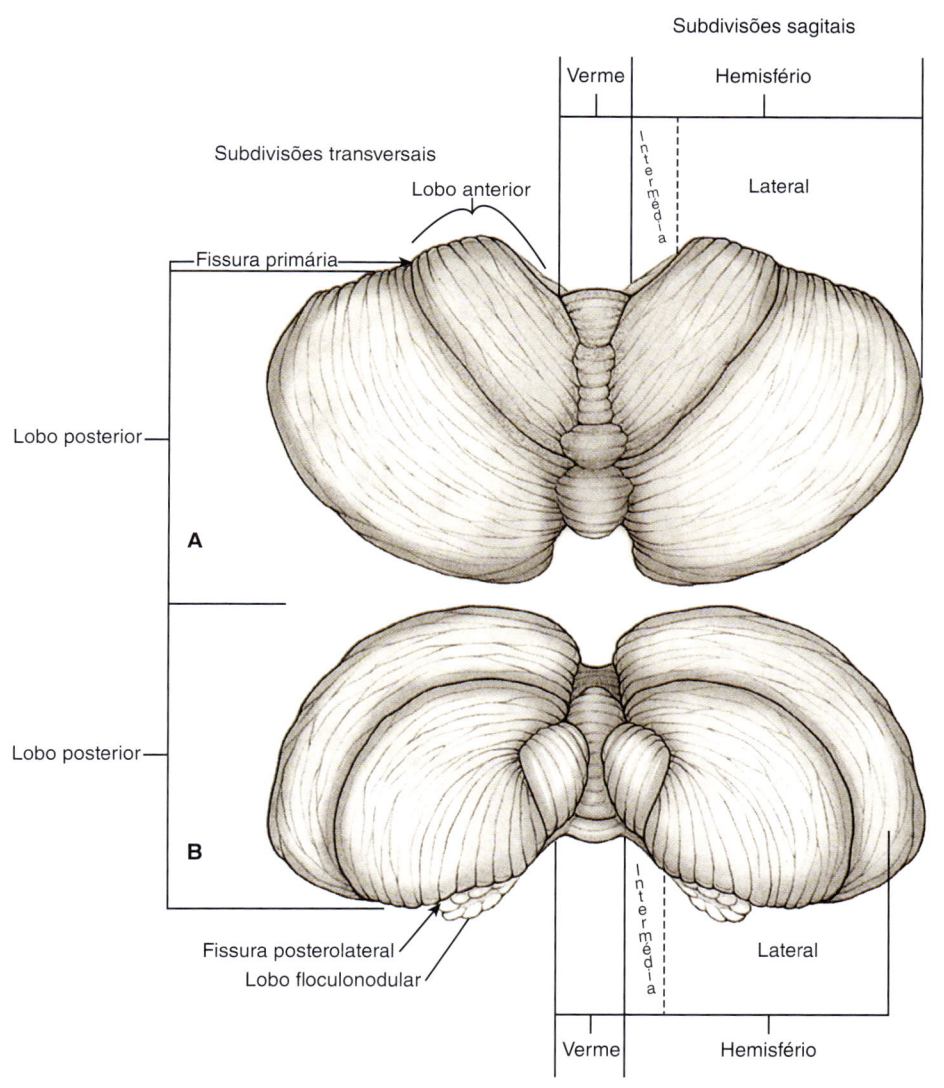

Figura 9.1   Ilustração das superfícies superior e inferior do cerebelo mostrando suas subdivisões sagital e transversal. **A.** Superfície superior. **B.** Superfície inferior.

Anatômica	Filogenética	Funcional
Lobo anterior	Paleocerebelo	Espinocerebelo
Fissura primária		
Lobo posterior	Neocerebelo	Cerebrocerebelo
Fissura posterolateral		
Lobo floculonodular	Arquicerebelo	Vestibulocerebelo

Figura 9.2   Subdivisões anatômica, filogenética e funcional do cerebelo.

Entre as fissuras posterolateral e primária, está a parte maior do cerebelo, o **lobo posterior**. Essa é a parte filogeneticamente mais recente e que tem conexões muito importantes com o córtex cerebral, e por essa razão é chamada **neocerebelo** ou **cerebrocerebelo**.

Pedúnculos cerebelares

Três pares de pedúnculos cerebelares, que contêm fibras aferentes e eferentes, conectam o cerebelo e o tronco encefálico (Figs. 9.3 e 9.4). O **pedúnculo cerebelar inferior** se curva dorsalmente a partir da superfície dorsolateral do bulbo. Sua composição é principalmente de fibras aferentes, embora contenha algumas fibras eferentes. Ele consiste em uma parte maior, o corpo restiforme, e uma parte medial pequena, o corpo justarrestiforme.

O **pedúnculo cerebelar médio**, ou braço da ponte, é o maior pedúnculo e conecta a parte basilar da ponte ao cerebelo. Suas fibras são todas aferentes.

O **pedúnculo cerebelar superior**, ou braço conjuntivo, conecta o cerebelo ao mesencéfalo. Embora contenha um número limitado de fibras aferentes, seus componentes mais abundantes e importantes são as fibras eferentes.

Córtex cerebelar

Histologia

A citoarquitetura do córtex cerebelar apresenta uma estrutura uniforme em todo o cerebelo. Cada **folha** é composta por uma parte interna constituída de substância branca e uma parte externa que forma a substância cinzenta cortical (Fig. 9.5). O córtex possui três camadas que, do meio externo para o interno, são:

1. A **camada molecular**, caracterizada por poucos neurônios.
2. A **camada de células de Purkinje**, uma fila única de neurônios enormes exclusivos do cerebelo.
3. A **camada granular**, composta de numerosas pequenas **células granulares** densamente concentradas.

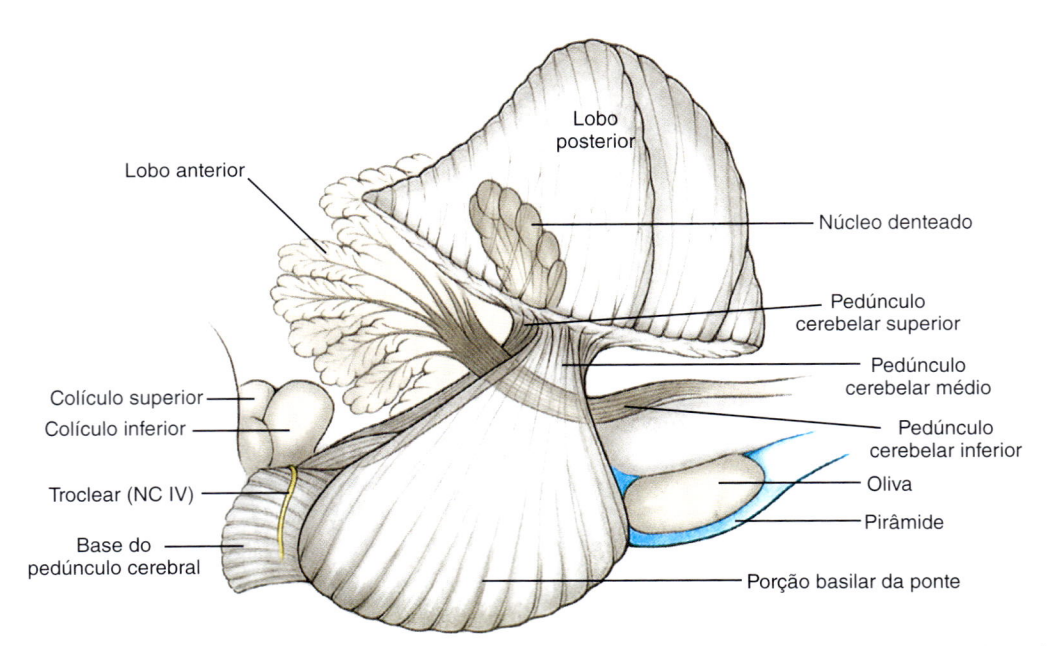

Figura 9.3 Ilustração tridimensional da relação entre os pedúnculos cerebelares (vista lateral esquerda de amostra dissecada; NC, nervo craniano).

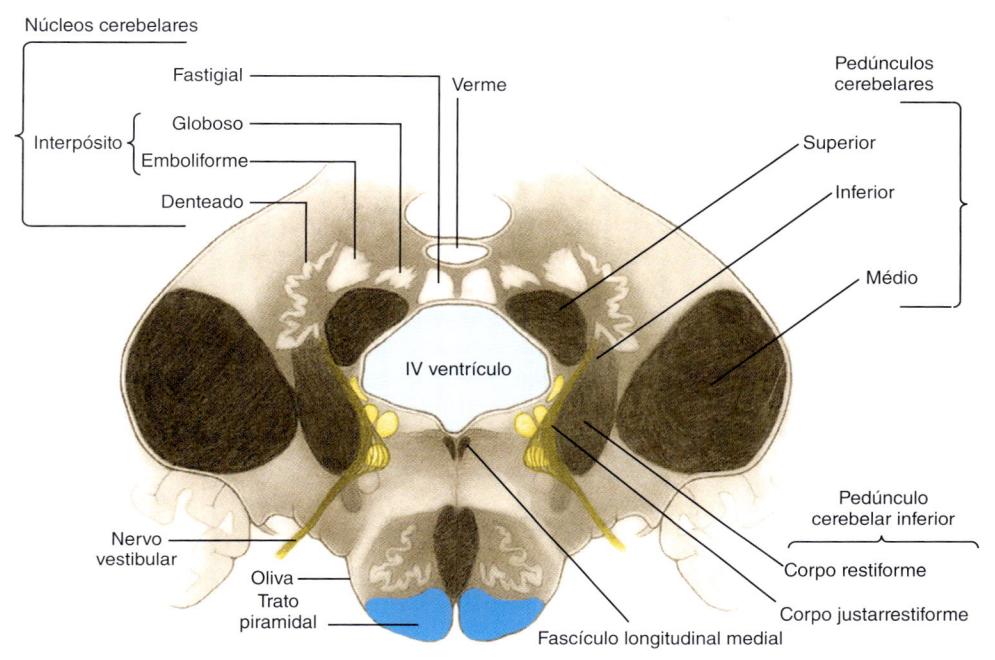

Figura 9.4 Relação entre os pedúnculos cerebelares em corte transversal no sulco bulbopontino.

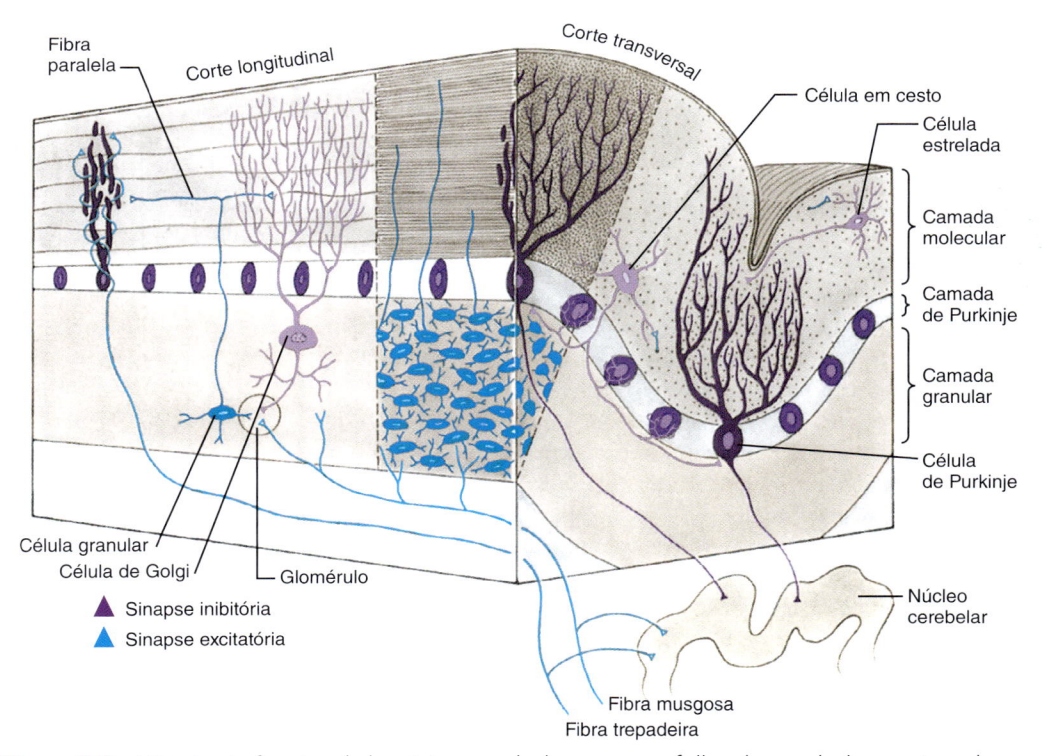

Figura 9.5 Histologia funcional do córtex cerebelar em uma folha do cerebelo seccionada nos planos transversal e longitudinal. Sinapses inibitórias em roxo; sinapses excitatórias em azul.

A camada molecular contém principalmente as numerosas arborizações dendríticas das **células de Purkinje**, entremeadas por neurônios denominados células esteladas e células em cesto, e uma profusão de axônios orientados paralelamente em relação à superfície cerebelar. As **células esteladas** são encontradas na parte superficial da camada molecular, enquanto as **células em cesto** estão na parte mais profunda. Além da miríade de células granulares presentes na camada cortical mais interna, os corpos celulares dos neurônios ou **células de Golgi** também estão localizados aqui.

O córtex cerebelar recebe informação de muitas partes do sistema nervoso tanto central como periférico. Desse modo, o cerebelo tem numerosas conexões aferentes. De fato, é dito que o cerebelo tem um número 40 vezes maior de fibras aferentes do que de fibras eferentes. O córtex cerebelar é de muitas formas diferente do córtex cerebral, e as principais diferenças são:

1. Nada de sua atividade contribui diretamente para a consciência.
2. Seus hemisférios possuem representação ipsilateral das partes do corpo, enquanto as áreas motoras dos hemisférios cerebrais têm representação contralateral.

Circuitos do córtex cerebelar

Existem dois tipos principais de fibras aferentes que fornecem sinais de entrada para o córtex cerebelar: trepadeiras e musgosas. As **fibras trepadeiras** surgem das aferências olivocerebelares originadas do núcleo olivar inferior. O complexo olivar inferior consiste em um núcleo principal maior convoluto (retorcido), denominado núcleo principal, e dois núcleos acessórios, o dorsal e o medial.

As projeções olivocerebelares compactas seguem em direção medial, decussam, passam pelo núcleo olivar inferior contralateral e pelo tegmento do bulbo e entram no cerebelo através do pedúnculo cerebelar inferior. As **fibras musgosas** surgem de todas as outras fibras aferentes cerebelares que são descritas mais adiante neste capítulo.

Ao entrarem no córtex cerebelar, as fibras trepadeiras atravessam as camadas de células granulares e de células de Purkinje, de modo que um único axônio olivocerebelar irá subir pelos ramos dendríticos maiores de uma célula de Purkinje (Fig. 9.5), na qual faz múltiplas sinapses glutamatérgicas excitatórias. A ativação das células de Purkinje pelas fibras trepadeiras é tão poderosa que o axônio olivocerebelar, ao disparar, sempre evoca na célula de Purkinje um potencial de ação atípico chamado de **potencial de espícula complexa** (Fig. 9.6). Esse potencial é caracterizado por uma espícula inicial seguida por uma condutância de cálcio regulada por voltagem, que resulta em uma despolarização prolongada sobre a qual se sobrepõem espículas secundárias de menor amplitude.

Diferentemente das fibras trepadeiras, as fibras musgosas se ramificam de forma repetida na substância branca cerebelar e mesmo depois de entrarem na camada de células granulares. Cada fibra musgosa tem cerca de 50 terminais chamados **rosetas**, que são amplos e lobulados e fazem sinapse com dendritos de cerca de 20 células granulares, e também estão em contato com os axônios das células de Golgi. Circundada por uma camada de células gliais, esse conjunto inteiro é denominado **glomérulo**. As fibras musgosas são glutamatérgicas e excitam as células granulares.

As células granulares originam axônios que entram na camada molecular e bifurcam, formando as fibras paralelas. Essas fibras fazem sinapse em espinhas dendríticas da célula de

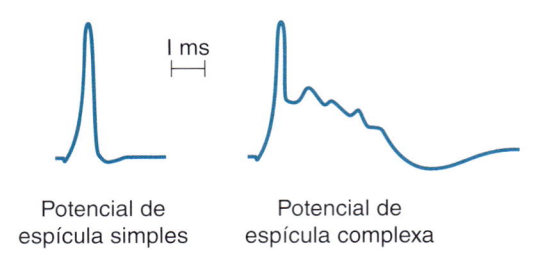

Potencial de espícula simples

Potencial de espícula complexa

Figura 9.6 Potencial de espícula simples evocado em uma célula de Purkinje após a ativação de células granulares pela fibra musgosa e resultante excitação do neurônio pela fibra paralela. Potencial de espícula complexa registrado em células de Purkinje em resposta à ativação de aferências de fibras trepadeiras olivocerebelares.

Purkinje, bem como nos dendritos das células estreladas, células em cesto e células de Golgi. Ao seguir ortogonalmente pelas arborizações dendríticas da célula de Purkinje, uma fibra paralela somente fará sinapse uma vez em cada célula de Purkinje. Muitas fibras paralelas disparando de maneira sincronizada são necessárias para ativar uma célula de Purkinje e evocar um potencial de ação típico chamado de **potencial de espícula simples** (Fig. 9.6).

As células granulares são os *únicos* neurônios excitatórios presentes no córtex cerebelar e são glutamatérgicas. Todos os outros neurônios corticais são ácido gama-aminobutírico (GABA)-érgicos e inibitórios. As células estreladas e as células em cesto inibem as células de Purkinje, enquanto as células de Golgi inibem as células granulares. As células de Purkinje, os únicos neurônios eferentes do córtex cerebelar, inibem os neurônios dos núcleos cerebelares que originam as fibras eferentes, que conduzem sinais de saída, do cerebelo. Como os neurônios dos núcleos cerebelares são excitados por ramos colaterais das fibras trepadeiras e musgosas, a resposta dos núcleos cerebelares é regulada e finamente ajustada pelos impulsos inibitórios corticais oriundos das células de Purkinje.

Atividade neuronal no córtex cerebelar

As células de Purkinje são os únicos neurônios eferentes presentes no córtex cerebelar, sendo que suas atividades relacionadas aos potenciais de espícula complexa (atividade tipo espícula complexa) e simples (atividade tipo espícula simples) foram registradas durante os movimentos (Fig. 9.6). No estado de repouso, a atividade tipo espícula complexa é muito baixa (1-3 Hz) e aleatória, enquanto a atividade tipo espícula simples é relativamente alta (50 Hz ou mais). A atividade tipo espícula simples aumenta com a estimulação sensorial e durante os movimentos, codificando assim o grau e a extensão do estímulo periférico ou parâmetros do movimento. Em contrapartida, a baixa frequência de disparos das fibras trepadeiras/atividade tipo espícula complexa não pode transmitir informação significativa sobre estímulos sensoriais ou movimentos. A atividade tipo espícula complexa desencadeada pelas aferências olivocerebelares pode afetar a atividade tipo espícula simples da célula de Purkinje produzida pelas aferências das fibras paralelas. As aferências olivocerebelares e a oliva inferior parecem sinalizar erros que ocorrem nos movimentos, e potenciais de espícula complexa podem ser orientadores para as células de Purkinje que são necessárias ao aprendizado de uma nova tarefa motora. Estudos comportamentais demonstraram que a aquisição de um novo movimento está correlacionada com o aumento da atividade tipo espículas complexas e a supressão da atividade tipo espícula simples. Conforme o movimento se torna coordenado, a atividade tipo espícula complexa volta ao normal, mas a atividade tipo espícula simples continua deprimida. Essa mudança na eficácia sináptica de algumas aferências das fibras paralelas é chamada **depressão de longo prazo** e envolve uma diminuição da responsividade da célula de Purkinje às fibras paralelas que estavam seletivamente ativas decorridos 100-200 ms após o potencial de espícula complexa produzido pela fibra trepadeira.

Conexão clínica

Embora a função precisa do complexo olivar inferior seja desconhecida, as lesões unilaterais nessa estrutura produzidas em animais de laboratório resultam em anormalidades similares à destruição da metade contralateral do cerebelo. Em seres humanos, as lesões olivares quase sempre incluem a pirâmide adjacente, cuja lesão ofusca os sinais cerebelares. Uma exceção ocorre nos casos de degeneração olivocerebelar, um distúrbio que em geral tem início aos 40-50 anos de idade, em que a atrofia da oliva inferior resulta em ataxia progressiva dos membros superiores e inferiores. Além da ataxia da marcha e do tremor intencional, pode haver desenvolvimento de disartria. As lesões focais das projeções olivocerebelares afetam a capacidade do paciente de aprender novas tarefas motoras.

Núcleos cerebelares

O cerebelo influencia os centros motores em vários níveis, quase exclusivamente por meio dos núcleos cerebelares. Essas massas neuronais pareadas, embutidas na substância branca (corpo medular) do cerebelo, próxima ao teto do IV ventrículo são, mediolateralmente, os núcleos fastigial, interpósito (composto pelas partes globosa e emboliforme) e denteado (Fig. 9.4). As células contidas em cada núcleo recebem impulsos excitatórios dos ramos colaterais das fibras musgosas e trepadeiras e impulsos inibitórios das células de Purkinje em partes topograficamente definidas do córtex cerebelar. As células de Purkinje presentes no verme e no lobo floculonodular se projetam para os núcleos fastigiais (Fig. 9.7), enquanto aquelas localizadas nas partes intermédias dos hemisférios se projetam para os núcleos interpósitos. Aquelas localizadas nas partes laterais dos hemisférios se projetam para os núcleos denteados. Os núcleos cerebelares têm projeções eferentes ascendentes e descendentes que excitam os centros motores localizados no tronco encefálico e no tálamo. Em geral, o verme situado na linha média e os núcleos fastigiais controlam os movimentos da cabeça, do tronco e da parte proximal dos membros, bilateralmente, enquanto os hemisférios e os núcleos interpósitos e denteados controlam os movimentos das partes progressivamente mais distais dos membros ipsilateralmente.

A atividade neuronal no verme e nos núcleos fastigiais está correlacionada com a postura, a marcha e os movimentos oculares. A atividade nos hemisférios e nos núcleos interpósitos e denteados está correlacionada principalmente com os movimentos multiarticulares dos membros. A atividade unitária nos paravermes e nos núcleos interpósitos apresenta correlação temporal com o *feedback* somatossensorial durante um movimento e em especial durante a ativação de músculos antagonistas, estando assim envolvida com

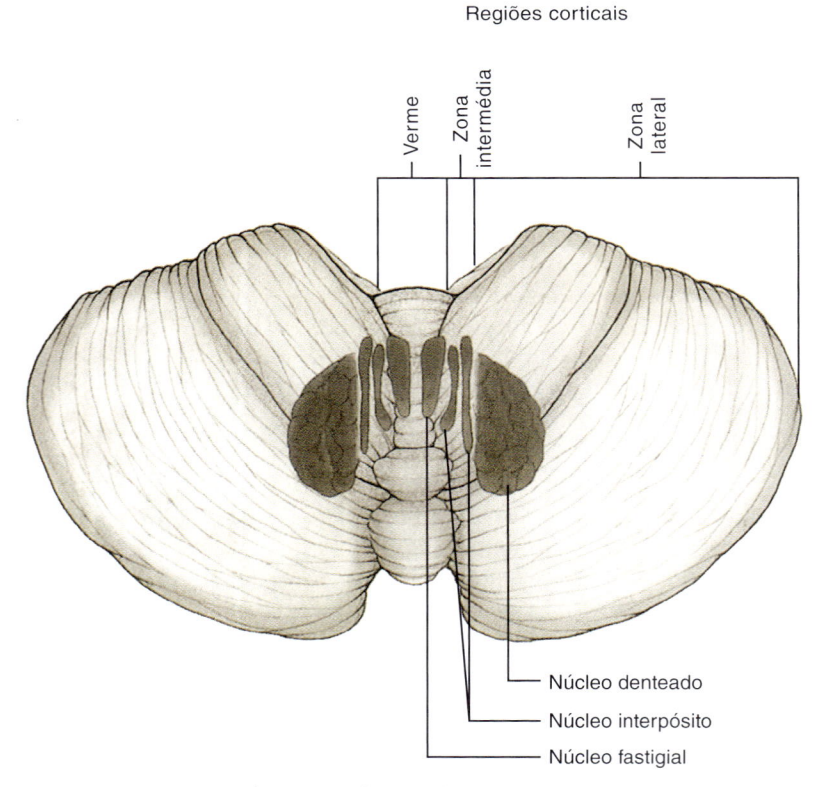

Regiões corticais

Verme · Zona intermédia · Zona lateral

Núcleo denteado
Núcleo interpósito
Núcleo fastigial

Figura 9.7 Relações entre as aferências dos núcleos cerebelares e o córtex cerebelar. A área cortical anatomicamente relacionada com cada núcleo é a principal fonte de estímulo da célula de Purkinje para o núcleo.

a correção de movimentos em curso, ou seja, que estão sendo realizados. A atividade nos hemisférios laterais e, em particular, nos núcleos denteados, precede em cerca de 100 ms a atividade no córtex motor e o início do movimento.

Lobo posterior

As partes laterais dos hemisférios cerebelares estão relacionadas sobretudo com o aprendizado e o armazenamento de todos os componentes sequenciais dos movimentos que requerem habilidade. O principal sinal de entrada ou aferência para as partes laterais dos hemisférios cerebelares tem origem nas áreas de associação do córtex cerebral, nas quais ocorre o desejo de realizar um movimento volitivo, e a principal eferência ou sinal de saída dos hemisférios cerebelares é dirigida para o córtex motor, no qual são representados os movimentos que exigem habilidade. Conforme descrito anteriormente, a atividade nessa parte do cerebelo e em seu núcleo, o denteado, precede a atividade no córtex motor que, por fim, comanda um movimento em particular.

Conexões do lobo posterior

O lobo posterior, sem dúvida o maior dos lobos cerebelares, tem conexões recíprocas importantes com o córtex cerebral (Fig. 9.8). Ele recebe seguramente o maior grupo de fibras musgosas aferentes cerebelares, as projeções corticopontocerebelares. A maioria das fibras corticopontinas se origina nas partes sensoriomotora, pré-motora e parietal posterior do córtex cerebral, embora as áreas de associação de todos os lobos cerebrais contribuam de forma significativa. As fibras corticopontinas alcançam os núcleos pontinos ipsilaterais, seguindo pela cápsula interna e base do pedúnculo cerebral (Fig. 9.9). Os núcleos pontinos originam as fibras transversais da ponte que, após cruzarem e prosseguirem pela porção basilar contralateral da ponte, formam os volumosos pedúnculos cerebelares médios que se projetam principalmente para o lobo posterior.

Os axônios das células de Purkinje nas partes laterais do lobo posterior se projetam para o núcleo denteado. As fibras dentatotalâmicas seguem para o núcleo ventral lateral do tálamo contralateral, a partir de onde sai uma projeção talamocortical para o córtex motor. As fibras dentatotalâmicas passam rostralmente no pedúnculo cerebelar superior. Esse feixe proeminente tem origem principalmente no núcleo denteado, embora também contenha um número considerável de fibras oriundas do núcleo interpósito e uma pequena contribuição do núcleo fastigial. O pedúnculo cerebelar superior segue inicialmente no teto do IV ventrículo (Fig. 9.9), então se desloca em direção à parede ventricular e, na região rostral da ponte, entra no tegmento. No nível do colículo inferior, ele decussa antes de continuar rostralmente, passando pelos núcleo rubro e campo pré-rúbrico na parte dorsomedial do subtálamo. Aqui, o feixe recebe fibras palidotalâmicas e os dois grupos de fibras formam o fascículo talâmico, que segue em direção aos núcleos motores do tálamo.

Síndrome do lobo posterior

A síndrome do neocerebelo ou **síndrome do lobo posterior**, comumente resultante de acidente vascular encefálico, tumores, traumatismo ou doenças degenerativas, se manifesta com perda da coordenação dos movimentos voluntários (ataxia) e tônus muscular diminuído, sendo este último mais proeminente em lesões agudas. O paciente atáxico é incapaz de dirigir o membro para um alvo sem que essa progressão seja interrompida por oscilação perpendicular à direção do movimento (Fig. 9.10). Essa condição é referida como **tremor intencional**, porque ocorre apenas enquanto um movimento voluntário é realizado, estando ausente no repouso.

Conexão clínica

Vários graus de tremor intencional ocorrem com a lesão no neocerebelo, porém os tremores mais graves estão associados com o dano ao trato dentatotalâmico observado na esclerose múltipla (EM) ou nos infartos do mesencéfalo.

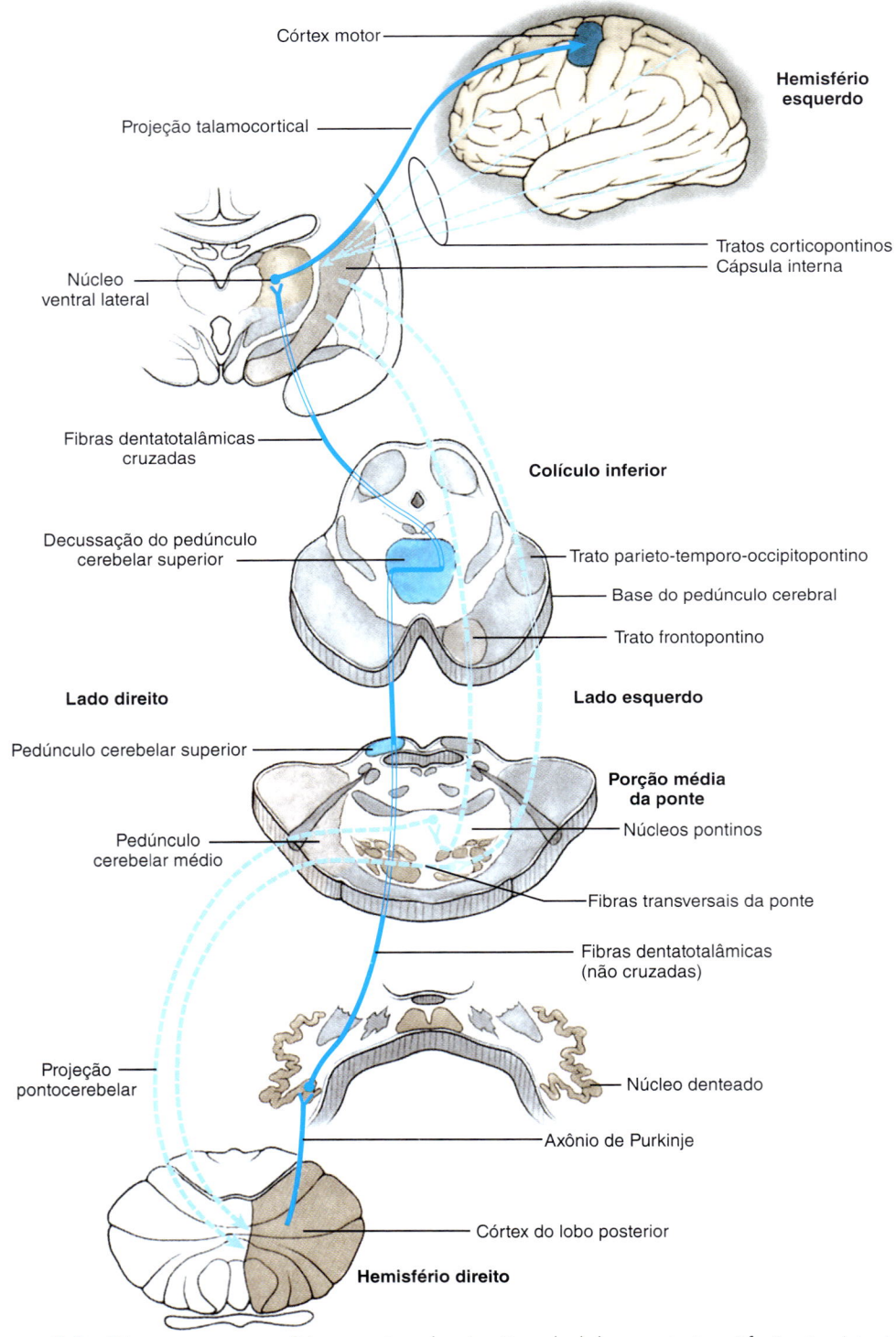

Figura 9.8 Diagrama esquemático mostrando circuitos do lobo posterior. Aferências (sinais de entrada) (*linhas tracejadas*); Eferências (sinais de saída) (*linhas contínuas*).

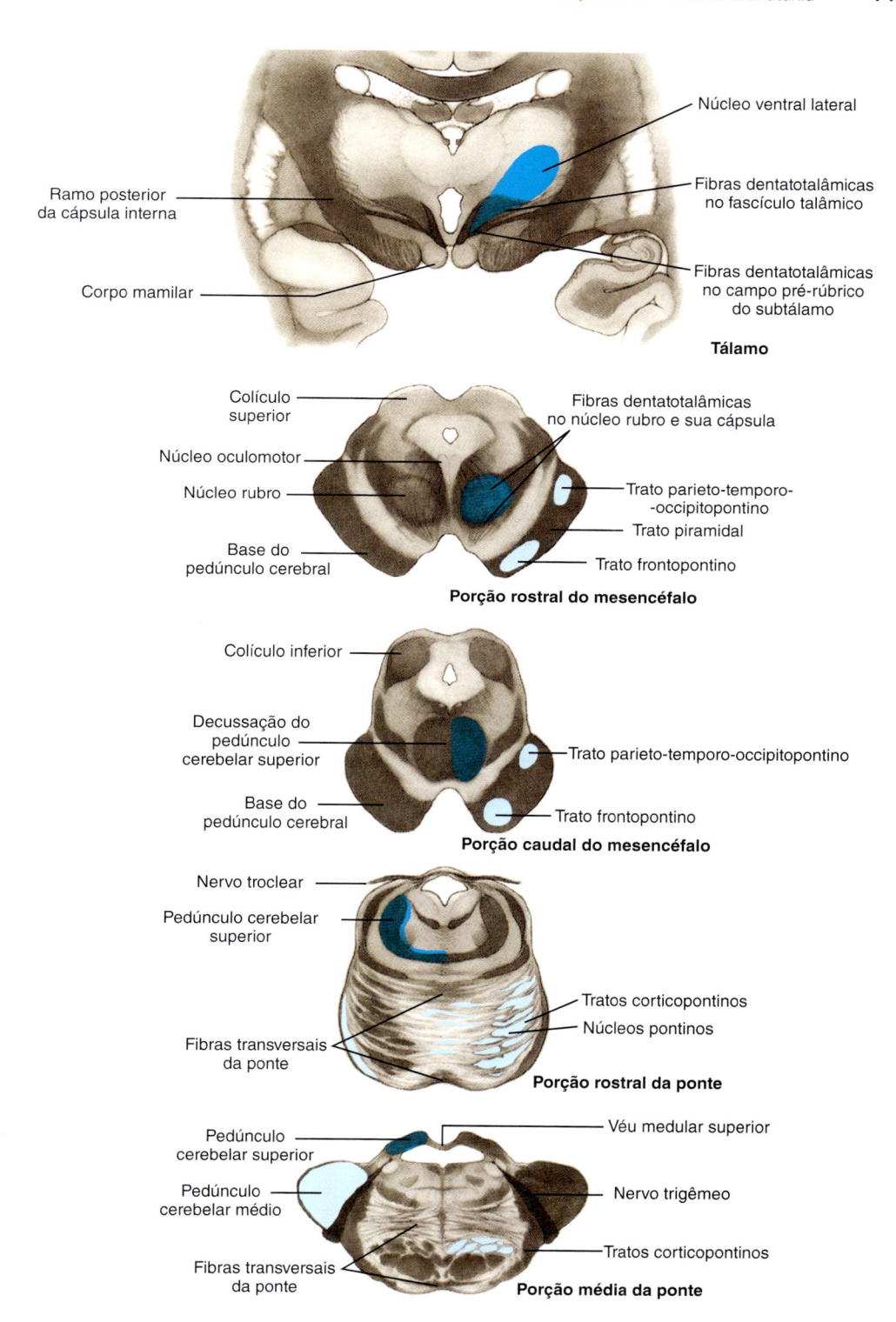

Núcleo ventral lateral

Fibras dentatotalâmicas no fascículo talâmico

Ramo posterior da cápsula interna

Fibras dentatotalâmicas no campo pré-rúbrico do subtálamo

Corpo mamilar

Tálamo

Colículo superior

Fibras dentatotalâmicas no núcleo rubro e sua cápsula

Núcleo oculomotor

Núcleo rubro

Trato parieto-temporo--occipitopontino

Trato piramidal

Base do pedúnculo cerebral

Trato frontopontino

Porção rostral do mesencéfalo

Colículo inferior

Decussação do pedúnculo cerebelar superior

Trato parieto-temporo-occipitopontino

Base do pedúnculo cerebral

Trato frontopontino

Porção caudal do mesencéfalo

Nervo troclear

Pedúnculo cerebelar superior

Tratos corticopontinos

Núcleos pontinos

Fibras transversais da ponte

Porção rostral da ponte

Pedúnculo cerebelar superior

Véu medular superior

Pedúnculo cerebelar médio

Nervo trigêmeo

Fibras transversais da ponte

Tratos corticopontinos

Porção média da ponte

Figura 9.9 Relações das vias do lobo posterior em cortes transversais.

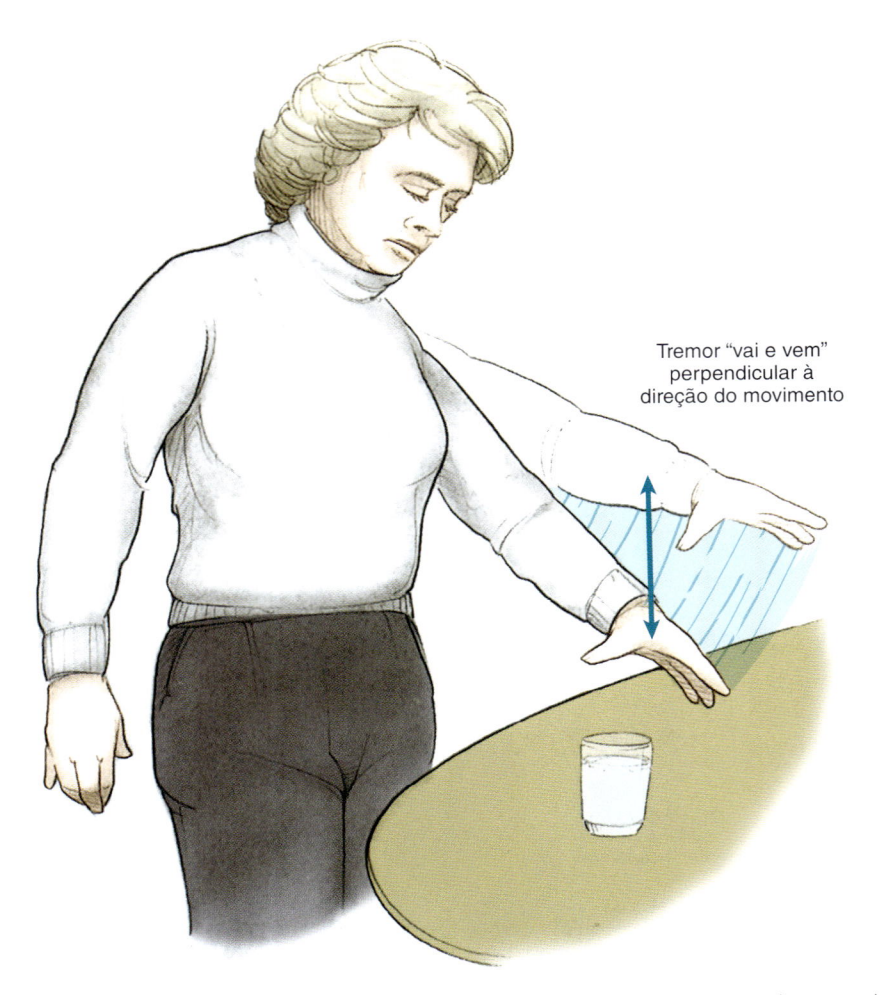

Tremor "vai e vem" perpendicular à direção do movimento

Figura 9.10 Síndrome do lobo posterior: tremor intencional. Movimentos oscilatórios de "vai e vem" perpendiculares à direção pretendida do movimento.

Outras manifestações das lesões no lobo posterior, como descrito no caso apresentado no início deste capítulo, são a **dismetria**, incapacidade de controlar a amplitude de um movimento, como ocorre quando um paciente erra um alvo aquém ou além ao tentar tocá-lo, e a **disdiadococinesia,** a incapacidade de realizar movimentos rápidos alternados, como a pronação e a supinação repetidas da mão. Em lesões unilaterais, a ataxia é encontrada ipsilateralmente, enquanto nas lesões bilaterais, há envolvimento de ambos os lados. A fala também pode ser afetada. O ritmo e o fluxo normais das palavras são interrompidos, de modo que as pa-

lavras se tornam gaguejadas ou quebradas em suas sílabas individuais. O paciente pode tentar compensar quebrando as palavras em sílabas e proferindo-as com muita força (fala explosiva).

Fisiopatologia da ataxia de membros

A ataxia é caracterizada por anormalidades no ritmo, na amplitude, na força, na velocidade e na sequência das contrações musculares e dos movimentos resultantes. Essas anormalidades são mais bem demonstradas nos registros eletromiográficos dos músculos nos membros afetados, revelando assim a base subjacente dos movimentos atáxicos. Os movimentos monoarticulares rápidos normais são caracterizados por um movimento inicial acelerado pela contração do músculo agonista, desacelerado por uma contração oportuna do músculo antagonista e, então, concluído por uma segunda explosão de atividade do agonista (contrações recíprocas). Após dano ao cerebelo lateral, ao núcleo denteado ou suas projeções eferentes, a contração do agonista não é acompanhada pela contração recíproca oportuna do músculo antagonista, resultando na lentificação tardia do movimento e em erro do alvo, ultrapassando-o por excesso. Em um movimento monoarticular simples, a incapacidade de controlar a força da contração do músculo agonista e o ritmo da contração recíproca do antagonista pode ser demonstrada no membro superior dos pacientes quando a flexão do antebraço é restringida pelo examinador. Uma liberação inesperada do antebraço resulta nos pacientes golpeando a si mesmos. Essa reação é chamada **fenômeno de rebote**.

Nos movimentos complexos, como alcançar, a atividade antagonista tardia ocorre ao longo de múltiplas articulações e resulta em oscilações das contrações agonista-antagonista. Estas contrações dessincronizadas resultam em anormalidades no controle da amplitude dos movimentos (erro hipométrico aquém do alvo ou erro hipermétrico além do alvo) (Fig. 9.11). O tremor intencional é uma manifestação de contrações agonista-antagonista alteradas.

A velocidade do movimento também é afetada, conforme caracterizado em um movimento simples pela incapacidade de coordenar movimentos repetitivos alternantes (disdiadococinesia). Os movimentos multiarticulares complexos devem ser partidos em componentes elementares que são mais lentos, porque os movimentos em cada articulação devem ser sucessivamente ajustados sob controle visual.

Lobo anterior

As partes vermal e paravermiana do lobo anterior mantêm principalmente a coordenação dos movimentos do membro durante a execução desses movimentos. Assim, o lobo anterior tem conexões importantes com a medula espinal (Fig. 9.12). No lobo anterior, a representação do membro inferior é maior e anteriormente localizada, enquanto o membro superior e então a cabeça são representados posteriormente.

Conexões do lobo anterior

Por meio da medula espinal e, até certo ponto, do tronco encefálico, o cerebelo recebe informação volumosa dos receptores de sensibilidade geral existentes no corpo inteiro. Grande parte dessa informação é oriunda de **mecanorreceptores** musculares, articulares e cutâneos que se projetam de maneira monossináptica via tratos espinocerebelares, cuneocerebelares e trigeminocerebelares para as partes vermal e paravermiana do lobo anterior, principalmente.

Informações proprioceptivas distintas sobretudo dos fusos musculares e dos órgãos tendinosos de músculos individuais do membro inferior, bem como a informação exteroceptiva de pequenos campos receptivos cutâneos

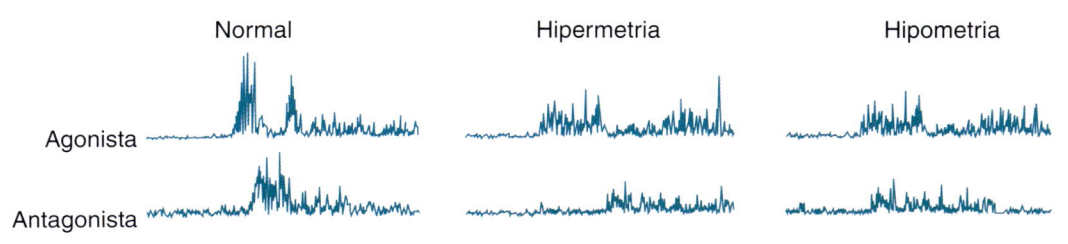

Figura 9.11 Registros eletromiográficos retificados ilustrando o padrão temporal de ativação agonista e antagonista durante o movimento em um paciente normal e em um paciente com síndrome do lobo posterior.

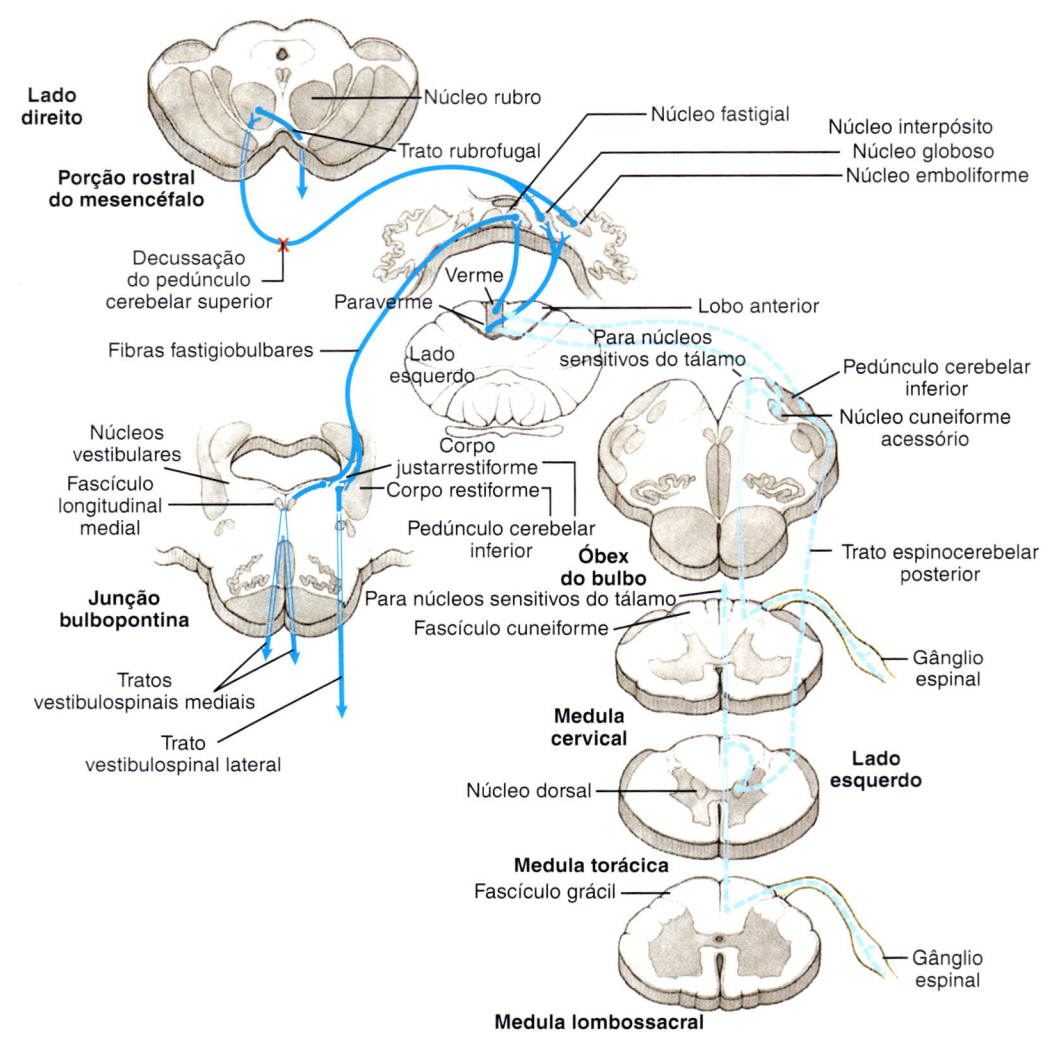

Lado direito

Núcleo rubro

Núcleo fastigial

Núcleo interpósito
Núcleo globoso
Núcleo emboliforme

Trato rubrofugal

Porção rostral do mesencéfalo

Decussação do pedúnculo cerebelar superior

Verme

Paraverme

Lobo anterior

Para núcleos sensitivos do tálamo

Pedúnculo cerebelar inferior

Núcleo cuneiforme acessório

Fibras fastigiobulbares

Lado esquerdo

Núcleos vestibulares

Corpo justarrestiforme

Fascículo longitudinal medial

Corpo restiforme

Pedúnculo cerebelar inferior

Óbex do bulbo

Trato espinocerebelar posterior

Junção bulbopontina

Para núcleos sensitivos do tálamo

Fascículo cuneiforme

Gânglio espinal

Tratos vestibulospinais mediais

Trato vestibulospinal lateral

Medula cervical

Lado esquerdo

Núcleo dorsal

Medula torácica

Fascículo grácil

Gânglio espinal

Medula lombossacral

Figura 9.12   Diagrama esquemático mostrando os circuitos do lobo anterior e suas relações com o tronco encefálico. Aferências (sinais de entrada) (*linhas tracejadas*); eferências (sinais de saída) (*linhas contínuas*).

chegam ao cerebelo via trato espinocerebelar posterior. Esse trato surge a partir do núcleo torácico posterior, que forma uma coluna de neurônios na parte medial da lâmina VII desde o nível C8 até L2 da medula espinal. Os neurônios no núcleo dorsal recebem aferências (informações) proprioceptivas ou exteroceptivas diretamente dos ramos colaterais dos axônios aferentes primários que ascendem nas partes lombossacrais do fascículo grácil. Os axônios do núcleo torácico posterior ascen-

dem ipsilateralmente como trato espinocerebelar posterior e entram no cerebelo através do pedúnculo cerebelar inferior (Fig. 9.13).

Os tipos equivalentes de informação oriunda do membro superior ascendem no fascículo cuneiforme chegando ao núcleo cuneiforme acessório. Seus neurônios, que se assemelham aos da coluna de Clarke, dão origem ao trato cuneocerebelar que também entra no cerebelo através do pedúnculo cerebelar inferior.

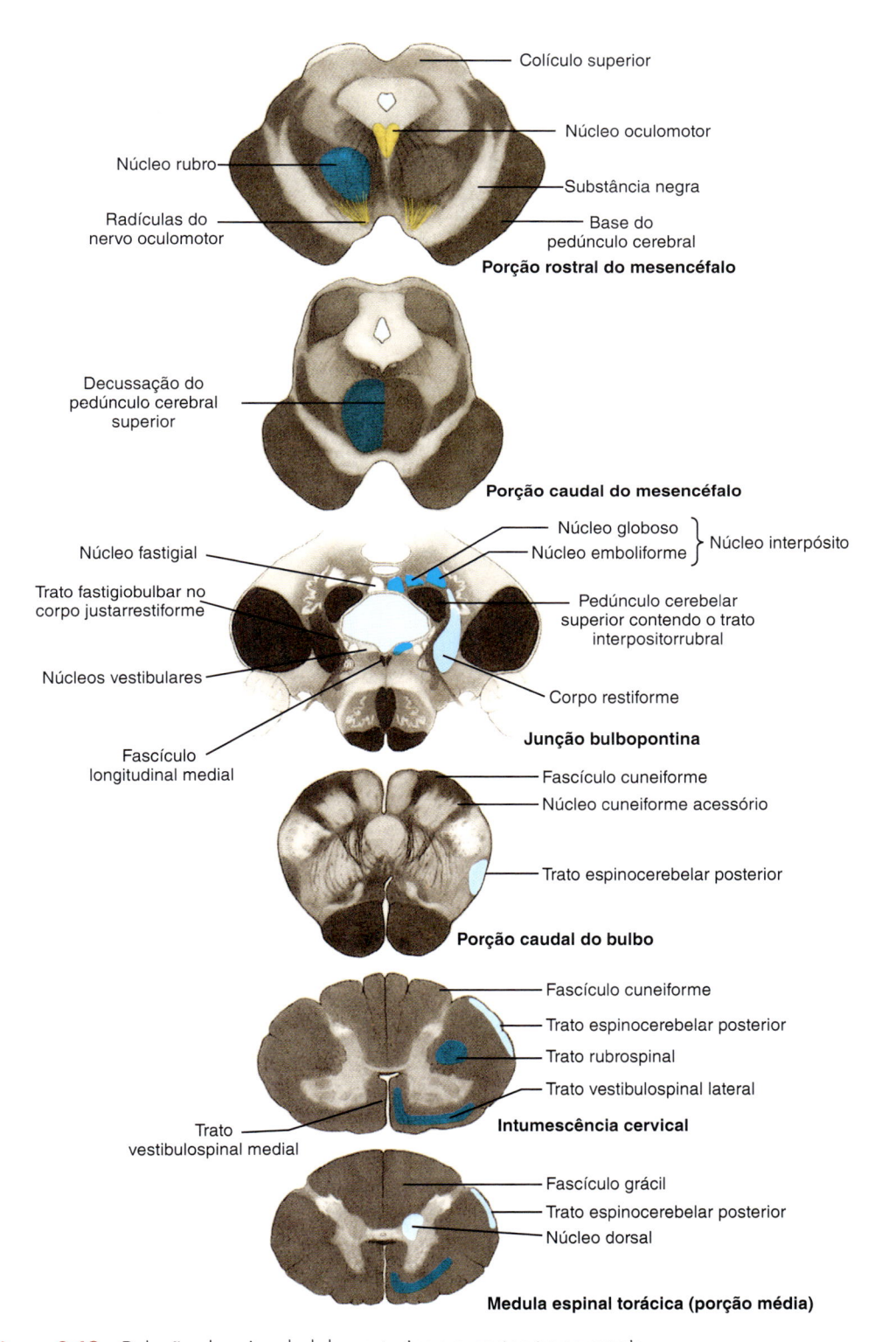

Colículo superior

Núcleo oculomotor

Núcleo rubro

Substância negra

Radículas do nervo oculomotor

Base do pedúnculo cerebral

Porção rostral do mesencéfalo

Decussação do pedúnculo cerebral superior

Porção caudal do mesencéfalo

Núcleo globoso

Núcleo emboliforme

Núcleo interpósito

Núcleo fastigial

Trato fastigiobulbar no corpo justarrestiforme

Pedúnculo cerebelar superior contendo o trato interpositorrubral

Núcleos vestibulares

Corpo restiforme

Junção bulbopontina

Fascículo longitudinal medial

Fascículo cuneiforme

Núcleo cuneiforme acessório

Trato espinocerebelar posterior

Porção caudal do bulbo

Fascículo cuneiforme

Trato espinocerebelar posterior

Trato rubrospinal

Trato vestibulospinal lateral

Intumescência cervical

Trato vestibulospinal medial

Fascículo grácil

Trato espinocerebelar posterior

Núcleo dorsal

Medula espinal torácica (porção média)

Figura 9.13   Relação das vias do lobo anterior em cortes transversais.

A informação das influências contínuas das vias motoras descendentes sobre a substância cinzenta da medula espinal, bem como as informações exteroceptiva e proprioceptiva convergentes oriundas de todo o membro inferior alcançam o cerebelo pelo trato espinocerebelar anterior. Esse trato difere do trato espinocerebelar posterior não apenas por sua função distinta, como também por:

1. Se originar de neurônios dispersos na zona intermédia e no corno anterior, e ao longo da borda do corno anterior nos níveis lombares.
2. Decussar na medula espinal e, portanto, levar impulsos a partir do lado contralateral.
3. Entrar no cerebelo através do pedúnculo cerebelar superior e, então, decussar para seu lado original (ipsilateral).

A importância clínica do trato espinocerebelar anterior rivaliza com a do trato espinocerebelar rostral, que surge a partir dos neurônios localizados na zona intermédia da intumescência cervical e conduz as informações exteroceptiva e proprioceptiva oriundas dos membros superiores.

As fibras trigemeocerebelares conduzem informação proveniente da articulação temporomandibular, dos músculos mastigatórios e dos músculos extrínsecos do olho, entre outros. A informação sensorial também chega ao cerebelo por meio da formação reticular, que recebe aferências da medula espinal e do tronco encefálico.

A informação pertinente à atividade no córtex motor e seus neurônios do trato piramidal chega ao lobo anterior por meio dos núcleos pontinos. Essa informação vem dos ramos colaterais das fibras do trato piramidal. A partir dos núcleos pontinos, as fibras pontocerebelares cruzam e entram no cerebelo através do pedúnculo cerebelar médio contralateral, a fim de alcançarem as partes laterais do lobo anterior. Por meio dessas conexões, o lobo anterior recebe informação sobre a influência iminente das fibras corticospinais sobre o movimento em curso.

Os axônios das células de Purkinje no lobo anterior, em especial de suas partes vermiana e paravermiana, influenciam os núcleos fastigiais, os núcleos interpósitos e o núcleo vestibular lateral. Pelo núcleo fastigial e suas conexões com os núcleos vestibulares e a formação reticular, que se dão pela parte justarrestiforme do pedúnculo cerebelar inferior, o verme do lobo anterior exerce forte influência bilateral sobre os músculos da cabeça, do pescoço e da parte proximal dos membros por meio das vias motoras descendentes ventromediais. Por meio do núcleo interpósito e suas conexões com o núcleo rubro contralateral e com a formação reticular, que ocorrem via pedúnculo cerebelar superior e sua decussação (Fig. 9.9), a parte paravermiana do lobo anterior influencia os músculos mais distais dos membros por meio das vias motoras descendentes laterais.

Os núcleos fastigiais e interpósitos também enviam fibras via pedúnculo cerebelar superior para os núcleos motores do tálamo que, por sua vez, se projetam para o córtex motor primário. Por meio dessas conexões, o núcleo fastigial afeta componentes do trato piramidal relacionados com movimentos da cabeça, do pescoço e da parte proximal dos membros, enquanto o núcleo interpósito afeta aqueles componentes do trato piramidal relacionados com os movimentos da parte distal dos membros.

Síndrome do lobo anterior

As lesões mais comuns do lobo anterior são resultado da desnutrição que acompanha o alcoolismo crônico, com consequente dano às células de Purkinje, a princípio daquelas de localização mais anterior. Pacientes com **síndrome do lobo anterior** sofrem perda de coordenação motora principalmente nos membros inferiores, apresentando acentuada instabilidade da marcha (Fig. 9.14) e "andar de bêbado", cambaleando e titubeando com as pernas um pouco rígidas. Deslizar suavemente o calcanhar de um pé descendo ao longo da crista da tíbia da outra perna (teste calcanhar-joelho) é extremamente difícil, se não impossível, para o paciente. Se a degeneração progredir para áreas mais posteriores, os membros superiores e a fala também podem ser afetados.

Lobo floculonodular

O lobo floculonodular, ou a parte vestibular do cerebelo, é responsável pela coordenação dos músculos associados ao equilíbrio e aos movimentos oculares.

Conexões do lobo floculonodular

Os impulsos diretos e indiretos oriundos do aparelho vestibular no interior da orelha interna conduzem informação referente à posição e aos movimentos da cabeça. Os impulsos vestibulocerebelares diretos alcançam o cerebelo via projeções centrais do nervo vestibular sem fazer sinapse em núcleos intermediários (Fig. 9.15). Os impulsos vestibulocerebelares indiretos são provenientes dos núcleos vestibulares. Ambos os grupos entram no cerebelo na parte medial do pedúnculo cerebelar inferior, o corpo justarrestiforme (Fig. 9.3), e passam principalmente para o lobo floculonodular e partes adjacentes do verme.

Os axônios das células de Purkinje no lobo floculonodular influenciam os núcleos vestibulares e a formação reticular adjacente, indiretamente, via núcleos fastigiais, e diretamente, a partir das células de Purkinje. As projeções fastigiobulbares, bem como as projeções floculonodulares diretas, alcançam os núcleos vestibulares por meio do corpo justarrestiforme. As projeções vestibulospinais

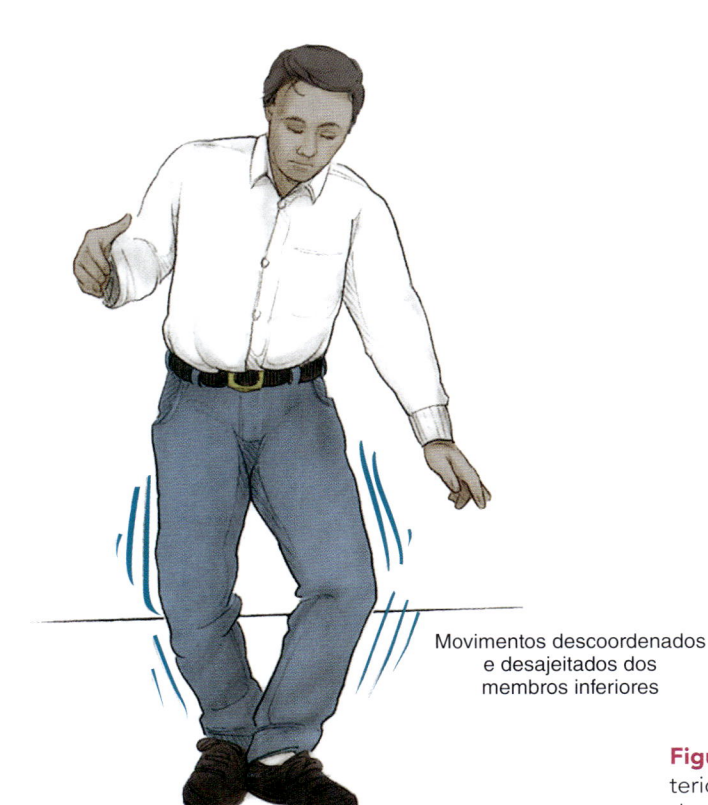

Movimentos descoordenados e desajeitados dos membros inferiores

Figura 9.14 Síndrome do lobo anterior: ataxia de marcha. Movimentos desajeitados dos membros inferiores.

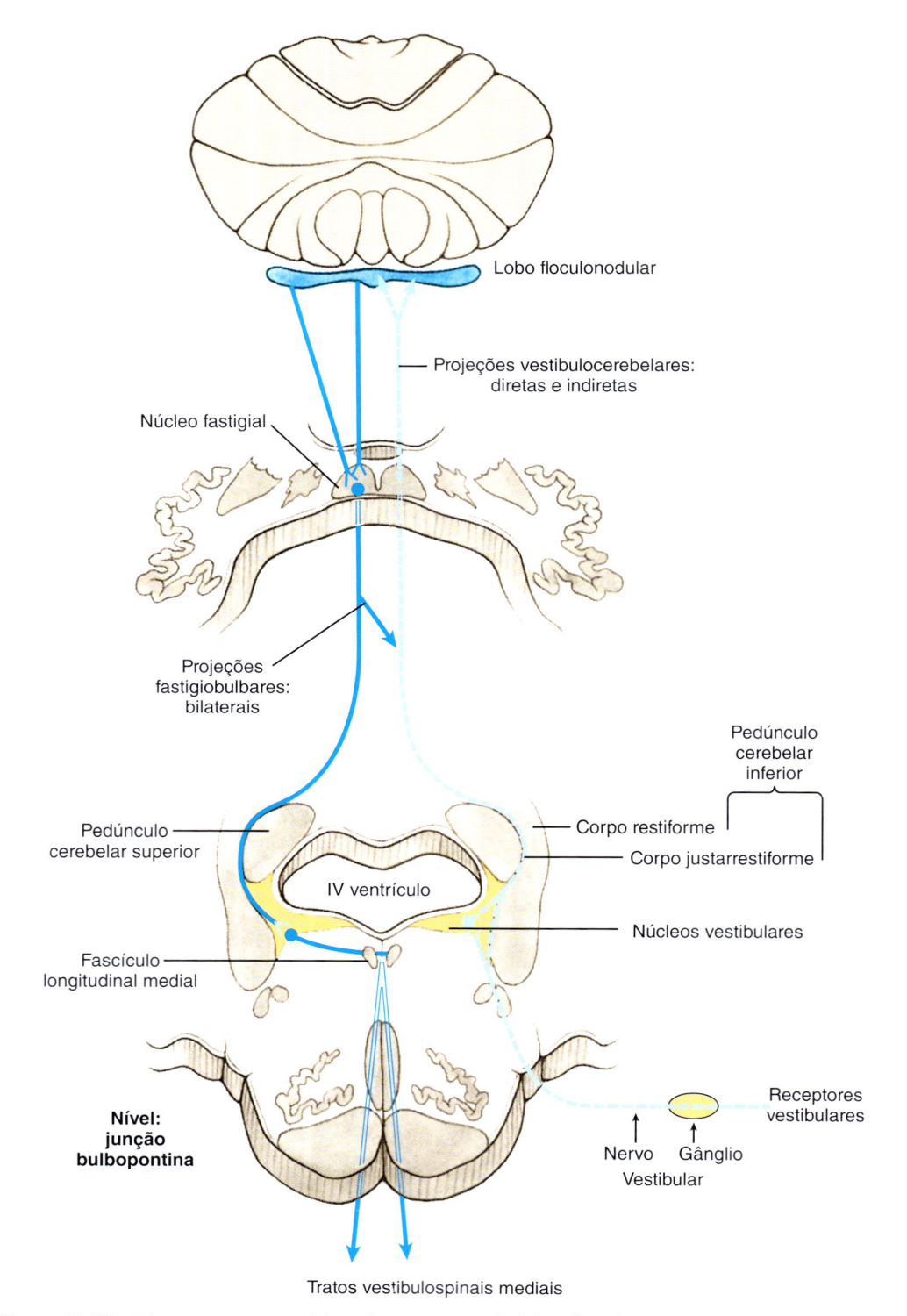

Figura 9.15 Diagrama esquemático dos circuitos do lobo floculonodular. Aferências (sinais de entrada) (*linhas tracejadas*); eferências (sinais de saída) (*linhas contínuas*).

e vestibuloculares então descem e ascendem no fascículo longitudinal medial, para chegar aos motoneurônios que inervam os músculos axiais e os músculos extrínsecos do olho, respectivamente.

Síndrome do lobo floculonodular

As lesões do lobo floculonodular e verme posterior causam perturbações do equilíbrio manifestadas principalmente por uma falta de coordenação dos músculos paraxiais, uma condição referida como **ataxia do tronco** (Fig. 9.16). O paciente não tem controle sobre os músculos axiais e, portanto, tenta andar sobre uma base alargada com o tronco oscilando e titubeando constantemente. Nos casos graves, é impossível para o paciente sentar ou ficar em pé sem cair. Essa condição é mais frequente em crianças pequenas com **meduloblastomas** que surgem no teto do IV ventrículo, embora possa ser vista em crianças maiores e em adultos com outros tipos de tumores na mesma região.

Balanço
do tronco
de um lado
para o outro

Em pé
sobre uma
base alargada

Figura 9.16   Síndrome do lobo floculonodular: ataxia do tronco. Em pé sobre uma base alargada e oscilando de um lado a outro.

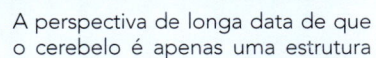

Conexão clínica

A perspectiva de longa data de que o cerebelo é apenas uma estrutura de controle motor está mudando com base em estudos de imagem funcional, que indicam que o cerebelo também está envolvido em atividades autonômicas, cognitivas e comportamentais complexas. As áreas lateral e inferior do lobo posterior do cerebelo e partes do núcleo denteado parecem estar envolvidas no planejamento, na fluência verbal e na linguagem, na atenção e no comportamento. Essas áreas cognitivas cerebelares recebem aferências, via ponte, das áreas de associação do córtices frontal, parietal e occipital, e se projetam de volta a essas áreas corticais através do tálamo. Uma "síndrome afetiva cognitiva cerebelar" tem sido alvo de atenção crescente para explicar as disfunções de ordem superior subsequentes às lesões cerebelares.

Questões para revisão

1. Nomeie os pedúnculos cerebelares e cite os principais componentes de cada um deles.
2. A ativação das fibras trepadeiras olivocerebelares evoca qual tipo de resposta nas células de Purkinje?
3. Qual(is) neurônio(s) excitatório(s) está(ão) no córtex cerebelar?
   a. Células de Purkinje.
   b. Células em cesto.
   c. Células estreladas.
   d. Células de Golgi.
   e. células granulares.
4. A depressão sináptica prolongada se refere a quais fenômenos no córtex cerebelar?
5. Nomeie os núcleos cerebelares e cite suas principais aferências excitatórias e inibitórias.
6. Qual é a relação existente entre as três zonas sagitais do cerebelo e os núcleos cerebelares?
7. Cite as manifestações cardinais das três síndromes cerebelares.
8. A atividade no hemisfério lateral e no núcleo denteado geralmente (a) precede, (b) coincide com ou (c) se segue a um movimento voluntário?

9. O *past-pointing* seria caracterizado por qual observação nos registros eletromiográficos de pares de músculos antagonistas e agonistas?

10. O processamento da informação no córtex do lobo anterior compara principalmente quais dois tipos de informação e vias?

11. Um paciente com meduloblastoma de linha média pode realizar um movimento habilidoso normal?

12. Quais anormalidades resultam de uma lesão do (1) pedúnculo cerebelar inferior e do (2) núcleo rubro?

13. Quais estruturas estão envolvidas e quais anormalidades resultam das lesões que aparecem como áreas coloridas nos cortes?

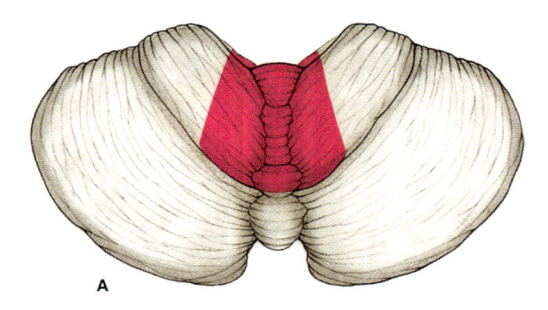

A

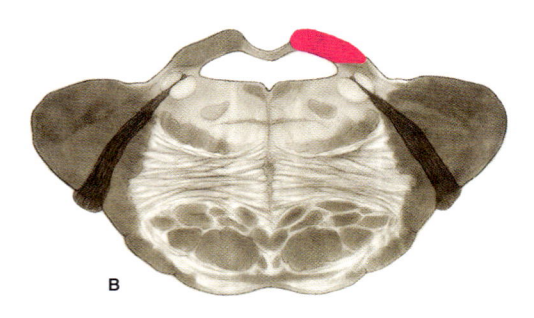

B

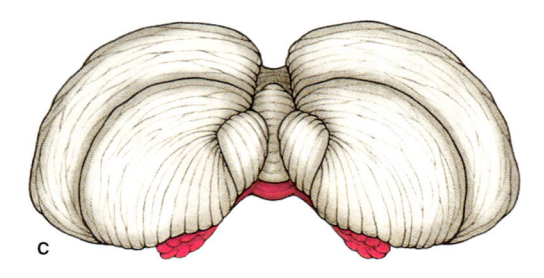

C

14. Um paciente de 14 anos de idade apresenta desenvolvimento lento de movimentos desajeitados do membro superior direito.

Exames de neuroimagem realizados sequencialmente ao longo do tempo revelam a presença de uma massa que cresce lentamente na fossa craniana posterior. Entre os sinais clínicos existentes, estão a decomposição de movimentos multiarticulares complexos em movimentos monoarticulares sequenciais temporalmente prolongados. Esse sinal é indicativo de dano:

a. Ao hemisfério do lobo posterior esquerdo.

b. Ao núcleo denteado direito.

c. Ao núcleo interpósito direito.

d. Ao pedúnculo cerebelar superior esquerdo.

e. Às projeções dentatotalâmicas ascendentes no núcleo rubro direito.

15. Um paciente apresenta movimentos descoordenados do membro inferior esquerdo, indicados pela incapacidade de deslizar suavemente o calcanhar esquerdo ao longo da crista da tíbia direita. Além disso, o paciente exibe hemiplegia espástica direita. Essa sintomatologia resultaria de uma lesão única:

a. Na medula espinal esquerda, em C2.

b. Na região lateral esquerda da porção fechada rostral do bulbo.

c. Na região lateral esquerda do bulbo, no nível do núcleo hipoglosso.

d. Na região lateral esquerda da ponte, no nível do núcleo facia.

e. Na região lateral esquerda da ponte, no nível do núcleo motor do nervo trigêmeo.

16. A mão direita de um paciente tentando alcançar um copo de água treme de maneira incontrolável ao se aproximar do alvo e acaba derramando a água. Além disso, a pálpebra do olho esquerdo do paciente está significativamente caída, enquanto a pupila parece estar direcionada para baixo e para fora. A localização da lesão é na:

a. Porção rostral da ponte do lado direito.

b. Porção caudal do mesencéfalo do lado direito.

c. Porção caudal do mesencéfalo do lado esquerdo.

d. Porção rostral do mesencéfalo do lado direito.

e. Porção rostral do mesencéfalo do lado esquerdo.

17. A ataxia pode ser resultante de:
   a. Dano aos axônios periféricos.
   b. Dano à parte dorsal do funículo lateral, na medula espinal.
   c. Dano ao pedúnculo cerebelar inferior.
   d. Dano ao lobo anterior do cerebelo.
   e. Todas as anteriores.

18. Durante o exame neurológico, um paciente apresenta padrão de fala caracterizado pela expressão alta e forçada de palavras que podem ser decompostas em sílabas individuais. Essa condição, definida como fala explosiva, reflete dano no(s):
   a. Lobo cerebelar anterior.
   b. Núcleos fastigiais, bilateralmente.
   c. Núcleos interpósitos, bilateralmente.
   d. Núcleos denteados, bilateralmente.
   e. Lobo floculonodular.

10 O sistema oculomotor: distúrbios dos movimentos oculares

Um paciente se queixa de visão dupla sempre que olha na direção do lado direito. O exame mostra que, ao tentar olhar para a direita, o olho direito faz o movimento de abdução normalmente, porém o olho esquerdo não realiza a adução. Tanto o movimento de olhar para a esquerda como a convergência para a visão de perto estão normais.

Nosso sentido de visão depende das vias visuais intactas que transmitem informação a partir dos receptores presentes nos olhos para o cérebro. Para que a visão normal aconteça, os olhos devem se mover de modo que um objeto incluído no campo visual seja focado precisamente nos receptores visuais localizados na zona binocular de cada olho. Caso contrário, ocorrerá a visão dupla (diplopia). Os movimentos oculares são controlados por conexões complexas e bem organizadas do sistema nervoso central, que envolvem centros no tronco encefálico e no córtex cerebral.

Tipos de movimentos oculares

Os movimentos oculares são de dois tipos: vergência e conjugado. Os movimentos de vergência ocorrem quando os olhos se deslocam entre objetos distantes e próximos. Quando esse deslocamento ocorre de objetos distantes para objetos próximos, os olhos convergem; quando ocorre de objetos próximos para distantes, os olhos divergem. Os movimentos conjugados são realizados quando os olhos se movem na mesma direção, ou seja, para a direita, para a esquerda, para cima ou para baixo.

Dois tipos principais de movimentos conjugados são o **sacádico** e a **perseguição (ou seguimento) lenta**. Os movimentos sacádicos são voluntários quando a visão é movida rapidamente de um alvo a outro, como na busca por algo no horizonte ou na leitura de uma página impressa. O movimento sacádico também pode ser reflexo, como no nistagmo e no sono de movimentos oculares rápidos. Os movimentos de perseguição lenta são aqueles que mantêm uma imagem de um alvo em movimento fixada nas retinas.

Outros tipos de movimentos conjugados são o **optocinético** e o **vestíbulo-ocular**. Os movimentos optocinéticos são reflexos e ocorrem durante o movimento contínuo da pessoa ou do alvo (p. ex., olhar uma paisagem passar estando em um veículo em movimento; ou olhar para um tambor giratório com listras verticais). Os movimentos vestíbulo-oculares mantêm os alvos fixos nas retinas durante os movimentos breves da cabeça e são descritos com o sistema vestibular (Cap. 13).

Núcleos motores oculares

O movimento de cada olho é controlado pela ação coordenada de seis músculos: quatro músculos retos (superior, medial, lateral, inferior) e dois músculos oblíquos (superior, inferior). Os músculos são inervados por três nervos cranianos: oculomotor, troclear e abducente. O exame clínico de cada um dos músculos é apresentado na Figura 10.1. Suas inervações e as anormalidades subsequentes às lesões desses nervos são mostradas na Tabela 21.3.

Os seis pares de músculos extrínsecos do olho responsáveis por manter ambos os olhos focados no mesmo objeto são controlados pelos centros de controle dos movimentos oculares[1], que são grupos de neurônios altamente especializados encontrados no tronco encefálico e no córtex cerebral.

Centros do olhar no tronco encefálico

No tronco encefálico, existem três centros que controlam os movimentos oculares. O centro do olhar horizontal está na ponte, enquanto o centro do olhar vertical e o centro de vergência ficam no mesencéfalo.

Centro horizontal

O **centro do olhar horizontal** está localizado na formação reticular pontina paramediana (FRPP). O centro em cada lado é responsável pelos movimentos conjugados na direção do mesmo lado. Desse modo, uma lesão unilateral

---

1 N.R.C.: Esses centros são denominados centros do olhar ou centros oculógiros ou centros oculomotores.

resulta na paralisia do olhar em direção ao lado ipsilateral. A partir de cada centro, os impulsos nervosos passam para o núcleo abducente ipsilateral que contém os motoneurônios inferiores que inervam o músculo reto lateral ipsilateral, bem como os interneurônios cujos axônios cruzam imediatamente e sobem via fascículo longitudinal medial (FLM) contralateral até os motoneurônios inferiores no núcleo oculomotor, os quais inervam o músculo reto medial (Fig. 10.2). Assim, o músculo reto lateral do olho ipsilateral e o músculo reto medial do olho contralateral se contraem simultaneamente.

Conexão clínica

Evidências clínicas sustentam a via do FLM contralateral para o núcleo oculomotor. Uma lesão unilateral do FLM no nível do núcleo abducente ou rostral a ele, ou seja, na ponte ou no mesencéfalo, resulta em paralisia de adução no olho ipsilateral à lesão quando o paciente tenta fixar o olhar na direção do lado oposto. O olho afetado não faz adução durante a convergência; logo, o músculo reto medial e sua inervação estão funcionais. Esse fenômeno é referido como **oftalmoplegia internuclear** e é representado no caso clínico relatado no início deste capítulo. Quando presente de forma bilateral, está quase invariavelmente associado à esclerose múltipla.

Centro vertical

O **centro do olhar vertical** está nos núcleos oculomotores acessórios localizados na extremidade rostral do FLM no mesencéfalo. Esse

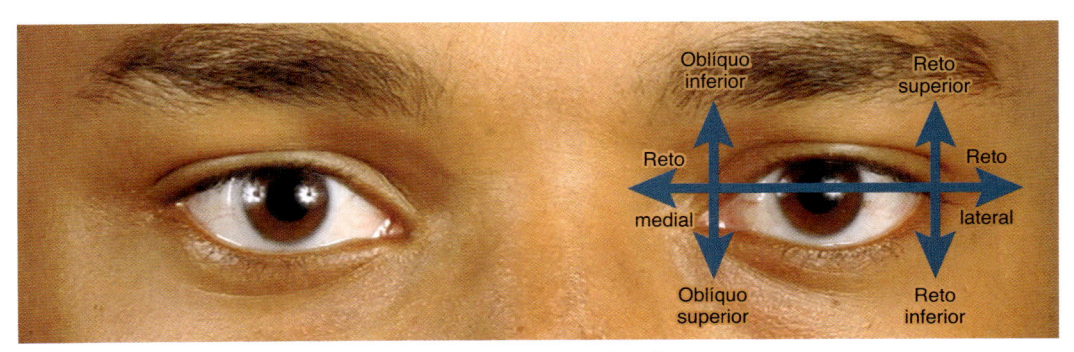

Figura 10.1   Exame clínico dos músculos extrínsecos do olho.

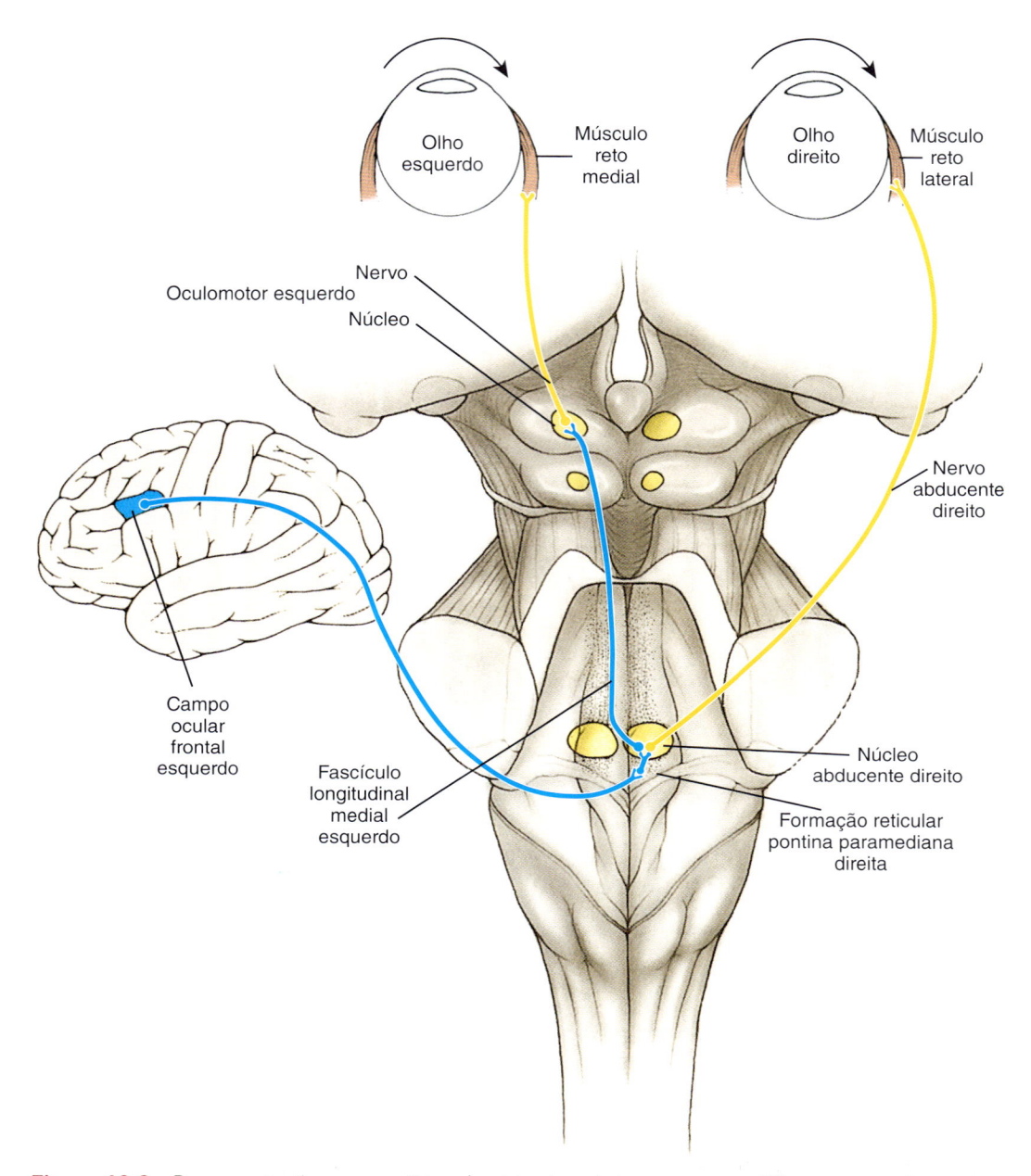

Figura 10.2 Representação esquemática da vista dorsal do tronco encefálico mostrando as vias do olhar voluntário para a direita.

centro do olhar (centro oculógiro) atua bilateralmente em virtude das interconexões via comissura posterior. Os movimentos para cima são representados mais dorsalmente, enquanto os movimentos para baixo são representados mais ventralmente.

Conexão clínica

Os distúrbios do olhar vertical, mais comumente a paralisia do olhar para cima, muitas vezes resultam da pressão exercida sobre a região rostral do mesencéfalo por um tumor de glândula pineal ou pela dilatação da parte rostral do aqueduto cerebral. Nesses casos, também pode haver paralisia da convergência.

Centro de vergência

Um centro no tronco encefálico que controla a convergência e a divergência dos olhos, como ocorre ao se deslocar a visão de objetos que estão longe para objetos próximos ou vice-versa, está localizado na formação reticular da porção rostral do mesencéfalo, próximo aos núcleos oculomotores.

Centros do olhar (ou centros oculógiros) corticais

No córtex cerebral, existem vários centros associados aos movimentos oculares. Os mais bem conhecidos são o **campo ocular frontal**, os **campos oculares parietal** e **temporal**, e o **campo ocular occipital**.

Campo ocular frontal

O campo ocular frontal é o principal centro no córtex cerebral destinado aos movimentos oculares voluntários e está localizado primariamente na parte posterior do giro frontal médio (Fig. 10.3). A estimulação dessa área resulta em movimentos oculares aversivos na forma de **sacadas**. O campo ocular frontal se projeta para os centros do olhar vertical e horizontal (Fig. 10.2), bem como para o colículo superior.

As lesões que afetam os movimentos horizontais dos olhos e as anormalidades resultantes são ilustradas na Figura 10.4.

Conexão clínica

Em virtude da influência tônica de cada campo ocular (ou centro oculógiro) frontal sobre o centro do olhar horizontal contralateral, as lesões agudas do campo ocular frontal resultam em desvio conjugado dos olhos em direção ao lado da lesão e paralisia do olhar voluntário em direção ao lado contralateral (Fig. 10.4). Uma lesão irritante como a lesão associada a uma convulsão focal resulta em desvio dos olhos para o lado contralateral. Anomalias assim são transientes em decorrência do bilateralismo dessas conexões corticais com os centros do olhar no tronco encefálico.

Campos visuais parietal e temporal

As áreas localizadas nas partes posteriores dos lobos parietal e temporal (Fig. 10.3) também influenciam os movimentos oculares. O lóbulo parietal superior afeta os movimentos sacádicos por meio das conexões recíprocas com o campo ocular frontal e das projeções para o colículo superior.

Conexão clínica

O lóbulo parietal superior atua na atenção visual que, por sua vez, está estreitamente relacionada com os movimentos oculares sacádicos. Pacientes com lesões nessa área negligenciam objetos situados no lado oposto e têm dificuldade para realizar os movimentos oculares na direção desse lado.

Uma área na parte posterior da superfície lateral dos lobos temporais parece ser o principal centro cortical associado aos movimentos de perseguição lenta, embora o lóbulo parietal superior e o campo ocular frontal também possam estar envolvidos. Essa área recebe aferências (sinais de entrada) do córtex visual e envia impulsos para os núcleos pontinos dorsolaterais que, então, fazem conexões com os núcleos vestibulares através do vestibulocerebelo (Fig. 10.5). As lesões no campo ocular temporal ou nos núcleos pontinos dorsolaterais resultam em perda do movimento de perseguição lenta quando os alvos se movem na direção do lado da lesão.

O campo ocular temporal também está associado aos movimentos optocinéticos. Um exemplo desses movimentos ocorre em um indivíduo que está dentro de um veículo em movimento observando um objeto situado na paisagem que passa. Os olhos automaticamente seguirão o ob-

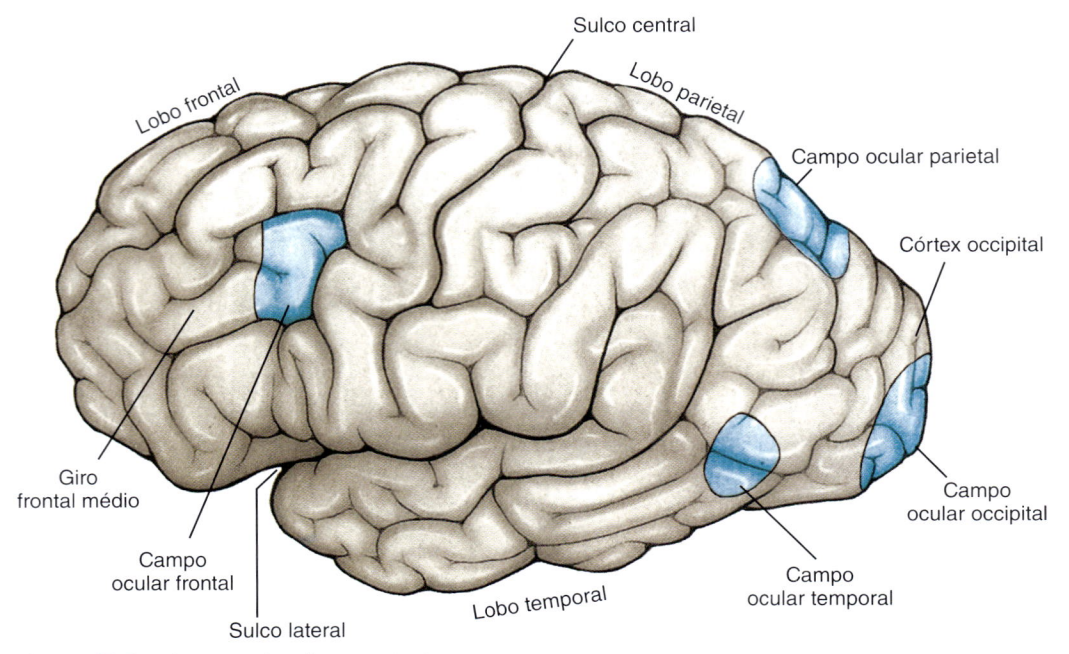

Figura 10.3 Centros do olhar corticais.

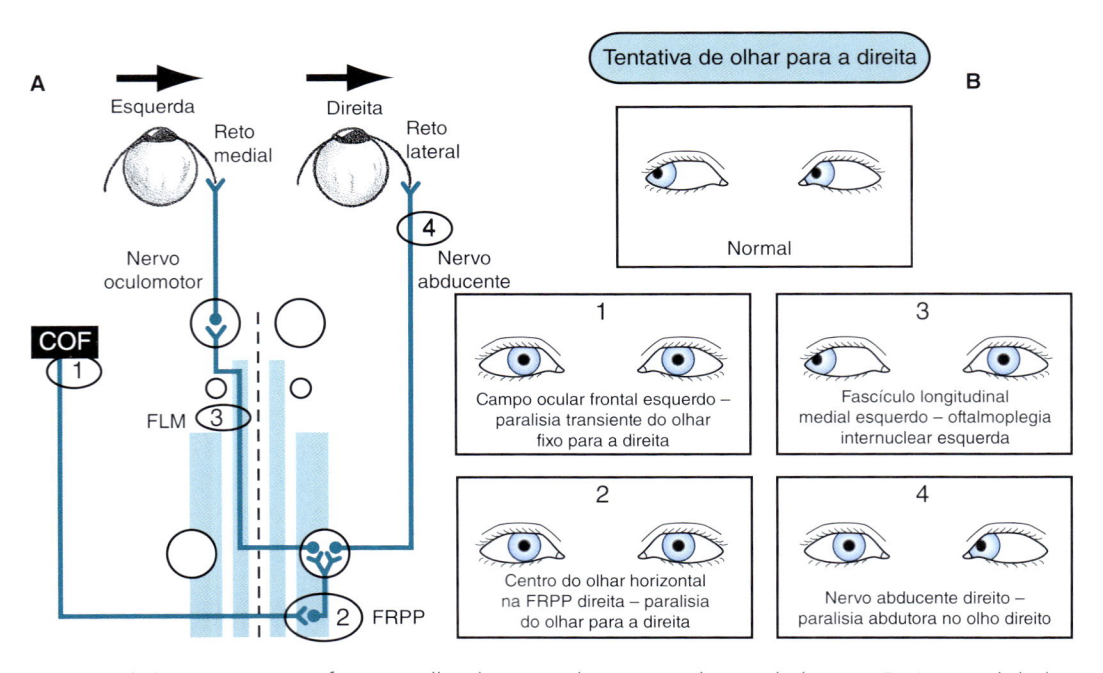

Figura 10.4 Lesões que afetam o olhar horizontal. **A.** Vias e locais de lesões. **B.** Anormalidades com tentativa de olhar para a direita (COF, campo ocular frontal; FLM, fascículo longitudinal medial; FRPP, formação reticular pontina paramediana).

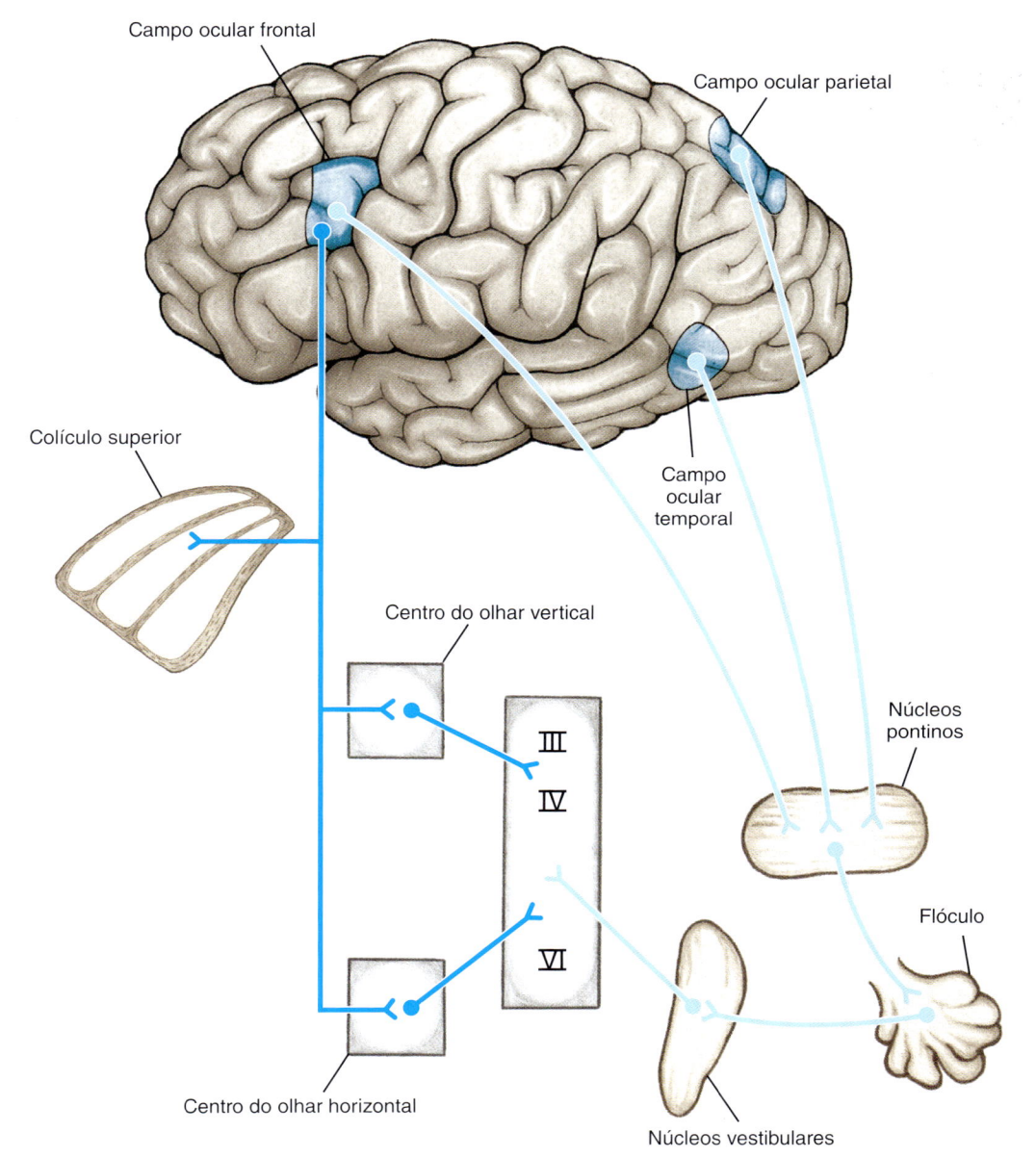

Figura 10.5   Esquema representativo das vias de movimentos sacádicos e de perseguição lenta. Sacádico = azul-escuro; perseguição lenta = azul-claro.

jeto particular na paisagem até que este desapareça da vista, quando então os olhos se moverão rapidamente na direção oposta e se fixarão em um novo objeto presente na paisagem. Um fenômeno similar ocorre quando a visão é direcionada para as listras brancas e pretas alternadas em um tambor girando lentamente. Os olhos se fixarão em uma listra preta em particular, a seguirão até desaparecer de vista e, então, irão se mover rapidamente na direção oposta para se fixarem em outra listra preta no tambor. Esses movimentos de acompanhamento lento de um alvo e retorno rápido do olhar em direção a um novo alvo são referidos como **nistagmo optocinético**.

Conexão clínica

Uma ausência ou diminuição do nistagmo optocinético resulta de lesões de estruturas subcorticais ou corticais envolvidas na via do movimento visual, que inclui o córtex visual e áreas temporais posteriores. A ausência ou a diminuição do nistagmo somente se manifesta quando um objeto está girando em direção ao lado da lesão.

Campo visual occipital

As áreas visuais primária e de associação no córtex occipital formam o campo ocular occipital, que controla os movimentos de vergência. A convergência ocorre quando a visão é dirigida de um alvo que está longe para outro que está perto. Esse fenômeno é chamado **resposta de proximidade** e inclui a contração simultânea dos músculos retos mediais, a acomodação dos cristalinos e a constrição das pupilas. As fibras occipitofugais se dirigem para os centros de vergência adjacentes aos núcleos oculomotores, que então se projetam para o complexo nuclear oculomotor. Os neurônios motores somáticos do complexo oculomotor inervam os músculos retos mediais, enquanto os neurônios

motores viscerais (parassimpáticos) influenciam, por meio das fibras pós-ganglionares dos gânglios ciliares, os músculos ciliares para acomodação dos cristalinos e os músculos esfíncteres da pupila. A divergência ocorre por meio de conexões para os núcleos abducentes que são estabelecidas por meio da formação reticular, e não do FLM, uma vez que a divergência não é comprometida por lesões no FLM.

Colículo superior

O colículo superior consiste em camadas de substância cinzenta e branca alternantes, subdivididas nas camadas superficial, intermediária e profunda. As camadas superficiais recebem aferências diretamente da retina e do córtex visual (Fig. 10.6). O campo ocular frontal se projeta para as camadas intermediárias e as vias sensoriais que ascendem pelo tronco encefálico, especialmente as vias da dor e da audição, se projetam para as camadas profundas. As eferências (sinais de saída) do colículo superior ascendem para as áreas visuais de associação por meio do pulvinar do tálamo e descendem para o tronco encefálico e a medula espinal. Estes últimos são responsáveis pelo reflexo de virar a cabeça e os

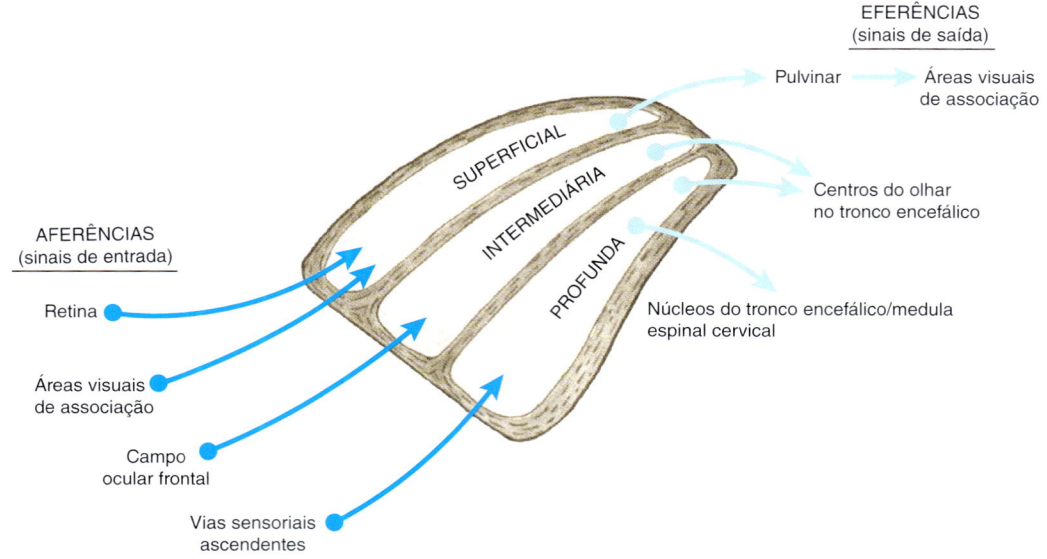

Figura 10.6 Principais conexões do colículo superior.

olhos em resposta a estímulos auditivos ou de dor que sejam inesperados.

O papel do colículo superior no controle dos movimentos oculares comuns não está totalmente definido. Em virtude das aferências recebidas da retina e dos campos oculares corticais, e das eferências para os centros do olhar no tronco encefálico, essa estrutura sem dúvida atua como um centro de integração visuomotor especialmente dedicado aos movimentos oculares reflexos. As lesões dos colículos superiores não resultam em anormalidades significativas do movimento ocular em razão da diversidade das conexões existentes entre os centros do olhar corticais e do tronco encefálico. Exemplificando, os campos oculares frontais se projetam bilateralmente para os centros do olhar do tronco encefálico através das (1) vias corticonucleares que seguem com os tratos corticospinais até os níveis dos centros do olhar, nos quais as fibras então entram no tegmento para alcançar esses centros, e da (2) rota transtegmentar que desce pelo tegmento do mesencéfalo e da ponte. Dessa maneira, as lesões focais no tronco encefálico interrompem apenas uma pequena porção do total das aferências para os centros do olhar.

Conexão clínica

A programação dos movimentos oculares parece ocorrer não somente no córtex cerebral e no tronco encefálico, mas também nos núcleos da base. As aferências chegam na cabeça do núcleo caudado via projeções corticostriadas oriundas do campo ocular frontal, do córtex pré-frontal e do córtex parietal posterior. As eferências, principalmente da substância negra (parte reticular), passam para os núcleos ventrais anteriores e dorsomediais do tálamo que, por sua vez, influenciam diretamente o campo ocular frontal e as partes adjacentes do córtex pré-frontal. Nos distúrbios dos núcleos da base, como a doença de Parkinson, os movimentos oculares espontâneos normais estão ausentes ou raramente ocorrem. Esse fenômeno, aliado às fendas palpebrais levemente alargadas e ao piscar pouco frequente, confere aos olhos uma aparência de arregalados.

A coordenação cerebelar dos movimentos oculares ocorre por meio das conexões do lobo floculonodular e dos núcleos fastigiais com os núcleos vestibulares. As conexões vestibulo-oculares então conduzem as influências cerebelares aos núcleos dos nervos oculomotores. As lesões cerebelares unilaterais resultam em um nistagmo notável, especialmente quando os olhos são direcionados para o lado da lesão.

Questões para revisão

Localize a lesão em cada uma das situações a seguir.

1. Uma mulher de 40 anos, com esclerose múltipla, acorda apresentando visão dupla, enxergando duas imagens lado a lado sempre que olha para o lado esquerdo. Seu exame mostra o movimento medial incompleto do olho direito ao olhar para a esquerda. Qual das seguintes estruturas foi afetada?
   a. Nervo oculomotor.
   b. Fascículo longitudinal medial.
   c. Formação reticular pontina paramediana.
   d. Campo ocular frontal.
   e. Núcleo abducente.

2. Um tumor pequeno na glândula pineal é detectado por neuroimagem em um paciente de 80 anos. Se esse tumor aumentar de tamanho, o primeiro déficit que você esperaria ver clinicamente seria:
   a. Oftalmoplegia internuclear bilateral.
   b. Paralisia do nervo oculomotor.
   c. Olhar vertical comprometido.
   d. Nistagmo ocular.
   e. Vertigem.

3. Uma pequena lesão vascular unilateral na formação reticular adjacente ao núcleo abducente resulta em paralisia do olhar quando este se dirige ao lado ipsilateral. Qual das seguintes estruturas foi afetada?
   a. Nervo facial.
   b. Projeções ascendentes no fascículo longitudinal medial.

c. Projeções corticobulbares ipsilaterais para o núcleo abducente.

d. Centro do olhar horizontal ipsilateral.

e. Projeções descendentes dos campos oculares frontais.

4. Uma pequena lesão por contusão no córtex cerebral, no lado esquerdo, danifica o campo ocular frontal. Essa lesão aguda resultará em:

a. Paralisia transiente do olhar lateral dirigido para o lado contralateral da lesão.

b. Paralisia permanente do olhar lateral no lado ipsilateral.

c. Sacadas anormais.

d. Negligência de objetos no lado contralateral.

e. Perda do reflexo de virar a cabeça em resposta a um estímulo auditivo inesperado.

5. Um paciente apresenta esotropia (estrabismo convergente) e diplopia horizontal. Esses sinais são característicos de:

a. Paralisia do nervo oculomotor.

b. Paralisia do nervo troclear.

c. Paralisia do nervo abducente.

d. Dano ao fascículo longitudinal medial.

e. Dano à formação reticular pontina paramediana.

Parte III

Sistemas sensoriais

O sistema somatossensorial: anestesia e analgesia

11

Os três conjuntos de sintomas neurológicos a seguir são indicativos de lesões que envolvem as vias somatossensoriais em três níveis distintos do sistema nervoso central (SNC):

1. O primeiro paciente apresenta perda de sensibilidade geral abaixo do umbigo, de modo que, no lado direito, somente as sensibilidades ao toque, à pressão e a proprioceptiva foram perdidas, enquanto no lado esquerdo, apenas as sensibilidades à dor e à temperatura foram perdidas.
2. O segundo paciente apresenta perda da sensibilidade a picadas e à temperatura no lado esquerdo, nos membros, no tronco, no pescoço e na parte posterior da cabeça, bem como no lado direito da face e na parte anterior do couro cabeludo.
3. O terceiro paciente tem hemianestesia total esquerda, ou seja, perda da sensibilidade à picada, à temperatura, ao toque, à pressão e a proprioceptiva no lado esquerdo do corpo todo.

Todas as sensações oriundas de pele, tecidos conjuntivos, músculos voluntários, periósteo, dentes etc. pertencem ao sistema sensorial somático geral, mais comumente referido como **sistema somatossensorial**.

Sensibilidades gerais

As sensibilidades gerais incluem o tato fino ou a discriminação tátil e as sensações de pressão ou tato grosseiro, vibração, propriocepção, dor e temperatura. As vias somatossensoriais consistem em três neurônios: número 1 nos gânglios sensitivos, número 2 na medula espinal ou no tronco encefálico ou em ambos, e número 3 no tálamo.

Tato fino

O tato fino também é denominado sensibilidade tátil e se refere à consciência e à localização precisa de estímulos mecânicos muito delicados, como o roçar dos cabelos na pele ou, nas áreas sem pelo, o contato da pele com um tufo de algodão ou uma pena. O tato fino ou tato discriminativo inclui três outros fenômenos: **sensação de dois pontos**, **estereognosia** e **grafestesia**. A sensação de dois pontos é a habilidade de distinguir a estimulação de um ou dois pontos aplicada à pele. A distância mínima entre os dois pontos que pode ser sentida separadamente varia de modo considerável em diferentes partes do corpo. Dois pontos podem ser distinguidos estando a 1 mm de distância um do outro na ponta da língua e a 2-4 mm na ponta dos dedos da mão, enquanto no dorso da mão, dois pontos que estejam a menos de 20-30 mm de distância um do outro não podem ser distinguidos. A estereognosia é a habilidade de reconhecer objetos apenas pelo tato, usando o tamanho, o formato, a textura, o peso do objeto etc. A grafestesia é a habilidade de reconhecer números ou letras desenhadas na pele. Tanto a estereognosia como a grafestesia requerem a integridade das vias de tato fino e da memória; em outras palavras, objetos, números ou letras devem ser conhecidos pelo indivíduo submetido ao teste.

Pressão

A percepção da pressão envolve estímulos aplicados às estruturas subcutâneas. A sensação de pressão é testada comprimindo-se firmemente a pele com um objeto de extremidade arredondada e espremendo estruturas subcutâneas e músculos. As sensações de pressão costumam ser referidas como tato grosseiro.

Sensibilidade vibratória

Quando a haste de um diapasão de oscilação de alta frequência (256 vibrações/s) é aplicada suavemente à pele sobrejacente às proeminências ósseas, as vibrações nos tecidos subcutâneos são percebidas. Portanto, a **sensibilidade vibratória** requer vias intactas a partir de estruturas profundas, como o tecido conjuntivo subcutâneo, o periósteo e o músculo.

Quando um diapasão de oscilação de baixa frequência (128 vibrações/s) é usado, a sensação é descrita como "tremulação" ou vibrações finas na própria pele. As sensações de tremulação estão associadas às vias de tato fino.

Propriocepção: posição do membro e sensação de movimento

A sensação da postura ou de posição do membro consiste na consciência da posição das partes esqueléticas do corpo. A sensação do movimento é a consciência dos movimentos ativos ou passivos das partes esqueléticas do corpo. Ela pode ser testada por meio da flexão e extensão passiva de cada um dos dedos da mão e do pé, da mão e do pé, do antebraço e da perna etc. Com os olhos fechados, o indivíduo deve ser capaz de reconhecer a direção, a velocidade e a amplitude de movimento. A sensação de posição pode ser testada movendo-se passivamente um membro ou uma de suas partes até determinada posição e fazendo o indivíduo mover o membro oposto até a mesma posição. Um paciente capaz de ficar em pé com os pés unidos e os olhos abertos, mas que oscila e cai quando os olhos estão fechados, exibe o **sinal de Romberg**, que indica a ausência da sensação de posição nos membros inferiores (ver Cap. 13).

Dor

Existem dois tipos de dor ou sensações nociceptivas (*noci* significa nocivo): rápida e lenta. A **dor rápida** é o tipo de dor aguda, de picada, sendo bem localizada. A habilidade de sentir a dor rápida é testada tocando-se alternativamente com a ponta e a cabeça de um alfinete a superfície da pele. O paciente deve ser capaz de distinguir prontamente entre a agudeza da ponta do alfinete e a característica arredondada da cabeça. A **dor lenta** é o tipo de dor em queimação e tediosa, e é difusa em vez de localizada. Essa dor resulta de lesão tecidual.

Antigamente, o prurido era associado às fibras nervosas condutoras da dor. Hoje, porém, considera-se que o prurido seja mediado por um grupo à parte de fibras não mielinizadas (amielínicas) de condução muito lenta que contém receptores de histamina.

Temperatura

As sensações de temperatura variam da fria a fresca, morna a quente, e são testadas ao se tocar a pele com tubos de ensaio cheios de água fria ou morna.

Componentes periféricos

As fibras periféricas do sistema somatossensorial são as ramificações de neurônios unipolares ou pseudounipolares localizados nos gânglios (espinais) da raiz dorsal e nos gânglios homólogos dos nervos trigêmeo, facial, glossofaríngeo e vago. Esses são os primeiros neurônios nas vias e, portanto, são referidos como neurônios somatossensoriais primários ou neurônios de primeira ordem. Cada um tem apenas um prolongamento, o axônio, que se bifurca em uma ramificação periférica e em uma ramificação central. Essa ramificação central entra na raiz dorsal do nervo espinal ou na raiz sensitiva do nervo craniano apropriado e passa para a medula espinal ou tronco encefálico, respectivamente. A ramificação periférica entra no nervo espinal ou no craniano e por fim acaba como uma terminação responsiva a um tipo específico de estímulo. Essas terminações são chamadas receptores somatossensoriais.

Receptores somatossensoriais

A estimulação tátil, de temperatura e nociceptiva da superfície corporal ativa exteroceptores especializados, enquanto a posição e o movimento dos membros ativam os proprioceptores. As terminações nervosas sensitivas livres ou encapsuladas realizam a transdução do estímulo físico em potenciais elétricos receptores que codificam a força e a duração do estímulo em potenciais de ação conduzidos por axônios aferentes primários ao SNC. A área cutânea sobre a qual um receptor é ativado é chamada campo receptivo. O tamanho dos campos receptivos para os mesmos tipos de receptor varia em diferentes partes do corpo, geralmente sendo menor nas pontas dos dedos da mão e nas

áreas periorais, e maior no dorso. Os principais receptores somatossensoriais e suas funções são listadas na Tabela 11.1.

Receptores táteis

A estimulação tátil ativa **mecanorreceptores** encapsulados por meio do estiramento da membrana do receptor e da abertura dos canais iônicos, levando à despolarização do receptor e à geração resultante de potenciais de ação nos axônios aferentes primários. Os mecanorreceptores podem ser de adaptação lenta e disparar de modo contínuo no decorrer de toda a estimulação, sinalizando a pressão e o formato do objeto que está tocando a pele. Os mecanorreceptores de adaptação rápida sinalizam o início e a cessação de um estímulo e são importantes para a sensação do movimento de um objeto ao longo da pele. A informação tátil é propagada pelos maiores e mais rápidos axônios mielinizados (mielínicos) encarregados dessa condução.

Cinco mecanorreceptores distintos diferem no aspecto morfológico quanto à estrutura e à localização na pele (Fig. 11.1) e no fisiológico quanto aos tamanhos relativos do campo receptivo e, de modo mais significativo, quanto aos tipos de informação funcional que codificam. A estimulação tátil distinta é detectada pelos **discos de Merkel** e **corpúsculos de Meissner** localizados nas camadas superficiais predominantemente da pele glabra. Os discos de Merkel são encapsulados por uma única célula epitelial, enquanto os corpúsculos de Meissner são encapsulados por muitas células epiteliais achatadas. Os discos de Merkel têm os menores

Tabela 11.1	Classificação dos receptores somatossensoriais	
Categoria	**Nome**	**Função**
Mecanorreceptores	Corpúsculos de Meissner Discos de Merkel Receptores dos folículos pilosos Terminações de Ruffini Corpúsculos de Paccini Fusos musculares	Tátil: formas/superfícies Tátil: saliências ou reentrâncias Tátil: (na pele pilosa) Estiramento e formas Vibrações Propriocepção
Nociceptores	Aδ mecânico (encapsulado) C-polimodal (terminação nervosa livre)	Picada Dano tecidual
Termorreceptores	Terminações nervosas livres	Frio ou calor

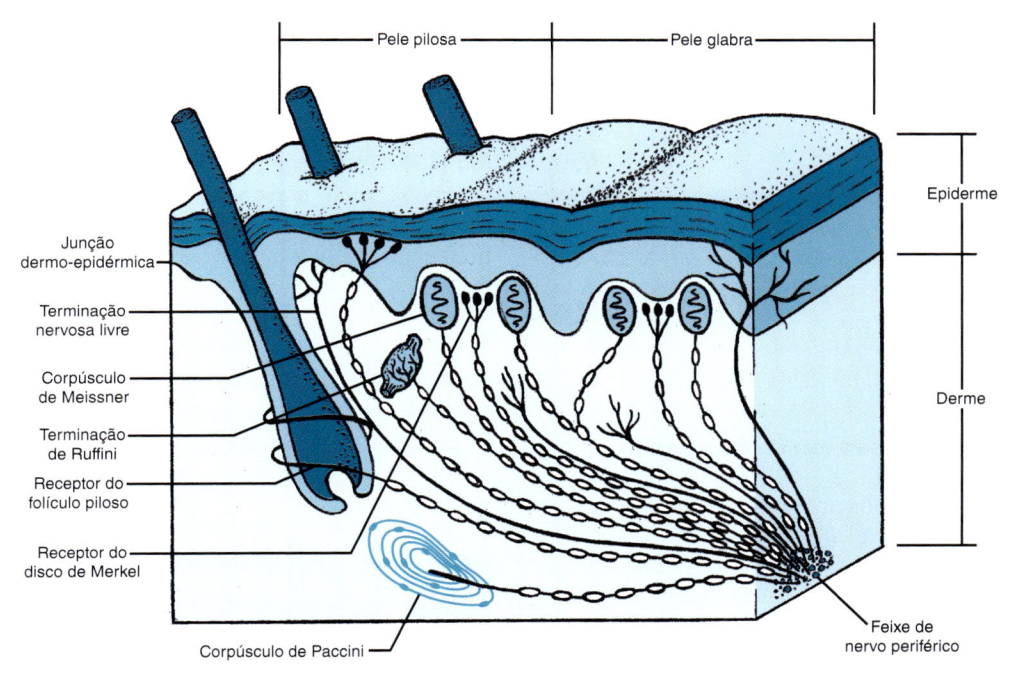

Figura 11.1 Ilustrações de diferentes tipos de receptores somatossensoriais.

campos receptivos e, de modo mais relevante, sinalizam saliências distintas (rugosidades) na pele. Os discos de Merkel também fornecem informação sobre a curvatura dos objetos. Os corpúsculos de Meissner são responsivos às mudanças abruptas do formato das bordas de objetos ou irregularidades em sua superfície. Na pele pilosa, os axônios sensoriais estão incorporados no folículo piloso. Os deslocamentos de pelos adjacentes ativam diferentes **receptores de folículos pilosos** proporcionando informação adicional ao cérebro sobre a estimulação tátil distinta.

Os **corpúsculos de Paccini** e as **terminações de Ruffini** estão localizados mais profundamente no tecido subcutâneo e percebem os deslocamentos de áreas amplas da pele. Os corpúsculos de Paccini têm campos receptivos relativamente amplos em comparação aos dos outros mecanorreceptores, mas são os mecanorreceptores mais sensíveis por conseguirem detectar a estimulação de alta frequência (vibração). As terminações de Ruffini percebem o estiramento da pele e fornecem informação sobre os formatos dos objetos.

Receptores de temperatura

As sensações fria, fresca, morna e quente abaixo e acima da temperatura cutânea normal (34°C) são percebidas pelos **termorreceptores**. Os receptores de frio disparam mais vigorosamente a cerca de 10°C abaixo da temperatura cutânea normal, enquanto os receptores de aquecimento sinalizam na sua maior frequência a temperaturas 10°C acima da temperatura cutânea normal. Os receptores de calor não são ativados por temperaturas acima de 50°C. Temperaturas ≥ 50°C são percebidas como dor.

Receptores de dor

Os **nociceptores** sinalizam estímulos dolorosos ou nocivos. Os **nociceptores mecânicos**, que estão associados à dor rápida, são terminações nervosas livres ativadas por estímulos agudos ou do tipo picada. A frequência de disparos desses receptores aumenta de modo proporcional à intensidade do estímulo potencialmente destrutivo, e o sinal é propagado rapidamente para o SNC por fibras aferentes mielinizadas (Aδ). Os **nociceptores térmicos** sinalizam as temperaturas nocivas quentes (acima de 45°C) ou frias (abaixo de 5°C). Os **nociceptores polimodais** respondem a qualquer estímulo destrutivo mecânico, térmico ou químico resultante de dano tecidual e constituem a base subjacente da sensação da dor do tipo lenta, em queimação. As sensações de dor térmica e de dor em queimação são conduzidas de forma lenta ao longo de axônios aferentes primários não mielinizados (C).

Fibras nervosas somatossensoriais

As fibras nervosas que conduzem sensações gerais variam quanto aos tamanhos e diâmetros, e também quanto a suas velocidades de condução. Em geral, quanto maior for a fibra, mais rápida será a velocidade de condução. A velocidade com que uma fibra nervosa conduz impulsos é importante, pois quanto mais rápida for a condução, mais rápido os impulsos alcançarão o SNC, no qual uma resposta pode ser deflagrada. As fibras nervosas condutoras das sensações tátil, de pressão, de vibração e de propriocepção são maiores e de condução mais rápida em comparação às fibras nervosas condutoras de impulsos de dor e temperatura.

As fibras nervosas são classificadas de duas formas: por velocidade de condução e por diâmetro. As fibras nervosas são classificadas de acordo com a velocidade de condução nos tipos A, B ou C, com A indicando a velocidade de condução mais rápida e C a velocidade mais lenta. As fibras nervosas são classificadas de acordo com o diâmetro nos grupos I, II, III e IV. Os grupos I, II e III consistem em fibras mieli-

nizadas (mielínicas) de tamanhos decrescentes, ao passo que o grupo IV consiste em fibras não mielinizadas (amielínicas). As classificações dos vários tipos de fibras somatossensoriais são fornecidas na Tabela 11.2.

Existe uma correlação positiva entre a intensidade de um estímulo e o número e a frequência de potenciais de ação propagados. Estímulos fortes geram potenciais receptores maiores que são codificados como número e frequência maiores de potenciais de ação. A duração de um estímulo é sinalizada pelos axônios que inervam mecanorreceptores de adaptação lenta. Ainda assim, há **adaptação** diante de um estímulo contínuo com duração relativamente longa.

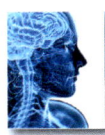

Conexão clínica

As diferenças de tamanho e velocidade de condução das fibras de tato maiores e das fibras de dor menores nos nervos periféricos permitem a estimulação elétrica seletiva de um grupo e não do outro. Esse fenômeno é a base da estimulação seletiva das fibras de tato maiores por **estimulação elétrica nervosa transcutânea (TENS)**, uma modalidade de tratamento clínico atual para aliviar algumas formas de dor crônica.

Dermátomos

A área da pele suprida pelas fibras somatossensoriais de um único nervo espinal é chamada **dermátomo** (Fig. 11.2). Apesar de haver uma sobreposição entre os dermátomos, eles são bastante úteis na localização dos níveis de lesão. Os dermátomos indispensáveis para

Tabela 11.2	Classificação das fibras nervosas somatossensoriais				
Classe numérica	**Mielinização**	**Diâmetro (mm)**	**Velocidade de condução (m/s)**	**Classe por letra**	**Tipos de sensações**
I	Sim	12-20	75-120	Aα	Posição e movimento de membro
II	Sim	6-12	30-75	Aβ	Tátil, pressão, vibração
III	Sim	1-6	5-30	Aδ	Dor rápida, frio
IV	Não	< 1,5	0,5-2	C	Dor lenta, calor

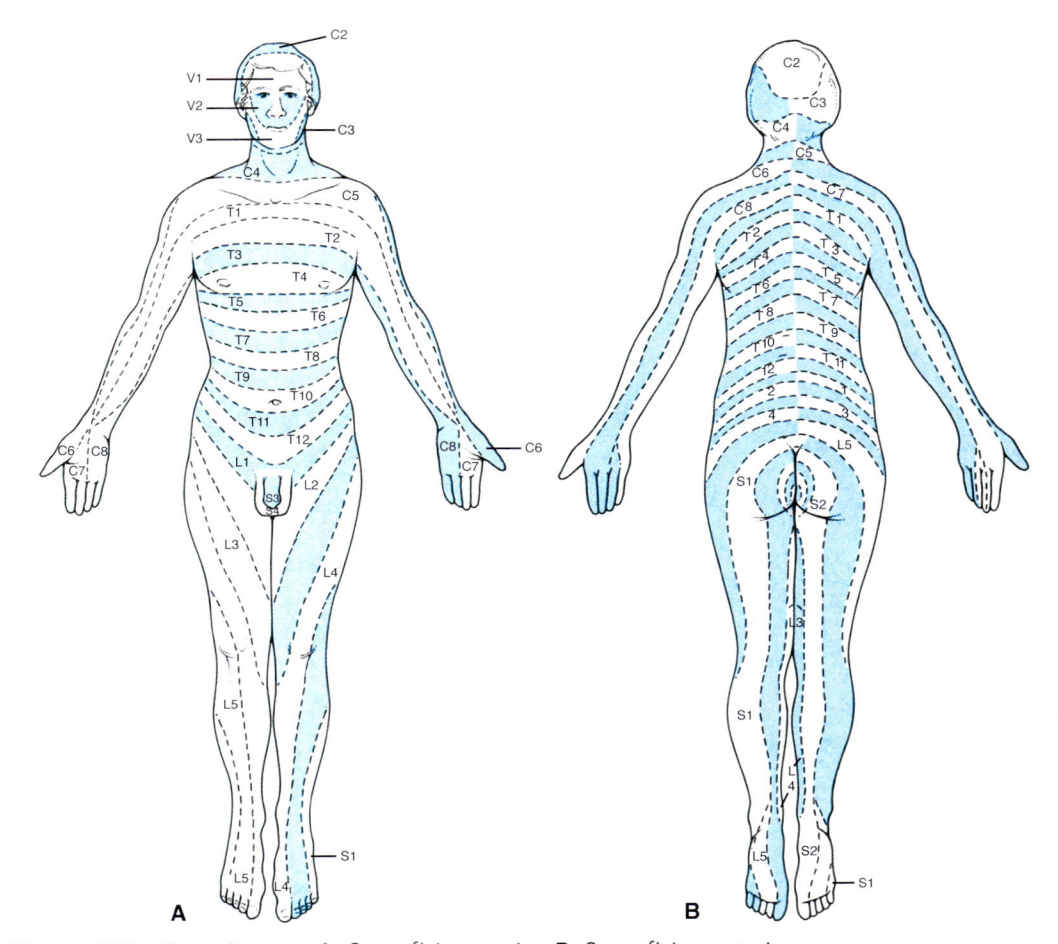

Figura 11.2 Dermátomos. **A.** Superfície anterior. **B.** Superfície posterior.

se conhecer a fim de solucionar problemas de neuroanatomia são C2, parte posterior da cabeça; C5, extremidade do ombro; C6, polegar; C7, dedo médio; C8, dedo mínimo; T4 ou T5, mamilo; T10, umbigo; L1, ligamento inguinal; L4 ou L5, hálux; S1, dedo mínimo do pé; e S5, região perianal.

Vias de tato, vibração e propriocepção na medula espinal

Uma série de três neurônios transmite os impulsos do sistema tátil a partir dos mecanorreceptores periféricos até o córtex cerebral, no qual essas sensações são percebidas (Figs. 11.3 e 11.4).

Neurônios de primeira ordem

Os neurônios pseudounipolares de condução rápida, maiores, localizados nos gânglios espinais da raiz dorsal, são os neurônios primários do tato, da vibração e da propriocepção. As ramificações centrais dos axônios desses neurônios entram na medula espinal através das partes mais mediais das raízes dorsais (Fig. 2.4) e convergem para entrar medialmente no funículo posterior[1], também chamado de

---

1 N.R.C.: O funículo posterior é constituído por substância branca, feixes de axônios ascendentes que correspondem aos fascículos grácil e cuneiforme, também chamados por outros autores de colunas posteriores (neste caso de substância branca).

coluna posterior (neste caso constituída de substância branca), onde eles imediatamente se fletem e ascendem. Conforme as fibras de tato e de propriocepção que entram se fletem para subir, originam ramificações que entram na substância cinzenta da medula espinal com a finalidade de modulação de reflexos e da dor. (O papel das fibras aferentes do fuso muscular no reflexo miotático é descrito no Cap. 6, e o papel das fibras aferentes de tato na modulação da dor é descrito mais adiante neste capítulo.) Aquelas fibras que entram abaixo dos níveis médio-torácicos formam o fascículo grácil, e aquelas que entram acima dos níveis médio--torácicos formam o fascículo cuneiforme. Nos segmentos cervicais da medula espinal, os dois fascículos estão parcialmente separados pelo septo intermédio posterior.

Como novas fibras são adicionadas às superfícies laterais das colunas posteriores, existe uma localização somatotópica precisa, ou seja, as fibras condutoras de impulsos oriundos dos dermátomos sacrais são mais mediais, enquanto aquelas dos dermátomos lombares, torácicos e cervicais estão localizadas cada vez mais lateralmente. Certo grau de deslocamento ocorre na metade rostral da medula espinal, porque as fibras sacrais presentes nesse local ocupam a maior parte da região dorsal da coluna posterior, e, por essa razão, tendem a ser poupadas quando a parte central da medula espinal é danificada.

cuneiforme, que são núcleos na coluna posterior, na porção caudal do bulbo. Os axônios dos núcleos grácil e cuneiforme formam pequenos feixes de fibras mielinizadas denominados **fibras arqueadas internas** (Figs. 11.3 a 11.5), que seguem anteromedialmente ao se arquearem na direção da linha média. Esses axônios cruzam a linha média como "decussação sensorial" e começam imediatamente a ascender como um feixe volumoso localizado próximo da linha média, o **lemnisco medial**.

As sensibilidades táteis e proprioceptivas estão ligeiramente separadas nas colunas posteriores e nos núcleos grácil e cuneiforme. As fibras de tato estão posicionadas mais dorsalmente nas colunas posteriores e fazem sinapse nas partes mais caudais dos núcleos grácil e cuneiforme. As fibras proprioceptivas são mais ventrais nas colunas posteriores e fazem sinapse na porção mais rostral dos núcleos.

O lemnisco medial delimita a linha média no bulbo e contém axônios do núcleo grácil em sua metade anterior, bem como do núcleo cuneiforme em sua metade posterior (Figs. 11.3 a 11.5). Assim, no bulbo, o lemnisco medial contém impulsos do membro inferior contralateral anteriormente, e do membro superior contralateral posteriormente. Na ponte, o lemnisco medial se desloca lateralmente de forma gradual, assumindo uma orientação horizontal. Nesse ponto, o membro inferior é representado lateralmente e o membro superior medialmente.

Conexão clínica

Como os fascículos grácil e cuneiforme ascendem para o cérebro sem se cruzar, sua interrupção unilateral em qualquer nível da medula espinal resulta em perda das sensibilidades ao tato, à pressão, à vibração e à propriocepção nos dermátomos do lado ipsilateral (mesmo lado) abaixo do nível da lesão.

Neurônios de segunda ordem

Os axônios dos fascículos grácil e cuneiforme terminam nos neurônios somatossensoriais secundários localizados nos núcleos grácil e

Conexão clínica

O nível dos núcleos grácil e cuneiforme e a decussação sensorial têm importância médica, pois uma lesão unilateral que interrompa os impulsos antes que estes decussem, ou seja, uma lesão nas colunas posteriores ou nos núcleos grácil e cuneiforme, resulta em perda das sensibilidades tátil, vibratória e proprioceptiva no lado ipsilateral, abaixo do nível da lesão. Entretanto, uma lesão unilateral além da decussação sensorial, ou seja, uma lesão no lemnisco medial ou em estruturas subsequentes ao longo do caminho, resulta na perda contralateral dessas sensações.

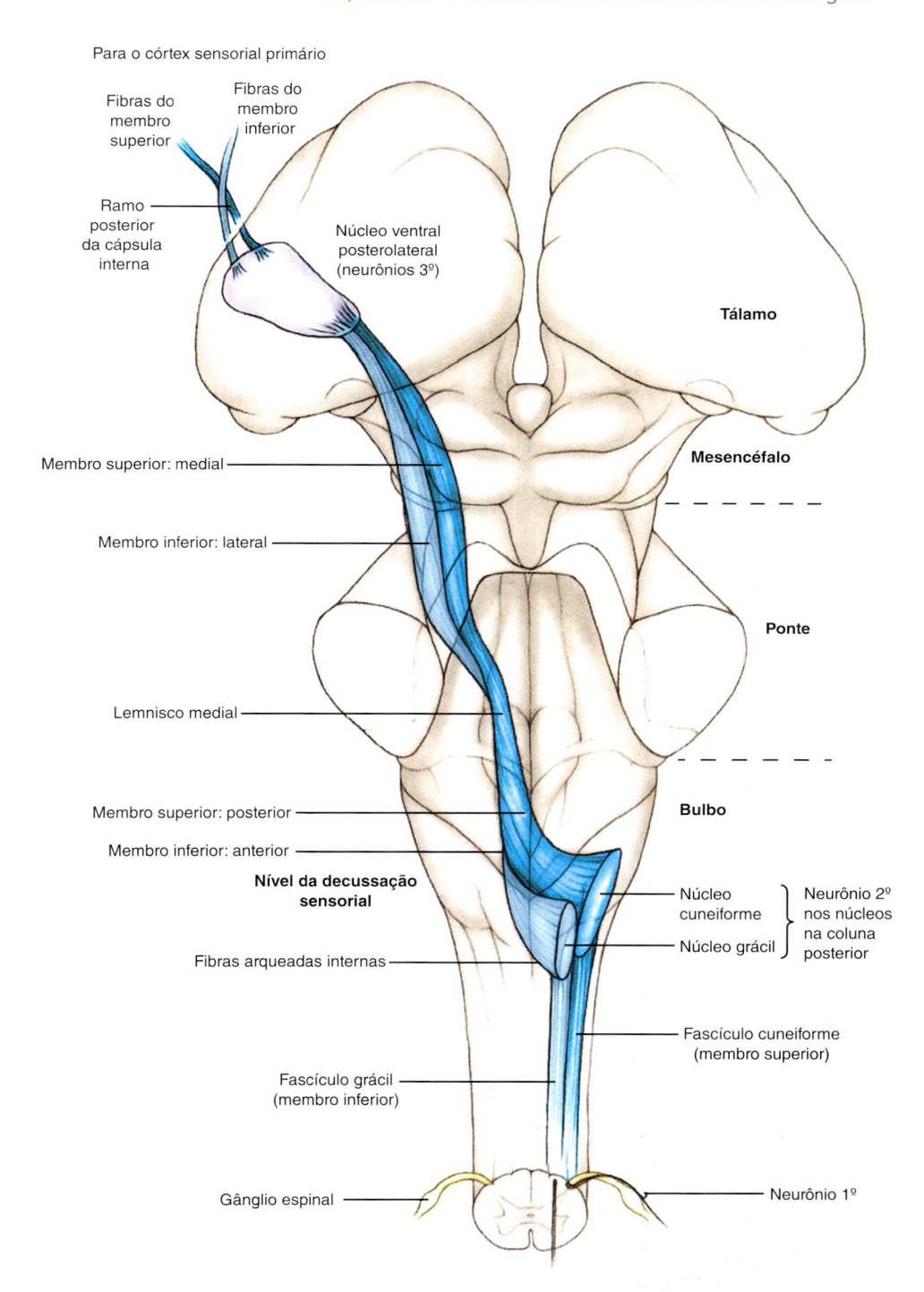

Figura 11.3   Ilustração tridimensional da vista dorsal do sistema coluna posterior-lemnisco medial (1º, primário ou de primeira ordem; 2º, secundário ou de segunda ordem; 3º, terciário ou de terceira ordem).

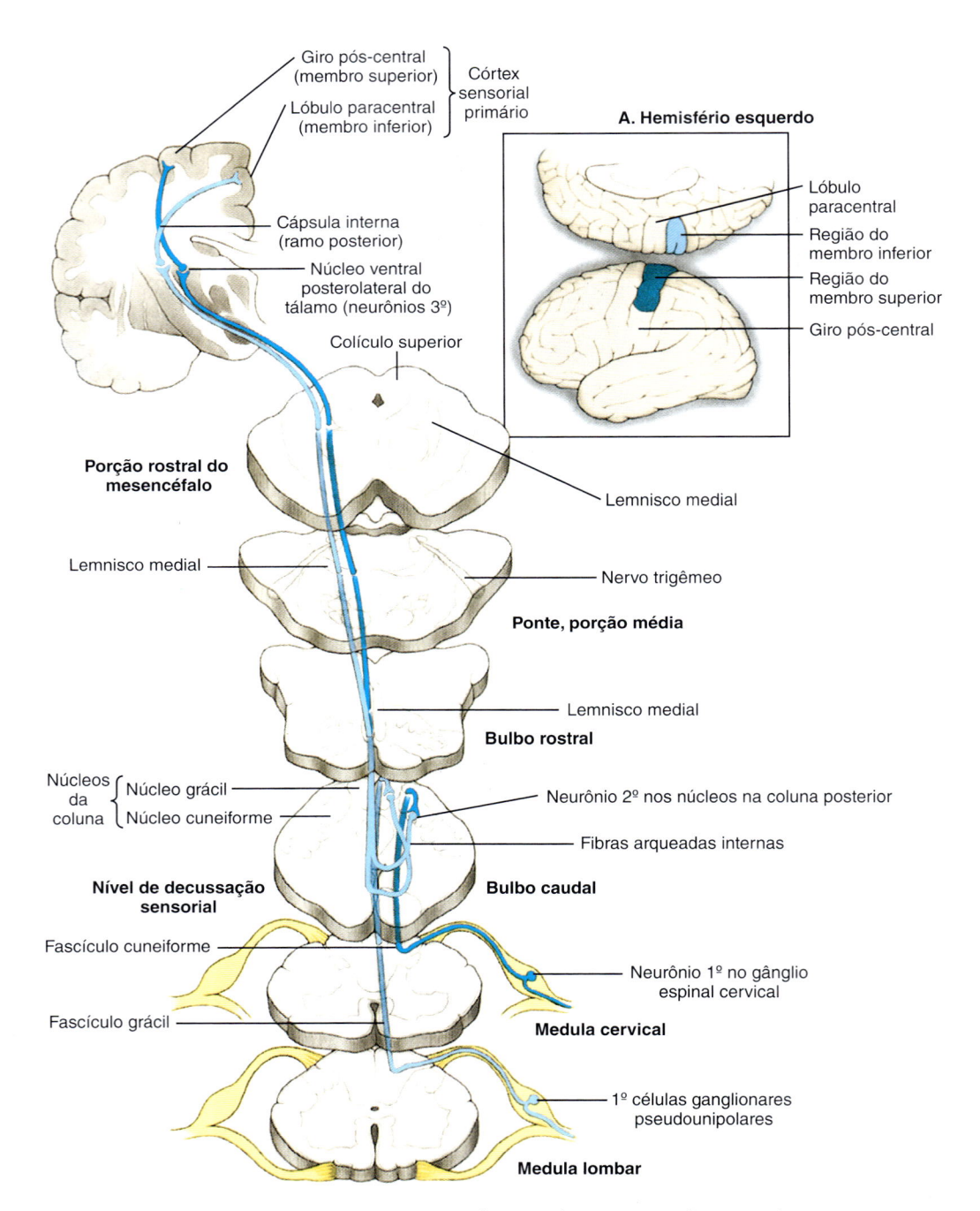

Figura 11.4 Diagrama esquemático mostrando a via do sistema tátil a partir dos nervos espinais. **A.** Distribuição no córtex sensorial primário (1º, primário ou de primeira ordem; 2º, secundário ou de segunda ordem).

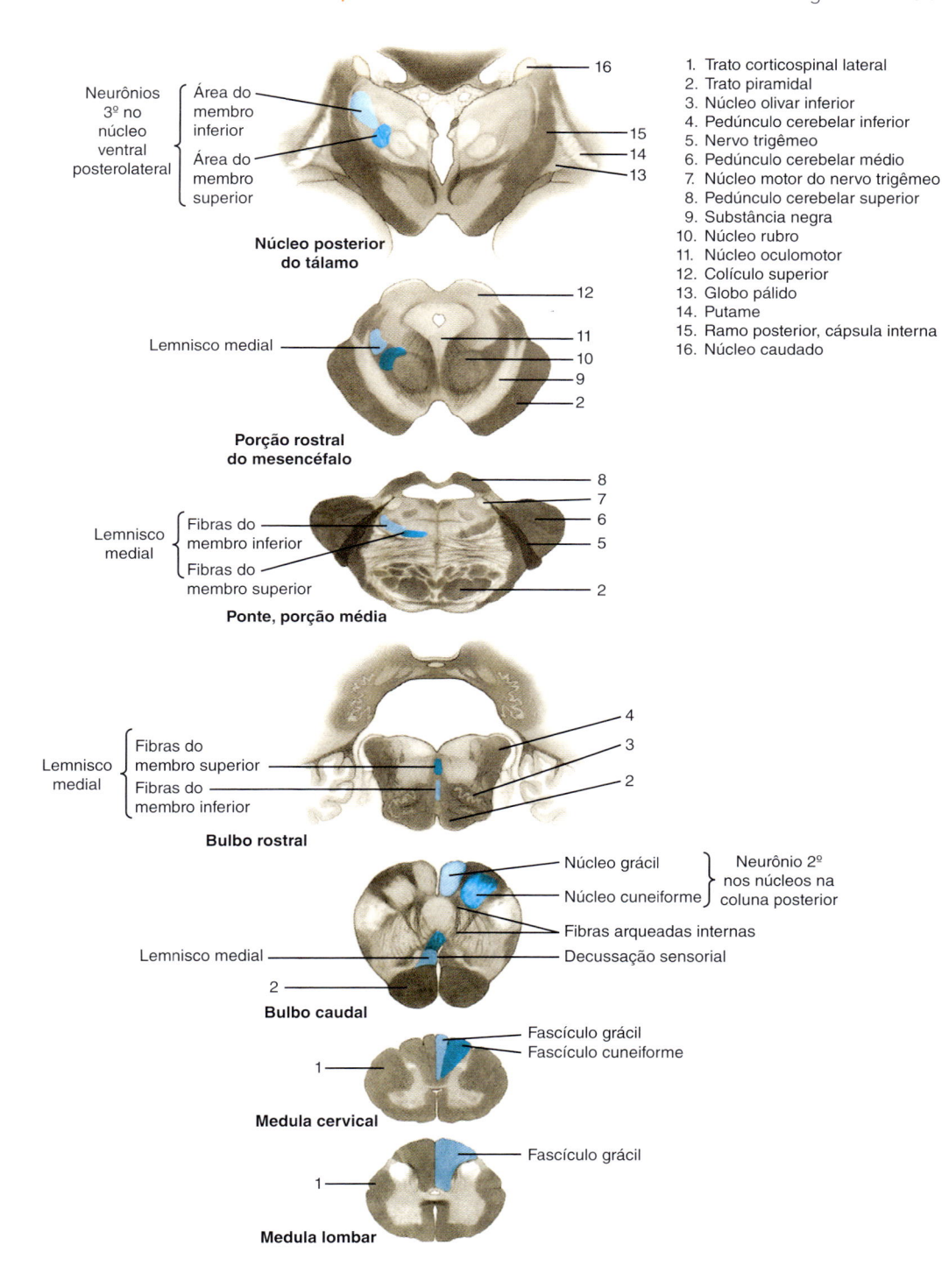

1. Trato corticospinal lateral
2. Trato piramidal
3. Núcleo olivar inferior
4. Pedúnculo cerebelar inferior
5. Nervo trigêmeo
6. Pedúnculo cerebelar médio
7. Núcleo motor do nervo trigêmeo
8. Pedúnculo cerebelar superior
9. Substância negra
10. Núcleo rubro
11. Núcleo oculomotor
12. Colículo superior
13. Globo pálido
14. Putame
15. Ramo posterior, cápsula interna
16. Núcleo caudado

Figura 11.5 Cortes transversais de tronco encefálico e medula espinal mostrando as relações da via do sistema tátil a partir dos nervos espinais (2º, secundário ou de segunda ordem; 3º, terciário ou de terceira ordem).

Neurônios de terceira ordem

O lemnisco medial passa sem interrupção para o núcleo ventral posterolateral (VPL) do tálamo. O núcleo VPL está organizado de forma somatotópica, de modo que o membro inferior contralateral é representado na porção lateral do núcleo e o membro superior contralateral na sua porção medial.

Os axônios dos neurônios somatossensoriais terciários do núcleo VPL seguem lateralmente como fibras talamocorticais, e entram no ramo posterior da cápsula interna, onde estão localizados em sua parte mais posterior. Essas fibras talamocorticais terminam no córtex somestésico primário (SI), que está localizado no giro pós-central e na parte posterior do lóbulo paracentral adjacente. O membro superior contralateral é representado aproximadamente na metade dorsal do giro pós-central, enquanto o membro inferior contralateral é representado na parte posterior do lóbulo paracentral (Fig. 11.4).

Vias de dor e de temperatura na medula espinal

Evidências anatômicas e clínicas indicam que as vias de dor rápida e lenta são distintas. A dor rápida associada à picada é conduzida por uma via filogeneticamente mais recente, referida como **sistema neoespinotalâmico**. No entanto, a dor lenta é transmitida por neurônios filogeneticamente mais antigos que formam os **sistemas paleoespinotalâmico** e **espinorreticulotalâmico**. As diferenças anatômicas entre esses sistemas são descritas mais adiante.

Uma série de três neurônios transmite impulsos de dor rápida e temperatura desde os receptores periféricos até o córtex cerebral, no qual essas sensações são percebidas (Figs. 11.6 e 11.7).

Neurônios de primeira ordem

Os neurônios pseudounipolares menores, de condução mais lenta, localizados nos gânglios espinais da raiz dorsal, são os neurônios primários para os impulsos de dor e de temperatura conduzidos pelos nervos espinais. As ramificações centrais de seus axônios entram na medula espinal através das partes mais laterais das radículas dorsais (Fig. 2.4), e convergem constituindo o **fascículo dorsolateral** ou **trato de Lissauer**. Ao entrarem nesse trato, cada axônio se bifurca em uma ramificação ascendente e em uma descendente. Essas ramificações se estendem por um ou dois segmentos medulares e emitem ramificações colaterais ao longo de toda a sua extensão. Os colaterais entram na substância cinzenta da medula espinal e fazem sinapse principalmente no corno posterior (lâminas I-VI) (Figs. 11.7 e 11.8).

Conexão clínica

A entrada e conexão das fibras primárias da dor no corno posterior formam a base anatômica para o alívio da dor na destruição neurocirúrgica da **zona de entrada da raiz dorsal**. Esse procedimento é especialmente útil em casos de dor crônica resultante de avulsão de nervos espinais que emergem da medula e em síndromes dolorosas relacionadas ao câncer.

Em alguns casos de **rizotomia dorsal**, ou seja, quando as raízes dorsais são seccionadas para aliviar a dor crônica, a dor persiste. Nesses casos, a dor persistente pode ser aliviada por uma segunda cirurgia que remove os gânglios espinais. A explicação evidente para esse fenômeno é a entrada das fibras de dor por meio das raízes ventrais. A existência dessas vias aberrantes em seres humanos está comprovada.

Neurônios de segunda ordem

Os neurônios nociceptivos secundários estão amplamente distribuídos na substância cinzenta da medula espinal. Os neurônios que conduzem os impulsos de dor rápida, e também os impulsos de temperatura, estão localizados primariamente no núcleo marginal (lâmina I), embora alguns também sejam encontrados em níveis tão profundos quanto o do núcleo próprio do corno posterior (lâminas IV e V). A maioria dos axônios dos neurônios de segunda ordem de dor e de temperatura segue em sentido ventromedial

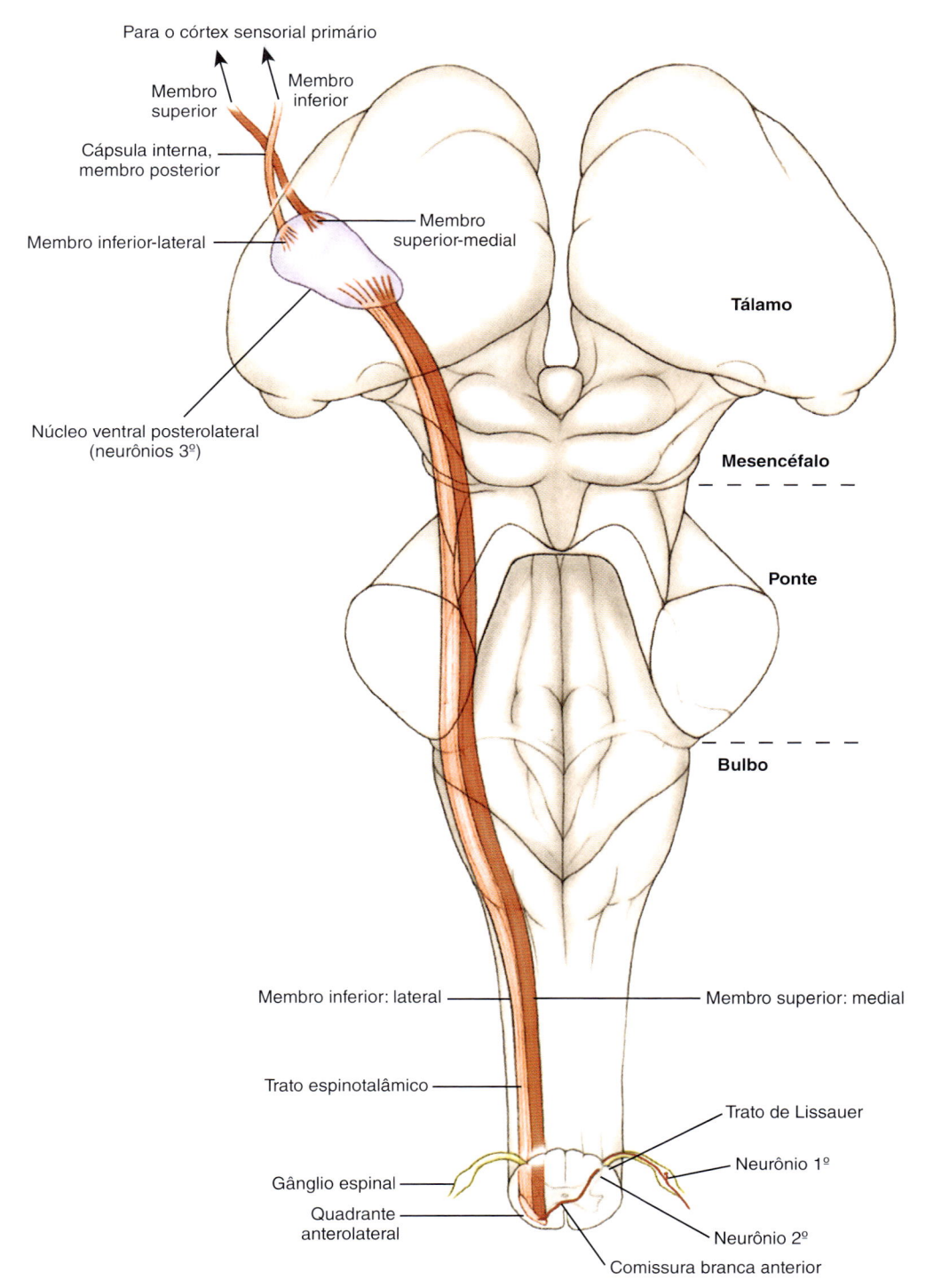

Figura 11.6 Representação tridimensional da vista dorsal do sistema espinotalâmico (1º, primário ou de primeira ordem; 2º, secundário ou de segunda ordem; 3º, terciário ou de terceira ordem).

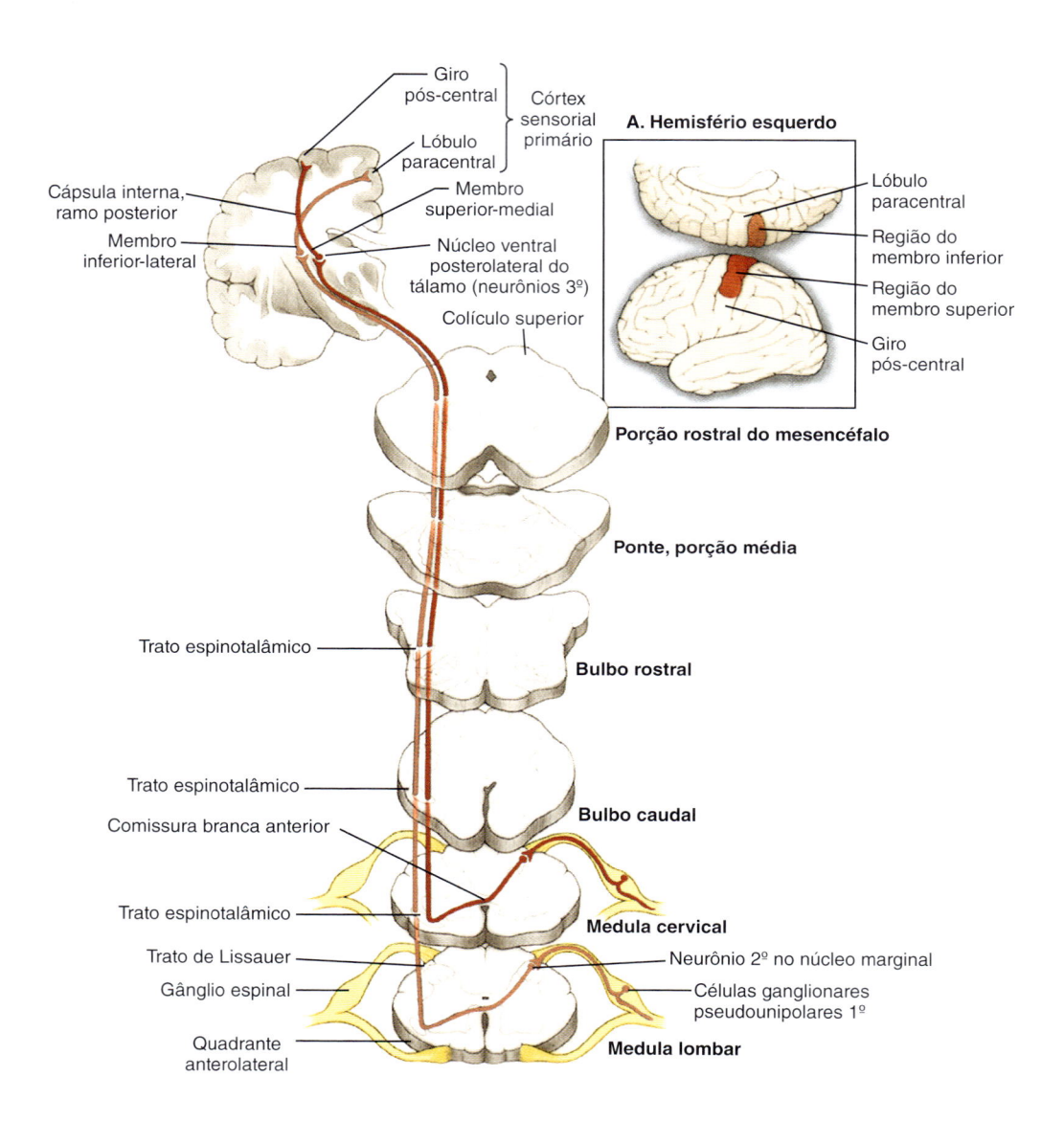

A. Hemisfério esquerdo

Figura 11.7   Diagrama esquemático da via de dor rápida e temperatura a partir dos nervos espinais. **A.** Distribuição no córtex sensorial primário (1º, primário ou de primeira ordem; 2º, secundário ou de segunda ordem; 3º, terciário ou de terceira ordem).

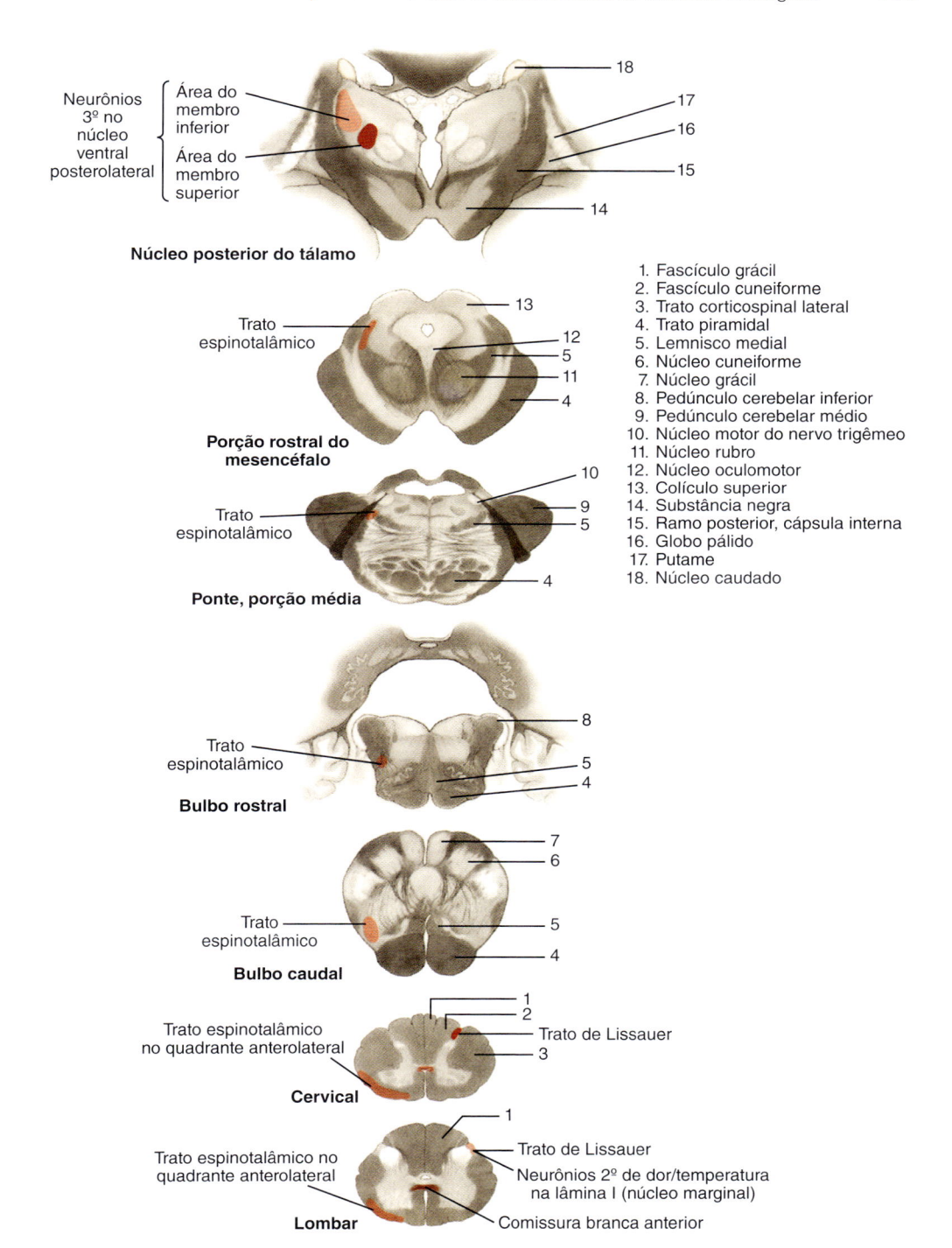

Núcleo posterior do tálamo

Neurônios 3º no núcleo ventral posterolateral

Área do membro inferior

Área do membro superior

Porção rostral do mesencéfalo

Trato espinotalâmico

Ponte, porção média

Trato espinotalâmico

Bulbo rostral

Trato espinotalâmico

Bulbo caudal

Trato espinotalâmico

Cervical

Trato espinotalâmico no quadrante anterolateral

Trato de Lissauer

Lombar

Trato espinotalâmico no quadrante anterolateral

Trato de Lissauer

Neurônios 2º de dor/temperatura na lâmina I (núcleo marginal)

Comissura branca anterior

1. Fascículo grácil
2. Fascículo cuneiforme
3. Trato corticospinal lateral
4. Trato piramidal
5. Lemnisco medial
6. Núcleo cuneiforme
7. Núcleo grácil
8. Pedúnculo cerebelar inferior
9. Pedúnculo cerebelar médio
10. Núcleo motor do nervo trigêmeo
11. Núcleo rubro
12. Núcleo oculomotor
13. Colículo superior
14. Substância negra
15. Ramo posterior, cápsula interna
16. Globo pálido
17. Putame
18. Núcleo caudado

Figura 11.8   Cortes transversais de tronco encefálico e medula espinal mostrando as relações da via de dor rápida e temperatura a partir dos nervos espinais (2º, secundário ou de segunda ordem; 3º, terciário ou de terceira ordem).

e decussa na comissura branca anterior, que é anterior ao canal central da medula. Cerca de 10% dos axônios ascendem ipsilateralmente.

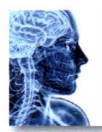

Conexão clínica

A proximidade entre a comissura branca anterior e o canal central da medula é uma relação que pode se tornar clinicamente importante em casos de cavitação patológica da medula espinal, denominada **siringomielia**. Quando a cavitação se estende ventralmente e interrompe a comissura, há perda bilateral das sensibilidades à dor e à temperatura nos dermátomos nos níveis da lesão – a **síndrome comissural** (Fig. 11.9).

Depois de cruzar para o lado contralateral, os axônios dos neurônios secundários de dor e temperatura seguem para a parte anterior do funículo lateral, o quadrante anterolateral, onde ascendem no trato espinotalâmico. Como as fibras são adicionadas a esse trato em sua superfície medial, o resultado é a localização somatotópica: as fibras sacrais estão localizadas lateralmente, ou seja, próximas à superfície do quadrante anterolateral. Os dermátomos lombar, torácico e cervical estão localizados sucessivamente em sentido mais medial (Fig. 11.9).

Conexão clínica

A interrupção cirúrgica do trato espinotalâmico no quadrante anterolateral da medula espinal (**cordotomia anterolateral**) resulta na perda contralateral das sensibilidades à dor e à temperatura nos dermátomos situados abaixo do nível da lesão. O procedimento é usado principalmente para aliviar a dor associada ao câncer terminal, pois é improvável que esses pacientes sobrevivam por período longo o bastante para sofrerem a intensa dor crônica que por fim ocorre após a maioria das lesões nas vias de dor do SNC.

Neurônios de terceira ordem

O trato espinotalâmico ascende nas partes laterais do bulbo e da ponte, e se posiciona junto ao lemnisco medial, na porção rostral do mesencéfalo. Ambos os tratos terminam no núcleo ventral posterolateral do tálamo (VPL).

Os neurônios terciários de dor rápida e temperatura localizados no VPL emitem fibras talamocorticais que passam lateralmente e entram no ramo posterior da cápsula interna, onde se misturam aos axônios das vias de tato e de posição dos membros. Assim como as fibras dos neurônios terciários do sistema tátil, as fibras dos neurônios terciários de dor rápida e de temperatura terminam naquelas partes do giro pós-central e do lóbulo paracentral associadas aos membros superior e inferior contralaterais. Ao alcançar essas partes do córtex SI, os impulsos de dor rápida e de temperatura são precisamente localizados, e a agudeza e a intensidade dos estímulos de alfinetada, bem como de calor ou frio das sensações térmicas, são percebidas.

Importância clínica das vias somatossensoriais da medula espinal

Na medula espinal, as vias somatossensoriais estão localizadas nas colunas posteriores e nos quadrantes anterolaterais. Os axônios nas colunas posteriores transmitem impulsos táteis, de pressão, de vibração e de propriocepção (Tab. 11.3). O fascículo grácil, mais medial, conduz esses tipos de impulsos discriminativos a partir dos nervos espinais situados abaixo dos níveis médio-torácicos (Fig. 11.9), ou seja, principalmente a partir do membro inferior. O fascículo cuneiforme, mais lateral, conduz os impulsos discriminativos a partir dos nervos espinais acima dos níveis médio-torácicos, ou seja, sobretudo a partir do membro superior. Os axônios desses dois fascículos da coluna posterior têm origem nos neurônios grandes, de primeira ordem, situados nos gânglios espinais da raiz dorsal do mesmo lado. Desse modo, uma lesão unilateral da coluna posterior resulta na perda ipsilateral das sensações tátil, de pressão, de vibração e de posição e movimento de membros nas partes do corpo supridas pelos nervos espinais abaixo do nível da lesão.

Tabela 11.3	Comparação das colunas posteriores e quadrantes anterolaterais da medula espinal	
	Colunas posteriores	**Quadrantes anterolaterais**
Componentes sensoriais	Tato, vibração e propriocepção	Dor e temperatura
Principais tratos	Grácil e cuneiforme	Espinotalâmico
Origens dos tratos	Gânglios espinais ipsilaterais Abaixo do médio-torácico: grácil Acima do médio-torácico: cuneiforme	Corno posterior contralateral em todos os níveis
Resultados do dano	Perda ipsilateral – tato, vibração e propriocepção	Perda contralateral – dor e temperatura
Importância médica	Hemissecção de medula espinal (síndrome de Brown-Séquard): abaixo do nível da lesão Dor e temperatura contralateral Sensação contralateral de tato, vibração e propriocepção Ainda, paralisia espástica de membro inferior ipsilateral, sinal de Babinski e assim por diante (em decorrência da interrupção do trato corticospinal)	

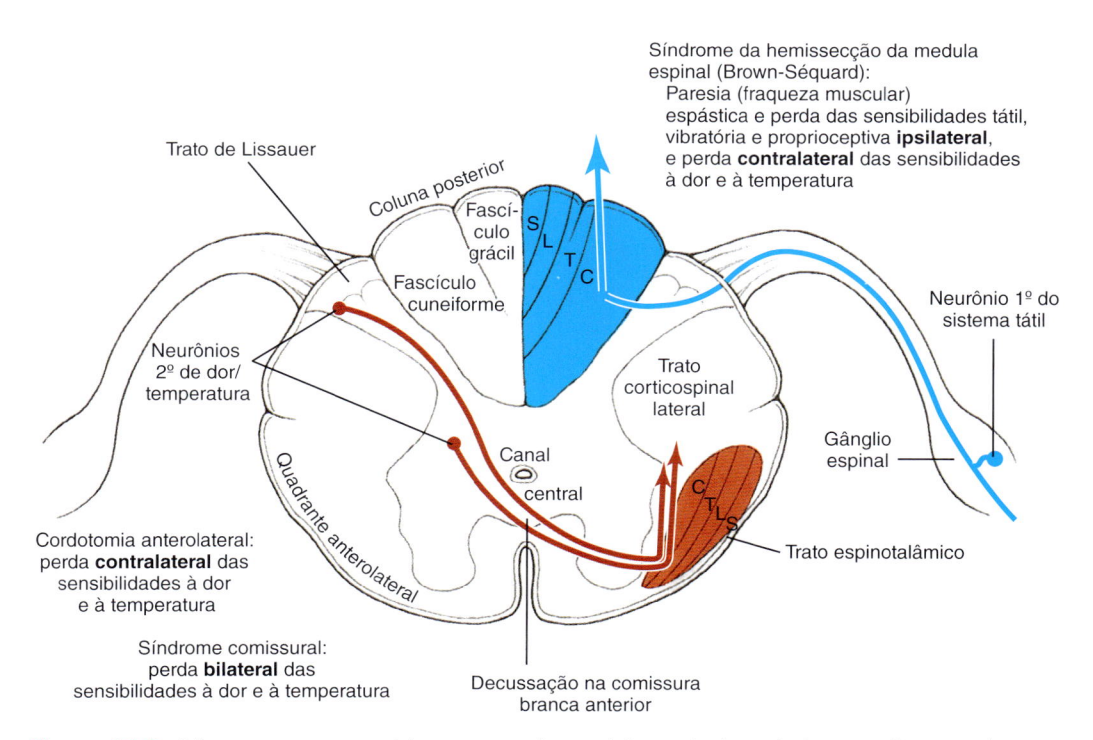

Figura 11.9 Vias somatossensorial e motora da medula espinal, e síndromes clínicas relaciona-das (C, cervical; L, lombar; S, sacral; T, torácica; 1º, primário ou de primeira ordem; 2º, secundário ou de segunda ordem).

Conexão clínica

A degeneração grave das colunas posteriores acompanhada da perda das sensibilidades ao tato, à vibração e à propriocepção discriminativas ocorre comumente na **tabes dorsalis**, uma síndrome que resulta da infecção sifilítica de axônios de grande diâmetro e de suas células ganglionares. A degeneração da coluna posterior e as perdas sensoriais também ocorrem em casos de anemia perniciosa. E a degeneração das partes mais mediais do fascículo grácil, ou seja, das porções sacral e lombar inferior, ocorre nas lesões com envolvimento das raízes dorsais na cauda equina.

Os quadrantes anterolaterais contêm os tratos espinotalâmicos que transmitem os impulsos de dor e temperatura (Tab. 11.3). Os axônios do trato espinotalâmico têm origem nos neurônios de segunda ordem no corno posterior contralateral. Como resultado, o trato espinotalâmico transmite os impulsos de dor e temperatura a partir do lado oposto.

Conexão clínica

A síndrome de **Brown-Séquard** resulta de uma lesão que envolve a metade direita ou esquerda da medula espinal. A manifestação cardinal dessa hemissecção da medula espinal é a perda somatossensorial alternada abaixo do nível da lesão. As sensações de tato, vibração e propriocepção são perdidas no mesmo lado, enquanto as sensações de dor e temperatura são perdidas no lado oposto (Fig. 11.9).

Sensibilidades gerais da cabeça

As sensações gerais oriundas da face, da parte anterior do couro cabeludo, da órbita, das cavidades oral e nasal, dos seios, dos dentes e da dura-máter supratentorial são conduzidas principalmente no nervo trigêmeo. Os nervos facial, glossofaríngeo e vago contêm pequeno número de fibras somatossensoriais que são distribuídas para a orelha externa, parte posterior da língua e região tonsilar. Os neurônios somatossensoriais primários são células ganglionares pseudounipolares presentes no gânglio trigeminal do NC V, gânglio geniculado do NC VII, gânglio inferior (petroso) do NC IX e gânglio superior (jugular) do NC X. As conexões centrais de todas as fibras somatossensoriais dos nervos cranianos são feitas com os núcleos sensoriais do trigêmeo.

Núcleos sensitivos do trigêmeo

Uma coluna contínua de núcleos relacionada aos impulsos somatossensoriais se estende desde o nível caudal do colículo superior ao longo do tronco encefálico e por toda a medula espinal. Nos níveis medulares, essa coluna nuclear é representada pelas lâminas e núcleos do corno posterior que conduzem as sensações de dor e temperatura. No tronco encefálico, ela é representada pelos núcleos sensitivos do trigêmeo (Fig. 11.10).

O núcleo principal do nervo trigêmeo está localizado no nível médio da ponte, onde entra o nervo trigêmeo. Estendendo-se caudalmente a partir desse núcleo está o núcleo espinal do nervo trigêmeo, que se torna contínuo com o corno posterior da medula espinal. O núcleo espinal do nervo trigêmeo consiste em três partes: oral, interpolar e caudal. As partes oral e interpolar estão associadas às sensações de temperatura e com os reflexos mediados pelo nervo trigêmeo, relacionados ao piscar, ao lacrimejamento e à salivação. A parte caudal está associada aos impulsos de dor a partir da cabeça.

Os neurônios primários para os reflexos proprioceptivos a partir dos músculos da mastigação, da articulação temporomandibular, dos ligamentos periodontais e, talvez, dos músculos extrínsecos do olho formam o núcleo mesencefálico do nervo trigêmeo. Esse núcleo se estende rostralmente do núcleo principal do nervo trigêmeo até o nível do colículo superior, como uma coluna delgada de células ganglionares pseudounipolares localizada na parte lateral da substância cinzenta periaquedutal. Acompanhando o núcleo mesencefálico, há o trato mesencefálico do trigêmeo, formado pelos axônios desse núcleo. As conexões centrais do núcleo

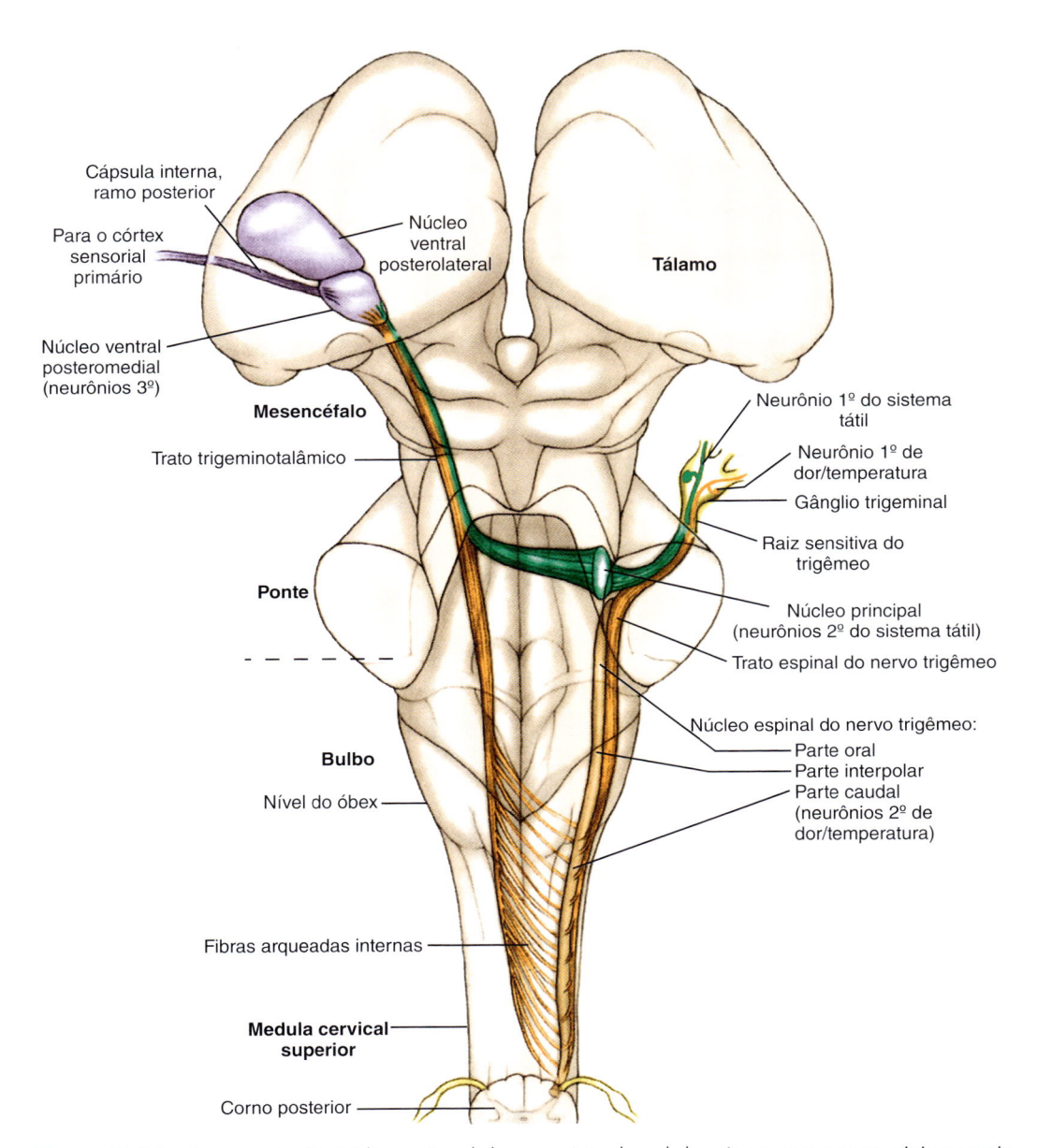

Figura 11.10 Representação tridimensional de uma vista dorsal das vias somatossensoriais a partir dos nervos cranianos (1º, primário ou de primeira ordem; 2º, secundário ou de segunda ordem; 3º, terciário ou de terceira ordem).

mesencefálico do trigêmeo são primariamente com núcleo motor do nervo trigêmeo e constituem reflexos monossinápticos associados ao controle da força da mordida e da mastigação. Outras conexões são feitas com o núcleo principal do nervo trigêmeo para a propriocepção.

Vias de tato e de propriocepção da cabeça

Os impulsos do sistema tátil oriundos dos mecanorreceptores localizados na cabeça são conduzidos para o sistema nervoso central, sobretudo no nervo trigêmeo. São feitas conexões centrais com os núcleos do trigêmeo, de modo que os impulsos ascendem via sistema trigeminotalâmico. Três neurônios transmitem os impulsos do receptor para o córtex central (Figs. 11.10 e 11.11).

Neurônios de primeira ordem

Os neurônios primários da via trigeminal de tato são células pseudounipolares localizadas no gânglio trigeminal (NC V). Os ramos centrais de seus axônios chegam à ponte por meio

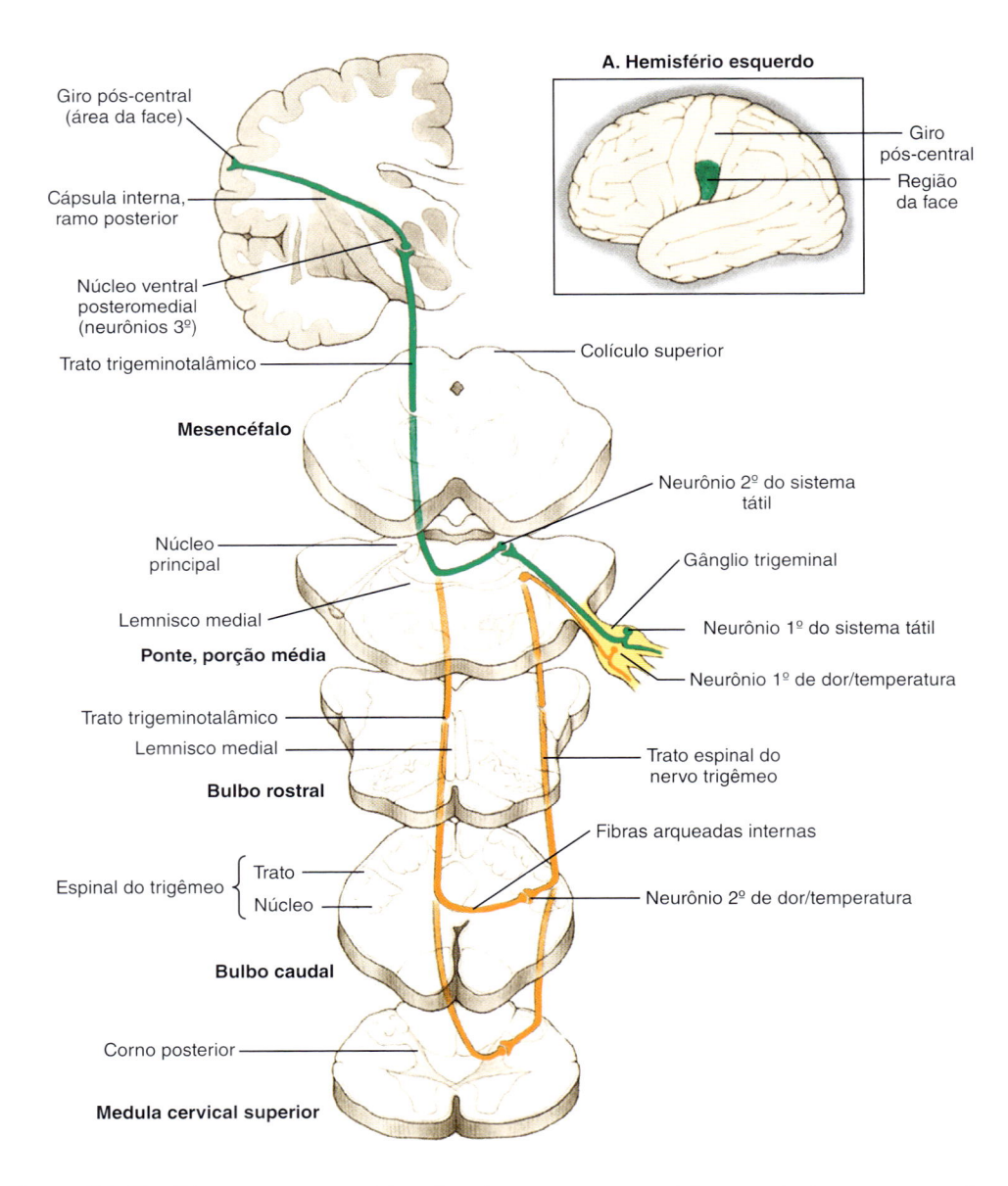

A. Hemisfério esquerdo

Giro pós-central (área da face)

Giro pós-central

Região da face

Cápsula interna, ramo posterior

Núcleo ventral posteromedial (neurônios 3º)

Trato trigeminotalâmico

Colículo superior

Mesencéfalo

Neurônio 2º do sistema tátil

Núcleo principal

Gânglio trigeminal

Lemnisco medial

Neurônio 1º do sistema tátil

Ponte, porção média

Neurônio 1º de dor/temperatura

Trato trigeminotalâmico

Lemnisco medial

Trato espinal do nervo trigêmeo

Bulbo rostral

Fibras arqueadas internas

Espinal do trigêmeo { Trato / Núcleo

Neurônio 2º de dor/temperatura

Bulbo caudal

Corno posterior

Medula cervical superior

Figura 11.11   Diagrama esquemático das vias somatossensoriais a partir dos nervos cranianos. **A.** Distribuição no córtex sensorial primário (1º, primário ou de primeira ordem; 2º, secundário ou de segunda ordem; 3º, terciário ou de terceira ordem).

da raiz sensitiva do nervo trigêmeo e seguem em sentido dorsomedial na direção do tegmento pontino (Fig. 11.12A).

Neurônios de segunda ordem

Os axônios primários da via trigeminal de tato terminam nos neurônios secundários, no núcleo principal do nervo trigêmeo. Os axônios desses neurônios somatossensoriais secundários que auxiliam a discriminação tátil cruzam no nível médio da ponte e ascendem no trato trigeminotalâmico anterior contralateral. Os axônios dos neurônios secundários de propriocepção ascendem ipsilateralmente e, talvez, bilateralmente, no(s) trato(s) trigeminotalâmico(s) posterior(es).[2]

2 N.R.C.: No Brasil, é mais comum utilizarmos a expressão **lemnisco trigeminal** englobando os dois tratos, do que considerá-los distintamente.

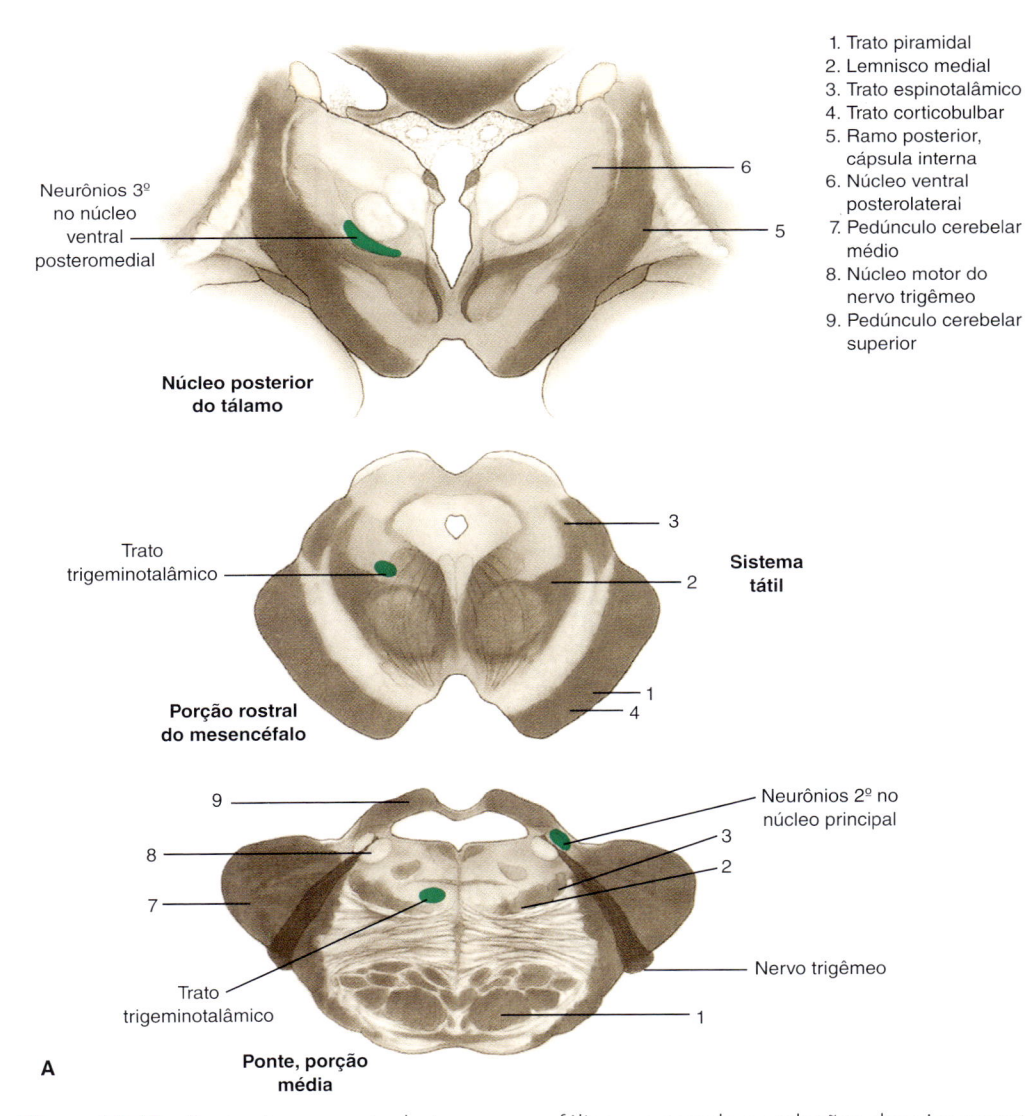

1. Trato piramidal
2. Lemnisco medial
3. Trato espinotalâmico
4. Trato corticobulbar
5. Ramo posterior, cápsula interna
6. Núcleo ventral posterolateral
7. Pedúnculo cerebelar médio
8. Núcleo motor do nervo trigêmeo
9. Pedúnculo cerebelar superior

Figura 11.12 Cortes transversais do tronco encefálico mostrando as relações das vias somatossensoriais a partir dos nervos cranianos. **A.** Sistema tátil.

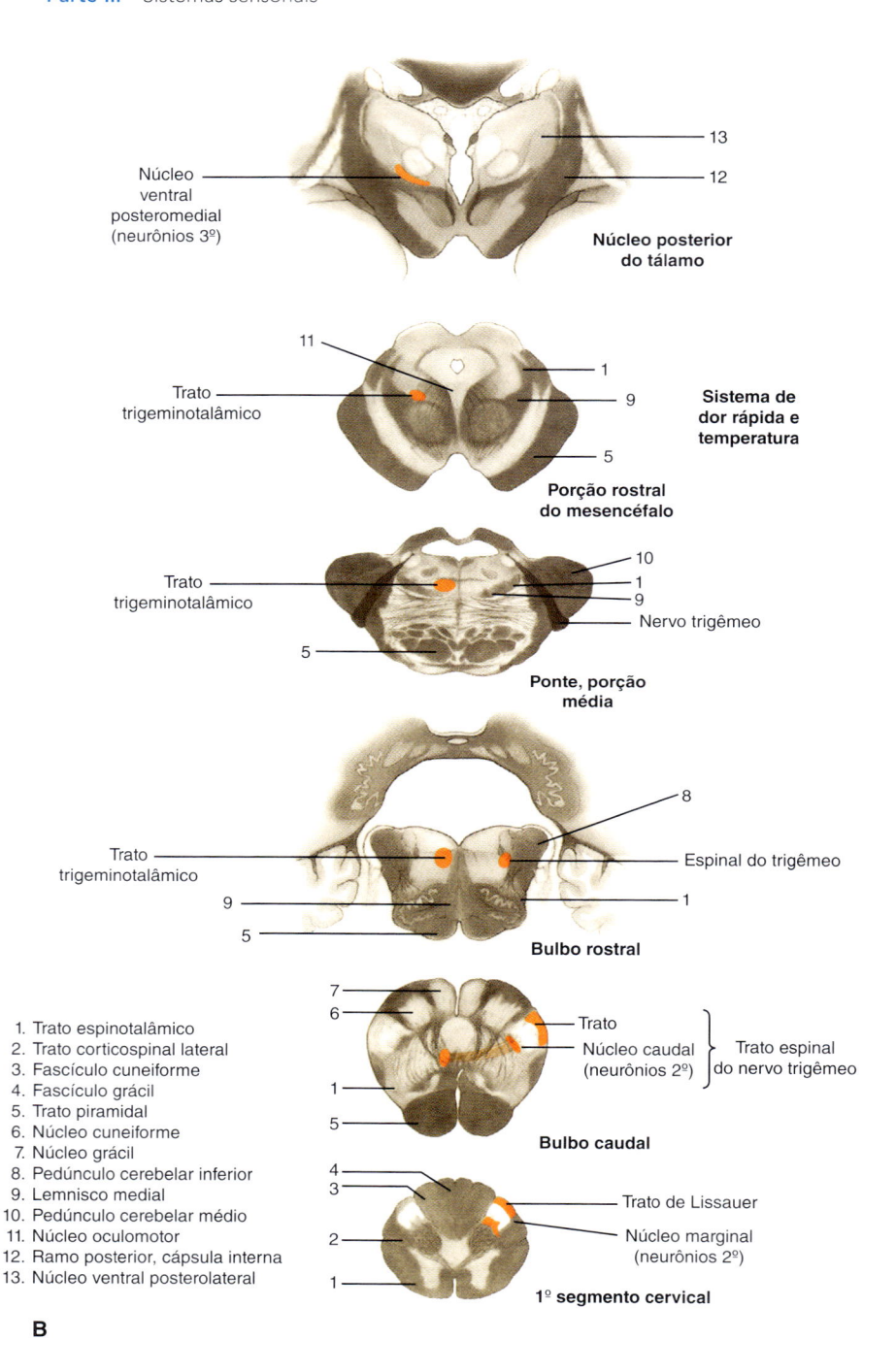

Figura 11.12 *(Continuação)* **B.** Sistema de dor rápida e temperatura (1º, primário ou de primeira ordem; 2º, secundário ou de segunda ordem; 3º, terciário ou de terceira ordem).

Neurônios de terceira ordem

As fibras trigeminotalâmicas secundárias terminam no núcleo ventral posteromedial (VPM). No VPM, a cavidade oral é representada medialmente e as estruturas faciais, lateralmente. Os neurônios de terceira ordem da via trigeminal de tato no VPM enviam axônios talamocorticais que passam pelo ramo posterior da cápsula interna e chegam à parte ventral do giro pós-central, a área da face do córtex SI, onde o tipo de sensação e sua localização precisa são percebidos.

A bilateralidade das aferências trigeminais para o córtex cerebral a partir da cavidade oral, da articulação temporomandibular etc. é, sem dúvida, decorrente das funções bilaterais das estruturas orais.

Vias de dor e de temperatura da cabeça

Uma série de três neurônios transmite os impulsos de dor rápida e de temperatura a partir dos nociceptores e termorreceptores do nervo craniano ao córtex cerebral, onde os impulsos são percebidos (Figs. 11.10 e 11.11).

Neurônios de primeira ordem

Neurônios pseudounipolares menores localizados no gânglio trigeminal transmitem impulsos de dor e temperatura. Os ramos centrais dos axônios dessas células pseudounipolares do gânglio trigeminal entram na ponte através da raiz sensitiva do nervo trigêmeo e passam dorsomedialmente à junção do pedúnculo cerebelar médio e à parte basilar da ponte (Fig. 11.12B). Ao alcançarem o tegmento pontino, formam um feixe conspícuo, o trato espinal do nervo trigêmeo, que desce pela ponte e pelo bulbo e se mistura ao fascículo dorsolateral ou trato de Lissauer nos segmentos cervicais superiores da medula espinal.

Os impulsos de dor e temperatura a partir dos nervos facial, glossofaríngeo e vago têm como neurônios primários as pequenas células pseudounipolares em seus respectivos gânglios, a saber o geniculado do NC VII, o inferior (pe-

troso) do NC IX e o superior (jugular) do NC X. Os ramos centrais de seus axônios entram no tronco encefálico com seus respectivos nervos e se unem ao trato espinal do nervo trigêmeo.

Neurônios de segunda ordem

As fibras primárias de dor e de temperatura que descem pelo trato espinal do nervo trigêmeo terminam na parte caudal do núcleo espinal do nervo trigêmeo. Esse subnúcleo caudal se estende do nível do óbex até a medula espinal, onde se torna contínuo com as camadas mais dorsais do corno posterior. A interrupção do trato espinal do nervo trigêmeo em qualquer parte desde a sua origem na porção média da ponte, inferiormente ao nível do óbex, resulta na perda total das sensações de dor no lado ipsilateral da face e na parte anterior do couro cabeludo.

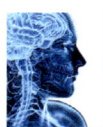

Conexão clínica

A tratotomia espinal do trigêmeo foi usada para promover o alívio da dor espontânea e excruciante que ocorre nos casos de **neuralgia do trigêmeo** ou *tic douloureux*. A vantagem da transecção cirúrgica do trato no bulbo ao nível do óbex está no alívio da dor facial e na preservação do **reflexo corneano**. Na ausência do reflexo corneano, que umedece e limpa a córnea, pode ocorrer infecção e ulceração da córnea. O reflexo corneano engloba um componente aferente, o nervo trigêmeo e um componente eferente, o nervo facial. Esse reflexo é deflagrado quando a córnea é tocada com um tufo de algodão, estimulando assim os nociceptores cujos corpos celulares estão no gânglio trigeminal. Os impulsos aferentes do reflexo corneano descem pelo trato espinal do nervo trigêmeo e fazem sinapse em todos os níveis do núcleo espinal do nervo trigêmeo. As conexões são então estabelecidas via formação reticular com os núcleos dos nervos faciais bilateralmente. O componente eferente do reflexo consiste nas fibras do nervo facial que suprem os músculos orbiculares do olho.

Uma lesão unilateral pequena na parte lateral do bulbo ou na metade caudal da ponte em um nível qualquer pode interromper os tratos espinal do trigêmeo e espinotalâmico. Nesses casos, o paciente perde a sensibilidade à dor na face ipsilateral, bem como nos membros, nas regiões do tronco e do pescoço e na parte posterior da cabeça contralaterais.

Os neurônios de segunda ordem da via de dor, situados na parte caudal do núcleo espinal do nervo trigêmeo, e a formação reticular adjacente originam axônios que cruzam a linha média e sobem pelo trato trigeminotalâmico anterior. Considera-se que esse trato está localizado na formação reticular próximo à parte do lemnisco medial que corresponde ao membro superior nos três níveis no bulbo, na ponte e no mesencéfalo, e é comumente chamado trato trigeminal anterior ou trato trigeminotalâmico anterior[3].

Neurônios de terceira ordem

Os axônios dos neurônios de segunda ordem de dor rápida e temperatura no trato trigeminotalâmico terminam no núcleo VPM. Os neurônios terciários do VPM enviam axônios talamocorticais via ramo posterior da cápsula interna para a região de representação da face no córtex SI, que está localizada na parte ventral do giro pós-central.

Fisiologia da sensibilidade somática

Inibição lateral

A informação somatossensorial relacionada aos estímulos táteis, térmicos e nociceptivos permanece funcionalmente segregada nas vias somatossensoriais ascendentes e na retransmissão via núcleos da medula espinal, tronco encefálico e tálamo antes de ser integrada no córtex cerebral. A manutenção da resolução da transmissão somatossensorial em núcleos retransmissores sucessivos é realizada por inibição lateral. Exemplificando, a estimulação de duas áreas espacialmente adjacentes da ponta de um dedo da mão ativa populações distintas e sobrepostas de neurônios retransmissores. Os neurônios retransmissores que recebem aferências táteis de dois pontos convergentes são subsequentemente inibidos, mantendo assim a fidelidade espacial dos dois estímulos. Esse fenômeno de inibição lateral é a base da discriminação de dois pontos.

Processamento cortical das sensações somáticas

As informações exteroceptivas e proprioceptivas alcançam o córtex SI em grande parte inalteradas à medida que são transmitidas ao longo do tronco encefálico e do tálamo. O processamento da informação somatossensorial ocorre nas colunas verticais dos neurônios corticais de SI. Todos os neurônios em uma coluna respondem à estimulação de um único campo receptivo periférico. As colunas adjacentes são ativadas por diferentes estímulos sensoriais oriundos de campos receptivos espacialmente contínuos, formando assim o homúnculo sensitivo (p. ex., a combinação de todos os estímulos mecanorreceptores vindos da extremidade distal de um dedo). A maior resolução de uma informação somatossensorial se dá na parte mais anterior do giro pós-central dentro do sulco central. Em regiões progressivamente mais posteriores de SI, os campos receptivos individuais se tornam integrados do ponto de vista funcional. No córtex de associação do lóbulo parietal superior, posterior a SI, a informação somatossensorial converge com outras modalidades sensoriais e constitui uma área importante para ajudar a orientar os movimentos voluntários.

Implicações clínicas das vias somatossensoriais

Uma sinopse das vias somatossensoriais do SNC (Fig. 11.13) e das anormalidades somatossensoriais resultantes de lesões unilaterais em vários níveis (Fig. 11.14) são exemplificadas pelas histórias dos casos apresentadas no início deste capítulo.

No primeiro paciente, uma perda somatossensorial alternada está localizada abaixo do umbigo: tato, pressão e posição de membro do lado direito, e dor e temperatura do lado esquerdo. Essas perdas resultam da interrupção de feixes nervosos na coluna (funículo) posterior e no quadrante anterolateral, respectivamente, no lado

---

3 N.R.C.: Alguns autores consideram que este trato também integra o lemnisco trigeminal já mencionado.

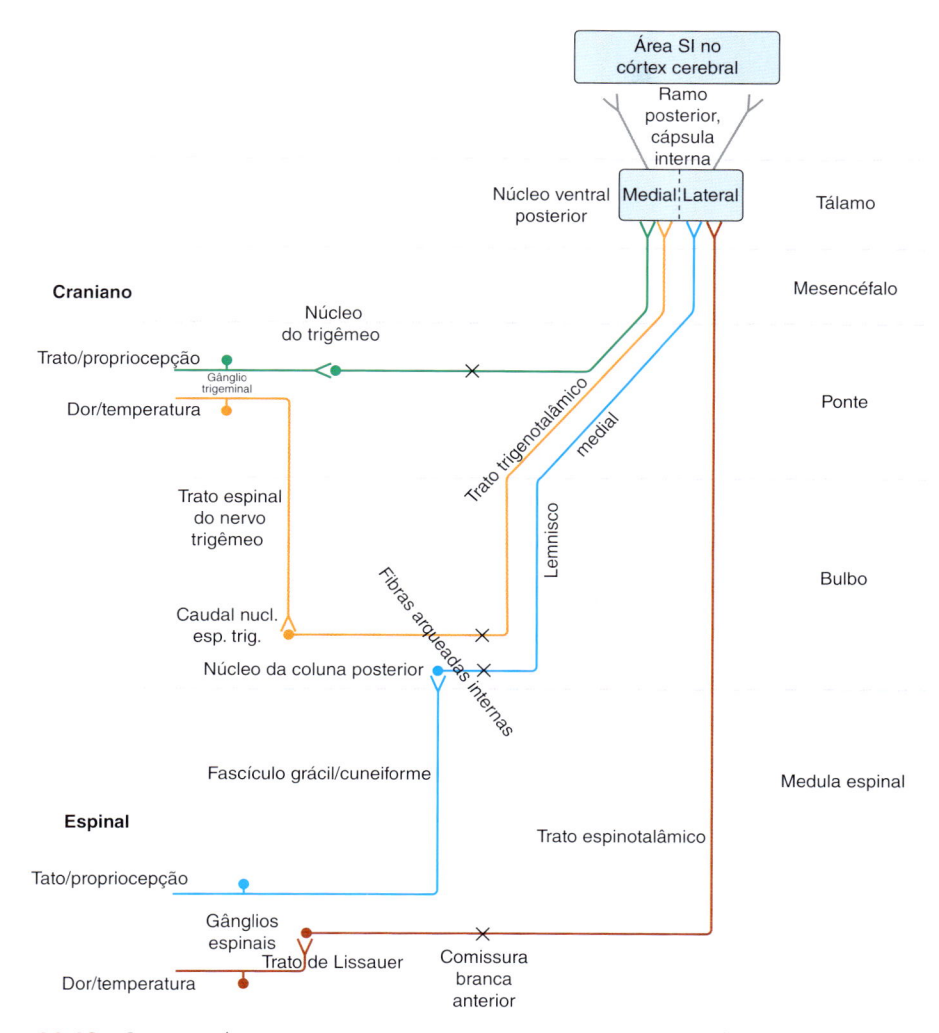

Figura 11.13 Sinopse das vias somatossensoriais (SI, somatossensorial primária).

direito no nível T10 da medula espinal. Somente na medula espinal, uma lesão unilateral pode resultar nessa perda somatossensorial alternada.

O segundo paciente perdeu a sensibilidade à picadas e à temperatura no lado esquerdo, em membros, tronco, pescoço e parte posterior da cabeça, bem como no lado direito, na face e na parte anterior do couro cabeludo. Essas perdas resultam da interrupção do trato espinotalâmico e do trato espinal do nervo trigêmeo, respectivamente, no lado direito, em algum nível entre a porção média da ponte e o óbex do bulbo.

Somente nas partes laterais da porção caudal da ponte e da porção rostral do bulbo uma lesão unilateral pode resultar em perda alternada da sensibilidade à dor e à temperatura.

No terceiro paciente, há manifestação de hemianestesia esquerda (excluindo a dor lenta) como resultado da interrupção de estruturas somatossensoriais no lado direito. As vias somatossensoriais da medula espinal e trigeminais se misturam entre si nas vias prosencefálicas. Dessa forma, as vias se reúnem no núcleo ventral posterior do tálamo. Como resultado, uma le-

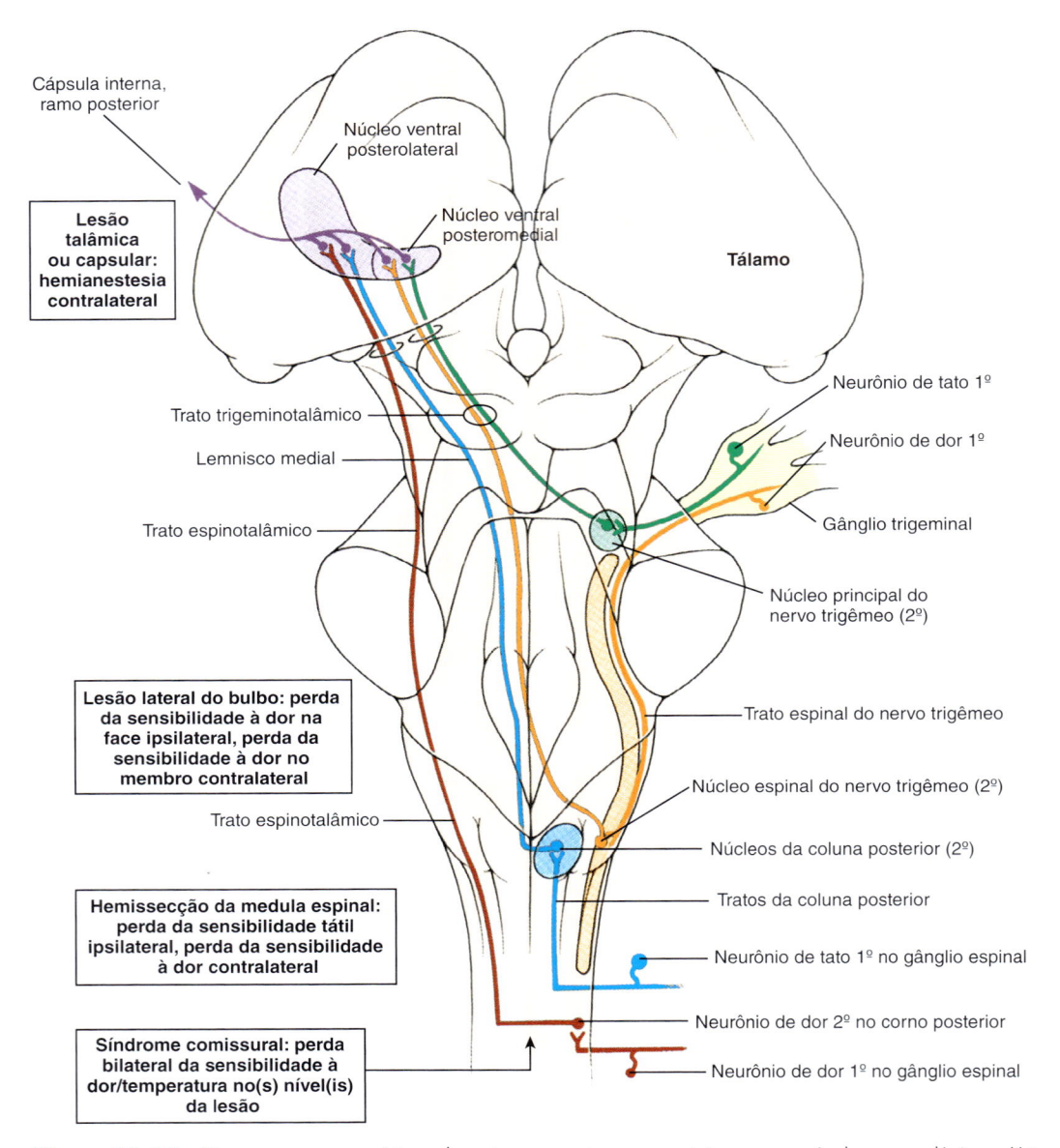

Figura 11.14   Sinopse esquemática das vias somatossensoriais e suas síndromes clínicas (1º, primário ou de primeira ordem; 2º, secundário ou de segunda ordem; 3º, terciário ou de terceira ordem).

são unilateral nessa estrutura resulta em hemianestesia contralateral. Do mesmo modo, uma lesão capsular que envolva o ramo posterior da cápsula interna resultará em hemianestesia contralateral, mas esta será acompanhada de hemiplegia espástica contralateral decorrente do envolvimento do trato piramidal adjacente.

Conexões centrais da dor lenta

A dor lenta a partir de nervos espinais é transmitida no SNC por vias filogeneticamente mais antigas e mais difusas, comumente referidas como sistemas "paleoespinotalâmico" e "espinorreticulotalâmico" (Fig. 11.15).

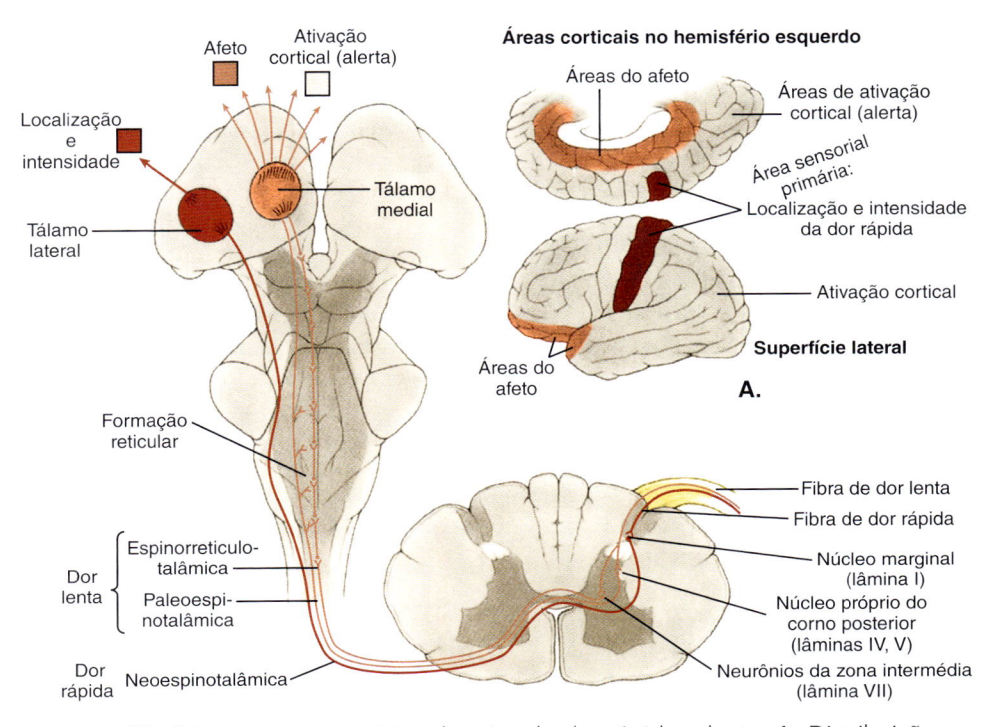

Figura 11.15 Diagrama esquemático das vias de dor rápida e lenta. **A.** Distribuição no córtex cerebral.

Os corpos celulares neuronais paleoespinotalâmicos estão nas lâminas V, VII e VIII. Outros neurônios nociceptivos nas lâminas VII e VIII originam o sistema espinorreticulotalâmico dos impulsos de dor visceral. Na medula espinal, o trato paleoespinotalâmico está localizado no quadrante anterolateral, onde se mistura às fibras de dor rápida do sistema "neoespinotalâmico". As fibras espinorreticulotalâmicas também estão localizadas nos quadrantes anterolaterais, porém nos fascículos próprios adjacentes ao corno anterior e à zona de substância cinzenta intermédia. Evidência clínica sugere que a dor visceral oriunda de órgãos abdominais e pélvicos ascende na parte mais medial das colunas posteriores.

No tronco encefálico, as fibras de dor lenta estão localizadas mais medialmente do que as fibras de dor rápida. As fibras paleoespinotalâmicas têm axônios colaterais que fazem sinapse na formação reticular bulbar, onde se sobrepõem às sinapses de numerosas fibras espinorreticulares. Esses dois estímulos destinados à formação reticular formam um sistema reticulotalâmico multissináptico que projeta principalmente impulsos nociceptivos para as partes mais mediais do tálamo que, por sua vez, se projetam para regiões amplamente distribuídas do córtex cerebral.

Conexão clínica

O resultado imediato da cordotomia anterolateral é a perda contralateral da sensibilidade à dor (e à temperatura) abaixo do nível da lesão. Não é isso que ocorre no tronco encefálico, no qual a dor rápida ascende pelo trato espinotalâmico, lateralmente localizado, enquanto a dor lenta ascende mais medialmente. Portanto, a interrupção do trato espinotalâmico no tronco encefálico resulta em diminuição da sensibilidade e da capacidade de localização da dor rápida, ou seja, tipo picada (e sensação térmica), e não em perda da sensibilidade à dor lenta. De fato, lesões localizadas no trato espinotalâmico no tronco encefálico podem resultar em dor crônica intratável agonizante do chamado tipo "talâmico".

Não há percepção da dor associada ao dano tecidual no córtex SI. A percepção da dor lenta em outras áreas corticais é responsável pela consciência da dor nas partes contralaterais do corpo em pacientes com dano na cápsula interna ou no córtex SI. Embora as funções nociceptivas específicas não possam ser localizadas no córtex cerebral, outras que não a área SI onde ocorre a localização e intensidade da dor rápida, a função de outras áreas corticais pode ser postulada com base em suas conexões talamocorticais. Assim, parece que:

1. A conexões dos núcleos intralaminares do tálamo com áreas corticais amplamente distribuídas têm papel na atenção e na ativação cortical.
2. As projeções dos núcleos mediais do tálamo para partes do sistema límbico, como o córtex orbitofrontal, as partes anteriores do giro do cíngulo e a ínsula são responsáveis pelas respostas afetivas à dor (angústia, depressão, medo, raiva etc.).

Conexão clínica

Indivíduos com lesões no giro do cíngulo ou na ínsula percebem a dor, contudo não são incomodados nem mesmo por dores intensas, nem exibem as repostas emocionais usuais à dor.

Em geral, portanto, as áreas corticais que recebem impulsos nociceptivos da parte lateral do tálamo percebem os aspectos sensoriais discriminativos da dor, enquanto as áreas que recebem impulsos nociceptivos da parte medial do tálamo são relacionadas aos aspectos de alerta (ativação cortical) e atenção, afetivos e motivacionais da dor. As estruturas do sistema nervoso periférico (SNP) e do SNC, bem como seus papéis nos sistemas de dor rápida e lenta, são resumidos na Tabela 11.4. Apesar da escassez de informação sobre as conexões centrais e vias de dor lenta na cabeça, é razoável assumir que sejam similares às dos sistemas paleoespinotalâmico e espinorreticulotalâmico, ou seja, da formação reticular para o tálamo medial e então para áreas de distribuição ampla do córtex cerebral.

Modulação da dor

As características anatômicas da modulação exógena e endógena das vias de dor da medula espinal são bem conhecidas. Em ambos os casos, os interneurônios formadores da substância gelatinosa (lâmina II) e lâminas adjacentes do corno posterior exercem papel decisivo (Fig. 11.16). Esses interneurônios atuam sobre os neurônios secundários de dor lenta e, através de sua ação, a excitabilidade dos neurônios secundários de dor lenta pode ser alterada para

Tabela 11.4 **Resumo das vias de dor da medula espinal**

		Dor rápida	Dor lenta
SNP	Nociceptores Fibras nervosas	Aδ mecânico Mielinizadas pequenas (5-30 m/s)	C-polimodal (dano tecidual) Não mielinizada (0,5-2 m/s)
SNC	Tratos: Origens	Neoespinotalâmico: Núcleo marginal (L I) Núcleo próprio (L V)	Paleoespinotalâmico: Núcleo próprio (L V) Zona intermédia (L VII) Espinorreticulotalâmico: Zona intermédia (L VII) Corno anterior (L VIII)
	Terminações talâmicas	Tálamo lateral (VPL)	Tálamo medial Hipotálamo
	Terminações corticais	Área SI	Lobo frontal Lobo límbico
	Funções	Localização e precisão	Ativação cortical Afeto

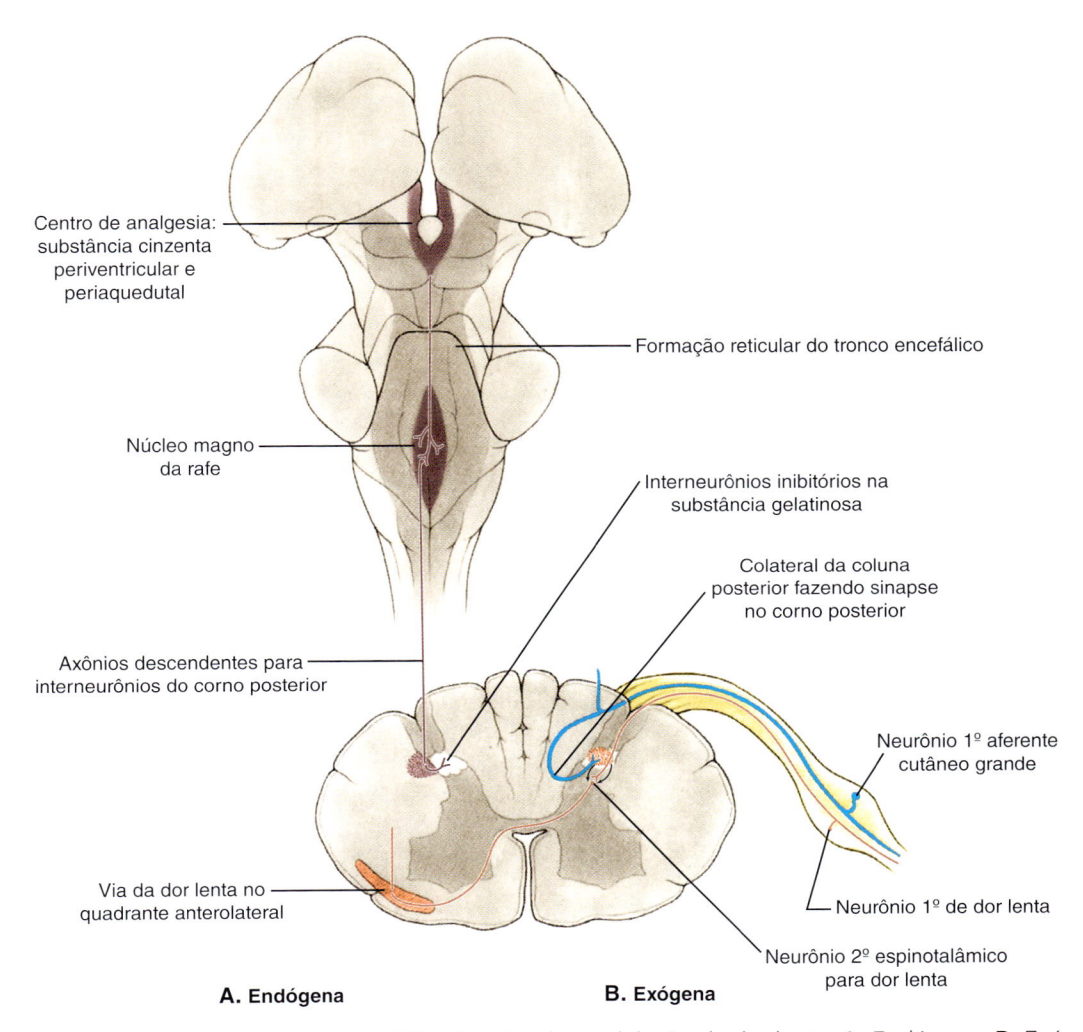

Figura 11.16 Diagrama esquemático das vias de modulação da dor lenta. **A.** Endógena. **B.** Exógena (1º, primário ou de primeira ordem; 2º, secundário ou de segunda ordem).

prevenir a transmissão dos impulsos de dor para os centros superiores.

Controle exógeno

Grossas fibras nervosas aferentes cutâneas condutoras de impulsos de tato conseguem modular a dor por meio de conexões em massa com a substância gelatinosa e outros neurônios do corno posterior. Essas conexões se dão pelas ramificações de fibras de tato que ascendem nas colunas posteriores. Esse fenômeno é a base do controle clínico da dor crônica por TENS. O

tratamento produz ativação seletiva das fibras de tato cutâneas maiores, resultando em **analgesia** decorrente da ativação de interneurônios espinais que inibem os neurônios secundários de dor lenta.

Controle endógeno

Grupos de neurônios na substância cinzenta periaquedutal na porção rostral do mesencéfalo e na substância cinzenta periventricular do diencéfalo adjacente, sob estimulação elétrica ou neural ou mediante administração de opiáceos, produzem analgesia. Esse tipo de modulação da dor se dá por meio de conexões entre esse centro de analgesia e neurônios do núcleo magno da rafe e outros neurônios da formação reticular próxima à junção bulbopontina. Os axônios descem desses núcleos para a região da substância gelatinosa e de neurônios secundários de dor da medula espinal, e inibem a transmissão dos impulsos de dor ascendentes.

Esse sistema de modulação endógena da dor é usado clinicamente para aliviar alguns tipos de dor crônica. O procedimento envolve a implantação cirúrgica de um eletrodo de estimulação no centro de analgesia. A estimulação é controlada pelo paciente por meio do uso de uma unidade de estimulação alimentada com bateria. Embora a duração do alívio da dor crônica seja extremamente variável, por meio desse procedimento o paciente consegue obter alívio sempre que necessitar.

Questões para revisão

1. Quais são os três mecanorreceptores táteis e qual deles é o mais sensível?
2. Como a intensidade de um estímulo cutâneo é transmitida a partir do receptor para o sistema nervoso central?
3. Um campo receptivo define qual aspecto fisiológico de um receptor somatossensorial?
4. Como um mecanorreceptor encapsulado faz a transdução de um estímulo mecânico em sinal elétrico?
5. O que é adaptação sensorial?
6. Qual é a importância funcional da inibição lateral na transmissão da informação somatossensorial?
7. Qual é a diferença entre as vias de dor rápida e lenta no prosencéfalo?
8. Qual é a base do alívio da dor por estimulação elétrica nervosa transcutânea (TENS)?
9. Nomeie e localize as perdas de sensibilidade somática geral previstas como resultado dos seguintes eventos ou comprometimentos das estruturas relacionadas:

a. Ruptura de disco no forame intervertebral esquerdo entre a VL5 e VS1.
b. Hemissecção esquerda da medula espinal em T10.
c. Comissura branca anterior de T2 a T4.
d. Terço lateral esquerdo do bulbo no nível do óbex.
e. Terço medial direito do bulbo próximo à junção bulbopontina.
f. Núcleo ventral posterior esquerdo do tálamo.
g. Lóbulo paracentral direito.

10. Uma lesão que destrua o trato espinal do nervo trigêmeo na ponte resulta em perda de:
a. Sensibilidade à picada na testa contralateral.
b. Reflexo corneano ipsilateral.
c. Sensibilidade discriminativa de dois pontos na bochecha ipsilateral.
d. Sensibilidade térmica no braço contralateral.
e. reflexo mandibular.

11. Um paciente tem doença desmielinizante há vários anos. Entre os déficits desse paciente, está a perda de sensibilidade a uma das modalidades de dor. Para qual das seguintes sensações seria prevista uma diminuição em decorrência da doença desmielinizante subjacente?
a. Dor lenta em queimação.
b. Dor de úlcera gástrica.
c. Dor de distensão colônica.
d. Dor aguda associada com laceração.
e. Dor de osso quebrado.

12. Um paciente tem uma lesão vascular do núcleo ventral posterolateral do tálamo. Essa lesão resultará na perda:
a. Da sensibilidade à picada na bochecha contralateral.
b. Do reflexo corneano contralateral.
c. Da capacidade de localizar um estímulo tátil na mão contralateral.
d. Da sensibilidade à dor lenta no ombro contralateral.
e. Da grafestesia na face contralateral.

13. Um paciente com perda das sensibilidades tátil e à dor no lado esquerdo da face pode ter uma lesão:

a. No trato trigeminal anterior direito, no bulbo.
b. No trato espinal do nervo trigêmeo esquerdo, no bulbo.
c. No trato trigeminal anterior, esquerdo no mesencéfalo.
d. No núcleo ventral posteromedial direito.
e. Na cápsula interna direita.

14. Um paciente com dor intolerável é submetido a uma cordotomia anterolateral cervical. Embora seja esperado observar degeneração axonal anterógrada (Walleriana) em numerosas estruturas encefálicas, a única localização onde você não procuraria axônios em degeneração seria:
a. O giro pós-central.
b. O tálamo lateral.
c. O tálamo medial.
d. A formação reticular.
e. A substância cinzenta periaquedutal.

12   O sistema auditivo: surdez

Uma mulher de meia-idade se queixa de tontura, perda da audição na orelha esquerda e flacidez no lado esquerdo da face, que foram se agravando gradualmente no decorrer dos últimos 6 meses.

As vias que abrangem os impulsos auditivos estão organizadas de tal modo que os impulsos nervosos têm que passar pelo menos por quatro neurônios para alcançarem o córtex cerebral, que são: número 1 em um gânglio do NC VIII; número 2 na porção caudal do tronco encefálico; número 3 na porção rostral do tronco encefálico; e número 4 no tálamo. Diferentemente de outros sistemas sensoriais, as vias auditivas centrais têm representação bilateral dos sons, ou seja, estímulos de ambas as orelhas alcançam o córtex auditivo em ambos os hemisférios.

A orelha

A orelha, um órgão vestibulococlear relacionado com a audição e o equilíbrio, consiste em três partes: externa, média e interna (Fig. 12.1). A orelha externa inclui a aurícula ou pina (pavilhão auricular), o meato acústico e a membrana timpânica (tímpano). A aurícula reúne as ondas sonoras e o meato acústico externo amplifica e direciona essas ondas para a membrana timpânica. A membrana timpânica, divisão entre as partes externa e média da orelha, é levada a vibrar pelas ondas sonoras.

A orelha média, ou cavidade timpânica, é um espaço cheio de ar no osso temporal. A orelha média contém três **ossículos auditivos** e dois músculos pequenos. O martelo, a bigorna e o estribo são os ossículos auditivos. O martelo é preso à superfície interna da membrana timpânica e à bigorna. Esta última está articulada com o estribo. As vibrações da membrana timpânica são transferidas para o martelo e, em seguida, conduzidas através da bigorna e do estribo para a orelha interna. As vibrações sonoras também podem ser conduzidas para a orelha interna pelo osso temporal. Esse fenômeno, a **condução óssea**, é bem menos eficiente do que a condução mediada pelos ossículos na orelha média.

Os movimentos dos ossículos podem ser amortecidos de modo reflexo pelos dois músculos pequenos presentes na orelha média. O músculo tensor do tímpano, inervado pelo nervo trigêmeo, está preso ao martelo. Esse músculo tensor amortece os tons baixos puxando internamente o martelo e, assim, aumentando a tensão sobre a membrana timpânica. O músculo estapédio, inervado pelo nervo facial, está preso ao estribo. Esse músculo diminui a intensidade do som puxando e afastando o estribo da abertura na orelha interna.

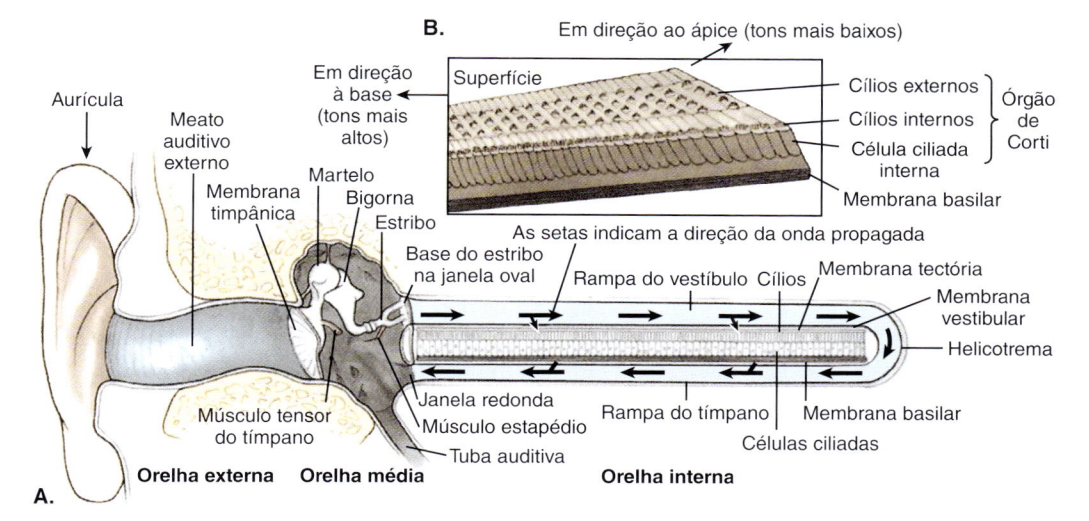

Figura 12.1 Principais partes do aparelho auditivo. **A.** Partes externa, média e interna da orelha. **B.** Superfície e vista lateral da membrana basilar e órgão de Corti, que aumenta em largura desde a base até o ápice.

Conexão clínica

Uma lesão no nervo facial perto de suas ramificações para o músculo estapédio resulta em hiperacusia, sons anormalmente altos na orelha afetada.

A orelha interna está localizada no osso temporal e consiste em espaços cheios de líquido que formam os labirintos ósseos e membranosos. O **labirinto ósseo** contém **perilinfa** e consiste nas partes vestibulares descritas no Capítulo 13 e em uma parte auditiva, a **cóclea**. O **labirinto membranoso** está localizado no labirinto ósseo e é composto por uma série de ductos conectados cheios de **endolinfa**.

A cóclea, assim chamada por ter formato semelhante ao da concha de um caracol, consiste em três espaços cheios de líquido: rampa do vestíbulo, rampa do tímpano e ducto coclear (Fig. 12.2). As rampas do vestíbulo e do tímpano, parcialmente encerradas no osso, são partes do labirinto ósseo, contêm perilinfa e estão em continuidade entre si no helicotrema (Fig. 12.1). O ducto coclear é parte do labirinto membranoso e, portanto, contém endolinfa. A

membrana vestibular, ou **membrana de Reissner**, separa a rampa do vestíbulo e o ducto coclear, enquanto a **membrana basilar** separa a rampa do tímpano e o ducto coclear.

Duas aberturas ou janelas estão localizadas entre a cóclea e a orelha média: a **janela oval** na rampa do vestíbulo e a **janela redonda** na rampa do tímpano (Fig. 12.1). A base do estribo ocupa a janela oval, enquanto a janela redonda é ocupada por uma membrana flexível. Quando o estribo se move para dentro, a janela redonda se move para fora, e vice-versa. Os movimentos do estribo para dentro e para fora produzem ondas de pressão perilinfática entre as rampas do vestíbulo e do tímpano, de modo que colocam o ducto coclear em movimento. Como o ducto coclear repousa sobre a membrana basilar, esta também é movimentada. O movimento da membrana basilar estimula os receptores auditivos nela localizados.

A localização tonotópica se dá na membrana basilar, cuja largura aumenta desde a base, a parte mais próxima da janela oval, até o ápice na extremidade das duas voltas e meia que a constituem (Fig. 12.1). Além disso, a estrutura da membrana basilar é tal que sua extremidade mais estreita, a base, é tensa, porém sua extremidade mais larga (ápice) é mais flexível.

Consequentemente, as frequências mais altas movimentam a base enquanto as frequências mais baixas movimentam o ápice.

Receptores auditivos

O **órgão espiral (de Corti)** consiste em células receptoras neuroepiteliais e células de suporte (Fig. 12.4A). As células receptoras neuroepiteliais são classificadas como células ciliadas internas e externas. As células ciliadas internas estão dispostas em fila única, enquanto as células ciliadas externas estão dispostas em um número crescente de fileiras (de 3 fileiras na base da cóclea a 4-5 fileiras no ápice) (Fig. 12.1B). Dentre as 16 mil células ciliadas existentes em cada cóclea, cerca de ¼ são células ciliadas internas e aproximadamente ¾ são células ciliadas externas. Projetando-se da superfície livre das células ciliadas, há estereocílios de comprimentos variados. As pontas dos estereocílios mais longos estão em contato ou, na verdade, incrustadas na membrana tectória sobrejacente. Portanto, quando a membrana basilar é movida pelo movimento do líquido na rampa do tímpano, os estereocílios se inclinam e isso resulta na alteração dos potenciais de membrana de suas células ciliadas.

As células ciliadas internas e externas são inervadas pelos neurônios auditivos primários situados no gânglio espiral. Pelo menos 90% desses neurônios fazem sinapse nas células ciliadas internas. Cada célula ciliada interna tem uma relação sináptica de 1:1 com até 20 células ganglionares espirais, exercendo assim o papel principal na discriminação tonotópica.

As células ciliadas externas são inervadas por relativamente poucas células ganglionares espirais, cada uma das quais fazendo sinapse com mais de 10 células ciliadas externas. Essas células também são inervadas por fibras olivococleares eferentes originadas do núcleo olivar superior na ponte. A estimulação olivococlear resulta em aumento da altura das células ciliadas externas e maior rigidez de seus estereocílios. Ambos os fatos influenciam a movimentação da membrana basilar e, portanto, a função do órgão de Corti.

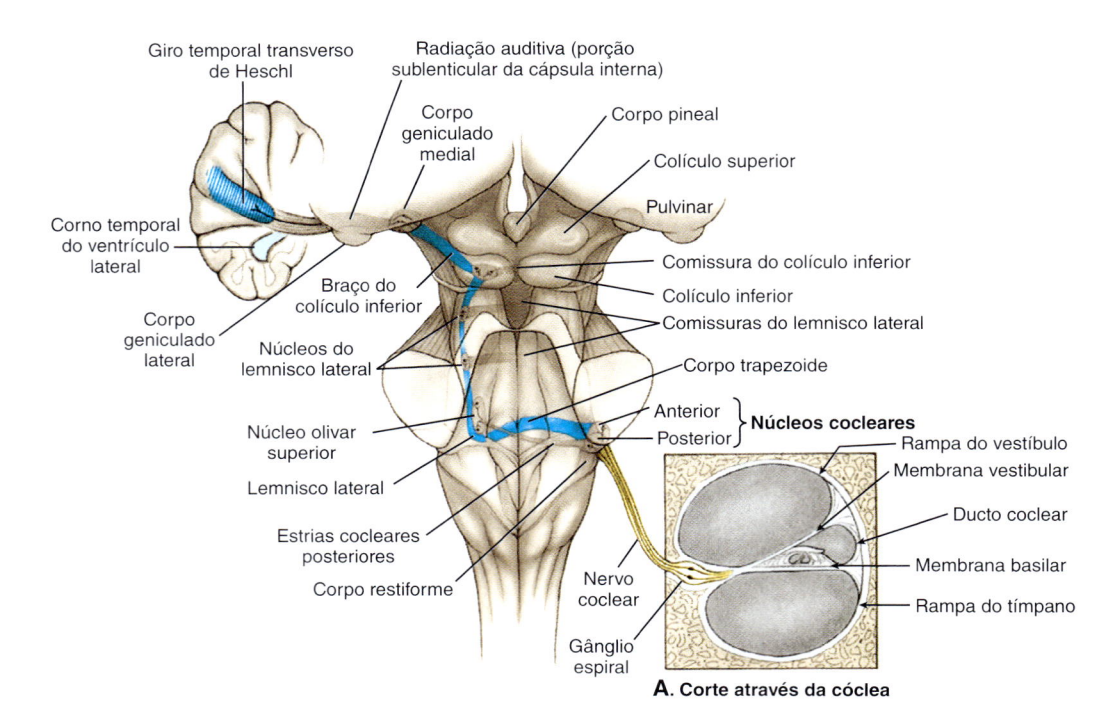

Figura 12.2 Vista dorsal tridimensional das vias auditivas. **A.** Corte transversal através da cóclea.

Recepção coclear e transdução de estímulos auditivos

A transdução de estímulos auditivos a partir das ondas de pressão transportadas pelo ar em sinais elétricos propagados para o encéfalo é um processo de múltiplas etapas que começa na membrana timpânica. A energia das ondas de pressão transportadas pelo ar é convertida em energia mecânica pela vibração da membrana timpânica e pelos movimentos sequenciais resultantes do martelo, da bigorna e do estribo. O movimento do estribo puxa ou empurra contra a janela oval da orelha interna, criando ondas de pressão sinusoidal na perilinfa dentro da rampa do vestíbulo e, então, na rampa do tímpano. Essas ondas de pressão transmitidas por líquido fazem a membrana basilar se mover para cima ou para baixo. As células ciliadas receptoras percebem a vibração da membrana basilar por meio dos tufos de estereocílios na superfície de cada célula ciliada receptora. Esses tufos de estereocílios estão organizados por altura, de forma gradativa, com os estereocílios mais altos orientados na direção da extremidade da membrana tectória (Fig. 12.3).

As ondas de pressão deslocam a membrana basilar e fazem os estereocílios da célula ciliada se inclinarem em consequência de sua fixação à membrana tectória sobrejacente. Os estereocílios são sensíveis à mudança de direção e, desse modo, quando a membrana basilar se move para cima na direção da rampa do vestíbulo, os estereocílios se inclinam na direção dos estereocílios longos e as células ciliadas são despolarizadas. O movimento da membrana basilar para baixo e na direção da rampa do tímpano resulta na hiperpolarização das células ciliadas. A despolarização resulta da inclinação dos estereocílios que abre os canais iônicos na membrana apical, levando ao influxo de K+ a partir da endolinfa na rampa média. A despolarização produzida por K+ abre canais de Ca^{2+} regulados por voltagem na base das células ciliadas, o que deflagra a liberação vesicular pré-sináptica de neurotransmissor nos locais pós-sinápticos existentes nas terminações distais dos axônios dos neurônios do gânglio espiral. Esse processo leva à ativação das terminações nervosas aferentes e à propagação de potenciais de ação para dentro do sistema nervoso central.

Uma alteração nas propriedades biomecânicas (largura, elasticidade) da membrana basi-

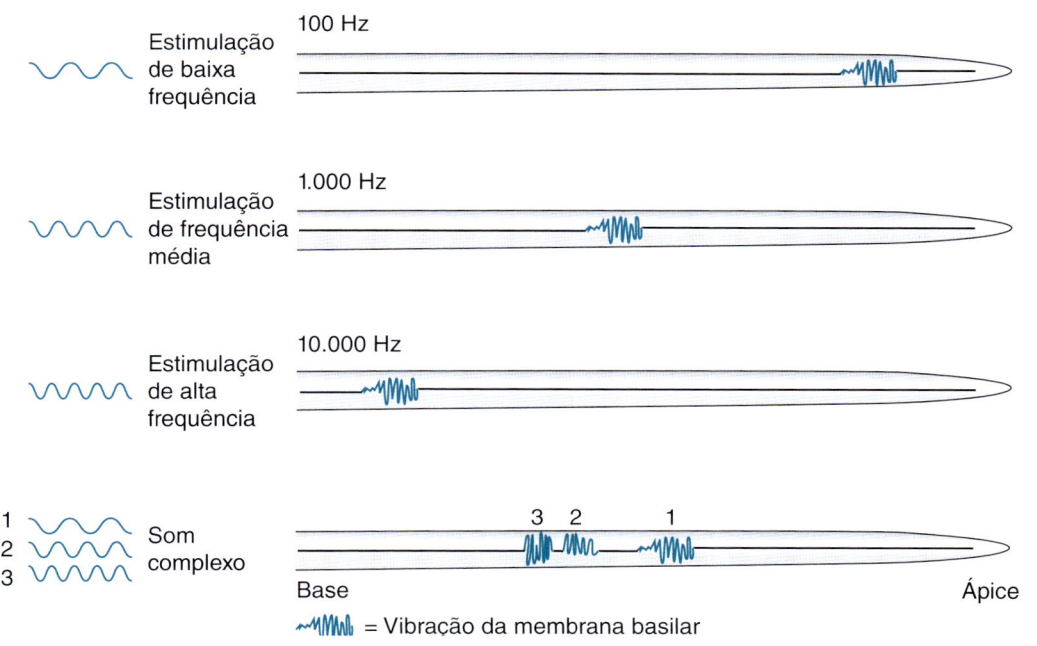

Figura 12.3   Representação do movimento da membrana basilar sob estimulação auditiva de frequências distintas.

lar, desde a base até o ápice da cóclea, constitui a base da organização tonotópica dos estímulos auditivos. Progredindo da base para o ápice, as células ciliadas em pequenos segmentos sucessivos da membrana basilar são seletivamente responsivas a sons de frequências altas (20 kHz) a baixas (20 Hz). Um som simples, como aquele gerado por uma única tecla de piano, ativa células ciliadas em um único segmento muito pequeno da membrana basilar e um número limitado correspondente de aferentes auditivos primários. Sons complexos, como aqueles gerados pela fala ou pela música, ativam receptores em múltiplos segmentos diferentes da membrana basilar e em populações distintas de aferentes auditivos (Fig. 12.3).

O som tem duas propriedades, a frequência (tom) e a intensidade ou volume medido em decibéis (dB). A codificação neural da frequência e da intensidade de um som ocorre primariamente em múltiplas conexões sinápticas entre células ciliadas internas individuais e aferentes do gânglio espiral. Algumas células ciliadas espacialmente contíguas são responsivas a uma frequência específica de estimulação. Um estímulo de baixa intensidade (10 dB) nessa frequência ativará somente alguns aferentes pós-sinápticos. Aumentar a intensidade do estímulo (50 dB) eleva a frequência de disparos de potenciais de ação nesses aferentes ativados até estes se tornarem saturados e, nesse momento, começarem os disparos de outros aferentes até então silenciosos em decorrência de seus limiares de ativação mais altos. Dessa maneira, vários aferentes que contatam cada célula ciliada receptora são ativados pela mesma frequência de estímulo, todavia sendo diferencialmente ativados por diferentes intensidades de estímulos.

Via auditiva

Os neurônios auditivos primários ou de primeira ordem estão localizados no gânglio espiral (Figs. 12.2 e 12.4). Os dendritos desses neurônios bipolares fazem sinapse nas células ciliadas do órgão de Corti. Seus processos centrais formam o nervo coclear que passa em direção à cavidade craniana, no meato acústico interno, e entra no tronco encefálico junto ao ângulo pontocerebelar.

Conexão clínica

A relação entre o nervo coclear e os nervos vestibular e facial no meato acústico interno tem importância médica, especialmente no caso de um **neurinoma do acústico**, como ilustrado no caso clínico apresentado no início deste capítulo. Esse tumor benigno de células de Schwann quase sempre surge na parte do nervo vestibular que está dentro do meato acústico interno. Após o crescimento inicial dentro do meato, o tumor se espalha no ângulo pontocerebelar. Esse fenômeno resulta em uma sequência de sinais e sintomas causados pelo dano por pressão a estruturas localizadas dentro do meato acústico interno: nervo coclear, surdez progressiva; nervo vestibular, desequilíbrio; e nervo facial, fraqueza da musculatura facial. Posteriormente, quando o tumor está na fossa craniana posterior próximo ao ângulo pontocerebelar, há perda do reflexo corneano e perda ocasional da sensibilidade geral da face, além de ataxia de membro ipsilateral em razão do comprometimento do nervo trigêmeo e das vias cerebelares, respectivamente.

O nervo coclear termina nos neurônios de segunda ordem nos núcleos cocleares posterior e anterior, posicionados junto ao pedúnculo cerebelar inferior no nível em que este se volta dorsalmente para entrar no cerebelo (Fig. 12.4). O núcleo coclear posterior é posterolateral ao pedúnculo cerebelar inferior e forma o tubérculo acústico no assoalho do recesso lateral do IV ventrículo. O núcleo coclear anterior é ligeiramente mais rostral e tem localização anterolateral em relação ao pedúnculo cerebelar inferior.

Os axônios dos núcleos cocleares posterior e anterior passam em direção à linha média, antes de decussarem, seguem rostralmente para dentro da ponte e formam três grupos de estrias cocleares nomeadas de acordo com suas localizações no tegmento da porção caudal da ponte: posterior, intermédia e anterior. Dentre as três estrias cocleares, a anterior é a mais proeminente e, ao decussar, forma o **corpo trapezoide** (Figs. 12.2,

12.4 e 12.5). Após a decussação, as fibras oriundas de todas as três estrias cocleares se unem ao **lemnisco lateral**, que ascende ao longo da ponte até o mesencéfalo. Ao alcançarem o mesencéfalo, todas as fibras auditivas no lemnisco lateral entram no colículo inferior e fazem sinapse. A maioria das fibras oriundas do colículo inferior emerge lateralmente e ascende ao longo da superfície lateral do mesencéfalo, no **braço do colículo inferior (*inferior brachium*)**.

Conexão clínica

Este feixe do colículo inferior forma uma eminência evidente na superfície lateral da metade rostral do mesencéfalo, e tem sido usado como referencial para a interrupção cirúrgica das fibras de dor que seguem no trato espinotalâmico, localizado a vários milímetros medialmente ao braço do colículo inferior.

O braço do colículo inferior termina no corpo geniculado medial (Figs. 12.2, 12.4 e 12.5). Este centro auditivo talâmico então origina a **radiação auditiva**, que passa lateralmente para se integrar ao ramo posterior da cápsula interna, sob a parte posterior do núcleo lentiforme. Portanto, a radiação auditiva está localizada na **porção sublenticular** do ramo posterior. A partir desse ponto, ela segue para o córtex auditivo primário, localizado no giro temporal transverso (de Heschl). Esse giro está situado no assoalho do sulco lateral (Fig. 12.4). A localização tonotópica existe no córtex auditivo primário, e os tons altos são representados posteromedialmente e os tons baixos anterolateralmente.

Bilateralismo nas vias auditivas

As vias auditivas centrais diferem das outras vias sensoriais ascendentes por causa da (1) presença de núcleos acessórios intimamente relacionados às vias ascendentes e da (2) representação bilateral dos impulsos auditivos em cada lado.

Três grupos de núcleos são encontrados ao longo das vias auditivas, entre os núcleos cocleares e o colículo inferior. Trata-se do núcleo olivar superior, dos núcleos do corpo trapezoide e dos núcleos do lemnisco lateral.

Conexão clínica

Uma lesão unilateral do córtex auditivo ou das vias ascendentes distais aos núcleos cocleares resulta praticamente em nenhuma perda da audição. A anormalidade mais frequentemente associada a essa lesão é o comprometimento da habilidade de localizar a direção e a distância dos sons que atingem a orelha contralateral.

O núcleo olivar superior está localizado na porção caudal da ponte, perto da borda lateral do corpo trapezoide (Figs. 12.2, 12.4 e 12.5). Recebe aferências dos núcleos cocleares ipsilaterais e contralaterais, e origina as fibras que se unem aos lemniscos laterais ipsilateral e contralateral. O núcleo olivar superior exerce papel-chave na localização dos sons no espaço. Os núcleos do corpo trapezoide estão dispersos por entre os feixes do corpo trapezoide e suas conexões aferentes e eferentes são similares às da oliva superior.

Os núcleos do lemnisco lateral estão localizados no e adjacentes ao lemnisco lateral, nos níveis médio e rostral da ponte.

Eles recebem fibras dos lemniscos e seus colaterais, bem como enviam axônios para os lemniscos laterais ipsilateral e contralateral. Os nú-

Conexão clínica

A **surdez por condução** resulta de qualquer interferência com a passagem das ondas sonoras através das orelhas externa ou média (rota ar-osssículo). A condução óssea (transmissão das ondas sonoras através dos ossos cranianos) também pode ocorrer. Portanto, a surdez por condução nunca é completa ou total.

A **surdez sensorioneural** resulta principalmente de lesão das células ciliadas do órgão de Corti, embora esse quadro possa ser resultante de lesão do nervo coclear em razão de um neurinoma do acústico. A deficiência ou dano se dá em uma porção do mecanismo auditivo comum tanto para a condução aérea como para a condução óssea, portanto a falha ou perda auditiva em ambas as rotas pode ocorrer. O grau de perda auditiva está claramente relacionado à extensão do dano ao órgão de Corti ou ao nervo.

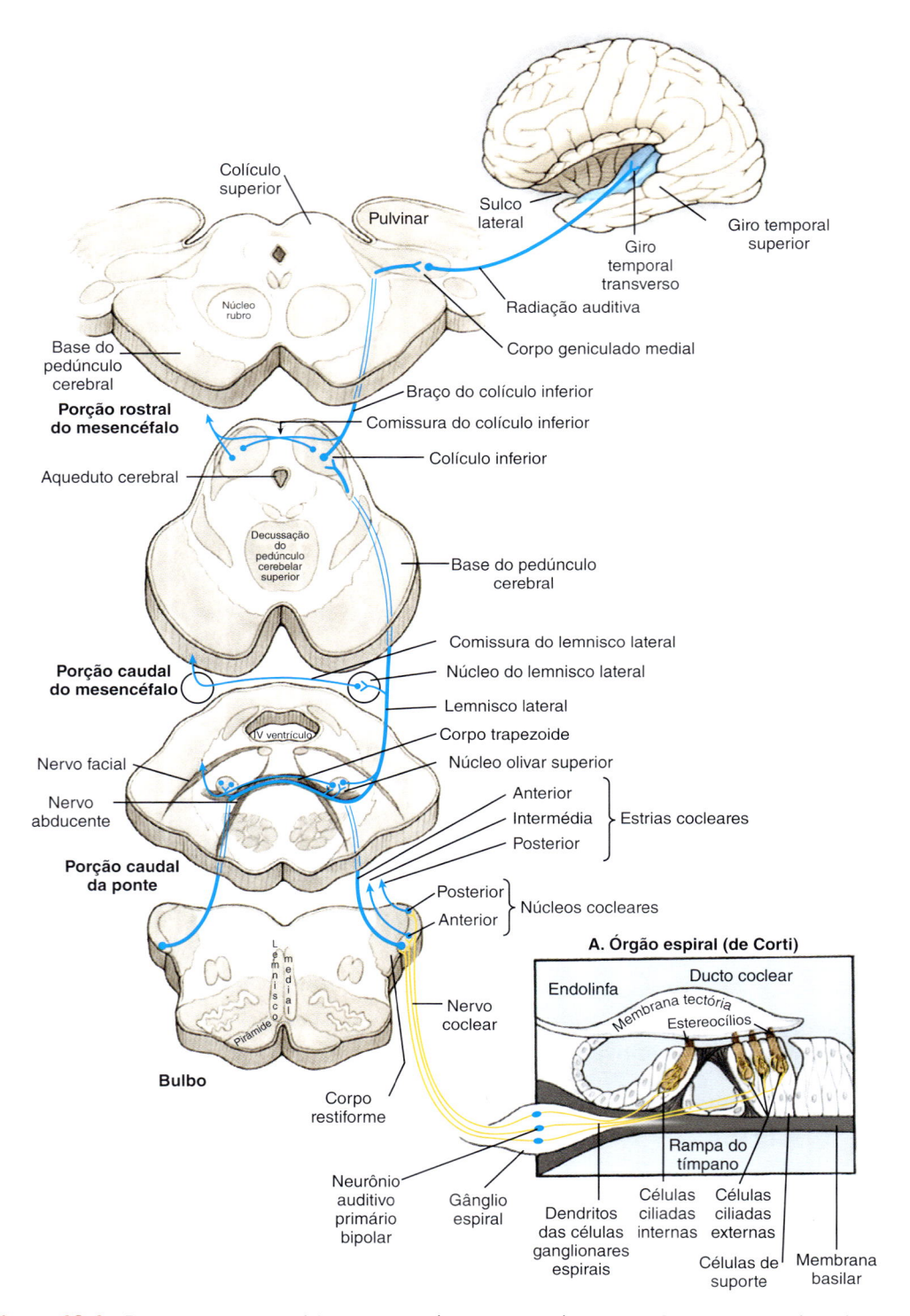

Figura 12.4 Diagrama esquemático mostrando as vias auditivas. **A.** Características histológicas do órgão de Corti.

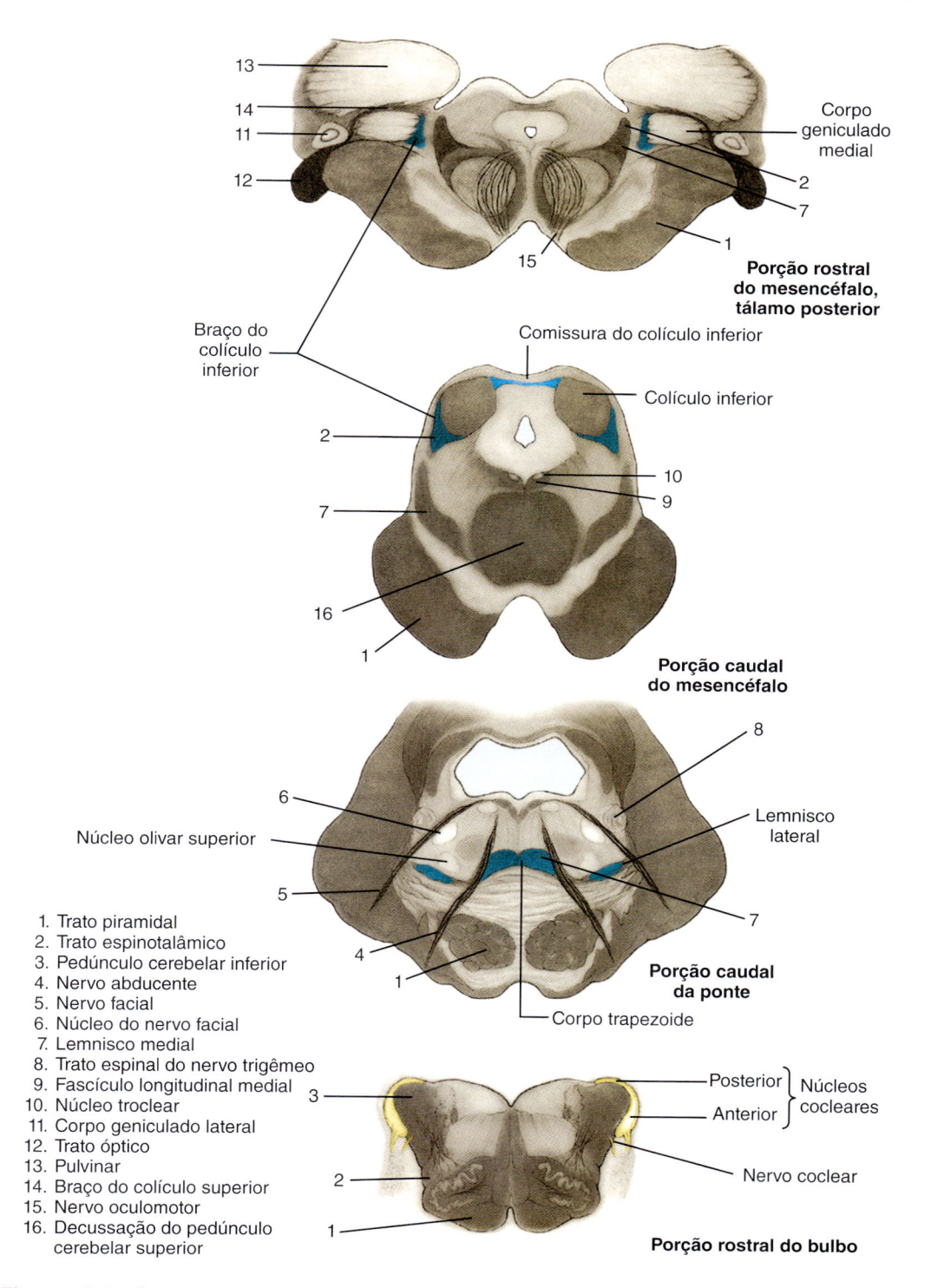

Figura 12.5   Cortes transversais mostrando localizações e relações das vias auditivas.

cleos dos colículos inferiores também ajudam no bilateralismo das vias auditivas enviando axônios para o lado contralateral por meio da comissura do colículo inferior (Figs. 12.2 a 12.4).

Conexão clínica

As lesões unilaterais no órgão de Corti, no gânglio espiral, no nervo coclear ou nos núcleos cocleares produzem surdez ipsilateral. Em virtude do bilateralismo dos impulsos auditivos conforme estes ascendem no tronco encefálico, as lesões unilaterais na via além dos núcleos cocleares resultam em déficits muito menos graves do que aqueles resultantes de lesões unilaterais das outras vias sensoriais.

Modulação auditiva

As conexões recíprocas entre os vários núcleos auditivos centrais possibilitam a modulação descendente da atividade auditiva ascendente. Portanto, o córtex auditivo envia axônios de volta para o corpo geniculado medial e o colículo inferior. Este último, junto com o lemnisco lateral e os núcleos olivares superiores, enviam fibras para os núcleos cocleares.

Conexão clínica

Dois testes de diapasão podem ser usados para determinar os tipos de surdez. O **teste de Weber** é executado posicionando-se o tronco de um diapasão em vibração no meio da testa do paciente e perguntando-lhe em que orelha o som é ouvido. Em um paciente com audição normal, o som é percebido igualmente em ambas as orelhas. Um paciente com surdez sensorioneural unilateral escuta o som na orelha normal, visto que esta é mais sensível. O paciente com uma surdez por condução unilateral escuta o som mais alto na orelha afetada. O **teste de Rinne** compara a audição por meio da condução aérea e da condução óssea. Um diapasão em vibração é segurado próximo a região auricular do paciente (condução aérea) até que não possa mais ser ouvido. Então, o tronco do diapasão em vibração é colocado em contato com o processo mastoide (condução óssea). Normalmente, o som é ouvido mais alto e por mais tempo pela condução aérea.

Além disso, o feixe olivococlear eferente, que se origina dos neurônios nos núcleos olivar superior e trapezoide, bem como a formação reticular adjacente, terminam nas células ciliadas externas do órgão de Corti e nos terminais aferentes que as inervam. Esse sistema de *feedback* auditivo fornece um mecanismo para a regulação da atenção seletiva para determinados sons.

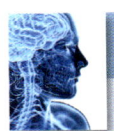

Conexão clínica

A perda auditiva pode ser tratada com dispositivos auxiliares de audição ou, em casos graves de surdez sensorioneural, com implantes cocleares. Os implantes consistem em eletrodos estimulatórios implantados no córtex auditivo, nos núcleos cocleares, no nervo coclear ou mais comumente nos dias atuais, na cóclea, onde estimulam as fibras do nervo coclear. Pacientes com grave dificuldade para ouvir ou com surdez profunda como consequência de dano às células ciliadas internas presentes no órgão de Corti podem ser beneficiados por um implante coclear. Um microfone externo capta os sons ambientais que são baseados em frequências e transmitidos a um receptor implantado no tecido subcutâneo e conectado a um dispositivo estimulador multieletrodos miniaturizado implantado na cóclea. Sons de frequências distintas levam à ativação elétrica diferencial dos eletrodos estimuladores do implante coclear, resultando na ativação seletiva dos axônios do nervo coclear. Os axônios ativados no nervo coclear transmitem sinais de potencial de ação para dentro do encéfalo, onde são reconhecidos como som. A "audição" por meio de um implante coclear difere da audição normal e requer que os pacientes implantados reaprendam a traduzir os sons novos em conversa.

Questões para revisão

1. A inclinação dos estereocílios como resultado da vibração da membrana basilar na direção da rampa do vestíbulo resulta em qual resposta fisiológica?

2. A frequência (tom) e a intensidade (volume) de um estímulo auditivo é primariamente sinalizada em quais células receptoras?

3. Explique a representação bilateral do som no sistema auditivo.

4. Em qual local do sistema auditivo uma lesão unilateral produz surdez total na orelha ipsilateral?

5. Conforme um neurinoma do acústico localizado no nervo vestibular, no meato acústico, se expande, quais são os outros nervos também comprometidos:
   a. No meato acústico interno?
   b. No ou perto do ângulo pontocerebelar?

6. Compare surdez por condução e surdez sensorioneural.

7. A surdez por condução deve resultar do dano:
   a. À bigorna.
   b. Ao gânglio espiral.
   c. Ao órgão espiral.
   d. Ao lemnisco medial.
   e. Aos núcleos cocleares.

8. É possível esperar que um paciente com incapacidade de reconhecer a fonte dos sons tenha dano em qual dos seguintes núcleos?
   a. Colículos inferiores.
   b. Olivar superior.
   c. Olivar inferior.
   d. Trapezoide.
   e. Coclear.

9. Um paciente indigente se queixa de dificuldade para ouvir. Usando um diapasão, o examinador consegue determinar de forma econômica o tipo de surdez e lateralidade. Quando o diapasão em vibração é colocado no meio da testa, o paciente não percebe igualmente o som nas orelhas direita e esquerda, mas ouve o som mais alto na orelha direita. Quando o diapasão em vibração é segurado perto das orelhas, é ouvido de forma mais intensa e prolongada na orelha esquerda do que na orelha direita. Quando o diapasão é colocado contra o processo mastoide no lado direito, o som é ouvido. Esse paciente sofre de:
   a. Surdez por condução no lado esquerdo.
   b. Surdez sensorioneural no lado esquerdo.
   c. Surdez por condução no lado direito.
   d. Surdez sensorioneural no lado direito.
   e. Nenhuma das anteriores.

13 O sistema vestibular: vertigem e nistagmo

Ao se realizar a irrigação do canal auditivo externo direito com água fria em um paciente em coma, os olhos se viram para a direita e permanecem nesta posição até a irrigação ser interrompida. Uma irrigação similar em um segundo paciente em coma resulta em um olho virando para cima e para fora, e o outro virando para baixo e para dentro.

As duas funções principais do sistema vestibular são manter a cabeça e o corpo alinhados em uma inclinação uniforme e manter os olhos fixos em um alvo durante a execução de movimentos breves. Em outras palavras, o sistema vestibular está intimamente envolvido nos mecanismos motores que mantêm o equilíbrio via reflexos vestibulospinais e que mantêm a fixação visual via reflexos vestíbulo-oculares.

Toda atividade vestibular tem natureza reflexa e normalmente ocorre de forma subconsciente. Em casos de estimulação vestibular excessiva, ou quando há desequilíbrio entre os estímulos oriundos dos lados direito e esquerdo, ocorre **vertigem**. A área cortical associada à vertigem está no giro pós-central, na base do sulco intraparietal. Essa área recebe aferências dos núcleos ventral posterior e posterior do tálamo. As vias vestibulares ascendentes do tronco encefálico para esses núcleos são desconhecidas.

O sistema vestibular tem conexões fortes com o cerebelo e os centros autonômicos na formação reticular, assim como acontece e se observa na "doença do movimento" também denominada cinetose. Além disso, existem conexões comissurais fortes entre os núcleos vestibulares direito e esquerdo, as quais exercem papel fundamental nos mecanismos compensatórios que aliviam a vertigem imediatamente subsequente às anormalidades vestibulares unilaterais.

Sistema vestibulospinal e equilíbrio

O equilíbrio depende de informações de três fontes: visual, proprioceptiva e vestibular. A informação proprioceptiva advém principalmente de receptores localizados no pescoço, na coluna vertebral e nos membros inferiores. O equilíbrio pode ser mantido por quaisquer dois desses estímulos, mas não por apenas um. Isso pode ser prontamente demonstrado em uma pessoa cujas vias proprioceptivas na medula espinal estejam degeneradas, em geral, como resultado de anemia perniciosa. Nesse caso, quando um indivíduo fecha os olhos ou fica em um recinto escuro, o equilíbrio é perdido porque o único dos três estímulos a permanecer é o estímulo vestibular.

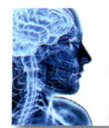

Conexão clínica

Quando um indivíduo com perda da consciência da posição dos membros inferiores fica em pé com os pés unidos e fecha os olhos, há oscilação e queda. Esse fenômeno é chamado **sinal de Romberg**.

Receptores

Os receptores responsivos à aceleração linear ou à posição da cabeça, bem como os receptores responsivos à rotação rápida da cabeça estão localizados no labirinto ósseo da orelha interna. As partes vestibulares do labirinto ósseo consistem no vestíbulo e nos canais semicirculares. Dentro da cavidade cheia de líquido do labirinto ósseo, está o labirinto membranoso, que inclui o **utrículo** e o **sáculo** no vestíbulo, e os **ductos semicirculares** nos canais semicirculares. Todos os três contêm receptores vestibulares. Aqueles no utrículo e no sáculo estão associados principalmente ao sistema vestibulospinal, enquanto aqueles nos ductos semicirculares estão associados em especial ao sistema vestíbulo-ocular.

Nas paredes de cada utrículo e sáculo, existe uma pequena área espessada chamada **mácula**. As máculas estão orientadas em ângulos retos entre si, com a do utrículo estando quase no plano horizontal e a do sáculo praticamente no plano sagital. A aceleração linear ou as alterações da posição da cabeça em qualquer direção estimulam uma mácula em cada lado. Cada mácula consiste em células ciliadas neuroepiteliais e células de suporte (Fig. 13.1A). Sobrejacente às células ciliadas, está a **membrana otolítica** gelatinosa, que contém cristais de carbonato de cálcio conhecidos como **otólitos** (pedras do ouvido) ou **otocônia** (areia do ouvido). Com a aceleração linear ou quando a posição da cabeça muda, a membrana otolítica é deslocada, inclinando os **estereocílios** neuroepiteliais nela incrustados. Como ocorre com a estimulação dos receptores da célula ciliada auditiva, a inclinação dos estereocílios nas células ciliadas vestibulares é transduzida em potencial receptor elétrico que, então, despolariza e excita os dendritos das células ganglionares vestibulares bipolares, que estão em contato sináptico com as células ciliadas.

Nervo vestibular

Os axônios das células ganglionares vestibulares, cujos dendritos fazem sinapse nas células neuroepiteliais nas máculas, seguem em direção central na parte vestibular do nervo craniano VIII (Fig. 13.1). O nervo vestibular entra no tronco encefálico com o nervo coclear na junção bulbopontina, na área limitada pela ponte, pelo bulbo e pelo cerebelo e chamada ângulo **pontocerebelar**. As fibras do nervo vestibular então seguem dorsalmente para alcançar o complexo nuclear vestibular (Fig. 13.2). Algumas continuam ininterruptamente para dentro do cerebelo, como fibras vestíbulo-cerebelares diretas, as quais passam pelo **corpo justarrestiforme** (Fig. 13.2), a parte mais medial do pedúnculo cerebelar inferior.

Núcleos vestibulares

O complexo nuclear vestibular consiste em quatro núcleos localizados sob a área vestibular, no assoalho e na parede do IV ventrículo (Figs. 13.1 e 13.2). O núcleo vestibular inferior está na porção rostral do bulbo. O núcleo vestibular medial está localizado na parte lateral do assoalho do IV ventrículo, nas porções rostral do bulbo e caudal da ponte. O núcleo vestibular lateral é limitado à região da junção bulbopontina, e contém uma população de neurônios referidos como núcleo de Deiters. O núcleo vestibular superior está limitado à porção caudal da ponte, onde é encontrado na parede do IV ventrículo.

As fibras nervosas vestibulares que transportam os sinais gerados nas máculas fazem sinapse nos núcleos vestibulares medial, lateral e inferior. Esses núcleos vestibulares se projetam para os núcleos motores da medula espinal via tratos vestibulospinais lateral e medial.

Tratos vestibulospinais

O trato vestibulospinal lateral, que surge do núcleo vestibular lateral, favorece fortemente os

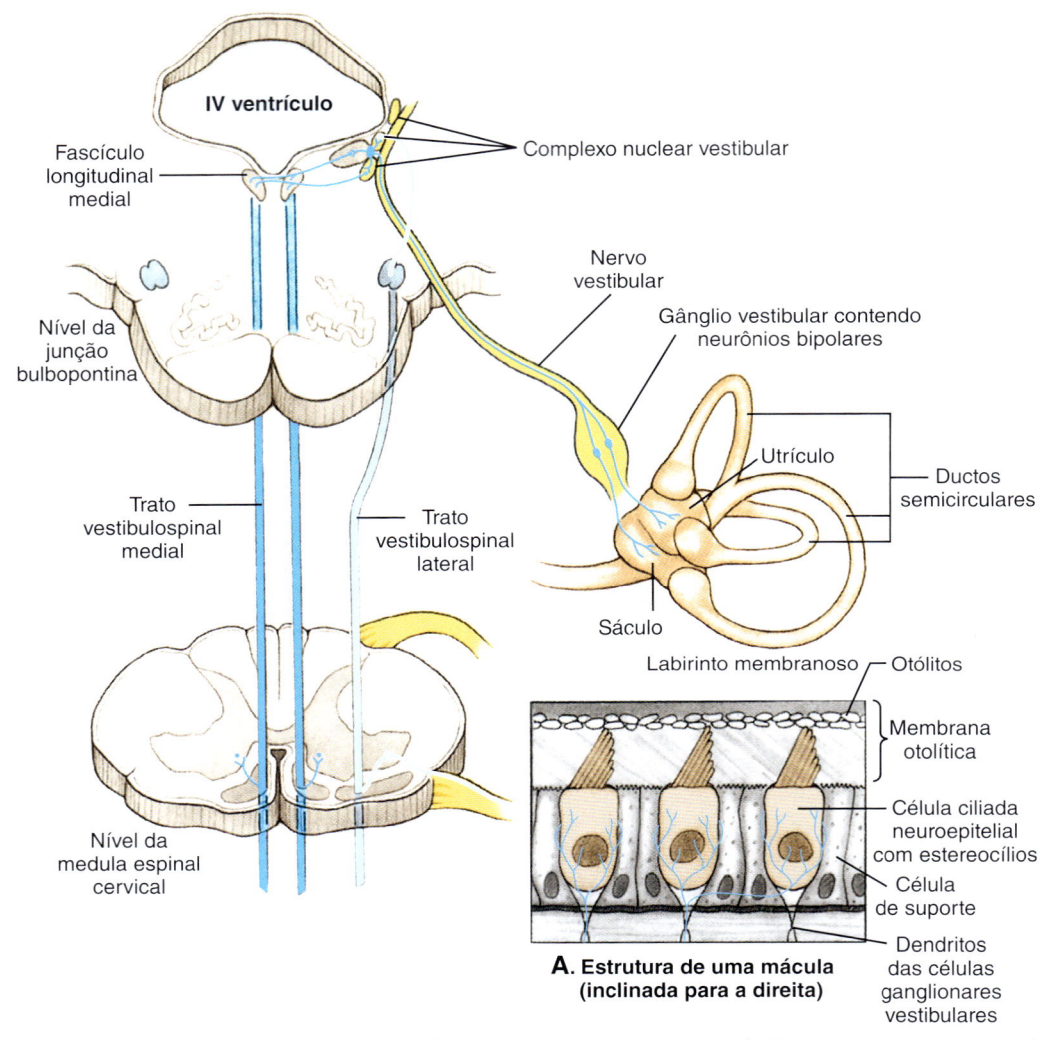

A. Estrutura de uma mácula (inclinada para a direita)

Figura 13.1 Diagrama esquemático das principais conexões vestibulospinais. **A.** Estrutura de uma mácula (inclinada para o lado direito).

músculos extensores nos membros ipsilaterais. As fibras vestibulospinais mediais se originam nos núcleos vestibulares medial e inferior, descem bilateralmente via fascículo longitudinal medial (FLM) e influenciam os músculos do pescoço e das partes proximais dos membros superiores.

Assim, os reflexos vestibulospinais, mecanismos essenciais para o equilíbrio, incluem três grupos principais de neurônios (Fig. 13.1):

1. Neurônios aferentes nos gânglios vestibulares.

2. Interneurônios nos núcleos vestibulares.
3. Motoneurônios eferentes ou inferiores na medula espinal.

Reflexo vestíbulo-ocular

A outra função principal do sistema vestibular consiste em manter os olhos fixos em um alvo enquanto a cabeça é rodada rapidamente. Assim, os olhos sempre se voltam de maneira reflexa para a direção oposta à da rotação da

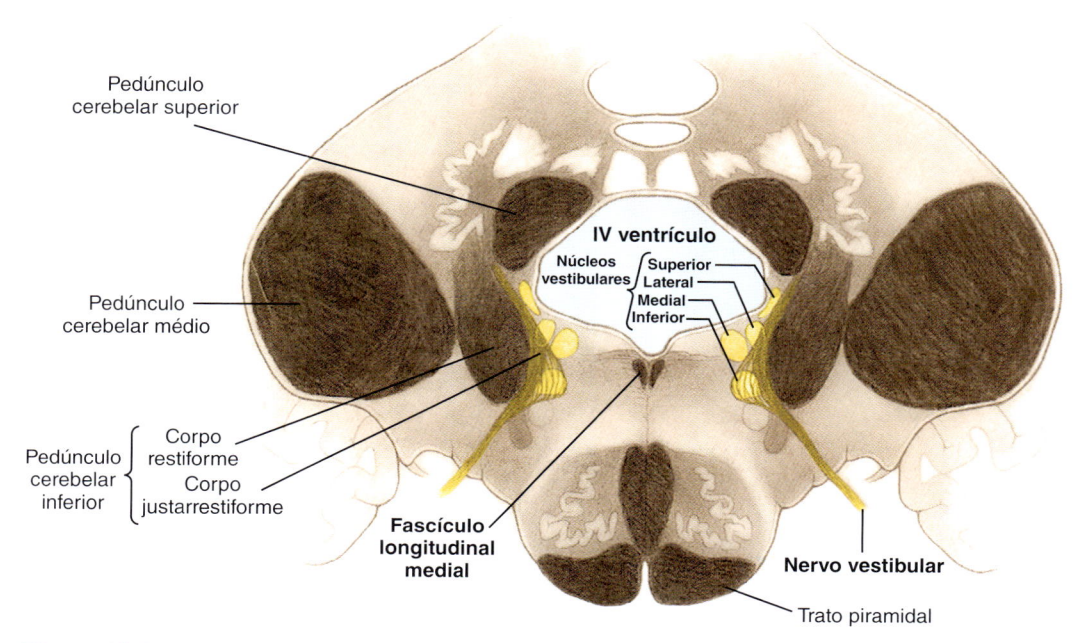

Pedúnculo
cerebelar superior

IV ventrículo

Núcleos
vestibulares
Superior
Lateral
Medial
Inferior

Pedúnculo
cerebelar médio

Corpo
restiforme
Pedúnculo
cerebelar
inferior
Corpo
justarrestiforme

**Fascículo
longitudinal
medial**

Nervo vestibular

Trato piramidal

Figura 13.2   Corte ao nível da junção bulbopontina, mostrando as relações dos nervos e núcleos vestibulares.

cabeça. A base anatômica desse fenômeno é o **reflexo vestíbulo-ocular** muito forte que inclui três grupos de neurônios (Fig. 13.3):

1. Neurônios aferentes nos gânglios vestibulares.
2. Interneurônios dos núcleos vestibulares.
3. Motoneurônios eferentes ou inferiores nos núcleos oculomotor, troclear e abducente.

Receptores

Os receptores para o reflexo vestíbulo-ocular estão localizados nas ampolas dos três ductos semicirculares da orelha interna (Fig. 13.3). Os ductos anterior e posterior estão orientados verticalmente, mas em ângulos retos entre si, enquanto o ducto lateral está orientado na horizontal. Dessa forma, a rotação da cabeça em qualquer direção estimula os receptores em pares funcionais de ductos semicirculares. Em uma extremidade de cada ducto existe uma dilatação, a ampola. Em cada ampola, uma parte da parede é espessada e se projeta para dentro da cavidade

do ducto, como **crista ampular**. A crista ampular é um órgão receptor vestibular composto por células ciliadas neuroepiteliais sensitivas e células de suporte (Fig. 13.3A). Cobrindo cada crista ampular, existe uma substância gelatinosa, a **cúpula**, em que estão embutidas as terminações livres dos estereocílios das células ciliadas da crista. Um dos pelos em cada célula ciliada é mais longo e chamado **cinocílio**.

No início da rotação da cabeça, a endolinfa contida no ducto semicircular fica para trás e impede a movimentação da cúpula. Como resultado, os estereocílios embutidos na cúpula são inclinados na direção oposta a da rotação. Quando a rotação é interrompida de forma abrupta, a endolinfa continua se movendo e isso faz a cúpula se inclinar na direção da rotação. As células ciliadas estão polarizadas, de modo que os estereocílios sofrem despolarização ao serem inclinados na direção do cinocílio, e são hiperpolarizados ao se inclinarem na direção oposta a do cinocílio. Desse modo, os receptores presentes nos ductos semicirculares direito e esquerdo atuam em pares: quando um lado é excitado, o

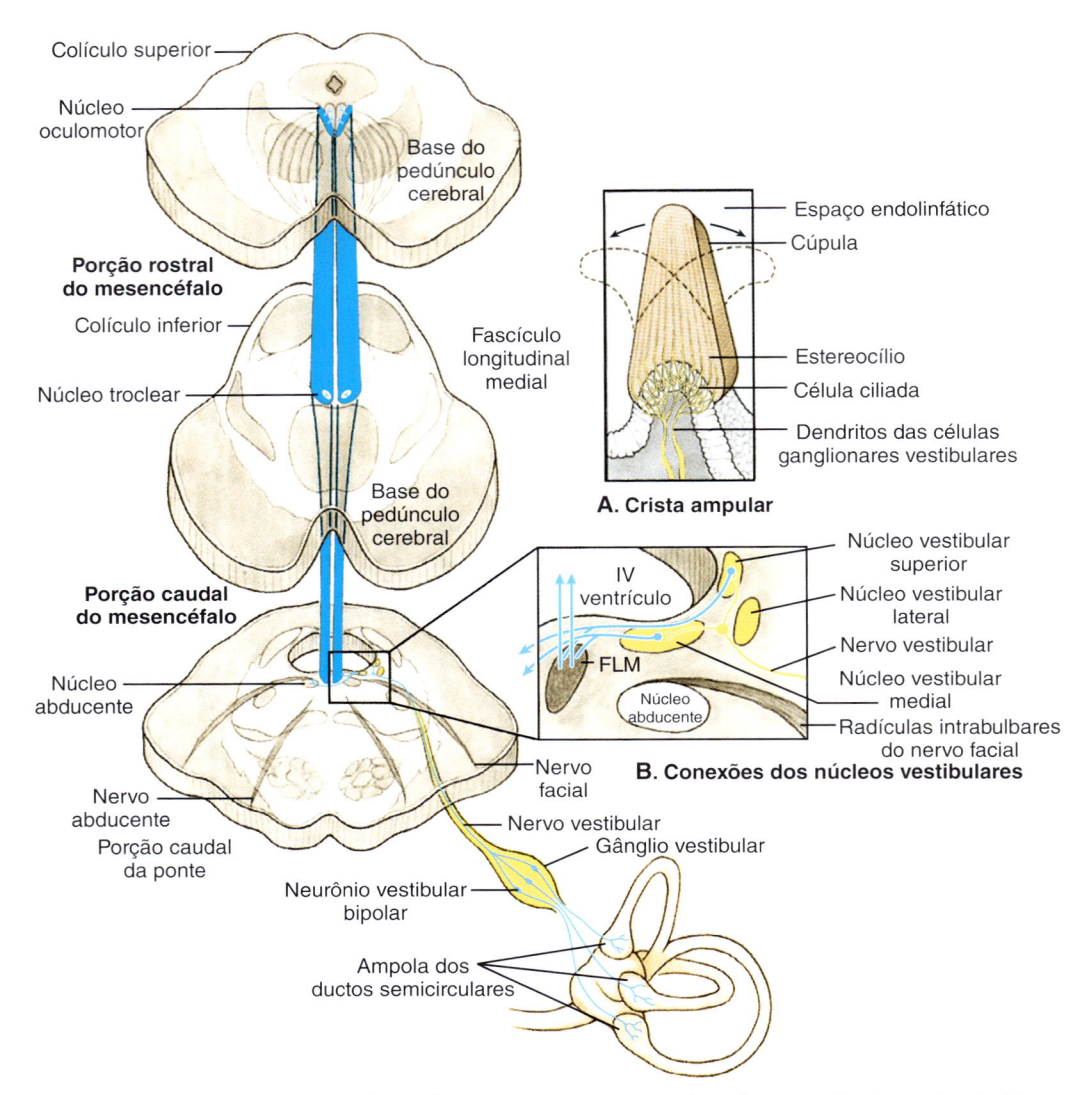

Figura 13.3 Diagrama esquemático das principais conexões do reflexo vestíbulo-ocular. **A.** Histologia da crista ampular. **B.** Conexões dos núcleos vestibulares (FLM, fascículo longitudinal medial).

outro é inibido. As células ciliadas fazem contato sináptico com os dendritos das células ganglionares vestibulares bipolares (Fig. 13.3).

Conexão clínica

Sobreposta a uma atividade unitária tônica "de fundo" dos aferentes vestibulares, há uma atividade fásica complexa refletindo a estimulação coletiva de células cilia-

das nos cinco órgãos receptores vestibulares. De modo geral, o estímulo vestibular é equilibrado resultando em atividades reflexas vestibulospinal e vestíbulo-ocular normais. Quando a atividade aferente vestibular está anormalmente aumentada ou diminuída, isso pode ter efeitos bastante debilitantes no paciente. A **doença de Ménière** é um distúrbio relativamente comum que afeta os receptores da célula ciliada. A atividade alterada nas células ciliadas vestibulares resulta em vertigem intermitente e recidivante, instabilidade postural e náusea, que ocorre de forma concomitante a uma atividade anômala de células ciliadas auditivas, resultando em zumbido. Considera-se que a base fisiopatológica da doença de Ménière seja decorrente da hemodinâmica anormal do líquido endolinfático. Diuréticos, na maioria dos casos, ou nos casos mais graves a ablação farmacológica das células ciliadas com estreptomicina ou a labirintectomia cirúrgica são usados como terapia para a doença de Ménière.

Núcleos e vias

Os axônios das células ganglionares vestibulares, cujos dendritos fazem sinapse nas células neuroepiteliais das cristas, passam em direção central constituindo o nervo vestibular e, ao entrarem no tronco encefálico, continuam dorsalmente para terminar nos núcleos vestibulares superior e medial (Figs. 13.3B e 13.4). As fibras vestíbulo-oculares então seguem para os núcleos motores relacionados aos músculos extrínsecos dos olhos principalmente via FLM. As conexões reflexas vestíbulo-oculares para rotação horizontal para a direita são mostradas na Figura 13.5.

Nistagmo vestíbulo-ocular

O nistagmo se refere aos movimentos rítmicos involuntários dos olhos que incluem dois componentes: um afastamento lento em relação ao alvo e um retorno rápido em direção ao alvo. O nistagmo pode ser induzido por estímulo do aparelho vestibular por rotação da cabeça (nistagmo vestibular) ou por irrigação do canal auditivo externo com água fria ou morna (nistagmo calórico). Ambos os métodos induzem correntes no líquido endolinfático contido nos ductos semicirculares: a rotação, em virtude da inércia do líquido, e o calórico, por causa das correntes de convecção. A inércia do líquido ou as correntes de convecção inclinam os estereocílios e estimulam as células ciliadas das cristas, iniciando assim o poderoso reflexo vestíbulo-ocular. As fases lentas dos nistagmos vestibular e calórico são causadas por

essa via vestíbulo-ocular, enquanto as fases rápidas são deflagradas pelo córtex cerebral. Em todos os casos, o nistagmo é descrito de acordo com a fase rápida, pois esta é mais evidente do que a fase lenta.

No caso do nistagmo calórico, a fase rápida se dará na direção do lado oposto ao da irrigação com água fria e para o mesmo lado daquele irrigado com água morna. Portanto, "**COWS**" representa as fases rápidas do nistagmo calórico. No caso do nistagmo rotatório, que ocorre imediatamente após a cessação da rotação, a fase rápida se dará na direção da rotação.

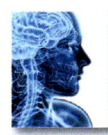

Conexão clínica

O reflexo vestíbulo-ocular pode ser usado para avaliar os níveis de dano no tronco encefálico em pacientes comatosos. Quando a cabeça de um paciente em coma é rapidamente virada para um lado ou para outro, ou é inclinada para cima ou para baixo, os olhos viram na direção contrária. Esse fenômeno, referido como **reflexo oculocefálico** ou **movimento do olho de boneca**, é indicativo de uma via intacta que atende ao reflexo vestíbulo-ocular. Normalmente, esses movimentos reflexos são suprimidos pelo córtex cerebral. No paciente comatoso, porém, o reflexo está desinibido e sua presença mostra que as partes centrais do tegmento do mesencéfalo e da ponte estão intactas. Do mesmo modo, o reflexo oculocefálico pode ser induzido em pacientes comatosos por meio da irrigação do canal auditivo externo com água morna ou fria, como descrito no caso introdutório deste capítulo. Com a irrigação com água fria, os dois olhos se viram na direção do lado irrigado, enquanto com a irrigação com água morna, os olhos se viram para o lado oposto. Esses movimentos também são manifestação do reflexo vestíbulo-ocular e são comparáveis à fase lenta do **nistagmo** induzido pela estimulação calórica em indivíduos normais. Em um paciente em coma com comprometimento do mesencéfalo ou da porção rostral da ponte, a via vestíbulo-ocular perde a integridade e os movimentos de olho de boneca e os induzidos pela água fria/morna (nistagmo calórico) são disfuncionais.

Porção rostral do mesencéfalo

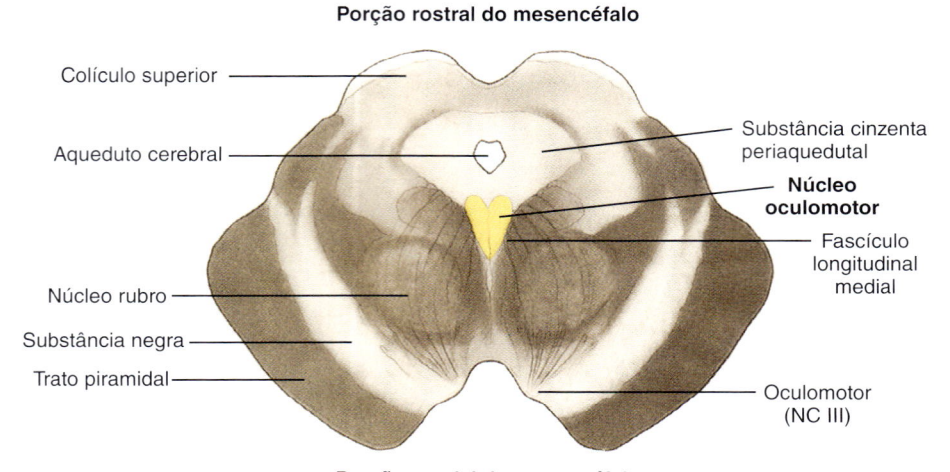

Porção caudal do mesencéfalo

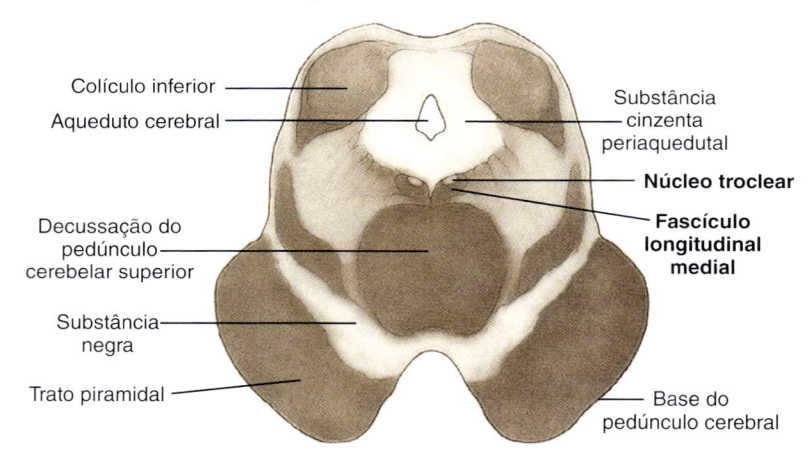

Porção caudal da ponte

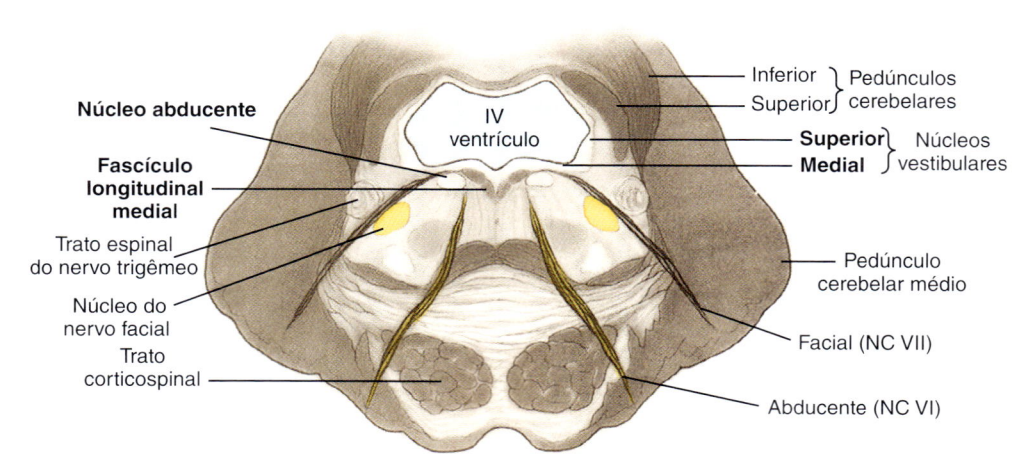

Figura 13.4 Relações das vias vestíbulo-oculares em corte transversal (os termos em negrito estão relacionados com as vias motoras oculares) (NC, nervo craniano).

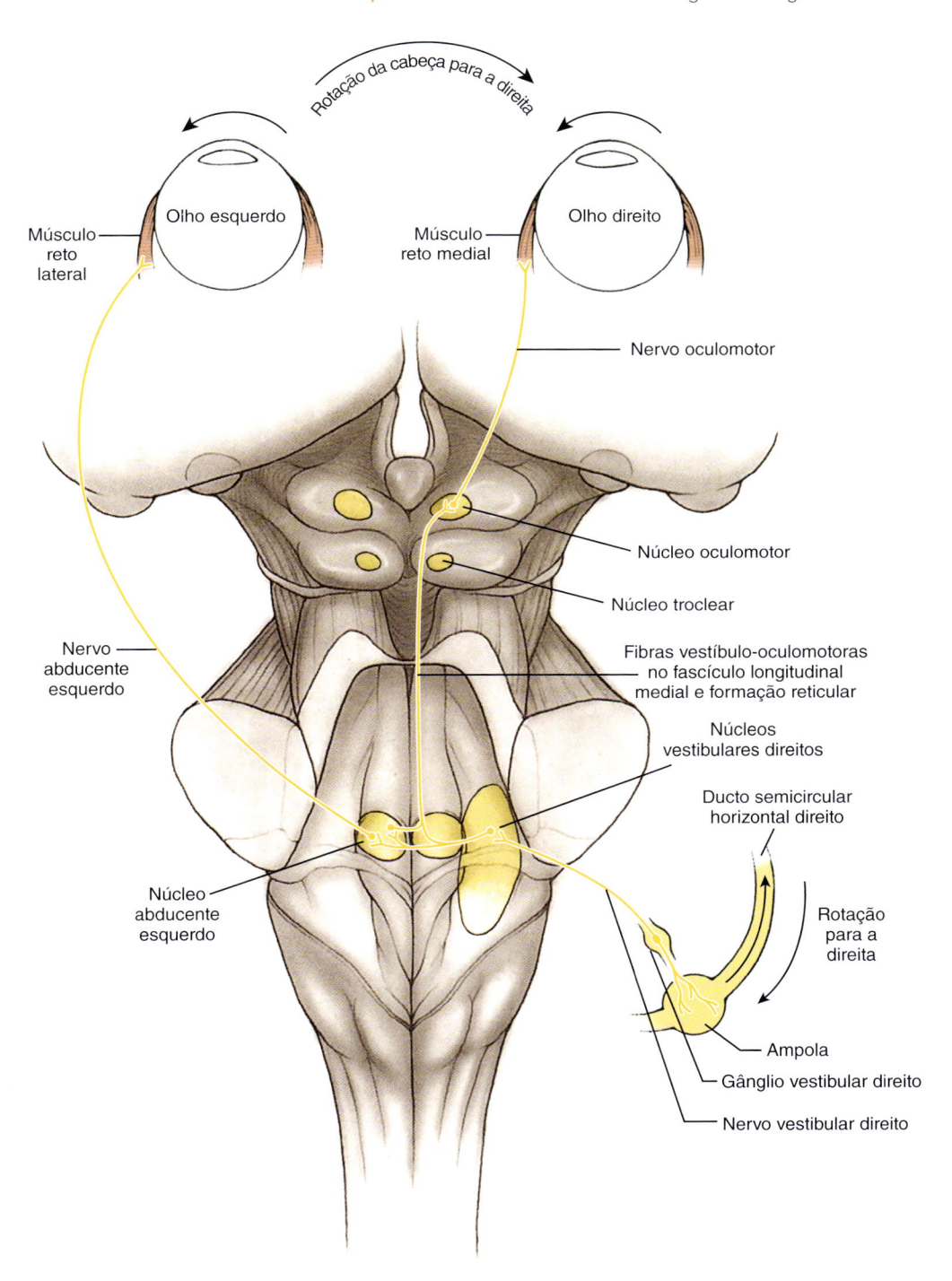

Figura 13.5   Representação esquemática da face dorsal do tronco encefálico mostrando o reflexo vestíbulo-ocular na rotação para a direita.

Questões para revisão

1. Descreva a via que causa extensão dos membros esquerdos quando o indivíduo sofre uma queda para o lado esquerdo.
2. Nomeie quais estruturas na orelha interna estão principalmente associadas com:
   a. O equilíbrio.
   b. A fixação visual.
3. Qual é a base anatômica da fase lenta do nistagmo rotatório e do nistagmo calórico?
4. Supondo uma via do reflexo vestíbulo--ocular intacta, qual resposta ocorre com a irrigação com água fria do meato acústico externo direito em um paciente:
   a. Consciente.
   b. Comatoso.
5. Localize a lesão quando a irrigação com água fria do canal auditivo externo esquerdo em um paciente comatoso resulta em:

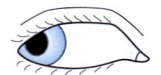 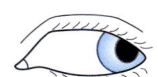

6. Na sala de exames, um paciente se queixa da sensação de ter a "cabeça girando" ao se deitar com os olhos fechados. Se a lesão estiver localizada na orelha interna, a fonte mais provável dos impulsos anormais surgiria:
   a. Do vestíbulo.
   b. Do sáculo.
   c. Dos ductos semicirculares.
   d. De otólitos.
   e. Do ducto endolinfático.
7. Um homem de 67 anos se queixa de ataques recorrentes de vertigem, a cada 2-4 horas, acompanhados de forte náusea e vômitos, zumbido e sensação de plenitude na orelha média. Esses ataques bastante debilitantes ocorrem até mesmo quando a cabeça não está em movimento e com os olhos abertos ou fechados. Um diagnóstico provável seria:
   a. Bloqueio do meato acústico externo.
   b. Infecção da orelha média.

c. Doença de Ménière.
d. Acidente vascular no tronco encefálico.
e. Schwannoma de nervo vestibular.

8. Uma mulher de 22 anos caiu da escada de 1,80 m de altura enquanto trocava uma lâmpada, e bateu a cabeça no chão. Decorridas 24 horas, ela se queixou de indisposição com tontura de aparecimento súbito e duração aproximada de 30 segundos. As sensações anormais se tornam especialmente intensas na posição sentada, ao rolar no leito ou ao colocar a cabeça entre as pernas. A causa mais provável das manifestações súbitas de tontura é:
   a. Dano ao nervo vestibular.
   b. Doença de Ménière.
   c. Transtorno convulsivo.
   d. Acidente vascular encefálico.
   e. Deslocamento de otólitos.
9. Um homem de 30 anos sofreu múltiplas fraturas em um acidente de automóvel. Durante a internação, recebeu gentamicina IV para tratamento de uma fratura exposta do fêmur. Após vários dias, o paciente se queixou de vertigem intensa e oscilopsia. Sua audição é normal em ambas as orelhas. A causa mais provável da vertigem é:
   a. Deslocamento de otólitos.
   b. Doença de Ménière.
   c. Hematoma subdural.
   d. Ototoxicidade à gentamicina.
   e. Dano ao nervo vestibular.
10. Um paciente com diabetes melito avançado e neuropatia periférica foi se tornando cada vez mais desajeitado ao sair do leito durante a noite e ao andar no escuro. Ao longo do dia ou em recintos iluminados, seus movimentos aparentemente são normais. Um sinal de Romberg está presente. O que poderia contribuir para a ataxia?
   a. Dano adicional aos nervos periféricos em consequência do diabetes.
   b. Dano ao sistema vestibular.
   c. Patologia envolvendo os núcleos cerebelares fastigiais.
   d. Dano aos núcleos da coluna posterior.
   e. Dano aos núcleos cocleares.

14

O sistema visual: anopsia

Em um paciente hipertenso, internado por causa de um acidente vascular encefálico, observa-se paralisia dos membros superior e inferior do lado esquerdo, hemianestesia esquerda e cegueira na metade esquerda do campo visual de ambos os olhos.

A maior parte da informação sobre o ambiente que nos cerca é trazida pelo sistema visual. A importância médica desse sistema inclui o fato de a cegueira ser o mais devastador de todos os déficits sensoriais e também o fato de o exame clínico do sistema visual fornecer a localização precisa das lesões.

Nós "vemos" quando os raios de luz são focados na retina. A transdução desses raios luminosos é realizada por células fotorreceptoras resultando em potenciais na retina, os impulsos nervosos são transmitidos para o tálamo e, em seguida, para o córtex cerebral. Três características anatômicas das vias visuais têm importância médica:

1. Essas vias se estendem desde a parte anterior até a posterior da cabeça.
2. Essas vias são totalmente supratentoriais.
3. A informação visual segue por vias cruzadas e não cruzadas.

O olho

O olho é composto por (1) uma parede constituída por três membranas ou túnicas e (2) por um meio refrativo interno que desvia os raios de luz à medida que estes passam em direção aos fotorreceptores (Fig. 14.1). As três túnicas ou camadas do olho são a camada mais externa ou fibrosa, a camada média ou vascular e a camada interna ou retina. A camada fibrosa consiste na **esclera** e na **córnea**. A esclera é posterior e forma o "branco do olho". Sua resistência ajuda a manter o formato do globo ocular, além de proporcionar fixação aos músculos extrínsecos do bulbo do olho. A córnea é a parte anterior transparente avascular da camada fibrosa. Sua transparência é decorrente de alguns fatores anatômicos: epitélio não queratinizado, ausência de vasos sanguíneos e pigmento, componentes celulares dispostos em arranjo regular uniforme e com o mesmo índice de refração, e arranjo de suas fibrilas colágenas.

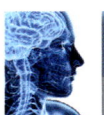

Conexão clínica

As camadas externas da córnea são facilmente substituídas quando danificadas. No entanto, o dano às camadas mais profundas resulta em formação de cicatriz. Como a córnea é avascular, pode ser transplantada em receptores alogênicos sem imunorrejeição.

A **camada média** ou **vascular**, também referida como **coroide** ou **úvea**, é responsável pela

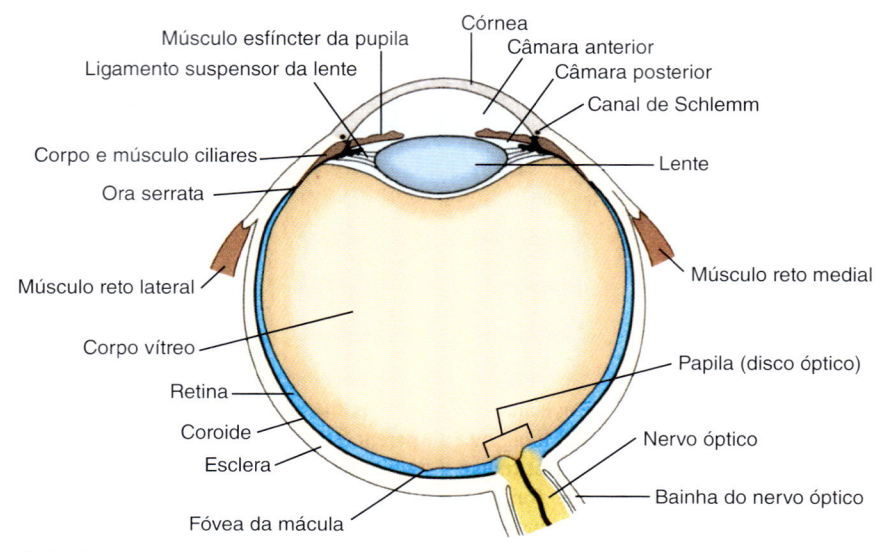

Figura 14.1 Corte transversal do olho humano ilustrando as principais características anatômicas. (Modificado com permissão de Kingsley RE. *Concise Text of Neuroscience*. Baltimore, MD: Lippincott Williams & Wilkins, 1996.)

focalização e regulação da intensidade da luz. Consiste em três partes: **coroide propriamente dita**, **corpo ciliar** e **íris**. A coroide é uma membrana muito vascularizada e pigmentada que reveste os $^5/_6$ posteriores da parte profunda do olho constiutída pela esclera. Anteriormente, a coroide se transforma no corpo ciliar (Fig. 14.2). O **corpo ciliar** está envolvido na produção do **humor aquoso** e de alguns constituintes do **humor vítreo**, bem como na **acomodação da lente ou cristalino**. Está preso à lente pelo seu ligamento suspensor e contém músculos lisos que estão sob influência de impulsos **parassimpáticos**. A contração dos músculos ciliares resulta em diminuição da tensão sobre o ligamento suspensor e, por sua vez, sobre a lente. Isso permite que a lente aumente de espessura e assim foque sobre a retina os raios de luz oriundos de um objeto próximo.

A íris se projeta internamente a partir da região anterior do corpo ciliar, de modo que sua margem livre forma a borda da **pupila**. O tamanho da pupila é regulado pelos **músculos lisos esfíncter** e **dilatador** da pupila localizados na íris. O músculo esfíncter está sob influência de impulsos **parassimpáticos**, enquanto o **dilatador** é controlado pelo **simpático**.

A **camada interna** ou **retina** está localizada entre a coroide e o corpo vítreo e pode ser dividida em dois estratos, **pigmentado (epitélio pigmentar da retina)** e **cerebral (retina sensorial)**. O extrato pigmentado ou externo, de natureza não nervosa, é composto por uma camada única de células pigmentadas. O estrato cerebral ou interno é transparente e consiste em nove camadas. Em sua totalidade, a retina é composta por 10 camadas que serão descritas de forma subsequente.

A luz que entra no olho atravessa algumas estruturas antes de alcançar a retina. Essas estruturas formam o meio ou **aparelho refrativo** e consistem em córnea, humor aquoso, lente e corpo vítreo.

A córnea tem uma curvatura acentuada e seu índice de refração é diferente do índice de refração do ar. Assim, os raios de luz são desviados pela córnea. De fato, a córnea é a principal estrutura refrativa do olho.

O **humor aquoso** tem um índice de refração quase igual ao da córnea. Considera-se que o humor aquoso é secretado pelo epitélio que reveste o corpo ciliar e tem composição similar a do plasma livre de proteína. Uma vez formado, entra na câmara posterior do olho, flui pela pu-

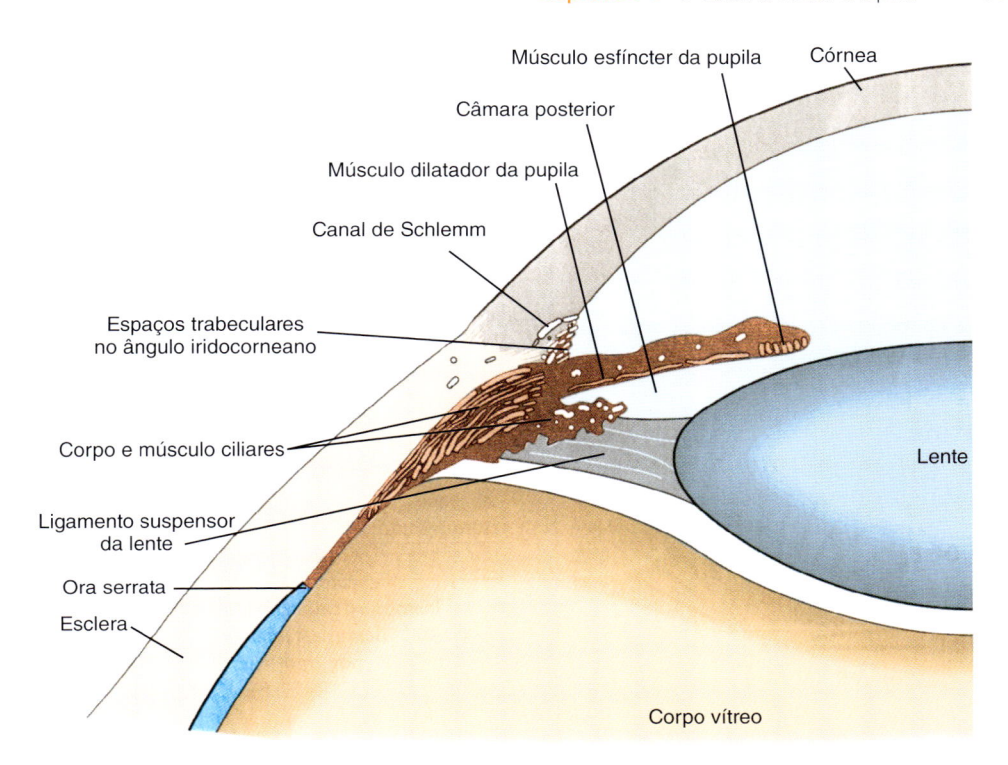

Figura 14.2 Características anatômicas da parte anterior do olho. (Modificado com permissão de Kingsley RE. *Concise Text of Neuroscience*. Baltimore, MD: Lippincott Williams & Wilkins, 1996.)

pila para dentro da câmara anterior e drena para dentro de uma malha trabecular (os espaços de Fontana) localizada na junção da íris, da córnea e da esclera. Essas trabéculas então se esvaziam para dentro do seio venoso da esclera (canal de Schlemm), um amplo vaso circunferencial ramificado que drena para as veias episclerais.

Depois de atravessarem a córnea, a câmara anterior e a pupila, os raios de luz atingem a **lente**. Embora a lente não seja tão refrativa quanto a córnea, ela é essencial para o foco porque seu poder de refração pode ser alterado. A lente é suspensa a partir do corpo ciliar pelo ligamento suspensor da lente. Este consiste em fibrilas delgadas, porém fortes, que estão presas à cápsula da lente, na região próxima ao equador da lente.

O corpo vítreo é uma substância gelatinosa clara que preenche os $^4/_5$ posteriores do globo ocular. Ele não apenas sustenta as estruturas dentro do olho como também fornece um meio transparente.

Conexão clínica

Além de seu papel como meio de refração, o humor aquoso também é importante na manutenção da pressão intraocular. De fato, a pressão intraocular está intimamente relacionada à dinâmica do humor aquoso. A drenagem diminuída do humor aquoso, ou sua produção ocasionalmente aumentada, pode resultar em pressão intraocular aumentada e **glaucoma**, que causa degeneração progressiva das células ganglionares da retina, dano ao nervo óptico e comprometimento da visão. O glaucoma é a principal causa de cegueira no mundo inteiro, afetando mais de 67 milhões de pessoas.

Conexão clínica

Quando o olho está em repouso, o ligamento suspensor da lente é estirado e puxa a cápsula da lente mantendo-a assim relativamente achatada. Quando a visão é deslocada de um objeto distante para um objeto próximo, a contração reflexa do músculo ciliar faz o corpo ciliar se mover para a frente e diminui a tensão sobre o ligamento suspensor. Esse processo permite que a lente inerentemente elástica se torne abaulada e tenha seu diâmetro anteroposterior aumentado, encurtando assim a distância focal entre a lente e a retina. Com a idade, a lente se torna mais rígida e seu poder de acomodação diminui, uma condição denominada **presbiopia**. A opacificação da lente é chamada **catarata**.

A retina

A retina contém sete tipos de células: os receptores para visão, os primeiros dois tipos de neurônios da via visual, dois tipos de interneurônios, células de suporte e células epiteliais pigmentadas. As células e seus prolongamentos estão arranjados em 10 camadas. Os raios de luz passam da camada interna para a externa através da retina, porém as camadas são numeradas da externa para a interna (Fig. 14.3).

A camada mais externa é a epitelial pigmentada (epitélio pigmentado da retina), uma camada única de células que contém melanina. As células pigmentadas absorvem a luz que atravessa a retina.

Conexão clínica

Duas condições clínicas relacionadas à camada de epitélio pigmentado são a **retinose pigmentar** e o **descolamento da retina**. Na retinose pigmentar, detritos de células fotorreceptoras se acumulam entre a camada de células fotorreceptoras e a camada de células epiteliais pigmentadas. Normalmente, as células epiteliais pigmentadas fagocitam esses detritos.

O descolamento da retina se dá entre a camada celular epitelial pigmentada e a de fotorreceptores. As células fotorreceptoras no local do descolamento param de funcionar e isso resulta em visão embaçada na parte afetada do campo visual.

A camada 2 contém os fotorreceptores, os bastonetes e os cones. A retina humana contém 110-125 milhões de bastonetes e 6-7 milhões de

cones. Os cones são responsáveis pela acuidade visual e pela visão de cores (**visão fotópica**). Os bastonetes são responsáveis pela visão sob luz de baixa intensidade (**visão escotópica**). Os bastonetes são uniformemente delgados, enquanto os cones possuem bases amplas e extremidades afuniladas e estreitas. Cada célula bastonete ou cone é composta de quatro partes: segmento externo, segmento interno, corpo celular e terminal sináptico (Fig. 14.3). Na realidade, a camada de fotorreceptores contém apenas os segmentos externo e interno dos fotorreceptores.

Conexão clínica

Os segmentos externos contêm os fotopigmentos visuais: a **rodopsina** nos bastonetes e a **iodopsina** nos cones. Quando a luz é absorvida, a rodopsina é quebrada em retinal (retineno), a molécula que absorve luz, e opsina. Após absorver a luz, a rodopsina então é restaurada por uma série de reações químicas, algumas das quais dependentes de **vitamina A**.

Os bastonetes, que são muito mais sensíveis à luz do que os cones, são usados principalmente na visão sob pouca luz, na penumbra ou noturna. Em razão de seu papel vital na restauração da rodopsina, a deficiência de vitamina A diminui a visão noturna – uma condição chamada **cegueira noturna**. Embora exista apenas um tipo de bastonete no olho humano, existem três tipos de cones: cones sensíveis ao vermelho, ao verde ou ao azul. A molécula que absorve luz em cada tipo de cone parece ser similar ao retinal encontrado nos bastonetes. As sensibilidades aos diferentes comprimentos de onda são determinadas pelo tipo específico de opsina à qual o retinal está ligado. A ausência de cones sensíveis ao vermelho, verde ou azul resulta em cegueira específica para uma dessas cores. Portanto, os cones respondem às cores, mas somente quando a iluminação é suficientemente intensa. Enquanto os segmentos externos das células fotorreceptoras realizam a transdução dos raios de luz em energia elétrica, os segmentos internos fornecem a energia necessária para a restauração dos pigmentos visuais. Isso é feito pelas numerosas mitocôndrias localizadas nos segmentos internos.

Com exceção das células epiteliais pigmentadas na camada 1, todos os outros corpos

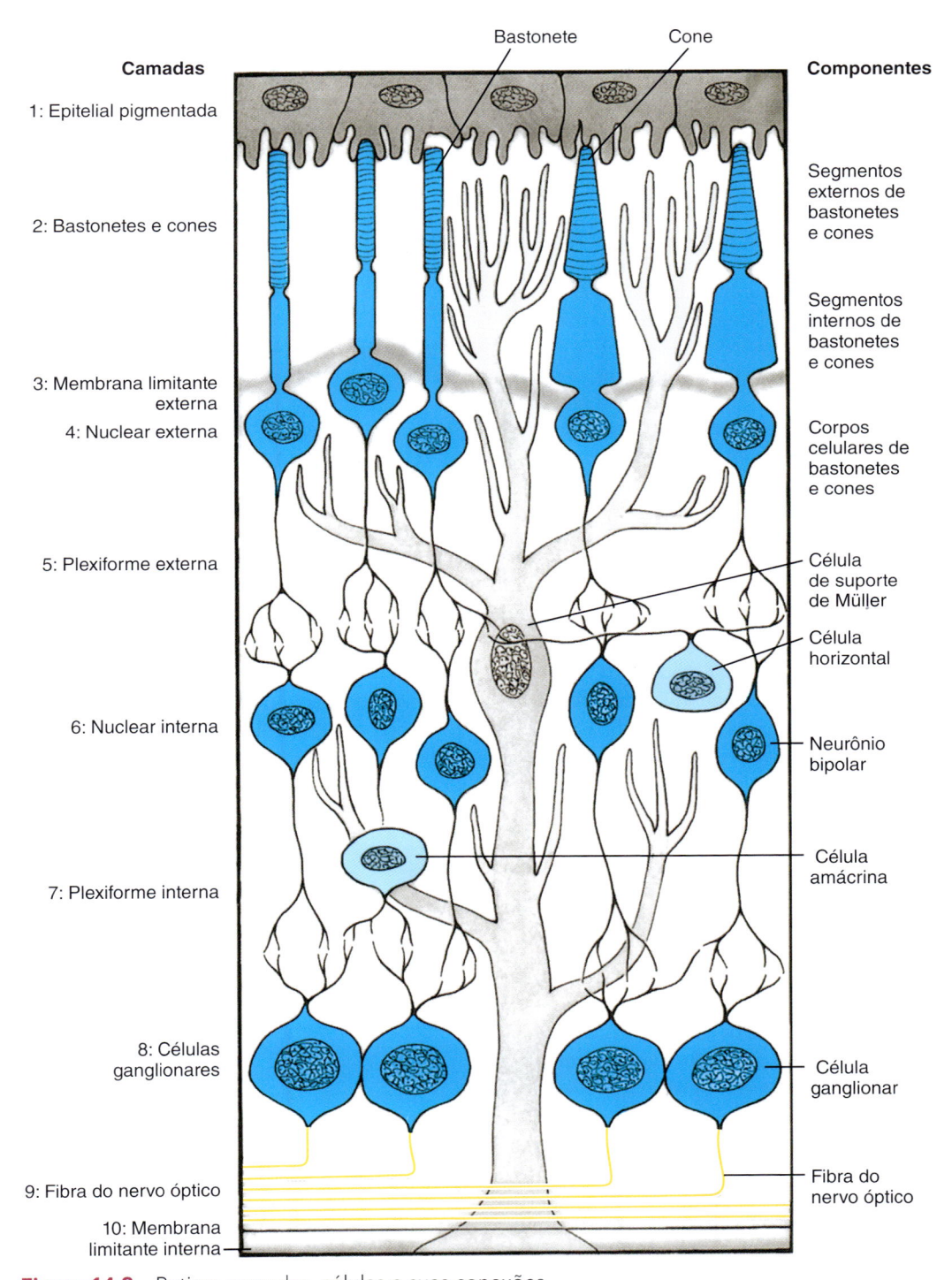

Figura 14.3 Retina: camadas, células e suas conexões.

celulares estão nas camadas 4, 6 e 8 da retina (Fig. 14.3). A camada 4, que consiste na camada nuclear externa, contém os corpos celulares e os núcleos dos bastonetes e cones. A camada 6, que é a camada nuclear interna, contém principalmente os corpos celulares dos neurônios bipolares, que são os primeiros neurônios da via visual.

Os neurônios dos circuitos locais, as **células horizontais** e as **células amácrinas**, estão intercalados entre os neurônios bipolares. As células horizontais, localizadas na parte externa da camada 6, modulam a atividade sináptica entre os fotorreceptores e as células bipolares, enquanto as células amácrinas, localizadas na parte interna da camada 6, modulam esse tipo de atividade entre os neurônios bipolares e as células ganglionares, que são os neurônios de segunda ordem da via visual. A maioria dos corpos celulares das células de suporte da retina, as **células de Müller**, está localizada também na camada nuclear interna.

A camada 8 é a camada das células ganglionares formada pelos corpos celulares dos neurônios secundários da via visual. Os axônios desses neurônios de segunda ordem formam a camada 9, que é a camada de fibras nervosas que constituem o nervo óptico. Até emergirem do olho, esses axônios não são mielinizados e isso constitui uma vantagem óptica porque a mielina tem alto poder de refração.

As camadas remanescentes da retina são as camadas plexiformes externa e interna (camadas 5 e 7, respectivamente), e as camadas das membranas limitantes externa e interna (camadas 3 e 10, respectivamente). As camadas plexiformes são as camadas das sinapses e consistem nos axônios e dendritos das células contidas nas camadas adjacentes. As membranas limitantes são formadas pelas extremidades externa e interna das células de suporte de Müller, que são as células gliais modificadas da retina.

Duas partes da retina estrutural e funcionalmente diferentes do restante da retina são a área central da retina e o **disco óptico**. A área central contém a **mácula lútea** e a **fóvea central**. Na fóvea, as camadas internas da retina estão deslocadas formando uma depressão ou **fovéola**. Somente cones são encontrados no assoalho da fovéola. A fóvea consiste na área da visão de melhor acurácia ou definição da imagem e, portanto, a linha que conecta a fóvea ao objeto visto constitui o eixo visual.

A acuidade ocorre na fóvea não somente por causa do deslocamento das camadas internas da retina, o que permite que os raios de luz atinjam os cones sem necessidade de atravessar as outras camadas, como também pelo fato de que a fóvea apresenta a maior densidade de cones (cerca de 200.000/mm^2).

O restante da retina participa da visão de menor definição paramacular e periférica. A maioria dos fotorreceptores presentes nas partes paramacular e periférica da retina são bastonetes. Em virtude de seus segmentos externos mais longos, os bastonetes conseguem detectar quantidades muito pequenas de luz e, porque os impulsos oriundos de muitos bastonetes convergem no mesmo neurônio bipolar, os bastonetes têm baixa acuidade.

O disco ou papila óptica consiste na área em que as fibras não mielinizadas do nervo óptico saem da retina. Neste ponto, as oito camadas mais externas da retina são interrompidas e, desse modo, em consequência da ausência de fotorreceptores, esse local é o **ponto cego**. Conforme as fibras emergem para formar o nervo óptico, elas se tornam mielinizadas.

Conexão clínica

No ponto de conexão do nervo óptico à parte posterior do olho, a camada externa do olho, a esclera, se torna contínua com a dura-máter que envolve totalmente o nervo. O nervo óptico, portanto, é circundado pela dura-máter, bem como pela aracnoide e pela pia-máter (Fig. 14.1). Assim, a pressão intracraniana aumentada pode exercer pressão, por meio do espaço subaracnóideo cheio de líquido cerebrospinal, sobre o nervo óptico, especialmente em seu ponto de emergência a partir do globo ocular. Quando isso ocorre, o fluxo axoplasmático em cada um dos axônios do nervo óptico é obstruído e estes se tornam intumescidos no disco óptico. Essa condição é conhecida como **edema de disco, papiledema** ou **obstrução de disco** e pode ser observada com auxílio de um oftalmoscópio.

No aspecto embrionário, a retina se desenvolve a partir do diencéfalo, sendo por isso um dos derivados do sistema nervoso central (SNC). Como resultado, o nervo óptico, diferente de todos os outros nervos cranianos, é uma estrutura do SNC. Assim como outras estruturas do SNC, as fibras do nervo óptico não regeneram após serem danificadas.

Fisiologia da retina

A fisiologia do sistema visual é a mais complexa dentre todos os sistemas sensoriais. Os estímulos visuais são recebidos diretamente no SNC, pelos neurônios presentes na retina, onde o processamento significativo dos estímulos fóticos se inicia e continua de forma progressiva ao longo do núcleo (corpo) geniculado lateral, no córtex visual primário (V1) e, por fim, nas múltiplas áreas de associação dos córtices temporal e parietal. Em cada etapa da via, as propriedades do estímulo que ativa um neurônio se tornam progressivamente mais específicas.

A fototransdução e o processamento inicial ocorrem na retina

A luz em uma faixa limitada (cerca de 400-700 nm) do espectro eletromagnético ativa a retina humana. A fototransdução resulta da ação de um fóton de luz deflagrando a dissociação dos pigmentos visuais rodopsina ou iodopsina, iniciando assim uma cascata bioquímica na parte externa dos segmentos do fotorreceptor. Isso leva a alterações graduadas na membrana do segmento interno dos receptores que por meio de sinapses despolarizam ou hiperpolarizam as células bipolares. O curso temporal desse processo de transdução fótico-bioquímica pode ser analisado de acordo com o tempo que a acomodação visual demora para ocorrer quando o indivíduo se move de uma área escura para uma área iluminada ou vice-versa. As alterações de potenciais que ocorrem nas células bipolares são eletronicamente conduzidas para promover a ativação tônica das células ganglionares, resultando em aumento ou diminuição dos disparos de potenciais de ação.

O estímulo fótico mais elementar é um pequeno ponto de luz em receptores contíguos. As células ganglionares e bipolares conectadas tipo "centro-ON" são excitadas quando o ponto de luz ilumina o centro do campo receptivo circular, e inibidas pela luz aplicada na área periférica em torno desse centro (inibição periférica/lateral do centro). As células ganglionares e bipolares conectadas tipo "centro-OFF" respondem de forma oposta (Fig. 14.4). Os neurônios ganglionares e bipolares tipo "centro-ON" e "centro-OFF" permitem que a retina detecte de maneira precisa as diferenças sutis de contraste e as alterações rápidas da intensidade da luz.

Via visual

Os raios de luz que atingem a retina seguem das camadas internas para as camadas externas, onde os bastonetes e cones são estimulados. Os impulsos visuais então passam das camadas externas para as camadas internas. Assim, dentro da retina, os raios de luz e os impulsos visuais seguem em direções opostas.

Os impulsos visuais oriundos dos bastonetes e cones são transmitidos para as células bipolares, os neurônios primários ou de primeira ordem no sistema visual. Os axônios dos neurônios bipolares fazem sinapse com dendritos das células ganglionares da retina, os neurônios secundários na via. Os axônios do nervo óptico vindos das células ganglionares irradiam na direção do disco óptico, onde se tornam mielinizados e emergem para formar o nervo óptico. O nervo óptico de cada olho segue posterior e medialmente, entra na cavidade craniana através dos forames ópticos, de modo que se unem para formar o quiasma óptico (Fig. 14.5).

Saindo do quiasma óptico, há o trato óptico, que passa em direção posterior e lateral ao longo das superfícies do hipotálamo e da base do pedúnculo cerebral, entrando então na superfície ventral do núcleo (corpo) geniculado lateral. Neste ponto, os axônios das células ganglionares da retina finalmente atingem os neurônios terciários da via visual.

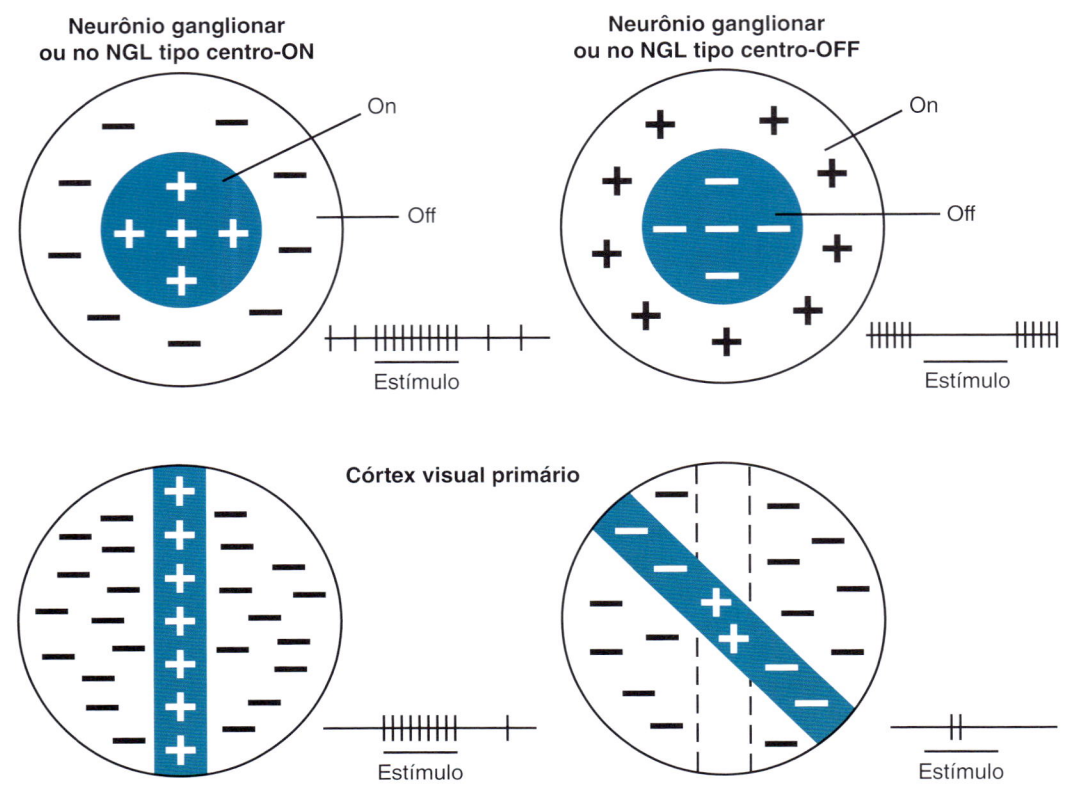

Figura 14.4 Células ganglionares na retina e neurônios nos núcleos (corpos) geniculados laterais (NGL) têm campos receptivos circulares e respondem a estímulos luminosos focais de modo centralizado (centro-ON) ou não centralizado (centro-OFF). Os neurônios no córtex visual primário respondem a estímulos alinhados com orientação específica.

O núcleo (corpo) geniculado lateral tem formato triangular, algo parecido com um chapéu napoleônico. Ele consiste em seis camadas. As duas camadas ventrais são compostas por neurônios grandes, enquanto as quatro camadas dorsais consistem em neurônios pequenos. Ambos os tipos são neurônios terciários que enviam axônios para o córtex cerebral. As camadas magnocelulares constituem a parte da via visual relacionada com a localização e o movimento de um objeto no campo visual, ao passo que as camadas parvicelulares estão relacionadas com a cor e a forma do objeto. Assim, as camadas magnocelulares são parte da via "onde" e as parvicelulares são parte da via "o quê" relacionadas aos estímulos visuais.

Os neurônios geniculados laterais terciários originam o trato geniculocalcarino ou a radiação óptica, que inicialmente entra na parte retrolenticular do ramo posterior da cápsula interna. Ao entrar na cápsula interna, a radiação óptica forma uma área triangular evidente referida como **zona de Wernicke** (Fig. 14.6).

Conexão clínica

O quiasma óptico repousa no diafragma da sela, em estreita relação com a haste da glândula hipófise. Lateralmente, ele está relacionado com as artérias carótidas internas. Um tumor hipofisário pode danificar a porção média do quiasma, enquanto um **aneurisma** em uma das artérias carótidas internas pode danificar a parte lateral do quiasma.

A partir da cápsula interna, as fibras da radiação óptica se estendem para a superfície lateral do ventrículo lateral (Fig. 14.5). As fibras mais

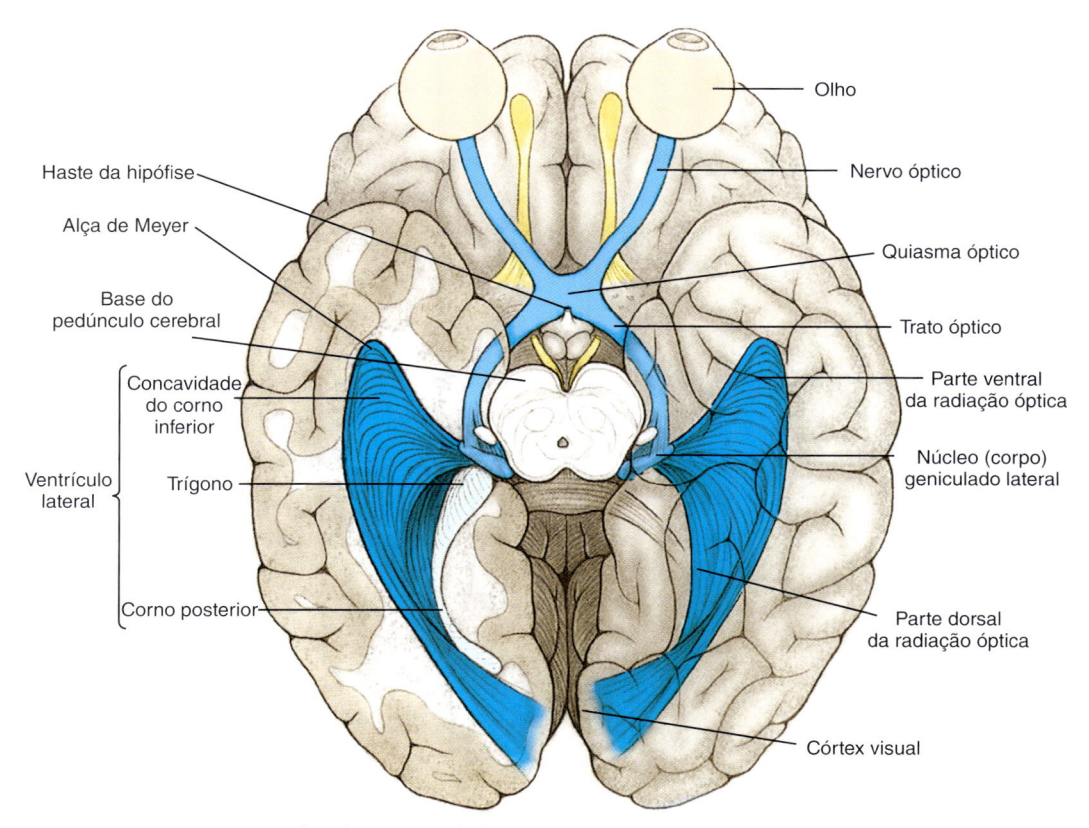

Figura 14.5 Vista ventral tridimensional da via visual, com o lobo temporal direito dissecado.

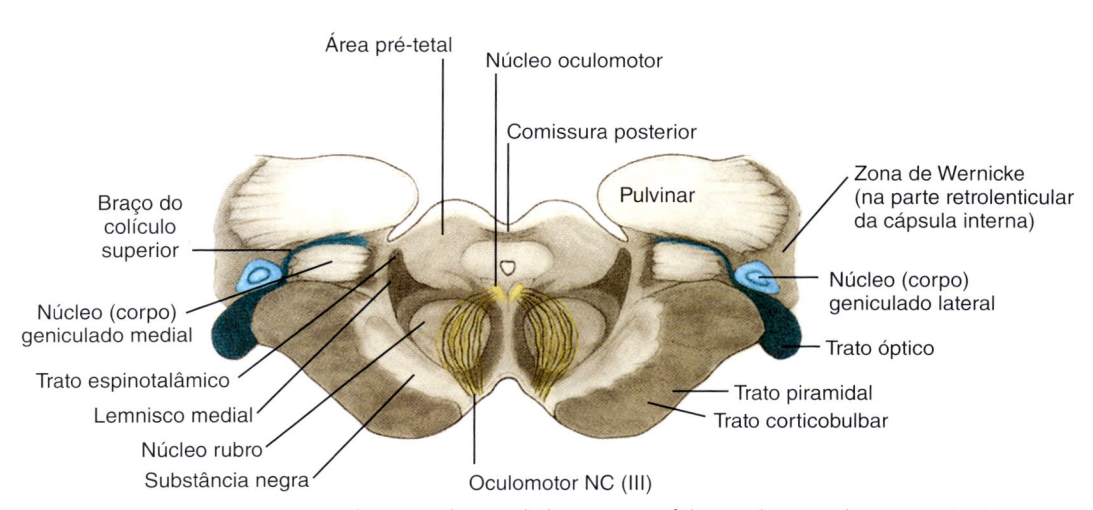

Figura 14.6 Corte transversal no nível rostral do mesencéfalo e tálamo sobreposto (NC, nervo craniano).

dorsais seguem diretamente no sentido posterior, inicialmente dentro do lobo parietal e, em seguida, dentro do lobo occipital. As fibras mais ventrais passam anteriormente e formam uma alça sobre o corno temporal do ventrículo lateral. As fibras que seguem mais anteriormente formam a **alça de Meyer**. Dessa forma, após emergir da cápsula interna, a parte ventral da radiação óptica está localizada inicialmente no lobo temporal e, então, no lobo occipital.

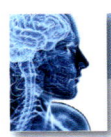

Conexão clínica

A localização da radiação óptica na zona triangular de Wernicke tem importância clínica. Por causa de sua relação anatômica estreita com o trato piramidal e com as radiações talamocorticais somatossensoriais imediatamente adjacentes ao ramo posterior da cápsula interna, uma pequena lesão (cerca de 1,5 cm) nessa área produz paralisia contralateral, bem como hemianestesia e cegueira na metade oposta do campo visual de cada olho, como no caso descrito na introdução deste capítulo. Essas anormalidades geralmente resultam de arteriopatia da corióidea anterior.

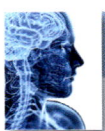

Conexão clínica

As partes da radiação óptica podem ser danificadas por uma lesão nos lobos parietal, temporal ou occipital.

A radiação óptica se estende posteriormente, próximo da parede lateral do corno occipital do ventrículo lateral, e termina no córtex visual primário localizado nas bordas do sulco calcarino (Fig. 14.7). As fibras mais dorsais terminam no cúneo, enquanto as fibras mais ventrais seguem para o giro lingual. O córtex visual é também referido como córtex estriado porque, diferentemente das outras partes do córtex cerebral, contém uma faixa horizontal bastante evidente, constituída de fibras mielínicas, chamada linha de Gennari. No córtex visual, a mácula da retina é representada na metade posterior e as partes paramacular e periférica da retina são representadas sucessivamente de modo mais anterior (Fig. 14.7A).

O sistema visual inclui duas vias paralelas de informação, uma relacionada com a localização dos objetos no campo visual e a outra relacionada à identificação daquilo que os objetos são. A via "onde" é a via magnocelular (M) que se origina das células ganglionares maiores da retina que se projetam para as camadas magnocelulares do núcleo (corpo) geniculado lateral. A via "o quê" é a via parvicelular (P) que se origina das células ganglionares menores da retina que se projetam para as camadas parvicelulares do núcleo (corpo) geniculado lateral. Ambas as vias estão entremeadas na radiação óptica, mas cada uma termina em camadas separadas do córtex visual primário. A partir daqui, as vias passam para a superfície lateral do hemisfério cerebral, a via magnocelular dorsalmente em direção à região posterior do lobo parietal, e a via parvicelular ventralmente em direção à região posterior do lobo temporal.

Campos visuais e vias visuais

Lesões em várias partes da via visual são descritas de acordo com os déficits de campo visual resultantes. O reconhecimento da representação dos campos visuais nas vias visuais tem importância médica.

O campo visual é dividido em quatro quadrantes: superior direito, superior esquerdo, inferior direito e inferior esquerdo. Os quadrantes são demarcados por linhas imaginárias horizontais e verticais que passam pelo **ponto de fixação**, ou seja, o ponto em que a visão é focada.

Esses quadrantes do campo visual são projetados sobre cada retina, em padrão reverso e invertido, por meio da ação da lente (Fig. 14.7). No quiasma óptico, as fibras do nervo óptico das metades nasal ou medial das retinas se cruzam, porém aquelas oriundas das metades temporal ou lateral das retinas não se cruzam. Essa decussação parcial serve para trazer todas as fibras do nervo óptico que transmitem impulsos da metade de direita ou esquerda do campo visual para dentro do trato óptico contralateral. Dessa forma, as vias visuais direita e esquerda distais ao quiasma transportam todos os impulsos oriundos das metades contralaterais do campo visual.

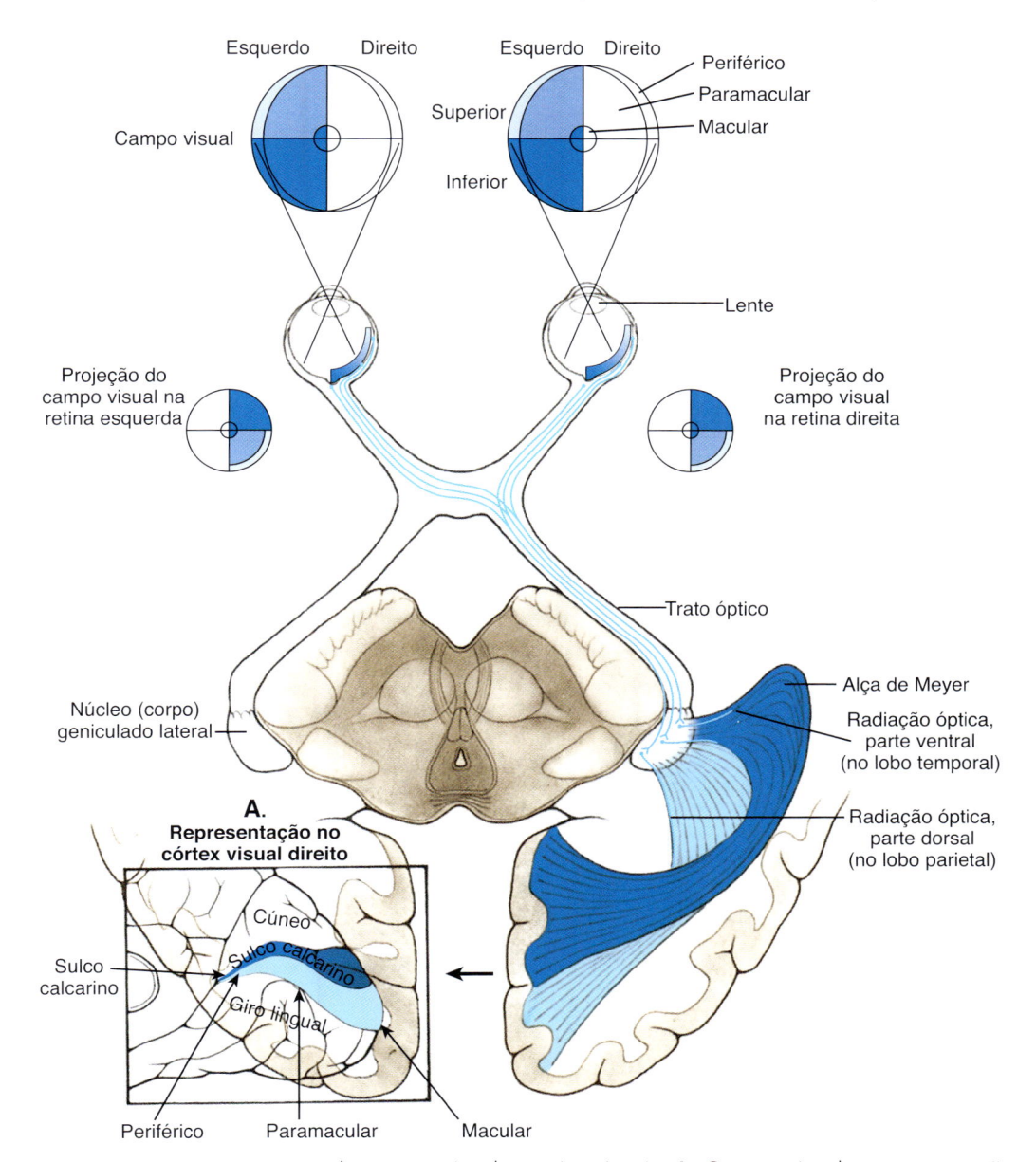

Figura 14.7 Representação do campo visual nas vias visuais. **A.** Campo visual e representação da retina no córtex visual primário.

Além disso, em razão das relações ponto-a--ponto existentes entre retina, núcleo (corpo) geniculado lateral e córtex visual primário, os impulsos oriundos das metades superior e inferior do campo visual estão localizados em diferentes partes da radiação óptica. Impulsos oriundos do quadrante superior contralateral seguem um curso ventral e passam para dentro da substância branca do lobo temporal, antes de seguirem posteriormente para dentro do lobo occipital, onde terminam na borda inferior do sulco calcarino, no giro lingual (Fig. 14.7A). Contudo, os impulsos do quadrante inferior contralateral seguem um curso dorsal e passam posteriormente ao longo da substância branca do lobo parietal em direção ao lobo occipital, onde terminam na borda superior do sulco calcarino, no cúneo.

O dano às vias visuais resulta em perda da visão, anopsia, descrita de acordo com o campo visual perdido. Os defeitos visuais são **homônimos** quando confinados à mesma parte do campo visual em cada olho, ou **heterônimos** quando a parte do campo visual perdida difere em cada olho. Um defeito homônimo resulta de lesões na via visual distal ao quiasma óptico. Assim, a destruição total do trato óptico, do núcleo (corpo) geniculado lateral, do trato ge

niculocalcarino ou do córtex visual resulta na perda de todo o campo visual oposto em cada olho, um fenômeno referido como hemianopsia homônima contralateral.

As lesões do quiasma óptico causam vários tipos de defeitos heterônimos. Mais comumente, há envolvimento das fibras cruzadas e isso resulta na interrupção das fibras das retinas nasais que transportam os impulsos oriundos dos campos visuais temporais. Nesse caso, o defeito é referido como **hemianopsia bitemporal**. Exemplos de lesões em várias partes da via visual, os defeitos de campo visual e as principais causas das lesões resultantes são descritas na Figura 14.8.

Defeitos no campo visual

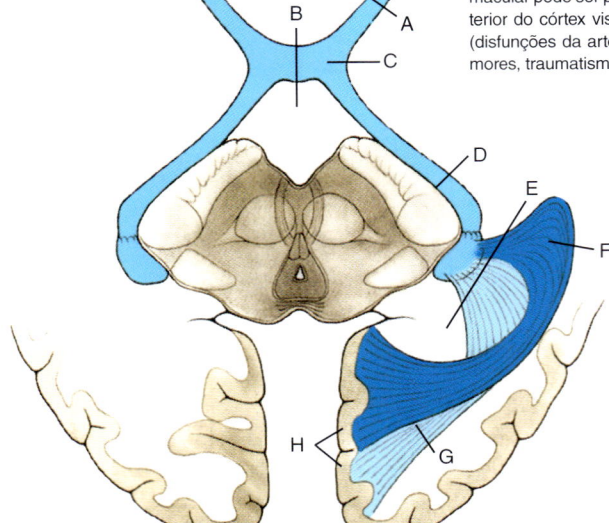

A. **Nervo óptico direito:** cegueira do olho direito (traumatismo, neurite óptica).

B. **Quiasma óptico:** transecção total na linha média causa hemianopsia bitemporal (tumores hipofisários, craniofaringiomas).

C. **Ângulo direito do quiasma:** hemianopsia nasal direita (compressão por aneurisma da artéria carótida interna).

D. **Trato óptico direito:** hemianopsia homônima esquerda (abscesso ou tumor no lobo temporal que comprime o trato óptico contra a base do pedúnculo cerebral).

E. **Destruição capsular total da radiação óptica direita:** hemianopsia homônima esquerda (disfunções da artéria corióidea anterior, tumores).

F. **Alça de Meyer direita ou parte inferior do trato geniculocalcarino:** quadrantanopsia homônima superior esquerda (tumor no lobo temporal ou occipital).

G. **Parte superior do trato geniculocalcarino direito:** quadrantanopsia homônima inferior esquerda (tumor no lobo parietal ou occipital).

H. **Área estriada direita (córtex visual):** hemianopsia homônima esquerda. A visão macular pode ser preservada se a parte posterior do córtex visual não estiver envolvida (disfunções da artéria cerebral posterior, tumores, traumatismo).

Figura 14.8 Defeitos no campo visual resultantes de lesões em várias partes da via visual e principais causas das lesões.

Processamento da informação visual

Os neurônios com campos receptivos do tipo centro-ON e centro-OFF também estão presentes no núcleo (corpo) geniculado lateral. As propriedades dos campos receptivos circulares centro-ON e centro-OFF são mantidas na aferência geniculocortical para a camada 4 de V1, porém as colunas de neurônios acima e abaixo da camada 4 transformam essa aferência em campos receptivos de formato linear caracterizados como linhas ou barras com limites bem distintos. A maioria dos neurônios em cada coluna é responsiva aos estímulos de linhas de mesma orientação espacial. Essas colunas individuais são chamadas colunas de orientação e por meio delas muitos campos circulares são convertidos a um campo receptivo retilíneo com eixo específico de orientação. Imediatamente adjacentes, as colunas de orientação V1 contêm neurônios ativados por estímulos visuais dirigidos à mesma área da retina, porém com orientações distintas. Assim, a convergência de aferências paralelas centro--ON e centro-OFF a partir do núcleo (corpo) geniculado lateral e o processamento resultante nas colunas de orientação permite que os objetos sejam percebidos por seus formatos. Neurônios menos numerosos e mais complexos em cada coluna de orientação respondem ao movimento de formato linear através do campo receptivo na retina.

As aferências binoculares permanecem segregadas nas diferentes camadas do núcleo (corpo) geniculado lateral e nas colunas de dominância ocular na camada 4 em V1. Essas aferências alternadas provenientes do olho direito ou esquerdo nas colunas de dominância ocular adjacentes são importantes para as interações binoculares e a percepção de profundidade. Por fim, existem ainda colunas de neurônios regularmente espaçadas nas camadas superiores de V1, as quais são responsivas às cores. As colunas funcionalmente relacionadas exibem uma rica interconexão entre si, a qual é mediada por conexões axonais de orientação horizontal que integram a atividade a partir de áreas amplas da retina.

A percepção visual envolve quatro atributos principais: forma ou formato, profundidade, movimento e cor. Embora cada um desses atributos seja processado no córtex estriado, a interpretação consciente do estímulo se dá em áreas extra-estriadas do córtex. As vias paralelas parvicelular (P) e magnocelular (M) transmitem informações funcionalmente diferentes a partir da retina via núcleo (corpo) geniculado lateral para V1. A divergência anatômica e funcional das duas vias continua na terminação de cada uma em diferentes partes da camada 4. A partir de V1, as vias corticais ventral e dorsal emergem para o córtex extra-estriado. A via ventral é a continuação da via P e está dirigida para a região inferior do lobo temporal, enquanto a via dorsal transmite o fluxo de informação da via M para as áreas posteriores do lobo parietal. O movimento é analisado primariamente por meio da via dorsal para o lobo parietal (o "onde"), enquanto o formato e a cor necessários à identificação do objeto (o "o quê") ocorrem pela via ventral para o córtex temporal inferior.

Visão de cores

Em seres humanos, a visão de cores normal depende dos cones fotorreceptores que são ativados de modo preferencial por um de três comprimentos de onda particulares da luz refletida. A mistura de sinais oriundos de diferentes cones receptores permite a percepção de um amplo espectro de cores. Os estímulos de cor são transmitidos principalmente pelos neurônios que formam a via P, a partir da retina e do núcleo (corpo) geniculado lateral. Em V1, a percepção de cores é limitada às colunas regularmente arranjadas nas camadas 2 e 3. Conforme o estímulo visual flui de V1 para as áreas extra-estriadas, a transformação da informação de cores se dá em conjunto com a informação relacionada ao formato de um objeto, permitindo a identificação desse objeto de forma coletiva, ou seja, com seus atributos de cor e formato. Exemplificando, um objeto vermelho-brilhante com um formato de um pedaço de fruta bem reconhecido seria interpretado como uma maçã.

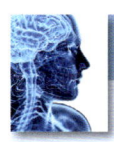

A verdadeira cegueira de cores é rara, porém muitos indivíduos têm comprometimento da visão de cores em decorrência de anormalidades congênitas. Em vez da visão tricromática normal, algumas pessoas têm somente uma visão dicromática que tipicamente é vista na população masculina, sugerindo que o cromossomo X codifica a síntese de pigmentos visuais nos cones. A perda de um tipo de pigmento de cone receptor resulta em visão dicromática, dificultando a distinção de cores sobretudo nas superfícies com múltiplas cores. Isso pode ser demonstrado usando o teste de Ishihara, em que um número incorporado junto a um padrão de pontos coloridos distintos pode ser reconhecido por um indivíduo com visão tricromática normal e não por indivíduos com visão dicromática. As doenças oculares adquiridas, como a retinose pigmentar e o glaucoma, também podem danificar seletivamente um tipo de cone receptor, resultando na visão dicromática.

Reflexos visuais

O tamanho da pupila e a curvatura da lente são regulados por três grupos de reflexos visuais, cujos componentes aferentes incluem partes do sistema visual, e cujos componentes eferentes envolvem (com uma única exceção) o sistema nervoso autônomo ou sistema autonômico. Esses reflexos são o reflexo à luz, fotomotor ou reflexo de constrição pupilar, o reflexo de dilatação pupilar e os reflexos de acomodação.

O reflexo à luz (reflexo fotomotor)

Quando a luz que entra no olho se torna mais brilhante, a pupila se contrai. O reflexo de constrição pupilar desse olho é referido como **reflexo à luz direta ou reflexo fotomotor direto**. Além da constrição pupilar do olho estimulado, também ocorre constrição da pupila no olho oposto. Esse reflexo é referido como **reflexo consensual à luz** ou **reflexo fotomotor indireto** ou apenas **reflexo consensual**.

A iluminação intensificada da retina ativa células ganglionares especializadas que, além de receberem sinais de bastonetes e cones, contêm o fotopigmento melanopsina, que lhes permite responder à luz até mesmo após a degeneração dos bastonetes e cones. Os axônios dessas células ganglionares seguem por cada nervo óptico e através do quiasma óptico entram em ambos os tratos ópticos (Fig. 14.9). Esses axônios em cada trato óptico entram no braço do colículo superior (Fig. 14.6), que contorna o núcleo (corpo) geniculado lateral e termina no centro de reflexo à luz na área pré-tetal. Os neurônios na área pré-tetal têm axônios que terminam bilateralmente nos neurônios parassimpáticos motores viscerais, também denominados visceromotores, do complexo nuclear oculomotor, e são comumente referidos como núcleo de Edinger-Westphal. Portanto, para a resposta consensual, os axônios das células ganglionares se cruzam no quiasma óptico ou os axônios da área pré-tetal se cruzam na comissura posterior.

O componente eferente do reflexo à luz ou fotomotor envolve axônios parassimpáticos pré-ganglionares originados no núcleo de Edinger-Westphal, que seguem no nervo oculomotor e seus ramos até o gânglio ciliar. As fibras pós-ganglionares oriundas desse gânglio seguem para o olho através dos nervos ciliares curtos e terminam no músculo esfíncter da pupila, localizado na íris.

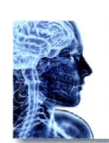

O reflexo à luz ou fotomotor pode ser usado para distinguir uma lesão no trato óptico de lesões mais distais na via visual, as quais resultam em hemianopsia. Com as lesões distais ao trato óptico, ou seja, no núcleo (corpo) geniculado lateral, na radiação óptica ou no córtex visual, um pequeno feixe de luz dirigido para dentro somente das metades cegas de cada retina resulta em constrição pupilar, porque a via visual está interrompida além do trato óptico e do braço do colículo superior. Em outras palavras, os componentes aferentes dos reflexos fotomotores estão intactos no trato óptico. Por outro lado, quando o trato óptico ou o braço do colículo superior é danificado, a incidência da luz brilhante nas metades cegas de cada retina não deflagra os reflexos fotomotores, porque o ramo aferente do hemicampo cego está interrompido.

A. Parte anterior do olho ampliada

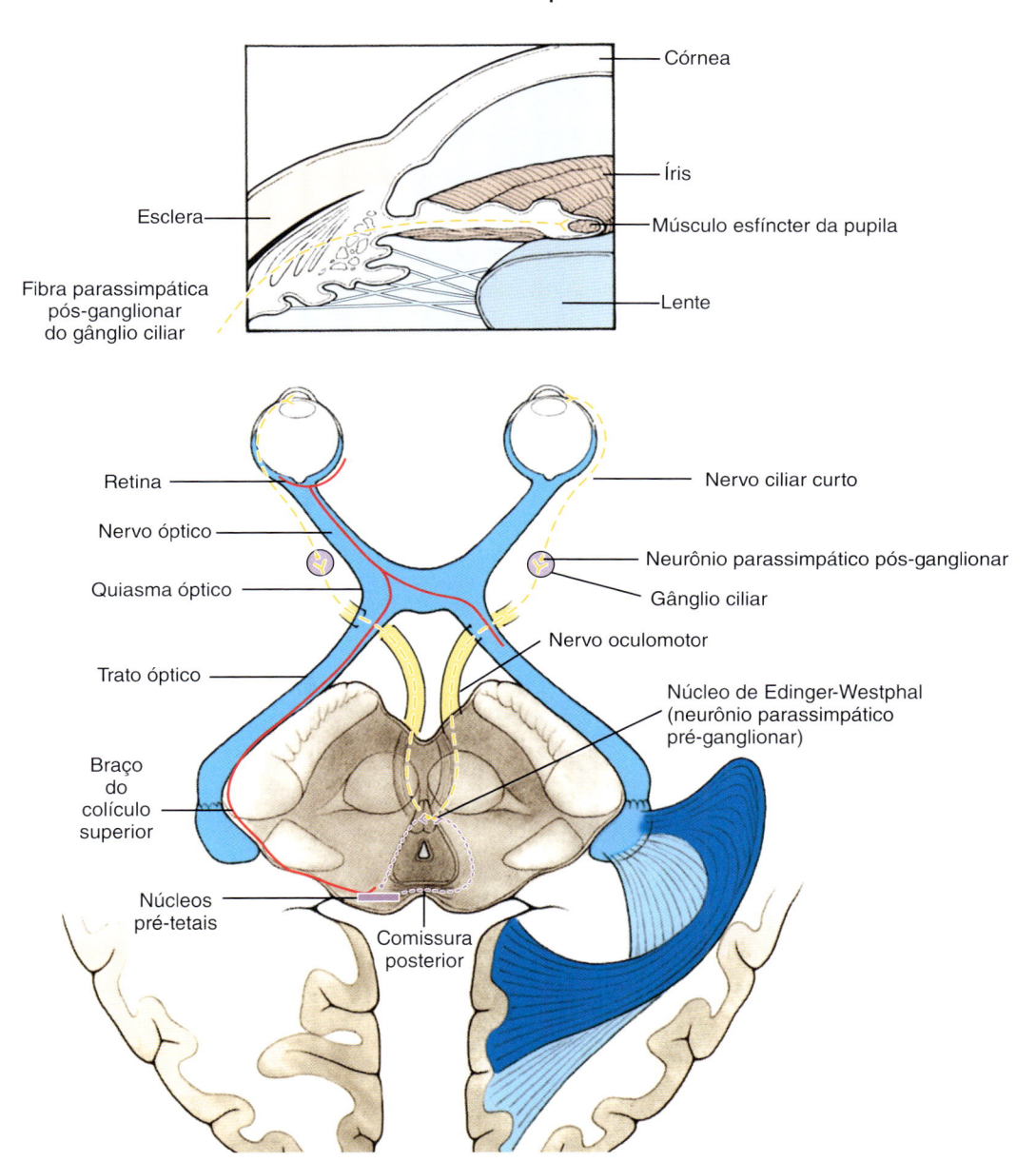

Figura 14.9 Reflexo pupilar à luz ou reflexo fotomotor. **A.** Parte anterior do olho ampliada mostrando a inervação do músculo esfíncter da pupila.

As fibras pré-ganglionares responsáveis pela constrição da pupila (pupiloconstritoras), que seguem no nervo oculomotor geralmente são os primeiros componentes a serem afetados quando o nervo é comprimido. Assim, um sinal inicial de compressão do nervo oculomotor, como ocorre na herniação do cérebro para dentro da incisura do tentório, é a dilatação pupilar ipsilateral.

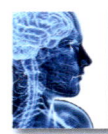

Conexão clínica

A destruição total da retina ou do nervo óptico interrompe o componente aferente do reflexo fotomotor e abole ambas as respostas, direta e consensual, do olho cego. Entretanto, ambas as pupilas reagem quando o olho bom é estimulado pela luz intensificada. Uma lesão no nervo oculomotor interrompe o componente eferente do reflexo, resultando em dilatação pupilar (midríase) e perda das respostas direta e consensual no olho ipsilateral.

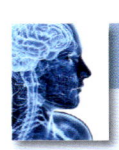

Conexão clínica

Na pupila com defeito aferente relativo ou pupila de Marcus Gunn, que ocorre subsequentemente à lesão unilateral parcial da retina ou do nervo óptico, ambas as pupilas exibem constrição diminuída quando a luz brilhante incide no olho afetado, mas exibem constrição normal quando a luz incide no olho normal.

Reflexo de dilatação pupilar

A dilatação pupilar ocorre de forma passiva quando o tônus parassimpático está diminuído, e de maneira ativa quando o tônus simpático está aumentado. Esse último geralmente resulta de expressões emocionais (medo, raiva etc.) ou dor. Os impulsos oriundos dos centros simpáticos no hipotálamo posterior seguem via formação reticular do tronco encefálico para o **centro ciliospinal**, que corresponde a neurônios simpáticos pré-ganglionares localizados nos segmentos medulares C8 e T1 (Fig. 14.10). Esses neurônios simpáticos pré-ganglionares têm axônios que emergem com as raízes ventrais dos nervos espinais de T1 e T2, passam pelos ramos comunicantes brancos para entrar e ascender no tronco simpático, e terminam no gânglio cervical superior. As fibras simpáticas pós-ganglionares seguem então nos **plexos caróticos** e, via nervos nasociliar e ciliares longos, inervam o músculo dilatador da pupila, localizado na íris. A interrupção dessa via

no sistema nervoso central durante a descida do hipotálamo para o centro ciliospinal na medula espinal, nos níveis C8-T1 da medula espinal, ou na periferia, leva à constrição da pupila (miose) decorrente da ação, sem antagonismo do músculo esfíncter da pupila inervado por fibras parassimpáticas. Apesar da miose, a pupila continua reagindo à luz e à acomodação.

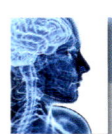

Conexão clínica

A miose resultante da interrupção da via da dilatação pupilar está incluída em uma tríade de sintomas referida como **síndrome de Horner**. Além da miose, a síndrome inclui ptose leve (queda palpebral) e **anidrose** (perda da sudorese). A ptose palpebral leve ocorre em consequência da desnervação do músculo liso na pálpebra superior (músculo tarsal superior de Müller). A anidrose resulta da desnervação simpática das glândulas sudoríparas da face.

A síndrome de Horner comumente resulta de tumores ou lesões vasculares que envolvem a região lateral do bulbo; lesões, tumores ou siringomielia nos níveis cervicais da medula espinal; traumatismo nas raízes ventrais de T1 e T2; comprometimento do tronco simpático cervical por carcinoma pulmonar; e doenças da artéria carótida interna.

Os reflexos de acomodação

A acomodação é o processo em que uma imagem visual nítida é mantida enquanto o olhar é desviado de um ponto distante para um ponto próximo. Existem três componentes da reação de acomodação comumente referida como "**reflexo de fixação para perto ou para ver de perto**": convergência dos olhos, constrição pupilar e espessamento da lente.

Quando a visão é alterada de um objeto distante para um objeto próximo, os raios de luz se tornam mais divergentes ao atravessarem a lente. Para a imagem permanecer focada na retina, a curvatura da lente aumenta. O mecanismo para essa acomodação da lente é baseado em uma lente inerentemente elástica que é mantida suspensa pelos ligamentos do corpo ciliar. Na contração de seus músculos,

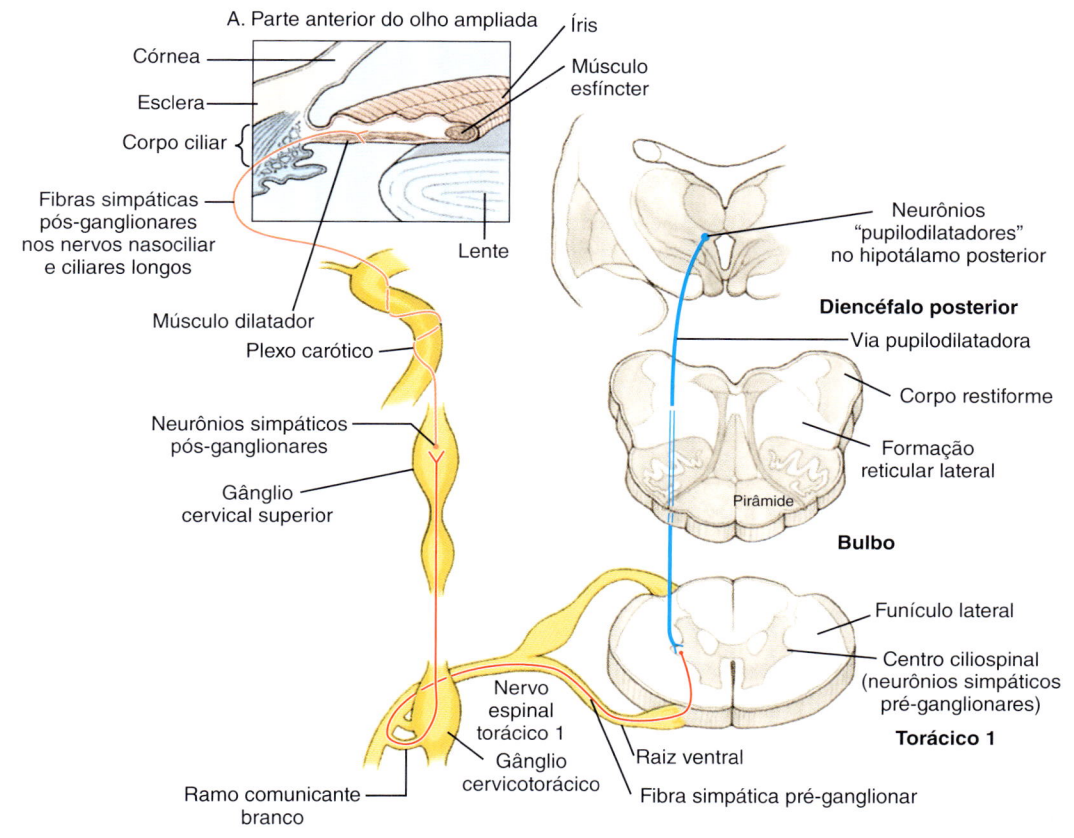

Figura 14.10 Reflexo de dilatação pupilar. **A.** Parte anterior do olho ampliada, mostrando a inervação do músculo dilatador da pupila.

o corpo ciliar se aproxima da lente, diminuindo assim a tensão sobre os ligamentos suspensores. Isso permite que a lente aumente seu diâmetro anteroposterior por abaulamento. Para favorecer ainda mais a acuidade visual, a convergência dos olhos e a constrição das pupilas são combinadas à acomodação da lente. A constrição pupilar associada aumenta a acuidade visual por restringir os raios de luz oriundos da parte mais periférica da lente, onde é mais provável a ocorrência de aberrações cromáticas e esféricas.

O estímulo para a acomodação é a percepção de um objeto. Os reflexos de acomodação são iniciados pelo córtex occipital (Fig. 14.11). Os componentes aferentes dos reflexos são representados por projeções corticotetais do lobo occipital que passam para o chamado "centro de acomodação" na região dos núcleos oculomotores.

A partir do "centro de acomodação", os impulsos seguem para os núcleos apropriados do complexo oculomotor: o núcleo parassimpático de Edinger-Westphal para alterações na lente e na pupila; e os núcleos motores somáticos para convergência dos olhos. O componente eferente é o nervo oculomotor, com sinapse no gânglio ciliar para os impulsos parassimpáticos responsáveis pela acomodação da lente e constrição pupilar involuntárias. Os nervos ciliares curtos conduzem as fibras parassimpáticas pós-ganglionares para o olho. Os impulsos somáticos para convergência passam diretamente dos motoneurônios inferiores do complexo oculomotor para os músculos retos mediais.

Conexão clínica

Em certas condições patológicas resultantes de neurossífilis, esclerose múltipla ou encefalite, observa-se o sinal pupilar de Argyll Robertson. Esse sinal é caracterizado por uma pupila pequena, que não reage à luz intensificada, mas reage bem à acomodação.

O mecanismo subjacente não é esclarecido, mas provavelmente envolve lesões bilaterais nos centros do reflexo à luz pré-tetais ou suas conexões, que estão localizados mais rostralmente do que aquelas associadas aos centros de acomodação e suas conexões.

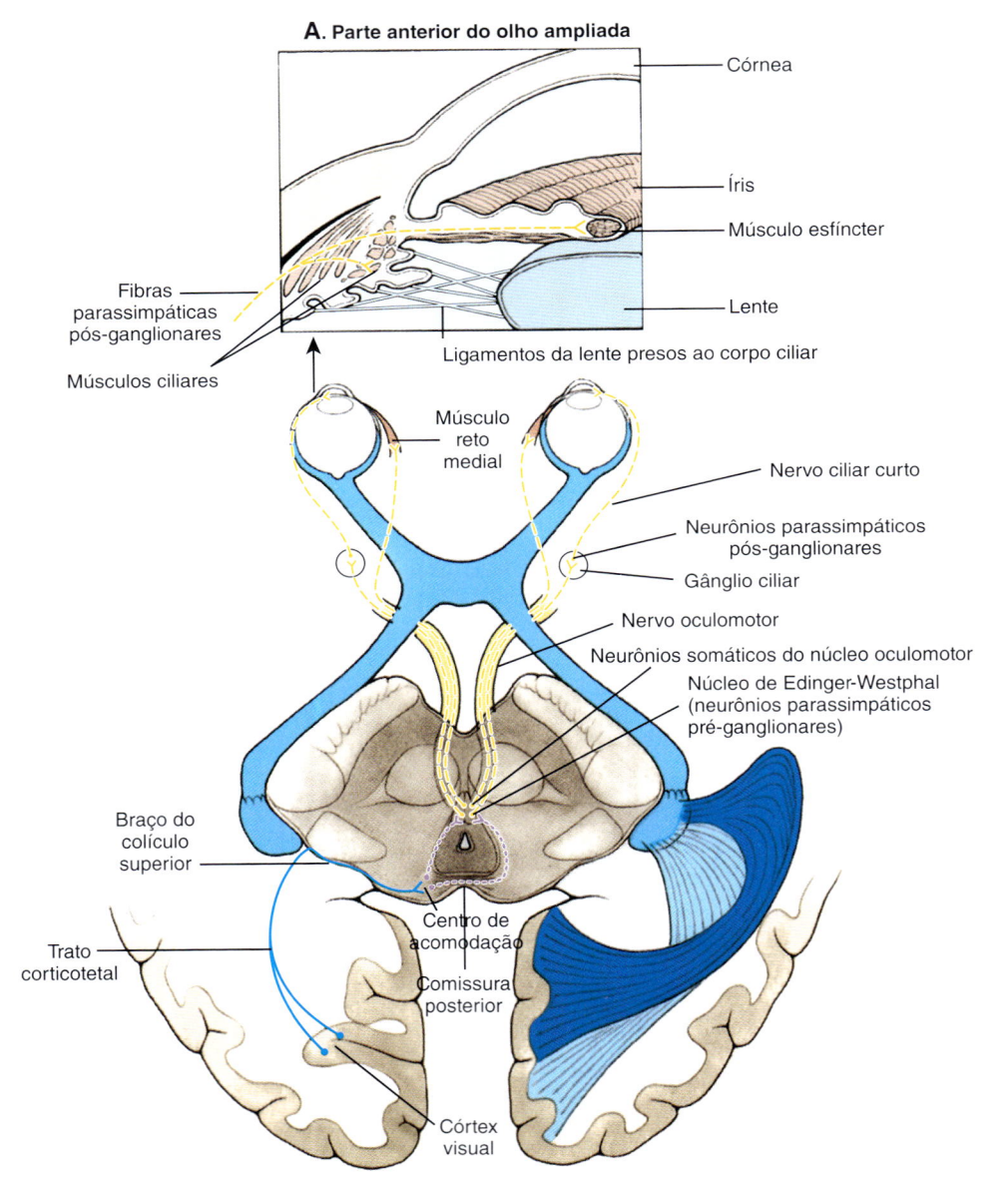

A. Parte anterior do olho ampliada

Figura 14.11 Reflexos de acomodação. **A.** Parte anterior do olho ampliada mostrando a inervação dos músculos ciliares e do músculo esfíncter da pupila.

Questões para revisão

1. Como o glaucoma difere da catarata?
2. Entre quais camadas ocorre o descolamento da retina?
3. Quais características morfológicas são comuns às camadas 4, 6 e 8 da retina?
4. A cegueira noturna está associada a déficits funcionais em quais estruturas? Qual vitamina pode estar envolvida?
5. A cegueira de cores está associada a déficits funcionais em quais estruturas?
6. Compare a fóvea central e o disco óptico em termos de morfologia e função.
7. Qual é a importância médica das características morfológicas exclusivas do nervo óptico?
8. Qual é a diferença entre a transdução de um estímulo sensorial na retina e a transdução que ocorre na maioria dos outros sistemas sensoriais?
9. Quais são os déficits de campo visual resultantes de lesões destrutivas nas estruturas a seguir?
   a. Nervo óptico esquerdo.
   b. Porção média do quiasma óptico.
   c. Parte retrolenticular da cápsula interna direita.
   d. Alça de Meyer esquerda.
   e. Córtex estriado direito.
10. Quais são as diferenças entre o processamento de estímulos visuais na retina e no núcleo (corpo) geniculado lateral em comparação ao que ocorre no córtex visual primário?
11. A interpretação consciente do formato, do movimento e da cor ocorre em qual(is) área(s) do córtex cerebral?
12. Quais nervos cranianos e partes do encéfalo são essenciais para a integridade dos reflexos à luz direta (fotomotor direto) e consensual (fotomotor indireto)?
13. Nomeie três estruturas do sistema nervoso central e três estruturas do sistema nervoso periférico que, quando danificadas, interrompem unilateralmente a via envolvida na dilatação da pupila (via pupilodilatadora).

14. Descreva o fenômeno associado à acomodação e forneça seu substrato neural.
15. Um paciente com hemianopsia homônima e ausência de reflexos pupilares à luz direta (fotomotor direto) e consensual diante da incidência de um pequeno feixe pontual de luz somente sobre a metade cega de qualquer das retinas tem lesão:
   a. No nervo óptico.
   b. No quiasma óptico.
   c. No trato óptico.
   d. Na radiação óptica.
   e. No córtex visual primário.
16. Um paciente apresenta histórico de perda gradual das sensações visuais de apenas uma área limitada do campo visual. As neuroimagens realizadas ao longo do tempo revelam uma massa em crescimento lento na substância branca do lobo temporal direito. Esse provável tumor possivelmente está danificando:
   a. As projeções para o braço do colículo superior direito.
   b. As radiações geniculocorticais para todo o córtex visual primário direito.
   c. A alça de Meyer direita.
   d. O trato óptico direito.
   e. O (giro) cúneo direito.
17. O déficit visual causado pelo tumor/lesão na questão 16 resulta em:
   a. Quadrantanopsia homônima superior esquerda.
   b. Hemianopsia nasal direita.
   c. Hemianopsia bitemporal.
   d. Quadrantanopsia homônima inferior esquerda.
   e. Cegueira macular direita.
18. Um paciente acorda apresentando anormalidades sensoriais e motoras envolvendo o lado esquerdo do corpo e da face, além de comprometimento da visão no campo visual esquerdo. O exame revela a presença de hemianestesia esquerda, hemiplegia espástica esquerda e hemianopsia homônima esquerda. A localização mais provável de uma ou mais lesões causadoras desses déficits seria:
   a. Duas lesões: uma no núcleo ventral posterior do tálamo direito e a outra no trato óptico direito.

b. Uma única lesão ampla no tálamo direito, envolvendo o núcleo (corpo) geniculado lateral e o núcleo ventral posterior.

c. Duas lesões corticais: uma no giro pós--central direito e a outra no giro lingual direito.

d. Uma lesão única no ramo posterior direito da cápsula interna.

e. Duas lesões: uma na zona de Wernicke direita e a outra no trato espinotalâmico direito.

19. Um acidente vascular encefálico no lobo parietal direito pode resultar em:

a. Quadrantanopsia homônima inferior esquerda.

b. Hemianopsia bitemporal.

c. Ausência de reflexos pupilares com a intensificação da luz que incide no olho esquerdo.

d. Quadrantanopsia homônima superior esquerda.

e. Afasia de expressão e cegueira.

20. Um tumor hipofisário que secciona o quiasma óptico ao meio causa dano nas fibras do nervo óptico que surgem:

a. Das retinas temporal esquerda e nasal direita.

b. Das retinas nasais esquerda e direita.

c. Das retinas temporais direita e esquerda.

d. Das retinas temporal direita e nasal esquerda.

e. Nenhuma das vias anteriores.

15

Os sistemas gustativo e olfativo: ageusia e anosmia

Um paciente de 50 anos apresenta paralisia facial direita, hiperacusia direita e perda do paladar nos $^2/_3$ anteriores do lado direito da língua.

O paladar e o olfato são as sensações químicas que fornecem informação sobre uma ampla gama de estímulos, desde o sabor agradável de certos alimentos e bebidas até o odor desagradável ou nocivo do apodrecimento e do perigo. Ambas as sensações surgem a partir de receptores químicos específicos que, uma vez ativados, transmitem impulsos neurais ao córtex cerebral, onde se dá a percepção.

Sistema gustativo

A gustação ou o sentido do gosto ou paladar surge principalmente a partir dos receptores contidos na mucosa da língua. Também pode haver alguns receptores na epiglote e na parte adjacente da faringe. A via gustativa consiste em três neurônios: número 1 nos gânglios dos nervos cranianos VII, IX e X; número 2 no bulbo; e número 3 no tálamo.

Receptores gustativos

Os receptores do paladar, ou receptores gustativos, são ativados por estímulos das qualidades doce, salgada, amarga e ácida. Talvez, exista ainda uma qualidade de sabor adicional, a **umami**, que foi descrita por alguns pesquisadores como estando associada ao glutamato monossódico, e por

outros como "carnoso e delicioso". Todas as qualidades de sabor são deflagradas a partir de todas as regiões da língua que contêm botões gustativos.

Esses botões gustativos são compostos por 50-100 células receptoras gustativas, células de suporte e células-tronco basais (Fig. 15.1). No ápice de cada célula gustativa, os microvilos formam os pelos ou cílios gustativos e estes se projetam para dentro de uma pequena cavidade situada embaixo do poro gustativo. A base de cada botão gustativo é penetrada por fibras nervosas que se ramificam e se dispõem em espiral ao redor das células receptoras gustativas. Células receptoras individuais têm expectativa de vida aproximada de 2 semanas e são substituídas a partir das células-tronco basais.

A transdução começa nos microvilos, com os *tastants* ou sabores interagindo diretamente com canais iônicos ou receptores. Esse processo, de modo direto ou indireto, leva à despolarização da base das células gustativas que formam contatos sinápticos com fibras aferentes gustativas, resultando na propagação de potenciais de ação em direção ao sistema nervoso central.

Via gustativa

Os botões gustativos existentes em diferentes partes da língua são inervados por diferentes nervos cranianos (Fig. 15.1). Os botões gusta-

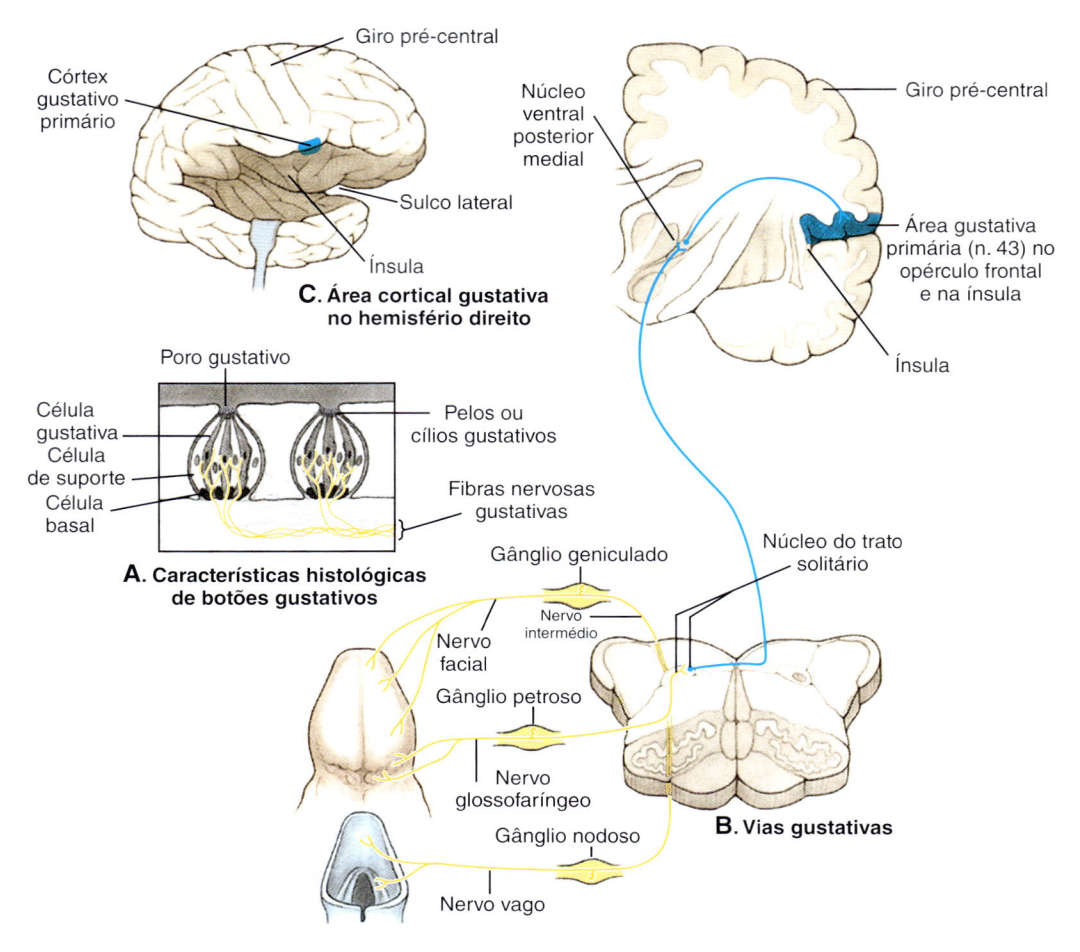

Figura 15.1   Diagrama esquemático das vias gustativas. **A.** Características histológicas dos botões gustativos. **B.** Vias gustativas. **C.** Área cortical gustativa no hemisfério direito.

tivos localizados nos $^2/_3$ anteriores da língua são inervados pelo nervo facial, como ilustrado no caso clínico apresentado no início deste capítulo. Os botões gustativos localizados no terço posterior da língua são inervados pelo nervo glossofaríngeo, enquanto os botões gustativos localizados nas regiões da epiglote e do palato na cavidade oral são inervados pelo nervo vago. Os neurônios primários ou de primeira ordem na via gustativa são células unipolares ou pseudounipolares localizadas no gânglio geniculado do nervo facial (NC VII), gânglio inferior ou petroso do nervo glossofaríngeo (NC IX) e gânglio inferior ou nodoso do nervo vago (NC X).

Os axônios dessas células ganglionares entram no tronco encefálico, incorporam-se ao trato solitário e fazem sinapse no núcleo do trato solitário que, por sua vez, se alarga na porção rostral do bulbo, onde é comumente referido como **núcleo gustativo** (Figs. 15.1 a 15.3).

As conexões secundárias ascendem perto ou no trato tegmental central para alcançar o núcleo ventral posteromedial (VPM) do tálamo bilateralmente. A parte mais medial do núcleo VPM, a parvicelular de células pequenas, recebe as projeções gustativas. A partir dessa parte parvicelular, as fibras seguem na radiação gustativa, ao longo do ramo posterior da cápsula interna, em direção a área gustativa cortical.

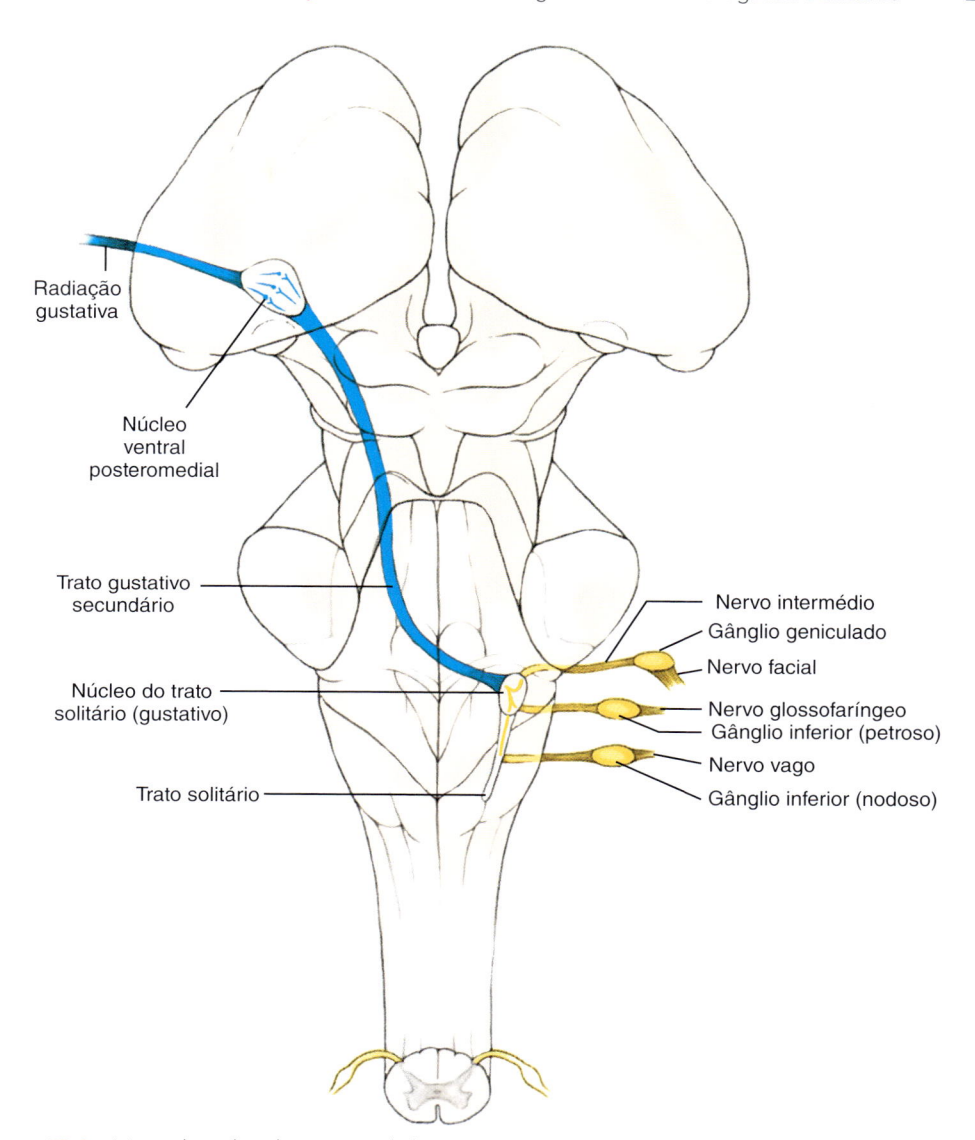

Figura 15.2 Vista dorsal tridimensional das vias gustativas.

O córtex gustativo primário está localizado no **opérculo** frontoparietal e na parte anterior da ínsula adjacente. Também na ínsula, está o córtex gustativo secundário, onde ocorre a discriminação do gosto. As projeções do córtex gustativo para os giros orbitais posteriores laterais, onde elas se sobrepõem ao sistema olfativo, estão associadas ao sabor. O córtex gustativo e o VPM também se projetam para a amígdala, por meio da qual são deflagrados o apetite e outras respostas comportamentais à gustação.

Sistema olfativo

Os seres humanos são **microsmáticos**, ou seja, têm o sentido do olfato pouco desenvolvido. Por isso, o olfato e suas vias têm importância clínica consideravelmente menor do que os sentidos da visão, da audição e somatossensorial, bem como suas respectivas vias. As estruturas do sistema nervoso central associadas ao olfato formam o rinencéfalo ("nariz-cérebro"), que inclui principalmente as estruturas olfatórias na

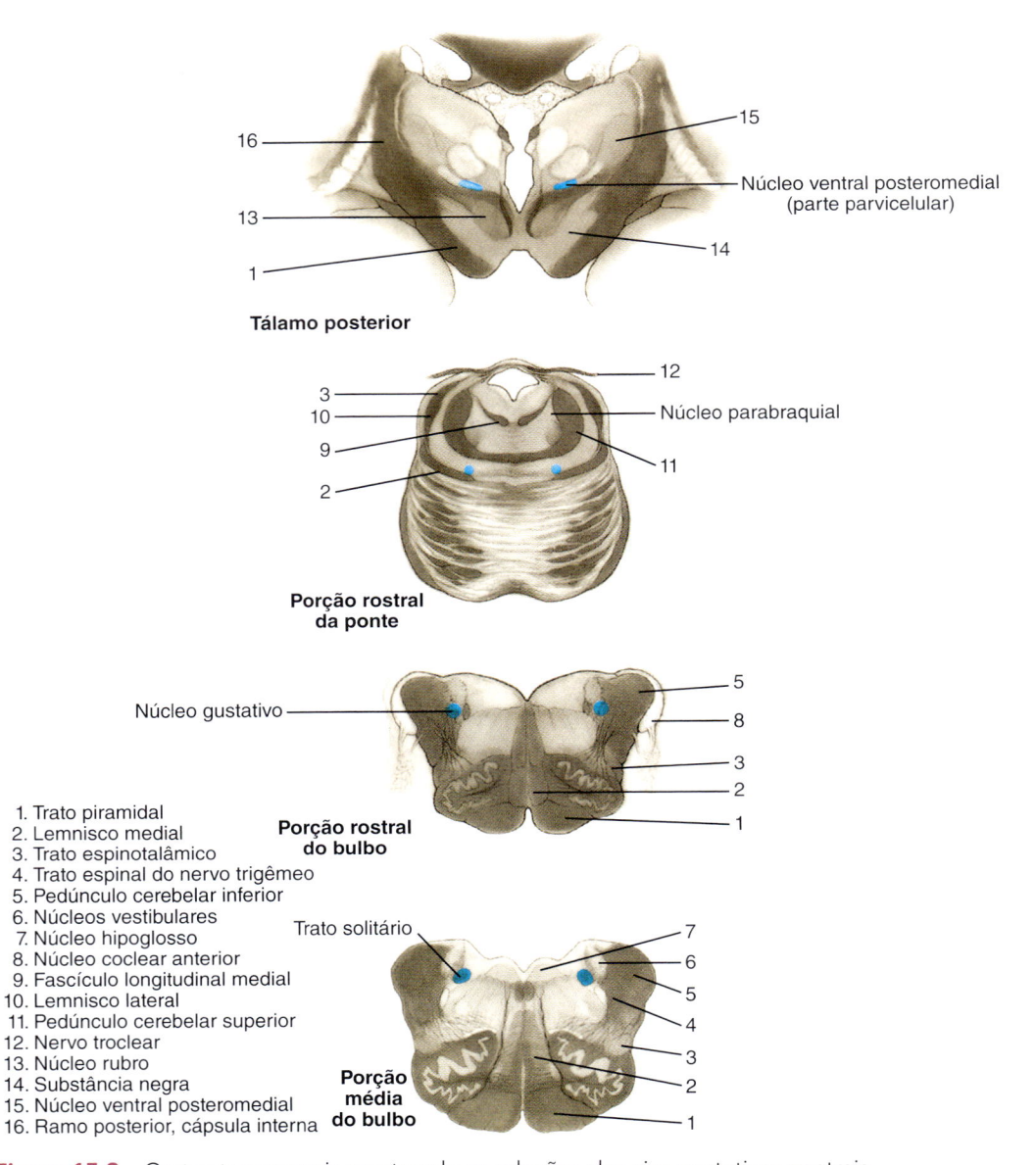

Núcleo ventral posteromedial (parte parvicelular)

Tálamo posterior

Núcleo parabraquial

Porção rostral da ponte

Núcleo gustativo

1. Trato piramidal
2. Lemnisco medial
3. Trato espinotalâmico
4. Trato espinal do nervo trigêmeo
5. Pedúnculo cerebelar inferior
6. Núcleos vestibulares
7. Núcleo hipoglosso
8. Núcleo coclear anterior
9. Fascículo longitudinal medial
10. Lemnisco lateral
11. Pedúnculo cerebelar superior
12. Nervo troclear
13. Núcleo rubro
14. Substância negra
15. Núcleo ventral posteromedial
16. Ramo posterior, cápsula interna

Porção rostral do bulbo

Trato solitário

Porção média do bulbo

Figura 15.3 Cortes transversais mostrando as relações das vias gustativas centrais.

base do cérebro e partes ventromediais do lobo temporal nas adjacências do **unco (úncus)**.

Receptores olfatórios

Os neurônios olfatórios primários estão localizados na mucosa olfatória amarelada, que consiste em um epitélio de cerca de 2,5 cm² de espessura na concha nasal superior e na parte superior do septo nasal. Os neurônios olfatórios são bipolares e estão presentes em vários milhões em cada cavidade nasal. Cada neurônio tem um dendrito que se estende para a superfície onde se expande para formar uma vesícula olfatória. Cada uma dessas vesículas, por sua vez, origina alguns cílios olfatórios (Fig.

15.4). Esses cílios se espalham sobre a superfície da mucosa olfatória e estão banhados pelo muco secretado principalmente por glândulas especializadas e células presentes no epitélio olfatório e na mucosa nasal adjacente. Para os odores serem sentidos, os odorantes devem ser dissolvidos no muco a fim de se estimular os receptores presentes nos cílios. Pode haver até 1.000 receptores responsivos a diferentes estímulos odorantes. Quando o odorante se liga ao receptor ocorre a transdução da informação olfativa com consequente despolarização do neurônio olfatório primário. A despolarização ocorre pela ativação de um segundo mensageiro intermediário da via de nucleotídeos cíclicos que controla os canais iônicos que levam à geração de um potencial de ação.

Uma característica singular dos neurônios olfatórios primários está na sua substituição constante ao longo da vida do indivíduo. Estima-se que a expectativa de vida desses neurônios é de apenas 4-8 semanas e, no momento da degeneração, novos neurônios são formados a partir de células-tronco basais indiferenciadas presentes na parte mais profunda do epitélio olfatório.

Via olfatória

Os ramos centrais dos neurônios olfatórios bipolares formam os axônios dos nervos olfatórios (Fig. 15.4). Essas fibras não mielinizadas são coletadas em cerca de 20 feixes que atravessam os forames na lâmina cribriforme do osso etmoide. De forma conjunta, esses feixes formam o nervo olfatório e terminam no bulbo olfatório, localizado no assoalho da fossa craniana anterior acima da lâmina cribriforme. Não é sabido como os axônios dos neurônios olfatórios recém-formados ao longo da vida alcançam os locais de sinapse em neurônios secundários no bulbo olfatório.

Conexão clínica

A perda súbita do olfato (**anosmia**) é comum após golpes repentinos na cabeça. A anosmia é mais frequentemente resultante de lesões na cabeça que danificam os nervos olfatórios ou de infecções nasais que causam dano aos receptores olfatórios. Entretanto, a perda gradual do olfato pode estar relacionada ao crescimento de um tumor na base da fossa craniana anterior, de modo que esse tipo de perda requer investigação.

O bulbo olfatório é uma estrutura oval achatada localizada na superfície orbital do lobo frontal, próximo à terminação anterior do sulco olfatório (Fig. 15.5). É composto por vários tipos de células, dentre as quais as

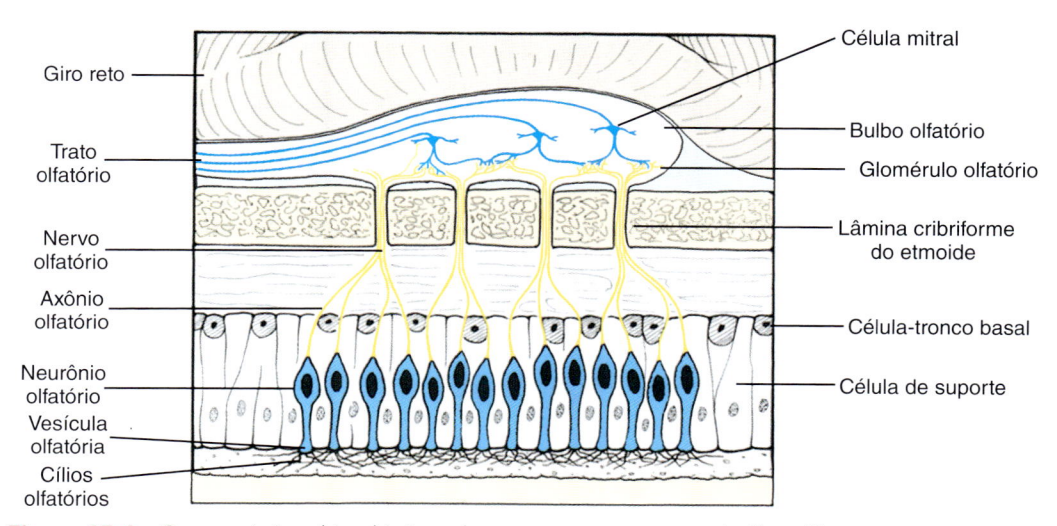

Giro reto
Trato olfatório
Nervo olfatório
Axônio olfatório
Neurônio olfatório
Vesícula olfatória
Cílios olfatórios

Célula mitral
Bulbo olfatório
Glomérulo olfatório
Lâmina cribriforme do etmoide
Célula-tronco basal
Célula de suporte

Figura 15.4 Características histológicas dos receptores, nervos e bulbo olfatórios.

mais proeminentes são as células mitrais (Fig. 15.4). Os contatos sinápticos entre as fibras do nervo olfatório e as células mitrais são estabelecidos por meio de arborizações densas que formam os glomérulos olfatórios. Nessas estruturas, milhares de fibras nervosas olfatórias podem fazer sinapse nos dendritos de uma célula mitral. Os axônios das células mitrais entram no trato olfatório.

O trato olfatório é a faixa estreita que continua posteriormente desde o bulbo olfatório ao longo do sulco olfatório. É composto principalmente pelas fibras eferentes do bulbo, embora contenha aglomerados de neurônios que formam o núcleo olfatório anterior, bem como fibras centrífugas oriundas do núcleo olfatório anterior contralateral e dos neurônios localizados no prosencéfalo basal, cujos axônios modulam os neurônios do bulbo olfatório.

Na extremidade posterior do trato olfatório, está o trígono olfatório (Fig. 15.5), onde as fibras do trato divergem para formar dois feixes, as **estrias olfatórias lateral** e **medial**, que delimitam a substância perfurada anterior. As fibras da estria olfatória medial surgem principalmente no núcleo olfatório anterior, e se projetam pela parte anterior ou olfatória da **comissura anterior** para o bulbo olfatório contralateral. A estria olfatória medial penetra e se oculta na **substância perfurada anterior** pouco após emergir do trígono olfatório.

Diferente de todos os outros sentidos, as sensações olfatórias atingem o córtex cerebral sem passar pelo tálamo. A estria olfatória lateral conduz os impulsos olfatórios oriundos do bulbo olfatório na direção da ínsula, onde se curva medialmente para entrar no lobo temporal. Ao entrarem no lobo temporal, as fibras da estria olfatória lateral terminam no **córtex olfatório primário**, que inclui o córtex piriforme (a área medial ao sulco rinal), o unco e o córtex entorrinal adjacente. O unco é a dilatação na parte anterior do giro para-hipocampal e está localizado na superfície medial do lobo temporal (Fig. 15.5). O unco, na realidade, é a parte medial do núcleo amig-

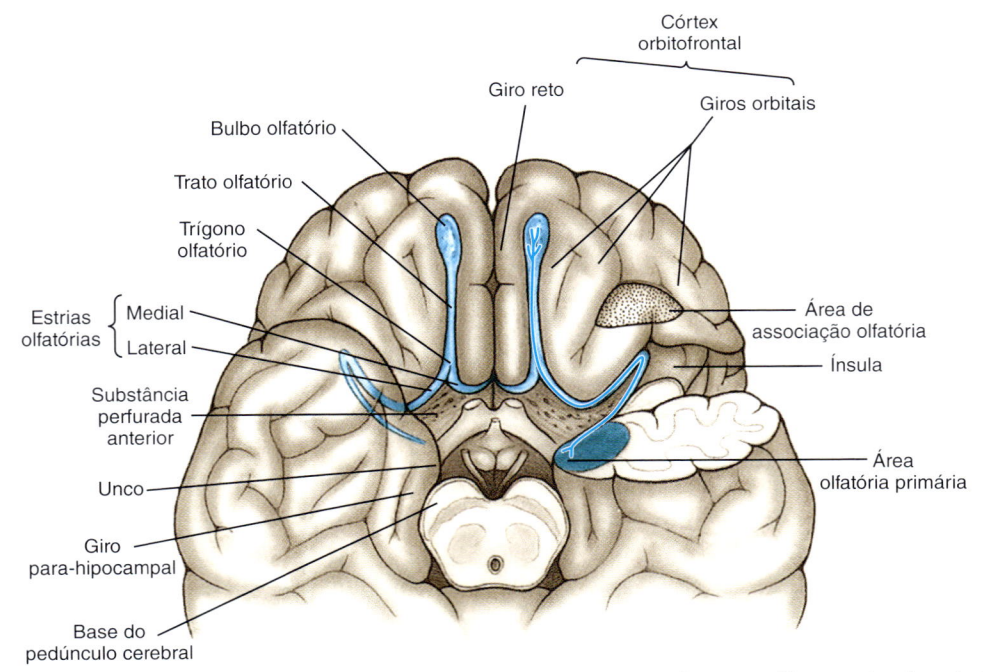

Figura 15.5 Vista ventral dos lobos frontal e temporal, mostrando a via olfatória desde o bulbo olfatório até o córtex olfatório primário. O lobo temporal esquerdo foi removido desde o polo temporal até o unco para expor a via.

daloide[1], que envia axônios para o núcleo medial dorsal do tálamo. O núcleo medial dorsal, por sua vez, envia axônios para a parte posterior lateral do córtex orbitofrontal, a área de associação olfatória neocortical importante para a discriminação e a identificação de odores. Além das conexões olfatórias destinadas ao córtex orbitofrontal, as sensações olfatórias são transmitidas do unco para o hipotálamo para mediação das respostas comportamentais e autonômicas aos odores.

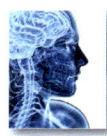

Conexão clínica

 As lesões na área olfatória do córtex orbitofrontal resultam na perda da capacidade de discriminar odores diferentes. As lesões irritantes na região do unco resultam em alucinações olfativas que, em geral, são de caráter desagradável. Essas alucinações olfativas ocorrem comumente na epilepsia do lobo temporal e com frequência constituem a aura que precede o fenômeno referido como "crise uncinada".

Projeções das áreas corticais olfatória e gustativa convergem no córtex orbitofrontal, onde parece ser um centro de integração do olfato e do paladar, produzindo assim o sabor.

Questões para revisão

1. Quais nervos cranianos contêm as fibras de gustação e quais são as suas distribuições periféricas e conexões centrais?

2. Localize a área gustativa primária no córtex cerebral.

3. Forneça a localização e as características morfológicas da mucosa olfatória.

4. Localize a área olfatória primária.

5. As sensações de gosto oriundas do terço posterior da língua estão perdidas em um dos lados. Qual estrutura, uma vez lesada, produziria esse déficit?
   a. Nervo VII ipsilateral.
   b. Nervo IX ipsilateral.
   c. Nervo X ipsilateral.
   d. Núcleo do trato solitário ipsilateral.
   e. Córtex gustativo ipsilateral.

6. Um paciente é internado com lesão craniana subsequente a um acidente de automóvel. As imagens radiográficas revelaram fraturas na base do crânio. Vários dias após o ocorrido, o paciente relata ausência de "sabor" dos alimentos e incapacidade de detectar odores em seu quarto. A estrutura mais provavelmente lesada que poderia causar esses déficits seria:
   a. A mucosa olfatória.
   b. A lâmina cribriforme do osso etmoide.
   c. A estria olfatória medial.
   d. O núcleo amigdaloide.
   e. O giro pós-central.

7. Um paciente sofre perda gradual e prolongada do olfato. Não há congestão nasal crônica, mas uma secreção nasal transparente contínua mínima está presente. O paciente não usa nenhuma medicação prescrita e não se envolveu em nenhum tipo de acidente com lesão da cabeça. A anosmia seria preocupante por causa da possibilidade de:
   a. Inflamação subaguda da mucosa nasal.
   b. Perda de líquido cerebrospinal (LCS).
   c. Insuficiência vascular.
   d. Tumor na fossa craniana anterior.
   e. Pródromo no aparecimento de convulsões.

---

1 N.R.C.: O unco é uma estrutura cortical localizada medialmente ao núcleo amigdaloide mas não é a parte medial dele. O núcleo amigdaloide recebe fibras do trato olfatório (e também gustativas) mas não tem o unco como uma de suas partes. As conexões olfatórias com o córtex orbitofrontal são por meio de projeções do córtex piriforme para o núcleo medial dorsal do tálamo e daí para o córtex orbitofrontal.

Parte IV

O córtex cerebral e o sistema límbico

Um paciente de 62 anos sofre perda repentina da fala, acompanhada de fraqueza dos músculos inferiores da face direita, bem como da mão direita.

O córtex cerebral é o "centro mais superior" do encéfalo e, como tal, percebe as sensações, comanda os movimentos que exigem mais habilidades, proporciona a consciência das emoções e é necessário à memória, ao pensamento, às habilidades de linguagem e a todas as demais funções mentais superiores.

Subdivisões do córtex cerebral

Existem três tipos de córtex no cérebro humano: neocórtex, paleocórtex e arquicórtex. O neocórtex surgiu por último na evolução e constitui cerca de 90% do córtex cerebral total. O paleocórtex está restrito à base dos hemisférios cerebrais e tem associação com o sistema olfatório, enquanto o arquicórtex, o córtex filogeneticamente mais antigo, constitui o **hipocampo**. Ambos, paleocórtex e arquicórtex, são partes do sistema límbico, descrito no Capítulo 17.

O córtex cerebral atinge seu maior grau de desenvolvimento no ser humano. Contribui para cerca de metade do peso total do cérebro e consiste em uma camada de neurônios de 0,23 m^2 de área dobrada ou convoluta com apenas cerca de $^1/_3$ do neocórtex encontrado na superfície, com o restante escondido nas fendas existentes entre as convoluções. Uma dobra ou convolução é chamada giro e a fenda existente entre giros adjacentes é chamada sulco.

Características histológicas

O córtex do jovem adulto contém bilhões de neurônios. Os dois tipos principais de células neuronais são as **células piramidais** e as **células granulares** (Fig. 16.1). As células piramidais têm corpo celular em forma de pirâmide com um dendrito apical longo dirigido para a superfície do córtex e vários dendritos basais grandes que seguem horizontalmente a partir da base do corpo do neurônio. O axônio segue a partir da base da célula e, na maioria dos casos, deixa o córtex para chegar a outras áreas corticais ou núcleos subcorticais. As células piramidais são os principais neurônios de saída ou eferentes corticais.

Conexão clínica

As superfícies dos dendritos de células piramidais maduras contêm numerosos pontos de contatos sinápticos chamados espinhas ou espículas (Fig. 16.1). Durante a maturação pós-natal do córtex, as arborizações dendríticas das células piramidais se expandem e o número de espinhas aumenta.

Camadas   **Células**

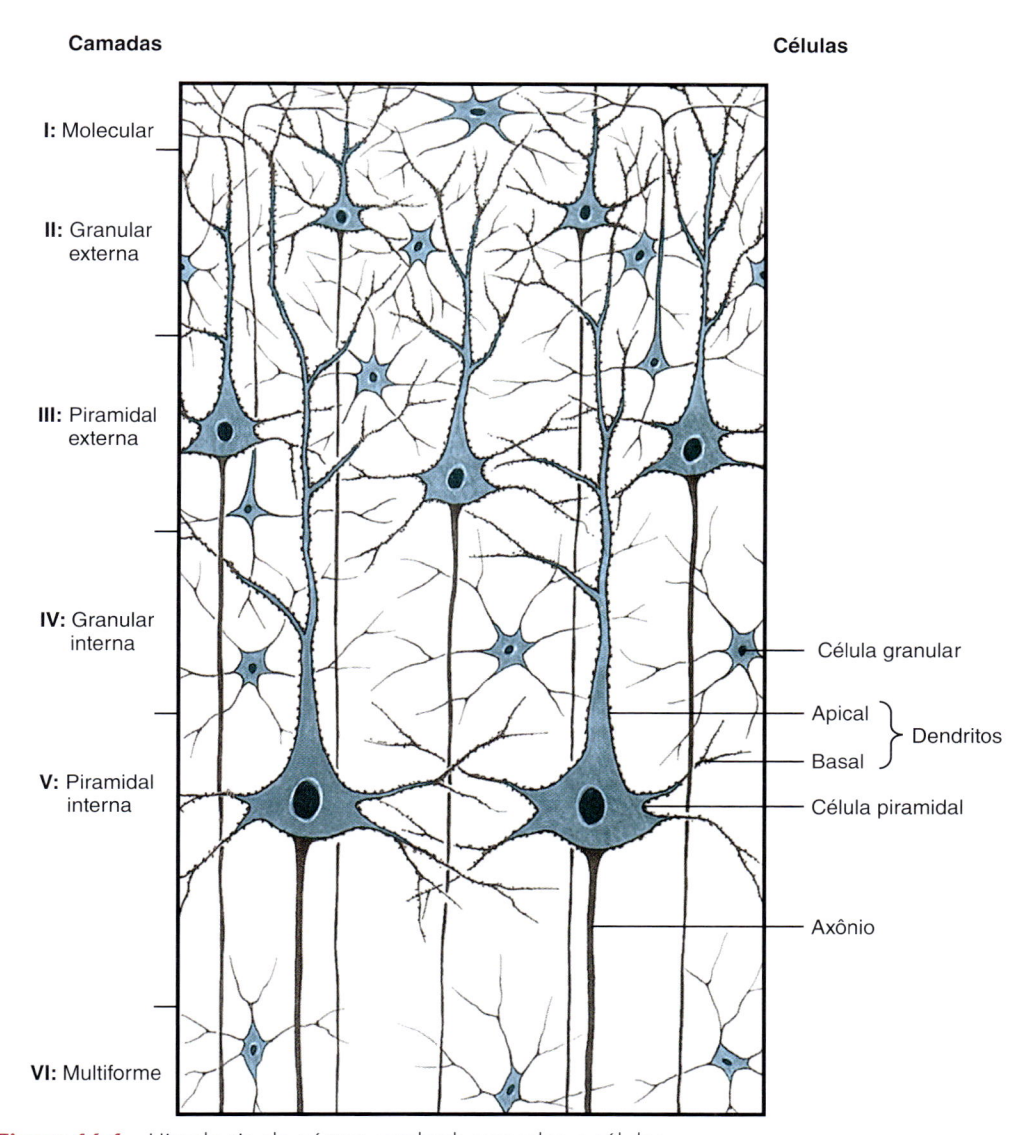

I: Molecular

II: Granular
   externa

III: Piramidal
    externa

IV: Granular
    interna

Célula granular

Apical ⎫
       ⎬ Dendritos
Basal ⎭

V: Piramidal
   interna

Célula piramidal

Axônio

VI: Multiforme

Figura 16.1   Histologia do córtex cerebral: camadas e células.

O achado de que a falha no desenvolvimento dessas árvores dendríticas e suas espinhas é vista em casos de retardo mental, como na **síndrome de Down**, sugere que esses fenômenos podem estar relacionados ao aprendizado.

As células granulares ou estreladas são os principais interneurônios do córtex e, de modo substancial, superam numericamente as células piramidais. Estas células pequenas têm numerosos dendritos curtos que se estendem em to-das as direções e um axônio curto que arboriza sobre outros neurônios nas adjacências. As células granulares ocorrem em grande número em todas as áreas corticais e são especialmente numerosas nas áreas sensitivas e de associação.

Histologia funcional

Os neurônios do neocórtex estão arranjados em seis camadas horizontais. A camada mais superficial é a camada molecular pobre em células (I), enquanto a mais profunda é a camada multiforme (VI). Entre essas camadas, estão as camadas granulares alternadas externa e interna (II e IV), e as camadas piramidais (III e V), cada uma das quais nomeada de acordo com seu tipo celular predominante (Fig. 16.1).

Embora os neurônios do córtex estejam dispostos em seis camadas orientadas em paralelo à superfície, as unidades funcionais de atividade cortical estão organizadas em grupos de neurônios orientados perpendicularmente à superfície. Essas unidades funcionais de orientação vertical são chamadas **colunas corticais**, cada uma das quais com poucos milímetros de diâmetro e contendo milhares de neurônios interconectados na direção vertical.

Dentro de cada coluna cortical, a camada granular interna (IV) é a principal camada de recepção de sinais que chegam ao córtex (Fig. 16.2) e recebe fibras aferentes dos núcleos talâmicos. As camadas infragranulares (V e VI) são destinadas aos sinais de saída do córtex, a camada V origina as fibras destinadas ao corpo estriado, tronco encefálico e medula espinal. A camada VI projeta fibras para o tálamo. As camadas supragranulares (I, II e III) são associativas e se conectam com outras partes do córtex cerebral.

Conexões corticais

As conexões de cada coluna cortical são de quatro tipos: intracortical, associativa, comissural e subcortical (Fig. 16.2).

Fibras intracorticais

As conexões intracorticais são bastante curtas e ocorrem principalmente via neurônios orientados em sentido horizontal na camada I, bem como via ramificações de axônios das células piramidais que seguem em sentido horizontal.

Fibras de associação

As conexões associativas ocorrem de giro para giro e de lobo para lobo no mesmo hemis-

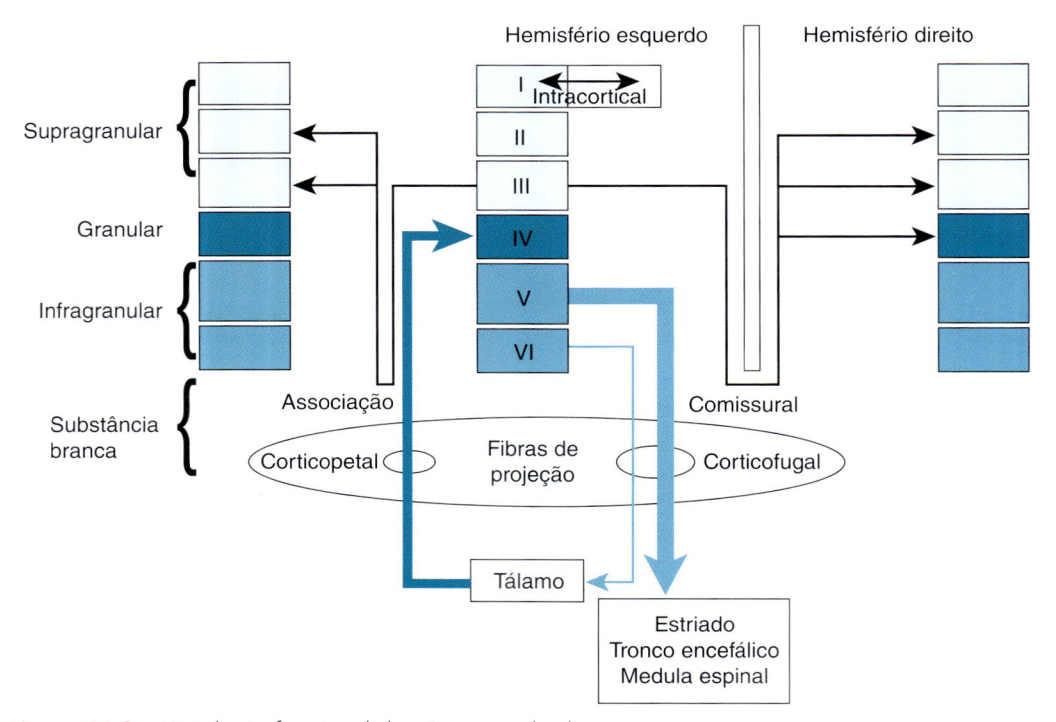

Figura 16.2 Histologia funcional do córtex cerebral.

fério. As fibras de associação curtas, chamadas alças ou fibras arqueadas, conectam giros adjacentes, enquanto as fibras de associação longas formam feixes que conectam giros mais distantes (Fig. 16.3). Os feixes de associação longos fornecem e recebem fibras dos giros sobrejacentes ao longo de suas rotas. Os principais feixes de associação longos são o **fascículo longitudinal superior**, o **fascículo arqueado**, os fascículos uncinado e occipitofrontal inferior, e o **cíngulo**. O fascículo longitudinal superior está localizado acima da ínsula e conecta os lobos frontal, parietal e occipital. Estendendo-se ao redor da ínsula, está o fascículo arqueado, que conecta os lobos frontal e temporal. O **fascículo occipitofrontal inferior** passa ventralmente à ínsula, à medida em que interconecta os lobos frontal, temporal e occipital. O **fascículo uncinado** une a parte orbital (inferior) do lobo frontal com a parte anterior do lobo temporal, ambas com funções no sistema límbico. O **cíngulo** está localizado abaixo dos giros do cíngulo e para-hipocampal, componentes do lobo límbico. As fibras de associação se originam dos neurônios piramidais, principalmente nas camadas II e III.

Fibras comissurais

As conexões comissurais se dão entre áreas homólogas dos dois hemisférios. Existem dois feixes principais: o corpo caloso e a comissura anterior (Fig. 16.4A). O corpo caloso está dividido, no sentido anteroposterior, em **rostro**, **joelho**, **tronco** e **esplênio**. O rostro e o joelho interconectam a parte anterior do lobo frontal (Fig. 16.4B). O tronco interconecta a parte posterior do lobo frontal, o lobo parietal inteiro e a parte superior do lobo temporal. O esplênio interconecta os lobos occipitais. As fibras que se arqueiam anteriormente a partir do joelho e do rostro formam o **fórceps menor** (ou frontal), e aquelas que se arqueiam posteriormente a partir do esplênio formam o **fórceps maior** (ou occipital). As fibras do esplênio localizadas na parede lateral do átrio e no corno occipital do ventrículo lateral formam o **tapete**. As conexões corticais da comissura anterior incluem os giros temporais inferior e médio (Fig. 16.4C). As fibras comissurais se originam das células piramidais principalmente nas camadas II e III (Fig. 16.2).

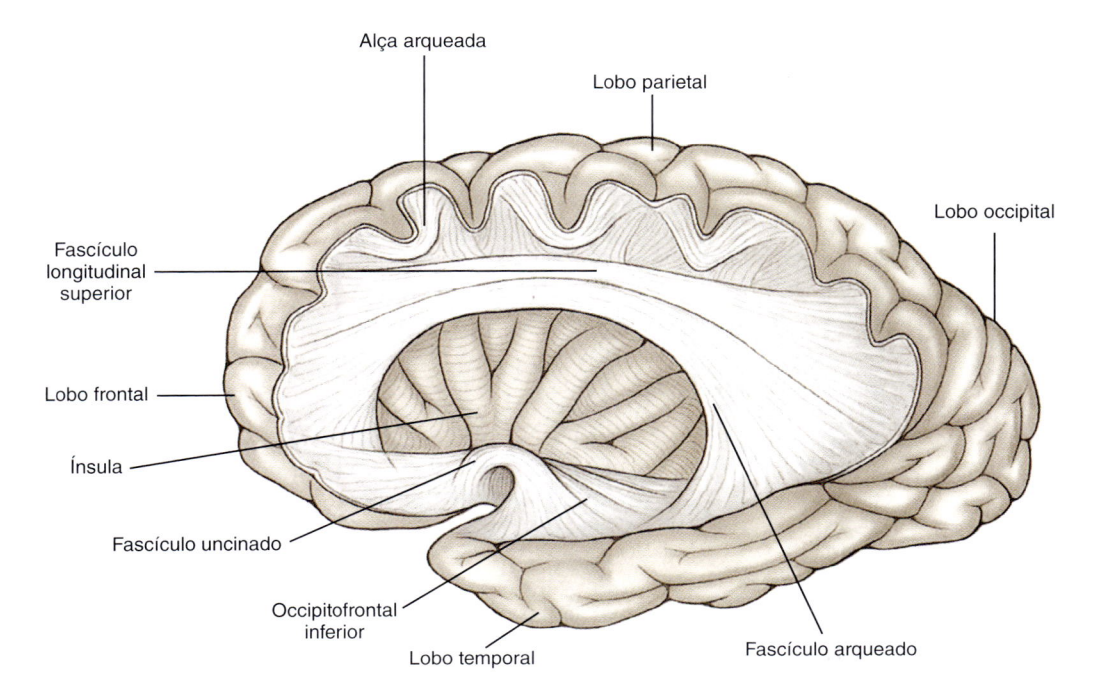

Figura 16.3 Desenho tridimensional dos principais feixes de associação dissecados em vista lateral.

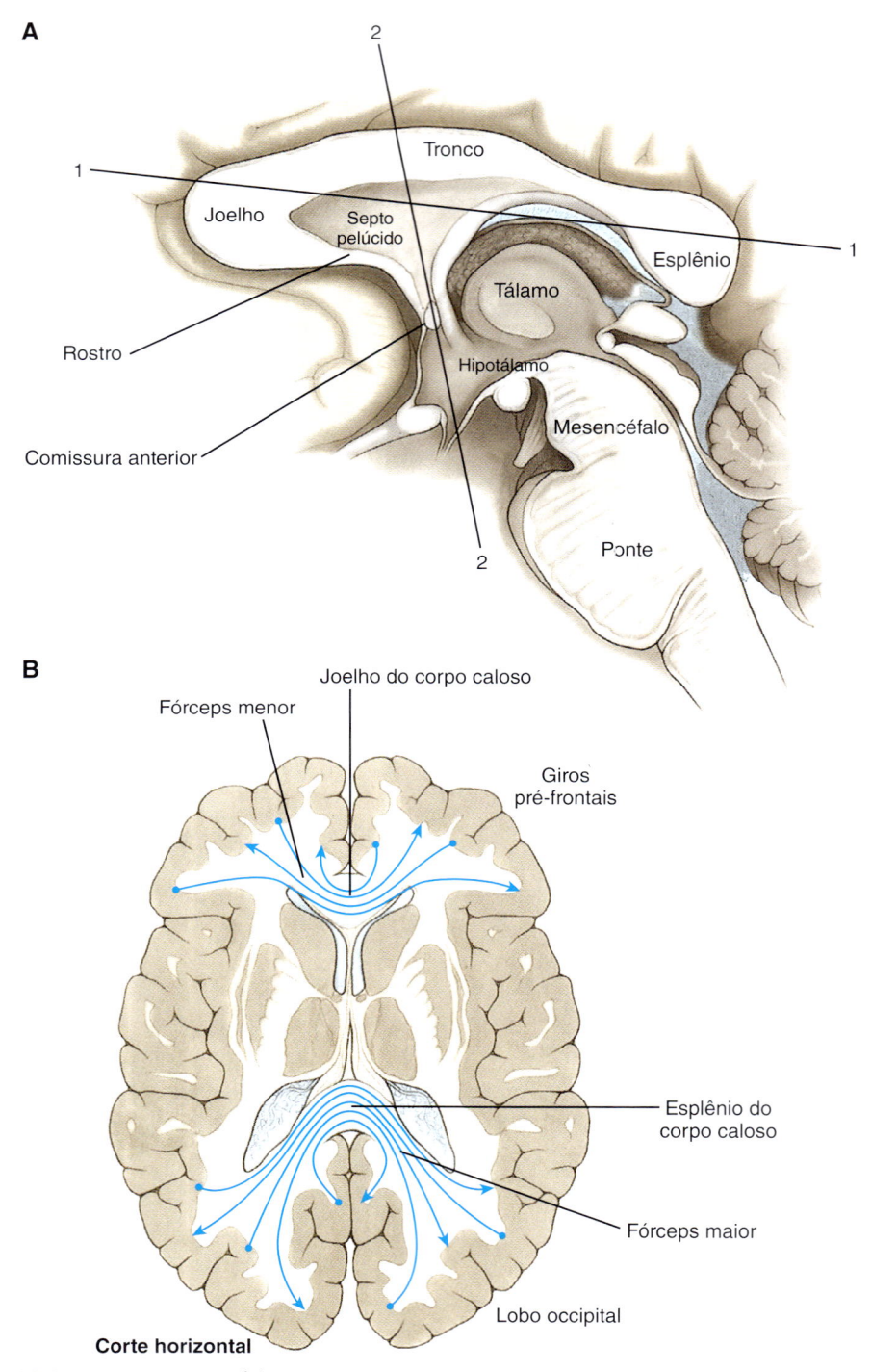

Figura 16.4 **A.** Tronco encefálico em corte sagital mediano mostrando as localizações das fibras comissurais hemisféricas: corpo caloso e comissura anterior. **B.** Plano de corte horizontal através do joelho e do esplênio do corpo caloso (linha 1-1). Conexões co joelho e do esplênio do corpo caloso: fórceps menor e maior.

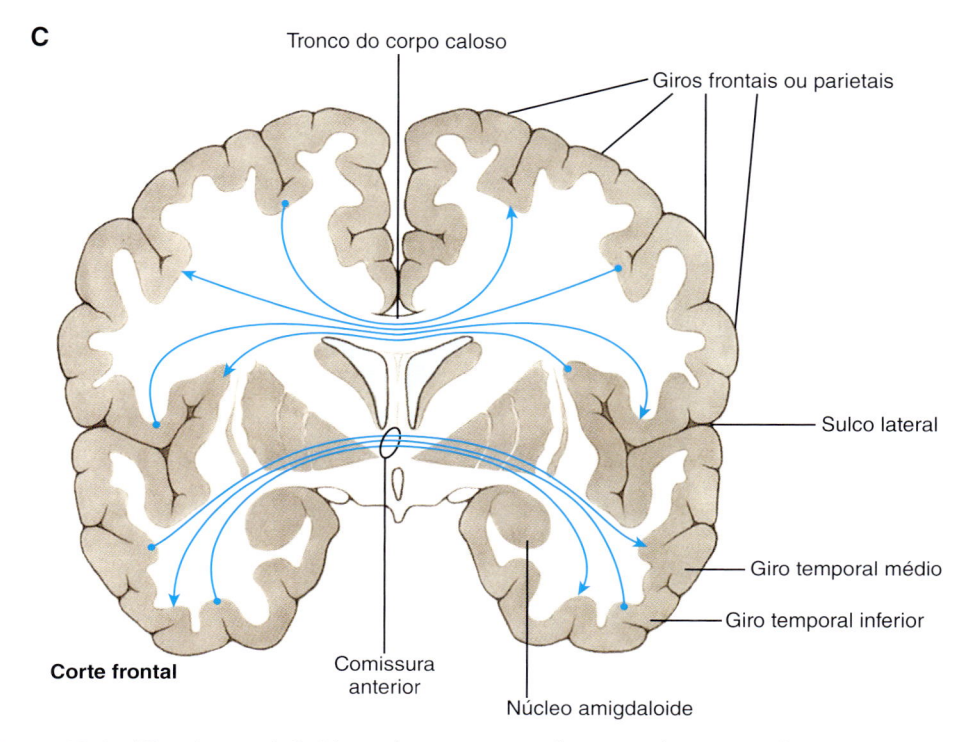

C

Tronco do corpo caloso

Giros frontais ou parietais

Sulco lateral

Giro temporal médio

Giro temporal inferior

Corte frontal

Comissura anterior

Núcleo amigdaloide

Figura 16.4 (*Continuação*) **C.** Plano de corte coronal através do corpo caloso e comissura anterior (linha 2-2). Conexões da comissura anterior e do tronco do corpo caloso.

Conexão clínica

A transecção cirúrgica do corpo caloso às vezes é realizada para aliviar a epilepsia. Estes pacientes de "**cérebro dividido**" contribuem para elucidar a importância do corpo caloso, especialmente para funções de linguagem.

Fibras de projeção

As **fibras de projeção** conectam o córtex cerebral aos núcleos subcorticais e são classificadas como **corticofugais** ou eferentes quando conduzem impulsos para fora do córtex, e **corticopetais** ou aferentes ao conduzirem impulsos na direção do córtex (Fig. 16.2). As fibras de projeção corticofugais são distribuídas para o corpo estriado e para os núcleos em todos os níveis do tronco encefálico e da medula espinal. As principais projeções corticofugais são

descritas com o sistema motor (Caps. 6 a 9). As fibras de projeção corticopetais se originam de maneira predominante no tálamo e são chamadas radiações talâmicas. Essas radiações podem ser distribuídas para áreas corticais específicas ou amplamente disseminadas. Na maioria dos casos, as conexões entre os núcleos talâmicos e o córtex cerebral são recíprocas.

Conforme as fibras de projeção seguem entre o tálamo e o corpo estriado, elas se agrupam em uma faixa conspícua denominada cápsula interna. No plano horizontal, a cápsula interna tem forma de "V" (Fig. 16.5) e está dividida em um ramo anterior, localizado entre a cabeça do núcleo caudado e o núcleo lentiforme, um ramo posterior, localizado entre o tálamo e o núcleo lentiforme, e um joelho onde os dois ramos se encontram. O ramo anterior da cápsula interna é destinado exclusivamente às conexões do lobo frontal (p. ex., as projeções corticofugais para os núcleos estriado e pontino, e as fibras de projeção corticopetais dos núcleos

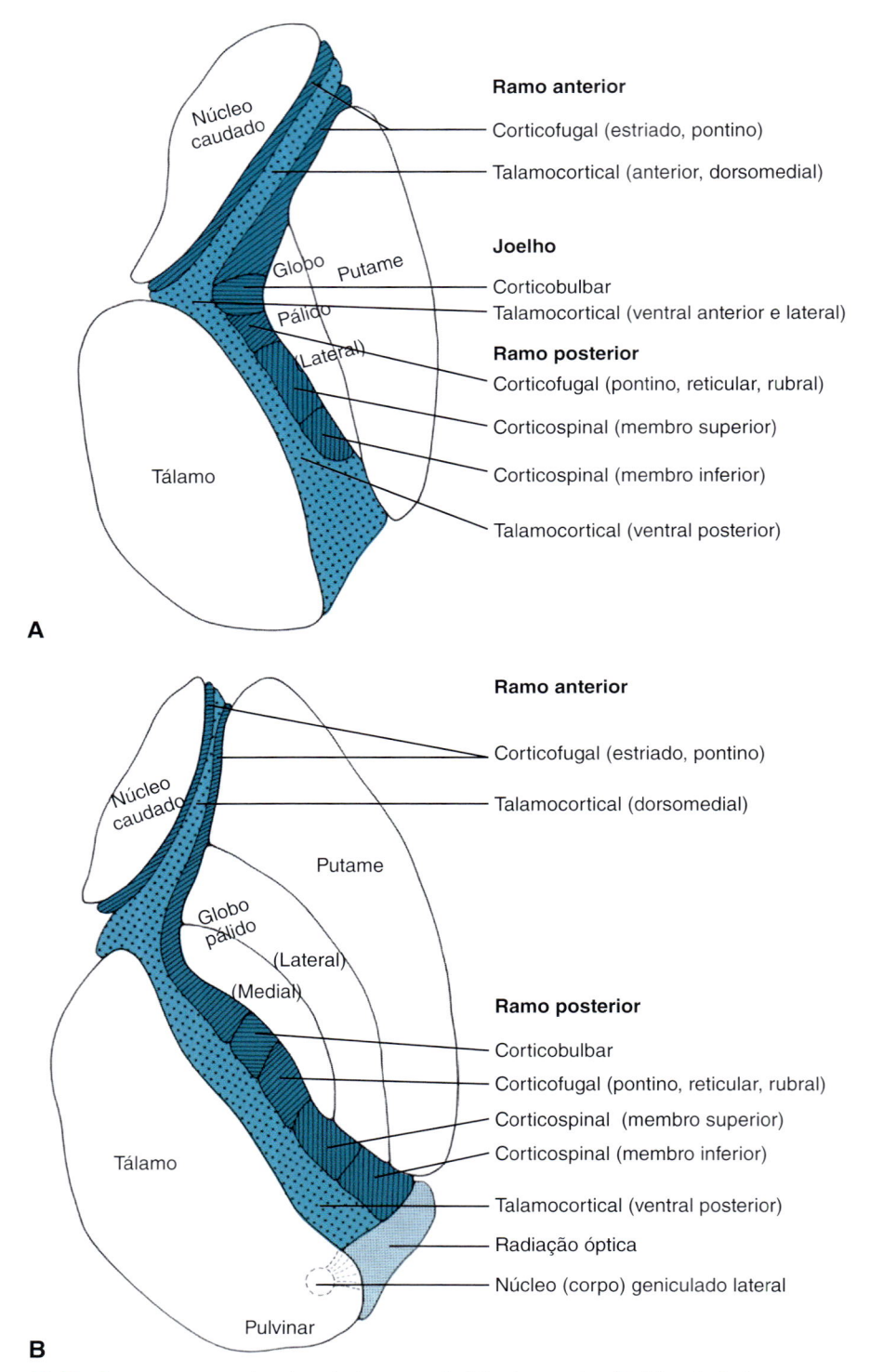

Figura 16.5   Componentes da cápsula interna. **A.** Nível superior. **B.** Nível inferior.

anterior e medial do tálamo). O joelho e a parte adjacente do ramo posterior contêm fibras de projeção corticopetais oriundas do tálamo motor (i. e., núcleos ventral anterior e ventral lateral), que respectivamente se projetam para as áreas pré-motora e motora. Posteriormente, o ramo posterior contém os tratos corticonuclear (corticobulbar) e corticospinal (piramidal), bem como as radiações talâmicas relacionadas à sensibilidade somática geral (somatossensoriais) oriundas do núcleo ventral posterior. A localização precisa dos tratos corticonuclear e corticospinal no ramo posterior varia de acordo com o nível superior-inferior da cápsula. Superiormente, o trato piramidal está na metade anterior do ramo posterior e inferiormente está na metade posterior (Fig. 16.5).

Conexão clínica

O ramo posterior da cápsula interna é de grande importância clínica, pois consiste no local mais frequente de hemorragia cerebral ou acidente vascular encefálico. Além disso, quando essa área sofre lesão, os sinais e sintomas são mais generalizados do que aqueles associados com uma lesão de tamanho comparável em qualquer outra região do sistema nervoso. Em seguida a um acidente vascular encefálico capsular, o paciente apresenta hemiplegia espástica contralateral, que resulta do dano ao trato corticospinal, e hemianestesia contralateral, que resulta do dano à radiação talâmica relacionada à sensibilidade somática geral (somatossensorial). Ademais, a paralisia facial inferior contralateral resulta de dano ao trato corticobulbar. Quando a lesão na área capsular inclui o ramo retrolenticular, a hemianopsia homônima contralateral resulta de interrupção da radiação óptica.

O trato corticobulbar é discretamente anterior ao trato piramidal. A parte da cápsula interna lateral ao tálamo e posterior ao núcleo lentiforme é o ramo retrolenticular, que contém as radiações ópticas emergindo do núcleo (corpo) geniculado lateral (Fig. 16.5B). As radiações auditivas vindas do núcleo (corpo) geniculado medial estão localizadas naquela parte da cápsula interna lateral ao tálamo e ventral ao núcleo lentiforme, o ramo sublenticular da cápsula interna.

Áreas funcionais

Anatomicamente, o córtex cerebral é descrito de acordo com os lobos (frontal, parietal, temporal, occipital, límbico e insular) que estão subdivididos em giros (Figs. 16.6A e 16.7A). Do ponto de vista funcional, o córtex é descrito de acordo com as áreas numeradas (Figs. 16.6B e 16.7B) originalmente demarcadas por Brodmann. É interessante notar que Brodmann designou essas áreas sem se basear na função, mas com base na citoarquitetura. Um resumo das áreas corticais, da localização das funções corticais e dos efeitos das lesões destrutivas é fornecido na Tabela 16.1.

Lobo frontal

O córtex frontal constitui cerca de 40% de todo o córtex cerebral, e seu tamanho e suas conexões certamente são mais diferenciadas nos seres humanos do que em qualquer outro animal, incluindo os primatas sub-humanos mais superiores. Ele contém as seis áreas funcionais principais a seguir: (1) motora primária, (2) pré-motora, (3) motora suplementar, (4) campo ocular frontal, (5) pré-frontal e (6) da fala de Broca.

Conexão clínica

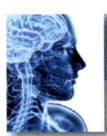

Em razão da densidade das células piramidais e granulares e da espessura das várias camadas corticais não serem uniformes, as várias partes do córtex possuem diferentes padrões ou citoarquiteturas. Com base nas suas distintas citoarquiteturas, o córtex cerebral foi dividido em áreas numeradas por Brodmann em 1909. Com o advento de estudos funcionais realizados por meio da estimulação elétrica do córtex humano, tornou-se aparente que o mapa numerado de Brodmann correspondia bem com as funções de várias áreas corticais. Assim, as **áreas numeradas de Brodmann** se tornaram áreas funcionais além de áreas citoarquitetônicas.

A área motora primária corresponde à área 4 de Brodmann e ocupa a parte posterior do giro pré-central e a parte adjacente do lóbulo

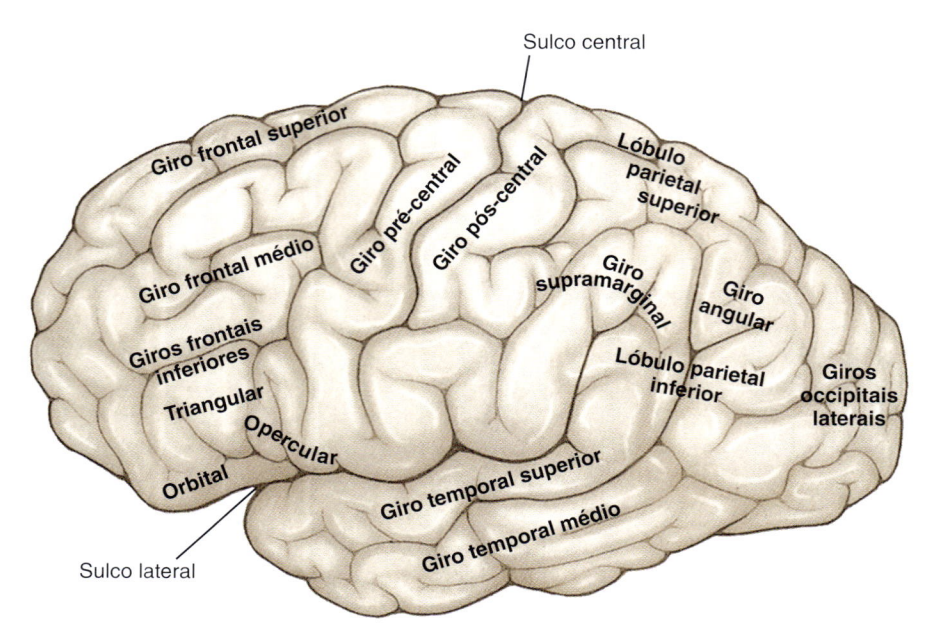

A. Principais giros e sulcos

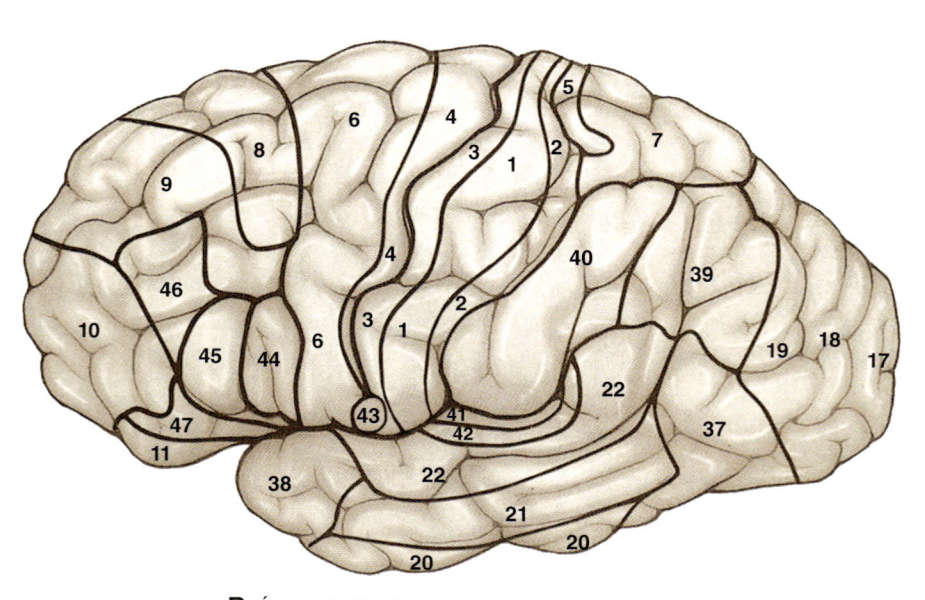

B. Áreas de Brodmann

Figura 16.6   Vistas laterais do hemisfério esquerdo. **A.** Giros e sulcos. **B.** Áreas de Brodmann.

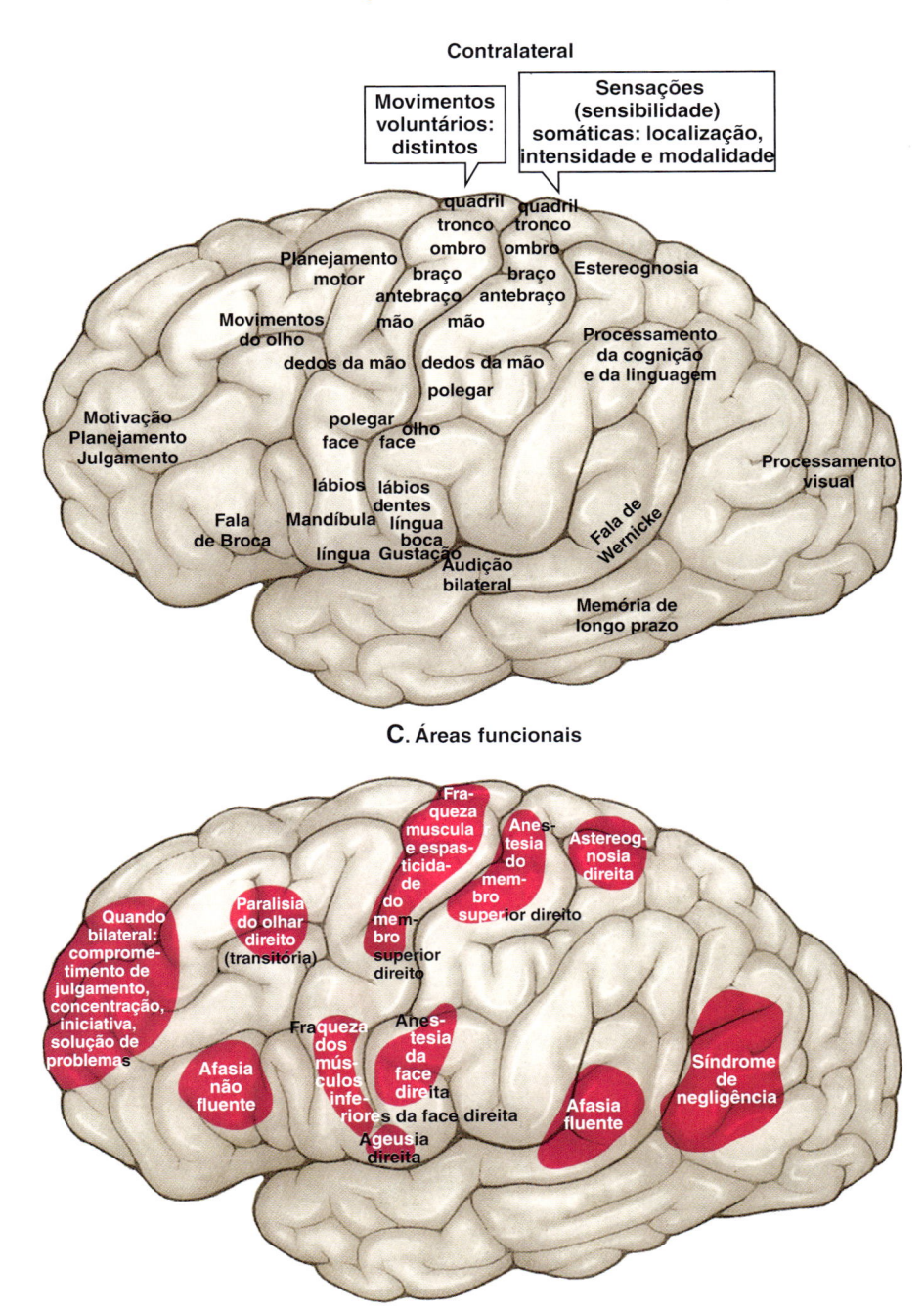

C. Áreas funcionais

D. Resultados de lesões

Figura 16.6   (*Continuação*) **C.** Áreas funcionais. **D.** Resultados de lesões.

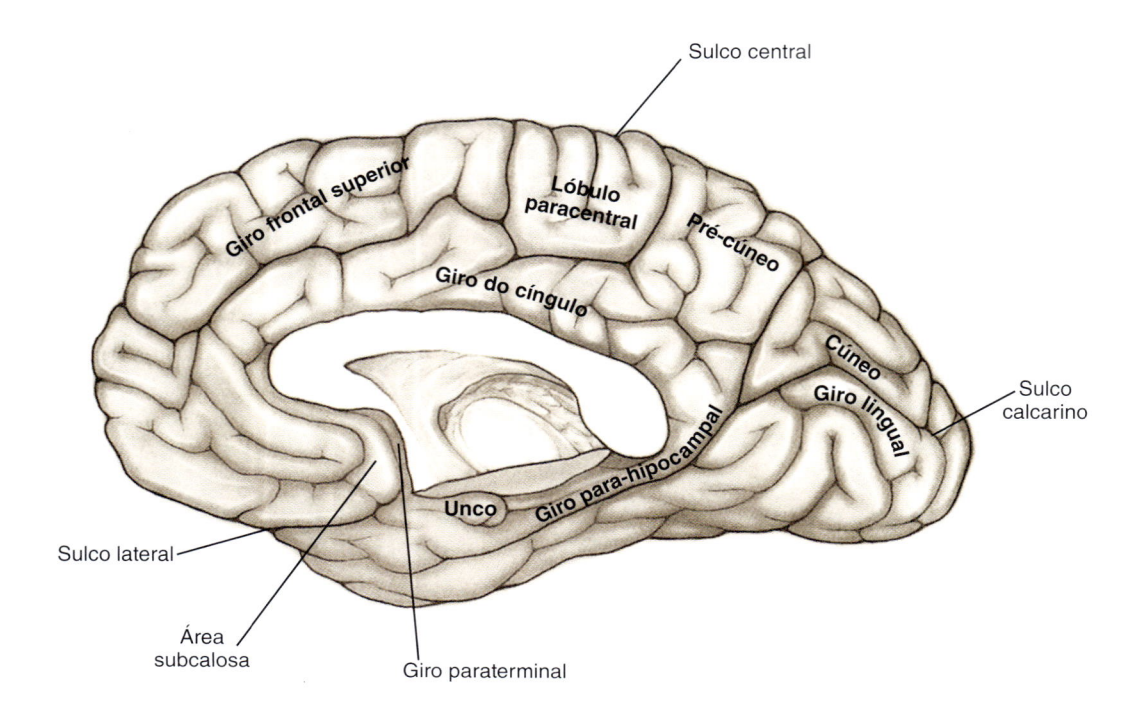

A. Principais giros e sulcos

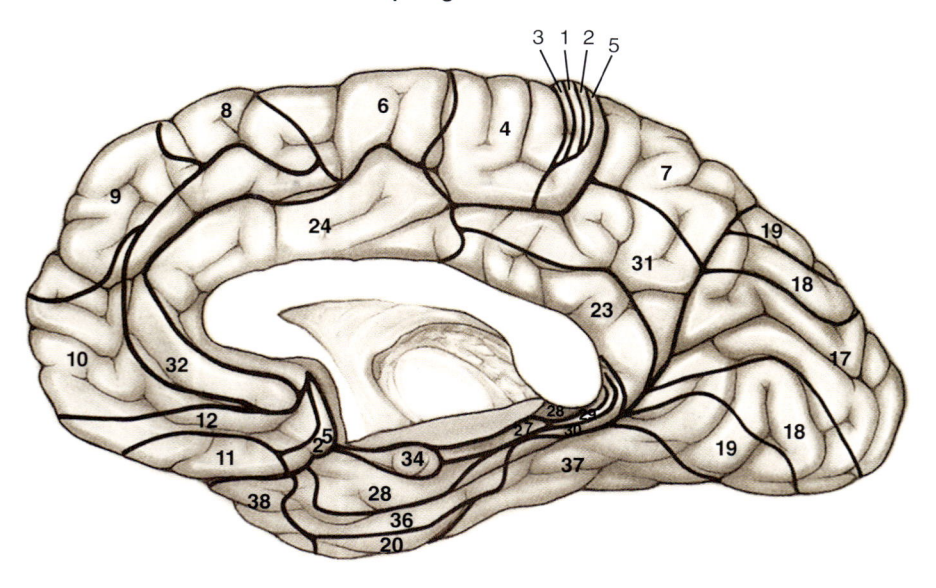

B. Áreas de Brodmann

Figura 16.7 Vistas mediais do hemisfério direito. **A.** Giros e sulcos. **B.** Áreas de Brodmann.

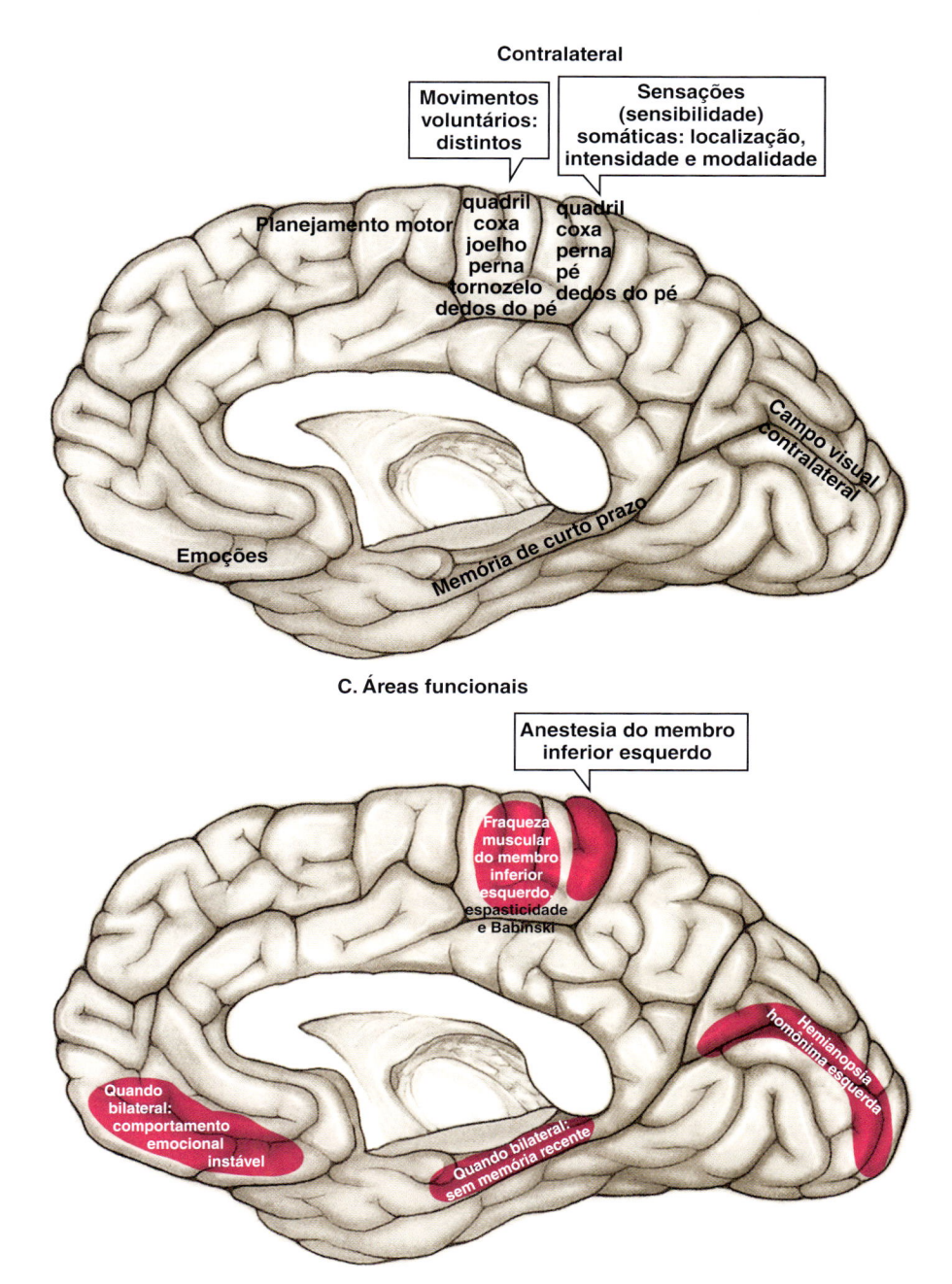

C. Áreas funcionais

D. Resultados de lesões

Figura 16.7 (*Continuação*) **C.** Áreas funcionais. **D.** Resultados de lesões.

Tabela 16.1 Funções corticais e anormalidades decorrentes de lesão

Lobo	Estrutura	Funções	Lesão destrutiva
Frontal	G. pré-central (na parede ant. do sulco central) e lóbulo paracentral (pt. ant.)	Área MI: comanda movimentos – cabeça e membros superior e inferior	Paresia ou paralisia contralateral: face inferior e membros superior e inferior; resposta de Babinski também
	G. pré-central (superfície) G. frontal superior (pts. post. e med.) G. frontal médio (pt. post. e frontal sup. adjacente e pré-central) G. frontal inferior (partes opercular e triangular no hemisfério dominante) G. frontal sup., med., inf.: (partes ant. dorsolaterais pré-frontais)	Área pré-motora: programa a área MI Área motora suplementar: planejamento motor Campo ocular frontal: movimentos oculares voluntários (sacadas) Área da fala de Broca: produção da palavra Córtex executivo: (pensamento crítico, julgamento, planejamento etc.)	Apraxia motora Apraxia motora Paralisia transitória do olhar conjugado para o lado oposto Afasia não fluente Lesões bilaterais: comprometimento da capacidade de concentração, facilidade de distração, perda da iniciativa, apatia, incapacidade de tomar decisão Emoções instáveis; comportamento inaceitável frequente e imprevisível Incapacidade de discriminar odores e sabores
	Pré-frontal orbitofrontal (partes med. e orbital) G. orbitais: (pt. posterolateral)	Pré-frontal orbitofrontal: comportamento social e emoções Associação olfatória e gustativa	
Parietal	G. pós-central e lóbulo paracentral (pt. post.)	Área SI: sensibilidade geral da cabeça e dos membros superior e inferior	Anestesia contralateral: cabeça e membros superior e inferior
	Lóbulo parietal sup.		Astereognosia, agrafestesia, apraxia sensorial
	Lóbulo parietal inf.: g. supramarginal (e g. temp. sup. adjacente no hemisfério dominante) G. angular (hemisfério dominante) (e g. occipital adjacente no hemisfério dominante) (e g. temporal adjacente)	Processamento somático, visual e auditivo para cognição e linguagem	Afasia de condução Alexia, agrafia, acalculia Síndrome de Gerstmann Síndrome de negligência
Occipital	G. cúneo e lingual (paredes do sulco calcarino) Áreas paraestriada e periestriada	Área VI: visão Associação visual	Hemianopsia homônima contralateral Lesões bilaterais: agnosia de cor e perda das relações espaciais (impossibilidade de fazer um rascunho da planta de casa, mapear o caminho até o trabalho ou a igreja etc.)
Temporal	G. temporal transversal (de Heschl)	AI: audição (bilateral)	Diminuição sutil da audição e da habilidade de localizar sons, ambos contralateralmente
	G. temp. sup. (parte post. no hemisfério dominante)	Área da fala de Wernicke: formulação e compreensão da linguagem	Afasia fluente
	G. temporal médio	Memória de longo prazo	Lesões bilaterais: comprometimento da memória de eventos passados

(continua)

Tabela 16.1	Funções corticais e anormalidades decorrentes de lesão (*continuação*)		
Lobo	**Estrutura**	**Funções**	**Lesão destrutiva**
	G. temporal inferior (hemisfério dominante) G. occipitotemporal ou fusiforme (pt. post.) G. para-hipocampal (pt. entorrinal) Córtices do unco e do piriforme adjacente	Nomes de objetos Reconhecimento de faces Memória recente Olfato	Afasia anômica Prosopagnosia Lesões bilaterais: amnésia anterógrada Lesões bilaterais: anosmia

paracentral (Figs. 16.6B e 16.7B). No córtex motor primário (MI), a localização somatotópica dos movimentos contralaterais é representada em posição invertida, "de cabeça para baixo", com o membro inferior representado no lóbulo paracentral, o membro superior na parte dorsal do giro pré-central e a face mais ventralmente (Figs. 16.6C e 16.7C). O tamanho da área que representa os vários movimentos é diretamente proporcional ao grau de habilidade ou sutileza associado ao movimento em particular. As lesões na área motora primária resultam na fraqueza muscular da parte do corpo contralateral à área específica danificada (Fig. 16.6D e 16.7D).

O córtex pré-motor, área 6, está localizado no giro pré-central anterior ao córtex MI na superfície lateral do hemisfério. A estimulação elétrica dessa área também produz movimentos contralaterais, entretanto esses movimentos têm natureza mais lenta e incluem grupos musculares maiores em comparação com a estimulação em MI. A área pré-motora recebe aferências robustas dos núcleos da base e está envolvida na programação ou organização dos ajustes posturais necessária à realização de um movimento que exige mais habilidade.

A área motora suplementar consiste na extensão da área 6 em direção à face medial do lobo frontal (Fig. 16.7B). Assim, essa área situa-se no giro frontal superior, anterior ao córtex MI na convexidade do hemisfério e na sua superfície medial. A estimulação dessa área resulta em movimentos em ambos os lados do corpo. Essa área está envolvida no planejamento motor, ou seja, na organização de movimentos complexos. Estudos baseados em imagens de ressonância magnética funcional mostram que, durante a execução de um movimento complexo, o córtex MI, o córtex pré-motor e o córtex motor suplementar estão ativos. Entretanto, quando o indivíduo apenas pensa em um movimento, somente o córtex motor suplementar está ativo.

O campo ocular frontal, área 8, está localizado imediatamente anterior à área 6, principalmente no giro frontal médio, embora também possa se estender para dentro das partes adjacentes dos giros frontal superior e pré-central (Fig. 16.6B). A estimulação dessa área produz desvio conjugado dos olhos para o lado contralateral, de modo que uma lesão destrutiva unilateral resulta no desvio temporário dos olhos para o mesmo lado e na paralisia do olhar ou "mirada" contralateral (Fig. 16.6D).

Conexão clínica

As lesões focais na área motora suplementar frequentemente resultam em **apraxia motora**, a incapacidade de realizar movimentos propositais até mesmo na ausência de paralisia. Exemplificando, um paciente apráxico não consegue estender a língua para fora da boca quando solicitado, mas o faz de modo espontâneo após alguns minutos a fim de lamber os lábios. Também pode ocorrer apraxia subsequentemente a lesões nas áreas de associação pré-motora ou parietal.

O córtex pré-frontal inclui quase $1/3$ de todo o córtex cerebral e está localizado nas superfícies lateral, medial e inferior do lobo frontal anterior às áreas 6, 8 e 45 (Figs. 16.6B e 16.7B). É referido como córtex de associação frontal e está dividido em duas regiões principais: orbitofrontal e dorsolateral. A região orbitofrontal está localizada na superfície ventral do lobo frontal e inclui os giros orbitais, bem como na superfície medial do hemisfério anterior ao corpo caloso. A região pré-frontal dorsolateral inclui os giros frontais superior, médio e inferior na convexidade do lobo frontal, à frente das áreas motoras e da área de expressão da linguagem, esta denominada área de Broca. A área orbitofrontal tem importantes conexões com o sistema límbico e está associada ao comportamento social, enquanto a área dorsolateral está relacionada a capacidades cognitivas como concentração, conceitualização, planejamento, julgamento e solução de problemas. Pacientes com lesões bilaterais no córtex pré-frontal dorsolateral se distraem facilmente e perdem a iniciativa e a ambição, a responsabilidade, bem como o julgamento e a precaução. Pacientes com lesões bilaterais do córtex orbitofrontal perdem o sentido de comportamento social aceitável. A leucotomia pré-frontal, isolamento do córtex pré-frontal por meio da interrupção de suas conexões com o restante do encéfalo, e a lobotomia pré-frontal, remoção do córtex pré-frontal, antigamente eram procedimentos cirúrgicos bastante comuns utilizados no tratamento de pacientes com transtornos do comportamento incontroláveis, mas foram em grande parte abandonados por causa das graves alterações de personalidade produzidas nos pacientes.

Conexão clínica

As noções sobre as funções do córtex pré-frontal foram relatadas pela primeira vez em meados do século XIX, quando um contramestre trabalhando na construção de ferrovias, Phineas Gage, foi submetido à lobotomia pré-frontal após um acidente em que um "ferro de socar" dinamite atingiu e perfurou a parte frontal de sua cabeça. Antes do acidente, Gage era um funcionário exemplar – pontual, esforçado, gentil e altamente respeitável. Após a recuperação do acidente, Gage perdeu todo o senso de responsabilidade, se tornou impulsivo, irritável e profano, e passou a vagar sem rumo pelo resto da vida.

Embora muitas funções sejam atribuídas ao córtex pré-frontal, lesões bilaterais extensas muitas vezes resultam em alterações tão sutis que são difíceis de detectar. Como resultado, foi sugerido que, em vez de ter funções específicas, o córtex pré-frontal pode atuar como orquestrador para outras áreas corticais e deflagrar o comportamento apropriado para a situação apresentada.

A **área de Broca**, localizada nas partes triangular e opercular do giro frontal inferior, está associada à fala e é descrita posteriormente.

Lobo parietal

O córtex parietal constitui cerca de 20% de todo o córtex cerebral e contém as três áreas funcionais a seguir: (1) somestésica ou de sensibilidade somática geral primária, (2) somestésica secundária e (3) de associação.

A área somestésica primária (SI) ocupa o giro pós-central e a parte adjacente do lóbulo paracentral (Figs. 16.6A e 16.7A). Consiste em quatro zonas longitudinais: área 3a, que recebe propriocepção de membro e inclui o tecido cortical no assoalho do sulco central adjacente à área 4, o córtex MI; área 3b, que recebe informação da pele, ou seja, estímulos táteis (toques), picadas e informações de temperatura, e está localizada na parede posterior do sulco central; área 1, que processa adicionalmente a informação oriunda da área 3b e está localizada nos $^2/_3$ anteriores da superfície convexa do giro pós-central; e área 2, que processa a combinação das informações de propriocepção e cutânea, e está localizada no terço posterior remanescente da superfície convexa e na parede anterior adjacente do sulco pós-central. A representação somatotópica no córtex SI é contralateral, com partes da cabeça localizadas na região mais ventral do giro pós-central e o membro superior localizado na região mais dorsal desse giro (Fig. 16.6C) e o membro inferior representado medialmente na parte posterior do lóbulo paracentral (Fig. 16.7C). A área cortical total associada a uma região particular do corpo está diretamente relacionada com a sensibilidade da região particular e não com seu tamanho. A estimulação do córtex somestésico primário em seres humanos produz sensações contralaterais precisamente localizadas descritas como formigamento ou dormência. As lesões dessa área resultam na perda de discriminação tátil e propriocepção no lado contralateral (Figs. 16.6D e 16.7D). Além disso, a exata localização, a agudeza e a intensidade da picada, bem como as sensações térmicas, estão comprometidas. A dor não pode ser deflagrada a partir dessa área nem ser abolida ou aliviada após sua ablação.

A área somestésica secundária (SII) é composta de uma faixa de córtex que se estende do opérculo parietal em direção à parte posterior da ínsula. O opérculo parietal (opérculo significa "tampa") é o tecido cortical contínuo com o giro pós-central, que forma a parede superior do sulco lateral. Portanto, ele se sobrepõe e recobre a ínsula. A localização somatotópica na área SII está precariamente definida.

Posterior ao córtex somestésico, estão as áreas de associação parietais, que consistem nos lóbulos parietais superior e inferior. O lóbulo parietal superior contém a área 5 anteriormente, e a área 7 posteriormente (Figs. 16.6B e 16.7B). A área 5 recebe aferências primariamente do córtex SI, enquanto a área 7 tem conexões amplamente disseminadas com as áreas somestésica, visual e motora. O lóbulo parietal inferior inclui os giros supramarginal (área 40) e angular (área 39), ambos conectados às áreas de associação visual, auditiva, somestésica, motora e pré-frontal. As partes mais superiores e anteriores do córtex de associação parietal estão relacionadas com a estereognosia, o reconhecimento das partes do corpo e o desempenho de modo ordenado de tarefas motoras. Aqui, as lesões resultam em astereognosia contralateral, assomatognosia (negação da existência de partes do corpo) e, com o dano ao hemisfério dominante, apraxia sensorial. A parte mais inferior do córtex de associação parietal está relacionada com a linguagem e a cognição. O giro supramarginal atua na compreensão da fala, que será abordada posteriormente, enquanto o giro angular está relacionado com a linguagem e a cognição. As lesões ao giro angular do hemisfério dominante e, em geral, ao córtex occipital adjacente resultam em alexia e agrafia (incapacidade de ler, escrever ou soletrar) e acalculia (incapacidade de realizar cálculos de aritmética simples). As lesões no giro angular e no córtex temporal adjacente resultam na síndrome de negligência, em que o paciente nega a existência de objetos no lado contralateral (Fig. 16.6D).

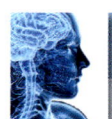

Conexão clínica

Na síndrome de negligência, o paciente falha em reconhecer o lado oposto do corpo e suas adjacências. Exemplificando, quando o dano está localizado no hemisfério direito, ao tomar banho, o paciente não lava o lado esquerdo do corpo e pode até mesmo negar que os membros do lado esquerdo fazem parte de seu corpo. Além disso, objetos localizados no lado esquerdo do campo visual (p. ex., uma xícara de café colocada no lado esquerdo de uma bandeja) inexistem na mente do paciente. Essa síndrome é mais pronunciada nas lesões ao hemisfério não dominante.

As lesões no giro angular e nas partes adjacentes do lobo occipital no hemisfério dominante resultam na **síndrome de Gerstmann**, que inclui: (1) agnosia digital (incapacidade de distinguir os vários dedos em cada mão), (2) acalculia, (3) confusão direita-esquerda (incapacidade de distinguir a direita da esquerda), (4) agrafia e (5) alexia.

Lobo occipital

O córtex occipital representa apenas cerca de 15% de todo o córtex e contém as áreas visual primária (V-I) e de associação visual. O córtex visual primário (área 17), também chamado área ou córtex estriado, recebe a radiação óptica e está localizado nos giros que formam as paredes do sulco calcarino (Fig. 16.7A e B). O cúneo forma a parede superior do sulco calcarino e, nesta, está representada a metade inferior do hemicampo visual contralateral. A metade superior do hemicampo visual contralateral está representada no giro lingual que forma a parede inferior do sulco calcarino. A visão macular é representada em toda a metade posterior de V-I (Fig. 12.4A). As lesões unilaterais do córtex visual primário resultam em hemianopsia homônima contralateral (Fig. 16.7D).

Entretanto, no caso de uma lesão vascular que envolva a artéria calcarina, que é ramo da artéria occipital medial por sua vez originada da artéria cerebral posterior, a preservação macular pode ocorrer em consequência de um suprimento vascular intacto para o polo occipital a partir da artéria cerebral média.

O restante do lobo occipital consiste no córtex paraestriado (área 18), que delimita a área 17, e o córtex periestriado (área 19), que é maior e forma a maior parte da superfície lateral do lobo occipital. Essas áreas recebem informação visual oriunda das áreas estriadas bilateralmente e são importantes nas percepções visuais complexas relacionadas à cor, ao formato, à localização e à direção de objetos em movimento no campo visual. Dois grupos de impulsos procedem das áreas de associação visuais. O grupo dorsal ou grupo do "onde", que conduz informação pertinente à localização e à direção do movimento dos objetos no campo visual, se projeta para as áreas de associação parietais que, por sua vez, se projetam para os córtices pré-motor, do campo ocular frontal e pré-frontal. O grupo ventral ou grupo do "o quê", que conduz informação pertinente à cor e à forma, se projeta para o córtex temporal ventrolateral para reconhecimento do objeto.

Lobo temporal

O córtex temporal forma quase 25% de todo o córtex e contém a área auditiva primária, bem como as áreas associadas às emoções e funções mentais superiores, como a memória e a fala. O córtex A1 ou córtex auditivo primário (área 41) está situado no giro temporal transverso anterior (de Heschl), que está "escondido" no assoalho do sulco lateral (Figs. 16.6 e 13.3). Imediatamente adjacente à área 41, está a área 42, que é a área auditiva secundária. Adjacente a essa área, está a parte de associação auditiva da área 22, localizada no giro temporal superior. A estimulação elétrica da área auditiva primária resulta em ruídos descritos como sussurros, zumbidos, estalos ou vibrações, enquanto a estimulação da parte de associação auditiva da área 22 produz os sons percebidos como assobio, campainha etc. Uma lesão uni-

lateral na área auditiva primária resulta em ausência de perda de audição significativa em decorrência do bilateralismo das vias auditivas centrais. Entretanto, esse tipo de lesão dificulta o reconhecimento da distância e da direção a partir da qual os sons estão vindo, especialmente na orelha contralateral à lesão.

O restante do lobo temporal consiste nos giros temporais superior, médio e inferior na superfície lateral e na convexidade ventral do hemisfério, bem como nos giros occipitotemporal (fusiforme) e para-hipocampal na superfície ventral. A parte posterior do giro temporal superior está associada às funções de linguagem, enquanto o giro para-hipocampal pertence ao lobo límbico. Ambos serão considerados posteriormente. As outras partes do lobo temporal são áreas de associação superiores que têm extensivas conexões com as áreas de associação frontal, parietal, occipital e límbica, e exercem papéis fundamentais na memória de longa duração, na recordação de eventos passados envolvendo pessoas, lugares e coisas. Os giros temporais inferior e médio, bem como a parte anterior do giro temporal superior, são essenciais para o reconhecimento visual dos objetos, de modo que as lesões nesse local resultam em agnosia visual. O giro occipitotemporal ou fusiforme exerce importante papel no reconhecimento de faces e as lesões nesse giro, em geral bilaterais e às vezes somente no lado direito, resultam em prosopagnosia (incapacidade de reconhecer as faces dos outros e a própria face).

Lateralização hemisférica das funções

Em termos de funções motora e sensorial (exceto olfato), cada hemisfério cerebral contém representação contralateral do corpo e do ambiente ao redor. Dessa forma, as lesões nas áreas motora primária, somestésica primária ou visual primária em um hemisfério resultam em hemiparesia contralateral, hemianestesia contralateral ou hemianopsia contralateral. As funções superiores, como pensamento analítico, compreensão da linguagem e produção de pensamento emocional e intuitivo, orientação espacial e habilidades artísticas e musicais – para citar apenas algumas – são funções centralizadas mais em um hemisfério do que no outro. O hemisfério que contém os centros de produção e compreensão da linguagem é chamado **hemisfério dominante**.

Como resultado de numerosos testes para determinação do hemisfério linguagem-dominante em pacientes necessitados de remoção neurocirúrgica de tecido cortical cerebral por causas diversas, constatou-se que a linguagem está representada no hemisfério esquerdo em um elevado percentual de indivíduos: quase todas as pessoas destras e mais de 50% dos indivíduos canhotos.

A preferência manual e a dominância para linguagem se desenvolvem antes de a criança aprender a falar. Uma lesão unilateral no hemisfério esquerdo de uma criança não impede o desenvolvimento da fala, pois o hemisfério direito assume a dominância. Além disso, as lesões que ocorrem em crianças, até mesmo por volta do final da primeira década de vida, geralmente resultam em dificuldades de linguagem somente até o outro hemisfério assumir a função da linguagem.

Além da dominância para linguagem, o hemisfério esquerdo se sobressai nos processos intelectuais, como pensamento analítico ou racionalização, cálculo e verbalização (Fig. 16.8). Em contrapartida, o hemisfério não dominante, em geral o direito, se distingue na discriminação sensorial; no pensamento emocional, não verbal; e nas habilidades artísticas, como desenho e composição musical, percepção espacial e, talvez, reconhecimento de faces.

Áreas de linguagem e afasia

A linguagem é representada principalmente nas áreas corticais que limitam o sulco lateral do hemisfério dominante. Existem duas áreas principais: **de Broca e de Wernicke**. A área de Broca, o centro motor ou centro expressivo da fala, está localizada no giro frontal inferior esquerdo, em especial nas partes opercular e triangular, áreas 44 e 45, respectivamente (Fig. 16.6A-C). Essa área contém os programas motores para a produção de palavras e se projeta para as partes de MI que controlam os músculos usados na articulação, ou seja, os músculos presentes nas cordas vocais, na língua e nos lábios. Uma lesão na área de Broca está associada a uma **afasia motora ou de expressão**, caracterizada como **não fluente** (Fig. 16.6D) por causa da produção lenta e demorada de palavras, da articulação precária e de sentenças curtas que contêm principalmente nomes e adjetivos. Se uma lesão estiver de fato limitada à área de Broca no giro frontal inferior, a afasia é leve e transitória. Uma afasia de Broca grave e persistente ocorre quando a lesão é maior e inclui partes adjacentes do lobo frontal e da substância branca subjacente, como ilustrado pelo caso clínico apresentado no início deste capítulo.

A área de Wernicke, área sensitiva ou receptiva da fala, está na parte posterior do giro temporal superior (área 22) (Fig. 16.6A-C). Essa área contém os mecanismos para a compreensão e a formulação da linguagem. Uma

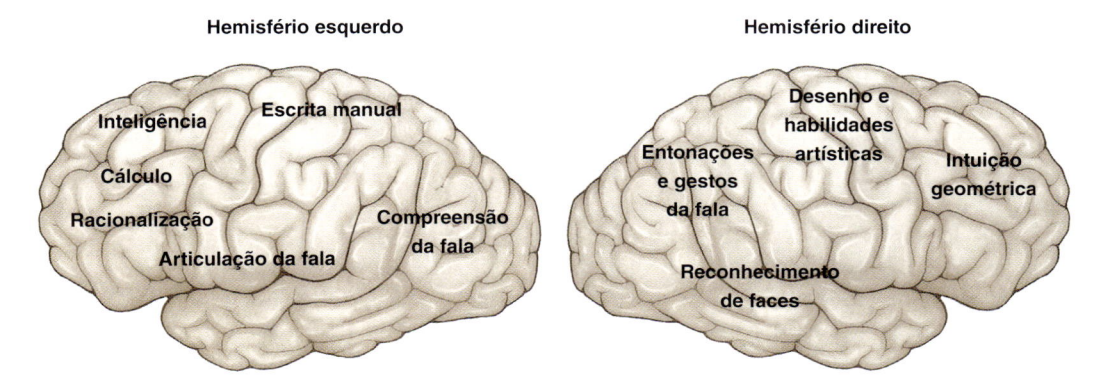

Figura 16.8 Funções mentais superiores dos hemisférios direito e esquerdo.

lesão na área de Wernicke está associada à **afasia sensitiva ou de recepção (percepção)**, caracterizada como **fluente** (Fig. 16.6D) porque a produção de palavras permanece normal, embora o uso das palavras seja defeituoso. O paciente substitui uma palavra por outra, insere palavras sem significado ou encadeia palavras ou frases muito compridas e sem significado. O paciente com afasia de Wernicke é fluente, mas não consegue compreender a linguagem em nenhuma forma – ouvida, lida nem falada, e não consegue escrever (agrafia). A afasia de Wernicke mais grave e persistente ocorre quando a lesão é maior e inclui o giro temporal médio adjacente e a substância branca subjacente.

Por muitos anos, acreditou-se que o fascículo arqueado (Fig. 16.3) conduzia informação da área de Wernicke para a área de Broca, para produção da fala, e que sua lesão resultava em afasia de condução. Evidência recente, todavia, mostra que esse fascículo é bidirecional e interconecta a área da fala posterior com as áreas pré-motora e motora. A **afasia de condução** é uma deficiência da fala similar a uma afasia de recepção. Entretanto, como a compreensão permanece intacta, o paciente faz tentativas repetidas de dizer as palavras certas. Além disso, a afasia de condução inclui o comprometimento das tentativas de nomear objetos e imagens. A afasia de condução atualmente é considerada resultante de lesões que envolvem os giros temporal superior esquerdo e supramarginal, e talvez o giro angular. Em qualquer evento, o dano cortical isolado, ou seja, sem dano à substância branca subjacente, pode resultar em afasia de condução.

Existem ainda outras formas de afasia, as quais podem resultar de lesões não apenas no tecido cortical delimitante do sulco lateral (áreas de linguagem perissilvianas), como também nas áreas corticais localizadas a certa distância e até em algumas estruturas subcorticais, como o tálamo ou núcleo caudado. A **afasia motora transcortical**, em que a fluência é comprometida, porém a repetição, a nomeação e a leitura permanecem normais, ocorre com lesões na área motora suplementar esquerda ou no córtex pré-frontal esquerdo anterior e dorsal à área de

Broca. A **afasia sensitiva transcortical**, em que a fluência é excessiva e a repetição está normal, porém a nomeação, a leitura e a compreensão estão comprometidas, ocorre com as lesões na junção dos lobos temporal, parietal e occipital esquerdos. A **afasia anômica**, comprometimento da nomeação de objetos, ocorre com as lesões no córtex temporal esquerdo, em qualquer parte desde o polo temporal até as partes posteriores dos giros temporais médio e inferior. A **afasia global**, a afasia mais grave, combina os déficits vistos nas afasias de Broca, de Wernicke e de condução, de modo que a perda da linguagem é quase total. Ela é acompanhada de paralisia dos músculos inferiores da face direita e dos músculos do membro superior direito, resultando de uma lesão extensa decorrente da obstrução da artéria cerebral média. As áreas anterior e posterior equivalentes às áreas de linguagem de Broca e Wernicke existem no hemisfério não dominante. Essas áreas produzem ou interpretam a prosódia, a melodia rítmica e a entonação associadas aos aspectos emocionais da fala.

O **mutismo**, que consiste na incapacidade de iniciar a fala, resulta de lesões na superfície medial do hemisfério na área motora suplementar esquerda (giro frontal superior) e na região anterior do giro do cíngulo, também referida como giro do cíngulo anterior. Essa condição geralmente é acompanhada de acinesia, que é o comprometimento da iniciação dos movimentos.

Conexão clínica

As lesões no giro frontal inferior direito resultam no comprometimento da produção da entonação da fala, enquanto as lesões no giro temporal superior posterior direito resultam no comprometimento da interpretação das entonações da fala dos outros.

A alexia, incapacidade de ler, resulta do dano ao lobo occipital esquerdo e às conexões existentes entre ambas as áreas visuais, esquerda e direita, e as áreas da linguagem no lobo temporal esquerdo. O esplênio do corpo caloso pode ou não estar envolvido.

Questões para revisão

1. Quantas camadas estão presentes no neocórtex, e quais são as conexões de cada uma?
2. O planejamento dos movimentos complexos ocorre em qual área do córtex cerebral?
3. Localize a área cortical cujo dano resulta em:
   a. Anestesia, fraqueza muscular e resposta de Babinski no membro inferior esquerdo.
   b. Paralisia do olhar para a direita.
   c. Hemianopsia homônima esquerda.
   d. Fraqueza muscular do membro superior direito.
   e. Afasia fluente.
   f. Síndrome de negligência esquerda.
4. Localize a menor lesão em um paciente de 63 anos que sofreu perda súbita da fala, acompanhada de fraqueza dos músculos inferiores da face direita e dos músculos da mão direita.
5. Localize a menor lesão em um paciente de 55 anos que tem hemiplegia espástica, fraqueza muscular na região inferior da face, hemianestesia e hemianopsia homônima, todas à esquerda.
6. Um paciente sofreu acidente vascular encefálico com envolvimento do córtex de associação parietal esquerdo. Durante o exame neurológico, qual das seguintes anormalidades será encontrada no exame da mão direita?
   a. Perda das sensações térmicas.
   b. Perda do sentido de posição.
   c. Perda das sensações de dor.
   d. Perda das sensações de pressão/tato grosseiro.
   e. Astereognosia.
7. Um paciente que sofreu acidente vascular encefálico com envolvimento do lobo temporal não dominante teria comprometimento de qual dos seguintes aspectos da função de linguagem?
   a. Fluência.
   b. Prosódia.
   c. Repetição.
   d. Nomeação.
   e. Leitura.
8. Um paciente de 65 anos é internado no hospital apresentando hemorragia no lobo parietal, no lado dominante do cérebro. O paciente fala devagar e sua articulação é muito precária, consistindo principalmente em frases sem sentido que são desprovidas de significado para o ouvinte. O paciente tem consciência de que sua fala está anormal e continua tentando imprimir o significado pretendido por meio de repetidas reiterações sem sucesso. O acidente vascular encefálico danificou qual estrutura?
   a. Giro frontal inferior.
   b. Lóbulo parietal superior.
   c. Giro temporal médio.
   d. Giro frontal superior.
   e. Lóbulo parietal inferior.

17 O sistema límbico: amnésia anterógrada e comportamento social inadequado

Aos 12 meses de idade, um bebê do sexo masculino parece emocionalmente "achatado", vazio: sem sorrisos ou expressões de afeto e felicidade. Além disso, a imitação de sons, as expressões faciais e os balbucios espontâneos estão ausentes. Aos 16 meses, a criança não fala palavras isoladas e, aos 24 meses, não conecta duas ou três palavras em frases com sentido, como "quero água". Seu desenvolvimento, ao longo do tempo, é marcado pela falta de socialização com outras crianças, falta de atenção aos seus pais quando falam com ele, diminuição das brincadeiras "normais", atenção obsessiva dirigida aos objetos e falta de expressões espontâneas das emoções normais acopladas a birras ou ataques de raiva anormais.

O termo "sistema límbico" é o nome arbitrário de um sistema funcional de neurônios corticais e subcorticais. As interconexões entre esses neurônios formam circuitos complexos que exercem papel importante na memória e no comportamento.

Lobo límbico

O termo "límbico" significa "borda". Esse termo foi usado pela primeira vez por Broca, em 1878, para descrever um lobo na superfície medial do hemisfério cerebral delimitado pelo corpo caloso e pela porção rostral do tronco encefálico. O lobo límbico (Fig. 17.1) engloba o giro do cíngulo e sua extensão anterior, a área septal, ambos margeando o corpo caloso e o giro para-hipocampal do lobo temporal, que faz limite com a extremidade rostral do tronco encefálico.

O lobo límbico está anatômica e funcionalmente conectado a outras estruturas. O complexo como um todo é chamado sistema límbico.

Os dois centros mais estreitamente relacionados ao lobo límbico são o hipocampo, localizado medialmente à parte posterior do giro para-hipocampal, e a **amígdala** ou núcleo amigdaloide, situado medialmente em relação à parte anterior do giro para-hipocampal (Fig. 17.1). Essas duas estruturas são os centros funcionais essenciais do sistema límbico. Do mesmo modo, em estreita associação com o sistema límbico, está o hipotálamo, que tem conexões abundantes com o hipocampo e o núcleo amigdaloide.

Hipocampo

O hipocampo exerce papel fundamental na memória e no aprendizado. É composto por três partes: giro denteado, hipocampo propriamente dito e subículo (Fig. 17.2). O giro denteado e o hipocampo propriamente dito constituem o arquicórtex, que é a parte filogeneticamente mais antiga do córtex cerebral. O subículo é uma zona de transição do córtex situada entre o hipocam-

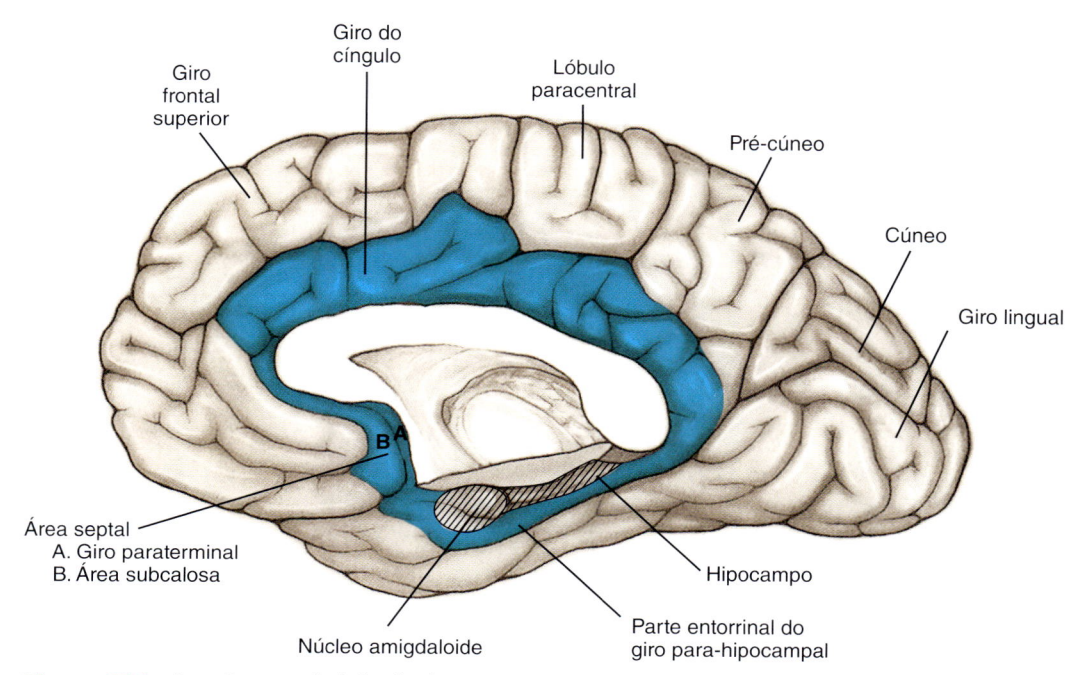

Figura 17.1 Localização do lobo límbico (colorido), do hipocampo e do núcleo amigdaloide.

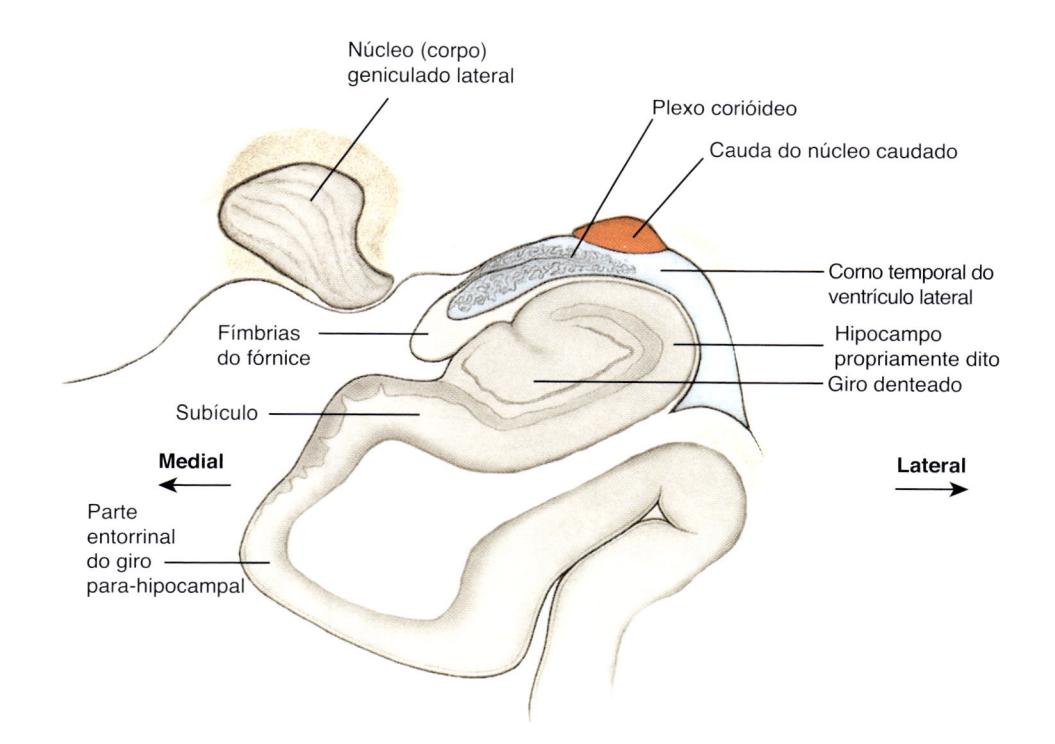

Figura 17.2 Corte coronal do hipocampo mostrando suas relações.

po propriamente dito e a área entorrinal, parte do giro para-hipocampal. O giro para-hipocampal é neocórtex, que constitui a parte filogeneticamente mais recente do córtex cerebral.

Conexões

O hipocampo é semelhante a um cavalo marinho, medindo cerca de 5 cm de comprimento e localizado no assoalho do corno temporal do ventrículo lateral (Fig. 17.3). As aferências para o hipocampo vêm da área entorrinal, a chamada "porta de entrada do hipocampo". A área entorrinal recebe aferências de áreas de associação corticais amplamente distribuídas, que lidam com percepções sensoriais múltiplas, principalmente via cíngulo. Os hipocampos localizados nos hemisférios direito e esquerdo são conectados entre si por meio da comissura hipocampal.

O hipocampo é o centro inicial em uma via reverberante chamada **circuito de Papez** (Fig. 17.4). Uma das principais partes do circuito de

Papez é o fórnice, que conecta o hipocampo ao hipotálamo. O fórnice se origina do álveo do hipocampo na forma de **fímbrias do fórnice** (Figs. 17.2 a 17.4). Embaixo do esplênio do corpo caloso, as fibras das fímbrias saem do hipocampo e se transformam no **pilar do fórnice**. Conforme os dois pilares convergem na direção da linha média, trocam fibras e formam assim a **comissura hipocampal**. Cada pilar então segue adiante como **corpo do fórnice**. O corpo passa adiante, por baixo do corpo caloso suspenso na margem livre do septo pelúcido, e se curva para baixo, na direção da comissura anterior, como **coluna do fórnice**. Na comissura anterior, o fórnice se separa em duas partes: uma parte pré-comissural, localizada na frente da comissura anterior; e uma parte pós-comissural, localizada atrás dela. As fibras pré-comissurais se originam a partir do hipocampo propriamente dito e terminam em estruturas da região septal e do prosencéfalo basal. As fibras pós-comissurais se originam do subículo e são distribuídas primariamente aos núcleos no corpo mamilar.

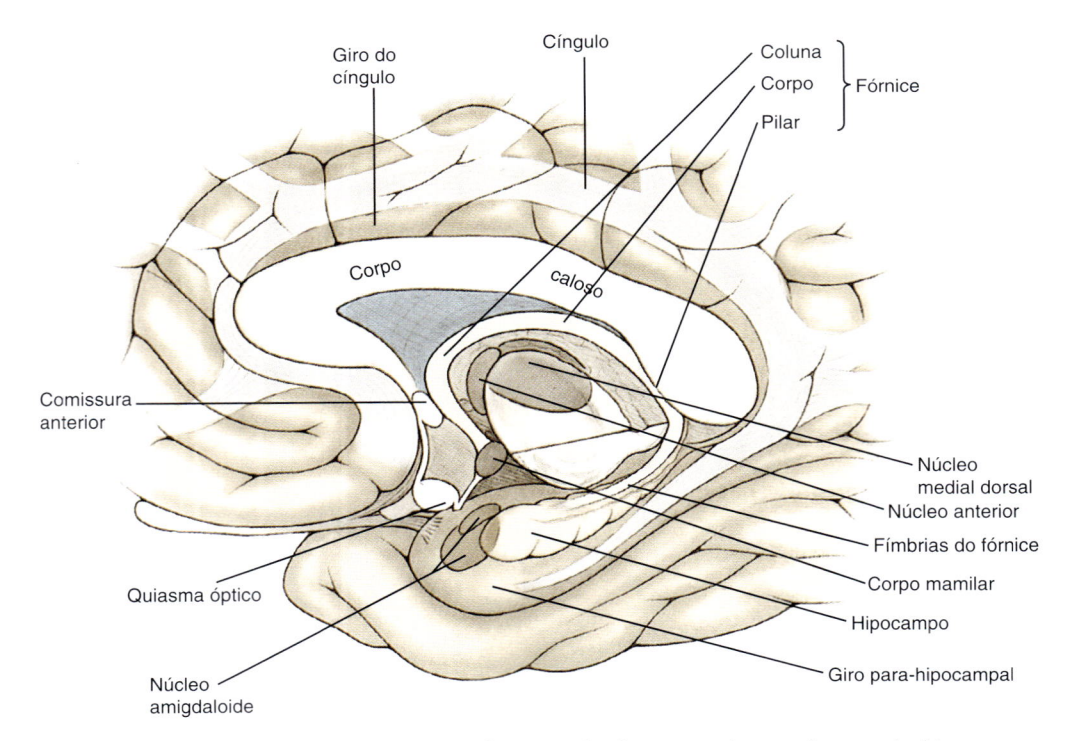

Figura 17.3 Vista tridimensional do hemisfério cerebral mostrando as relações do hipocampo, do fórnice e do cíngulo.

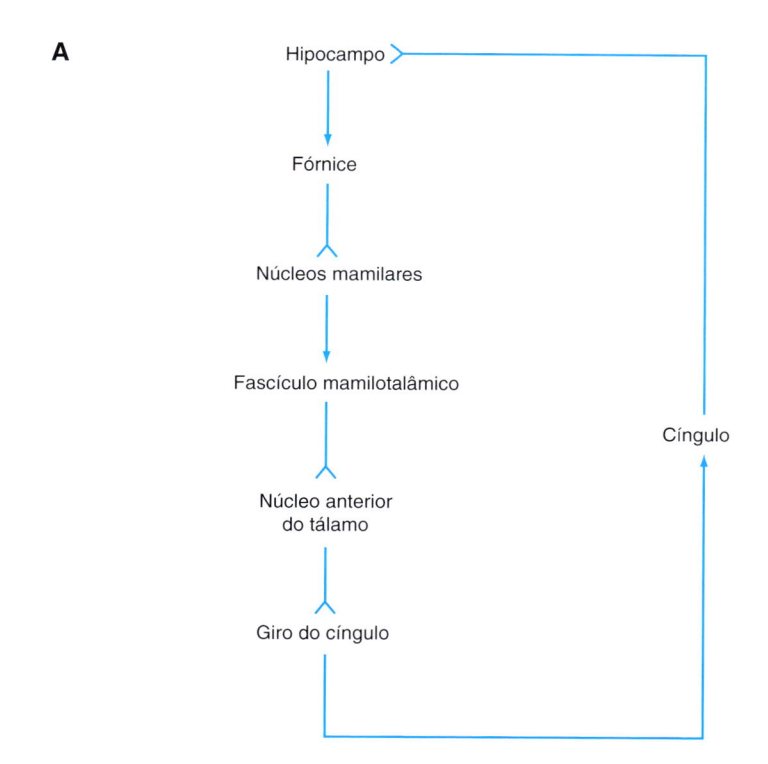

A

Hipocampo

Fórnice

Núcleos mamilares

Fascículo mamilotalâmico

Cíngulo

Núcleo anterior
do tálamo

Giro do cíngulo

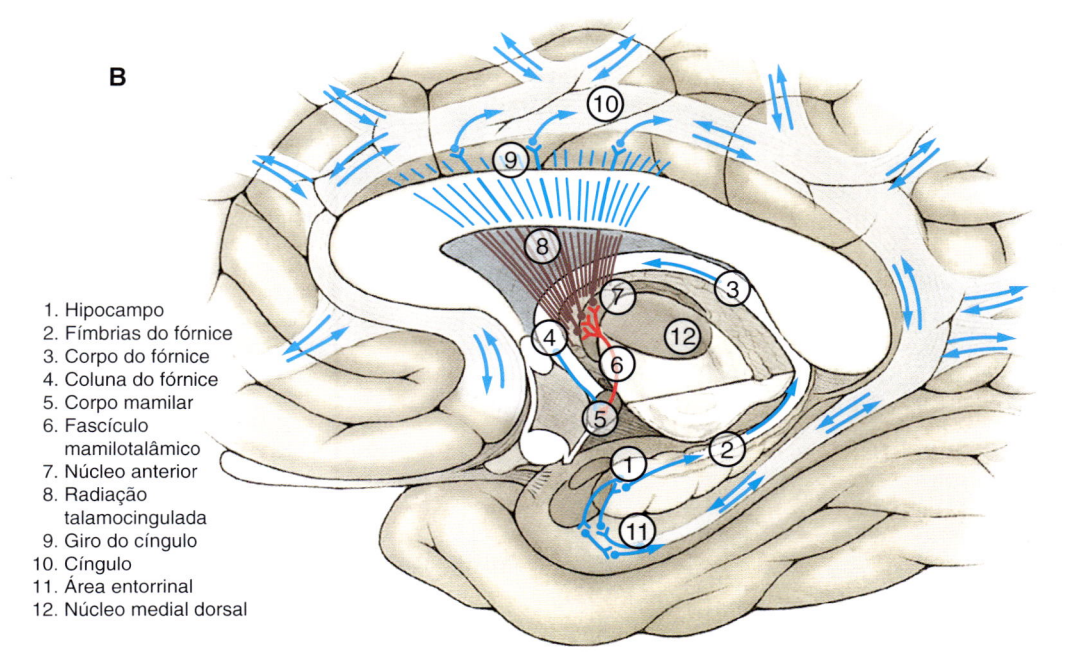

B

1. Hipocampo
2. Fímbrias do fórnice
3. Corpo do fórnice
4. Coluna do fórnice
5. Corpo mamilar
6. Fascículo
   mamilotalâmico
7. Núcleo anterior
8. Radiação
   talamocingulada
9. Giro do cíngulo
10. Cíngulo
11. Área entorrinal
12. Núcleo medial dorsal

Figura 17.4 Circuito de Papez (**A**) e outras conexões do hipocampo (**B**).

O corpo mamilar dá origem ao fascículo mamilotalâmico, que passa dorsalmente entre os núcleos talâmicos mediais e laterais, terminando no núcleo anterior do tálamo (Fig. 17.4). Esse núcleo então projeta axônios via radiação talamocingulada para o giro do cíngulo, que se projeta para o cíngulo, um feixe associativo localizado profundamente ao giro. A partir do cíngulo, os impulsos atingem a área entorrinal do giro para-hipocampal e, em seguida, passam para o hipocampo completando o circuito de Papez.

Além do fórnice, outra eferência importante do hipocampo é oriunda do hipocampo propriamente dito e do subículo diretamente para a área entorrinal, a partir da qual os impulsos atingem as áreas de associação em todos os lobos do hemisfério cerebral.

Função

O hipocampo é essencial para a consolidação da memória e do aprendizado. O dano bilateral aos hipocampos, como ocorre na hipóxia grave, resulta na perda profunda da memória recente ou de curta duração, bem como da capacidade de aprendizado. Sobreviventes de eventos como esse não conseguem lembrar de nada que tenha ocorrido há alguns minutos (amnesia anterógrada). As memórias do passado distante e a inteligência permanecem intactas.

O hipocampo recebe todos os tipos de informação a partir das áreas de associação sensitivas. Quando é importante lembrar determinados itens de informação ou alguém deseja lembrar esses itens, ou mesmo quando não há desejo de lembrar, o hipocampo emite os sinais que reverberam várias vezes no circuito de Papez até serem armazenados de forma permanente nas áreas do córtex cerebral destinadas à memória de longa duração.

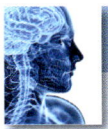

Conexão clínica

A **doença de Alzheimer** é caracterizada por demência progressiva em pacientes com idade inferior a 65 anos. Em pacientes com mais de 65 anos de idade, a demência progressiva é referida como demência senil. Em ambos os casos, os indivíduos se tornam cada vez mais esquecidos e desenvolvem anormalidades progressivas de memória, cognição, orientação e comportamento. Esses tipos de demência estão associados com (1) perda de neurônios no hipocampo e área entorrinal adjacente (Fig. 17.5), e (2) diminuição da inervação colinérgica no córtex cerebral. Os neurônios perdidos na parte entorrinal do córtex para-hipocampal são aqueles que fornecem aferências ao hipocampo a partir dos córtices de associação e límbicos. Os neurônios perdidos no hipocampo são aqueles que fornecem eferências a partir do hipocampo para os córtices de associação e para o diencéfalo. Assim, a perda dessas conexões hipocampais com o neocórtex sem dúvida contribui para a perda característica da memória recente em indivíduos com essas demências. A diminuição da inervação colinérgica do córtex cerebral resulta da degeneração dos neurônios colinérgicos prosencefálicos, principalmente do **núcleo basal de Meynert** localizado na substância perfurada anterior, mais comumente referido como **substância inominada**. A substância perfurada anterior se estende das estrias olfatórias anteriormente até os tratos ópticos posteriormente. Em condições normais, os axônios desses neurônios colinérgicos do prosencéfalo basal fornecem acetilcolina para o neocórtex. A ausência de acetilcolina no neocórtex pode ter papel nos déficits cognitivos que ocorrem nos estágios mais avançados da demência.

Conexão clínica

A **síndrome ou psicose de Korsakoff** é caracterizada pela perda da memória recente e muitas vezes por uma tendência a fabricar explicações sobre eventos recentes. Essa síndrome resulta mais frequentemente do alcoolismo crônico e da deficiência nutricional associada. Embora tenham sido descritas alterações morfológicas no hipocampo e nos corpos mamilares, as alterações mais frequentes ocorrem nas partes mediais dos núcleos dorsomediais do tálamo (Fig. 17.5).

Amígdala

A amígdala ou núcleo amigdaloide exerce papel importante no comportamento e nas emoções. É semelhante a uma amêndoa e está localizada

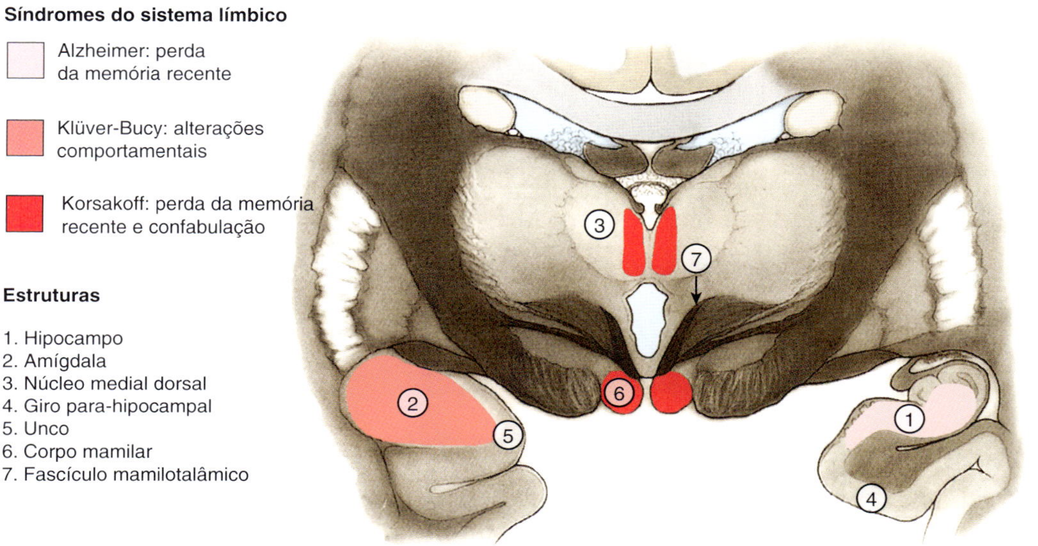

Síndromes do sistema límbico

- Alzheimer: perda da memória recente
- Klüver-Bucy: alterações comportamentais
- Korsakoff: perda da memória recente e confabulação

Estruturas

1. Hipocampo
2. Amígdala
3. Núcleo medial dorsal
4. Giro para-hipocampal
5. Unco
6. Corpo mamilar
7. Fascículo mamilotalâmico

Figura 17.5   Corte coronal no nível dos corpos mamilares mostrando locais associados com síndromes do sistema límbico.

abaixo do unco, perto da extremidade dorsomedial do lobo temporal. Consiste em alguns subnúcleos divididos em um grande grupo basolateral e em dois pequenos grupos, corticomedial e central.

Conexões

O grupo de núcleos basolateral (amígdala basolateral) é especialmente bem desenvolvido nos seres humanos e recebe conexões robustas das áreas de associação temporal, pré-frontal e parietal, bem como do giro do cíngulo. O núcleo corticomedial (amígdala corticomedial) é pouco desenvolvido no homem e recebe aferências olfatórias diretamente do bulbo olfatório, via estria olfatória lateral. O núcleo central (amígdala central) recebe aferências das vias viscerais do tronco encefálico e do núcleo basolateral.

Uma das principais eferências da amígdala (Fig. 17.6) é a via amigdalofugal ventral. Essa eferência segue na substância perfurada anterior (Fig. 17.7) e fornece aferências para o hipotálamo, os núcleos septais e o núcleo medial dorsal do tálamo. O núcleo medial dorsal tem conexões recíprocas robustas com o córtex pré-frontal medial. Outra eferência da amígdala é a estria terminal, que segue adiante no ângulo entre o núcleo

caudado e o tálamo, terminando no hipotálamo, no núcleo *accumbens* e nos núcleos septais.

Funções

A amígdala associa as experiências com as consequências e, então, programa a resposta comportamental apropriada a uma experiência. Em animais muito dependentes do sentido do olfato para encontrar comida, procurar um parceiro para reprodução e perceber o perigo, as sensações olfativas constituem a aferência primária para a amígdala. Ao receber os tipos de informação mencionados, a amígdala programa as respostas comportamentais adequadas por meio da emissão de sinais aos vários centros que controlam as atividades apropriadas para realização daqueles comportamentos. Nesses animais, a amígdala é comparável à amigdala corticomedial humana, que responde a odores agradáveis ou desagradáveis intensificando os processos digestivos e a ânsia ou o desejo por comida em resposta a aromas agradáveis, ou induzindo a perda de apetite e até mesmo a náusea e o vômito em resposta a odores fétidos ou pútridos. O comportamento humano, porém, é baseado principalmente nas experiências não olfativas projetadas

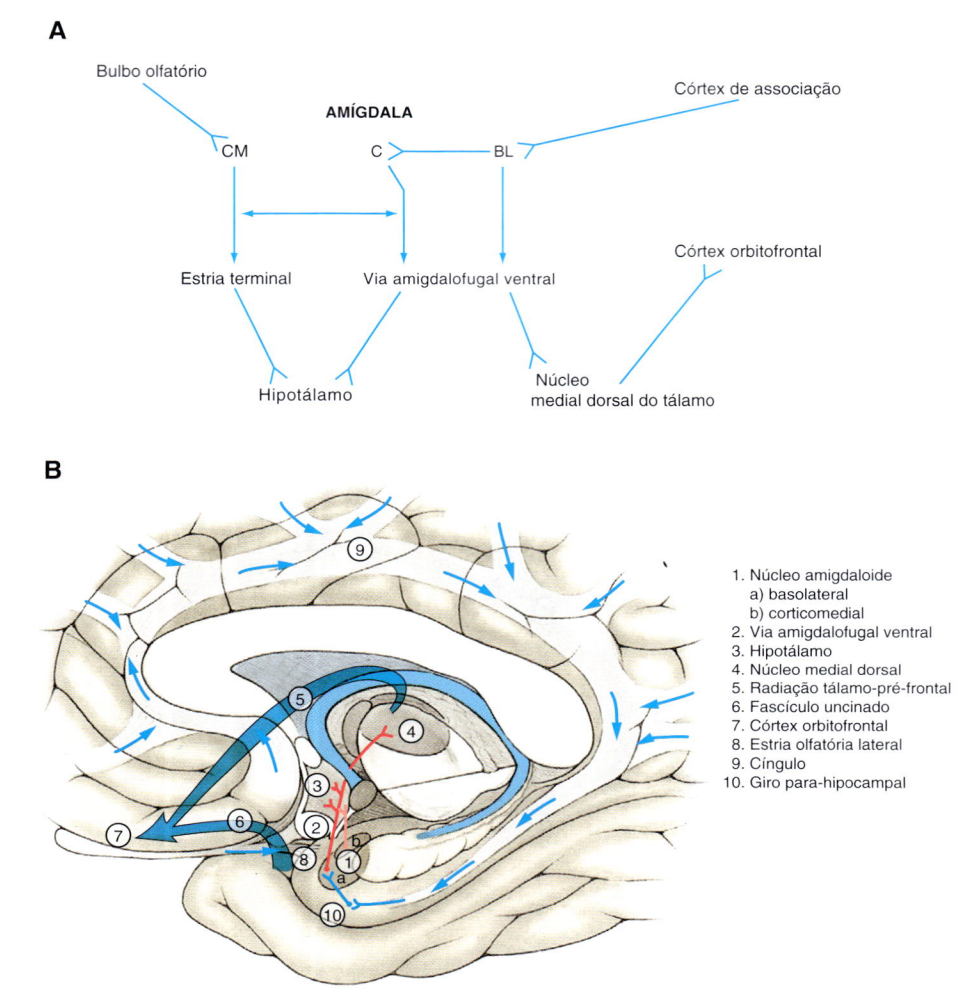

Figura 17.6 A. Principais conexões da amígdala (C, central; CM, corticomedial; BL, basolateral). **B.** Vista medial tridimensional das conexões do núcleo amigdaloide.

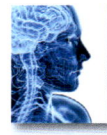

Conexão clínica

A **síndrome de Klüver-Bucy** é caracterizada por:

1. Ausência de respostas emocionais, de modo que o medo, a raiva e a agressividade deixam de existir.
2. Compulsão em prestar atenção excessiva em todos os estímulos sensoriais, examinar todos os objetos de modo visual, tátil e oral.
3. Hipersexualidade.
4. Cegueira psíquica ou agnosia visual, em que os objetos não são reconhecidos visualmente.

Essas perturbações são vistas de forma experimental e clínica após a remoção bilateral dos lobos temporais o mais posteriormente possível, mas sem comprometimento de suas áreas auditivas. A mansidão, a atenção compulsiva, as tendências orais e a hipersexualidade resultam da destruição bilateral dos núcleos amigdaloides (Fig. 17.5); a agnosia visual resulta do dano às partes neocorticais do lobo temporal.

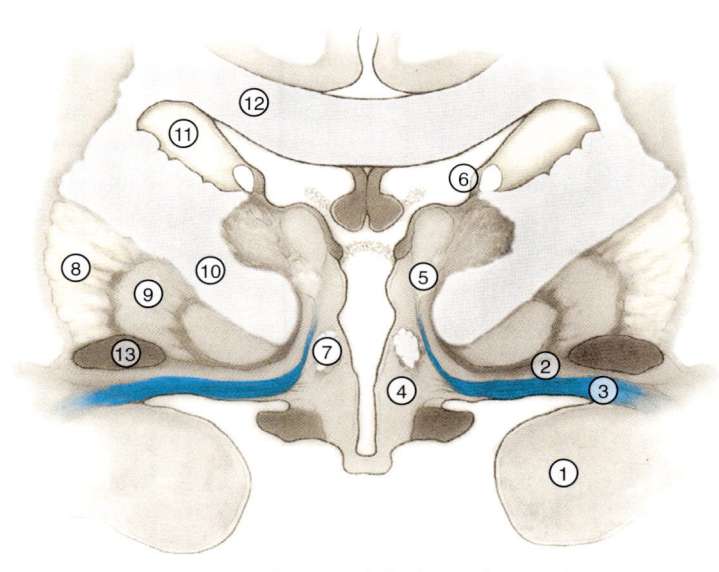

1. Núcleo amigdaloide
2. Substância perfurada anterior
3. Via amigdalofugal ventral
4. Hipotálamo
5. Núcleo medial dorsal
6. Estria terminal
7. Coluna do fórnice
8. Putame
9. Globo pálido (segmento lateral)
10. Cápsula interna
11. Núcleo caudado
12. Corpo caloso
13. Comissura anterior

Figura 17.7   Corte coronal no nível do hipotálamo tuberal mostrando conexões hipotalâmicas e talâmicas da amígdala.

a partir do córtex cerebral para a grande amígdala basolateral. Após avaliar a natureza dos sinais aferentes, ou seja, determinar se é amigável, não amigável, ameaçadora e perigosa, a amígdala basolateral envia sinais por meio do núcleo central aos centros hipotalâmicos que, por sua vez, deflagram as respostas autonômicas e motoras apropriadas. Sinais também são enviados via núcleo medial dorsal do tálamo para o córtex orbitofrontal. Este último proporciona a percepção das emoções, enquanto o hipotálamo providencia a expressão das emoções.

Estudos recentes sugerem que a amígdala pode estar envolvida no autismo, na depressão e no transtorno do estresse pós-traumático. As lesões bilaterais das amígdalas resultam em alterações comportamentais, sobretudo em uma profunda perda do medo. As lesões cirúrgicas das amígdalas em pacientes com comportamento agressivo socialmente inaceitável resultam em comportamento plácido e diminuição da excitabilidade emocional.

Núcleos *accumbens* e septais

O núcleo *accumbens*, uma parte importante do estriado ventral, está localizado entre a cabeça do núcleo caudado e o putame nas adjacências da comissura anterior. Ele está estreitamente relacionado com os núcleos septais, que são os componentes subcorticais da região septal, que também inclui um componente cortical, a área septal constituída pelo giro paraterminal e a área subcalosa (Fig. 17.1).

Conexões

O núcleo *accumbens* é o componente estriatal da alça límbica. Recebe aferências neurais principalmente da amígdala basolateral e do córtex pré-frontal medial, bem como das projeções dopaminérgicas e serotoninérgicas dos núcleos do tronco encefálico (Fig. 17.8). O pálido ventral se projeta para o núcleo medial dorsal do tálamo, que completa a alça se projetando para o córtex pré-frontal.

Os núcleos septais recebem aferências da amígdala, do hipocampo, da área lateral do hipotálamo e da formação reticular do tronco encefálico (Fig. 17.9). As eferências dos núcleos septais seguem via **feixe prosencefálico medial** para o hipotálamo e formação reticular do tronco encefálico, e via **estria medular do tálamo** para os núcleos habenulares e, então, via **fascículo retroflexo** para a formação reticular mesencefálica.

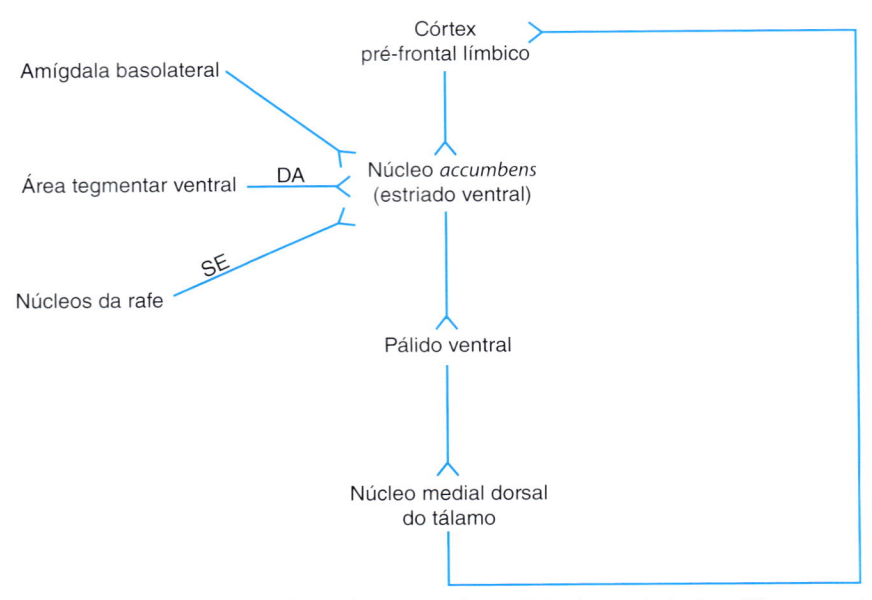

Figura 17.8 Principais conexões do núcleo *accumbens* (DA, dopaminérgica; SE, serotoninérgica).

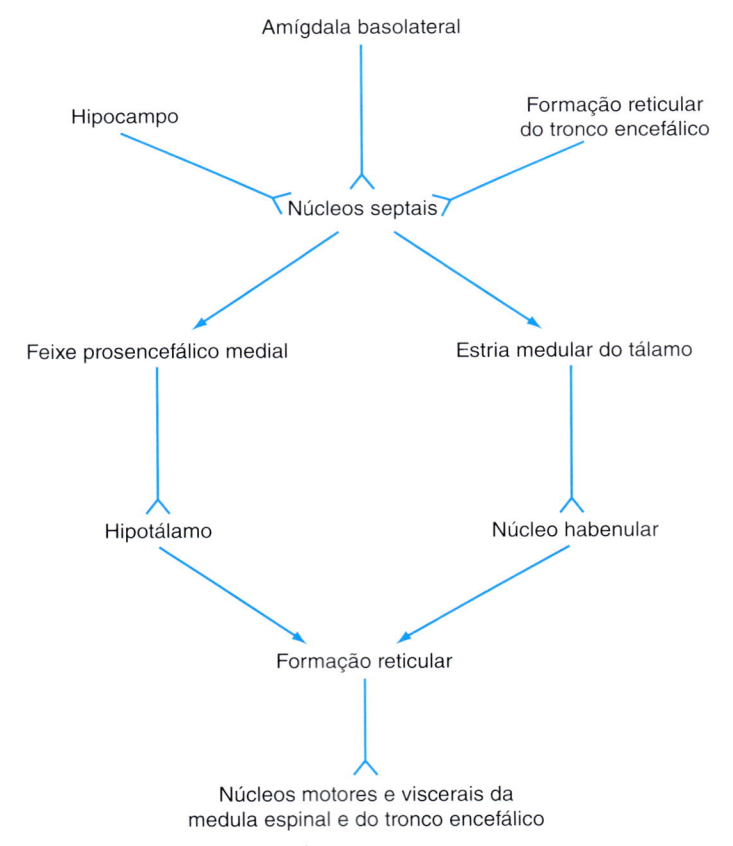

Figura 17.9 Principais conexões dos núcleos septais.

Funções

Os núcleos *accumbens* e septais estão associados aos mecanismos de recompensa e prazer. A estimulação elétrica da região septal ou do feixe prosencefálico medial, que contém fibras dopaminérgicas, está associada ao fenômeno do prazer. Sob estimulação com eletrodos implantados na região septal, os pacientes descreveram sensações sexuais.

O núcleo *accumbens* está relacionado à euforia associada ao uso de psicoestimulantes como anfetamina e cocaína. Essas drogas viciantes aumentam os níveis de dopamina no *accumbens*. As projeções dopaminérgicas da área tegmentar ventral do mesencéfalo exercem função importante nesse fenômeno. As conexões recíprocas entre o córtex pré-frontal orbitofrontal e o *accumbens* e a área tegmentar ventral também são importantes nos mecanismos de recompensa e prazer.

Áreas corticais límbicas

Várias áreas do córtex cerebral estão fortemente associadas aos fenômenos do sistema límbico. O córtex orbitofrontal, considerando tanto sua porção ventral como medial, está associado ao comportamento social, como descrito no caso de Phineas Gage, no Capítulo 16. A lobotomia pré-frontal, comumente realizada nos anos 1930 em pacientes com psicoses graves, depressão e até mesmo neuroses, em muitos casos resultava em "curas" piores do que a anormalidade original, de modo que os pacientes lobotomizados desenvolviam comportamento inadequado e rebaixamento dos padrões morais, como se observou em Phineas Gage.

A parte anterior do giro do cíngulo contém um centro de controle inibitório. Esse centro pode deflagrar pensamentos secundários, alternativos a outros, ou prudência e cautela antes da execução de uma ação. Relatos sugerem que a área de controle inibitório pode se tornar anormal em dependentes químicos, incapazes de controlar sua dependência (química) mesmo estando conscientes das consequências. Em outras palavras, esses indivíduos perderam um pouco do seu livre-arbítrio.

A parte subcalosa do giro do cíngulo está associada à tristeza, e a estimulação cerebral profunda dessa área está sendo usada com algum sucesso para aliviar a depressão grave.

Conexão clínica

O autismo é um transtorno do comportamento diagnosticado em cerca de 0,5% das crianças na faixa etária de 2 a 4 anos. Caracteriza-se clinicamente por uma tríade de déficits comportamentais que inclui comprometimentos das relações sociais, de comunicação e de atenção, com comportamentos repetitivos e interesses obsessivos, conforme ilustrado no caso apresentado no início deste capítulo. A etiologia do autismo é nitidamente decorrente de um transtorno do desenvolvimento que afeta o desenvolvimento pré- e pós-natal do cérebro. Os achados neuropatológicos são observados com mais frequência no sistema límbico, no córtex frontal e no cerebelo. No aspecto microscópico, os neurônios na área entorrinal, no hipocampo e na amígdala são anormalmente pequenos e relativamente mais concentrados, ou seja, o número de neurônios por área é maior. Por outro lado, no córtex frontal, os neurônios piramidais são maiores do que o normal. No cerebelo, há degeneração das células de Purkinje localizadas no verme e na região posteroinferior dos hemisférios. A macroencefalia secundária ao aumento do tamanho cerebral é uma observação comum em crianças autistas até aproximadamente os 5 anos de idade. Durante esse período, os estudos com imagem de ressonância magnética têm mostrado aumento dos volumes das substâncias cinzenta e branca nos lobos frontal e temporal, bem como diminuição do volume de substância cinzenta-branca no cerebelo. O aumento do volume do lobo frontal e diminuição do volume cerebelar parecem estar relacionados, possivelmente refletindo uma excitação excessiva do córtex frontal pelo cerebelo, logo no início do desenvolvimento, em decorrência da inibição diminuída sobre os neurônios dos núcleos cerebelares, como um resultado da degeneração das células de Purkinje do cerebelo. Após os 5 anos de idade, o amadurecimento cerebral em crianças autistas parece ser mais lento do que o observado em crianças não afetadas.

Questões para revisão

1. Quais são as partes do lobo límbico e do sistema límbico?
2. Quais são os dois centros funcionais essenciais do sistema límbico e onde estão localizados?
3. Descreva o circuito de Papez.
4. Com base em evidência clínica, quais são as funções do hipocampo e dos núcleos amigdaloides?
5. As alterações bilaterais em quais estruturas do sistema límbico estão mais comumente associadas à doença de Azheimer, à síndrome de Klüver-Bucy e à psicose de Korsakoff?
6. O que é a alça límbica dos núcleos da base e qual é sua importância funcional?
7. Os transtornos do medo ou da ansiedade são mais provavelmente associados a qual das seguintes estruturas?
   a. Pálido ventral.
   b. Núcleo *accumbens*.
   c. Núcleo anterior do tálamo.
   d. Amígdala.
   e. Área entorrinal.

Parte V

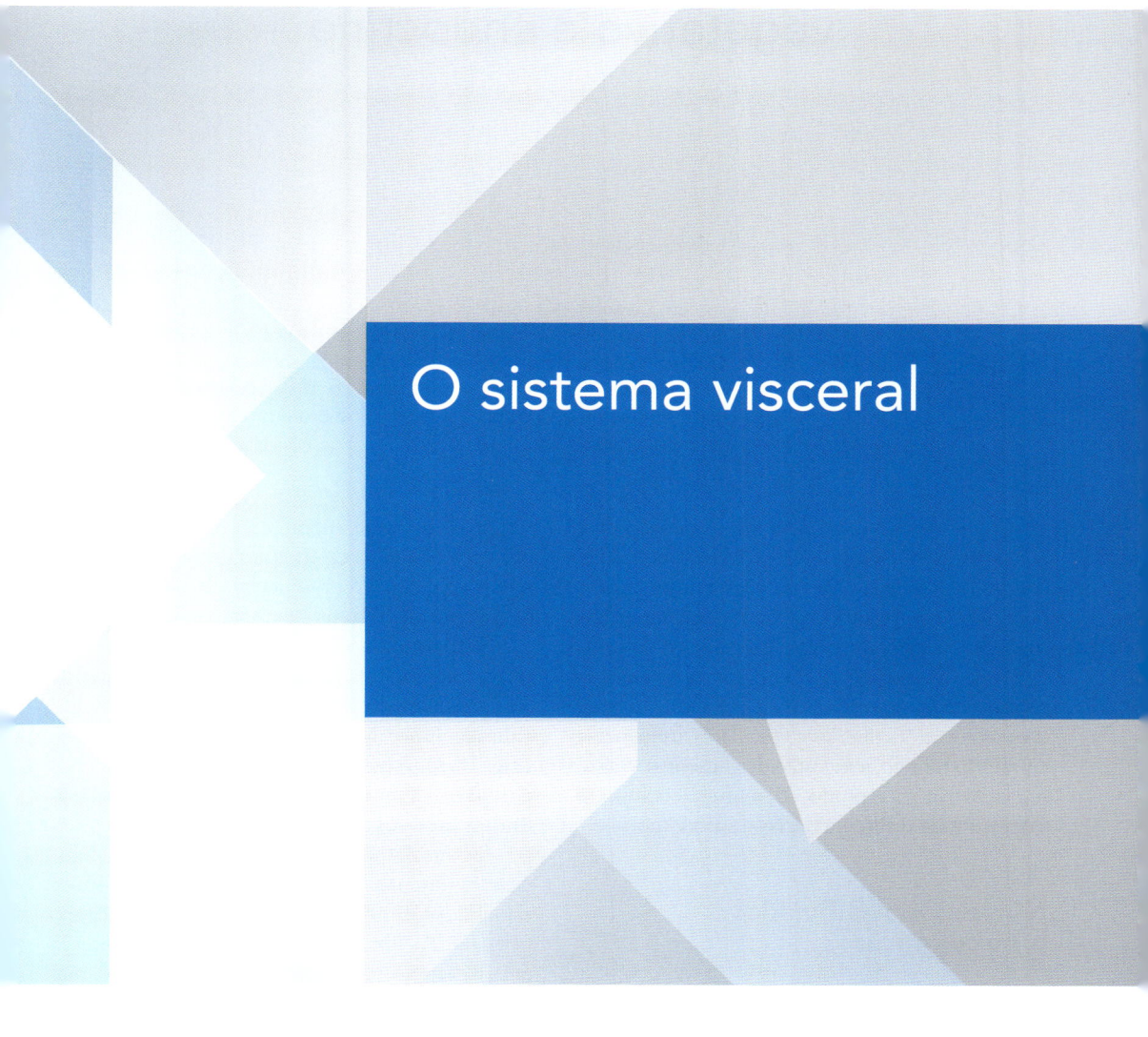

O sistema visceral

18 O hipotálamo: desequilíbrio vegetativo e endócrino

No último ano, uma jovem de 15 anos se tornou obesa e apática, apresentou episódios de febre alta sem causa evidente, parou de menstruar, passou a beber quantidades excessivas de água por causa de uma sede intensa, passou a urinar copiosamente, sentiu sono com frequência durante o dia, apresentou inversões frequentes dos ciclos de sono-vigília e, por vezes, explodiu em um estado violento de raiva sem nenhuma provocação.

O hipotálamo controla a atividade visceral e, como principal efetor do sistema límbico, deflagra o fenômeno associado às emoções. Por ter os componentes neural e endócrino, o hipotálamo exerce sua influência por meio dos sistemas nervoso e circulatório. Ele exerce papel importante na autopreservação e na preservação das espécies. Por meio de suas conexões neurais e vasculares, influencia o equilíbrio hídrico, a ingestão de alimentos, o sistema endócrino, a reprodução, o sono, o comportamento e todo o sistema nervoso autônomo.

Núcleos e subdivisões hipotalâmicas

Apesar do enorme número de conexões e funções, o hipotálamo é extremamente pequeno, pesando em torno de 4 g e representando menos de 1% da massa encefálica total na espécie humana. No plano mediano, o hipotálamo se estende da lâmina terminal anteriormente até os corpos mamilares posteriormente. O hipotálamo está dividido nas regiões anterior ou quiasmática, intermédia, tuberal ou infundibular e posterior ou mamilar (Fig. 18.1). Lateralmente à lâmina terminal, a região supraóptica consiste na área pré-óptica, que se estende anteriormente até os núcleos septais e o prosencéfalo basal, e é considerada por alguns uma subdivisão adicional.

O **hipotálamo** também está dividido em três zonas sagitais: lateral e medial, que estão de cada lado do fórnice; e periventricular, localizada junto ao epêndima do III ventrículo (Fig. 18.2). Apesar de o número de núcleos hipotalâmicos ter sido descrito, é difícil definir os limites precisos da maioria deles.

A zona lateral, entremeada por fibras longitudinalmente arranjadas, contém neurônios espalhados e influencia áreas amplas do córtex cerebral. As fibras longitudinais na zona lateral pertencem ao feixe prosencefálico medial, um sistema difuso de axônios que interconectam o córtex orbitofrontal, o núcleo *accumbens*, a região septal, o hipotálamo e a formação reticular do tronco encefálico. Além disso, ele também tem projeções para a zona medial.

As zonas medial e periventricular consistem em muitos núcleos (Fig. 18.3). A região anterior contém os núcleos pré-óptico, supraóptico, paraventricular, anterior e supraquiasmático (Fig. 18.2). A região intermédia contém os núcleos

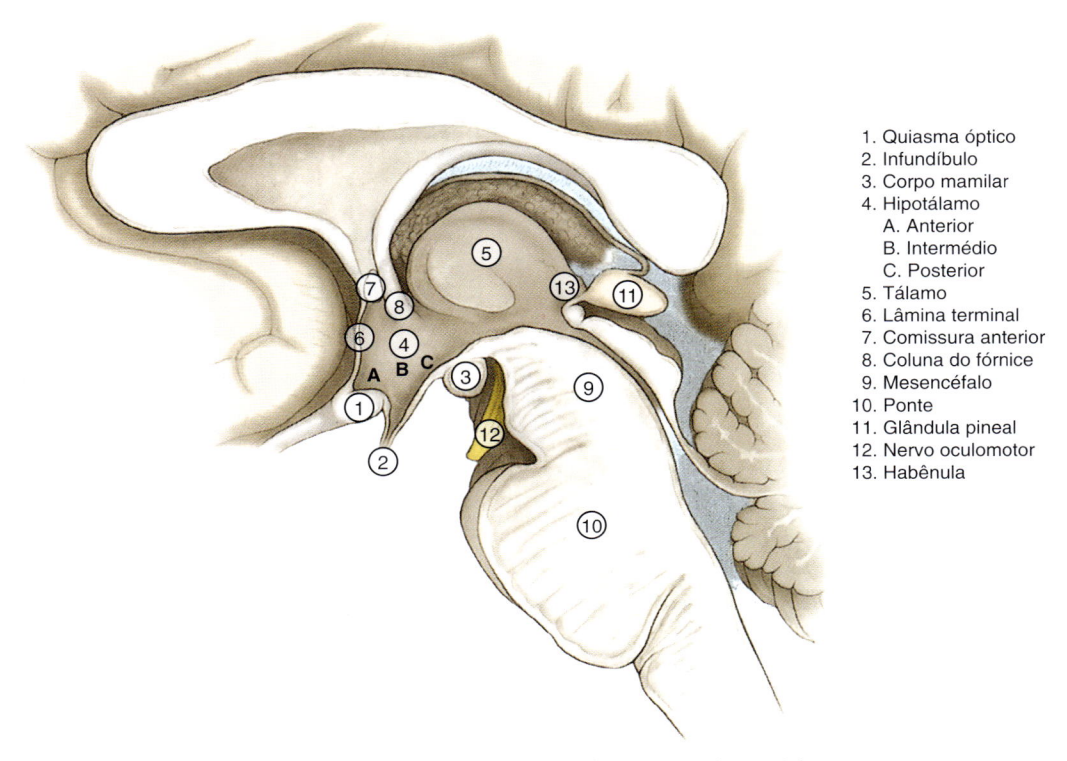

1. Quiasma óptico
2. Infundíbulo
3. Corpo mamilar
4. Hipotálamo
   A. Anterior
   B. Intermédio
   C. Posterior
5. Tálamo
6. Lâmina terminal
7. Comissura anterior
8. Coluna do fórnice
9. Mesencéfalo
10. Ponte
11. Glândula pineal
12. Nervo oculomotor
13. Habênula

Figura 18.1 Vista de corte mediano do tronco encefálico e do diencéfalo.

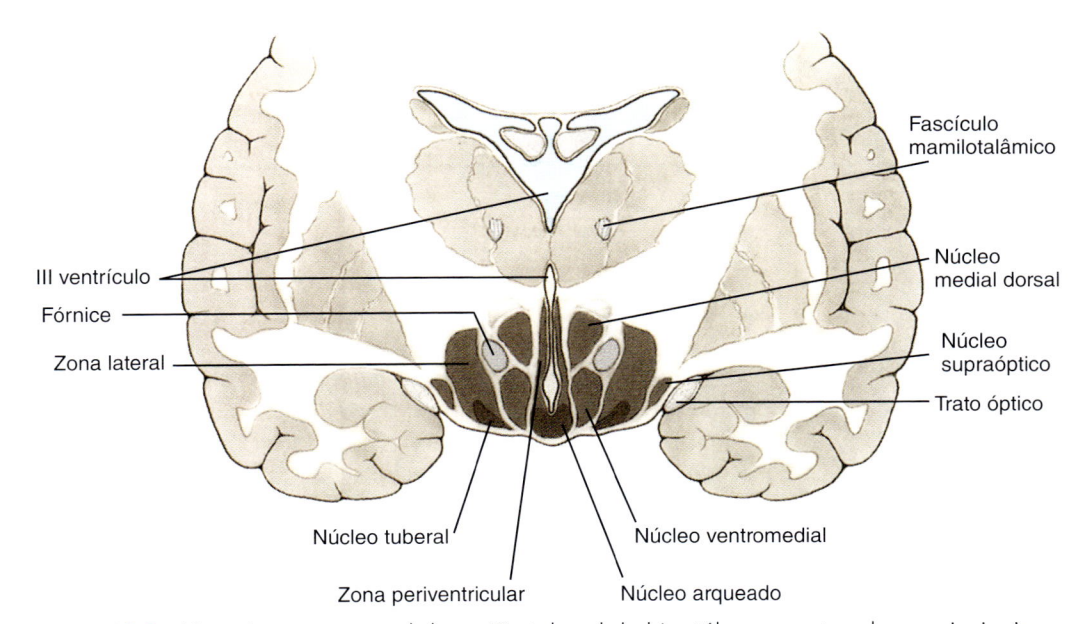

Figura 18.2 Vista de corte coronal da região tuberal do hipotálamo mostrando os principais núcleos.

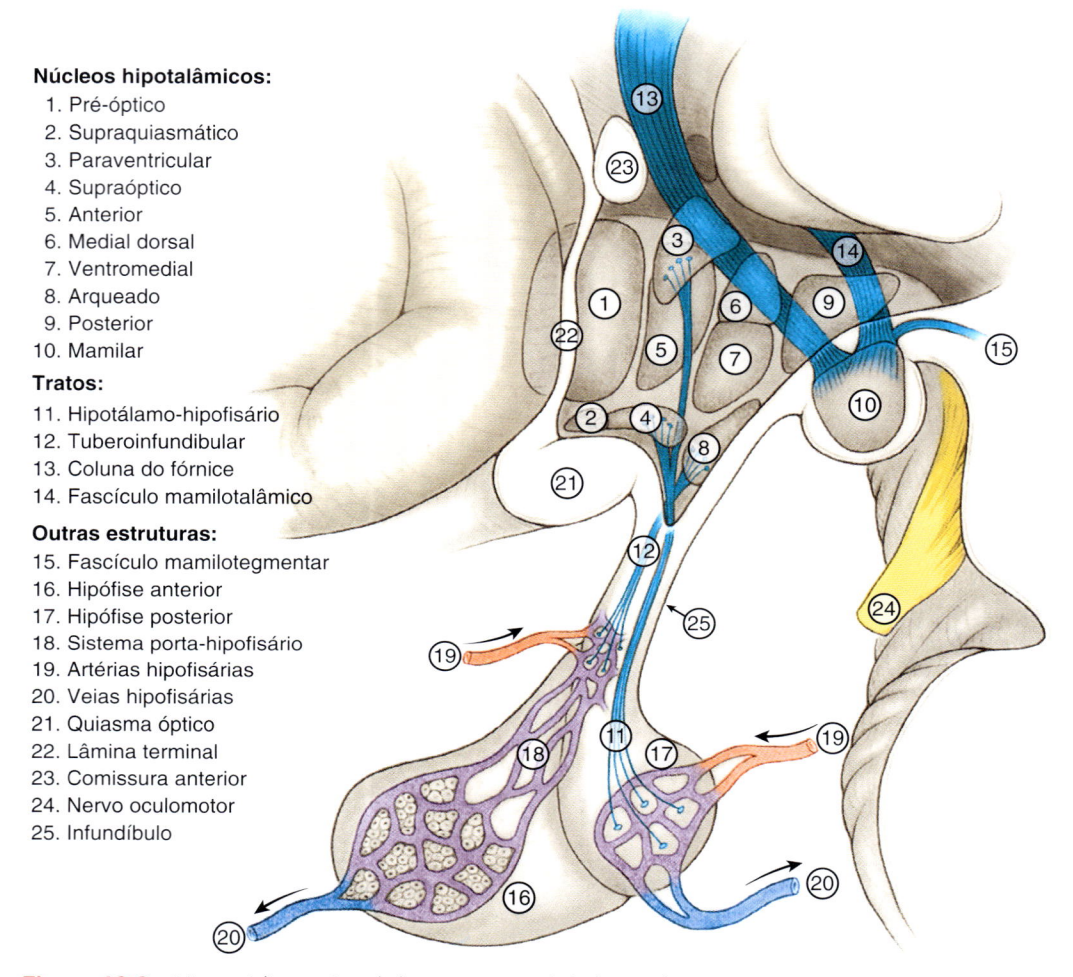

Núcleos hipotalâmicos:
1. Pré-óptico
2. Supraquiasmático
3. Paraventricular
4. Supraóptico
5. Anterior
6. Medial dorsal
7. Ventromedial
8. Arqueado
9. Posterior
10. Mamilar

Tratos:
11. Hipotálamo-hipofisário
12. Tuberoinfundibular
13. Coluna do fórnice
14. Fascículo mamilotalâmico

Outras estruturas:
15. Fascículo mamilotegmentar
16. Hipófise anterior
17. Hipófise posterior
18. Sistema porta-hipofisário
19. Artérias hipofisárias
20. Veias hipofisárias
21. Quiasma óptico
22. Lâmina terminal
23. Comissura anterior
24. Nervo oculomotor
25. Infundíbulo

Figura 18.3   Vista tridimensional de corte sagital do hipotálamo mostrando os principais núcleos da zona medial e suas conexões com a glândula hipófise, o tálamo e o tegmento do mesencéfalo.

dorsomedial, ventromedial e arqueado. Por fim, a região posterior contém os núcleos mamilar e posterior. A zona periventricular também contém o sistema periventricular de fibras que se estende em direção à substância cinzenta periaquedutal do mesencéfalo, como fascículo longitudinal dorsal.

Conexões

Aferências

Os sinais que chegam ao hipotálamo são nervosos e humorais. A aferência neural é pri-mariamente oriunda do sistema límbico. Como já mencionado, as projeções aferentes para o hipotálamo oriundas do hipocampo seguem via fórnice para os núcleos mamilares (Figs. 17.4 e 18.3), e da amígdala pela (1) via amigdalofu-gal ventral para o hipotálamo lateral e núcleos pré-ópticos (Figs. 17.6 e 17.7), e pela (2) es-tria terminal para os núcleos ventromediais do hipotálamo e os núcleos pré-ópticos. As proje-ções também chegam ao hipotálamo a partir do córtex orbitofrontal, do núcleo medial dorsal do tálamo, da retina e pelo pedúnculo mamilar, que conduz fibras vindas da formação reticular do mesencéfalo. O feixe prosencefálico medial faz a conexão do prosencéfalo basal e da região septal com os núcleos hipotalâmicos e a formação reticular do mesencéfalo.

Os sinais ou "aferências" humorais para o hipotálamo chegam por via vascular e, por meio dela, vários neurônios hipotalâmicos são estimulados quimicamente por substâncias como glicose e hormônios, e também fisicamente por fatores como alterações de temperatura e de osmolaridade. Além dos neurônios hipotalâmicos química e fisicamente sensíveis, os **órgãos circunventriculares** localizados na parede do III ventrículo também detectam alterações químicas ocorridas no líquido cerebrospinal e no sangue, de modo que transmitem essa informação para o hipotálamo adjacente.

Conexão clínica

Os órgãos circunventriculares são pequenas porções de epêndima especializado altamente vascularizado por capilares sem barreira hematoencefálica. Esses órgãos permitem a livre troca de substâncias entre eles e entre o líquido cerebrospinal e o sistema circulatório. Aqueles situados junto às paredes do III ventrículo são a **eminência mediana**, o **órgão vascular** da lâmina terminal, o **órgão subfornicial** entre as colunas do fórnice, a **glândula pineal** e o **órgão subcomissural** embaixo da comissura posterior. Também incluídas, porém não relacionadas ao III ventrículo, estão as duas **áreas postremas**, centros do vômito situados no óbex de cada lado do assoalho do IV ventrículo.

Eferências

Os sinais ou "eferências" a partir do hipotálamo também saem por via nervosa e humoral. Os dois alvos principais das eferências neurais são os seguintes:

1. O córtex cerebral diretamente a partir do hipotálamo e indiretamente via (1) núcleo anterior do tálamo, um componente do circuito de Papez, que recebe o fascículo mamilotalâmico que transmite impulsos oriundos do hipocampo após uma sinapse no corpo mamilar (Figs. 17.4 e 18.3), e via

(2) núcleo medial dorsal do tálamo que retransmite impulsos dos núcleos hipotalâmicos cujas aferências são da amígdala e dos núcleos septais.

2. Os centros autonômicos e motores do tronco encefálico e da medula espinal, que recebem aferências diretas e indiretas do hipotálamo lateral e posterior, bem como do núcleo paraventricular via fascículo longitudinal dorsal (posterior) e fascículo mamilotegmentar (Fig. 18.3).

As vias dos núcleos hipotalâmicos para os centros autonômicos no tronco encefálico e na medula espinal não são nitidamente demarcadas. No mesencéfalo e na porção rostral da ponte, o fascículo longitudinal dorsal está localizado dorsomedialmente, ou seja, perto da substância cinzenta periaquedutal e do assoalho do IV ventrículo, respectivamente. A partir desse ponto, a via se estende lateralmente e desce pela porção caudal da ponte e pelo bulbo na parte lateral da formação reticular. O feixe prosencefálico medial também conecta o hipotálamo lateral à formação reticular do mesencéfalo.

A eferência humoral hipotalâmica influencia o sistema endócrino e ocorre diretamente por meio da secreção na circulação geral, e indiretamente pela secreção no **sistema porta-hipofisário** (Fig. 18.3). A rota humoral direta envolve neurônios grandes nos núcleos supraóptico e paraventricular, cujos axônios seguem via trato hipotálamo-hipofisário para a hipófise posterior (neuro-hipófise), onde liberam **vasopressina** e **ocitocina** na circulação geral. A vasopressina, ou **hormônio antidiurético (ADH)**, controla o equilíbrio hídrico, enquanto a ocitocina causa contração da musculatura lisa no útero e das células mioepiteliais nas glândulas mamárias. A rota indireta envolve neurônios pequenos principalmente nos núcleos arqueados e em partes do núcleo paraventricular que produzem **hormônios regulatórios hipotalâmicos**, os quais entram no sistema porta-hipofisário e são transportados para a adeno-hipófise (hipófise anterior). O sistema porta-hipofisário é uma conexão vascular entre o hipotálamo e a hipófise anterior. Capilares derivados da artéria hipofisária superior e localizados na **eminência**

mediana e no infundíbulo formam os vasos porta-hipofisários que descem pela haste hipofisária até chegarem a um segundo leito capilar, na hipófise anterior. É por meio desse trajeto que os hormônios regulatórios hipotalâmicos alcançam a hipófise anterior.

Funções hipotalâmicas

As funções do hipotálamo minúsculo são hercúleas (Tab. 18.1). Talvez a melhor forma de descrevê-las seja considerando as manifestações de uma lesão hipotalâmica, como apresentado na ilustração clínica no início deste capítulo. A **síndrome hipotalâmica** é manifestada principalmente por (a) **diabetes insípido**, (b) alterações endócrinas, (c) comprometimento da regulação da temperatura, (d) anormalidades dos padrões de sono e (e) alterações comportamentais.

O diabetes insípido resulta da ausência de vasopressina, o ADH produzido nos neurônios grandes dos núcleos supraóptico e paraventricular e liberado na circulação sanguínea, na hipófise posterior ou neuro-hipófise. O ADH aumenta a permeabilidade dos túbulos contorcidos distais e ductos coletores do rim. Na ausência de ADH, a água não é reabsorvida pelo rim e a produção de urina é extremamente alta.

O desequilíbrio e consequentes alterações endócrinas resultam da ausência dos hormônios regulatórios hipotalâmicos que influenciam a hipófise anterior ou adeno-hipófise. Esses hormônios são produzidos por neurônios pequenos, particularmente no núcleo arqueado, mas também no núcleo paraventricular. Os hormônios regulatórios são transportados através dos axônios do trato tuberoinfundibular para os capilares no infundíbulo, onde são liberados e transportados para a adeno-hipófise via sistema porta-hipofisário (Fig. 18.3). Na glândula hipófise, esses hormônios regulam a produção e a liberação dos hormônios adrenocorticotrófico, de crescimento, tireotrófico, folículo-estimulante e luteinizante. O dano ao hipotálamo ou ao sistema porta-hipofisário resulta em secreção diminuída de todos os hormônios da hipófise anterior, com exceção da prolactina. Consequentemente, o paciente exibe hipoadrenalismo, hipotireoidismo e anormalidades nos ciclos do sistema reprodutivo.

A temperatura corporal é regulada no hipotálamo por um **centro de perda de calor** localizado anteriormente e por um **centro de ganho de calor** localizado posteriormente. Os neurônios termossensíveis localizados perto dos leitos capilares no hipotálamo respondem a alterações mínimas da temperatura sanguínea. Os neurônios nos núcleos pré-ópticos e anteriores do hipotálamo são sensíveis a pequenos aumentos na temperatura do sangue e também iniciam respostas de perda de calor. Os neurônios no núcleo posterior do hipotálamo são sensíveis à temperatura sanguínea diminuída e iniciam respostas de ganho de calor. Lesões no

Tabela 18.1 Núcleos e funções do hipotálamo

Anterior	Intermédia	Posterior
Perda de calor (pré-óptico)	Atividade endócrina (arqueado e paraventricular)	Conservação de calor (posterolateral)
Sede (pré-óptico)	Saciedade (ventromedial)	Alerta – ativação cortical (posterolateral)
Equilíbrio hídrico, ejeção de leite e contração uterina (supraóptico e paraventricular)	Alimentação ou fome (lateral) Emoções (medial dorsal)	Comportamento agressivo (posterolateral) Analgesia (periventricular)
Ritmo circadiano (supraquiasmático)		Consolidação da memória (mamilar)
Sono (anterior e pré-óptico)		
Parassimpatomimética		Simpatomimética

hipotálamo anterior resultam em **hipertermia**, porque os neurônios que iniciam a sudorese e a vasodilatação cutânea diante das elevações da temperatura corporal não estão funcionais. As lesões no hipotálamo posterior podem resultar em queda da temperatura corporal em razão da ausência de mecanismos de tremor e de vasoconstrição. Entretanto, mais frequentemente, as lesões hipotalâmicas posteriores resultam em **poiquilotermia**, condição em que a temperatura corporal varia conforme a temperatura do ambiente. A poiquilotermia ocorre porque o centro de ganho de temperatura no hipotálamo posterior, que normalmente deflagra vasoconstrição cutânea, piloereção e tremor, deixa de ser funcional e os impulsos oriundos do centro de perda de calor no hipotálamo anterior, que em geral deflagram sudorese e vasodilatação, são interrompidos no seu caminho em direção à formação reticular do tronco encefálico.

A ingestão de alimentos é influenciada por várias áreas hipotalâmicas, como os núcleos ventromediais e as áreas laterais do hipotálamo. Nessas áreas, os neurônios sensíveis à glicose ou à gordura influenciam as glândulas endócrinas associadas ao metabolismo. As lesões bilaterais do "**centro da saciedade**" nos núcleos ventromediais resultam em aumento do apetite e, por fim, em obesidade. As lesões bilaterais do "**centro de alimentação ou da fome**" no hipotálamo lateral, no nível tuberal, resultam em diminuição da ingestão de comida e bebida.

As funções reprodutiva e sexual são influenciadas pelos núcleos pré-ópticos, anteriores e ventromediais. Nessas áreas, os neurônios sensíveis ao estrógeno e aos andrógenos deflagram a produção dos hormônios apropriados que regulam a produção e a liberação das gonadotrofinas da adeno-hipófise. As lesões hipotalâmicas podem resultar em alterações do ciclo menstrual ou em puberdade precoce.

O sono e o ciclo de sono-vigília são influenciados por várias áreas do hipotálamo. O núcleo supraquiasmático, que recebe aferências da retina e projeta para outros núcleos hipotalâmicos, entre os quais o núcleo medial dorsal, é o relógio biológico que atua no **ritmo** circadiano de aproximadamente 24 horas. Os núcleos anterior e pré-óptico podem induzir o sono, enquanto a área posterior do hipotálamo lateral está envolvida na ativação cortical.

Está bem estabelecido que as lesões hipotalâmicas resultam em anormalidades dos padrões de sono. As lesões no hipotálamo anterior, em particular nos núcleos pré-ópticos, resultam em insônia. A alteração do sono mais frequente consiste em um comprometimento da vigília ou do despertar, o qual varia da sonolência ao coma permanente. O hipotálamo posterior, lateral aos corpos mamilares, parece estar associado com essa anormalidade, de modo que as lesões nesse local podem resultar em narcolepsia caracterizada por episódios de sono irresistível durante o dia.

A expressão de emoções como raiva, medo, constrangimento etc. ocorre por meio de conexões hipotalâmicas com os centros específicos no tronco encefálico e na medula espinal. O hipotálamo tem conexões recíprocas com núcleos associados ao comportamento, como a amígdala e o núcleo medial dorsal do tálamo. As lesões hipotalâmicas bilaterais, especialmente nos ou próxima aos núcleos ventromediais, resultam em violência extrema. Animais com esse tipo de lesão têm ataques de fúria e atacam repetidamente na ausência de provocação. Um fenômeno similar ocorre em seres humanos que apresentam esse tipo de lesão hipotalâmica. Pacientes com essas lesões exibem comportamento violento e agressivo para com qualquer pessoa que esteja presente, inclusive entes queridos. Portanto, parece provável que a área ventromedial do hipotálamo normalmente produza efeito regulatório sobre as partes mais posteriores e laterais do hipotálamo, onde os mecanismos associados ao comportamento agressivo estão centralizados. Esses mecanismos incluem a frequência cardíaca aumentada, pressão arterial elevada, intensificação da respiração, dilatação pupilar, piloereção etc. – fenômenos associados à atividade do sistema nervoso simpático. Em geral, é aceito que o hipotálamo posterior controla a atividade simpática. Em contrapartida, o hipotálamo anterior controla os eventos parassimpáticos (Tab. 18.1).

Questões para revisão

1. Quais são as subdivisões anteroposteriores do hipotálamo?
2. Qual é a principal eferência neural do hipotálamo?
3. O que é o sistema porta-hipofisário?
4. Quais partes do hipotálamo estão associadas com:
   a. Regulação da temperatura.
   b. Atividade parassimpatomimética.
   c. Atividade simpatomimética.
   d. Hormônios regulatórios hipotalâmicos.
   e. Equilíbrio hídrico.
   f. Ciclo sono-vigília.
   g. Emoções.

19 O sistema nervoso visceral e o sistema nervoso autônomo: anormalidades viscerais

Um homem de 28 anos sofreu um acidente de automóvel meses atrás, no qual sofreu uma "lesão em chicote". Ele se recuperou de todas as anormalidades decorrentes do dano ao tronco encefálico, com exceção de uma ptose palpebral leve, miose e anidrose facial, todas do lado direito.

O sistema nervoso visceral ou involuntário regula a atividade visceral no corpo inteiro. Ele está dividido nas partes eferente e aferente, que inervam a musculatura involuntária (como a lisa e a cardíaca) e o tecido glandular. O componente eferente do sistema nervoso visceral é denominado sistema nervoso autônomo e é composto por duas divisões: simpático e parassimpático. O componente aferente consiste em fibras aferentes viscerais que seguem nos nervos que constituem as divisões simpática e parassimpática. Como todas as vísceras são supridas por nervos simpáticos e parassimpáticos, todos os órgãos viscerais são inervados por quatro tipos de fibras: aferentes e eferentes simpáticas, e aferentes e eferentes parassimpáticas.

Vias eferentes viscerais: sistema nervoso autônomo

Princípios básicos

As características anatômicas dos componentes eferentes do sistema nervoso visceral (sistema nervoso autônomo – SNA) e do sistema nervoso somático diferem consideravelmente:

existem dois neurônios eferentes na via do sistema nervoso autônomo, enquanto a via somática tem apenas um único neurônio (Fig. 19.1).

O sistema nervoso autônomo, componente eferente do sistema nervoso visceral, está dividido em duas partes: simpático e parassimpático. As características anatômicas básicas das duas partes diferem de forma significativa. Primeiro, a atividade simpática entra no sistema nervoso periférico somente através dos nervos espinais toracolombares, enquanto a atividade parassimpática entra no sistema nervoso periférico apenas por meio dos nervos cranianos e nervos espinais sacrais (Tab. 19.1). Em segundo lugar, por causa de suas fibras pós-ganglionares curtas e da reduzida proporção de fibras pré-ganglionares para neurônios pós-ganglionares (1:2; Fig. 19.2), a divisão parassimpática exerce influência localizada. A divisão parassimpática, com sua influência bastante localizada, está associada à proteção, ao repouso e à recuperação de órgãos individuais e funções corporais, ou seja, constrição da pupila, frequência cardíaca diminuída, salivação, digestão, eliminação dos resíduos oriundos do intestino e da bexiga, e assim por diante.

Por outro lado, a divisão simpática, com suas longas fibras pós-ganglionares e a grande

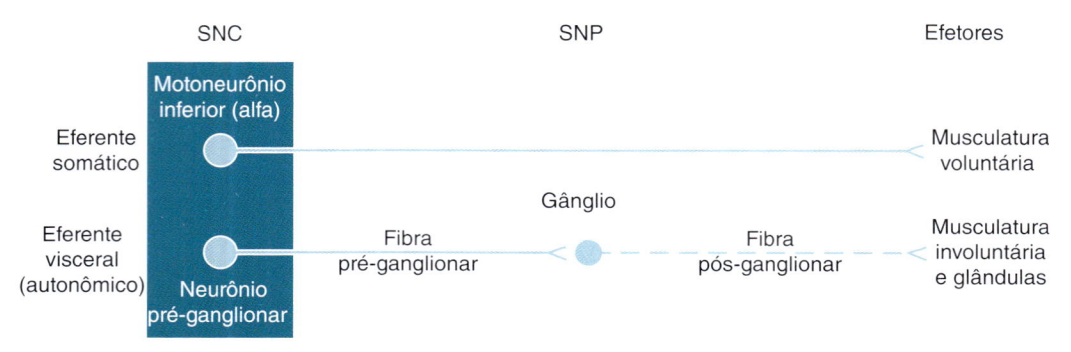

Figura 19.1 Comparação entre os componentes eferentes do sistema nervoso somático e do sistema nervoso visceral (sistema nervoso autônomo). (SNC, sistema nervoso central; SNP, sistema nervoso periférico.)

Tabela 19.1 Principais características das divisões do sistema nervoso autônomo (componente eferente do sistema nervoso visceral)

	Simpática	**Parassimpática**
Localização do neurônio pré-ganglionar	Toracolombar	Craniossacral
Localização do neurônio pós-ganglionar	Gânglios para- e pré-vertebrais	Gânglios terminais, próximos ou no interior da parede das vísceras
Fibras pós-ganglionares	Relativamente longas e, portanto, ação mais difusa	Relativamente curta e, portanto, ação mais discreta
Proporção entre fibras pré-ganglionares:pós-ganglionares	Maior (p. ex., 1:17)	Menor (p. ex., 1:2)
Função	Prepara o organismo para emergências: "luta ou fuga"	Prepara o organismo para o "repouso e recuperação"

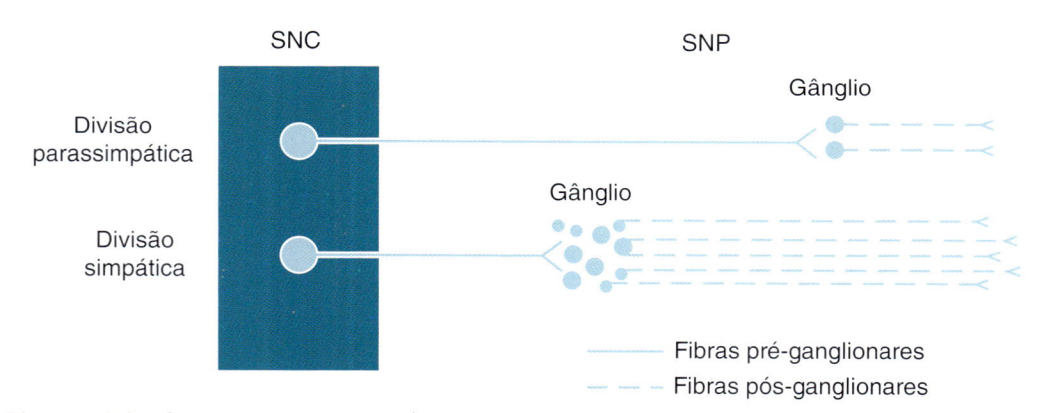

Figura 19.2 Comparação entre as divisões parassimpática e simpática do sistema nervoso autônomo (componente eferente do sistema nervoso visceral). (SNC, sistema nervoso central; SNP, sistema nervoso periférico.)

proporção de neurônios pós-ganglionares para fibras pré-ganglionares, exerce influência amplamente disseminada. Por causa dessas características anatômicas, a atividade do sistema simpático resulta em fenômenos difusos associados a situações emergenciais, como "lutar ou fugir", ou seja, aumento da frequência cardíaca e da respiração, dilatação da pupila, aumento do afluxo sanguíneo para os músculos voluntários, e assim por diante.

Divisão parassimpática

Toda atividade nas fibras nervosas parassimpáticas se origina no tronco encefálico ou na medula espinal (Fig. 19.3). O neurônios parassimpáticos pré-ganglionares do tronco encefálico são encontrados em quatro localizações:

1. Núcleo de Edinger-Westphal, componente motor visceral do complexo nuclear oculomotor.
2. Núcleo salivatório superior, componente motor visceral secretor do complexo nuclear facial.

3. Núcleo salivatório inferior, encontrado próximo à parte rostral do núcleo ambíguo, contribui com fibras motoras viscerais secretoras para o nervo glossofaríngeo.
4. Núcleo posterior do nervo vago, bem como neurônios dispersos nas proximidades da parte caudal do núcleo ambíguo. Os axônios motores viscerais e motores viscerais secretores desses neurônios emergem pelo nervo vago.

Os gânglios dos nervos cranianos que originam as fibras parassimpáticas pós-ganglionares são o gânglio ciliar, que recebe fibras pré-ganglionares do nervo oculomotor; os gânglios pterigopalatino e submandibular, que recebem fibras pré-ganglionares do nervo facial; e o gânglio ótico, que recebe fibras pré-ganglionares do nervo glossofaríngeo. As fibras pré-ganglionares no nervo vago fazem sinapse nos gânglios

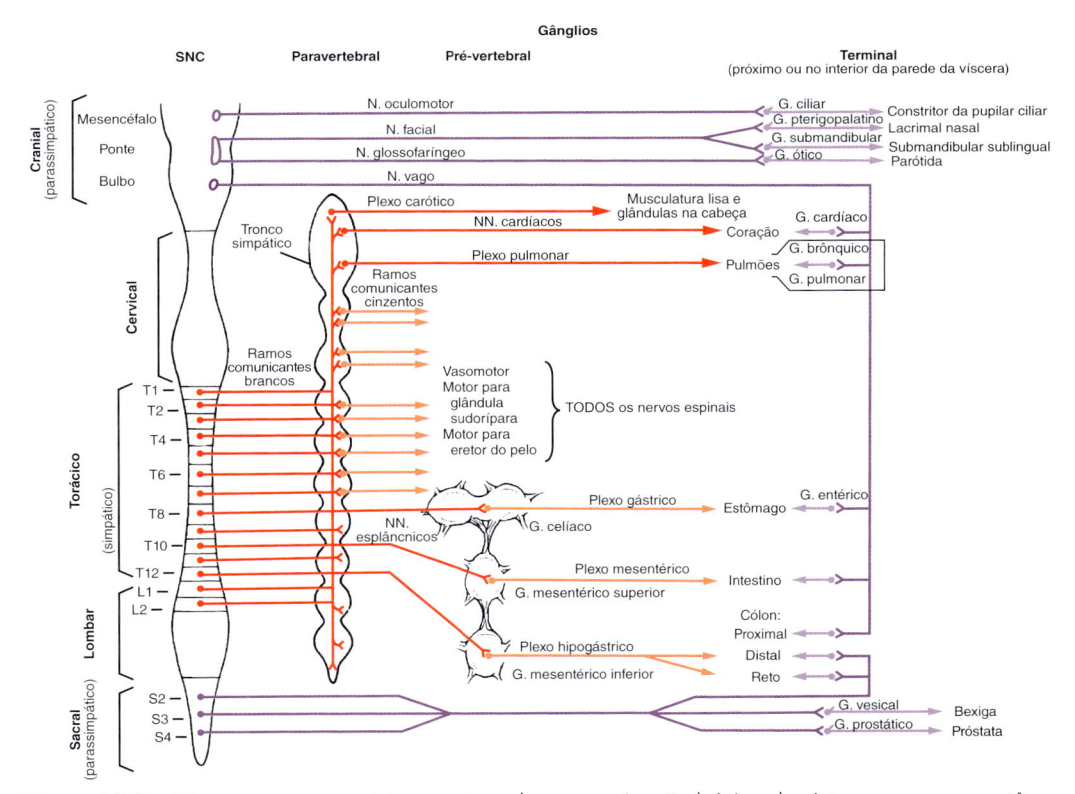

Figura 19.3   Diagrama esquemático mostrando a organização básica do sistema nervoso autônomo (componente eferente do sistema nervoso visceral). (SNC, sistema nervoso central; G., gânglio; N., nervo; NN., nervos = fibras pós-ganglionares simpáticas e pré-ganglionares parassimpáticas nos plexos viscerais.) Simpático, *vermelho*; parassimpático, *violeta*.

viscerais terminais extrínsecos e intrínsecos às vísceras torácicas, abdominais e pélvicas inervadas pelo nervo vago (Fig. 19.3).

Os neurônios parassimpáticos pré-ganglionares sacrais estão no e próximo ao núcleo intermediolateral, nos segmentos S2, S3 e S4 da medula espinal. As fibras pré-ganglionares emergem da medula espinal e passam para os gânglios viscerais terminais próximos ou no interior da parede do cólon e reto, bexiga urinária, próstata e glândulas vaginais, e tecidos eréteis do pênis e do clitóris. Os nervos parassimpáticos sacrais controlam a defecação, a micção e a ereção.

Divisão simpática

Toda atividade nas fibras nervosas simpáticas tem origem na medula espinal (Fig. 19.3). Os neurônios simpáticos pré-ganglionares são encontrados em várias colunas que se estendem aproximadamente de C8 a L2 ou L3. Essas colunas simpáticas são constituídas por um núcleo intermediolateral no corno lateral, um núcleo intermediolateral na parte medial da zona intermédia (lâmina VII) e um núcleo intercalado unindo os dois anteriores. Alguns neurônios pré-ganglionares simpáticos também estão dispersos no funículo lateral, próximo ao corno lateral.

Os neurônios simpáticos que originam as fibras pós-ganglionares estão localizados nos gânglios paravertebrais (tronco simpático) e pré-vertebrais (plexos viscerais ou autonômicos). Os gânglios do tronco simpático englobam 20-25 pares ao longo da coluna vertebral, enquanto os gânglios dos plexos viscerais são encontrados ao longo da aorta abdominal, em especial ao redor das origens das artérias celíaca, mesentérica superior e mesentérica inferior.

O circuito básico do sistema simpático (Fig. 19.4) é como descrito a seguir:

1. Todas as fibras simpáticas pré-ganglionares emergem da medula espinal nos nervos espinais de T1 a L2.
2. As fibras simpáticas pré-ganglionares alcançam o tronco simpático passando pelas raízes ventrais, pelos nervos espinais e pelos ramos comunicantes brancos.

3. No tronco simpático, as fibras simpáticas pré-ganglionares podem:
    a. fazer sinapse em um gânglio no mesmo nível;
    b. ascender e fazer sinapse em um gânglio do tronco simpático localizado mais superiormente ou mais cranial;
    c. descer e fazer sinapse em um gânglio do tronco simpático localizado mais inferiormente ou mais caudal; ou
    d. emergir via nervos esplâncnicos torácicos e nervos esplâncnicos lombares sem fazer sinapse.
4. Os neurônios do tronco simpático originam três tipos de fibras pós-ganglionares:
    a. perivasculares, que seguem ao longo das paredes dos vasos sanguíneos (p. ex., plexo carótico) em direção a seus destinos;
    b. espinais, que passam via ramos comunicantes cinzentos para cada nervo espinal, por meio dos quais são distribuídas aos vasos sanguíneos, às glândulas sudoríparas e aos músculos piloeretores do pelo;
    c. viscerais, que passam diretamente para as vísceras (p. ex., nervos cardíacos).
5. Os gânglios dos plexos viscerais ou autonômicos recebem suas fibras pré-ganglionares a partir dos nervos esplâncnicos e enviam suas fibras pós-ganglionares para as vísceras por meio dos plexos perivasculares localizados em torno das artérias que suprem as vísceras abdominais e pélvicas (p. ex., gástricas, mesentéricas, cólicas e assim por diante).

Funções gerais do sistema nervoso autônomo (vias eferentes viscerais)

O sistema nervoso autônomo exerce papel essencial na manutenção do meio interno. Às vezes, as divisões simpática e parassimpática exercem efeitos antagônicos. Entretanto, na maioria dos casos, as duas divisões colaboram regulando e ajustando as funções viscerais. A maioria dos órgãos viscerais é inervada por ambas as divisões. Uma divisão geralmente produz efeitos opostos aos efeitos produzidos pela outra divisão (Tab. 19.2). Os neurotransmissores pós-ganglionares primários são a acetilcolina no sistema parassimpático, e a noradrenalina (ou

1. Neurônios pré-ganglionares:
   Axônios pré-ganglionares:
2. Na raiz anterior (ventral)
3. No nervo espinal
4. No ramo comunicante branco
5. Fazendo sinapse no gânglio do mesmo nível
6. Ascendendo para um gânglio mais cranial
7. Fazendo sinapse em um gânglio cervical superior
8. Descendo para um gânglio mais caudal
9. Seguindo pelos nervos esplâncnicos
10. Fazendo sinapse em gânglios de um plexo visceral ou autonômico
    Axônios pós-ganglionares:
11. No plexo carótico
12. Nos ramos comunicantes cinzentos para todo nervo espinal
13. Em nervos viscerais para órgãos torácicos
14. Em plexos perivasculares

Gânglios:
15. Tronco simpático
16. Cervical superior
17. Celíaco
18. Mesentérico superior
19. Mesentérico inferior

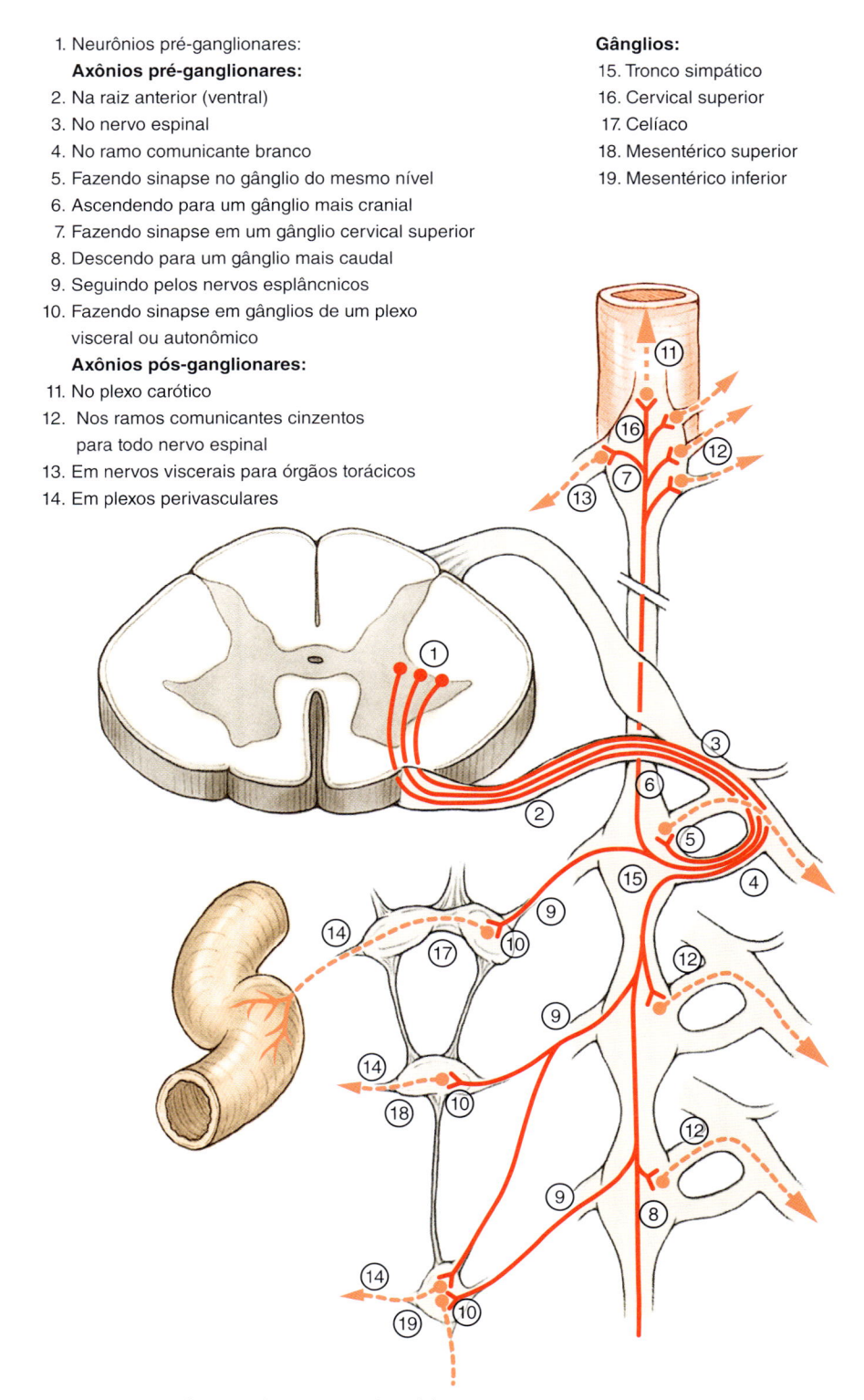

Figura 19.4   Circuito básico do sistema simpático.

Tabela 19.2 Exemplos de inervação visceral

Órgão	Simpática			Parassimpática		
	Neurônio pré-ganglionar	Neurônio pós-ganglionar	Função	Neurônio pré-ganglionar	Neurônio pós-ganglionar	Função
Íris	C8–T3	Gânglio cervical superior	Dilatação da pupila	Núcleo de Edinger-Westphal	Gânglio ciliar	Constrição da pupila
Glândula parótida	T1–T3	Gânglio cervical superior	Secreção diminuída e viscosa	Núcleo salivatório inferior	Gânglio ótico	Secreção aumentada e fluida
Coração	T1–T5	Gânglios cervical e torácico superior	Frequência aumentada	Núcleo posterior do nervo vago	Gânglios intracardíacos	Frequência diminuída
Vasos coronarianos	T1–T5	Gânglios cervical e torácico superior	Dilatação ou constrição	Núcleo posterior do nervo vago	Gânglios intracardíacos	Constrição
Brônquios	T2–T5	Gânglios torácicos superiores	Dilatação	Núcleo posterior do nervo vago	Gânglios nos pulmões	Constrição
Estômago	T6–T10	Gânglio celíaco	Inibição do peristaltismo e da secreção	Núcleo posterior do nervo vago	Gânglios mioentéricos e submucosos	Peristaltismo e secreção aumentados
Órgãos sexuais	T10–L2	Gânglios hipogástricos inferiores	Ejaculação	S2-S4	Gânglios nos corpos cavernosos	Ereção
Bexiga urinária	T12–L2	Gânglios hipogástricos	Contração da musculatura do trígono vesical	S2-S4	Gânglio na parede vesical	Contração do músculo detrusor

norepinefrina) no sistema simpático. Entretanto, as glândulas sudoríparas constituem uma exceção por serem inervadas por fibras simpáticas colinérgicas (acetilcolina).

Vias aferentes viscerais

A importância dos impulsos ou sinais que chegam dos órgãos viscerais e dos vasos sanguíneos é principalmente a iniciação de reflexos viscerais. A maioria das informações viscerais não atinge o nível da consciência. Os impulsos aferentes viscerais que atingem os níveis de consciência resultam em sensações vagas e pouco localizadas, como, por exemplo, sensação de fome, náusea, repleção da bexiga urinária e reto, e assim por diante. Em certas condições, as sensações viscerais podem se tornar dolorosas.

Vias aferentes viscerais primárias

Os nervos periféricos que levam as fibras viscerais ou autonômicas pré- e pós-ganglionares para as vísceras e vasos sanguíneos também contêm fibras nervosas condutoras de impulsos viscerais na direção oposta, ou seja, para o encéfalo e a medula espinal. Estas são as vias aferentes viscerais ou autonômicas responsáveis pelas aferências viscerais. Essas fibras aferentes são oriundas de neurônios pseudounipolares localizados nos gânglios dos nervos espinais e de alguns nervos cranianos.

Vários tipos de terminações nervosas livres e encapsuladas nas vísceras e nas paredes dos vasos sanguíneos são os receptores para estímulos viscerais. Os nervos glossofaríngeo, vago e os segundos, terceiros e quartos nervos espinais sacrais distribuem fibras aferentes viscerais ao longo das vias parassimpáticas, enquanto os nervos espinais torácicos e os lombares mais superiores distribuem fibras aferentes viscerais por meio dos ramos comunicantes aos nervos simpáticos e vasos sanguíneos periféricos. Em geral, as fibras associadas ao controle reflexo da atividade visceral acompanham os nervos parassimpáticos, enquanto as fibras que abrangem as sensações viscerais acompanham os nervos simpáticos. Uma exceção a essa regra geral são as fibras de dor visceral oriundas de algumas vísceras pélvicas (cólon sigmoide, reto, colo da bexiga, próstata e colo do útero que acompanham os nervos parassimpáticos sacrais.

Além de um trajeto via nervo vago para o tronco encefálico, as vísceras torácicas e abdominais enviam fibras aferentes para a medula espinal via troncos simpáticos (Fig. 19.5). A partir do coração, vasos coronarianos, árvore brônquica e pulmões, as fibras aferentes viscerais seguem nos nervos cardíacos e pelo plexo pulmonar em direção ao tronco simpático. A partir das vísceras abdominais, as fibras aferentes seguem pelos plexos mesentérico e celíaco, e pelos nervos esplâncnicos torácicos e lombares para o tronco simpático. Após seguirem um curso ininterrupto, essas fibras aferentes entram nos nervos espinais torácicos e lombares mais superiores através dos ramos comunicantes brancos. Os corpos celulares desses axônios estão localizados nos gânglios da raiz posterior (dorsal) de T1 a L2, e sua primeira sinapse é na medula espinal, nesses segmentos.

O nervo frênico contém fibras aferentes viscerais que chegam do pericárdio, do diafragma, da cápsula e dos ligamentos hepáticos, do pâncreas e das glândulas suprarrenais. As fibras aferentes viscerais oriundas dos vasos sanguíneos periféricos seguem em direção central em todos os nervos espinais. Os corpos celulares desses componentes aferentes autonômicos ou viscerais também são neurônios pseudounipolares em gânglios específicos da raiz posterior (dorsal).

Os receptores presentes no cólon sigmoide, no reto, na bexiga urinária, na parte proximal da uretra e no colo do útero iniciam os impulsos aferentes para reflexos e sensações. Os impulsos aferentes viscerais oriundos dessas vísceras pélvicas também seguem em direção central por dois trajetos. Um trajeto é constituído pelas fibras que seguem nos nervos esplâncnicos pélvicos e têm seus corpos celulares localizados nos gânglios da raiz posterior (dorsal) do segundo, terceiro e quarto nervos espinais sacrais. O outro trajeto passa por plexos hipogástricos, nervos esplâncnicos lombares, e tronco simpático e seus ramos comunicantes brancos, seguindo para as células de origem nos gânglios da raiz posterior (dorsal) dos nervos espinais torácicos inferiores e lombares superiores.

1. Receptores aferentes viscerais em órgão abdominal
2. Nervos perivasculares
3. Gânglio celíaco
4. Gânglio mesentérico superior
5. Gânglio mesentérico inferior
6. Nervos esplâncnicos
7. Tronco simpático
8. Ramos comunicantes brancos
9. Nervos espinais
10. Corpos celulares próximos à medula espinal
    (gânglios da raiz posterior/dorsal)
11. Raiz posterior (dorsal)
12. Sinapse na substância cinzenta da medula espinal
13. Fibra aferente visceral a partir de órgão torácico
14. Gânglio cervical superior

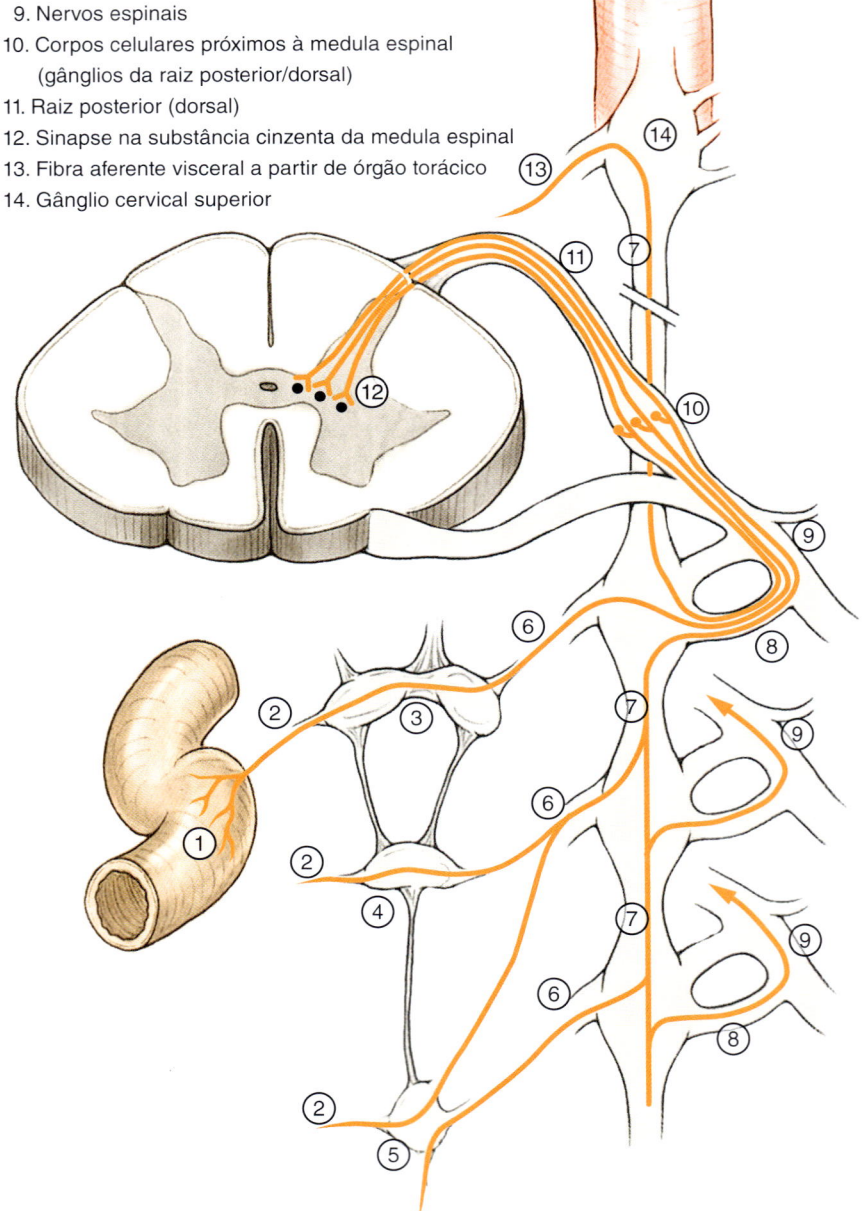

Figura 19.5   Trajetos das vias aferentes viscerais (autonômicas) que acompanham os nervos simpáticos.

Conexões centrais no tronco encefálico

O trato solitário e o núcleo do trato solitário são as únicas estruturas evidentes no tronco encefálico que podem ser identificadas com o componente aferente do sistema nervoso visceral. O trato solitário se estende da parte inferior da ponte até o óbex no bulbo e, ao longo de seu trajeto, está estreitamente relacionado com o núcleo do trato solitário (Fig. 19.6). As fibras aferentes viscerais (ou autônomicas) primárias no trato solitário chegam dos nervos glossofaríngeo e vago, e fazem sinapse no núcleo do trato solitário. As fibras que partem do núcleo do trato solitário fazem sinapse na formação reticular. A partir da formação reticular, as conexões são estabelecidas com o centro respiratório e o centro cardiovascular, com núcleos motores viscerais e motores somáticos, e com centros superiores.

Conexões centrais na medula espinal

As fibras aferentes viscerais destinadas à medula espinal entram pela divisão lateral da raiz posterior (dorsal) e fazem sinapse em células localizadas no corno posterior e na zona intermédia (Fig. 19.5). Os impulsos associados à iniciação dos reflexos fazem conexões secundárias com motoneurônios viscerais ou somáticos da substância cinzenta da medula espinal. Os impulsos viscerais que devem atingir os níveis de consciência ascendem bilateralmente nas partes lateral e posterior dos quadrantes anterolaterais e, ao chegarem ao tronco encefálico, seguem por vias multissinápticas na formação reticular, em direção aos centros superiores. Uma exceção a esse trajeto é a via que atende à sensação de iminência de micção. Essa sensação surge a partir da uretra e ascende no sistema da coluna (funículo) posterior-lemnisco medial.

Sensações viscerais

As sensações viscerais verdadeiras (p. ex., azia ou pirose, náusea, fome e repleção da bexiga ou dos intestinos) tendem a ser vagas e mal localizadas. Esse caráter vago ou pouco preciso é decorrente da natureza multissináptica das vias centrais e da representação escassa das vísceras no córtex cerebral.

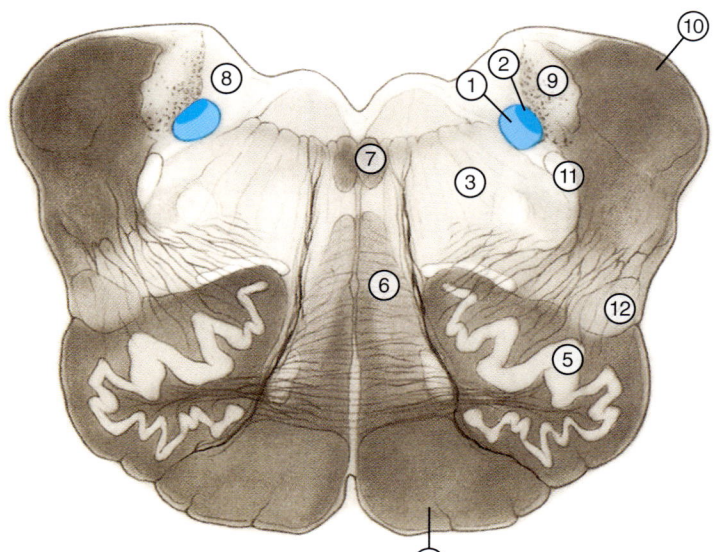

1. Trato solitário
2. Núcleo do trato solitário
3. Formação reticular do bulbo
4. Pirâmide
5. Núcleo olivar inferior
6. Lemnisco medial
7. Fascículo longitudinal medial
8. Núcleo vestibular medial
9. Núcleo vestibular espinal (inferior)
10. Corpo restiforme
11. Núcleo espinal do nervo trigêmeo
12. Trato espinotalâmico

Figura 19.6   Corte transversal do bulbo mostrando componentes centrais das vias aferentes viscerais (autônomicas) do nervo vago.

Os órgãos viscerais, incluindo o encéfalo e a medula espinal, são insensíveis a estímulos mecânicos e térmicos ordinários. Mesmo que ocorra manipulação, corte, esmagamento ou queimadura de vísceras durante procedimentos cirúrgicos, as sensações não são sentidas. As sensações dolorosas resultam de estiramento excessivo, contrações violentas ou espasmódicas, ou diminuição do afluxo sanguíneo (isquemia). Nessas condições, a dor pode ser sentida na região do próprio órgão (dor visceral verdadeira) ou em uma região cutânea ou mesmo em outro tecido de outra região do corpo (**dor referida**).

Conexão clínica

A dor de origem visceral não está necessariamente confinada às vias viscerais ao longo de sua condução para a medula espinal, pois o processo patológico pode envolver a parede abdominal ou o diafragma. Assim, a dor do carcinoma de estômago inope-rável talvez não seja favoravelmente afetada pela simpatectomia (remoção dos troncos simpáticos), porque a parede corporal pode estar envolvida. A simpatectomia, portanto, não é solução para cura de toda e qualquer dor visceral.

Dor referida

Em condições patológicas, a dor visceral irradia para áreas cutâneas e, portanto, é considerada pelo paciente como tendo origem principal ou exclusiva em áreas de superfícies do corpo (Fig. 19.7). Esse tipo de dor é chamada **dor referida**. É importante lembrar que a maior parte das fibras de dor visceral segue com os nervos simpáticos e chega aos nervos espinais torácicos e lombares superiores através dos 14 ou 15 pares de ramos comunicantes brancos que se ligam aos troncos simpáticos. Embora a região em que a dor seja referida aparentemente possa não estar relacionada com o órgão visceral patológico, os dois locais são partes do mesmo nível segmentar da medula espinal.

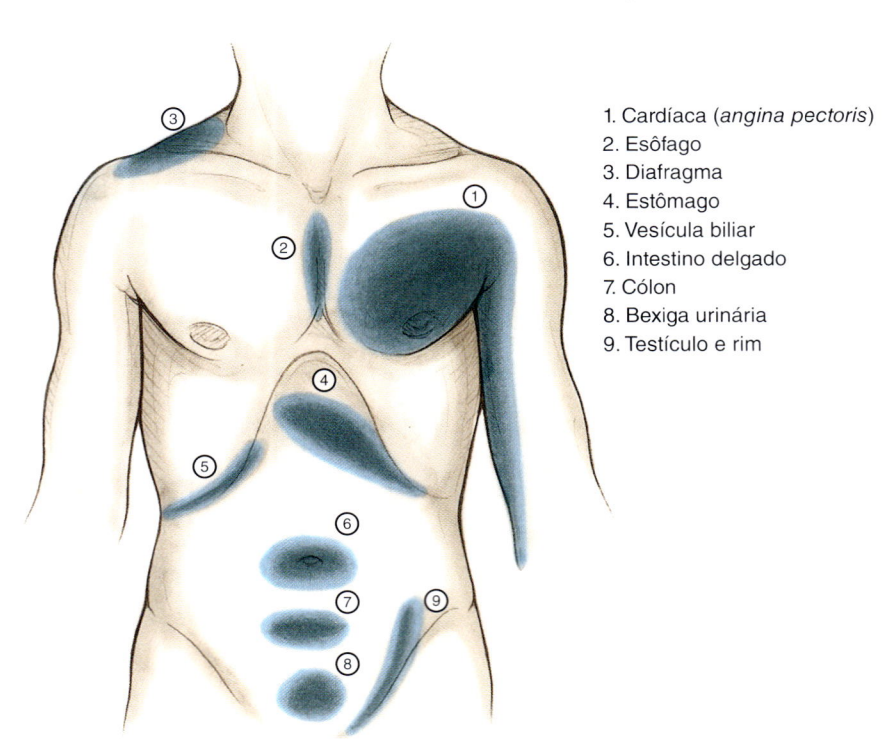

1. Cardíaca (*angina pectoris*)
2. Esôfago
3. Diafragma
4. Estômago
5. Vesícula biliar
6. Intestino delgado
7. Cólon
8. Bexiga urinária
9. Testículo e rim

Figura 19.7 Áreas cutâneas comuns de dor referida.

A explicação comumente aceita para a dor referida é que, na substância cinzenta da medula espinal, os impulsos aferentes viscerais convergem em neurônios aferentes somáticos secundários (Fig. 19.8) e diminuem seus limiares de excitabilidade. Dessa forma, uma descarga anormalmente intensa de impulsos aferentes viscerais faz os neurônios da via espinotalâmica dispararem, resultando em uma ilusão ou percepção equivocada pelo córtex cerebral.

Centros de controle do sistema nervoso visceral

Muitos tipos de fenômenos autonômicos podem ser deflagrados a partir de várias partes dos hemisférios cerebrais, a exemplo lobo frontal, giro do cíngulo, córtex orbitofrontal, ínsula e parte do lobo temporal (córtex órbito-insulo-temporal), hipocampo, amígdala e núcleo caudado. A maioria das respostas viscerais é difusa e tende a se sobrepor às reações somáticas. As respostas autonômicas ou viscerais deflagradas por estimulação nos hemisférios cerebrais convergem para o hipotálamo, o centro mais superior para a regulação das respostas viscerais ou autonômicas.

Além dos núcleos hipotalâmicos, outros grupos de neurônios em vários níveis do sistema nervoso central também influenciam fortemente as atividades autonômicas. No mesencéfalo, os centros de constrição da pupila e acomodação da lente estão localizados nos níveis da área pré-tetal e do colículo superior. Na ponte, um centro de micção, situado rostralmente, governa a iniciação da micção, enquanto os centros pneumotáxico e

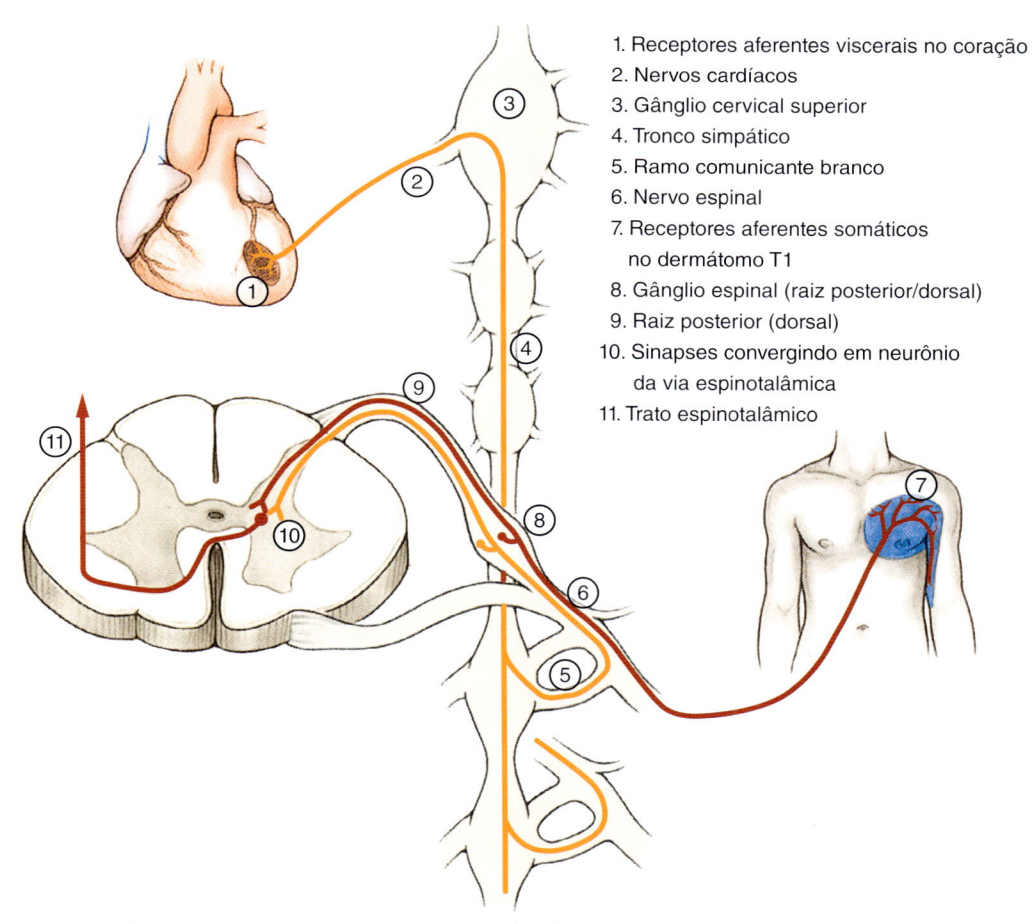

1. Receptores aferentes viscerais no coração
2. Nervos cardíacos
3. Gânglio cervical superior
4. Tronco simpático
5. Ramo comunicante branco
6. Nervo espinal
7. Receptores aferentes somáticos no dermátomo T1
8. Gânglio espinal (raiz posterior/dorsal)
9. Raiz posterior (dorsal)
10. Sinapses convergindo em neurônio da via espinotalâmica
11. Trato espinotalâmico

Figura 19.8   Diagrama esquemático mostrando a base anatômica para a dor referida visceral.

apnêustico, mais caudais, influenciam a respiração. No bulbo, estão o centro cardiovascular e os centros respiratórios da expiração e da inspiração.

Embora esses vários centros recebam aferências de muitas fontes (hipotálamo, nervos cranianos, vias ascendentes e assim por diante), as eferências de cada centro são canalizadas para o sistema nervoso autônomo e, em muitos casos, estão associadas aos neurônios somáticos (Tab. 19.3). São exemplos deste tipo de conexão aquelas que controlam o coração, a bexiga urinária e os órgãos sexuais.

Controle do coração

O coração é abundantemente inervado por nervos parassimpáticos, simpáticos e fibras aferentes (Fig. 19.9).

Os impulsos aferentes viscerais que chegam do coração seguem em direção central pelos nervos vago e cardíacos simpáticos. As fibras do nervo vago tem seus corpos celulares localizados no gânglio nodoso. As fibras vagais aferentes cardíacas entram no trato solitário e fazem sinapse no núcleo do trato solitário. As fibras aferentes cardíacas que seguem via nervos simpáticos o fazem pelo lado esquerdo. Seus corpos celulares estão localizados nos quatro ou cinco gânglios das raízes posteriores (dorsais) torácicas superiores e seus axônios fazem sinapse nos segmentos torácicos superiores da medula espinal.

Os centros de controle cardíacos estão localizados na formação reticular do bulbo. Esses centros de controle são influenciados principalmente por impulsos que descem do hipotálamo e por impulsos aferentes viscerais de mecanorreceptores e quimiorreceptores localizados nas paredes do coração, da aorta e das artérias carótidas. Os mecanorreceptores ou barorreceptores respondem à pressão arterial; os quimiorreceptores respondem aos níveis de oxigênio e dióxido de carbono no sangue circulante. A partir desses receptores, os impulsos são conduzidos nos nervos glossofaríngeo e vago para o trato solitário. Após fazerem sinapse no núcleo do trato solitário, esses impulsos aferentes viscerais passam para os centros cardiovasculares na formação reticular adjacente. Elevações da pressão arterial deflagram respostas vagais, ao passo que as quedas da pressão arterial produzem respostas simpáticas.

Tabela 19.3 Principais centros do sistema nervoso visceral e suas eferências

Função	Localização	Eferência
Vasomotor, cardioacelerador e regulação da pressão arterial	Formação reticular bulbar	Núcleo simpático na medula espinal
Depressor (cardioinibidor) e cardioacelerador	Formação reticular bulbar	Neurônios no núcleo posterior do nervo vago e formação reticular
Respiratória[a]: inspiração e expiração (centros respiratórios)	Formação reticular bulbar	Motoneurônios dos nervos frênicos, intercostais e para musculatura abdominal
Regulação da frequência respiratória pela interrupção da inspiração (centro pneumotáxico) e inspiração prolongada (centro apnêustico)	Formação reticular pontina	Centros respiratórios bulbares
Vômito	Centros bulbares	Centro do vômito ou da êmese, neurônios do nervo vago e pré-ganglionares parassimpáticos
Micção: iniciação	Formação reticular pontina	Neurônios parassimpáticos sacrais para contração do detrusor e inibição dos neurônios de Onuf que inervam o esfíncter
Micção: cessação (interrupção)[a] ou inibição[a]	Lobo frontal	Núcleo de Onuf para contração do esfíncter

[a] Não autonômica.

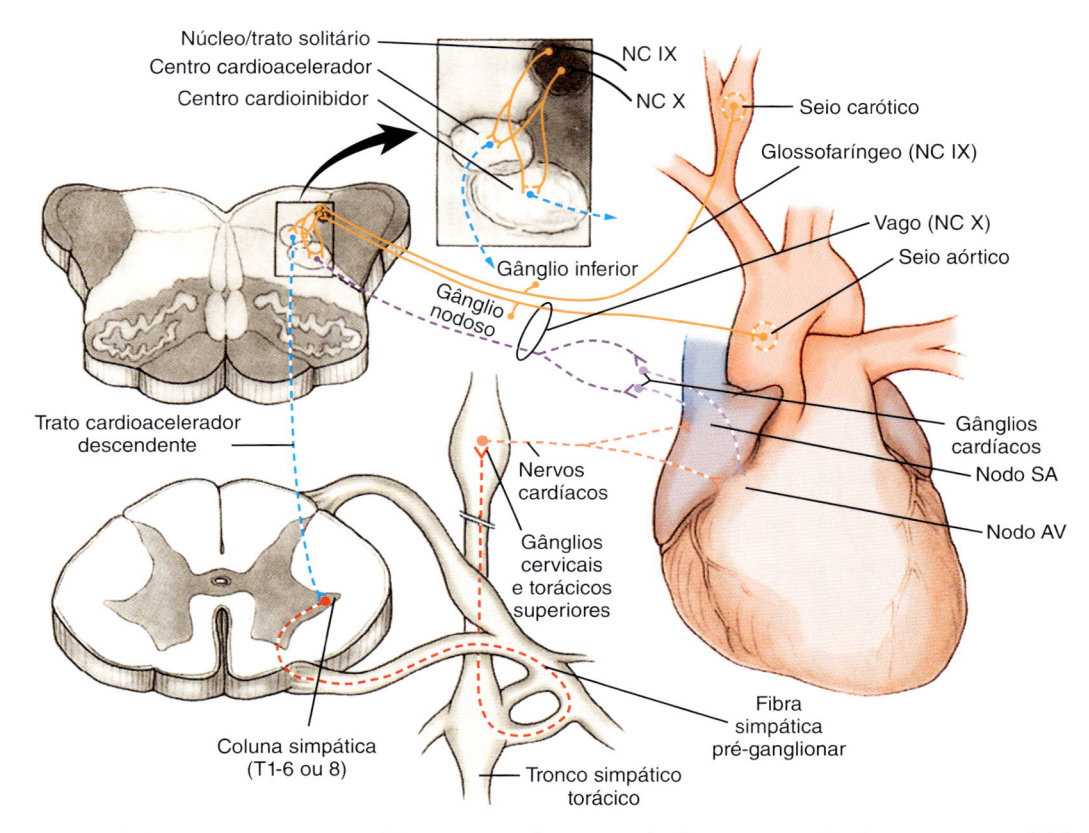

Figura 19.9   Diagrama esquemático mostrando o controle do coração pelo sistema nervoso (AV, atrioventricular; NC, nervo craniano; SA, sinoatrial).

Os neurônios parassimpáticos que inervam o coração estão localizados no bulbo, nas adjacências do núcleo posterior do nervo vago e do núcleo ambíguo. As fibras pré-ganglionares seguem nos nervos vagos e fazem sinapse em células ganglionares no plexo cardíaco e no epicárdio, bem como ao longo do sistema de condução do coração. As fibras pós-ganglionares inervam os nodos sinoatrial e atrioventricular e, em menor extensão, os átrios. A inervação vagal cardíaca diminui a frequência cardíaca e resulta em **bradicardia**.

Os neurônios simpáticos que inervam o coração estão localizados no e próximo ao núcleo intermediolateral dos seis a oito segmentos torácicos superiores da medula espinal. As fibras pré-ganglionares emergem nos gânglios simpáticos paravertebrais. As fibras pós-ganglionares seguem via nervos cardíacos para o plexo cardíaco e são distribuídas para os nodos sinoatrial e atrioventricular, átrios e ventrículos, e artérias coronárias. A inervação simpática cardíaca aumenta a frequência cardíaca e resulta em **taquicardia**.

As artérias coronárias são controladas principalmente por fatores metabólicos locais. O metabolismo aumentado que acompanha a frequência cardíaca aumentada resulta em dilatação das artérias coronárias e aumento do fluxo sanguíneo para o miocárdio. Por outro lado, a frequência cardíaca diminuída resulta em taxa metabólica reduzida e constrição das artérias coronárias.

Controle da bexiga urinária

A bexiga urinária e seus esfíncteres são inervados por fibras parassimpáticas, simpáticas, motoras somáticas e aferentes viscerais (Fig. 19.10).

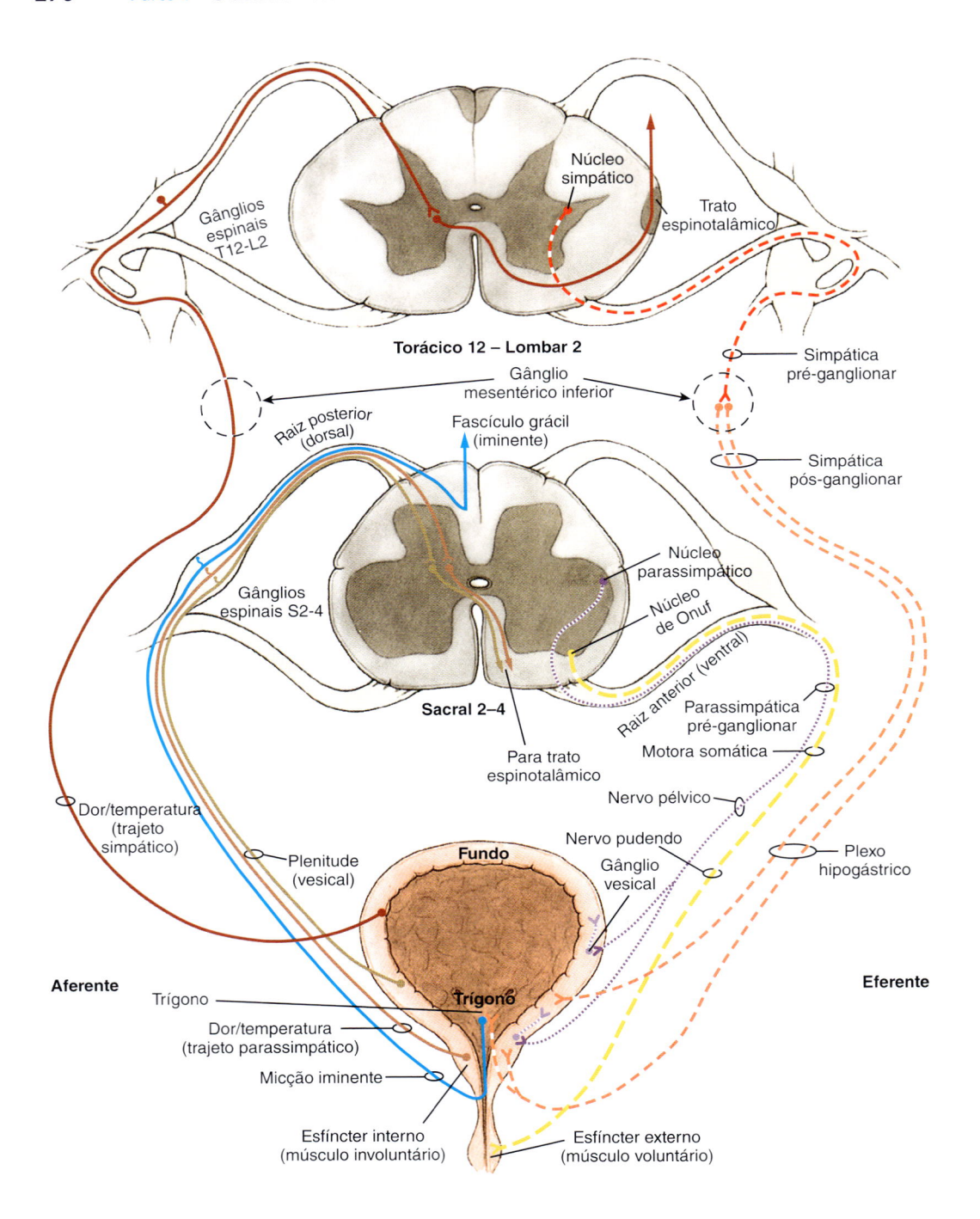

Figura 19.10   Diagrama esquemático mostrando a inervação da bexiga urinária.

Vários grupos de fibras aferentes viscerais suprem a bexiga urinária. Os impulsos de dor e temperatura oriundos da mucosa do fundo da bexiga seguem com os nervos simpáticos e chegam à medula espinal via raízes posteriores (dorsais) de T12 e L1. A partir da mucosa do colo da bexiga, os impulsos de dor e temperatura seguem com os nervos parassimpáticos sacrais para os segmentos medulares S2, S3 e S4. O trato espinotalâmico então transmite os impulsos de ambos os grupos de fibras de dor e temperatura para os centros superiores.

A plenitude (vesical) da bexiga é detectada por mecanorreceptores presentes na parede da bexiga, que enviam impulsos para a medula espinal via trajeto parassimpático sacral. Os tratos espinotalâmicos conduzem os impulsos de "repleção" para os centros superiores no tálamo e no córtex cerebral. A sensação de iminência de micção surge a partir de mecanorreceptores presentes no trígono da bexiga. Esses impulsos aferentes viscerais seguem com os nervos parassimpáticos sacrais para S2, S3 e S4, e sobem no sistema da coluna posterior (funículo posterior)-lemnisco medial.

Os neurônios motores viscerais parassimpáticos localizados em S2, S3 e S4 originam fibras pré-ganglionares que seguem nos nervos esplâncnicos pélvicos para o plexo hipogástrico e então para o plexo vesical na parede da bexiga. As células ganglionares vesicais dão origem a fibras parassimpáticas pós-ganglionares que suprem o **músculo detrusor** e este, na contração, esvazia a bexiga.

Os neurônios motores viscerais simpáticos nos segmentos medulares de T11 a L2 originam fibras pré-ganglionares que seguem nos nervos esplâncnicos lombares para o gânglio mesentérico inferior. As fibras simpáticas pós-ganglionares oriundas desse gânglio alcançam a bexiga via plexos hipogástrico e vesical e suprem o esfíncter uretral interno. Durante o enchimento da bexiga, as fibras simpáticas relaxam o músculo detrusor, agindo de forma direta e também indireta por meio da inibição dos neurônios parassimpáticos nos gânglios vesicais. As fibras simpáticas deflagram a contração do esfíncter uretral interno.

Os motoneurônios inferiores que constituem o núcleo de Onuf em S2, S3 e S4 enviam axônios pelo nervo pudendo e seu ramo peri-

neal para o músculo esquelético que forma o esfíncter uretral externo.

Os centros de micção estão localizados no tronco encefálico e no córtex cerebral. Um centro cortical para o controle voluntário da iniciação e cessação da micção está localizado no giro frontal superior na face medial do hemisfério. Dois centros de micção estão localizados na ponte. Um centro de micção pontino envia impulsos excitatórios para os neurônios parassimpáticos sacrais que deflagram a contração do músculo detrusor. Um segundo centro de micção pontino envia impulsos excitatórios para os motoneurônios inferiores do núcleo de Onuf que suprem o esfíncter uretral externo. Durante a micção, o centro excitatório parassimpático pontino inibe o outro centro pontino. Desse modo, os neurônios de Onuf inibidos permitem que o esfíncter uretral relaxe quando o músculo detrusor se contrai, ocorrendo assim o esvaziamento da bexiga.

O controle reflexo da bexiga é iniciado por impulsos aferentes viscerais oriundos de receptores de volume e tensão presentes na parede da bexiga. Em baixos níveis de distensão da bexiga, estas fibras aferentes viscerais estimulam os motoneurônios inferiores do núcleo de Onuf, resultando na contração do esfíncter uretral externo. Com níveis altos de distensão da bexiga, os impulsos aferentes viscerais estimulam os neurônios do centro de micção pontino que inibem neurônios simpáticos e neurônios motores somáticos de Onuf, resultando no relaxamento dos esfíncteres uretrais interno e externo, respectivamente, além de deflagrarem a atividade parassimpática com consequente contração do detrusor e esvaziamento da bexiga. Portanto, a micção é controlada por mecanismos reflexos espinopontospinais.

A interrupção desse reflexo resulta na conhecida **bexiga neurogênica**. Existem dois tipos de bexiga neurogênica: reflexa e não reflexa (ou com arreflexia do detrusor) (Fig. 19.11). A **bexiga neurogênica reflexa** é do tipo motoneurônio superior, enquanto a **bexiga neurogênica não reflexa** é do tipo motoneurônio inferior. A bexiga neurogênica reflexa pode ser desinibida (com contrações) ou automática. A **bexiga reflexa desinibida**, que é incontinente e se esvazia totalmente, resulta de lesões bilaterais dos centros de micção no lobo frontal. O esvaziamento da bexiga é normal porque o controle reflexo dos centros de micção pontinos permanece intacto. A **bexiga reflexa automática**, que é incontinente e não esvazia totalmente, resulta de lesões bilaterais na medula espinal acima dos níveis sacrais. O esvaziamento da bexiga é incompleto porque as vias reflexas espinais que acionam os centros de micção pontinos estão interrompidas. A **bexiga neurogênica não reflexa (com arreflexia do detrusor)**, caracterizada por grave retenção urinária e incontinência, resulta de lesões bilaterais na medula sacral ou nas raízes nervosas espinais na cauda equina (Fig. 19.11).

Controle dos órgãos sexuais

Os órgãos sexuais são inervados por fibras parassimpáticas, simpáticas e aferentes viscerais. As fibras aferentes viscerais oriundas dos órgãos sexuais femininos e masculinos passam para a medula espinal via trajetos simpático e parassimpático sacral, e têm seus corpos celulares localizados nos gânglios da raiz posterior (dorsal) de T10 a L2 e S2 a S4, respectivamente. Uma exceção em relação à regra de que as fibras de dor visceral seguem nos nervos simpáticos ocorre no caso da dor oriunda do colo do útero e da próstata. Em ambos os casos, a dor segue com os nervos parassimpáticos e entra na medula espinal em S2 a S4.

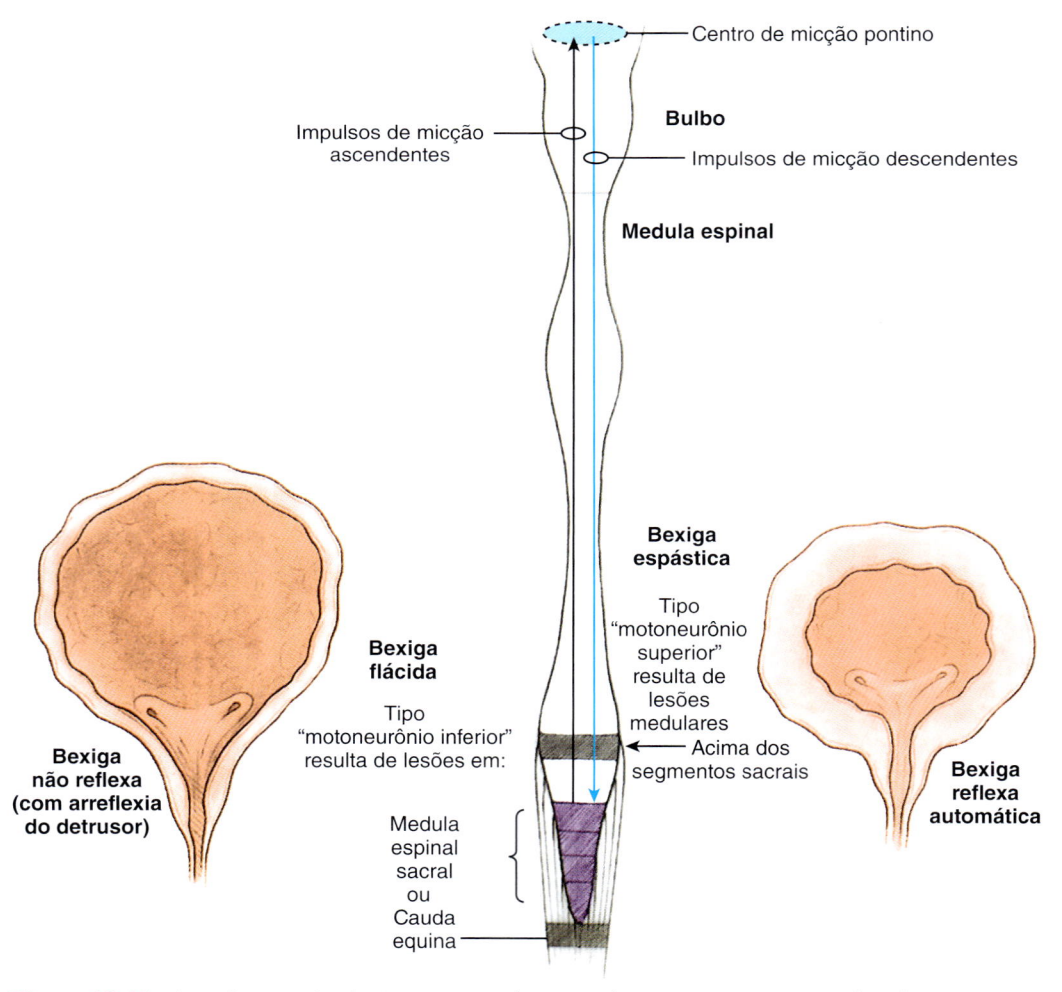

Figura 19.11   Localização das lesões que resultam nas bexigas neurogênicas flácida e espástica.

As fibras parassimpáticas pré-ganglionares surgem de S2 a S4, entram na cavidade pélvica pelos nervos esplâncnicos pélvicos e fazem sinapse nos gânglios do plexo hipogástrico e dos plexos uterovaginal ou prostático. As fibras parassimpáticas pós-ganglionares, que emergem do plexo uterovaginal no sexo feminino, inervam as glândulas vaginais e o tecido erétil do clitóris. No sexo masculino, as fibras parassimpáticas pós-ganglionares surgem do plexo prostático e suprem os corpos cavernosos ou tecido erétil do pênis.

As fibras pré-ganglionares simpáticas surgem de T10 a L2 e fazem sinapse principalmente no gânglio mesentérico inferior. Em indivíduos do sexo feminino, as fibras simpáticas pós-ganglionares suprem os vasos sanguíneos e a musculatura lisa do útero e da vagina, enquanto nos indivíduos do sexo masculino, as fibras pós-ganglionares simpáticas suprem o ducto deferente, a próstata e a vesícula seminal.

A atividade parassimpática em mulheres produz secreção das glândulas vaginais e ingurgitamento clitoriano. Nos homens, os impulsos parassimpáticos são necessários para a ereção peniana. A atividade simpática em mulheres produz contrações rítmicas da vagina. Nos homens, a inervação simpática é necessária para a ejaculação.

Conexão clínica

Duas anomalias comumente encontradas associadas ao sistema simpático são a síndrome de Horner, como na ilustração clínica apresentada no início deste capítulo, e a **síndrome do choque simpático agudo**, observada no chamado "choque neurogênico". A síndrome de Horner é caracterizada por miose, ptose palpebral e anidrose (ausência de sudorese), podendo resultar de lesões unilaterais periféricas ou centrais. As lesões periféricas envolvem (1) fibras pré-ganglionares, principalmente no nervo espinal T1 ou no tronco simpático cervical, ou (2) fibras e neurônios pós-ganglionares no gânglio cervical superior. As lesões centrais que produzem a síndrome de Horner ocorrem sobretudo como resultado de (1) interrupção da via de dilatação da pupila, na parte dorsolateral da formação reticular do bulbo ou no nível cervical da medula espinal, ou (2) destruição do centro ciliospinal, núcleo de neurônios pré-ganglionares simpáticos na coluna intermediolateral de C8 e T1.

A síndrome do choque simpático agudo, observada no choque neurogênico, é caracterizada por bradicardia, hipotensão, síndrome de Horner bilateral e dificuldades de adaptação a um ambiente quente em razão da impossibilidade de deflagrar sudorese e vasodilatação cutânea. Essa síndrome ocorre em lesões agudas bilaterais da medula espinal cervical como resultado da interrupção de impulsos descendentes para os núcleos de neurônios simpáticos pré-ganglionares da medula espinal. Os sinais geralmente diminuem após vários dias quando a regulação reflexa das atividades simpáticas retorna.

Questões para revisão

1. Quais são as principais diferenças entre os componentes eferentes dos sistemas nervoso somático e nervoso visceral (sistema nervoso autônomo)?
2. Descreva a origem do sistema parassimpático craniano.
3. Descreva a origem do sistema parassimpático sacral.
4. Descreva a origem das fibras simpáticas pré-ganglionares.
5. Nomeie os nervos cranianos que contêm fibras aferentes viscerais e descreva suas conexões.
6. Quais são os principais trajetos periféricos das fibras de dor visceral?
7. Defina e explique a dor referida.
8. Onde é o local de referência e qual é a base anatômica da dor cardíaca referida?
9. Destaque as diferenças entre os efeitos da estimulação da inervação parassimpática e simpática no coração, na bexiga urinária e nos órgãos sexuais.

Durante as reuniões clínicas de seu estágio em neurociência clínica, vários casos de pacientes com diferentes transtornos autonômicos são apresentados. Esses transtornos são descritos a seguir.

10. Um jovem apresentando grave lesão resultante de um acidente de motocicleta está quadriplégico e incontinente. Nesse pa-

ciente, a micção ocorre de forma automática e repentina, porém o esvaziamento da bexiga é incompleto. A lesão:

a. Está acima da intumescência lombar.

b. Está nos níveis sacrais da medula espinal.

c. Está nos níveis coccígeos da medula espinal.

d. Envolve a cauda equina.

e. Envolve as fibras aferentes sacrais.

11. Outro paciente apresenta um tipo diferente de disfunção na bexiga. Esse paciente se machucou ao mergulhar em uma piscina rasa, sofrendo uma lesão na região lombar. Além das perdas motora e sensorial, o paciente está incontinente e a urina somente é eliminada quando um cateter é inserido na bexiga. As sensações são normais na superfície anterior da coxa, da perna e do pé, mas estão ausentes na maior parte da região posterior da coxa, da perna e do pé. A incontinência urinária resulta de:

a. Dano bilateral aos centros de micção do córtex cerebral.

b. Lesão nos centros de micção da ponte.

c. Lesão medular rostral à intumescência lombossacral (lombar).

d. Lesão nos segmentos sacrais da medula espinal.

e. Lesão na cauda equina.

12. Um paciente de 63 anos foi inicialmente internado no serviço de neurologia por se queixar de uma pálpebra discretamente caída e da pupila menor no lado direito. O paciente também apresentava tosse persistente e histórico de tabagismo prolongado. O exame físico revelou sudorese assimétrica na face com anidrose no lado direito. As respostas sensoriais e motoras estavam normais. O paciente estava em processo de transferência para o serviço de oncologia. Qual foi a causa da anidrose, ptose palpebral parcial e miose?

a. Uma lesão no núcleo de Edinger-Westphal.

b. Uma lesão no nervo oculomotor.

c. Uma lesão no tronco simpático cervical.

d. Uma lesão nos nervos ciliares longos.

e. Uma lesão nos nervos ciliares curtos.

13. A estimulação crônica do nervo vago comprovadamente modula a atividade convulsiva e os transtornos do humor. Também seria esperado que a estimulação crônica do nervo vago aumentasse:

a. A frequência cardíaca.

b. A respiração.

c. As secreções gástricas.

d. A libido.

e. A micção.

14. Um homem de 32 anos de idade tem paralisia dos movimentos faciais em todo o lado direito da face. Os déficits surgiram subitamente e durante a madrugada. Além da incapacidade de erguer a comissura labial ipsilateral, o paciente também apresentaria:

a. Boca seca.

b. Aumento das secreções nasal e lacrimal.

c. Elevação normal da sobrancelha.

d. Sensações gustativas normais.

e. Movimentos mastigatórios anormais.

Parte VI

A formação reticular e os nervos cranianos

20 Formação reticular: modulação e ativação

Um estudante do ensino médio de 17 anos perdeu o controle do carro ao dirigir em alta velocidade, e sofreu traumatismo craniano grave. Ao chegar no pronto-socorro, o paciente entrou rapidamente em coma e apresentou dilatação da pupila esquerda. A imagem obtida por tomografia computadorizada mostrou um grande hematoma epidural esquerdo. Embora o hematoma tenha sido removido no centro cirúrgico, ele jamais recuperou a consciência, e agora, passados 6 meses, o paciente apresenta postura de descerebração e está em estado de coma irreversível.

A formação reticular forma a parte central do tronco encefálico e foi assim nomeada pelos anatomistas do século XIX por ter, em cortes histológicos, a aparência de uma rede compacta de corpos celulares neuronais entremeados por dendritos e axônios. Ela se estende ao longo de todo o tronco encefálico e contém numerosos núcleos, os quais em sua maioria são indistintos. A formação reticular está localizada na parte central do bulbo, da ponte e do mesencéfalo, e é cercada pelos vários tratos e núcleos motores, sensitivos e viscerais no tronco encefálico (Fig. 20.1).

Em razão de sua localização central, a formação reticular tem conexões aferentes e eferentes com todas as partes do sistema nervoso. Assim, a formação reticular consiste em centros que: (1) integram reflexos de nervos cranianos; (2) participam da condução e da modulação da dor lenta; (3) influenciam os movimentos voluntários; (4) regulam núcleos do sistema nervoso visceral; (5) estão associados a sistemas modulatórios difusos; (6) integram funções básicas como respiração e sono; e (7) ativam o córtex cerebral.

Conexões aferentes

As aferências para a formação reticular vêm de todas as partes do sistema nervoso central (SNC) (Fig. 20.2). Entre as origens mais influentes estão a medula espinal, os nervos cranianos, o cerebelo e o prosencéfalo. Da medula espinal chega uma projeção espinorreticular compacta que ascende dos quadrantes anterolaterais e termina principalmente na porção mais medial da formação reticular, nos níveis bulbar e pontino. A partir dos nervos cranianos, chegam aferências muito importantes provenientes dos núcleos sensitivos dos nervos trigêmeo, coclear e vestibular, além de uma contribuição menos significativa dos nervos glossofaríngeo e vago (Fig. 20.2).

As aferências associadas ao equilíbrio e à postura, sobretudo vindas do vestibulocerebe-

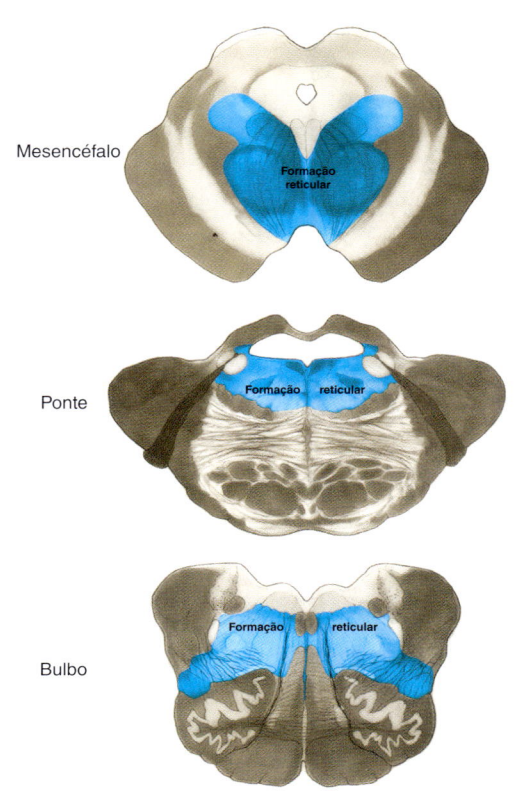

Mesencéfalo

Formação reticular

Ponte

Formação reticular

Bulbo

Formação reticular

Figura 20.1 Cortes transversais do tronco encefálico mostrando as localizações da formação reticular (*em azul*).

lo, se projetam para a formação reticular no nível do bulbo, enquanto as aferências oriundas do espinocerebelo se projetam principalmente para os níveis mesencefálico e pontino.

Os impulsos que descem a partir do hipotálamo, do tálamo e dos núcleos da base terminam na formação reticular mesencefálica. Além disso, os impulsos oriundos do córtex cerebral, sobretudo das áreas sensoriomotoras, se projetam para a formação reticular nos níveis pontino e bulbar.

Conexões eferentes

A formação reticular tem conexões com praticamente todos os outros núcleos no tronco encefálico. Além disso, as fibras eferentes da formação reticular descem para a medula espinal e ascendem para o prosencéfalo. As fibras descendentes formam os tratos reticulospinais e estes se originam em vários níveis da formação reticular. As projeções ascendentes têm origem em todos os níveis da formação reticular e influenciam áreas amplamente distribuídas do córtex cerebral.

Funções

A formação reticular está associada à atividade dos nervos cranianos, à condução e à modulação da dor lenta, aos movimentos voluntários, à atividade do sistema nervoso visceral, à ampla distribuição de neurotransmissores monoaminérgicos e colinérgicos no SNC, à respiração, ao sono, bem como à ativação do córtex cerebral e à vigília.

Atividade dos nervos cranianos

Os centros da formação reticular organizam a atividade dos nervos cranianos em níveis segmentares (Fig. 20.2).

Bulbo	Deglutição e tosse Ânsia de vômito (reflexo nauseoso) e vômito Respiração e atividade cardiocirculatória Equilíbrio
Ponte	Piscamento Olhar horizontal Mastigação Reflexos auditivos
Mesencéfalo	Olhar vertical e convergência

Movimentos voluntários

Os impulsos que descem via tratos reticulospinais pontino e bulbar exercem forte influência sobre os músculos axiais e dos membros, o tônus muscular e os reflexos miotáticos, conforme descrito no Capítulo 7.

Atividade do sistema nervoso visceral

Os impulsos oriundos do hipotálamo descem em direção à formação reticular, chegam nos níveis mesencefálicos e continuam

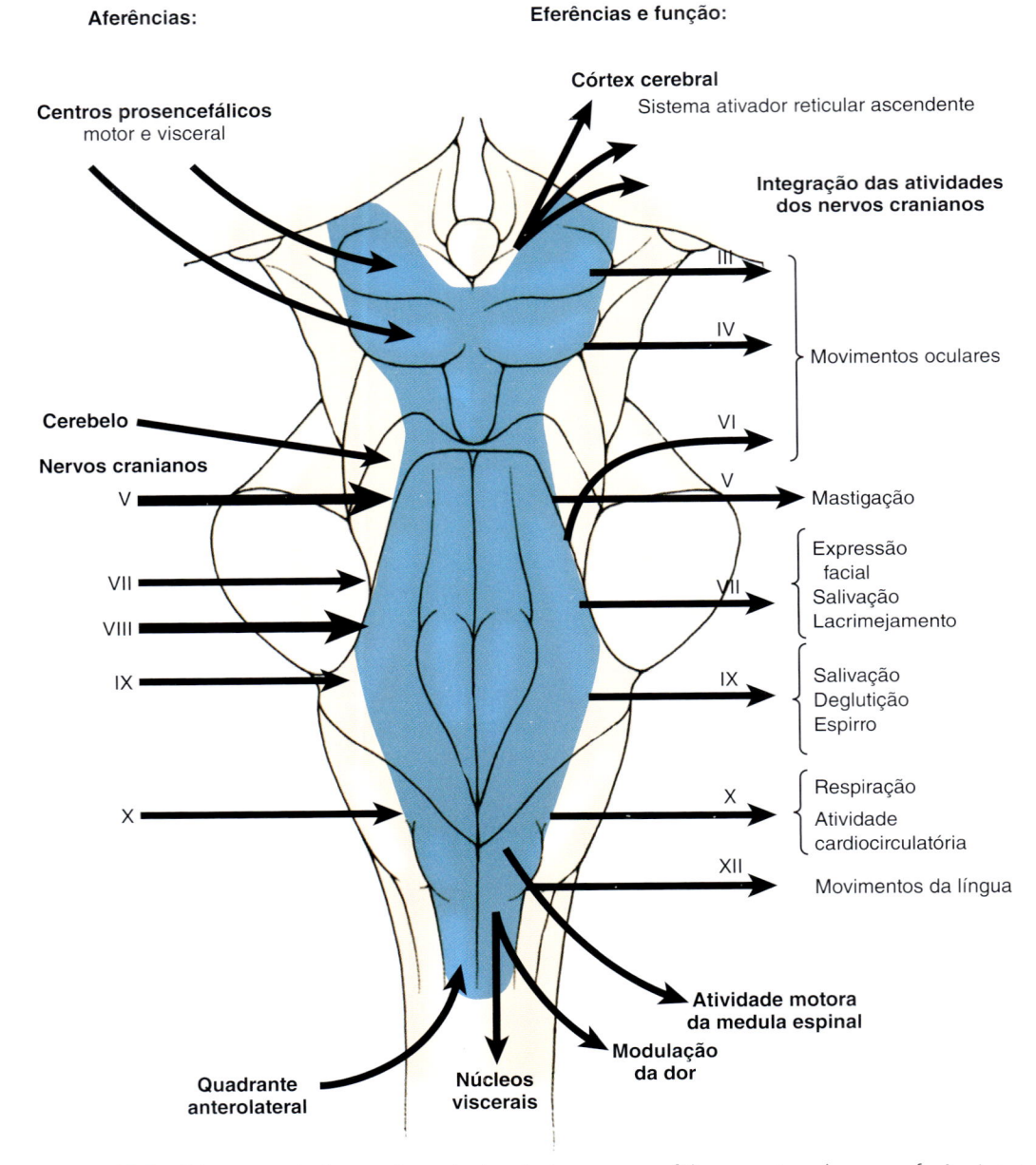

Aferências:

Eferências e função:

Centros prosencefálicos
motor e visceral

Cerebelo

Nervos cranianos

V

VII

VIII

IX

X

Quadrante
anterolateral

Núcleos
viscerais

Córtex cerebral
Sistema ativador reticular ascendente

Integração das atividades
dos nervos cranianos

III

IV
Movimentos oculares

VI

V Mastigação

VII
Expressão
facial
Salivação
Lacrimejamento

IX
Salivação
Deglutição
Espirro

X
Respiração
Atividade
cardiocirculatória

XII
Movimentos da língua

Atividade motora
da medula espinal

Modulação
da dor

Figura 20.2 Diagrama da formação reticular do tronco encefálico mostrando suas aferências e eferências. A formação reticular compõe a parte central (*em azul*).

seguindo para a parte lateral da formação reticular nos níveis pontino e bulbar, como descrito no Capítulo 19. Muitos continuam seguindo até a medula espinal, pelo trato reticulospinal lateral. Por meio das conexões da formação reticular que envolvem os nú-cleos salivatórios e o dorsal do vago, além dos centros de regulação da pressão arterial, cardioacelerador e cardioinibidor, gastrintestinal e assim por diante, são influenciados os fenômenos da salivação, cardiovasculares, digestivos e outros.

Condução e modulação da dor lenta

O papel da formação reticular na condução e modulação da dor lenta foi descrito no Capítulo 11.

Sistemas modulatórios difusos

Vários grupos de neurônios na formação reticular do tronco encefálico formam os sistemas modulatórios difusos. Cada um desses grupos está associado a um neurotransmissor em particular, o qual é amplamente distribuído para as diversas partes do SNC. Do ponto de vista funcional, esses sistemas regulam a excitabilidade de grande número de neurônios e aparentemente atuam no sono, na vigília e na ativação cortical.

Esses sistemas apresentam três características principais: (1) cada um tem um número relativamente pequeno de neurônios, ou seja, 10 a 15 mil; (2) o axônio de cada neurônio percorre grande distância, tem inúmeras ramificações e pode influenciar mais de 100 mil neurônios pós-sinápticos amplamente distribuídos; e (3) os neurotransmissores são liberados no líquido do espaço extracelular, onde podem se difundir e atuar sobre muitos neurônios.

Três grupos de núcleos no tronco encefálico (*locus ceruleus*, rafe e tegmental ventral) e um no prosencéfalo basal (núcleo basal de Meynert) formam a maior parte do sistema modulatório difuso.

Locus ceruleus noradrenérgico

O *locus ceruleus* é um núcleo de tonalidade escura com neurônios que contêm melanina, localizado embaixo da parte lateral do assoalho do IV ventrículo, na região rostral da ponte. Seus axônios são distribuídos para o córtex cerebral, o tálamo, o hipotálamo, o córtex cerebelar, o tronco encefálico e a medula espinal (Fig. 20.3). As projeções noradrenérgicas do *locus ceruleus* estão envolvidas na regulação da atenção, da ativação cortical e do ciclo sono-vigília, bem como do aprendizado, da memória, da ansiedade e do humor. A noradrenalina intensifica a responsividade cerebral e acelera o processamento da informação.

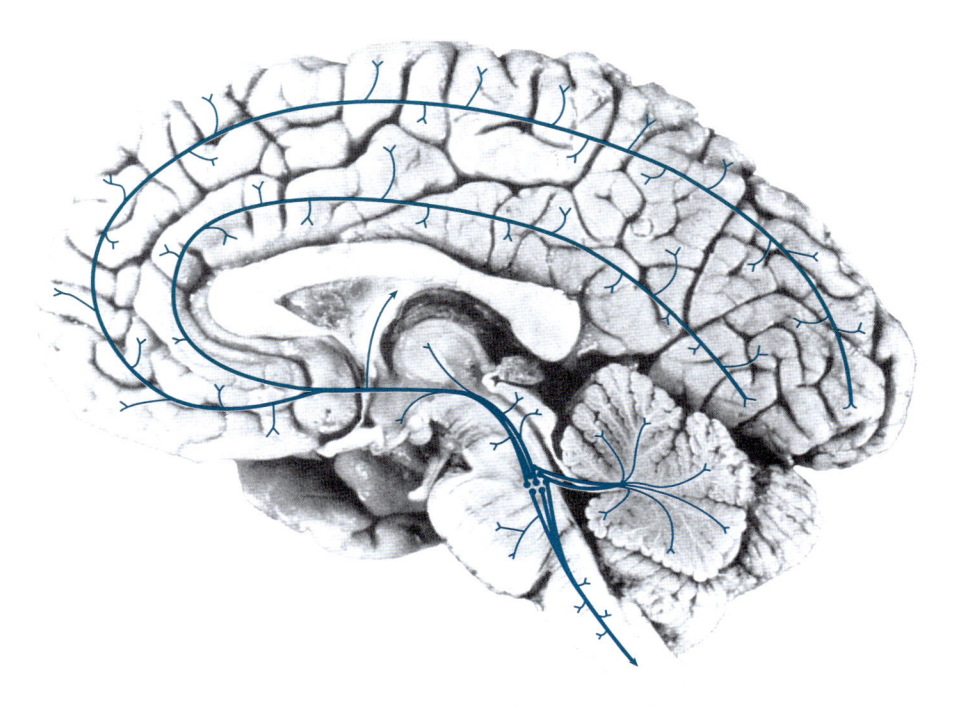

Figura 20.3 Principais conexões dos axônios noradrenérgicos do *locus ceruleus*.

Núcleos da rafe serotoninérgicos

Neurônios agrupados na linha média do bulbo, da ponte e do mesencéfalo formam os núcleos serotoninérgicos da rafe (Fig. 20.4). Aqueles próximos da junção bulbopontina são o núcleo magno da rafe, que se projeta para a medula espinal a fim de modular a dor lenta (ver Cap. 11). Aqueles situados na porção rostral da ponte e no mesencéfalo se projetam para o tálamo; para as estruturas do sistema límbico, como hipocampo, amígdala, *accumbens* e núcleos septais; e para o córtex cerebral. As projeções serotoninérgicas a partir dos núcleos da rafe estão envolvidas no ciclo sono-vigília e também estão implicadas no controle do humor e de alguns tipos de comportamento emocional, em especial, a agressividade.

Área tegmental ventral dopaminérgica

A área tegmental ventral está situada em posição posterior e medial à substância negra compacta. Seus neurônios dopaminérgicos se projetam principalmente para o *accumbens*, a amígdala e o córtex pré-frontal (Fig. 20.5). A atividade dopaminérgica aumentada no núcleo *accumbens* deflagrada por fármacos psicoestimulantes como as anfetaminas e a cocaína coincide com as funções de recompensa e prazer desse núcleo.

Sistema colinérgico do tronco encefálico e do prosencéfalo basal

Os neurônios colinérgicos na ponte e no mesencéfalo se projetam para o tálamo e regulam a excitabilidade dos núcleos talâmicos. Os neurônios colinérgicos no núcleo basal de Meynert (Fig. 20.6) e outros núcleos no prosencéfalo basal se projetam para áreas amplamente distribuídas do córtex cerebral, exercendo papel importante na ativação cortical, na memória e no aprendizado. Em pacientes com Alzheimer, a degeneração desses neurônios pode contribuir para o comprometimento de seu funcionamento cognitivo.

Respiração

O controle da respiração é uma função vital do tronco encefálico. Apesar de muitas vezes

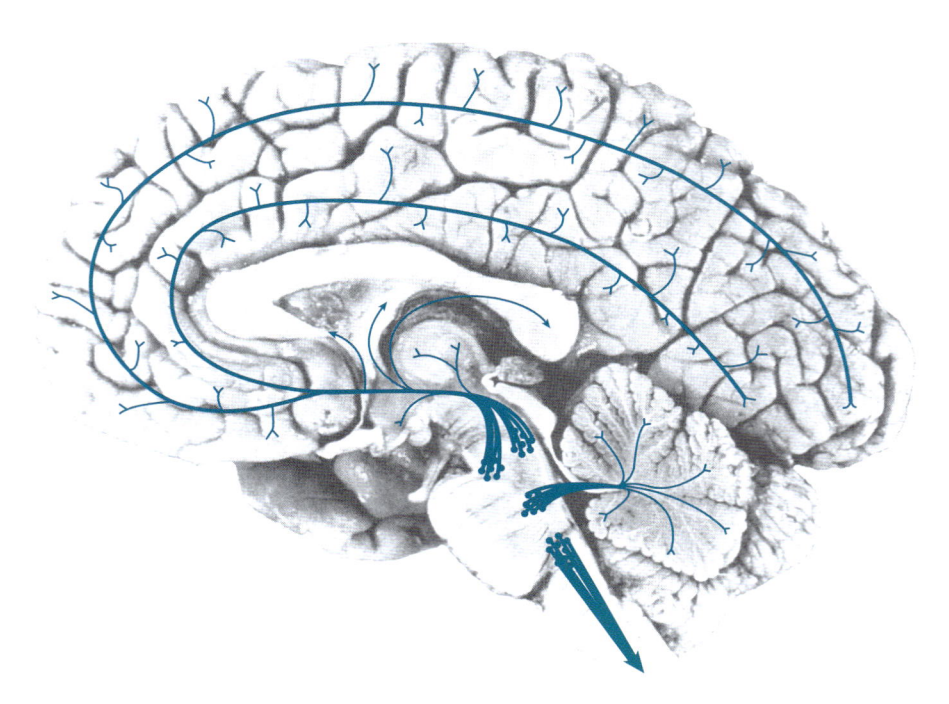

Figura 20.4   Principais conexões dos axônios serotoninérgicos dos núcleos da rafe.

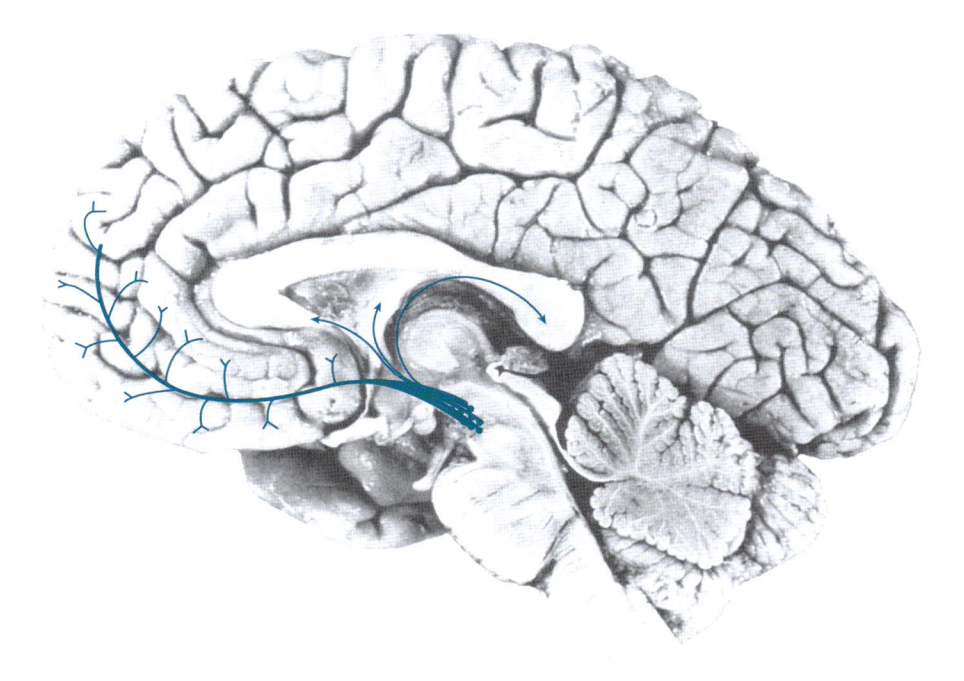

Figura 20.5 Principais conexões dos axônios dopaminérgicos da área tegmental ventral.

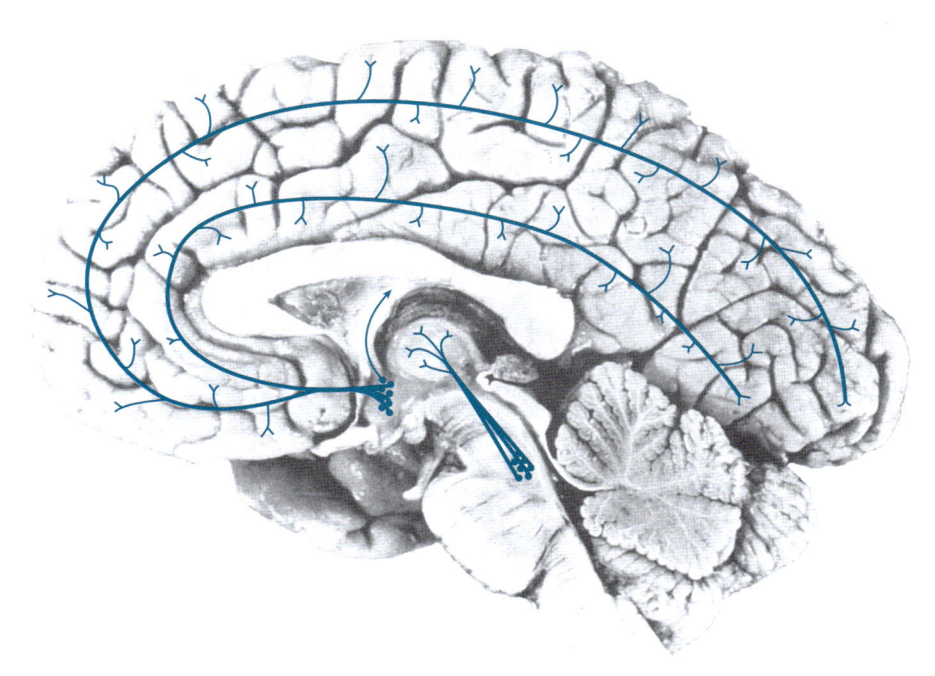

Figura 20.6 Principais conexões dos axônios colinérgicos do tronco encefálico e dos núcleos do prosencéfalo basal.

ser considerada uma função do sistema nervoso visceral, a respiração na realidade é um reflexo viscerossomático que pode ser influenciado por vários centros do tronco encefálico e do prosencéfalo. Os motoneurônios inferiores ou vias comuns finais para a inspiração estão localizados na medula espinal. Os neurônios nos níveis de C3 e C4 inervam o diafragma via nervo frênico, e aqueles nos níveis de T1 a T10 inervam os músculos intercostais por meio dos nervos intercostais. A ativação rítmica desses motoneurônios inferiores é controlada por neurônios inspiratórios localizados bilateralmente na região ventrolateral do bulbo, nas adjacências do núcleo ambíguo na parte caudal do IV ventrículo. Esse centro respiratório recebe sinais principalmente de quimiorreceptores sensíveis aos níveis sanguíneos de CO_2 e O_2, os quais enviam a informação via nervos glossofaríngeo e vago a outro centro respiratório próximo ao núcleo do trato solitário, que então se projeta para esse centro respiratório ventrolateral. O **centro pneumotáxico** localizado no tegmento dorsolateral da porção rostral da ponte inibe a fase inspiratória da respiração e exerce papel significativo na coordenação da respiração realizada junto com ações como mastigação, deglutição, fala etc. Embora a respiração, bem como a circulação (atividade cardiocirculatória), digestão e outros fenômenos viscerais possam ser momentaneamente influenciados pela estimulação do giro do cíngulo, o hipotálamo parece ser o principal centro prosencefálico capaz de influenciar regularmente a respiração. Essa influência ocorre por meio de projeções que descem pela substância cinzenta periaquedutal e pelo tegmento adjacente do mesencéfalo.

Em pacientes comatosos, padrões respiratórios anormais estão correlacionados com perda de função em vários níveis do SNC (Fig. 20.7). A disfunção bilateral de estruturas localizadas mais profundamente nos hemisférios cerebrais ou no diencéfalo resulta na respiração de **Cheyne-Stokes**, em que há alternância de hiperpneia com apneia (ausência de respiração), embora esse fenômeno possa ocorrer em indivíduos normais em determinadas circunstâncias e em pacientes com insuficiência cardíaca congestiva. O comprometimento da substância

cinzenta periaquedutal e da formação reticular paramediana adjacente no mesencéfalo ou no istmo da ponte resulta em **hiperventilação neurogênica central**, uma hiperpneia contínua, rápida e profunda. A lesão do tegmento dorsolateral nos níveis rostrais da ponte resulta em **respiração apnêustica**, que consiste na alternância de inspiração prolongada com expiração prolongada. A **respiração em salvas**, em que há três ou quatro respirações rápidas e profundas alternadas com períodos de apneia, pode ocorrer quando há lesão no nível médio da ponte. O comprometimento da região dorsomedial da formação reticular na porção caudal da ponte ou rostral do bulbo resulta em **respiração atáxica**, em que a respiração é irregular e de profundidades variáveis. Por fim, as lesões bilaterais da área ventrolateral do bulbo no nível dos centros respiratórios ou de suas projeções descendentes na porção caudal do bulbo, ou na região rostral da medula espinal cervical, resultam em **parada respiratória**.

Sono

O sono é um fenômeno complexo e altamente organizado, regulado sobretudo pelos centros localizados na formação reticular pontina. Existem dois estágios principais: o sono de **movimentos oculares rápidos (REM)** e o sono de **movimentos oculares não rápidos (NREM)**. Além dos movimentos conjugados e rápidos dos olhos no sono REM, outra característica é o tônus diminuído em quase todos os músculos, exceto nos músculos extrínsecos dos olhos e no diafragma; espasmos musculares; flutuações da frequência cardíaca, pressão arterial, respiração e temperatura corporal; miose; ereção peniana e ingurgitamento clitoriano; sonhos, especialmente aqueles associados com eventos visuais; e um padrão eletroencefalográfico (EEG) similar ao do estado de vigília. Além da ausência de REM no sono NREM, este é caracterizado por atividade neuronal diminuída; movimentos corporais reduzidos; frequência cardíaca e pressão arterial diminuídas; sonhos, em especial eventos menos visuais e mais atuais; e padrão EEG de estado de sono.

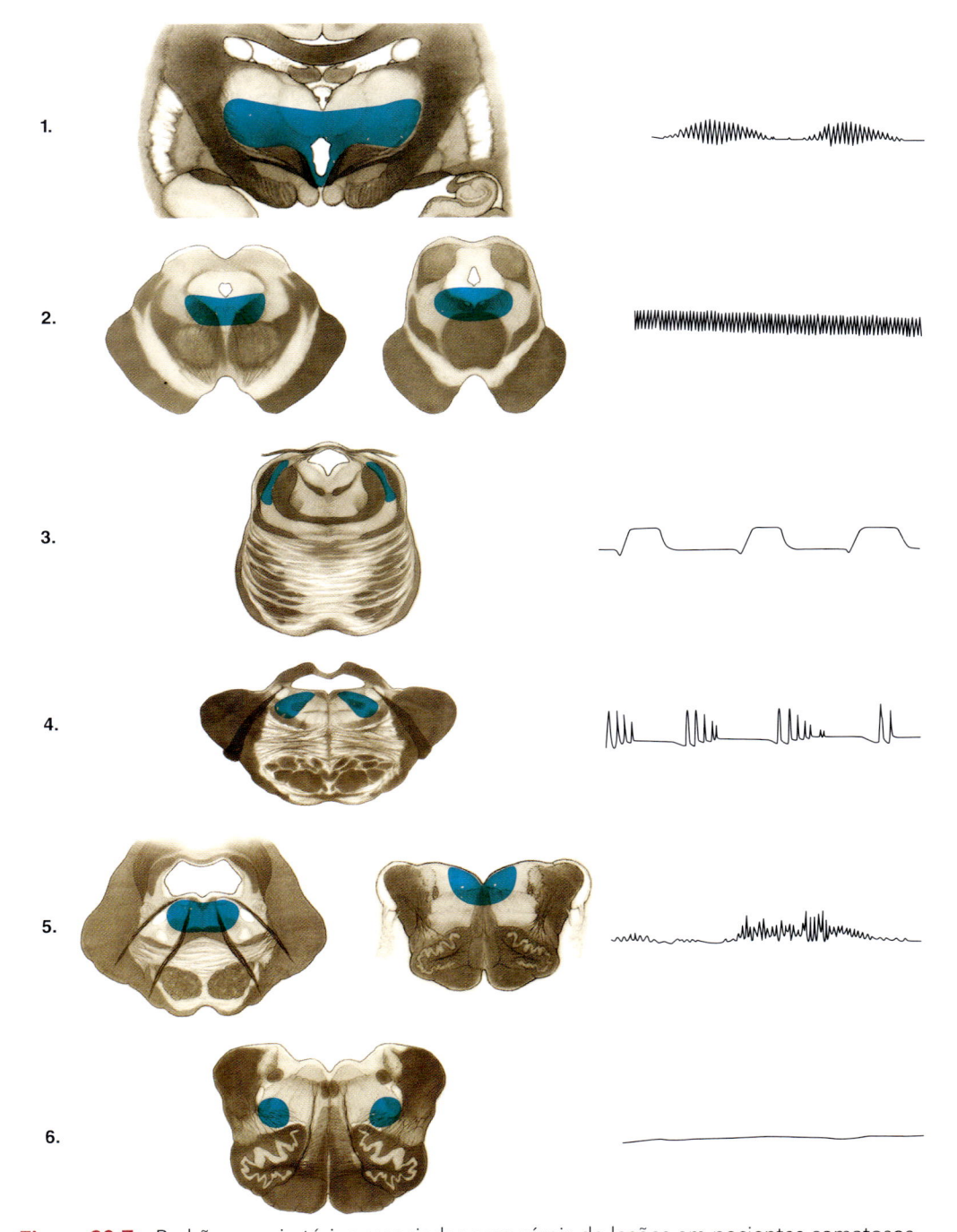

Figura 20.7   Padrões respiratórios associados com níveis de lesões em pacientes comatosos.
1. Prosencéfalo – Cheyne-Stokes
2. Mesencéfalo – hiperventilação neurogênica central
3. Porção rostral da ponte – respiração apnêustica
4. Porção média da ponte – respiração em salvas
5. Porção caudal da ponte ou bulbo rostral – respiração atáxica
6. Centros respiratórios no nível médio do bulbo – parada respiratória

O sono REM é regulado principalmente por neurônios situados na junção entre o mesencéfalo e a ponte, em particular pela área dorsolateral da formação reticular pontina, situada ventrolateralmente ao *locus ceruleus* (Fig. 20.8). Essa área é extremamente complexa e parece incluir populações individuais de neurônios que favorecem as várias atividades que ocorrem durante o sono REM. A destruição bilateral dessa área resulta na perda do sono REM.

O sono NREM é gerado por grupos de neurônios no núcleo anterior do hipotálamo, na área pré-óptica e no bulbo, particularmente na formação reticular da região dorsal do bulbo e no núcleo do trato solitário. O núcleo anterior do hipotálamo e a área pré-óptica estão bastante ativos durante o sono NREM, e ficam inativos no sono REM e no estado de vigília. Considera-se que esse centro do sono no hipotálamo anterior favorece o sono NREM ao inibir os centros de ativação cortical e estado de alerta no hipotálamo posterior. As lesões bilaterais do centro do sono no hipotálamo anterior resultam em insônia.

O papel de outros grupos de neurônios no tronco encefálico e no prosencéfalo em relação ao controle do sono está pouco estabelecido. Os neurônios noradrenérgicos do *locus ceruleus* e os neurônios serotoninérgicos dos núcleos da rafe, por exemplo, estão ativos no estado de vigília. Os neurônios colinérgicos do prosencéfalo basal e da área dorsolateral da formação reticular pontina estão ativos no sono REM e no estado de vigília. Os neurônios dopaminérgicos do hipotálamo e do tronco encefálico estão ativos tanto no sono como no estado de vigília. Portanto, o circuito que de fato regula o sono é extremamente complexo. Por outro lado, parece estar bem estabelecido que o hipotálamo anterior induz sono, o hipotálamo posterior está associado ao estado de vigília e alerta, a formação reticular dorsolateral na junção da ponte com o mesencéfalo deflagra o sono REM e os núcleos da rafe e solitário estão ativos durante o sono NREM.

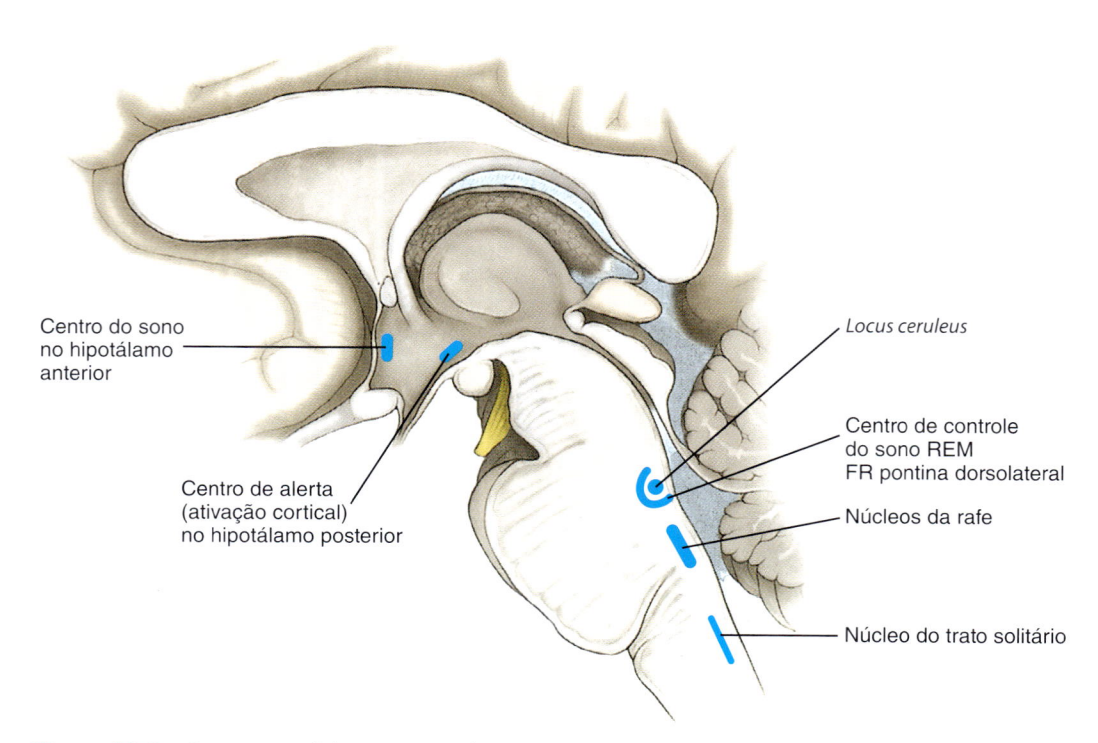

Figura 20.8   Centros e núcleos associados ao sono (FR, formação reticular; REM, movimento ocular rápido).

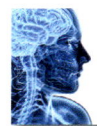

Conexão clínica

A narcolepsia é caracterizada por episódios súbitos e espontâneos de sono que ocorrem a qualquer momento do dia. Diferentemente do sono normal, que se inicia com a fase NREM, a narcolepsia começa com a fase REM.

A apneia do sono consiste na ausência de respiração por um período de tempo considerável (ou seja, de 1 minuto ou mais) durante o sono. Ocorre quando há obstrução das vias aéreas superiores ou defeito nos mecanismos respiratórios centrais. A apneia ocorre repetidamente e a vítima pode acordar em cada episódio, de modo que a condição resulta em sonolência quando a pessoa está acordada em consequência da perda do sono.

Alerta e vigília

A ativação do córtex cerebral, como ocorre no estado de alerta e na vigília, é totalmente dependente da influência exercida pelos núcleos modulatórios difusos monoaminérgicos e colinérgicos do tronco encefálico e do hipotálamo posterior. Como a maioria desses núcleos está localizada na formação reticular, esse sistema é chamado sistema ativador reticular ascendente (SARA), embora inclua os núcleos rostrais ao tronco encefálico, ou seja, no hipotálamo e no prosencéfalo basal. Na ausência do SARA, a estimulação das vias somatossensoriais, auditivas e visuais, e na verdade de qualquer uma ou de todas as vias sensoriais, é incapaz de despertar o córtex cerebral. Numerosos núcleos localizados na formação reticular do tronco encefálico contribuem para o SARA (Fig. 20.9). Incluídos nestes, estão os grupos celulares monoaminérgicos nos núcleos da rafe, o *locus ceruleus* e a área tegmental ventral, bem como os neurônios colinérgicos da região dorsolateral do tegmento pontino. Esses componentes do SARA convergem na formação reticular paramediana mesencefálica e se dividem nas rotas dorsal e ventral no diencéfalo. A rota dorsal se projeta para os núcleos "relés" transmissores, núcleos intralaminares e outros núcleos com conexões corticais amplamente distribuídas. A rota ventral entra na área hipotalâmica lateral e se junta às projeções dos neurônios do hipotálamo e do prosencéfalo basal no seu trajeto para o córtex cerebral. As lesões no bulbo ou na ponte

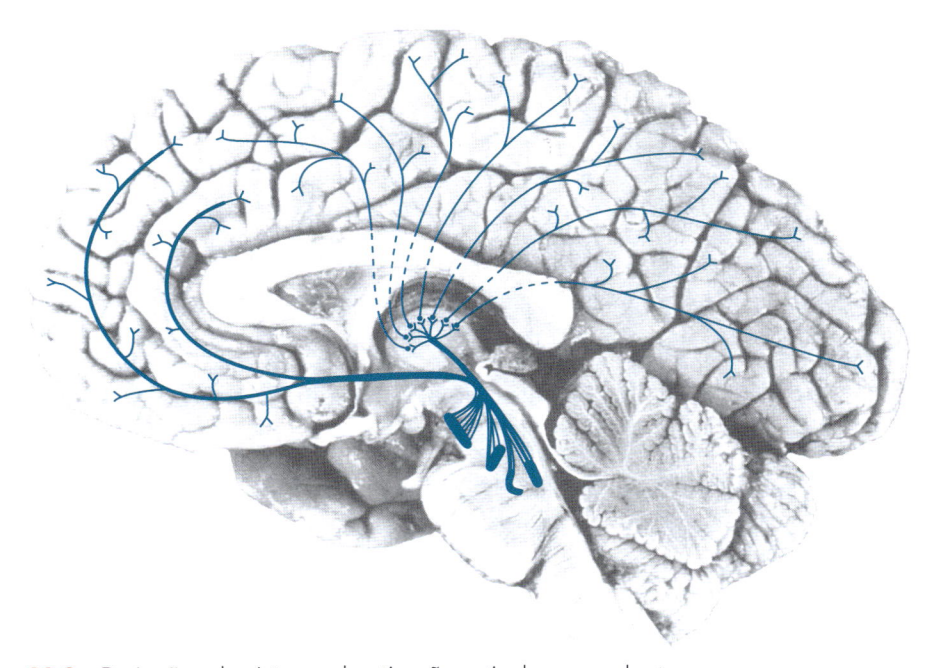

Figura 20.9 Projeções do sistema de ativação reticular ascendente.

não afetam o estado de alerta nem a vigília. Entretanto, as lesões no tegmento paramediano na porção rostral do mesencéfalo interrompem o SARA e resultam em coma.

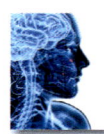

Conexão clínica

Massas intracranianas unilaterais, como os grandes hematomas epidurais ou subdurais, podem resultar em herniação do unco por meio da qual o unco se insere entre a extremidade livre do tentório do cerebelo e o mesencéfalo. Esse processo faz o mesencéfalo desviar para o lado oposto, resultando no estiramento do nervo oculomotor ipsilateral à massa que ocupa o espaço intracraniano. Como as fibras que fazem a constrição da pupila estão na superfície do nervo oculomotor, a dilatação da pupila ipsilateral à massa é um sinal inicial de herniação do unco. A compressão contínua do mesencéfalo e dos vasos sanguíneos que o irrigam resulta na interrupção do SARA. Conforme o SARA se torna mais comprometido, há sonolência seguida de coma. Caso o SARA sofra dano de modo irreparável, o resultado será o coma irreversível, como exemplificado no caso clínico apresentado no início do capítulo.

Questões para revisão

1. Quais são as principais aferências de nervos cranianos, da medula espinal e do prosencéfalo para a formação reticular?
2. Quais são as principais funções das eferências da formação reticular relacionadas aos nervos cranianos, à medula espinal e ao prosencéfalo?
3. Alterações em qual núcleo do prosencéfalo basal estão associadas à atividade colinérgica diminuída no córtex cerebral na doença de Alzheimer?
4. O prazer induzido por psicoestimulantes como anfetamina ou cocaína está associado à atividade aumentada de qual neurotransmissor, em qual centro do sistema límbico?
5. Lesões bilaterais em quais níveis do sistema nervoso central (SNC) resultam em parada respiratória?

6. Quais partes do hipotálamo estão associadas ao sono e ao estado de alerta?
7. Qual parte do encéfalo está principalmente associada ao sono de movimentos oculares rápidos (REM)?
8. Um paciente com traumatismo craniano e sinais de comprometimento do nervo craniano III, que agora passou a um estado semicomatoso, pode estar sofrendo dano em qual parte do sistema nervoso central (SNC)?
9. Após se envolver em um sério acidente de automóvel e sofrer uma concussão grave, um adulto de 33 anos está internado na UTI em estado comatoso. Seu padrão respiratório consiste em uma regular alternância de hiperpneia e apneia. Esse padrão respiratório indica disfunção no nível:
   a. Do diencéfalo.
   b. Do mesencéfalo.
   c. Da ponte.
   d. Do bulbo.
   e. Da medula espinal.

Um paciente com lesão traumática grave no lado direito do crânio é atendido por um médico emergencista em um pequeno hospital rural pouco depois de sofrer um acidente de automóvel. O paciente está inconsciente. No teste do reflexo pupilar à luz, a pupila direita está dilatada e não responde, ao passo que a pupila esquerda se contrai. A lesão requer intervenção neurocirúrgica imediata e o paciente deve ser transportado de helicóptero para um hospital de traumatologia maior, localizado a certa distância. Durante a espera para ser transportado, o paciente desenvolveu uma postura em que todos os membros ficam estendidos.

10. A condição é mais provavelmente uma consequência de:
   a. Herniação central.
   b. Herniação do giro do cíngulo.
   c. Herniação transcalvariana.
   d. Herniação cerebelar.
   e. Herniação do unco.

11. A ausência do reflexo pupilar direito é causada por:
   a. Dano ao nervo óptico direito.
   b. Dano ao trato óptico direito.
   c. Dano ao braço do colículo superior direito.
   d. Dano ao nervo oculomotor direito.
   e. Dano às fibras do nervo ciliar longo da direita.

12. A postura anormal é decorrente do dano:
   a. Ao sistema piramidal.
   b. Ao sistema rubrospinal.
   c. À substância negra.
   d. Ao sistema vestibulospinal.
   e. Alternativas a e b.

13. A falta de responsividade é causada por dano:
   a. Aos núcleos basais de Meynert.
   b. Ao *locus ceruleus*.
   c. Ao sistema ativador reticular ascendente.
   d. Às áreas tegmentais ventrais.
   e. Ao córtex cerebral.

14. Seria esperado que os padrões respiratórios se tornassem anormais com essa lesão, e que fossem caracterizados por:
   a. Hiperventilação neurogênica central.
   b. Respiração apnêustica.
   c. Respiração em salvas.
   d. Respiração atáxica.
   e. Parada respiratória.

Visão resumida dos nervos cranianos: componentes e anormalidades

Componentes e lesões

Os nervos cranianos consistem em 12 pares de nervos conectados ao encéfalo (Fig. 21.1), que emergem da cavidade craniana e fornecem inervação sensitiva, motora e visceral para estruturas localizadas principalmente na cabeça e no pescoço, mas também no tórax e no abdome. Embora os nervos cranianos contenham quatro tipos funcionais distintos de fibras, ou seja, aferentes e eferentes somáticos gerais, bem como aferentes e eferentes viscerais gerais, os nervos cranianos contêm componentes adicionais. Os componentes funcionais dos nervos cranianos e suas classificações e distribuições são descritos na Tabela 21.1.

Tabela 21.1 Componentes funcionais e distribuição das fibras dos nervos cranianos

Tipo	Distribuição
Aferente	
Somática geral (ASG)	Pele, músculo esquelético, articulações, osso
Visceral geral (AVG; aferentes autonômicos)	Órgãos viscerais
Somática especial (ASE)	Retina, receptores auditivos e vestibulares
Visceral especial (AVE)	Receptores gustativos e olfatórios
Eferente	
Somática geral (ESG)	Músculo esquelético de somitos
Visceral geral (EVG; eferentes autonômicos)	Músculo liso e glândulas
Somática especial (ESE; visceral especial, EVE)	Músculo esquelético de mesoderma de arco branquial

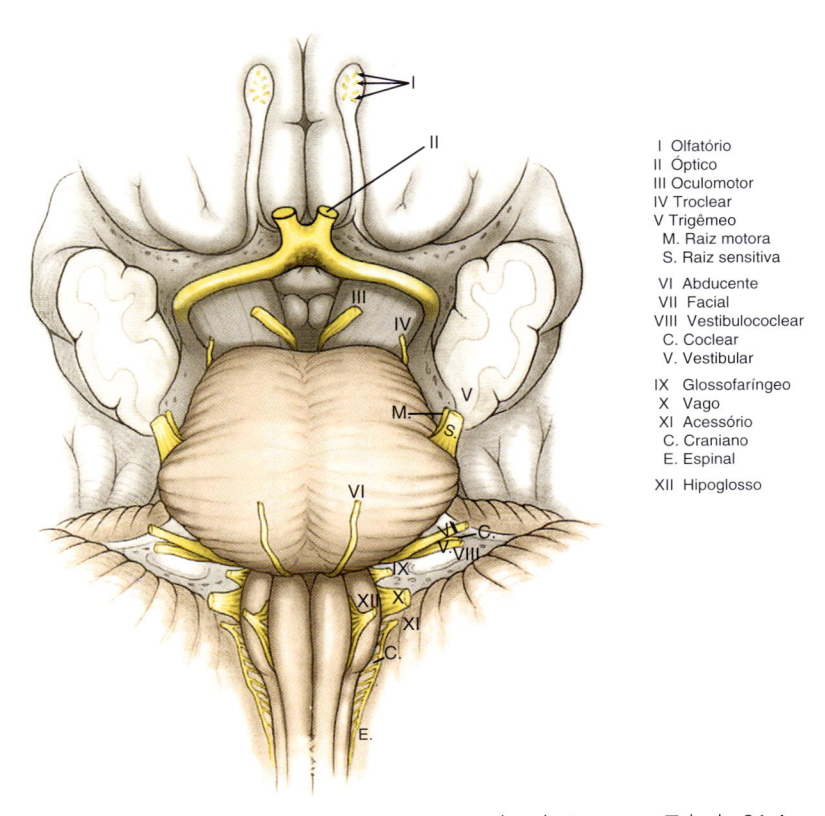

I Olfatório
II Óptico
III Oculomotor
IV Troclear
V Trigêmeo
  M. Raiz motora
  S. Raiz sensitiva

VI Abducente
VII Facial
VIII Vestibulococlear
  C. Coclear
  V. Vestibular

IX Glossofaríngeo
X Vago
XI Acessório
  C. Craniano
  E. Espinal

XII Hipoglosso

Figura 21.1 Os nervos cranianos. Ver componentes e distribuições na Tabela 21.1.

Tabela 21.2 Nervos cranianos sensitivos especiais: olfatório, óptico e vestibulococlear

Nervo	Função	Origem	Distribuição periférica	Conexões centrais	Sinais
I Olfatório	Olfato, olfação ou cheiro	Epitélio olfatório	Concha nasal superior e septo nasal	Bulbo olfatório	Perda do sentido do olfato (anosmia)
II Óptico	Visão	Células ganglionares da retina	Células bipolares da retina	Núcleos (corpos) geniculados laterais	Cegueira
	Reflexo à luz (via aferente)	Células ganglionares da retina	Células bipolares da retina	Núcleos pré-tetais	Ausência de constrição pupilar bilateralmente ao testar o olho cego
VIII Vestibular	Equilíbrio	Gânglio vestibular	Máculas do utrículo e do sáculo	Núcleos vestibulares	Desequilíbrio
	Reflexo vestíbulo-ocular (RVO) (via aferente)	Gânglio vestibular	Cristas dos ductos semicirculares	Núcleos vestibulares	Ausência de RVO
Coclear	Audição	Gânglio espiral	Órgão espiral	Núcleos cocleares	Surdez

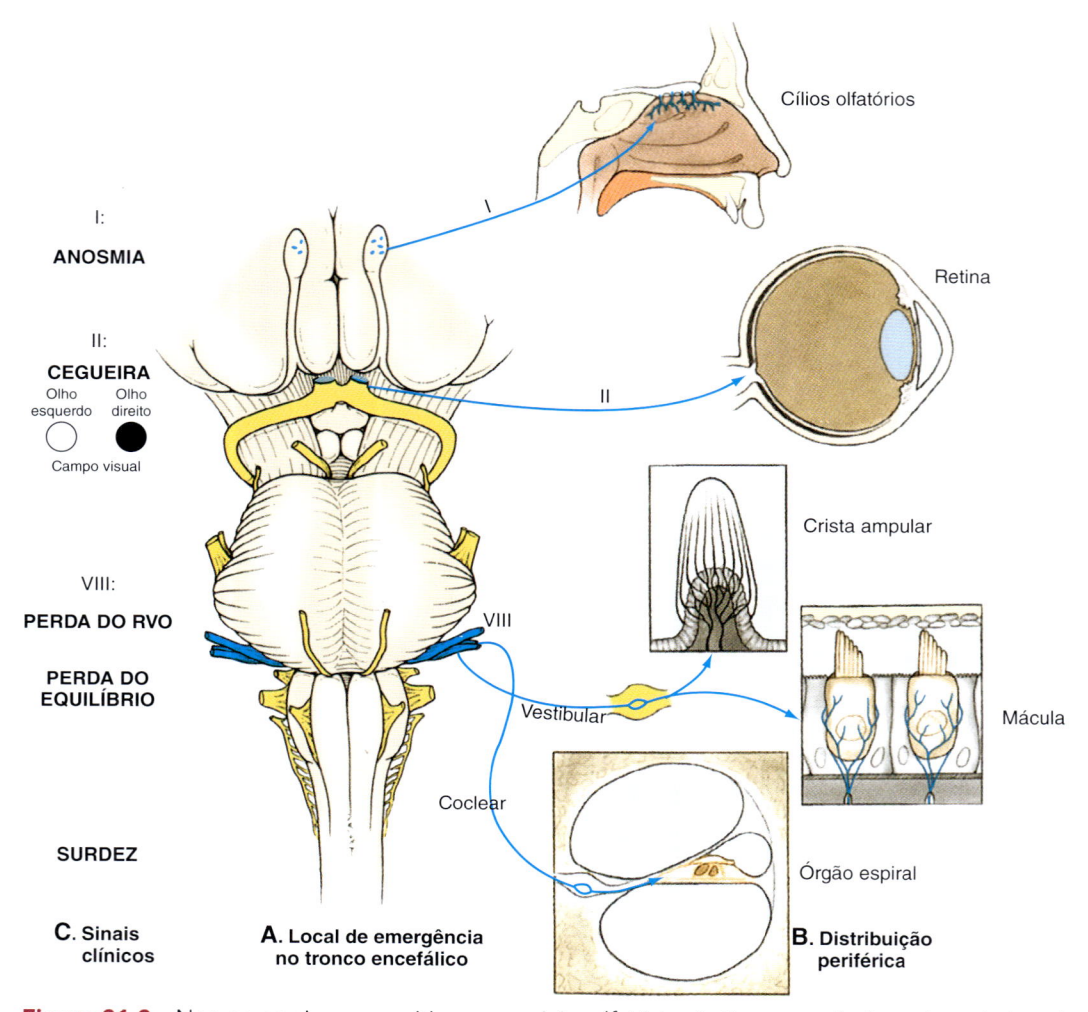

Figura 21.2   Nervos cranianos sensitivos especiais: olfatório, óptico e vestibulococlear. **A.** Local de emergência no tronco encefálico. **B.** Distribuição periférica. **C.** Sinais clínicos (RVO, reflexo vestíbulo-ocular).

Tabela 21.3	Nervos para os músculos extrínsecos do olho: oculomotor, troclear e abducente			
Nervo	**Função**	**Origem**	**Distribuição periférica**	**Sinais**
III Oculomotor	Movimentos oculares	Núcleo oculomotor	Músculos retos medial, superior, inferior e oblíquo inferior	Oftalmoplegia com o olho voltado para baixo e para fora
	Elevação palpebral	Núcleo oculomotor	Levantador da pálpebra superior	Ptose palpebral
	Acomodação e constrição pupilar	Núcleo de Edinger-Westphal	Gânglio ciliar; fibras pós-ganglionares para músculos esfíncter da pupila e ciliar	Midríase; perda da acomodação do cristalino
IV Troclear	Movimentos oculares	Núcleo troclear (contralateral)	Músculo oblíquo superior	Diplopia: extorsão do olho; fraqueza muscular ao movimento de baixar o olho aduzido
VI Abducente	Movimentos oculares	Núcleo abducente	Músculo reto lateral	Diplopia: desvio medial; paralisia do abdutor

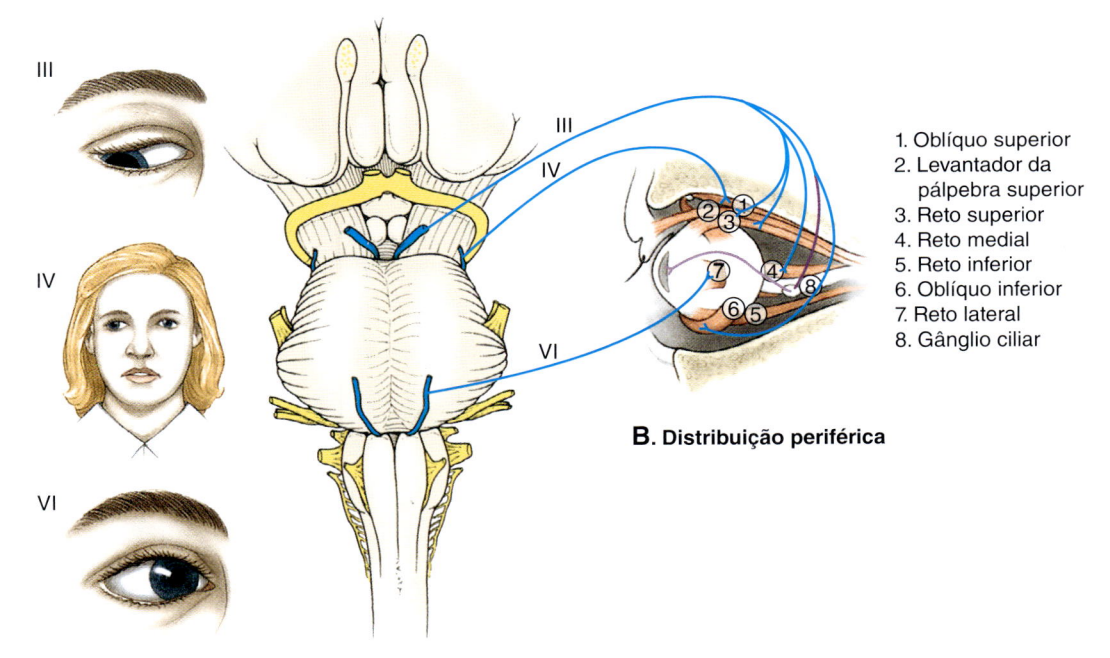

III

IV

VI

III
IV
VI

1. Oblíquo superior
2. Levantador da pálpebra superior
3. Reto superior
4. Reto medial
5. Reto inferior
6. Oblíquo inferior
7. Reto lateral
8. Gânglio ciliar

B. Distribuição periférica

C. Sinais clínicos

A. Local de emergência no tronco encefálico

Figura 21.3 Nervos para os músculos extrínsecos do olho: oculomotor, troclear e abducente. **A.** Local de emergência no tronco encefálico. **B.** Distribuição periférica. **C.** Sinais clínicos (nervos III, IV e VI direitos).

Tabela 21.4 Nervo trigêmeo

Nervo	Função	Origem	Distribuição periférica	Conexões centrais	Sinais
V Trigêmeo	Mastigação	Núcleo motor do nervo trigêmeo	Masseter, temporal, pterigóideos, milo-hióideo, tensor do véu palatino, ventre anterior do digástrico		Fraqueza muscular da mandíbula; desvio ipsilateral da mandíbula aberta
	Amortecimento da membrana timpânica	Núcleo motor do nervo trigêmeo	Tensores do tímpano		Insignificante
	Sensibilidade somática geral	Gânglio trigeminal	Face, porção anterior do couro cabeludo, cavidades oral e nasal, órbita	Núcleos principal e espinal do nervo trigêmeo	Hemianestesia facial
	Reflexos proprioceptivos	Núcleo mesencefálico do nervo trigêmeo	Músculos da mastigação, ligamento periodontal, articulação temporomandibular	Núcleo motor do nervo trigêmeo	Insignificante

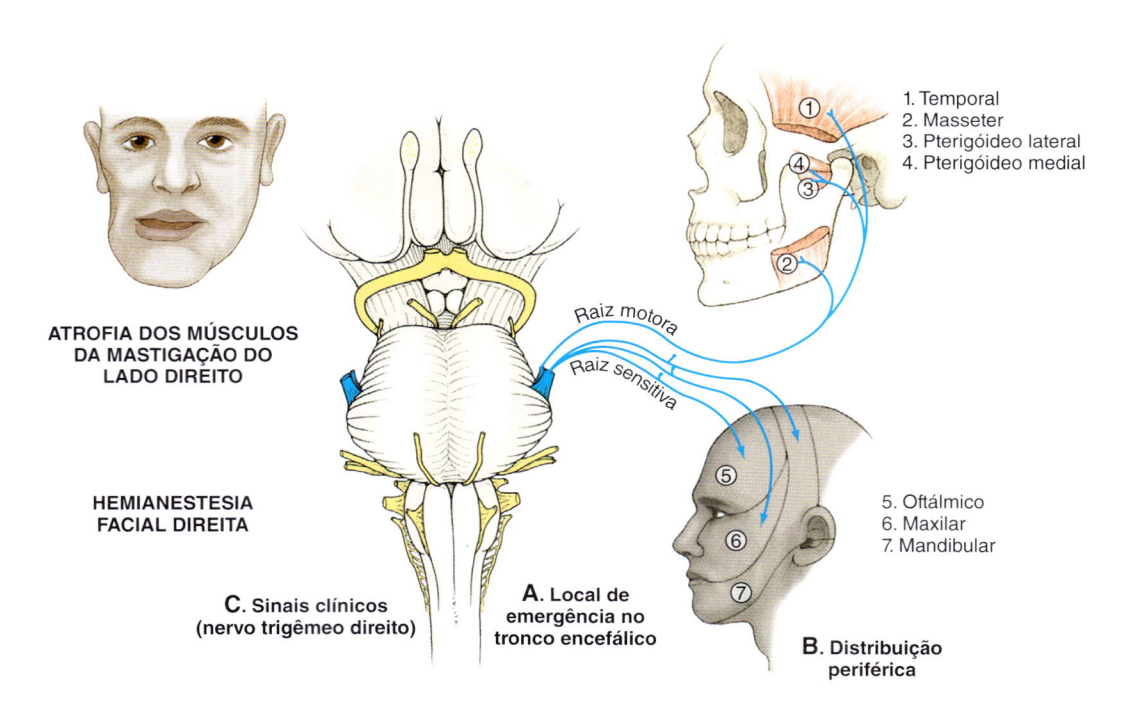

1. Temporal
2. Masseter
3. Pterigóideo lateral
4. Pterigóideo medial

ATROFIA DOS MÚSCULOS DA MASTIGAÇÃO DO LADO DIREITO

Raiz motora

Raiz sensitiva

HEMIANESTESIA FACIAL DIREITA

5. Oftálmico
6. Maxilar
7. Mandibular

C. Sinais clínicos (nervo trigêmeo direito)

A. Local de emergência no tronco encefálico

B. Distribuição periférica

Figura 21.4 Nervo trigêmeo. **A.** Local de emergência no tronco encefálico. **B.** Distribuição periférica. **C.** Sinais clínicos.

Tabela 21.5	**Nervo facial**				
Nervo	Função	Origem	Distribuição periférica	Conexões centrais	Sinais
VII Facial	Expressão facial	Núcleo do nervo facial	Músculos da face, estilo-hióideo, ventre posterior do digástrico		Paralisia facial; perda do reflexo corneano
	Amortecimento do estribo	Núcleo do nervo facial	Estapédio		Hiperacusia
	Secreção	Núcleo salivatório superior	Gânglio pterigopalatino: fibras motoras secretoras para glândulas lacrimal e nasal		Perda do lacrimejamento
			Gânglio submandibular: fibras motoras secretoras para glândulas submandibular e sublingual		Boca seca
	Gustação	Gânglio geniculado	Botões gustativos nos $^2/_3$ anteriores da língua	Núcleo do trato solitário	Perda da gustação na região anterior ipsilateral da língua

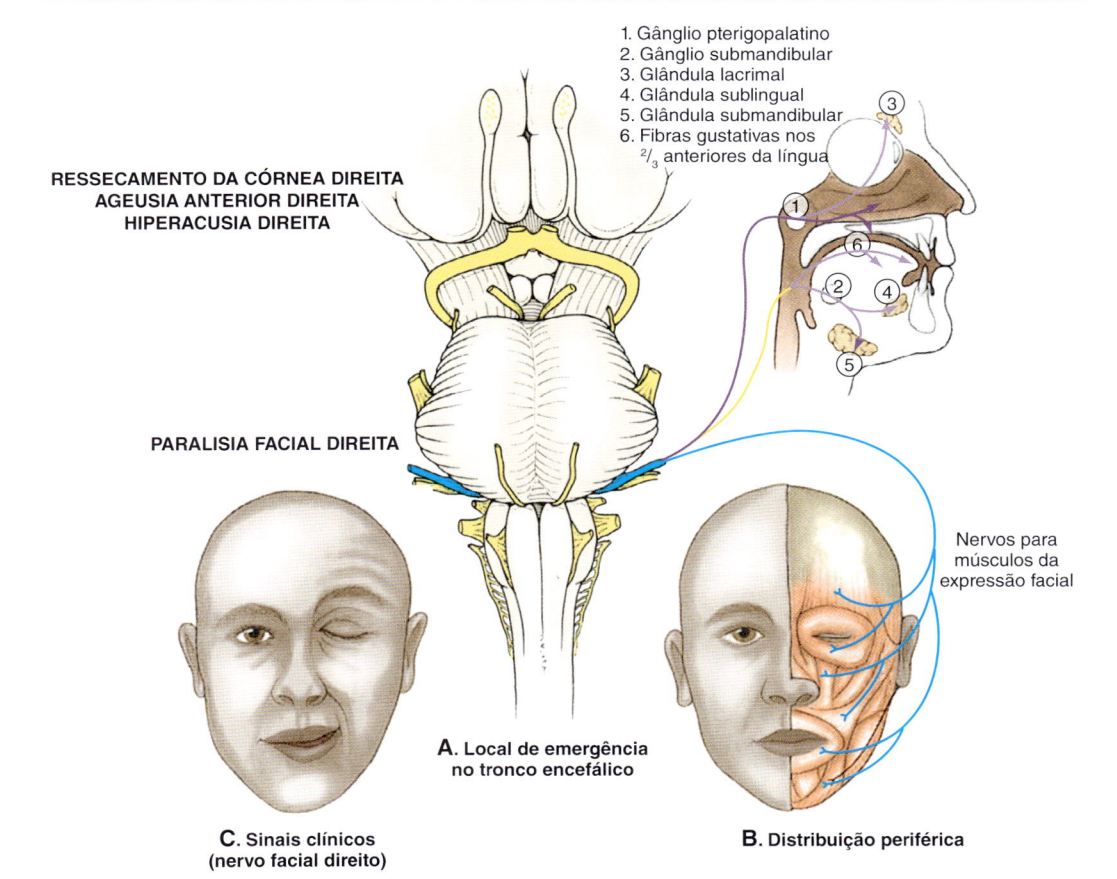

1. Gânglio pterigopalatino
2. Gânglio submandibular
3. Glândula lacrimal
4. Glândula sublingual
5. Glândula submandibular
6. Fibras gustativas nos $^2/_3$ anteriores da língua

RESSECAMENTO DA CÓRNEA DIREITA
AGEUSIA ANTERIOR DIREITA
HIPERACUSIA DIREITA

PARALISIA FACIAL DIREITA

Nervos para músculos da expressão facial

A. Local de emergência no tronco encefálico

C. Sinais clínicos (nervo facial direito)

B. Distribuição periférica

Figura 21.5 Nervo facial. **A.** Local de emergência no tronco encefálico. **B.** Distribuição periférica. **C.** Sinais clínicos.

| Tabela 21.6 | Nervo glossofaríngeo | | | | |

Nervo	Função	Origem	Distribuição periférica	Conexões centrais	Sinais
IX Glossofaríngeo	Elevação da faringe durante a deglutição	Núcleo ambíguo	Estilofaríngeo e constritor superior da faringe		Disfagia
	Salivação	Núcleo salivatório inferior	Gânglio ótico: fibras motoras secretoras para a parótida		Boca seca
	Gustação	Gânglio inferior (petroso)	Terço posterior da língua	Núcleo do trato solitário	Perda da gustação na língua, posteriormente
	Sensibilidade geral	Gânglios superior e inferior	Cavidade oral posterior, região tonsilar, tuba auditiva, orelha média	Núcleo espinal do nervo trigêmeo	Anestesia, perda do reflexo de "ânsia de vômito" (via aferente)
	Reflexos quimio- e barorreceptor (vias aferentes)	Gânglio inferior	Seio e glomo caróticos	Núcleo do trato solitário	Perda do reflexo do seio carotídeo (se houver lesão bilateral)

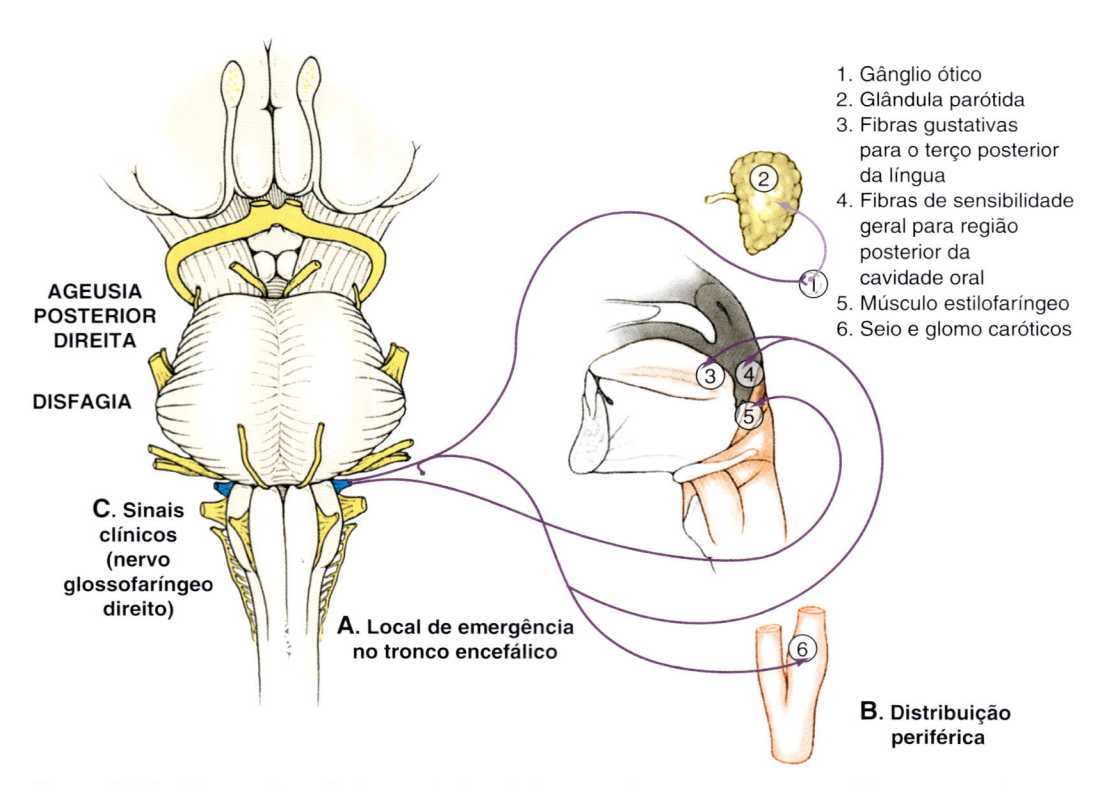

1. Gânglio ótico
2. Glândula parótida
3. Fibras gustativas para o terço posterior da língua
4. Fibras de sensibilidade geral para região posterior da cavidade oral
5. Músculo estilofaríngeo
6. Seio e glomo caróticos

AGEUSIA POSTERIOR DIREITA

DISFAGIA

C. Sinais clínicos (nervo glossofaríngeo direito)

A. Local de emergência no tronco encefálico

B. Distribuição periférica

Figura 21.6 Nervo glossofaríngeo. **A.** Local de emergência no tronco encefálico. **B.** Distribuição periférica. **C.** Sinais clínicos.

Tabela 21.7	Nervo vago				
Nervo	Função	Origem	Distribuição periférica	Conexões centrais	Sinais
X Vago	Deglutição e vocalização	Núcleo ambíguo	Músculos do palato, constritores da faringe, músculos vocais		Disfagia, voz fraca e rouca, flacidez do palato mole, desvio contralateral da úvula
	Depressor cardíaco, broncoconstritores, secreção e motilidade GI	Núcleo motor dorsal do vago	Gânglios nos plexos cardíaco, pulmonar e entérico		Insignificante, se unilateral
	Gustação	Gânglio inferior (nodoso)	Regiões da epiglote e do palato	Núcleo do trato solitário	Insignificante
	Sensibilidade geral	Gânglio inferior (nodoso)	Epiglote, laringe, árvore respiratória, trato GI	Núcleo do trato solitário	Hemianestesia da faringe e laringe, perda do reflexo de tosse (via aferente)
	Reflexos quimioe barorreceptor	Gânglio inferior (nodoso)	Arco aórtico	Núcleo do trato solitário	Insignificante, se unilateral
	Sensibilidade geral	Gânglio superior (jugular)	Orelha externa e meato acústico externo	Núcleo espinal do nervo trigêmeo	Anestesia do meato acústico externo

GI, gastrintestinal.

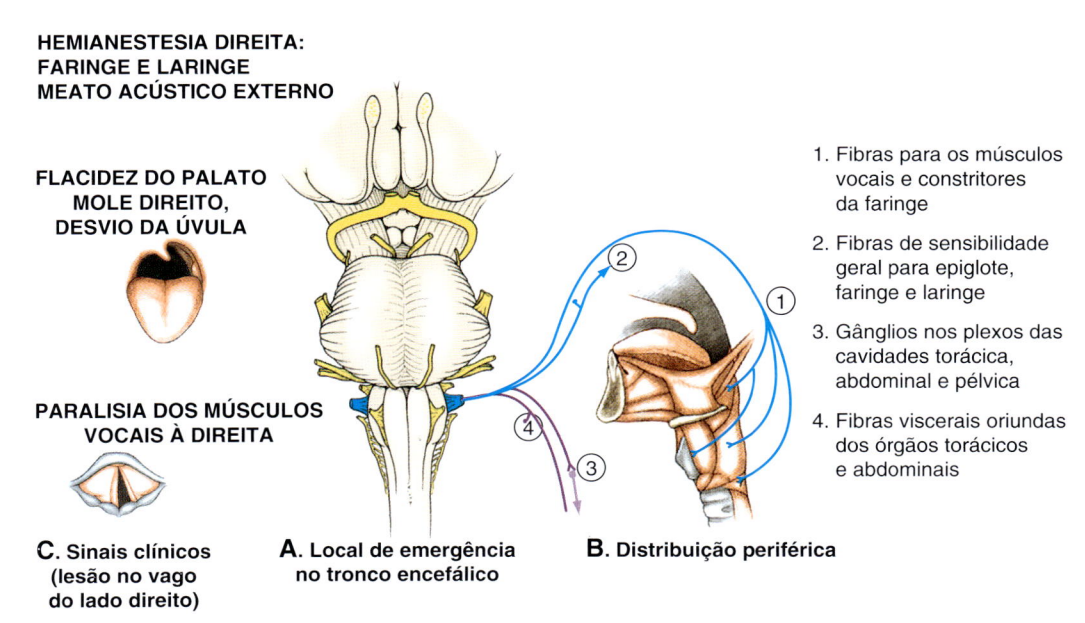

HEMIANESTESIA DIREITA:
FARINGE E LARINGE
MEATO ACÚSTICO EXTERNO

FLACIDEZ DO PALATO
MOLE DIREITO,
DESVIO DA ÚVULA

PARALISIA DOS MÚSCULOS
VOCAIS À DIREITA

1. Fibras para os músculos vocais e constritores da faringe

2. Fibras de sensibilidade geral para epiglote, faringe e laringe

3. Gânglios nos plexos das cavidades torácica, abdominal e pélvica

4. Fibras viscerais oriundas dos órgãos torácicos e abdominais

C. Sinais clínicos (lesão no vago do lado direito) **A.** Local de emergência no tronco encefálico **B.** Distribuição periférica

Figura 21.7   Nervo vago. **A.** Local de emergência no tronco encefálico. **B.** Distribuição periférica. **C.** Sinais clínicos.

Tabela 21.8	Nervos acessório e hipoglosso			
Nervo	**Função**	**Origem**	**Distribuição periférica**	**Sinais**
XI Acessório	Deglutição e vocalização	Núcleo ambíguo (acessório craniano)	Músculos da faringe e vocais (com o vago)	Insignificante
	Movimentos da cabeça e do ombro	Núcleo acessório na medula espinal em C1-C5 ou C6	Músculos esternocleidomastóideo e trapézio	Fraqueza muscular aos movimentos de girar a cabeça para o lado oposto e de encolher os ombros
XII Hipoglosso	Movimentos da língua	Núcleo hipoglosso	Músculos estiloglosso, hioglosso, genioglosso e intrínsecos da língua	Atrofia unilateral, desvio ipsilateral à protrusão, fasciculações

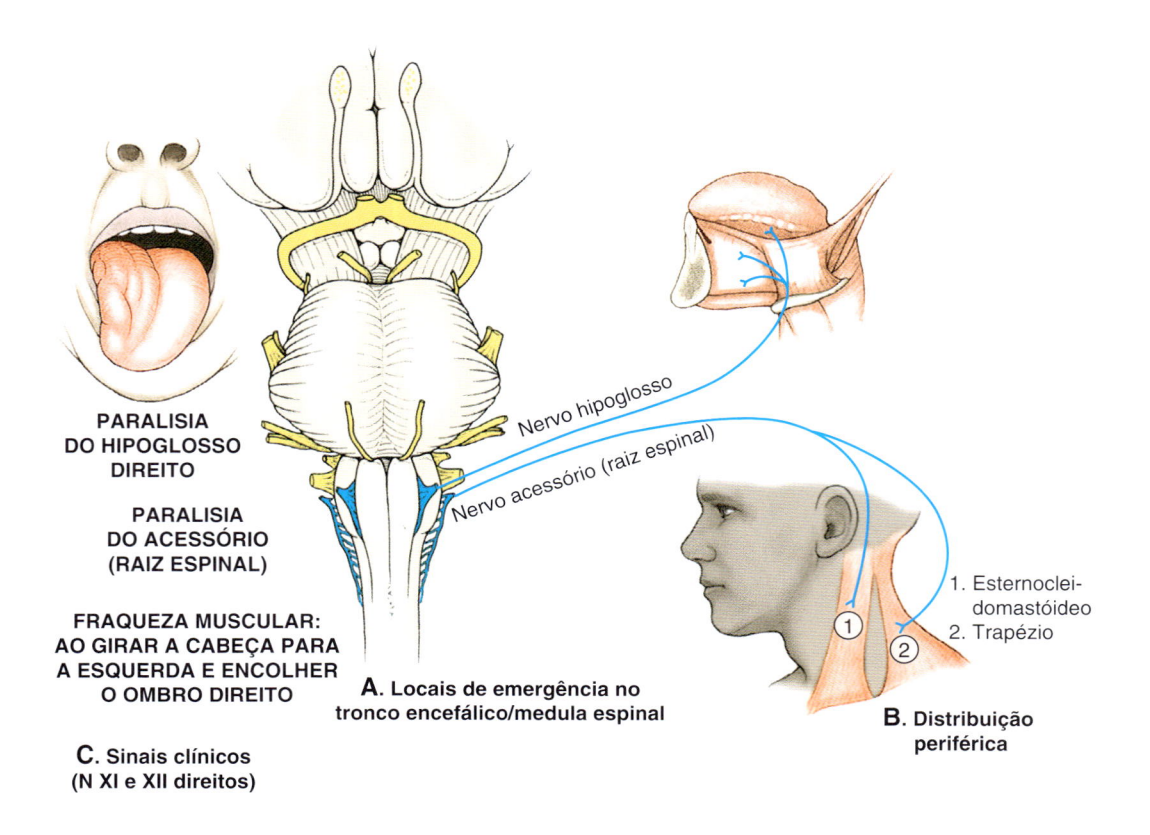

PARALISIA DO HIPOGLOSSO DIREITO

PARALISIA DO ACESSÓRIO (RAIZ ESPINAL)

FRAQUEZA MUSCULAR: AO GIRAR A CABEÇA PARA A ESQUERDA E ENCOLHER O OMBRO DIREITO

C. Sinais clínicos (N XI e XII direitos)

Nervo hipoglosso

Nervo acessório (raiz espinal)

A. Locais de emergência no tronco encefálico/medula espinal

1. Esternocleidomastóideo
2. Trapézio

B. Distribuição periférica

Figura 21.8 Nervos acessório e hipoglosso. **A.** Locais de emergência no tronco encefálico. **B.** Distribuição periférica. **C.** Sinais clínicos (N, nervo).

Tabela 21.9   **Componentes e distribuições dos nervos cranianos**

Nervo	Células de origem	Conexões centrais	Distribuição periférica	Função	Sinais e sintomas de dano
I Olfatório	Células bipolares no epitélio olfatório (sensitivo especial)	Bulbo olfatório	Cílios na superfície do epitélio olfatório na concha nasal superior e no terço superior do septo nasal	Olfação ou olfato	Anosmia
II Óptico	Células ganglionares da retina (sensitivo especial)	Núcleos (corpos) geniculados laterais	Células bipolares da retina	Visão	Cegueira
		Colículo superior e núcleos pré-tetais		Reflexos pupilares	Ausência dos reflexos à luz (fotomotores) quando da exposição do olho cego à luminosidade intensa
III Oculomotor	Núcleo oculomotor (motor somático)		Retos medial, superior e inferior; oblíquo inferior; e levantador da pálpebra superior	Movimento ocular e elevação da pálpebra superior	Oftalmoplegia com o olho desviado para baixo e para fora; ptose palpebral grave
	Núcleo de Edinger-Westphal do complexo oculomotor (motor visceral)		Gânglio ciliar; fibras pós-ganglionares via nervos ciliares curtos para o esfíncter da pupila e músculo ciliar	Constrição pupilar e acomodação do cristalino	Midríase; perda dos reflexos pupilar à luz (fotomotor) e de acomodação no olho ipsilateral
IV Troclear	Núcleo troclear (motor somático)		Músculo oblíquo superior	Extorsão; depressão do olho aduzido	Diplopia, inclinação da cabeça para o lado não afetado; fraqueza muscular ao movimento de baixar o olho ipsilateral aduzido
V Trigêmeo	Gânglio trigeminal (sensitivo geral)	Núcleo espinal do nervo trigêmeo (parte caudal) e núcleo principal do nervo trigêmeo	Parte anterior do couro cabeludo, face, mucosas do nariz e da boca, dentes, conteúdos da órbita, membrana timpânica, meninges supratentoriais	Sensibilidade somática geral	Perda da sensibilidade na face e do reflexo corneano diante de estimulação do olho do mesmo lado (ipsilateral)

(continua)

Tabela 21.9 Componentes e distribuições dos nervos cranianos (*continuação*)

Nervo	Células de origem	Conexões centrais	Distribuição periférica	Função	Sinais e sintomas de dano
	Núcleo motor do nervo trigêmeo (motor branquial)		Masseter, temporal, pterigóideos, milo-hióideo, tensores do tímpano e do véu palatino, ventre anterior do digástrico	Mastigação	Fraqueza muscular e perda de fibras dos músculos da mastigação; desvio ipsilateral da mandíbula aberta (para o mesmo lado)
	Núcleo mesencefálico do nervo trigêmeo (sensitivo geral)		Músculos da mastigação, ligamento periodontal, articulação temporomandibular, e músculos extrínsecos do olho	Reflexos proprioceptivos	Insignificante
VI Abducente	Núcleo abducente (motor somático)		Músculo reto lateral	Abdução do olho	Diplopia, esotropia (estrabismo convergente) e paralisia abdutora do olho ipsilateral
VII Facial	Núcleo do nervo facial (motor branquial)		Músculos da face, bucinador, estapédio, estilo-hióideo, ventre posterior do digástrico, platisma, occipitofrontal	Expressão facial, articulação, piscamento, ingestão de alimentos sólidos e líquidos	Paralisia de músculos inferiores e superiores da face ipsilaterais
	Núcleo salivatório superior (motor visceral)		1. Nervo petroso maior para o nervo do canal pterigóideo até o gânglio pterigopalatino; fibras pós-ganglionares via nervo maxilar para a glândula lacrimal e glândulas mucosas da cavidade nasal e palato	Secreções nasal e lacrimal	Perda do lacrimejamento
			2. Nervo corda do tímpano para o nervo lingual até o gânglio submandibular; fibras pós-ganglionares para as glândulas submandibular, sublingual e lingual	Secreção salivar	Salivação diminuída; boca seca

(continua)

Tabela 21.9   Componentes e distribuições dos nervos cranianos (*continuação*)

Nervo	Células de origem	Conexões centrais	Distribuição periférica	Função	Sinais e sintomas de dano
	Gânglio geniculado (sensitivo especial)	Núcleo do trato solitário (parte rostral)	Botões gustativos nos $^2/_3$ anteriores da língua	Gustação	Perda da gustação nos $^2/_3$ anteriores da língua ipsilateralmente
	(sensitivo geral)	Núcleo espinal do nervo trigêmeo (parte caudal)	Região auricular posterior, meato acústico externo, membrana timpânica	Sensibilidade somática geral	Insignificante
VIII Vestibulococlear	Gânglio vestibular (sensitivo especial)	Núcleos vestibulares e cerebelo	Células ciliadas das cristas ampulares nos ductos semicirculares e máculas do sáculo e utrículo	Equilíbrio	Vertigem, desequilíbrio e nistagmo
	Gânglio espiral (sensitivo especial)	Núcleos cocleares posterior e anterior	Células ciliadas do órgão espiral (de Corti)	Audição	Surdez neural ou sensorioneural
IX Glossofaríngeo	Núcleo ambíguo (parte rostral) (motor branquial)		Estilofaríngeo e constritor superior da faringe	Elevação da faringe	Disfagia discreta
	Núcleo salivatório inferior (motor visceral)		Plexo timpânico para o nervo petroso menor até o gânglio ótico-fibras pós--ganglionares, via nervo auriculotemporal para a glândula parótida	Secreção salivar	Boca seca
	Gânglio inferior (petroso) (sensitivo especial)	Núcleo do trato solitário (parte rostral)	Botões gustativos no terço posterior da língua	Gustação	Perda da gustação no terço posterior da língua ipsilateralmente
	(sensitivo geral)	Núcleo espinal do nervo trigêmeo	Superfície anterior da epiglote, raiz da língua, borda do palato mole, úvula, tonsila, faringe, tuba auditiva, orelha média	Sensibilidade somática geral	Anestesia da região tonsilar e perda do reflexo de "ânsia de vômito" a partir da estimulação ipsilateral
	(sensitivo visceral)		Glomo e seio caróticos	Reflexos	Insignificante

(continua)

Tabela 21.9 Componentes e distribuições dos nervos cranianos (*continuação*)

Nervo	Células de origem	Conexões centrais	Distribuição periférica	Função	Sinais e sintomas de dano
X Vago	Núcleo ambíguo (motor branquial)		Palato, constritores da faringe e músculos intrínsecos da laringe	Deglutição e fonação	Disfagia, rouquidão e paralisia do palato mole com desvio do véu palatino (palato mole) e da úvula para o lado contralateral
	Núcleo motor dorsal do vago e região do núcleo ambíguo (motor visceral)		Plexos e nervos cardíacos para gânglios do coração; plexos pulmonares para gânglios da árvore respiratória; plexos esofágico, gástrico, celíaco, mesentéricos superior e inferior para os gânglios mioentéricos e submucosos do trato digestivo, descendo até o cólon transverso	Depressor cardíaco, bronco-constritor; secreção e peristaltismo do trato GI	Insignificante
	Gânglio inferior (nodoso) (sensitivo especial)	Núcleo do trato solitário (parte rostral)	Botões gustativos na região da epiglote	Gustação	Insignificante
	(sensitivo visceral)	Núcleo do trato solitário	Superfície posterior da epiglote, faringe, laringe, traqueia, brônquios, esôfago, estômago, intestino delgado, cólon ascendente e cólon transverso	Reflexos e sensibilidade viscerais	Anestesia da faringe e laringe, ipsilateralmente
			Arco aórtico	Reflexos	
	Gânglio superior (jugular) (sensitivo geral)	Núcleo espinal do nervo trigêmeo (parte caudal)	Meato acústico e orelha externa	Sensibilidade somática geral	Anestesia do meato acústico externo ipsilateral
XI Acessório, raiz craniana	Núcleo ambíguo (parte caudal) (motor branquial)		Comunicação com ramos do nervo vago para os músculos da faringe e laringe	Deglutição e fonação	Insignificante

(continua)

Tabela 21.9	Componentes e distribuições dos nervos cranianos (*continuação*)				
Nervo	**Células de origem**	**Conexões centrais**	**Distribuição periférica**	**Função**	**Sinais e sintomas de dano**
Raiz espinal	Motoneu-rônios do núcleo acessório na medula espinal em C1-C5 ou C6 (motor somático)		Músculos esternocleido-mastóideo e trapézio	Movimentos da cabeça e do ombro	Fraqueza muscular aos movimentos de encolher o ombro ipsilateral e virar a cabeça para o lado oposto
XII Hipoglosso	Núcleo hipoglosso (motor somático)		Músculos estilo-glosso, hioglosso, genioglosso e intrínsecos da língua	Movimentos da língua	Perda de fibras musculares dos músculos ipsilaterais da língua e desvio da língua para o lado ipsilateral à protrusão

GI, gastrintestinal.

Questões para revisão

1. O dano a qual nervo craniano está associa-do a cada um dos resultados a seguir?
   a. Voz fraca e rouca acompanhada de flaci-dez do palato mole esquerdo.
   b. Fraqueza muscular ao movimento de baixar o olho direito aduzido.
   c. À sua protrusão, a língua desvia para o lado esquerdo.
   d. Hemianestesia facial direita.
   e. Ausência de movimentos oculares e nistagmo durante a irrigação do meato acústico externo esquerdo com água fria ou quente.
   f. Esotropia e paralisia de abdução do olho direito.
   g. Perda da gustação no terço posterior do lado esquerdo da língua.

2. Nomeie os nervos cranianos e interneurô-nios envolvidos nos seguintes reflexos:
   a. Piscamento diante da irritação da cór-nea com um chumaço de algodão.
   b. Constrição pupilar diante do aumento da intensidade da luz em qualquer um dos olhos.
   c. "Ânsia de vômito" diante da estimula-ção da região tonsilar.
   d. Diminuição da frequência cardíaca com a compressão do globo ocular.
   e. Lacrimejamento e salivação ao beliscar a língua.
   f. Contração do músculo masseter ao apli-car um golpe curto para baixo no queixo.
   g. Vômito ao introduzir um dedo na gar-ganta.

Parte VII

Componentes acessórios

Um homem de 55 anos, fumante compulsivo com diabetes e histórico de doença aterosclerótica coronariana, sofre vários episódios de perda total da visão no olho esquerdo descritos como uma sensação de ter alguém obscurecendo sua órbita. Essa perda visual está associada à dormência e ao formigamento na mão e nos dedos da mão direita, a um "caimento" do lado direito da face e à dificuldade significativa para produzir palavras. Todos esses sintomas ocorrem subitamente e somem completamente em 20 minutos. O exame neurológico do paciente apresenta-se normal, e o único achado positivo é um ruído alto sobre a artéria carótida esquerda. Um angiograma demonstra um grave bloqueio aterosclerótico no segmento proximal da artéria carótida interna (ACI), sendo então realizada uma endarterectomia carotídea. Não há episódios isquêmicos transitórios adicionais.

Os neurônios do sistema nervoso central (SNC), de modo diferente das células básicas da maioria dos sistemas orgânicos, são bastante dependentes do metabolismo aeróbico. Com a privação de fluxo sanguíneo por um período de apenas 20 segundos, o encéfalo é levado a um estado de inconsciência. Se a circulação não for reestabelecida em 4-5 minutos, esse estado geralmente se torna irreversível. O próprio encéfalo em si representa cerca de 2% do peso corporal (1.500 g), mas usa 15% do débito cardíaco total (5 L/min) e consome 20% (50 mL/min) do oxigênio total disponível. Esse enorme fluxo sanguíneo e consumo de oxigênio demandam um sistema de distribuição amplo que funcione sem problemas – o sistema de vasos do sistema nervoso central, denominado por alguns autores de sistema cerebrovascular).[1]

Diferentes áreas do cérebro e da medula espinal recebem quantidades diferentes de sangue, dependendo da atividade metabólica. Na maioria das circunstâncias, a substância cinzenta, que é mais metabolicamente ativa, tem um fluxo sanguíneo maior em comparação à substância branca (75 vs. 25 mL/100 g/min). Além disso, certos neurônios no SNC (i. e., camadas específicas do hipocampo e dos córtices cerebelar e cerebral) apresentam vulnerabilidade seletiva à perda de oxigênio, de modo que são afetados primeiro nos estados de **hipóxia** aguda.

---

1 N.R.C.: O autor da obra usa o termo "cerebrovascular" e "vasos cerebrais" com frequência se referindo aos vasos do sistema nervoso central e não exclusivamente aos vasos do cérebro. Nesta revisão optamos por distinguir um conceito do outro utilizando os termos de forma mais específica quando necessário para vasos do sistema nervoso central (quando a ideia incluir encéfalo + medula espinal) / vasos do encéfalo (= brain) / vasos cerebrais (= cerebrum/córtex cerebral). Há situações em que o uso de cerebral (SNC) é tradicional e, neste caso, o termo usado pelo autor será mantido.

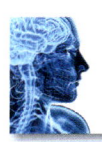

Conexão clínica

O fluxo sanguíneo cerebral (FSC) total, em média, é de 750 mL/min. Esses 750 mL são fornecidos pelas duas artérias carótidas e pela artéria basilar, cada qual contribuindo com cerca de 250 mL/min. O volume sanguíneo intracraniano total é 100-150 mL em um dado instante. Portanto, o *pool* circulatório intracraniano é renovado 5-7 vezes por minuto. O FSC médio é 55 mL/100 g de tecido encefálico/min. Se o FSC cair para menos de 30-35 mL/100 g/min, ocorre isquemia. Se o FSC cair abaixo de 20 mL/100 g/min, ocorre infarto. Fluxos prolongados inferiores a 15 mL/100 g/min inevitavelmente resultam em infarto extenso.

Os vasos sanguíneos do SNC se autorregulam para manter uma quantidade constante de fluxo sanguíneo para o neuroeixo, apesar das flutuações da pressão arterial sistêmica. Os vasos extracerebrais de maior calibre têm um plexo nervoso facilmente identificável na camada adventícia, contudo a autorregulação persiste mesmo após sua completa remoção. Diferente do observado no sistema vascular periférico, as influências simpáticas e parassimpáticas sobre o tônus dos vasos sanguíneos do SNC são bastante limitadas.

A autorregulação dos vasos no SNC tem relação estreita com os processos metabólicos locais, e muitos metabólitos afetam o FSC. Os metabólitos mais significativos que afetam o FSC são as concentrações locais de oxigênio e dióxido de carbono. A hipóxia ou a **hipercapnia**, ou ambas, resultam em vasodilatação cerebral e aumento do FSC, enquanto a **hipocapnia** resulta em vasoconstrição e diminuição do fluxo sanguíneo.

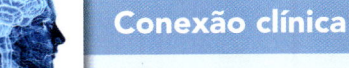

Conexão clínica

Do ponto de vista clínico, os efeitos do oxigênio e do dióxido de carbono sobre o tônus dos vasos sanguíneos do SNC podem ser manipulados em pacientes com pressão intracraniana elevada. Um dos tratamentos comuns para a pressão intracraniana elevada é a hiperventilação. Esse tratamento abaixa a Pco_2 e eleva a Po_2, causando vasoconstrição cerebral e FSC diminuído, resultando assim na diminuição secundária da pressão intracraniana.

As artérias intracranianas diferem consideravelmente das artérias encontradas em outras partes do corpo quanto à composição histológica. A íntima dos vasos intracranianos tem uma lâmina elástica interna (LEI) bem desenvolvida, que é de fato mais espessa do aquela encontrada em vasos extracranianos. Entretanto, a média (composta de células musculares lisas e fibras elásticas) é bem menos proeminente do que nas artérias extracranianas. A adventícia é delgada e desprovida de tecido de sustentação paravascular, lâmina elástica externa e *vasa vasorum*. Do ponto de vista histológico, as veias intracranianas são estruturas de paredes finas que consistem principalmente de colágeno com quantidade mínima de tecido elástico, pouco músculo e sem válvulas.

Conexão clínica

Em primatas, pequenas descontinuidades da média são observadas nos pontos de ramificação das artérias intracranianas de maior calibre. Nessas áreas, a adventícia está de fato em contato com a LEI. Clinicamente, essas conhecidas falhas da média estão relacionadas à localização de aneurismas saculares que se formam quando a LEI é danificada por aterosclerose progressiva. Com a ausência congênita da média e lesão da LEI durante o desenvolvimento, a parede vascular é sustentada apenas pelo endotélio e pela adventícia. Esse suporte fraco se distende progressivamente como um balão e origina um aneurisma.

Os vasos intracranianos extracerebrais estão contidos no espaço subaracnóideo (Fig. 1.4). Ao penetrarem no encéfalo, esses vasos e seus ramos se tornam intracerebrais. Uma pequena extensão perivascular do espaço subaracnóideo é formada ao longo desses vasos que penetram no encéfalo. Conhecido como **espaço de Virchow-Robin**, este espaço se estende a partir do espaço subaracnóideo geral e afina de maneira gradativa à medida que o vaso penetra profundamente o tecido nervoso do SNC.

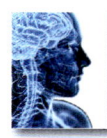

A barreira hematoencefálica

O conceito de uma barreira seletiva entre o espaço intravascular e o SNC é sugerido pelo resultado da introdução de corantes (p. ex., azul de tripano) na circulação sanguínea. A maioria dos tecidos corporais, incluindo as meninges, é corado, mas o encéfalo e a medula espinal, não. A barreira hematoencefálica impede seletivamente a penetração de certas substâncias no SNC. A permeabilidade seletiva da barreira hematoencefálica reside ao longo do endotélio capilar (Fig. 1.5). As zônulas (junções) de oclusão e a ausência de fenestrações no endotélio capilar impedem a passagem de muitas substâncias.

Do ponto de vista fisiológico, a passagem de substâncias através da barreira hematoencefálica depende do tamanho molecular, da miscibilidade em lipídios e do grau de dissociação iônica. Muitos fármacos úteis no tratamento de distúrbios sistêmicos são ineficazes em distúrbios idênticos do SNC por serem incapazes de cruzar a barreira hematoencefálica. Os prolon-

gamentos terminais ("pés vasculares") dos astrócitos controlam o volume no tecido nervoso regulando a quantidade de substâncias (como sódio, água e glicose) que entra nesse espaço. As rupturas dos "pés vasculares" astrocitários, em geral, resultam em vazamento de líquido para dentro do tecido nervoso com desenvolvimento de **edema cerebral**. Essa condição ocorre comumente com traumatismos e tumores.

Vascularização do sistema nervoso central

As partes anterior e posterior do SNC recebem sangue das artérias carótidas e vertebrais, respectivamente (Fig. 22.1). Dessa forma, são descritos dois sistemas circulatórios no SNC: um anterior ou sistema carotídeo (carótico), e outro posterior ou sistema vertebrobasilar.

Sistema anterior ou carotídeo (carótico)

A artéria carótida comum começa à direita, à medida que o tronco braquiocefálico se bifurca nas artérias carótida comum e subclávia. A artéria carótida comum esquerda se ramifica a partir do arco da aorta em seu ponto mais alto. Cada artéria carótida comum encontra-se envolvida pela bainha carótica, juntamente com a veia jugular interna em posição lateral e o nervo vago em posição dorsal (entre a artéria e a veia). Perto da borda superior da cartilagem tireóidea, a artéria carótida comum se bifurca nas artérias carótidas interna (ACI) e externa. O seio carótico e o glomo carótico, que influenciam a pressão arterial e a regulação respiratória, respectivamente, estão localizados na bifurcação e se estendem ao longo dos poucos milímetros proximais da ACI.

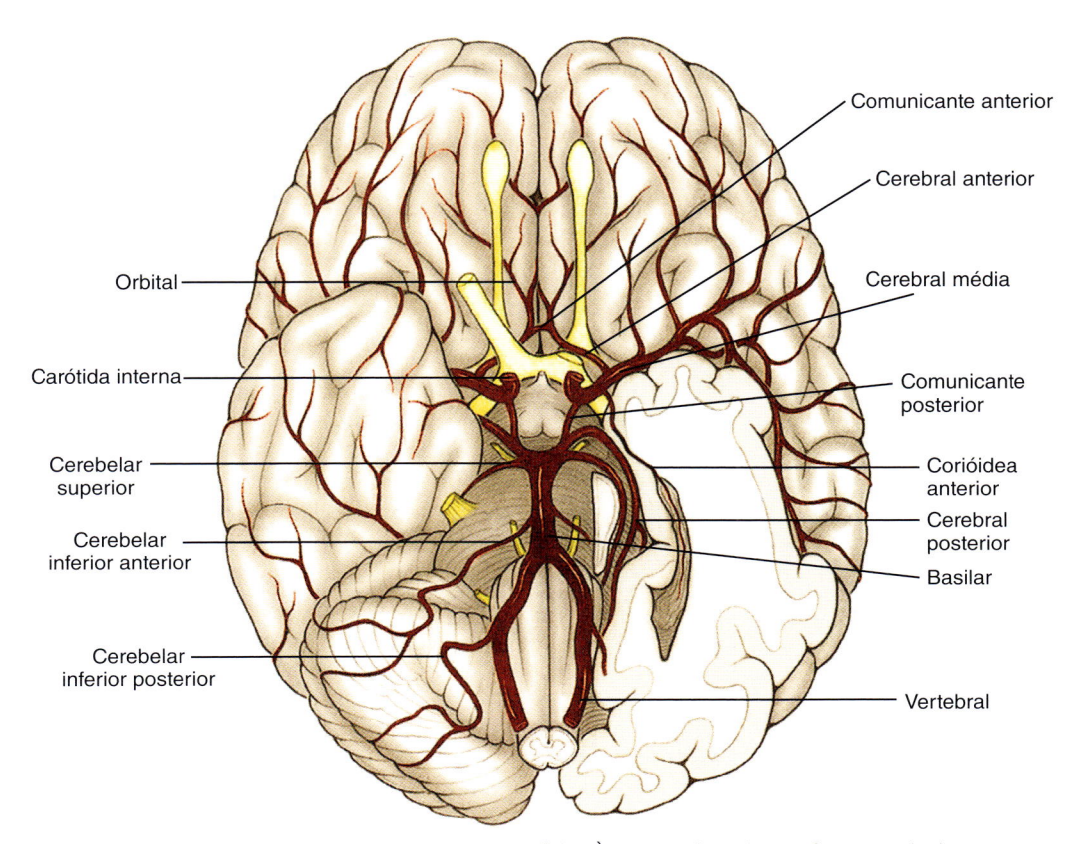

Figura 22.1   Principais artérias na base do encéfalo. À esquerda, o hemisfério cerebelar e a parte ventral do lobo temporal foram removidos.

transitório (AIT) nesse local pode resultar em sintomas de isquemia em qualquer parte da circulação anterior, porém afeta mais comumente a artéria oftálmica (perda de visão ipsilateral) ou os ramos que constituem as artérias cerebrais médias (perda contralateral da sensibilidade e/ou da força muscular na face e no membro superior), como no caso apresentado no início deste capítulo. É fundamental realizar uma avaliação urgente de um AIT para a prevenção do acidente vascular encefálico.

A partir da bifurcação, a artéria carótida externa segue medialmente para se dividir em seus muitos ramos extracranianos, enquanto a ACI segue posterolateralmente (sem se ramificar) para entrar no canal carótico situado na parte petrosa do osso temporal.

No aspecto radiológico, o curso da ACI pode ser subdividido em quatro segmentos: cervical, petroso, cavernoso e cerebral. O segmen-

to cervical se estende da bifurcação da carótida comum até o ponto onde a artéria perfura o canal carótico. O segmento petroso está contido dentro do canal carótico da parte petrosa do osso temporal. Essa porção da artéria tem vários ramos pequenos que seguem para a orelha interna. O segmento cavernoso está contido dentro do seio cavernoso e se estende a partir do ponto em que a artéria deixa o canal carótico até o ponto em que ela entra na dura-máter perto do processo clinoide anterior.

Conexão clínica

O formato da ACI nas angiografias, conforme esta serpenteia pelo canal carótico da parte petrosa do temporal e pelo seio cavernoso, é denominado **sifão carótico**. Na realidade, o segmento cavernoso não é banhado pelo sangue venoso do seio, mas é circundado pelo endotélio sinusal e sustentado por numerosas trabéculas. Vários ramos proeminentes, incluindo o tentorial (que supre o tentório do cerebelo), o hipofisário inferior (que supre o lobo posterior da glândula hipófise) e o cavernoso ou meníngeo (que supre a dura-máter circundante), estão localizados ao longo dessa porção do vaso. À medida que a ACI deixa o seio cavernoso, perfura a dura e se torna pela primeira vez um vaso intracraniano (segmento cerebral).

O segmento cerebral é a porção terminal da ACI e termina à medida que a carótida interna se bifurca nas artérias cerebrais anterior e média (ACM; Figs. 22.1 e 22.2). Outros ramos principais do segmento cerebral incluem a artéria oftálmica, as artérias hipofisárias superiores, a artéria comunicante posterior e a artéria corióidea anterior.

Artéria oftálmica

A artéria oftálmica deixa a ACI abaixo do nervo óptico e entra na órbita pelo forame óptico com o nervo óptico (Figs. 22.2D e 22.3). Ela origina a artéria central da retina e, por fim, se comunica de forma livre com a artéria carótida externa via seus ramos lacrimal, etmoidal, supraorbital, supratroclear e nasal.

Artérias hipofisárias superiores

As artérias hipofisárias superiores saem das ACI e formam um plexo em torno da haste hipofisária (Fig. 22.4).

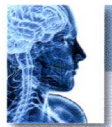
Conexão clínica

Os capilares destes vasos ajudam na formação do sistema porta-hipofisário que supre o lobo anterior da glândula hipófise (Fig. 18.3).

Artéria comunicante posterior

A artéria comunicante posterior deixa a superfície dorsolateral da ACI pouco antes de sua ramificação terminal, e se une à parte proximal da artéria cerebral posterior (ACP), conectando assim as circulações anterior e posterior (Figs. 22.1, 22.2D e 22.3).

Conexão clínica

Do ponto de vista clínico, um dos locais mais frequentes de formação de aneurisma é onde a artéria comunicante posterior surge da ACI.

Artéria corióidea anterior

A artéria corióidea anterior geralmente tem origem na carótida interna, proximal a sua bifurcação. Entretanto, às vezes, se origina da ACM, artéria comunicante posterior ou bifurcação das artérias cerebrais média e anterior (ACA). A artéria corióidea anterior cruza o trato óptico e segue para a superfície medial do lobo temporal (Figs. 22.1 e 22.4). Os ramos penetrantes da artéria corióidea anterior suprem o hipocampo, o núcleo amigdaloide e as partes ventral e retrolenticular inteira do ramo posterior da cápsula interna. Além disso, a artéria corióidea anterior supre o **plexo corióideo** do corno temporal do ventrículo lateral (Fig. 22.1).

Artéria cerebral anterior

A ACA é dividida pela artéria comunicante anterior em segmentos proximal ou pré-comunicante (A-1) e distal ou pós-comunicante (A-2).

Segmento pré-comunicante ou segmento A-1. O segmento A-1 começa na bifurcação carótica, passando sobre o trato e quiasma ópticos para alcançar a artéria comunicante anterior (Figs. 22.1, 22.2B, 22.3 e 22.4). Ao longo de seu curso, seus ramos suprem partes do hipotálamo anterior.

Artéria recorrente de Heubner. A artéria recorrente de Heubner é evidente por seu amplo calibre. Ela se origina da parte distal do segmento A-1 ou da parte proximal do segmento A-2, e segue lateralmente ao longo do segmento A-1 para então se unir às artérias estriadas laterais no ponto em que elas entram na substância perfurada anterior (Fig. 22.3). A artéria recorrente supre as partes ventrais da cabeça do núcleo caudado, polo anterior do putame, parte anterior do globo pálido e ramo anterior da cápsula interna dorsalmente até o topo do globo pálido.

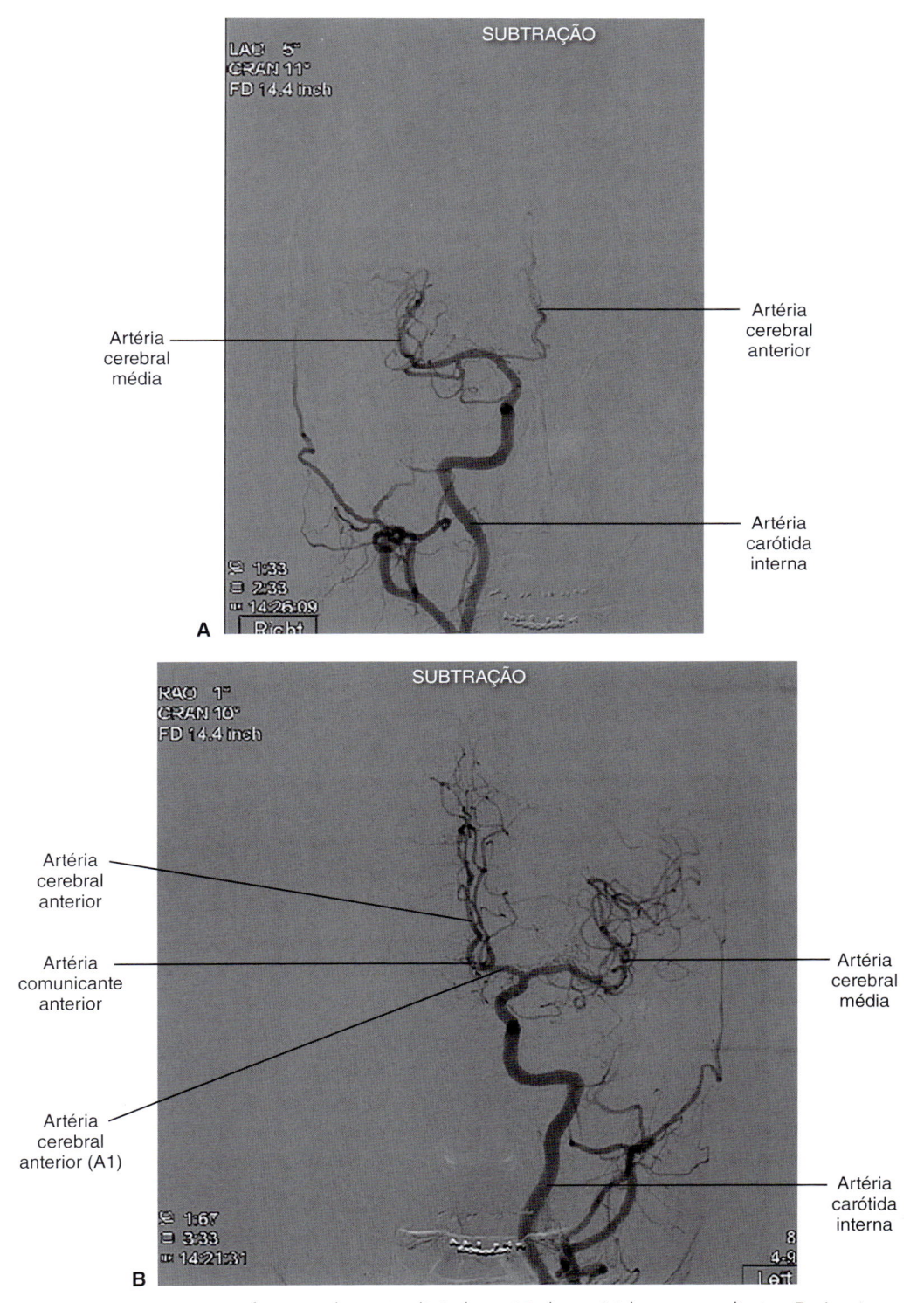

Figura 22.2 A. Angiografia por subtração digital em AP da carótida comum direita. **B.** Angiografia por subtração digital intravenosa AP da carótida comum esquerda.

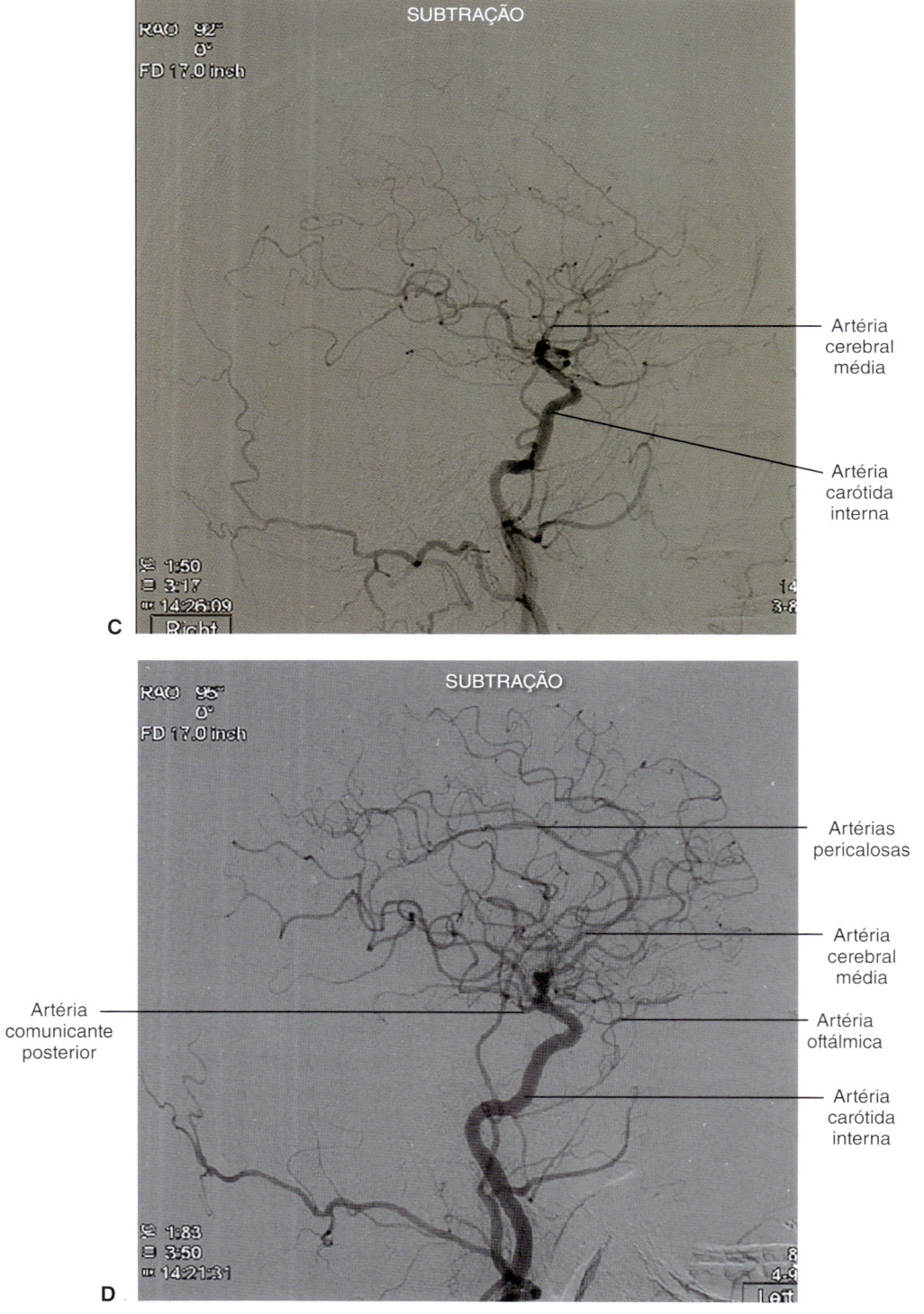

Figura 22.2 (*Continuação*) **C.** Angiografia por subtração digital em perfil (lateral) da carótida comum direita. **D.** Angiografia por subtração digital em perfil (lateral) da carótida comum esquerda.

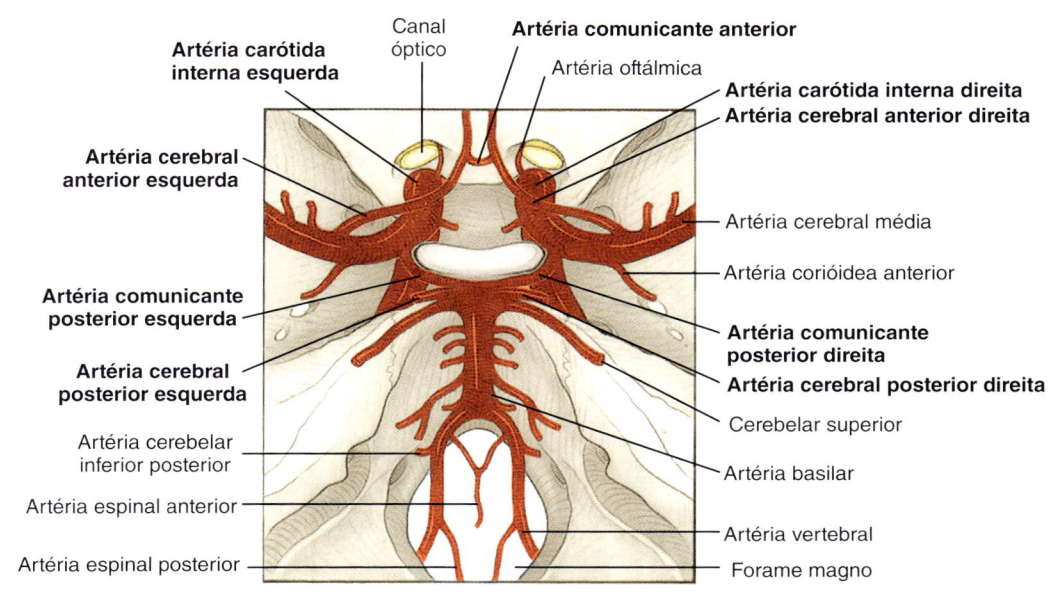

Figura 22.3   O círculo (polígono) arterial de Willis (*negrito*) e outras artérias encefálicas importantes, como observado no assoalho da cavidade craniana.

Artéria comunicante anterior. A artéria comunicante anterior une as duas ACA, com os segmentos A-1 desses vasos localizados proximalmente a ela e os segmentos A-2 distalmente (Figs. 22.1, 22.2B, 22.3 e 22.4). Do ponto de vista anatômico, a artéria comunicante anterior raramente é um vaso evidente, sendo mais frequentemente uma complexa rede ou malha de vasos. Pequenos ramos perfurantes da artéria comunicante anterior suprem o joelho do corpo caloso, o septo pelúcido e os núcleos septais.

Conexão clínica

A artéria comunicante anterior constitui uma importante fonte de fluxo sanguíneo em potencial entre os dois hemisférios, particularmente nos casos de obstrução de uma das ACI. Além disso, a artéria comunicante anterior é outro local frequente de formação de aneurisma sacular.

Segmento pós-comunicante ou segmento A-2. O segmento A-2 da ACA começa na artéria comunicante anterior (Figs. 22.1, 22.2A, B e 22.4). Os ramos proximais do segmento

A-2 incluem a artéria orbital (Fig. 22.1), que supre o giro reto e o trato e bulbo olfatórios, bem como a artéria polarfrontal, que supre a parte anterior do giro frontal superior. O segmento A-2 termina se bifurcando na artéria calosomarginal e na artéria pericalosa (do tronco pericaloso) (Fig. 22.2D) perto do joelho do corpo caloso (Fig. 22.5).

Artéria calosomarginal. A artéria calosomarginal segue o curso do sulco do cíngulo (anteriormente denominado sulco calosomarginal), dando origem aos ramos frontais anteromedial, intermediomedial e posteromedial ao giro frontal superior (Fig. 22.5). Ela termina como artéria paracentral (ramos paracentrais da artéria calosomarginal) suprindo o lóbulo paracentral. Todos esses ramos se anastomosam com ramos pré- e pós-rolândicos da ACM que se voltam para a convexidade do hemisfério.

Artéria pericalosa ou do tronco pericaloso. A artéria pericalosa (Fig. 22.2D) é considerada uma continuação da ACA. Segue posteriormente em estreita relação com o corpo caloso, o septo pelúcido e o fórnice. Os ramos terminais incluem a artéria pré-cúnea, que supre o

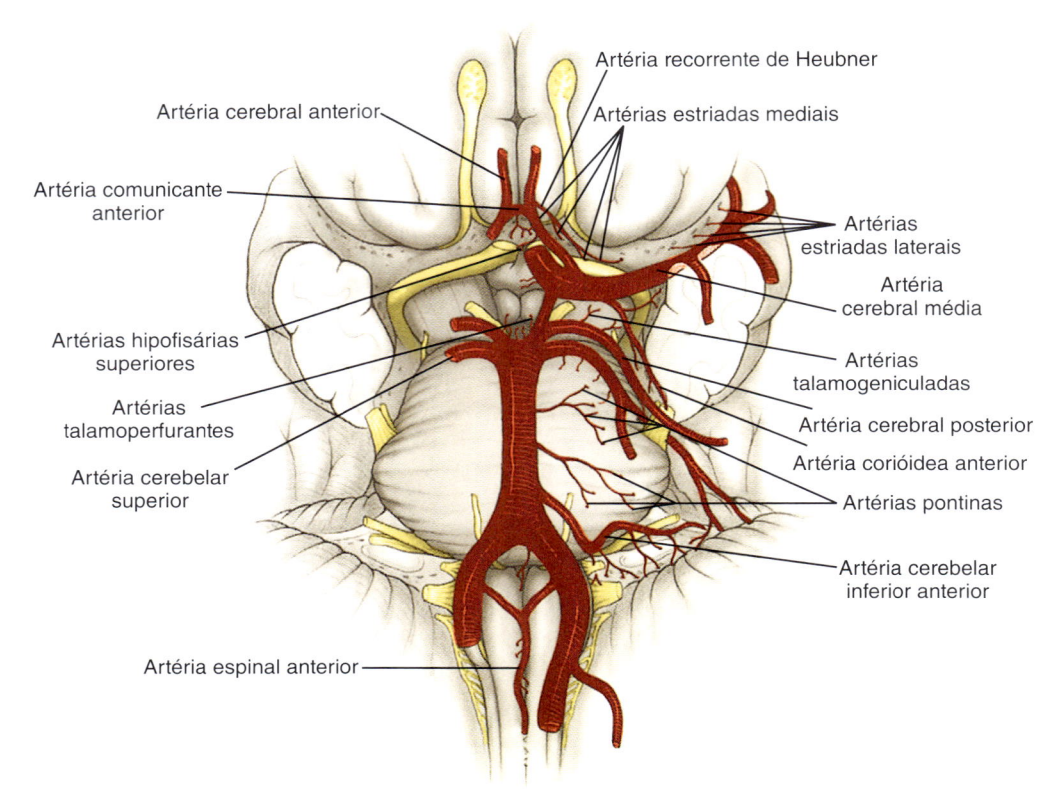

Figura 22.4 Áreas na base do encéfalo onde penetram as principais artérias que irrigam o SNC.

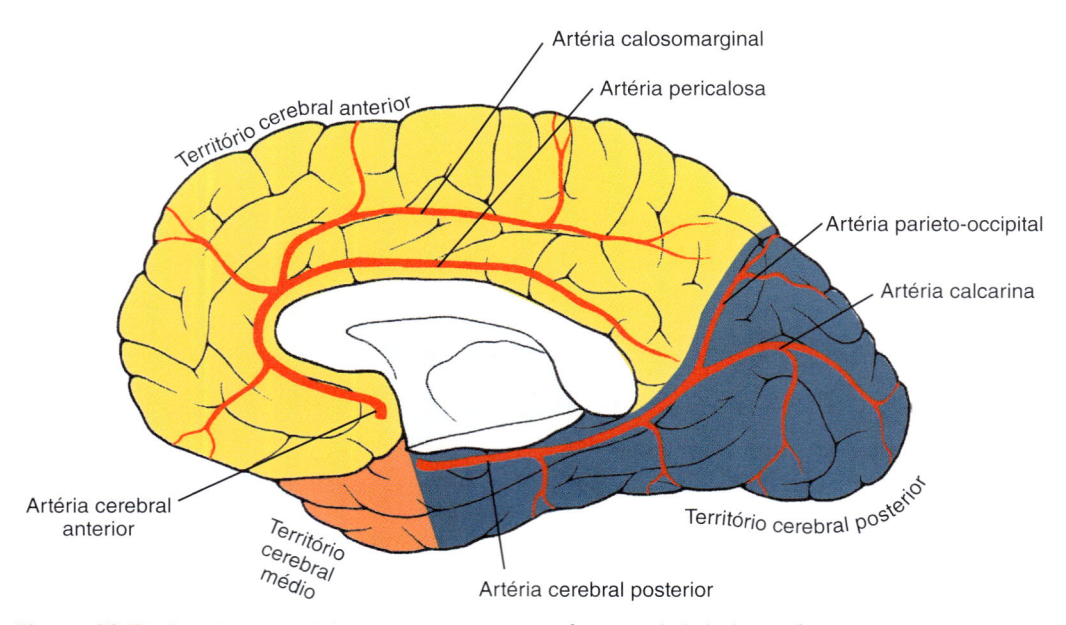

Figura 22.5 Principais territórios arteriais na superfície medial do hemisfério.

pré-cúneo, e a artéria pericalosa posterior, que supre o esplênio do corpo caloso (Fig. 22.5).

Conexão clínica

Um acidente vascular encefálico no território cortical de distribuição de uma ACA resulta em déficits sensitivos e motores no pé e na perna do lado oposto. Também é possível observar incontinência urinária e sinais contralaterais relacionados ao lobo frontal.

Artéria cerebral média

A ACM consiste no maior ramo da ACI. Trata-se da artéria cerebral mais frequentemente obstruída e é dividida pela bifurcação da ACM em um segmento proximal (M-1) e outro distal (M-2).

Segmento M-1. A porção proximal da ACM se relaciona com a porção mais inferior da ínsula, à medida que a artéria segue para alcançar a **fissura silviana** ou sulco lateral. A partir desse segmento, 10-15 vasos perfurantes – as artérias estriadas laterais ou artérias lenticuloestriadas – se originam e suprem a parte dorsal da cabeça e todo o corpo do núcleo caudado, a maior parte do núcleo lentiforme e a cápsula interna acima do nível do globo pálido. Como a artéria recorrente de Heubner, essas artérias perfurantes seguem um curso recorrente de volta ao longo do segmento M-1 e penetram nos $^2/_3$ laterais da substância perfurada anterior (Fig. 22.4).

Conexão clínica

Do ponto de vista clínico, os vasos lenticuloestriados são os locais mais comuns de hemorragia hipertensiva espontânea em indivíduos com hipertensão de longa duração.

Os outros ramos do segmento M-1 incluem a artéria temporal anterior, que supre a parte mais anterior do lobo temporal, e a artéria orbitofrontal, que supre as partes laterais da superfície orbital do lobo frontal.

Segmento M-2. A bifurcação da ACM está localizada na base da ínsula e forma o segmento M-2 (Fig. 22.2) que, por sua vez, consiste nos troncos superior e inferior. Esses troncos seguem profundamente no sulco lateral (fissura silviana), ao longo da ínsula. Na ínsula, os ramos seguem ao longo dos opérculos frontal e temporal, para saírem do sulco lateral e seguirem ao longo da convexidade do hemisfério. Em geral, o tronco superior supre ramos para os lobos frontal e parietal, enquanto o tronco inferior supre os lobos temporal e occipital (Fig. 22.6). Em imagens de angiografia, o aspecto dos troncos superior e inferior e seus ramos tem um formato característico chamado **candelabro cerebral médio**. Os ramos de ambos os troncos, superior e inferior, são nomeados de acordo com a região que suprem. Esses incluem as artérias pré-central ou pré-rolândica, central ou rolândica, pós-central ou pós-rolândica, parietais anterior e posterior, angular, temporal posterior e occipital posterior. As artérias pré-central, central, pós-central, parietais anterior e posterior e angular deixam o sulco lateral e suprem a maior parte da convexidade cerebral, fazendo anastomose com os ramos da ACA perto das bordas anterior e dorsal da convexidade. Os ramos temporal posterior e occipital posterior suprem a maior parte da convexidade temporal e occipital, fazendo anastomose com os ramos da ACP nas bordas posterior e ventral do hemisfério.

Conexão clínica

Um acidente vascular encefálico no território de distribuição cortical da ACM resulta em um grave déficit sensorial e motor na face contralateral e no membro superior. Com o envolvimento do hemisfério dominante, há também desenvolvimento de afasia global. Com o envolvimento do hemisfério não dominante, o resultado é a síndrome de negligência ou amorfossíntese.

Sistema posterior ou vertebrobasilar

Artérias vertebrais

As artérias vertebrais são os primeiros ramos das artérias subclávias. Em geral, entram nos fo-

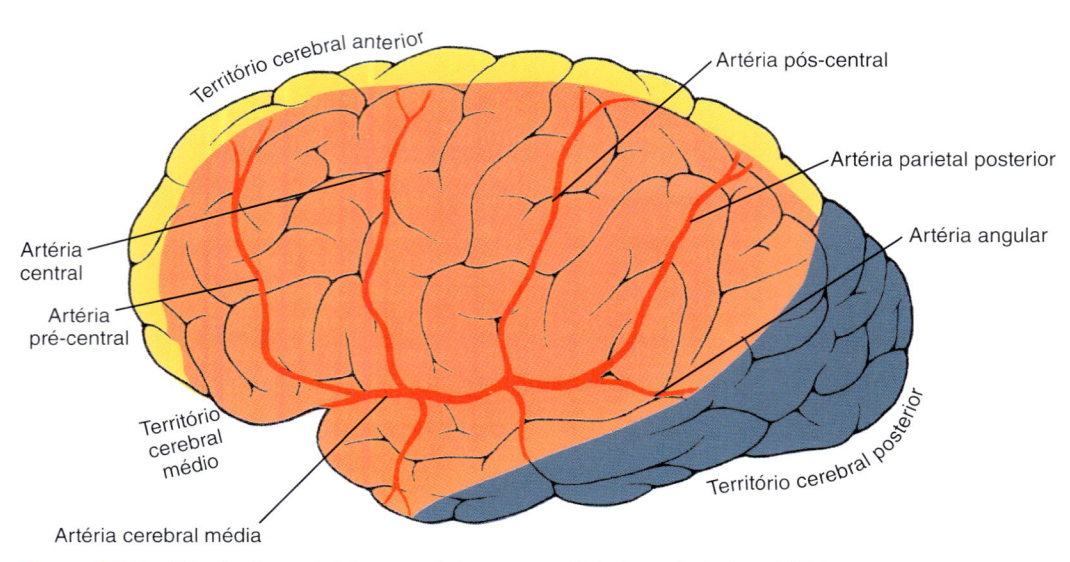

Figura 22.6 Principais territórios arteriais na superfície lateral do hemisfério.

rames transversos da 6ª vértebra cervical (VC) e sobem pelos forames transversos das outras vértebras cervicais para alcançarem a margem superior de VC1, onde perfuram a membrana atlanto-occipital. Em seguida, entram na cavidade craniana pelo forame magno em posição ventral aos nervos hipoglosso, seguem ao longo das superfícies anterior ou lateral do bulbo, e então se unem para formar a artéria basilar perto da junção bulbopontina (Figs. 22.1 e 22.7).

Depois de entrar na cavidade craniana, cada artéria vertebral origina uma artéria espinal posterior que desce ao longo da face posterolateral da medula espinal. As artérias vertebrais, 1-2 cm antes de se unirem para formar a artéria basilar, originam seus ramos maiores – as artérias cerebelares inferiores posteriores (ACIP) (Fig. 22.7).

As ACIP se curvam em torno da superfície ventral do bulbo em direção às raízes dos nervos cranianos (NC) IX, X e XI. As ACIP alcançam a região da tonsila cerebelar e seguem ao longo da superfície cerebelar inferior posterior (Fig. 22.1). Múltiplos vasos perfurantes que suprem a região posterolateral do bulbo se originam das ACIP que se curvam ao redor dessa região (Figs. 22.8 e 22.9). Outros ramos suprem o plexo corióideo do IV ventrículo antes de as ACIP terminarem como ramos vermianos inferiores e

ramos hemisféricos tonsilares (tonsilo-hemisféricos), que suprem todas as partes posteriores e inferiores do cerebelo.

Imediatamente antes da junção vertebral-basilar, as artérias espinais anteriores se originam de ambas as artérias vertebrais e se unem quase imediatamente para formar uma única artéria espinal anterior que segue ao longo da fissura mediana anterior da medula espinal (Figs. 22.3 e 22.4).

Conexão clínica

Um acidente vascular encefálico no território de distribuição da artéria vertebral (ou da ACIP) resulta em perda ipsilateral das sensações dolorosa e térmica na face; perda contralateral das sensações dolorosa e térmica nos membros, no tronco e no pescoço; síndrome de Horner ipsilateral; rouquidão; disfagia; nistagmo; vertigem; diplopia; ataxia ipsilateral; e perda do paladar ipsilateral. Essa combinação de sinais consiste na **síndrome lateral do bulbo** ou **síndrome de Wallenberg**.

Artéria basilar

A artéria basilar começa perto da junção bulbopontina e segue no sulco mediano raso sobre a superfície ventral da ponte para terminar

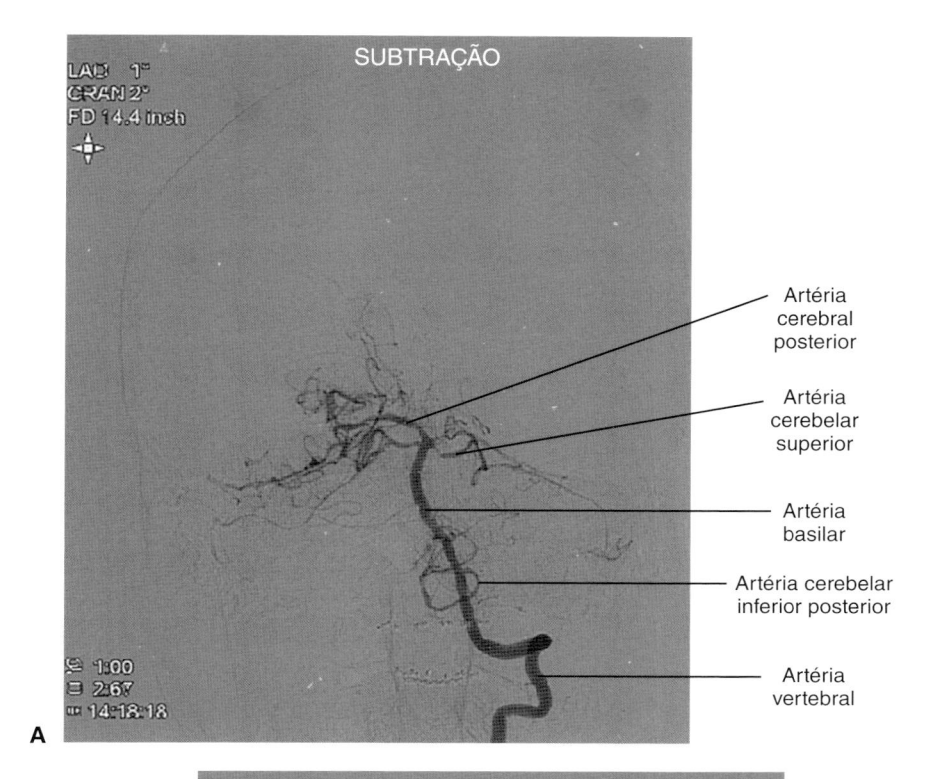

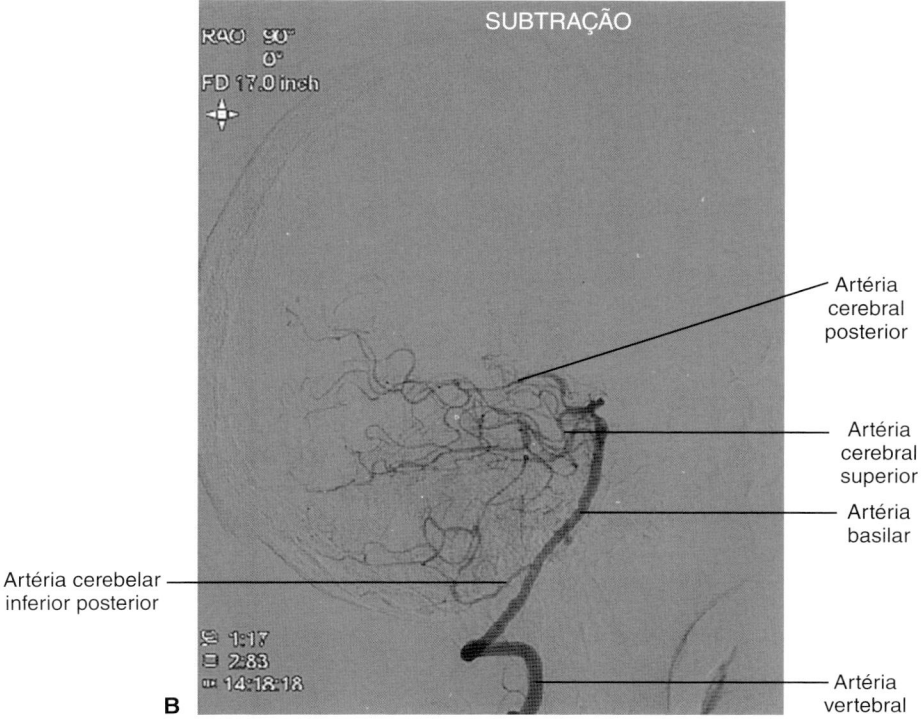

Figura 22.7   A. Angiografia por subtração digital em AP da artéria vertebral. **B.** Angiografia por subtração digital em perfil da artéria vertebral.

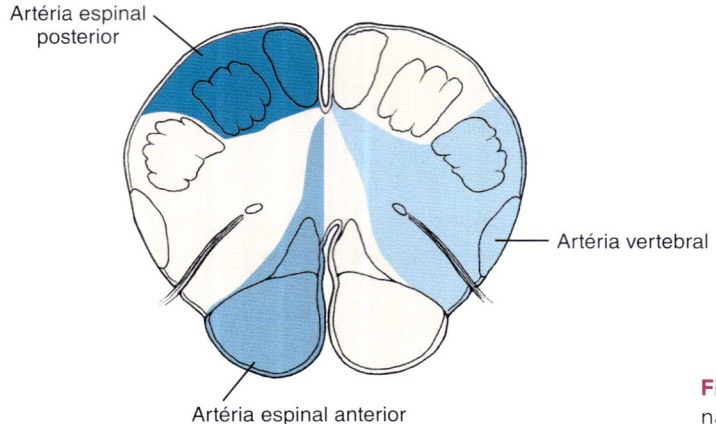

Artéria espinal posterior

Artéria vertebral

Artéria espinal anterior

Figura 22.8 Territórios arteriais na região caudal do bulbo.

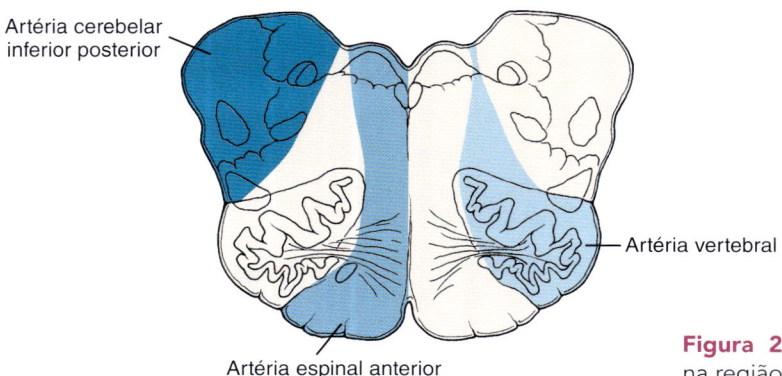

Artéria cerebelar inferior posterior

Artéria vertebral

Artéria espinal anterior

Figura 22.9 Territórios arteriais na região rostral do bulbo.

no mesencéfalo. No mesencéfalo, se divide nas ACP (Figs. 22.1, 22.3, 22.4 e 22.7). À medida que a artéria basilar segue ao longo da ponte, ela fornece múltiplos vasos perfurantes para a própria ponte. Esses vasos penetram a ponte como artérias paramediana, circunferencial curta e circunferencial longa (Fig. 22.10). Os grandes ramos simétricos originados aproximadamente no meio da artéria basilar são as chamadas artérias cerebelares inferiores anteriores (ACIA) (Figs. 22.1 e 22.4). Os vasos pareados e similarmente grandes que se originam em posição proximal ao término da artéria basilar são as chamadas artérias cerebelares superiores (ACS; Figs. 22.1, 22.4 e 22.7).

As ACIA emergem da artéria basilar e seguem ao longo do curso do NC VII e NC VIII (Fig. 22.4). Em certos casos, esses vasos na verdade podem adentrar um trecho curto no mea-

to acústico interno e, por fim, atingir as partes anterior e inferior do cerebelo, suas principais áreas de suprimento. As artérias do labirinto ou auditivas internas podem se originar da ACIA ou diretamente a partir da artéria basilar.

Proximal à bifurcação da artéria basilar nas ACP, a artéria basilar origina as ACS. Esses vasos circundam o mesencéfalo e terminam se dividindo nos ramos hemisférico e vermiano superior, que suprem a face superior do cerebelo e a maior parte dos núcleos cerebelares e dos pedúnculos cerebelares superiores (Fig. 22.10).

Artérias cerebrais posteriores

As ACP começam no ponto de bifurcação da artéria basilar, próximo à extremidade do dorso da sela. A uma curta distância de seu ponto de emergência, as ACP se anastomosam com as artérias comunicantes posteriores

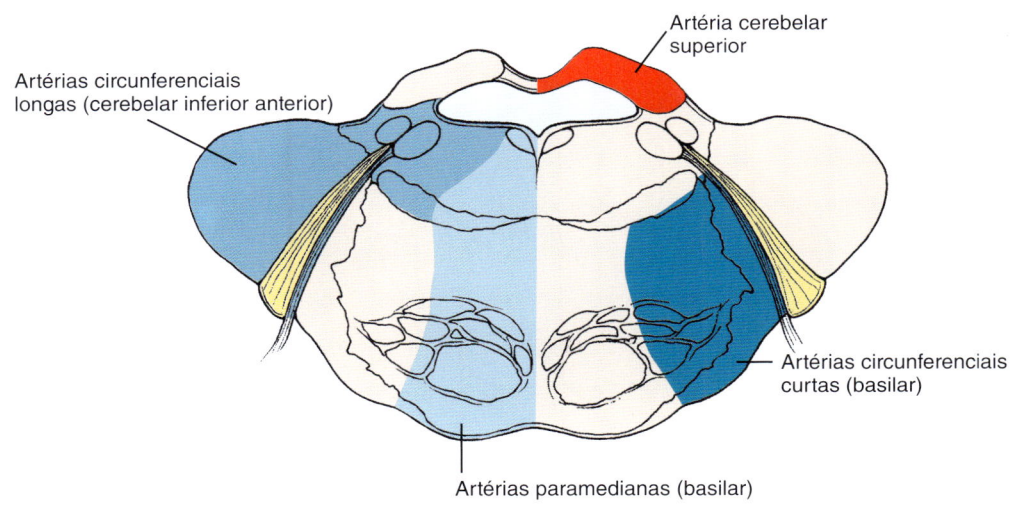

Artéria cerebelar superior

Artérias circunferenciais longas (cerebelar inferior anterior)

Artérias circunferenciais curtas (basilar)

Artérias paramedianas (basilar)

Figura 22.10 Territórios arteriais na região média da ponte.

(Figs. 22.1, 22.2 e 22.4), conectando as circulações cerebrais anterior e posterior. Cada uma das ACP contorna a face anterior do nervo oculomotor, passa lateralmente ao longo da superfície da base do pedúnculo cerebral e atinge a superfície dorsal da margem livre do tentório, seguindo então posteriormente pela superfície inferomedial do lobo temporal (Figs. 22.1 e 22.4).

As ACP originam ramos para o tronco encefálico e o córtex cerebral. Os principais ramos para o tronco encefálico são nomeados de acordo com suas áreas de suprimento do seguinte modo: talamoperfurante, corióidea posterior medial e quadrigeminal, que têm origens mediais à anastomose com a artéria comunicante posterior e suprem o mesencéfalo (Figs. 22.11 e 22.12); e talamogeniculado, corióidea posterior lateral e peduncular, que se originam lateralmente à anastomose comunicante posterior e suprem as partes laterais do diencéfalo posterior. À medida que as ACP seguem ao longo da superfície inferomedial do lobo tem-

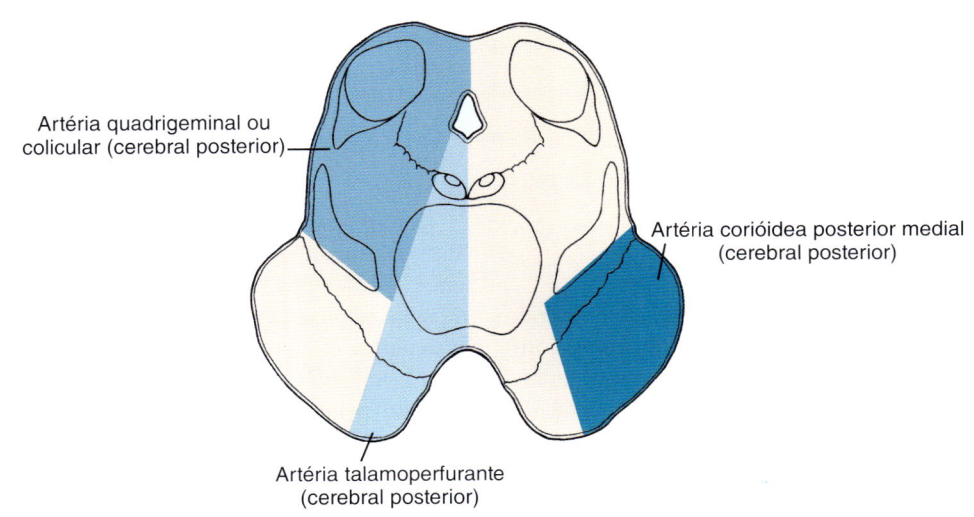

Artéria quadrigeminal ou colicular (cerebral posterior)

Artéria corióidea posterior medial (cerebral posterior)

Artéria talamoperfurante (cerebral posterior)

Figura 22.11 Territórios arteriais na região caudal do mesencéfalo.

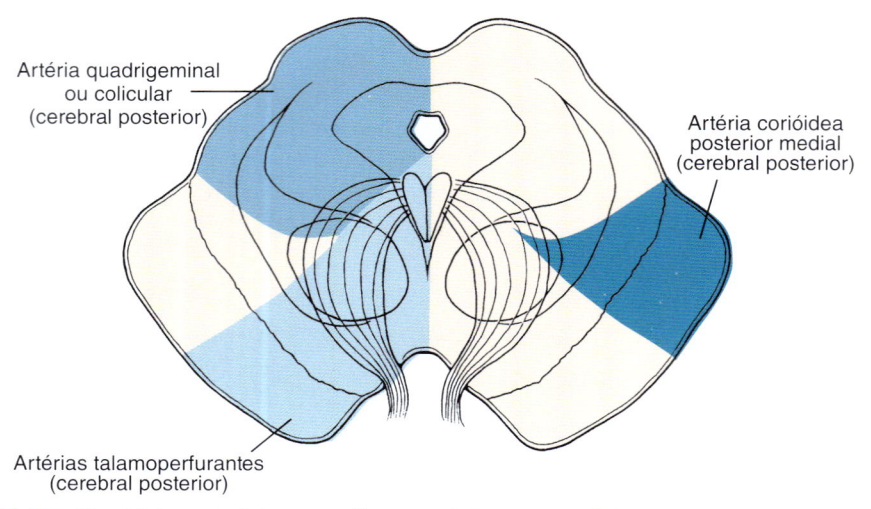

Artéria quadrigeminal
ou colicular
(cerebral posterior)

Artéria corióidea
posterior medial
(cerebral posterior)

Artérias talamoperfurantes
(cerebral posterior)

Figura 22.12   Territórios arteriais na região rostral do mesencéfalo.

poral, elas dão origem a seus ramos corticais que alcançam o lobo occipital, e suprem o hipocampo e as superfícies medial e inferior dos lobos temporal e occipital. As ACP terminam formando as artérias parieto-occipital e calcarina encontradas nos respectivos sulcos (Fig. 22.5). A artéria calcarina supre a área visual primária. Os ramos corticais das ACP se estendem levemente sobre as superfícies laterais dos lobos temporal e occipital, onde se anastomosam com ramos das ACM.

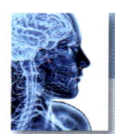

Conexão clínica

Um acidente vascular encefálico no território de distribuição cortical da ACP resulta em hemianopsia homônima contralateral. Com o envolvimento do hemisfério dominante (em geral, o esquerdo), também há anormalidades de leitura e escrita.

O círculo arterial cerebral de Willis

O **círculo ou polígono arterial cerebral**, descrito por Sir Thomas Willis, em 1664, consiste em vasos cerebrais maiores e suas interconexões localizadas na superfície ventral do encéfalo. As artérias do **círculo de Willis** (Fig. 22.3) incluem a comunicante anterior, cerebral anterior esquerda, carótida interna esquerda, comunicante posterior esquerda, cerebral pos-

terior esquerda, basilar, cerebral posterior direita, comunicante posterior direita, carótida interna direita e cerebral anterior direita. Um círculo de Willis perfeitamente simétrico, em que cada vaso componente tem o mesmo calibre, somente ocorre em uma minoria de casos. Mais comumente, uma ou mais artérias (com mais frequência a cerebral anterior, cerebral posterior, comunicante anterior ou comunicante posterior) são, até certo ponto, atróficas.

A função do círculo arterial cerebral de Willis é discutida, mas é provável que atue como um potencial *shunt* ou desvio vascular, auxiliando no desenvolvimento de uma circulação colateral para o encéfalo quando um dos vasos proximais (como a carótida ou a basilar) se torna obstruído de forma temporária ou permanente.

Alterações do desenvolvimento no círculo de Willis

Durante o desenvolvimento embrionário, as ACI suprem sangue para as artérias cerebrais anterior, média e posterior, sendo para esta última via uma calibrosa artéria comunicante posterior. Entretanto, com o desenvolvimento, o suprimento sanguíneo cerebral posterior distal passa a ser feito pela artéria basilar, via ACP proximal, uma vez que a artéria comunicante posterior atrofia. Na maioria das pessoas, o resultado dessa atrofia é uma circulação anterior (que consiste nas artérias cerebrais anterior e média supridas pelas artérias carótidas) e outra posterior (que consiste nas ACP supridas pelo tronco vértebro--basilar). No entanto, em 20% da população, a circulação embrionária persiste, com uma ou ambas as ACP sendo supridas principalmente pela circulação anterior via artérias comunicantes posteriores calibrosas persistentes.

Nos casos em que uma ou mais vias primárias de fluxo sanguíneo são perdidas, a manutenção do FSC depende de fontes colaterais. O círculo de Willis é uma das fontes mais importantes de circulação colateral para o encéfalo, embora sua efetividade dependa do tamanho de cada componente. Existem outras vias colaterais em conexões entre as circulações anterior (carótida) e posterior (basilar) (como as artérias primitivas do trigêmeo, ótica e do hipoglosso). Esses vasos geralmente desaparecem com o desenvolvimento. Outras fontes proeminentes de fluxo colateral incluem as anastomoses entre as artérias carótida externa e carótida interna e as artérias vertebrais. Do ponto de vista clínico, esses vasos colaterais são vistos com mais frequência em pacientes com doença obstrutiva de uma artéria carótida ou vertebral no pescoço. Nesses casos, não raro são encontradas as porções intracranianas dos vasos obstruídos supridas pelo ramo oftálmico da artéria carótida ou pelos ramos musculares da artéria vertebral a partir das ramificações da carótida externa na órbita e no pescoço. É possível observar anastomoses similares entre os vasos meníngeos e os vasos na superfície do cérebro.

Ramos centrais perfurantes

Os ramos do círculo arterial cerebral de Willis que penetram a superfície ventral do encéfalo são chamados ramos perfurantes, penetrantes, centrais ou gangliônicos, e estão divididos em quatro grupos: estriado medial, estriado lateral, talamoperfurante e talamogeniculado (Fig. 22.4).

Artérias estriadas mediais. As artérias estriadas mediais têm origem principalmente no segmento A-1 da ACA, embora algumas possam se originar da parte mais proximal do segmento A-2, da artéria comunicante anterior, ou da parte mais terminal da ACI. Referidas coletivamente

como artérias estriadas mediais, elas entram no encéfalo no terço medial da substância perfurada anterior. Dentre essas artérias que entram no encéfalo, a maior e mais lateral é a artéria recorrente de Heubner (Fig. 22.4). As artérias estriadas mediais são as principais fontes de suprimento sanguíneo para as regiões supraóptica e pré-óptica do hipotálamo e para a parte ventral da cabeça do núcleo caudado e partes adjacentes do ramo anterior da cápsula interna e do putame.

Artérias estriadas laterais. As artérias estriadas laterais, em geral, se originam todas do segmento M-1 da ACM, embora às vezes algumas possam vir da parte inicial da ACA (Fig. 22.4). Elas são frequentemente chamadas artérias lenticuloestriadas e entram no encéfalo nos $^2/_3$ laterais da substância perfurada anterior. As artérias estriadas laterais suprem a parte dorsal da cabeça do núcleo caudado, a maior parte do putame e a parte adjacente do globo pálido, bem como a parte dorsal do ramo posterior da cápsula interna (Fig. 22.13).

Conforme mencionado anteriormente, esses vasos são os locais mais comuns de hemorragia espontânea em indivíduos com hipertensão de longa duração. Por essa razão, de forma conjunta, são chamados "artéria da hemorragia cerebral".

Artérias talamoperfurantes. As artérias talamoperfurantes tem origem ao longo da artéria comunicante posterior e da ACP proximal ao

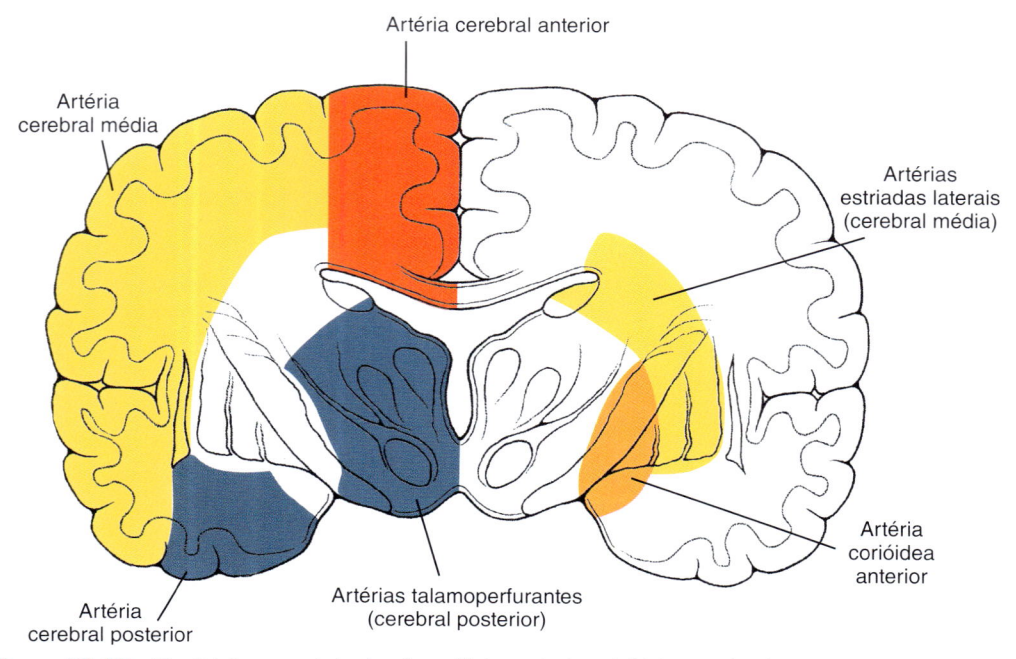

Figura 22.13   Territórios arteriais do diencéfalo e do hemisfério cerebral.

ponto em que esses dois vasos se unem. Essas artérias entram no encéfalo, na substância perfurada posterior (Fig. 22.4). Os vasos mais anteriores suprem a região tuberal do hipotálamo e a parte anteromedial do tálamo, incluindo os núcleos anterior e dorsomedial (Fig. 22.13). Os vasos mais posteriores suprem a região mamilar do hipotálamo, o subtálamo, as partes adjacentes do tálamo e as partes mediais do tegmento mesencefálico rostral e da base do pedúnculo cerebral (Figs. 22.11 e 22.12).

Artérias talamogeniculadas. As artérias talamogeniculadas se originam da ACP distal a sua anastomose com a artéria comunicante posterior e penetram o encéfalo nos corpos geniculados. Elas suprem as partes mais posteriores do tálamo, incluindo os núcleos ventral lateral e ventral posterior, bem como os $^3/_4$ mediais dos núcleos metatalâmicos.

Vascularização da medula espinal

A medula espinal é suprida por um par de artérias espinais posteriores e por uma única artéria espinal anterior maior. Além disso, múltiplos vasos radiculares se originam de modo segmentar a partir das artérias cervical, intercostal, lombares e sacral. O calibre das artérias espinais anteriores e posteriores é insuficiente para manter a circulação ao longo de toda a medula espinal. Por essa razão, essas artérias contam em grande parte com o componente radicular.

Conexão clínica

A maior artéria radicular é a chamada artéria de Adamkiewicz, que geralmente entra na medula espinal, na região torácica inferior ou lombar superior. Em uma perspectiva clínica, essa região da medula espinal é suscetível a lesões vasculares caso essa artéria radicular seja comprometida.

A artéria espinal anterior desce ao longo da superfície da medula, na fissura mediana anterior, e origina de cinco a nove artérias sulcais para cada segmento da medula espinal. Cada artéria sulcal segue para o fundo da fissura mediana anterior, onde se curva para a direita ou a esquerda e entra na medula espinal para suprir aquele lado. Além das artérias sulcais, a artéria espinal anterior dá origem às artérias coronais que seguem lateralmente ao longo da superfície da medula e anastomosam com ramos similares das artérias espinais posteriores. Estas últimas estão localizadas nos sulcos laterais posteriores e também originam os ramos perfurantes que acompanham as raízes posteriores para dentro da medula espinal. Os ramos sulcais e coronais da artéria espinal anterior suprem os $^2/_3$ anteriores da medula espinal, enquanto os ramos perfurantes e coronais das artérias espinais posteriores suprem o terço posterior (Fig. 22.14).

Conexão clínica

Um acidente vascular encefálico no território de distribuição da artéria espinal anterior resulta no desenvolvimento de paralisia motora total e perda sensorial dissociada abaixo do nível da lesão. A perda sensorial, quando dissociada (perda da sensibilidade à dor e à temperatura, todavia sem envolvimento do sentido de posição e vibração), é causada pela preservação das colunas posteriores supridas pelas artérias espinais posteriores.

Veias do encéfalo e da medula espinal

Diferente das veias sistêmicas, as veias cerebrais são desprovidas de valvas e de tecido muscular. O sistema venoso do encéfalo é dividido nas porções superficial e profunda (Figs. 22.15 e 22.16). As veias superficiais são maiores e mais numerosas do que as artérias corticais correspondentes, e tendem a se posicionar ao lado das artérias nos sulcos cerebrais. O sistema venoso superficial drena para dentro dos seios localizados mais superficialmente, em especial os seios sagital superior, sagital inferior e transverso por meio de veias anastomóticas ou de drenagem. As veias anastomóticas mais proeminentes são a veia cerebral média superficial, que drena para dentro do seio cavernoso ou do esfenoparietal; a veia magna anastomótica (de Trolard), que drena para dentro do seio sagital superior; e a veia anastomótica posterior (de Labbé), que drena para dentro do seio transverso.

O sistema venoso profundo consiste na veia magna (de Galeno), nas veias cerebrais internas, na veia basal (de Rosenthal) e nas tributárias desses vasos, incluindo as veias transcerebrais, que drenam a substância branca, e as veias subependimárias, que drenam as estruturas periventriculares.

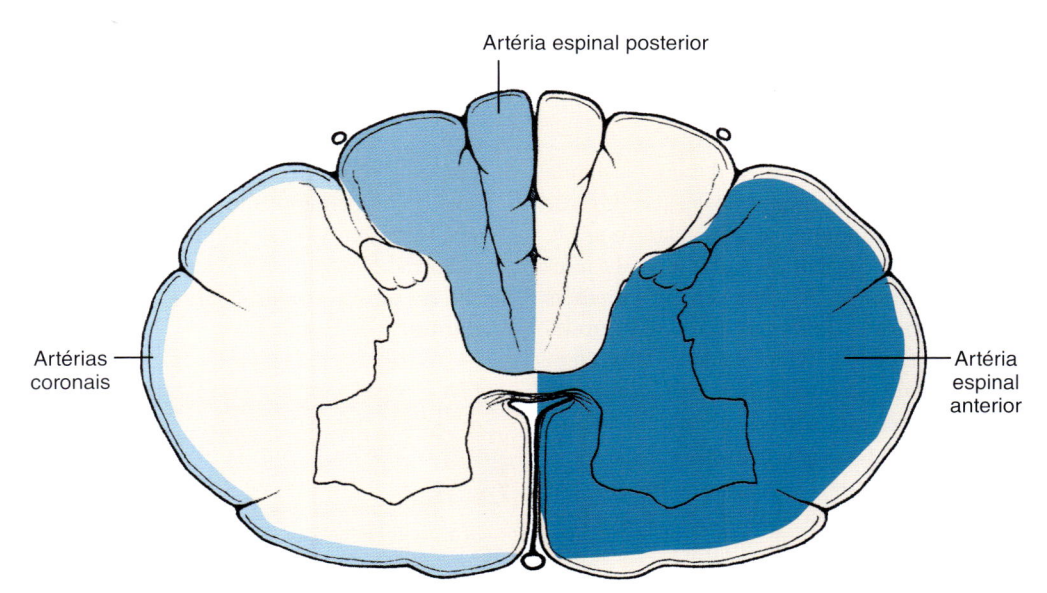

Figura 22.14   Territórios arteriais na medula espinal.

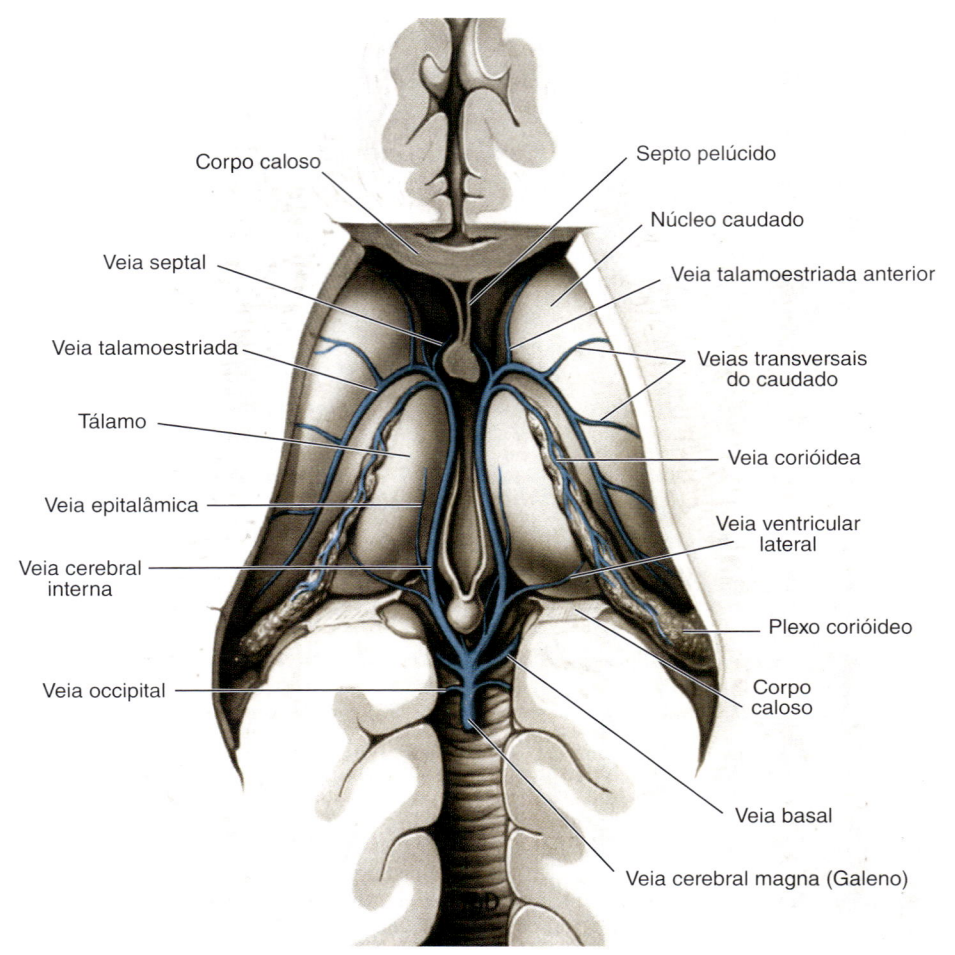

Figura 22.15 Veias cerebrais internas e suas tributárias. (Modificado com permissão de Carpenter MB, Sutin J. *Human Neuroanatomy*. Baltimore, MD: Williams & Wilkins, 1983.)

A veia magna (de Galeno) está localizada abaixo do esplênio do corpo caloso e recebe o par de veias cerebrais internas, as duas veias basais (de Rosenthal) e a drenagem das partes medial e inferior do lobo occipital. As veias cerebrais internas se localizam no teto do III ventrículo. As grandes tributárias incluem as veias talamoestriadas (drenando o tálamo e o estriado), as veias corióideas (vindas do plexo corióideo do ventrículo lateral) e as veias septais (do septo pelúcido).

A veia basal (de Rosenthal) começa perto da substância perfurada anterior, circunda a base do pedúnculo cerebral e termina na veia magna (de Galeno). A drenagem da veia basal engloba as superfícies medial e inferior dos lobos frontal e temporal, os córtices insular e opercular, e as regiões do hipotálamo e do mesencéfalo.

A drenagem venosa da medula espinal está concentrada em um plexo denso de veias localizado no espaço epidural (plexo venoso vertebral interno de Batson).

Conexão clínica

Este labirinto espinal de veias sem válvulas se comunica livremente com as veias sacrais, lombares e intercostais, fornecendo assim uma via aberta para metástases de tumores e infecção.

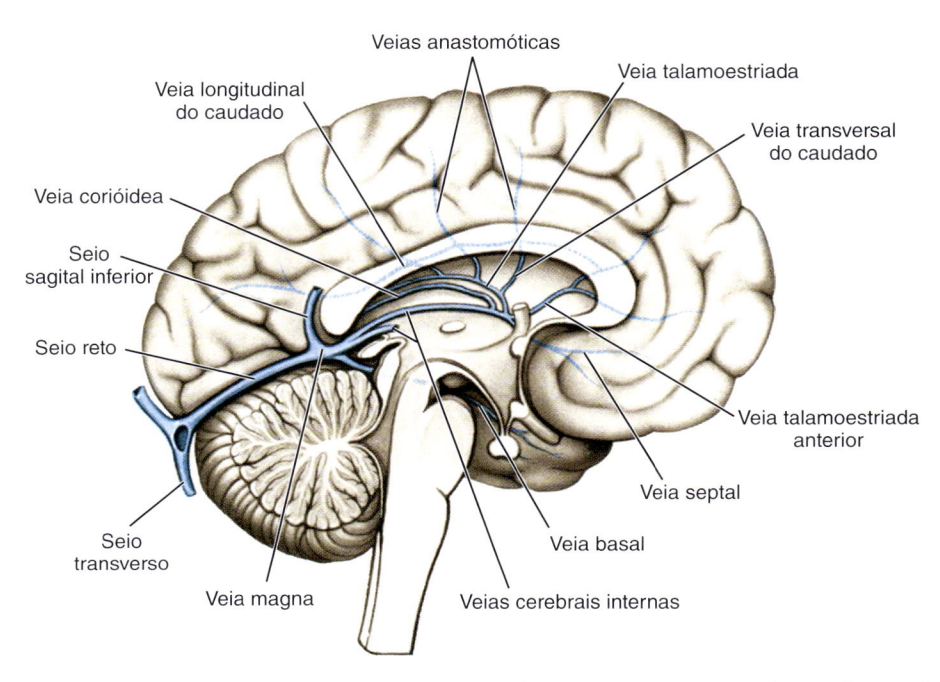

Figura 22.16 Vista sagital mediana das veias cerebrais internas mostrando a relação da veia magna com o seio reto. (Modificado com permissão de Carpenter MB, Sutin J. *Human Neuroanatomy*. Baltimore, MD: Williams & Wilkins, 1983.)

Controle do fluxo sanguíneo cerebral

Embora o encéfalo corresponda a cerca de apenas 2% do peso corporal total, é o órgão com maior demanda metabólica do corpo, com um funcionamento normal exigindo 15-20% do débito cardíaco total. Essa alta demanda metabólica requer um volume de perfusão aproximado de 55 mL/100 g de tecido encefálico/minuto. Essa taxa de fluxo pode ser mantida sob condições normais de pressão de perfusão da ordem de 60-160 mmHg do FSC por meio de ajustes autorregulados dos diâmetros do lúmen das artérias. A pressão de perfusão cerebral é determinada pela pressão arterial sistêmica. As arteríolas cerebrais dilatam quando a pressão arterial sistêmica está alta, e contraem quando a pressão arterial diminui. Os diâmetros arteriolares também podem responder às alterações das pressões de gases respiratórios. Exemplificando, uma Pco_2 elevada (hipóxia) muitas vezes está associada com vasodilatação. Na ausência de

autorregulação, uma perfusão vascular excessiva (hiperemia) pode resultar em pressão intracraniana aumentada e compressão do parênquima cerebral circundante. Um fluxo muito pequeno resulta em hipóxia isquêmica (isquemia) que inicia cascatas bioquímicas rápidas levando à morte de neurônios. A pressão intracraniana aumentada em consequência de edema encefálico, traumatismo ou acidente vascular encefálico pode diminuir o FSC como resultado da compressão direta das arteríolas cerebrais, aumentando assim a resistência cerebrovascular, ou como consequência da pressão intersticial aumentada que se opõe à força hidrostática para o movimento de líquido entre os espaços intersticiais e o lúmen dos vasos sanguíneos. A farmacoterapia anti-hipertensiva pode controlar as flutuações fisiopatológicas nas pressões de perfusão cerebral.

Os acidentes vasculares cerebrais (AVC) ou acidentes vasculares encefálicos estão em 5º lugar entre as principais causas de morte (5%) nos Estados Unidos. Os acidentes vasculares encefálicos são classificados como isquêmicos ou hemorrágicos. Os acidentes vasculares encefálicos isquêmicos são os AVC mais comuns (85-90%) e resultam da obstrução vascular por um coágulo sanguíneo (formação de trombo em torno de uma placa aterosclerótica) ou êmbolo (acidente vascular encefálico por embolia) que circula de algum local no corpo até o encéfalo. A perda súbita do suprimento sanguíneo sistêmico em consequência de parada cardíaca ou sangramento pode resultar em acidente vascular encefálico isquêmico por hipoperfusão. Os acidentes vasculares encefálicos hemorrágicos causados por sangramento podem ocorrer dentro do encéfalo (intraparenquimatoso ou intraventricular) ou fora do encéfalo, nos espaços epidural, subdural ou subaracnóideo. A hipertensão é a causa primária de sangramentos intracerebrais. O acúmulo de sangue nos espaços extracerebrais em geral resulta em pressão intracraniana aumentada e em deslocamento de tecido encefálico ou herniação que pode resultar rapidamente em coma e morte. O tratamento em longo prazo da pressão arterial sistêmica elevada (hipertensão) pode diminuir significativamente o risco de acidentes vasculares encefálicos isquêmicos e hemorrágicos. Os fármacos anticoagulantes são eficazes na redução dos acidentes vasculares encefálicos isquêmicos em pacientes com risco aumentado de formação espontânea de trombos.

Questões para revisão

1. Quais são as principais características morfológicas das artérias cerebrais?
2. Qual é o substrato anatômico da barreira hematoencefálica?
3. Descreva o círculo arterial de Willis.
4. Qual é a irrigação arterial da medula espinal?
5. Liste a irrigação arterial de cada uma das seguintes estruturas:
   a. Área da fala de Broca.
   b. Córtex sensoriomotor relacionado ao membro inferior.
   c. Córtex visual.
   d. Ramo posterior da cápsula interna.
   e. Parte dorsolateral da região rostral do bulbo.
   f. Funículos anterior e lateral da medula espinal.
6. As "*watershed areas*" (áreas divisoras de água) do suprimento vascular cerebral são mais suscetíveis ao acidente vascular encefálico isquêmico:
   a. Porque a pressão de perfusão arterial cerebral é atenuada nas terminações distais das artérias cerebrais.
   b. Por causa da escassez de artérias que fazem anastomoses na maioria das terminações distais das artérias cerebrais.
   c. Em razão da sensibilidade dessas áreas à redução do fluxo sanguíneo cerebral.
   d. Por causa da maior demanda metabólica nessas áreas corticais.
   e. Em consequência de um retorno venoso restrito ou inadequado.
7. A artéria mais comumente associada à hemorragia hipertensiva intracerebral é a:
   a. Comunicante anterior.
   b. Corióidea anterior.
   c. Lenticuloestriada.
   d. Cerebral média.
   e. Artéria recorrente de Heubner.
8. O acidente vascular encefálico que resulta em hemianopsia homônima direita pode ocorrer com a obstrução da:
   a. Artéria comunicante posterior direita.
   b. Artéria cerebral posterior direita.
   c. Artéria cerebral média esquerda.
   d. Artéria cerebelar superior esquerda.
   e. Artéria calcarina esquerda.
9. Para o funcionamento normal, o encéfalo requer um volume de perfusão de:
   a. 20 mL/100 g/min.
   b. 35 mL/100 g/min.
   c. 50 mL/100 g/min.
   d. 65 mL/100 g/min.
   e. 80 mL/100 g/min.
10. O maior fator de risco para o acidente vascular encefálico é:
    a. Placas ateroscleróticas.
    b. Pressão intracraniana elevada.
    c. Obesidade.
    d. Hipotensão sistêmica.
    e. Hipertensão sistêmica.

23 O sistema do líquido cerebrospinal: hidrocefalia

Um bebê de 6 meses de idade é levado ao serviço de emergência, apresentando temperatura alta (39°C) e irritabilidade. Na chegada, a criança sofre convulsão generalizada e se torna sonolenta. Uma punção lombar obtém um líquido cerebrospinal turvo com alta concentração de leucócitos e baixa concentração de glicose. Um organismo gram-positivo é identificado. Após tratamento com antibióticos, a criança apresenta recuperação total. Decorridos 3 meses, o bebê retorna apresentando atraso do desenvolvimento, um perímetro cefálico aumentado e abaulamento da fontanela anterior. Uma tomografia computadorizada (TC) mostra aumento dos ventrículos. Uma derivação ventriculoperitoneal é inserida. Aos 12 meses de idade, os marcos normais do desenvolvimento estão completamente restabelecidos.

O líquido cerebrospinal (LCS), também denominado líquor ou líquido cefalorraquidiano, que circula nos ventrículos e no espaço subaracnóideo em torno do encéfalo confere amortecimento protetor ao encéfalo contra a ação de forças associadas à compressão por contato de superfícies e à movimentos bruscos.

O sistema ventricular

O sistema ventricular (Fig. 23.1) consiste em um ventrículo lateral em cada hemisfério, um III ventrículo no diencéfalo e um IV ventrículo no rombencéfalo, entre o cerebelo, a ponte e a porção rostral do bulbo. O aqueduto cerebral, no mesencéfalo, conecta o III e o IV ventrículos.

Ventrículos laterais

Os ventrículos laterais (esquerdo e direito) estão divididos em cinco partes identificadas: corno anterior ou frontal; corpo ou parte central; átrio ou trígono; corno posterior ou occipital; e corno inferior ou temporal (Figs. 23.1 e 23.2).

Corno anterior ou frontal

O segmento do ventrículo lateral anterior ao forame interventricular (de Monro) é chamado corno anterior ou frontal (Figs. 23.3 e 23.4). Medialmente, é delimitado pelo septo pelúcido, fórnice e joelho do corpo caloso. Lateralmente, a cabeça do caudado se projeta para dentro do corno frontal. O assoalho do corno frontal é formado pelo rostro do corpo caloso.

Conexão clínica

Do ponto de vista clínico, os cornos frontais são destituídos de plexo corióideo e isso os torna um local excelente para o posicionamento de sistemas de desvio do LCS (derivações ou *shunts*).

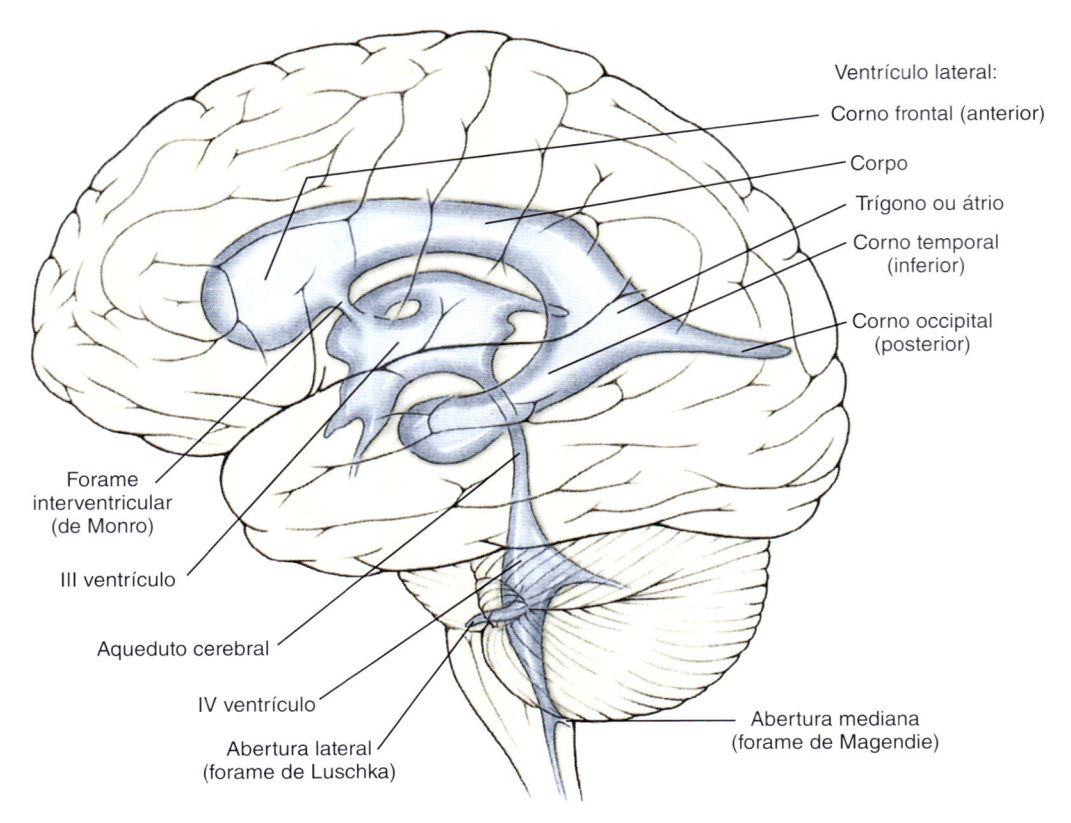

Figura 23.1 Os ventrículos e suas localizações no encéfalo. Vista lateral esquerda.

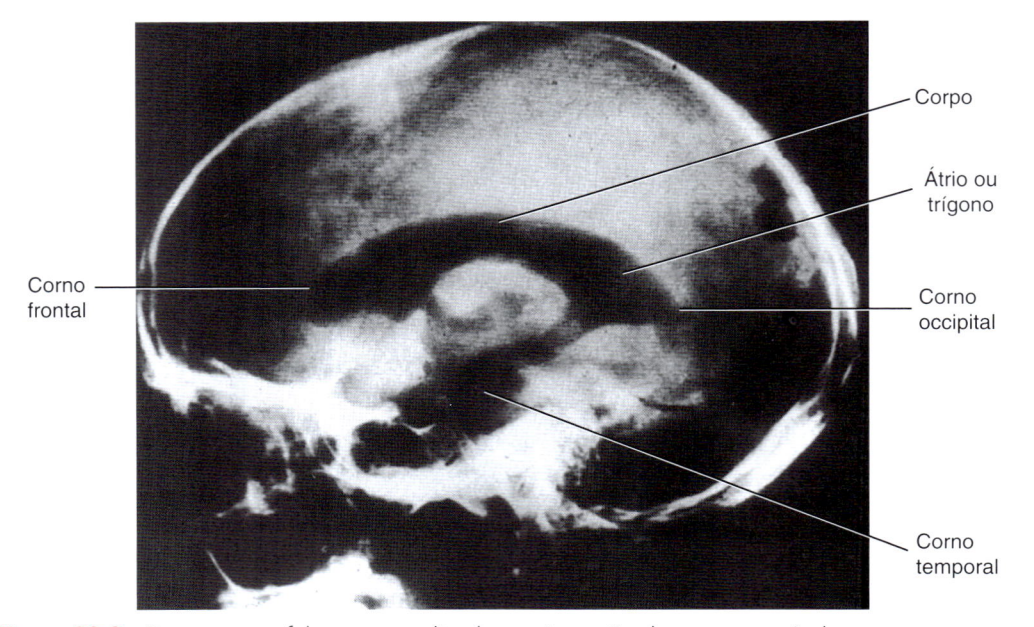

Figura 23.2 Pneumoencefalograma realizado por inserção de ar no ventrículo.

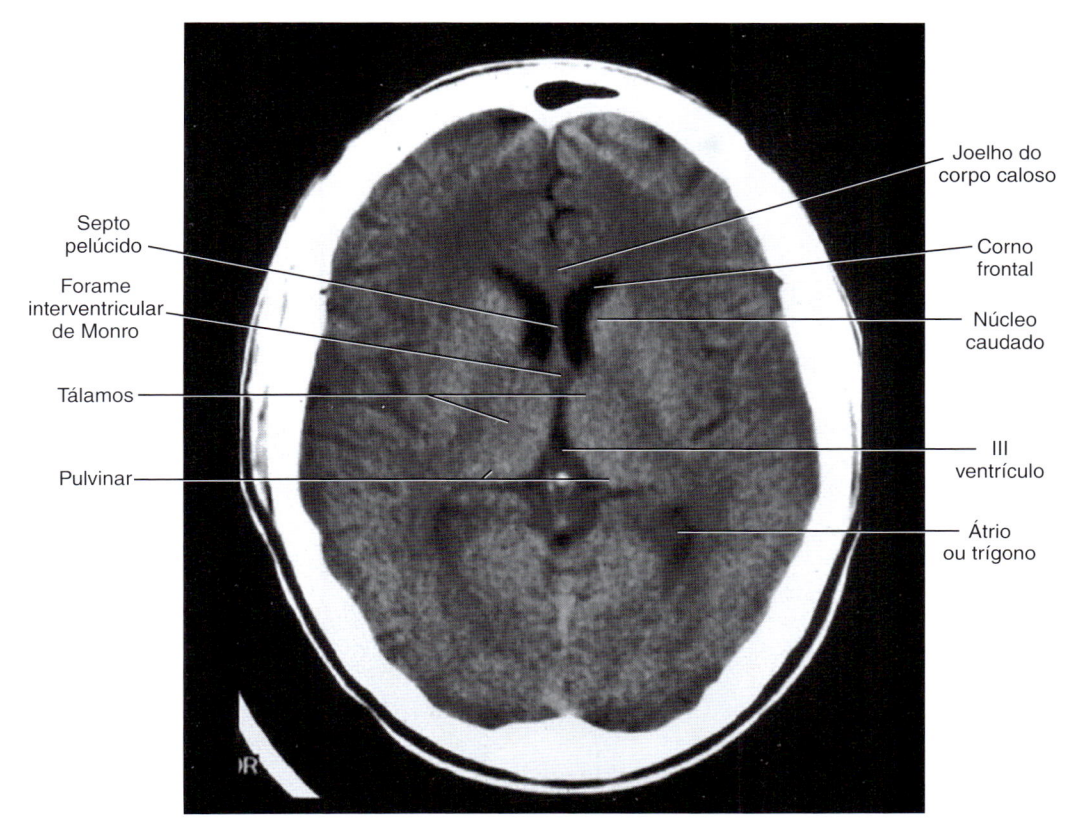

Figura 23.3 Tomografia computadorizada (TC) de crânio. Plano axial no nível do forame de Monro.

Corpo

O corpo ou parte central de cada ventrículo lateral se estende do forame de Monro até o esplênio do corpo caloso. Assim como o corno frontal, o septo pelúcido continua como borda medial do corpo do ventrículo, enquanto o teto do ventrículo permanece delimitado pelo corpo caloso. Lateralmente, o corpo do ventrículo é adjacente ao corpo do núcleo caudado e seu assoalho é formado pelo tálamo com o fórnice, plexo corióideo e veia talamoestriada, visível na superfície, no sentido medial-lateral (Fig. 23.4).

Átrio

O átrio ou trígono é a parte mais expandida do ventrículo lateral e tem formato triangular. Anteriormente, ele está relacionado com o fórnice e o pulvinar. O átrio contém, ao longo de sua parede anterior, um tufo abundante de plexo corióideo, o **glomo** ou **expansão corióidea** que, por sua vez,

é contínuo com o plexo corióideo do corpo e do corno temporal (Figs. 23.1, 23.2 e 23.4).

Corno posterior ou occipital

O corno posterior ou occipital está dentro do lobo occipital e é a parte mais variável do sistema ventricular. Medialmente, o *calcar avis*, formado pelo sulco calcarino, se projeta para dentro do corno occipital. Assim como o corno frontal, o corno occipital também é destituído de plexo corióideo (Figs. 23.1, 23.4 e 23.5).

Corno inferior ou temporal

O corno inferior ou temporal está localizado dentro do lobo temporal. Estende-se ao longo dos 3 cm do polo temporal. Seu teto é formado pelo tapete (*tapetum*) do corpo caloso. Medialmente, está delimitado pela cauda do núcleo caudado e pelo hipocampo, e contém o plexo corióideo em sua face superomedial (Figs. 23.1 e 23.5).

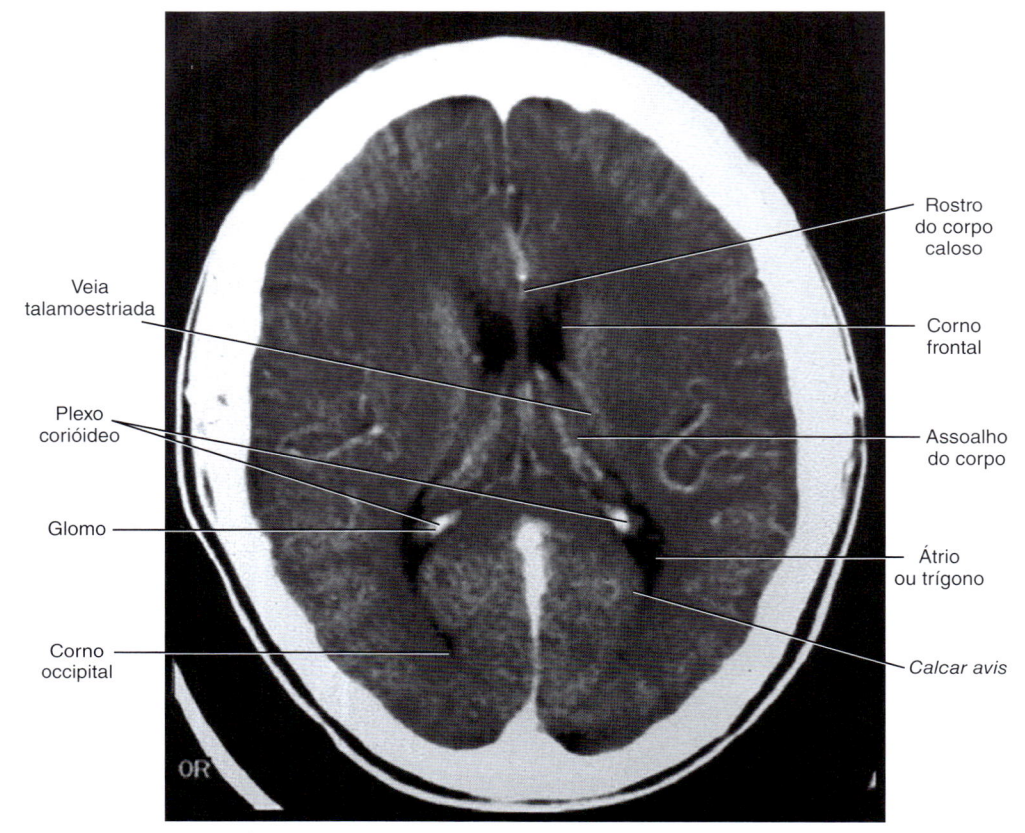

Figura 23.4   Tomografia computadorizada (TC) de crânio com contraste. Plano axial no nível do assoalho do corpo do ventrículo lateral.

Forame interventricular (de Monro)

O forame interventricular é a via de passagem entre o ventrículo lateral e o III ventrículo ímpar, mediano. Delimitando o forame interventricular, estão o tubérculo ou núcleo anterior do tálamo, o septo pelúcido, a coluna do fórnice e a veia talamoestriada. Atravessando o forame interventricular, está o plexo corióideo.

III ventrículo

O III ventrículo é limitado bilateralmente pelo tálamo, em sentido dorsal, e pelo hipotálamo ventralmente (Fig. 4.2). Às vezes, uma conexão entre os tálamos, a aderência intertalâmica ou massa intermédia, apresenta-se como uma ponte ao longo do III ventrículo. Anteriormente, o III ventrículo é limitado pela lâmina terminal com a comissura anterior em posição dorsal e o recesso óptico em posição ventral a ele. O assoalho do III ventrículo é formado pelo recesso infundibular e túber cinéreo, com os corpos mamilares posteriormente. O teto do III ventrículo é formado pela tela corióidea, que contém as veias cerebrais internas e o plexo corióideo. Posteriormente, os recessos suprapineal e infrapineal são formados acima e abaixo da glândula pineal, com a comissura posterior em posição inferior. O III ventrículo drena para dentro de um canal tubular, o aqueduto cerebral (de Sylvius) (Figs. 23.1, 23.3 e 23.6).

Aqueduto cerebral de Sylvius

O aqueduto cerebral está localizado dentro do mesencéfalo e conecta o III e IV ventrículos. Mede 1,5-1,8 cm de comprimento e tem 1-2 mm de diâmetro. Está arqueado em uma direção levemente dorsal (Figs. 23.1, 23.5 e 23.6).

Conexão clínica

Do ponto de vista clínico, o aqueduto cerebral é a parte mais estreita do sistema ventricular. A **hidrocefalia obstrutiva** causada pela obstrução do aqueduto comumente ocorre nesse local.

IV ventrículo

O IV ventrículo consiste em uma cavidade única na linha média, cujo assoalho em formato romboide é formado pela ponte e porção rostral do bulbo. O IV ventrículo se expande posteriormente, assumindo um formato de pipa invertida, com o teto delimitado pelos véus medulares superior e inferior e pelos pedúnculos cerebelares superiores. O plexo corióideo está aderido ao véu medular inferior e se estende lateralmente pelas aberturas laterais (**forames de Luschka**) para o interior do espaço subaracnóideo no local de emergência dos nervos cranianos (NC) IX e X. As bordas laterais do IV ventrículo são os três pedúnculos cerebelares. Uma abertura mediana, o **forame de Magendie**, se esvazia dentro da valécula cerebelar, uma extensão anterior da cisterna magna (Figs. 23.1, 23.6 e 23.7).

Espaço subaracnóideo e cisternas subaracnóideas

O espaço subaracnóideo é contínuo ao longo das superfícies convexas do cérebro e do cerebelo, estendendo-se ao longo da medula espinal. As artérias e veias extracerebrais, bem como os nervos cranianos, estão suspensos nesse espaço pelas trabéculas aracnóideas que são

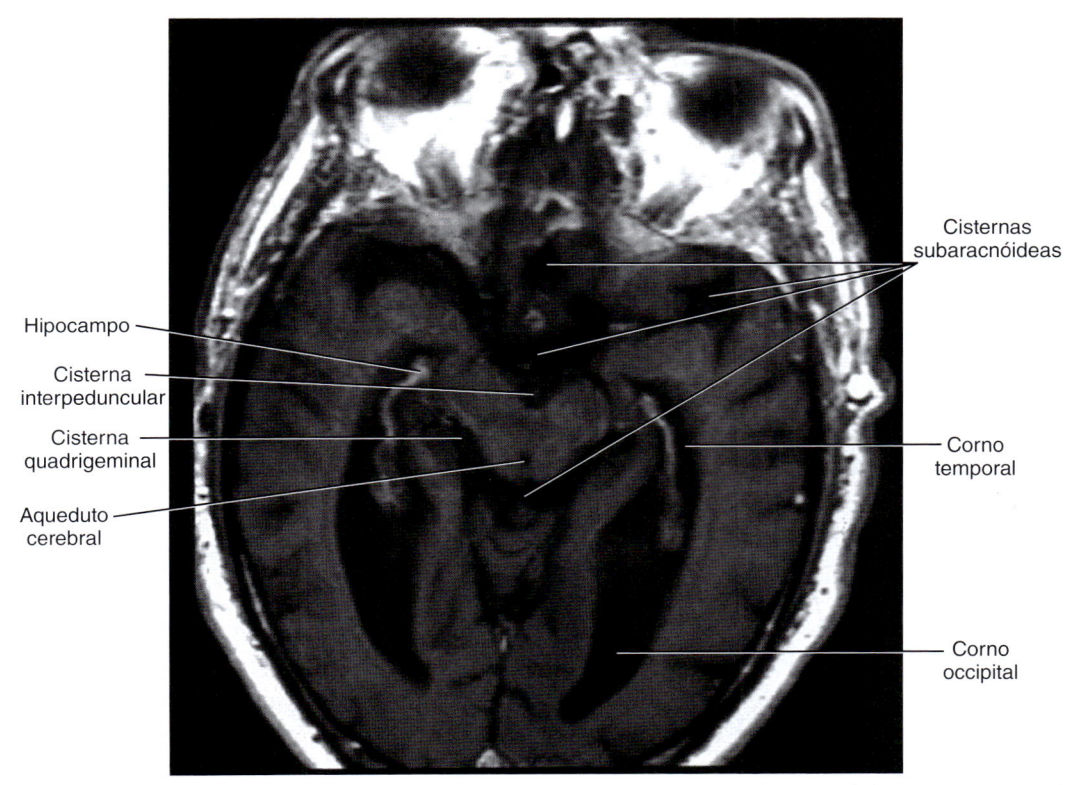

Figura 23.5 Tomografia computadorizada (TC) de crânio. Plano axial no nível do corno temporal do ventrículo lateral.

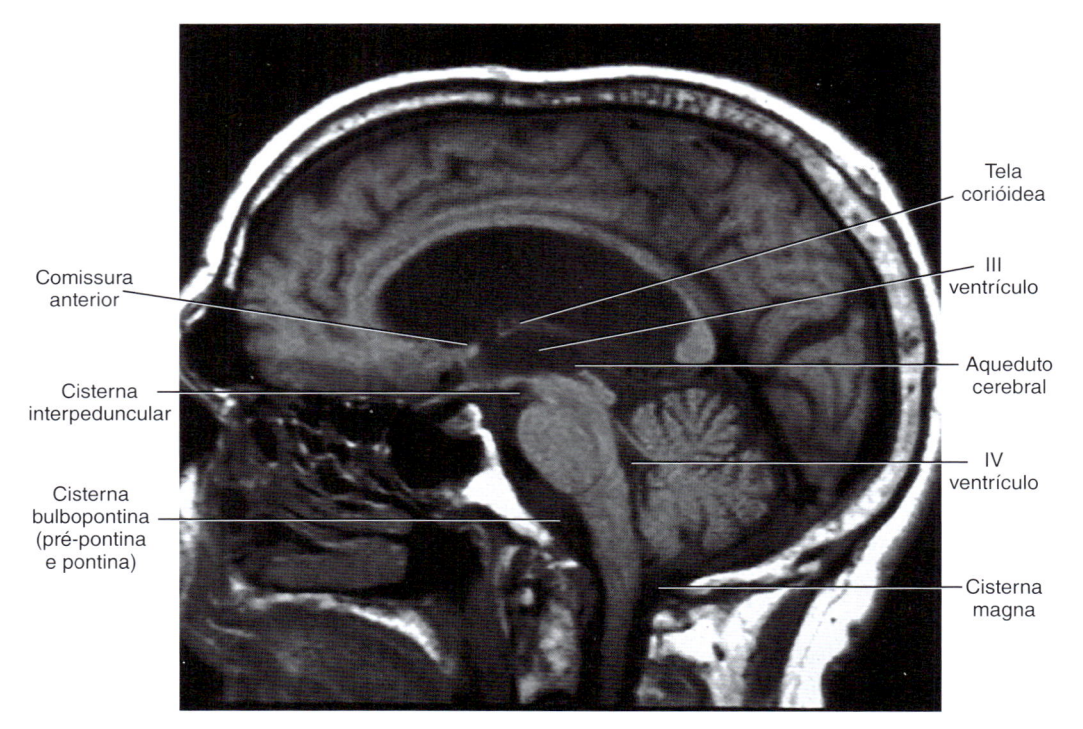

Tela
corióidea

III
ventrículo

Comissura
anterior

Aqueduto
cerebral

Cisterna
interpeduncular

IV
ventrículo

Cisterna
bulbopontina
(pré-pontina
e pontina)

Cisterna
magna

Figura 23.6   Imagem por ressonância magnética (IRM) de crânio. Plano sagital na linha média.

dispostas em forma de rede. *In vivo*, esse espaço é distendido pelo LCS que banha e nutre as estruturas nele contidas. As cisternas subaracnóideas são expansões do espaço subaracnóideo, que ocorrem primariamente ao longo da superfície ventral do tronco encefálico e do prosencéfalo basal. O LCS presente nas cisternas fornece suporte e empuxo aos vasos cerebrais e nervos cranianos (Figs. 23.5, 23.6 e 23.8).

Conexão clínica

Sob circunstâncias normais, não há nenhuma barreira real ao LCS ao longo da superfície ependimária dos ventrículos ou das membranas pio-gliais, de modo que o espaço extracelular (intersticial) cerebral se comunica livremente com o espaço de circulação do LCS.

As cisternas subaracnóideas (Figs. 23.6 a 23.8) são prontamente identificáveis *in vivo* por estarem cheias de LCS. No encéfalo do ca-

dáver, é difícil observá-las por estarem vazias e, portanto, achatadas.

A cisterna magna (cerebelomedular ou cerebelobulbar posterior) (Figs. 23.6 e 23.8) é o maior dos compartimentos dentre todas as cisternas. Está localizada posteriormente ao bulbo e é caudal ao cerebelo. Sua projeção para a frente entre as tonsilas cerebelares é a valécula, onde se dá o esvaziamento da abertura mediana do IV ventrículo.

A cisterna bulbopontina (Figs. 23.6 e 23.8) está em posição ventral à ponte e ao bulbo, entre essas estruturas e o clivo; e contém a artéria basilar e seus ramos.

A cisterna cerebelomedular (cerebelobulbar) lateral (Fig. 23.8) está localizada lateralmente à porção rostral do bulbo e circunda os NC IX, X e XI.

A cisterna pontocerebelar (CP) (Fig. 23.8) está localizada no ângulo CP e circunda os NC V, VII e VIII. Está imediatamente abaixo do tentório do cerebelo e lateral à crista petrosa.

A cisterna quadrigeminal (colicular) (Fig. 23.5) está sobreposta ao teto do mesencéfalo

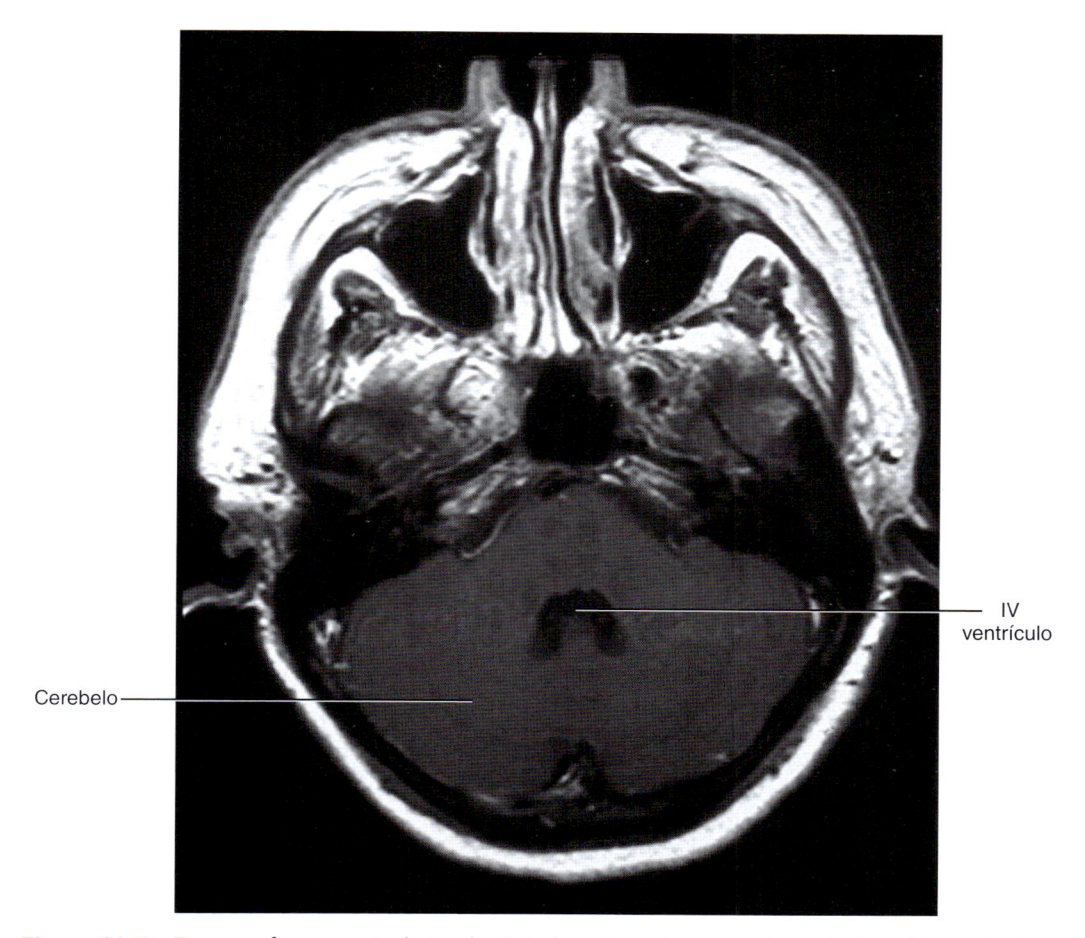

Figura 23.7 Tomografia computadorizada (TC) do crânio. Plano axial no nível do IV ventrículo.

e contém a veia de Galeno. Anteriormente, é delimitada pela glândula pineal e pelo pulvinar do tálamo, superiormente pelo esplênio do corpo caloso, posteriormente pela borda livre do tentório do cerebelo e inferiormente pelo lóbulo central do cerebelo.

A cisterna interpeduncular (Fig. 23.5) está encaixada na fossa interpeduncular. Seu formato é triangular e está delimitada anteriormente pela membrana de Liliequist, uma trabécula aracnoide incomumente resistente entre as cisternas interpeduncular e quiasmática.

A cisterna crural (Fig. 23.8) é uma expansão lateral e dorsal da cisterna interpeduncular, que separa os pedúnculos cerebrais dos giros para-hipocampais.

A cisterna *ambiens* (circundante) (Fig. 23.8) une as cisternas interpeduncular e crural à cisterna quadrigeminal. Situa-se adjacente à borda do tentório do cerebelo e contém a artéria cerebral posterior (Fig. 23.8) além dos NC IV e VI.

A cisterna quiasmática circunda o quiasma óptico e a haste da hipófise; a cisterna carotídea circunda o segmento cerebral da artéria carótida; e a cisterna olfatória circunda o trato olfatório no sulco olfatório.

A cisterna da lâmina terminal (Fig. 23.8) é imediatamente adjacente à lâmina terminal. Ela contém as artérias cerebral anterior e comunicante anterior.

A cisterna de Sylvius ou silviana (ou da fossa lateral do cérebro) preenche o sulco lateral ou

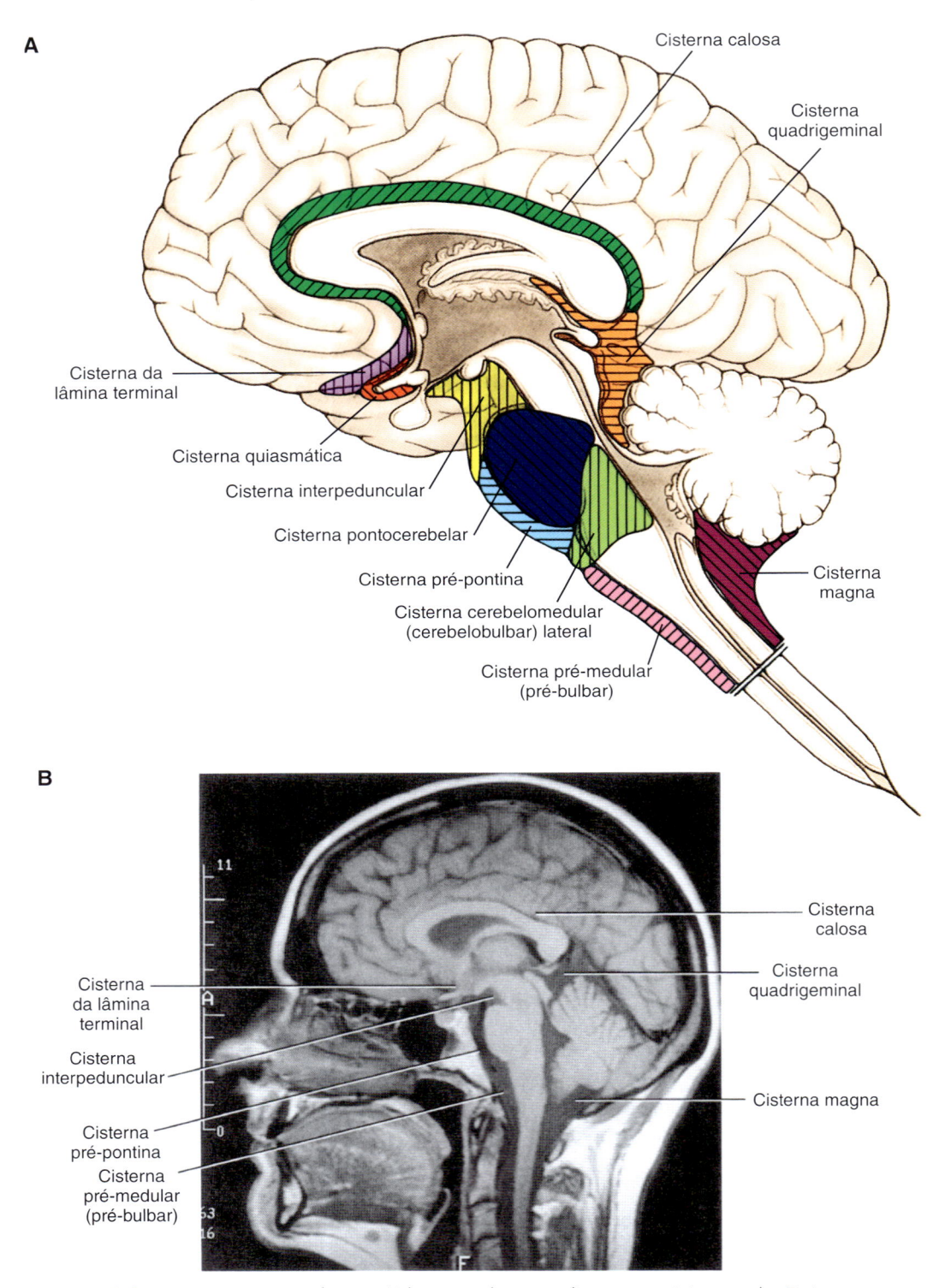

Figura 23.8 **A.** As cisternas subaracnóideas no plano mediano ou próximo a ele. **B.** Imagem por ressonância magnética mostrando as cisternas subaracnóideas no plano mediano ou próximo a ele.

fissura de Sylvius e contém a artéria cerebral média com seus ramos. A cisterna calosa (ou pericalosa) situa-se imediatamente adjacente ao corpo caloso e contém as artérias pericalosas.

Plexo corióideo

A grande maioria do LCS é secretada pelo plexo corióideo contido nos ventrículos laterais e III e IV ventrículos, por meio de um processo de secreção dependente de energia. Uma parte do LCS é produzida pelo fluxo de líquido extracelular encefálico através do revestimento ependimário do sistema ventricular. Como resultado desses dois métodos de formação, o LCS pode ser considerado um ultrafiltrado de plasma que tem o papel de manter um *milieu* ou microambiente bioquímico constante para os neurônios.

Conexão clínica

O volume total (normal) de LCS é de aproximadamente 150 mL, com 75 mL nas cisternas, 50 mL no espaço subaracnóideo e 25 mL nos ventrículos. O LCS é formado a uma taxa aproximada de 0,5 mL/min (450-600 mL/dia). Assim, o volume total de LCS é renovado entre três e quatro vezes ao dia.

Circulação do líquido cerebrospinal

O líquido cerebrospinal (LCS) circula dentro dos ventrículos encefálicos, bem como no espaço subaracnóideo da medula espinal e craniano (Fig. 23.9). É produzido nos ventrículos laterais e III e IV ventrículos, saindo do sistema ventricular pelas três aberturas existentes no IV ventrículo: a abertura mediana e as aberturas laterais pareadas (Fig. 23.1). Após sair do sistema ventricular, o LCS entra nas cisternas localizadas ao redor do tronco encefálico inferiormente e superiormente. A partir das cisternas, o LCS então flui ao longo da convexidade do cérebro até seu local de absorção, nas **granulações (vilosidades) aracnóideas**, sobretudo ao longo do seio sagital superior (Fig. 23.9).

Punção do líquido cerebrospinal

É possível se obter uma amostra do LCS a partir de algumas localizações. Mais comumente, uma punção de LCS é feita na região lombar, por meio da punção do saco dural, no interior do espaço subaracnóideo lombar (Figs. 2.3 e 23.9). As punções lombares devem ser realizadas abaixo do processo espinhoso lombar de VL2, o nível mais comum de término da medula espinal no cone medular. Outros reservatórios de LCS também podem ser acessados, incluindo o ventrículo lateral (ventriculostomia), o espaço subaracnóideo cervical (punção cervical lateral em C1-2) e a cisterna magna (punção cisternal).

O conteúdo bioquímico do LCS normal está relacionado com sua localização na via do LCS. Exemplificando, o LCS ventricular contém cerca de 15 mg de proteína/100 mL e cerca de 75 mg de glicose/100 mL, ao passo que o LCS lombar contém cerca de 45 mg de proteína/100 mL e 60 mg de glicose/100 mL. Normalmente, poucas células (quando há) são encontradas no LCS, independentemente do local de sua remoção.

Conexão clínica

O LCS normalmente é límpido e transparente. As alterações no aspecto do LCS com frequência fornecem indícios do processo patológico: cor vermelha – presença de sangue de hemorragia recente; aparência turva – presença de pus oriundo de processo infeccioso; e tonalidade amarela – excesso de proteína resultante da estagnação do fluxo do LCS ou hemólise.

Hidrocefalia

A obstrução da via do LCS pode resultar na estagnação do fluxo e no desenvolvimento de hidrocefalia. Segundo a definição vigente, a hidrocefalia implica na dilatação de uma ou mais partes do sistema ventricular em consequência de um acúmulo anormal de LCS. Trata-se de excluir a dilatação ventricular que ocorre comumente após a atrofia cerebral, como visto na

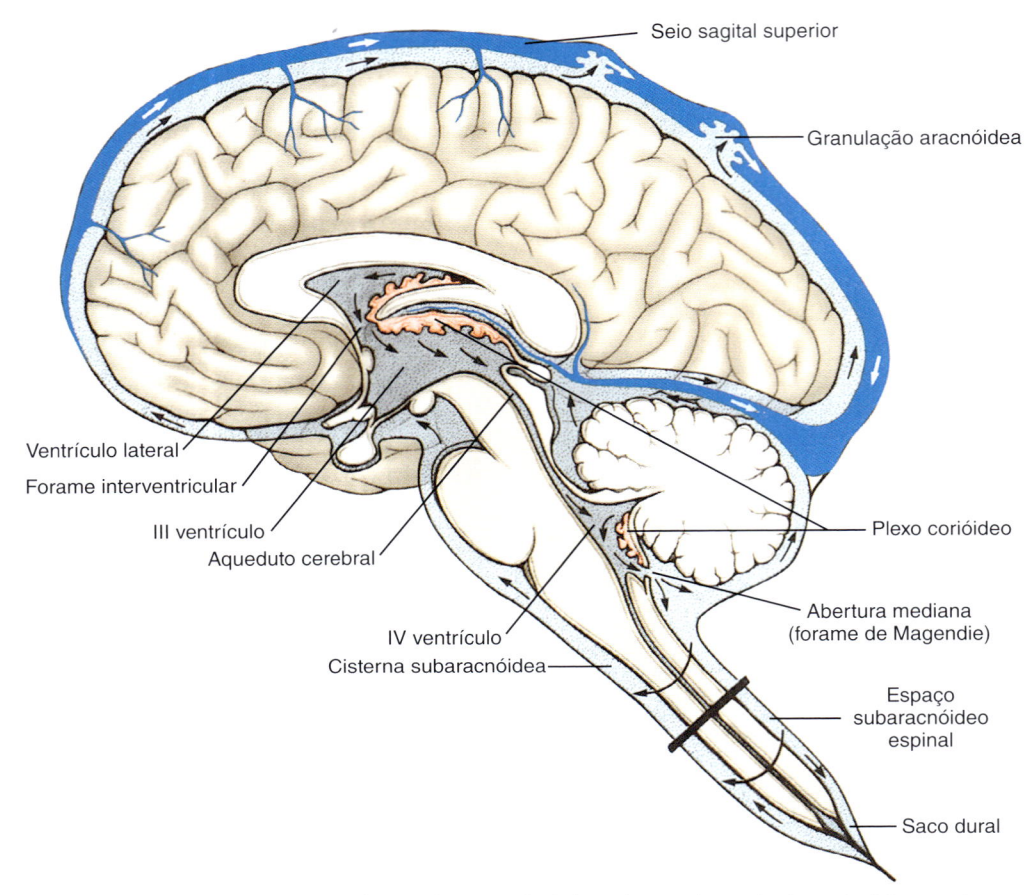

Figura 23.9

Figura 23.9   Circulação do líquido cerebrospinal. O líquido cerebrospinal produzido no plexo corióideo dos ventrículos laterais e do III ventrículo flui pelo aqueduto cerebral, IV ventrículo e forames de saída, seguindo para dentro das cisternas subaracnóideas. Através das cisternas, o líquido passa para dentro do espaço subaracnóideo, sobre as convexidades do cérebro e cerebelo, na direção do seio sagital superior, para a absorção final através das vilosidades (granulações) aracnóideas.

demência. Os locais de formação de hidrocefalia estão relacionados com a parte da via do LCS envolvida no processo patológico. Em geral, ocorrem dois tipos de hidrocefalia: obstrutiva e comunicante. A **hidrocefalia obstrutiva** se refere a qualquer processo patológico que restrinja o fluxo de LCS dentro ou a partir do sistema ventricular. Assim, um bloqueio localizado em algum ponto ao longo da via ventricular (como no forame interventricular de Monro, no aqueduto cerebral ou nos forames de saída do IV ventrículo) produz hidrocefalia obstrutiva com dilatação dos ventrículos proximais à obstrução. Qualquer interrupção do fluxo após a saída do LCS do sis-

tema ventricular, por outro lado, é referida como **hidrocefalia comunicante**. Esta condição ocorre com as obstruções nas vias das cisternas, ao longo do espaço subaracnóideo, ou nas vilosidades (granulações) aracnóideas.

Conexão clínica

A hidrocefalia obstrutiva está comumente associada a malformações congênitas, como a estenose aquedutal, conforme descrito no caso relatado no início deste capítulo, ou a tumores que se projetam para dentro da via ventricular e assim obstruem o fluxo. Os tipos comunicantes de hidrocefalia em geral resultam de processos que ocorrem no espaço das cisternas ou subaracnóideo, como hemorragia ou infecção. Seja qual for sua causa e local, o diagnóstico de hidrocefalia é prontamente discernível por TC e imagem por ressonância magnética de crânio.

Pressão intracraniana

A pressão dentro do espaço intracraniano-espinal (PIC = pressão intracraniana) normalmente é inferior a 100 mmH$_2$O. A PIC é determinada pelos volumes de tecido encefálico, LCS, sangue e outros tecidos compressíveis dentro da caixa craniana rígida. Um aumento do tamanho de qualquer componente isolado (p. ex., edema cerebral, acúmulo de LCS, vasodilatação) resulta primeiro em diminuição do tamanho dos demais componentes (compensatória), mas, em seguida, no aumento da PIC.

Conexão clínica

Cefaleias, náusea, vômito, alterações no nível de consciência, paralisias dos músculos extrínsecos dos olhos, papiledema e aumento do perímetro cefálico (em bebês) estão associados à PIC elevada.

Questões para revisão

1. Quais são as funções do LCS?
2. Nomeie as partes do ventrículo lateral e forneça suas localizações.
3. Descreva o fluxo do LCS desde a sua formação até sua absorção.
4. Estabeleça a diferença entre os tipos não-comunicante e comunicante de hidrocefalia.
5. Uma TC de um paciente de 55 anos que se envolveu em um acidente de automóvel revelou a presença de calcificações contidas em uma expansão do plexo corióideo, no átrio do ventrículo lateral – o glomo. Essa estrutura:

a. Reflete um aumento patológico da produção de LCS.
b. É uma anomalia sem significado anatômico nem clínico.
c. É normal.
d. É remanescente de uma condição do desenvolvimento que resultou em hidrocefalia.
e. É local de alta incidência de hemorragia intraventricular.

6. Uma saliência na superfície medial do corno occipital do ventrículo lateral é formada por:
a. Projeções geniculocalcarinas.
b. Alça de Meyer.
c. Artéria cerebral posterior.
d. Sulco calcarino.
e. Glomo.

7. Uma IRM de um paciente de 21 anos, que apresentava queixas de cefaleias intensas, revelou a dilatação dos ventrículos laterais e III ventrículo, todavia com aparência normal do IV ventrículo. As cefaleias poderiam resultar de:
a. Forames interventriculares obstruídos.
b. Aqueduto cerebral obstruído.
c. Aberturas laterais obstruídas.
d. Abertura mediana obstruída.
e. Hemorragia intraventricular.

8. Um paciente de 62 anos apresentando demência moderada e movimentos involuntários anormais foi submetido ao exame de IRM. Este revelou a dilatação dos ventrículos laterais, em especial do corno frontal, e a diminuição dos sulcos corticais. A filha do paciente relatou que seu avô paterno exibia movimentos anormais similares. O corno frontal ampliado é fortemente sugestivo de que esse paciente tem:
a. Doença de Alzheimer.
b. Doença de Lou Gehrig.
c. Doença de Huntington.
d. Doença de Parkinson.
e. Doença Wilson.

9. A síntese e absorção do LCS é um processo dinâmico e está em equilíbrio nas taxas de:
a. 100-200 mL/dia.
b. 200-350 mL/dia.
c. 300-400 mL/dia.
d. 450-600 mL/dia.
e. 650-800 mL/dia.

Parte VIII

Desenvolvimento, envelhecimento e resposta dos neurônios à lesão

Desenvolvimento do sistema nervoso: anomalias congênitas

Ao nascimento, observa-se que um bebê do sexo masculino apresenta um pequeno defeito na região lombar. Esse defeito aparece como um tufo de pelos anômalo em um trecho de pele saliente. Originando-se do defeito, há uma pequena bolsa cheia de líquido. O exame neurológico revela a existência de movimentos espontâneos dos membros inferiores que surgem normalmente. Quando os pés são pressionados, o bebê faz a retirada reflexa do membro estimulado. Posteriormente, uma radiografia confirma um defeito no fechamento dos arcos vertebrais no nível da anormalidade. As discussões com a mãe do bebê ao longo do acompanhamento do caso revelam que ela não tomara ácido fólico antes nem durante a gestação.

O desenvolvimento do sistema nervoso central (SNC) é um processo de múltiplas etapas muito mais complicado do que o desenvolvimento de qualquer outro sistema orgânico do corpo humano. Ao final da 3ª semana de embriogênese, o sistema nervoso surge a partir da camada mais externa das três camadas celulares da gástrula, o **ectoderma**. A linha média dorsal do ectoderma é induzida a formar a **placa neural** por meio de sinais difusíveis oriundos dos tecidos adjacentes, em particular da notocorda subjacente. Durante a neurulação, a placa neural é transformada primeiro em **pregas neurais** e, então, com o seu fechamento, no **tubo neural** (Fig. 24.1). Os derivados da placa neural originam os neurônios, a macroglia (astrócitos e oligodendrócitos) e as células ependimárias. A microglia não tem origem neuroectodérmica, mas surge a partir das células mesenquimais.

A **crista neural** surge das células localizadas na borda lateral da placa neural que permanece separada do tubo neural. As células da crista neural migram, distanciando-se do tubo neural, e se transformam em neurônios e células de sustentação nos gânglios sensitivos dos nervos cranianos e espinais, bem como nos gânglios autonômicos do sistema nervoso periférico e nas meninges que circundam o encéfalo e a medula espinal.

Neurulação

O tubo neural dá origem ao SNC. O fechamento do tubo neural começa na futura região cervical da medula espinal, e segue rostral e caudalmente. O fechamento do tubo neural, anteriormente, no neuróporo anterior (rostral), ocorre aos 24 dias de gestação. O fechamento no neuróporo posterior (caudal) ocorre 2 dias depois. Rostralmente, o tubo neural se expande como encéfalo, com a formação de três vesículas encefálicas primárias – prosencéfalo (encéfalo anterior), mesencéfalo (encéfalo médio) e rombencéfalo (encéfalo posterior; Fig. 24.2). Mais

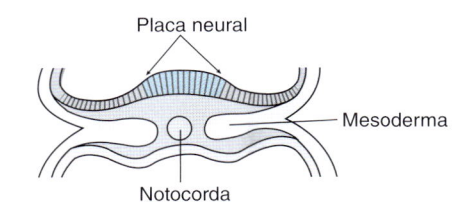

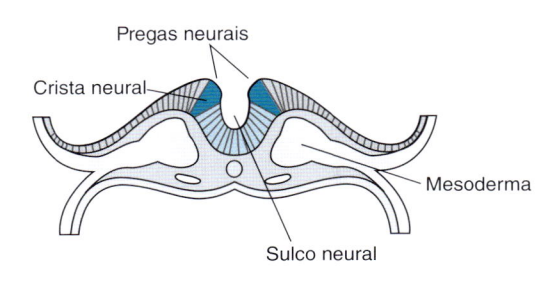

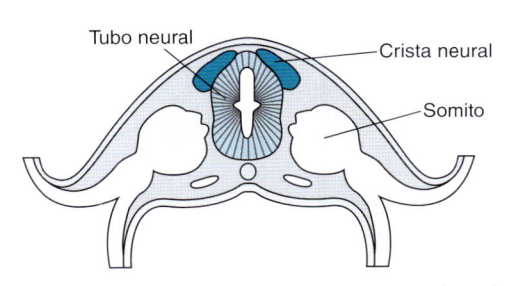

Figura 24.1 O sistema nervoso central se desenvolve a partir do neuroectoderma especializado (*em azul*) que se dobra e forma o tubo neural. O sistema nervoso periférico se desenvolve a partir da crista neural, localizada na borda lateral do neuroectoderma, externamente ao tubo neural.

tardiamente ao longo do desenvolvimento, o prosencéfalo se divide em telencéfalo (hemisférios cerebrais) e diencéfalo, enquanto o rombencéfalo se transforma no metencéfalo (ponte e cerebelo) e no mielencéfalo (bulbo). Uma flexura cefálica persistente do tubo neural na junção entre o mesencéfalo e o rombencéfalo resulta na futura mudança da orientação axial do prosencéfalo. Caudal ao mielencéfalo, o tubo neural se transforma na medula espinal. O lúmen do tubo neural forma o sistema ventricular no encéfalo, mas se transforma no canal central estreitado e obstruído da medula espinal.

Neurogênese, gliogênese e polaridade do SNC

Inicialmente, o tubo neural é composto por uma camada de células neuroepiteliais colunares pseudoestratificada. A divisão celular distante das linhas médias dorsal e ventral do tubo neural resulta na formação de três camadas: uma camada (zona) **ventricular** adjacente ao lúmen do tubo neural, onde ocorre a divisão celular; uma camada (zona) **marginal**, mais distante do lúmen e formada predominantemente por prolongamentos celulares; e o **manto** ou camada (zona) **intermédia** entre as camadas ventricular e marginal a ser ocupada por neurônios pós-mitóticos e pela glia. Primeiramente, os prolongamentos das células neuroepiteliais se estendem do lúmen para a superfície externa do tubo neural. A divisão celular mitótica ocorre na camada ventricular. Os núcleos das células-filhas se deslocam em direção no nível da camada marginal, mais externa, onde se dá a síntese de DNA, após a qual os núcleos retornam no nível da zona ventricular para outra rodada de divisão celular dessas células.

Uma célula progenitora comum origina todas as células do SNC, com exceção da micróglia. Os **neuroblastos** são gerados primeiro e migram de forma permanente para fora da zona ventricular e para dentro da camada do manto, diferenciando-se em neurônios. Mais tarde, os **glioblastos** originam células que migram para dentro das camadas marginal e do manto, e que se diferenciam em astrócitos e oligodendrócitos. Por fim, as células ependimárias são geradas e permanecem na camada ventricular para depois revestirem o canal central na medula espinal e os ventrículos no encéfalo. Em decorrência da contínua adição de novos neuroblastos, as partes dorsal e ventral da camada do manto aumentam de espessura, formando as placas **alar** e **basal**, respectivamente (Fig. 24.3). Um sulco longitudinal sobre a parede lateral do tubo neural, o **sulco limitante**, separa as placas alar e basal.

As linhas médias dorsal e ventral do tubo neural formam a placa (lâmina) do teto e a placa (lâmina) do assoalho, respectivamente. Essas placas não contribuem de maneira direta para a neurogênese. Em vez disso, células gliais

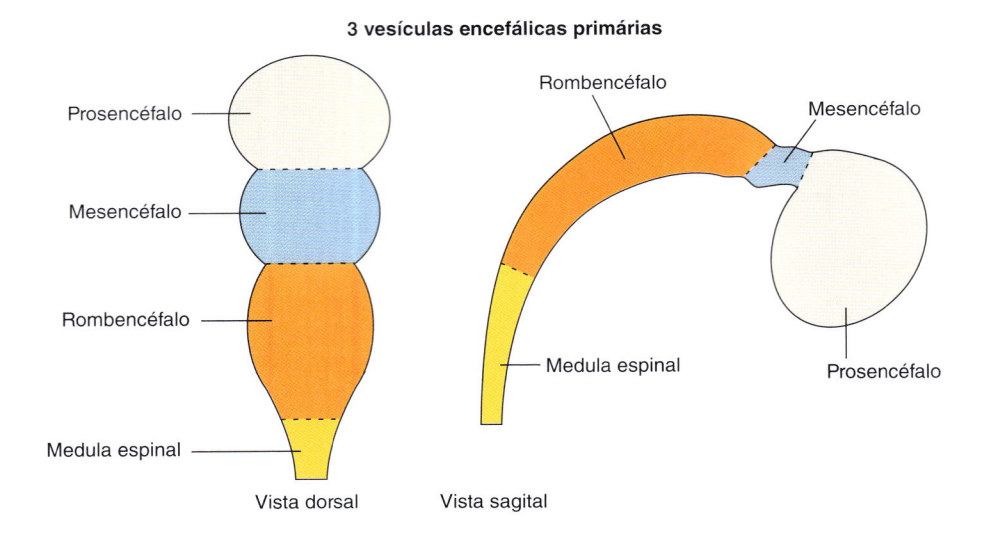

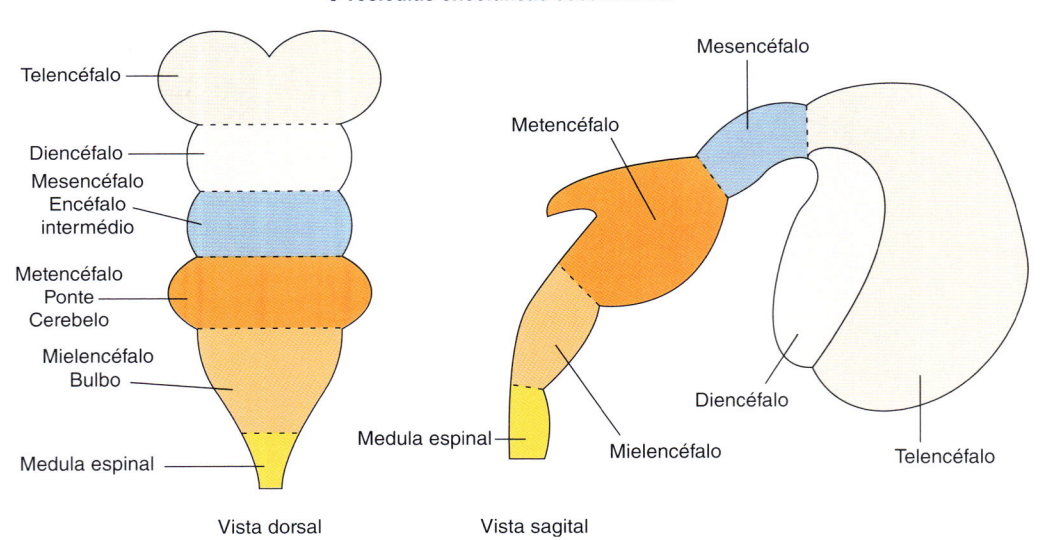

Figura 24.2 O encéfalo se desenvolve a partir da parte rostral do tubo neural, com a formação inicial das três expansões das vesículas encefálicas primárias. Posteriormente, essas vesículas se diferenciam em cinco vesículas secundárias, cada uma das quais originando as principais subdivisões encefálicas vistas no adulto.

especializadas, atuando com as células mesodérmicas subjacentes e a notocorda na placa do assoalho, e com o ectoderma epidérmico sobrejacente na placa do teto, são responsáveis pela padronização dorsal e ventral das placas alar e basal. Os gradientes de concentração de fatores tróficos que se difundem a partir da placa do assoalho e do mesênquima circundante, bem como diferentes proteínas da placa do teto e ectoderma adjacente dirigem a determinação fenotípica dos neurônios nas placas alar e basal.

A especificação morfológica e funcional das células nervosas ao longo do eixo rostral-caudal do tubo neural é determinada pela expressão de genes diferentes daqueles genes que determinam o padrão dorsal-ventral. O desenvolvi-

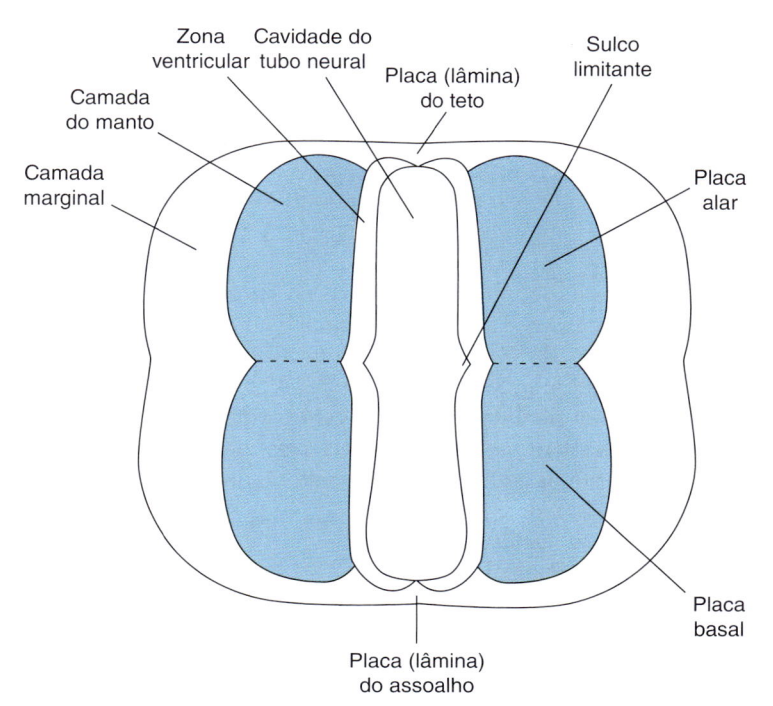

Figura 24.3 Todas as partes do sistema nervoso central se desenvolvem de modo similar ao padrão geral, que é mais bem visto na medula espinal. Neurônios e glia se originam a partir de uma zona ventricular interna e migram ao longo da glia especializada, radialmente orientada, para se localizarem na substância cinzenta, que começa a se formar nas placas alar (sensitiva) e basal (motora). O sulco limitante separa as futuras áreas sensitiva e motora. A camada marginal é constituída em grande parte por prolongamentos celulares. Nas subdivisões progressivamente mais rostrais, a separação das áreas sensitiva e motora se torna mais complexa e, nos níveis do mesencéfalo e mais rostrais, o sulco limitante não é evidente.

mento de distintas subdivisões do tubo neural no sentido caudal-rostral, com complexidade estrutural crescente, reflete a expressão gênica segmentada e as ações resultantes desta com limites caudal-rostral restritos.

Migração neuronal, agregação seletiva e diferenciação

Os neurônios do SNC adulto estão organizados principalmente em núcleos morfológica e funcionalmente relacionados (medula espinal, tronco encefálico e diencéfalo), ou em camadas (teto, córtex cerebral e córtex cerebelar). Os neurônios em migração são guiados a partir da camada ventricular para locais distantes por meio de orientação por contato

e sinalização por tropismo. A **glia radial** especializada estende prolongamentos perpendicularmente, a partir do epitélio germinativo ventricular, em direção à borda externa do encéfalo em desenvolvimento. A formação de núcleos no tronco encefálico, diencéfalo e prosencéfalo basal é complexa e pode envolver migração radial e movimentos circunferenciais em torno das bordas ou através do encéfalo em desenvolvimento. Do ponto de vista espacial, partes adjacentes do tubo neural em desenvolvimento originam núcleos morfológica e funcionalmente distintos. Com base no tempo de nascimento dos neurônios, diferentes fatores que exercem tropismo (atração ou repulsão de neurônios e seus componentes) determinam as rotas de migração para os neurônios que formam esses núcleos.

Crescimento axonal, formação de tratos e mielinização

Axônios de neurônios de projeção devem crescer a distâncias consideráveis, ultrapassando numerosos alvos inapropriados para então alcançar seus alvos sinápticos apropriados. O crescimento axonal é guiado por sinais moleculares nas superfícies celulares ou na matriz extracelular, ou ainda por moléculas que se difundem livremente. As moléculas de sinalização podem ser quimiotáticas ou quimiorrepelentes. Os quimiotáticos fornecem um sinal de tropismo para os axônios em crescimento seguirem. Os quimiorrepelentes repulsam os axônios em crescimento, impedindo-os assim de entrar em alvos errados ou de crescerem além do alvo pretendido. Na extremidade principal de um axônio em processo de alongamento, existe um cone de crescimento com extensões de filopódios digitiformes móveis, com receptores incorporados que ativamente verificam o ambiente extracelular em busca de sinais moleculares. Seguindo as vias moleculares apropriadas, uma nova membrana é adicionada à extremidade principal do axônio em crescimento, a qual adere ao substrato subjacente. Posteriormente, os axônios em crescimento podem formar fascículos ou feixes paralelos, com esses axônios em crescimento pioneiros iniciais, formando assim tratos de axônios no SNC. A mielinização dos axônios do SNC começa ao redor da 16ª semana de gestação e continua até aproximadamente os 3 anos de idade.

Sinaptogênese

Ao alcançar um alvo sináptico apropriado, os axônios em crescimento devem então reconhecer neurônios específicos para desenvolver conexões sinápticas. A sinaptogênese requer uma interação química entre o cone de crescimento e o neurônio ou músculo-alvo. A transformação dos cones de crescimento começa com a liberação de moléculas sinalizadoras que atuam na célula-alvo, bem como com a aglomeração de proteínas receptoras no local de contato. Em retorno, a célula-alvo sinaliza de volta ao cone de crescimento para iniciar a diferenciação no elemento pré-sináptico.

O desenvolvimento de conexões sinápticas é impreciso em termos de número e localização. Muitas sinapses em desenvolvimento são transitórias e vão sendo eliminadas com a maturação contínua do SNC. A atividade neural, ou seja, o impulso nervoso exerce papel decisivo na eliminação de sinapses, servindo para refinar e aumentar a precisão das conexões. Os contatos mais ativos são fortalecidos às custas daqueles menos ativos. Os neurônios-alvo parecem controlar a retração dos terminais axonais pré-sinápticos por meio da remoção de receptores da membrana pós-sináptica.

Morte celular programada ou apoptose

Comum ao desenvolvimento do sistema nervoso central e do sistema nervoso periférico é a superprodução de neurônios e subsequente eliminação da superabundância numérica por morte celular programada (apoptose). Segundo as estimativas, cerca de metade dos neurônios produzidos durante o desenvolvimento são eliminados *normalmente* por meio da morte celular programada. Estudos experimentais demonstraram que fatores tróficos ajudam a regular o número de neurônios sobreviventes, de modo a corresponder às necessidades de conectividade.

Desenvolvimento do sistema nervoso central

Medula espinal

Na medula espinal em desenvolvimento, a camada do manto origina a substância cinzenta, enquanto a camada marginal se transforma na substância branca circundante. A organização morfológica e funcional fundamental da medula espinal é determinada inicialmente no tubo neural em desenvolvimento. Os neuroblastos na placa alar se desenvolvem em neurônios sensitivos no corno posterior (dorsal) da medula espinal, enquanto os neuroblastos presentes na placa basal se diferenciam em motoneurônios no corno anterior (ventral), e nos neurônios pré-ganglionares simpáticos (T1-L2) e parassimpáticos (S2-S4) no corno lateral e na zona intermédia. A camada do manto entre as placas alar e basal dá origem à zona intermédia. Os prolongamentos centrais dos neuroblastos nos gânglios da raiz posterior (dorsal) crescem para dentro da medula espinal em direção aos cornos posteriores (dorsais). Os prolongamentos periféricos dos neurônios ganglionares da raiz posterior (dorsal) se unem com os axônios em crescimento nas raízes anteriores (ventrais), originados dos motoneurônios no corno anterior (ventral), para formar os nervos espinais. As relações, resultantes desse processo de desenvolvimento, entre segmentos da medula espinal e a área cutânea inervada pelos neurônios no gânglio da raiz posterior (dorsal) e as fibras musculares inervadas por axônios motores na raiz anterior (ventral) criam, respectivamente, os dermátomos e miótomos segmentados vistos no adulto (Fig. 11.2).

Encéfalo

Os processos fundamentais que ocorrem no desenvolvimento do tubo neural que forma a medula espinal continuam no encéfalo, mas seguem um plano bem mais modificado a partir das regiões (divisões) caudais até as rostrais.

O rombencéfalo e o mesencéfalo formam o tronco encefálico

O lúmen da porção do tubo neural que forma o rombencéfalo se amplia, originando o IV ventrículo. Essa expansão força as placas alares a se moverem para uma localização dorsolateral em relação às placas basais. O sulco limitante, que desaparece na medula espinal, persiste no assoalho do IV ventrículo, separando os núcleos sensitivos lateralmente dos núcleos motores medialmente. A presença de estruturas derivadas de arcos branquiais, além dos somitos, resulta em subdivisões funcionais adicionais das placas alar e basal, que formam colunas de núcleos no tronco encefálico orientadas em sentido longitudinal. A placa basal origina: (1) núcleos mediais, motores somáticos (núcleo hipoglosso bulbar, núcleo abducente pontino e núcleos troclear e oculomotor mesencefálicos) que inervam as musculaturas da língua e extrínseca do olho derivadas do mesoderma somático; (2) núcleos intermediários, motores viscerais ou viscerais secretores (núcleos motor dorsal do vago e salivatório inferior no bulbo; núcleo salivatório superior na ponte; e núcleo de Edinger-Westphal, no mesencéfalo), que fornecem a inervação parassimpática pré-ganglionar dos gânglios motores viscerais da cabeça, do tórax e do abdome; e (3) núcleos laterais (núcleo ambíguo no bulbo e núcleos motores facial e do trigêmeo na ponte), que inervam os músculos que se desenvolvem a partir do mesoderma dos arcos branquiais.

As placas alares originam: (1) os núcleos sensitivos somáticos do trigêmeo na ponte e no bulbo, que recebem aferências primárias da cabeça; (2) o núcleo do trato solitário que recebe aferências viscerais gerais do abdome e do tórax e aferências viscerais especiais (gustação) da língua; e (3) os núcleos somáticos especiais vestibular e coclear. As bordas dorsolaterais das placas alares no metencéfalo se dobram em sentido medial, dando origem, de cada lado, a uma área especializada denominada lábio rômbico. As partes do cerebelo que formarão o teto do IV ventrículo se desenvolvem a partir da porção rostral do lábio rômbico. Da porção caudal do lábio rômbico originam-se neurônios que migram de forma circunferencial para formar os núcleos localizados na região ventral do tronco encefálico.

No mesencéfalo, o lúmen do tubo neural gradualmente diminui de tamanho, formando o aqueduto cerebral. A camada (zona) marginal da placa basal torna-se maior em razão do crescimento de axônios que se desenvolvem a partir do córtex cerebral e forma a base do pedúnculo cerebral na superfície ventral de cada lado do mesencéfalo. As placas alares originam o teto na superfície dorsal do mesencéfalo, que mais tarde forma os colículos superiores e inferiores de cada lado e a substância negra imediatamente posterior à base do pedúnculo cerebral.

Cerebelo

O cerebelo se desenvolve a partir dos lábios rômbicos e da parte caudal do mesencéfalo. A parte mais rostral dos lábios rômbicos e a região medial do mesencéfalo se aproximam e se fundem, formando a parte anterior do cerebelo. Mais caudalmente, os lábios rômbicos, que são amplamente separados no início, com o desenvolvimento contínuo se expandem em direção medial e se fundem na linha média. O primórdio cerebelar começa a ser dividido por fissuras orientadas no sentido transversal. A fissura posterolateral aparece primeiro, seguida da fissura prima, de modo que juntas estabelecem as subdivisões do cerebelo em lobos anterior, posterior e floculonodular. Mais tarde, fissuras secundárias subdividem os lobos em lóbulos.

O córtex cerebelar constituído por três camadas se desenvolve de fora para dentro, ou seja, a partir da superfície do cerebelo (Fig. 24.4A). Os primeiros neurônios gerados formarão os núcleos cerebelares logo acima do IV ventrículo. Em seguida, o principal tipo celular do córtex cerebelar, os neurônios ou células de Purkinje, surgem e migram radialmente distanciando-se do epitélio germinativo ventricular e passando pelos núcleos cerebelares incipientes em direção à superfície do cerebelo. Posteriormente, os interneurônios inibitórios do córtex cerebelar seguem atrás e migram após as células de Purkinje para formar uma camada molecular externa. Uma segunda onda de neurogênese que se origina distante do epitélio germinativo ventricular e está localizada na borda do lábio rômbico origina os neuroblastos que migram circunferencialmente sobre a superfície cerebelar, onde formam uma camada germinativa secundária ou externa. A divisão celular nessa camada externa origina os neurônios imaturos que migram para dentro, ao longo de prolongamentos da glia radial, a fim de formar a camada cortical mais profunda de todas – a camada granular interna, constituída de células granulares. Conforme esses neurônios granulares migram para dentro, eles vão deixando para trás prolongamentos que se tornam axônios na camada molecular e que sinalizam a diferenciação contínua das células de Purkinje.

Prosencéfalo

A vesícula encefálica primária mais rostral, o prosencéfalo, origina o diencéfalo ("no meio do cérebro") e o telencéfalo ("cérebro final ou da extremidade"), que forma os hemisférios cerebrais.

Diencéfalo. Progredindo do tronco encefálico para o diencéfalo, a estrutura organizacional do tubo neural sofre alterações adicionais e ocorre o desaparecimento das placas basal e do assoalho. O lúmen do tubo neural no diencéfalo forma o III ventrículo. Os núcleos diencefálicos se desenvolvem a partir das placas alar e do teto. As dilatações mediais das placas alares diencefálicas são divididas por um sulco longitudinal, sulco hipotalâmico, em uma parte dorsal, que se tornará o tálamo, e em uma parte ventral, que se desenvolverá em subtálamo lateralmente e hipotálamo medialmente. Os neurônios da placa alar inicialmente formados migram para aquilo que serão os núcleos laterais do tálamo e os núcleos subtalâmicos, enquanto os neurônios formados por último formarão um número progressivamente maior de núcleos talâmicos mediais e de núcleos hipotalâmicos. A formação dos núcleos diencefálicos, em especial no tálamo, resulta em estreitamento do III ventrículo e, com frequência, há fusão dos tálamos na linha média, formando a massa intermédia ou aderência intertalâmica. A placa do teto se desenvolve no epitálamo ou na glândula pineal.

Duas estruturas originadas do diencéfalo se desenvolvem à certa distância dele. A partir do assoalho do III ventrículo, uma haste infundibular se evagina para baixo e entra em contato com uma bolsa de Rathke que se expande em direção ascendente. Essas duas estruturas se fundem e formam a glândula pituitária ou hipófise. A hipófise anterior ou adeno-hipófise se forma a partir da bolsa de Rathke, enquanto a parte posterior da hipófise ou neuro-hipófise se desenvolve a partir da haste infundibular por meio da qual axônios crescem descendo a partir do hipotálamo.

A partir da região ventral do diencéfalo, uma vesícula óptica se estende na direção da superfície do ectoderma. Essa vesícula permanece conectada ao diencéfalo através do pedículo óptico, no qual há uma extensão do lúmen do III ventrículo. Uma extremidade expandida da vesícula óptica se invagina e por fim se torna a retina neural do olho. A vesícula óptica em contato com o ectoderma da superfície resulta no espessamento deste formando um placódio da lente, a partir do qual os demais componentes internos do olho se desenvolvem. O mesênquima ao redor do pedúnculo e disco ópticos se diferencia nos revestimentos do olho. É importante lembrar que a retina deriva do neuroectoderma e, como tal, uma extensão do SNC. Os axônios em desenvolvimento oriundos da retina crescerão de volta ao diencéfalo via pedículo óptico, formando nervos, quiasma e tratos ópticos.

Telencéfalo. A extremidade rostral do tubo neural origina o telencéfalo. A partir das paredes laterais dessa região do tubo neural, há o desenvolvimento de divertículos que contêm extensões do lúmen do tubo neural. Essas cavidades formarão os ventrículos laterais nos hemisférios cerebrais e permanecerão conectadas ao III ventrículo no diencéfalo via forame interventricular de Monro em cada lado. O telencéfalo é composto pelo córtex, que forma os hemisférios cerebrais, bem como pelos núcleos localizados no interior do hemisfério cerebral e circundados (exceto na superfície ventral) por substância branca.

O córtex cerebral é composto por camadas e se desenvolve na direção de dentro para fora (Fig. 24.4B). A parte filogeneticamente mais nova do córtex, que constitui a maior parte da substância cinzenta cortical, é o neocórtex de seis camadas. Ondas de neurônios imaturos migram para a superfície externa do telencéfalo ao longo dos prolongamentos da glia radial em direção a uma placa cortical. Os neurônios corticais gerados primeiro formam aquilo que serão as camadas mais profundas do córtex (camadas V e VI). Nesse momento, os axônios desses neurônios estão desenvolvendo suas projeções axonais para áreas subcorticais. Os neurônios gerados posteriormente seguem de modo sucessivo ao longo da glia radial e formam camadas corticais progressivamente mais superficiais. A organização morfológica e funcional do córtex cerebral em colunas orientadas verticalmente é decorrente da migração de neurônios verticalmente dirigida pela glia radial. A formação relativamente consistente de pregas corticais (giros) separadas por fissuras rasas (sulcos) nos lobos dos hemisférios cerebrais resulta da produção e migração diferenciais de neurônios corticais.

Como resultado do prodigioso crescimento dos hemisférios cerebrais, estes recobrem o diencéfalo, mesencéfalo e cerebelo. Os hemisférios se tornam conectados entre si por meio de comissuras constituídas de axônios em crescimento que se dirigem de um hemisfério ao outro e vice-versa, a maior das quais é o corpo caloso. Os hemisférios estão conectados a outras partes do SNC pelas vias axonais que crescem a partir do tálamo em direção ao cérebro e do cérebro para estruturas subcorticais via a volumosa cápsula interna.

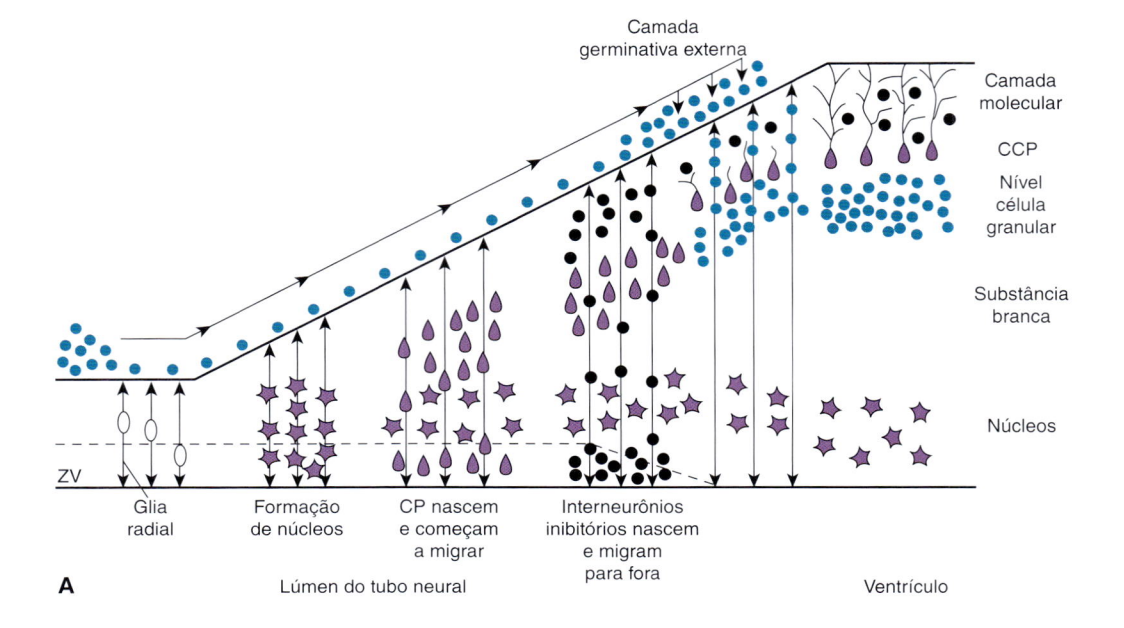

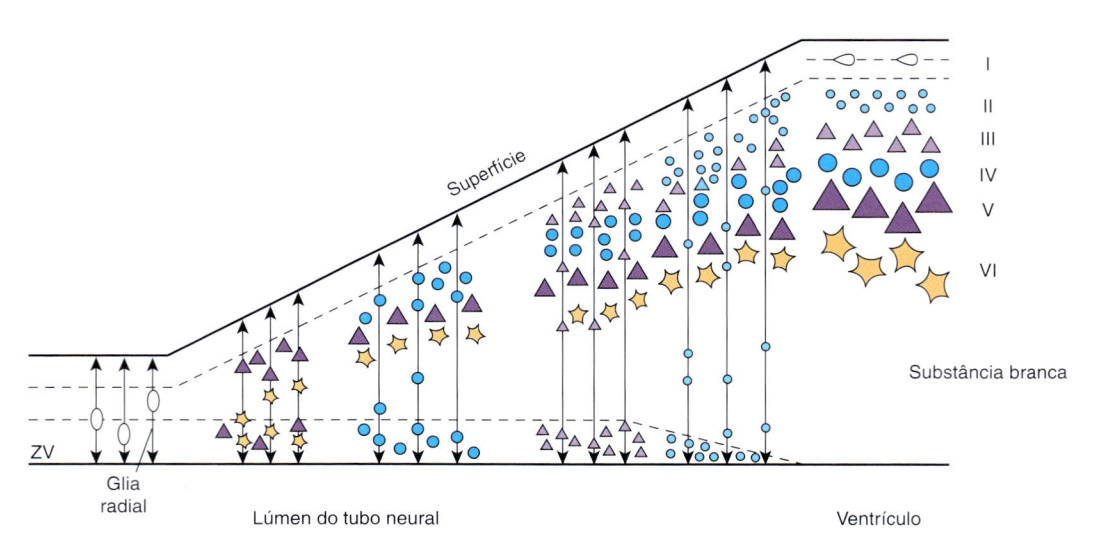

Figura 24.4 O desenvolvimento das camadas no córtex cerebelar (**A**) e no córtex cerebral (**B**) segue diferentes mecanismos. No cerebelo, uma onda inicial de neurogênese a partir da zona ventricular origina neurônios que migram radialmente para fora, em direção à superfície. A isso se segue, posteriormente, uma segunda onda de neurogênese em uma zona germinativa lateral, a partir da qual as células precursoras neurais migram para a superfície, onde se dividem e migram para dentro para formar a camada granular. No córtex cerebral, todos os neurônios surgem a partir da zona ventricular (ZV) e migram radialmente para fora até a superfície. Os neurônios gerados primeiro, "mais velhos", estão localizados nas camadas mais profundas do córtex, enquanto os neurônios mais recentes estão localizados em camadas corticais progressivamente mais superficiais (CP, células de Purkinje; CCP, camada de células de Purkinje).

Conexão clínica

Em consequência do prolongado desenvolvimento pré- e pós-natal do SNC, uma miríade de fatores metabólicos, nutricionais, infecciosos, inflamatórios, traumáticos, mutações genéticas e outros fatores pouco conhecidos podem ter impacto negativo sobre o desenvolvimento do encéfalo. Alguns transtornos do neurodesenvolvimento resultam em déficits estruturais/funcionais que são evidentes no momento do nascimento. Outros posteriormente se apresentam como transtornos cognitivos/comportamentais ou de aprendizagem, alguns dos quais sem qualquer etiologia anatômica conhecida.

Os defeitos de neurogênese, migração neuronal ou diferenciação pós-migratória podem resultar no desenvolvimento anormal do córtex cerebral. Quando há falha do desenvolvimento dos giros, o córtex é liso ou lisencefálico quanto à aparência. Giros atipicamente grandes (paquigiria) ou pequenos (microgiria) também ocorrem com o desenvolvimento cortical anormal. Outros transtornos do desenvolvimento resultam no posicionamento anômalo (heterotopias) de neurônios corticais em migração para camadas corticais inapropriadas ou confinados à substância branca subcortical.

A maturação anormal dos neurônios, de modo específico das espinhas dendríticas, foi correlacionada com transtornos do desenvolvimento como autismo, síndrome de Down e síndrome do X frágil. A densidade (número) de espinhas dendríticas subnormal e o atraso no desenvolvimento são subjacentes a esses transtornos. A sobrevivência de neurônios anormal no córtex pré-frontal, bem como a morte de células de Purkinje no cerebelo também foram relatadas em pacientes com autismo.

A falha de fechamento do tubo neural resulta na ocorrência de defeitos disráficos mais comumente nos neuróporos anterior e posterior. A anencefalia resultante da falha de fechamento do neuróporo anterior, por sua vez, resulta em um cérebro malformado, que se apresenta exposto em decorrência da falta da calota craniana e que é contínuo com a pele do couro cabeludo. Trata-se de uma condição que é sempre fatal. Os defeitos de fechamento do neuróporo posterior resultam em distúrbios diferentes.

Comumente, os arcos vertebrais falham em se desenvolver e fundir, resultando em espinha bífida. Essa condição pode ser acompanhada de protrusão de um saco meníngeo contendo líquido cerebrospinal (meningocele), como no caso descrito no início deste capítulo ou, se o saco contém tecido nervoso, mielomeningocele (ou meningomielocele). Um percentual significativo dos defeitos congênitos do tubo neural pode ser evitado com o uso de ácido fólico pela mãe antes e durante a gestação.

Entre os distúrbios genéticos, estão a síndrome de Down, síndrome do X frágil e síndrome de Rett. A síndrome de Down, causada pela presença de um cromossomo 21 extra, é o distúrbio genético mais frequente e resulta em nascimento de bebê vivo e expectativa de vida prolongada, com características de baixa estatura, pregas na pálpebra, tônus muscular diminuído e retardo mental. A síndrome do X frágil e a síndrome de Rett são menos comuns.

Um traumatismo ocorrido no início da vida pode acarretar privação de oxigênio por obstrução de vias aéreas ou por hipóxia com consequente desenvolvimento de múltiplos distúrbios do desenvolvimento. A paralisia cerebral (PC) é um distúrbio do desenvolvimento relativamente comum, com múltiplos fatores causais pré- e pós-natais. Do ponto de vista comportamental, a PC é caracterizada como um distúrbio do movimento permanente e não progressivo, com déficits cognitivos secundários e epilepsia com comorbidade em cerca de 1/3 dos casos de PC. Os movimentos alterados observados em pacientes com PC são classificados em três subtipos não mutuamente exclusivos: espástico, atáxico e atetoide/discinético. A forma mais comum é o tipo espástico causado por trauma ao sistema motor durante a gestação, ao nascimento ou no pós-natal. A hipóxia ao nascimento e a prematuridade também podem ser fatores causais significativos de PC.

A síndrome alcoólica fetal em filhos de mães alcoólatras resulta em QIs menores e outros atrasos do neurodesenvolvimento na prole. O que é especialmente trágico nesses casos é o fato de os distúrbios do desenvolvimento poderem ser prevenidos com abstinência total do álcool pela mãe durante a gestação.

Questões para revisão

1. O sistema nervoso central se desenvolve a partir de qual camada da gástrula?
2. O que se desenvolve a partir da crista neural?
3. Qual defeito do desenvolvimento resulta em anencefalia?
4. Qual é a importância da notocorda no desenvolvimento do sistema nervoso central?
5. Quais glias especializadas têm importância decisiva para orientar os neurônios em migração?
6. Em geral, nas primeiras fases do desenvolvimento, há uma superprodução inicial de neurônios cujo número é reduzido pela apoptose durante a maturação contínua. O que está subjacente à eliminação seletiva dos neurônios em excesso?
7. Qual é a diferença entre a migração neuronal no córtex cerebelar e no córtex cerebral?
8. Qual é o nome da condição em que há falha do desenvolvimento dos giros corticais?
9. No momento do parto, um recém-nascido apresenta um defeito congênito na região lombar. Um exame cuidadoso dessa região revelou a presença de uma protrusão em forma de saco contendo líquido e tecido. Essa condição é diagnosticada como:
   a. Anencefalia.
   b. Malformação de Arnold-Chiari.
   c. Espinha bífida.
   d. Meningocele.
   e. Mielomeningocele (meningomielocele).
10. O distúrbio do desenvolvimento descrito na questão 9 poderia ter sido prevenido com:
    a. Aconselhamento genético pré-concepção.
    b. Suplementação de ácido fólico pela mãe diariamente antes da concepção e no início da gestação.
    c. Aumento da suplementação com vitamina B durante a gravidez.
    d. Aumento da suplementação materna com cálcio durante a gravidez.
    e. Abstinência total de álcool pela mãe durante a gravidez.
11. Um bebê nasce vivo, mas morre imediatamente após o parto. É imediatamente evidente que todo o couro cabeludo e crânio da cabeça do bebê está ausente acima das órbitas. O crânio aberto exibe algum tecido nervoso, mas está claro que falta o telencéfalo em ambos os lados. O defeito de desenvolvimento é conhecido como:
    a. Anencefalia.
    b. Malformação de Arnold-Chiari.
    c. Raquisquise.
    d. Mielomeningocele (meningomielocele).
    e. Encefalocele.
12. O parto de uma criança aconteceu sem nenhuma complicação e, por um breve período, ela pareceu se desenvolver normalmente. Entretanto, atrasos no aparecimento dos marcos comportamentais do desenvolvimento e o surgimento de convulsões levou o pediatra a encaminhar seu paciente ao neurologista. Uma imagem por ressonância magnética revelou uma superfície cerebral lisa. A ausência dos giros e sulcos corticais levou ao diagnóstico de lisencefalia. Essa condição resulta de:
    a. Falha no fechamento do neuróporo anterior.
    b. Atraso do desenvolvimento dos ventrículos laterais.
    c. Neurogênese tardia de neurônios corticais.
    d. Inibição da migração dos neurônios corticais incipientes.
    e. Formação de axônios (axogênese) tardia.
13. Existem três componentes associados ao desenvolvimento do tubo neural: as placas alar e basal e a crista neural. As placas alar e basal originam neurônios localizados no sistema nervoso central, enquanto as cristas neurais originam neurônios no sistema nervoso periférico. Os derivados não neurais da crista neural são:
    a. Células gliais satélite.
    b. Células cromafins.
    c. Melanócitos.
    d. Células de Schwann.
    e. Todas as anteriores.

25 Envelhecimento do sistema nervoso: demência

Por vários anos, uma viúva de 80 anos, relativamente saudável e que vive sozinha, passa por uma mudança que a faz passar de socialmente ativa e bastante independente dos filhos a sua atual condição, em que costuma fazer confusões frequentes com eventos relativamente insignificantes e tem problemas para lembrar as conversas recentes que têm com os filhos. Ultimamente, a paciente começou a confabular para tentar explicar o fato de não se lembrar de algo. Ao longo dos últimos 12 meses, as consultas trimestrais com o geriatra mostram o declínio progressivo de seus escores no Miniexame do Estado Mental.

Existe um relógio biológico nos núcleos celulares. O envelhecimento, processo de contínuo aumento e acúmulo de mutações genéticas acoplado à capacidade sempre decrescente das divisões celulares, ocorre ao longo de toda a vida, mas tipicamente se manifesta apenas a partir da idade mais avançada. Todos os sistemas orgânicos mostram alterações relacionadas com a idade. Durante o envelhecimento normal do encéfalo, há acúmulo de lipofuscina, proteínas intracelulares degradadas por ação lisossomal com resultante acúmulo de pigmentos lipoproteináceos. As alterações encefálicas relacionadas com a idade em geral se manifestam de maneira comportamental, por meio do declínio progressivo da memória e das habilidades cognitivas, tais como aprendizado, compreensão, acuidade visual e auditiva, habilidades analíticas e de solução de problemas, velocidade dos movimentos voluntários e reflexos, e possivelmente alterações de comportamento anômalas. Há grande variação quanto à idade no momento da manifestação inicial, progressão temporal e gravidade da disfunção entre os indivíduos. A **demência senil** é uma síndrome clínica definida pelo *Diagnostic and Statistical Manual* (DSM-IV) da American Psychiatric Association, que é caracterizada pela perda de memória acoplada a um déficit cognitivo, como um déficit de linguagem, solução de problemas e comprometimento do funcionamento social e ocupacional. A demência pode ser irreversível ou reversível.

Tipos de demência senil

Doença de Alzheimer

A forma mais prevalente de demência senil irreversível é a doença de Alzheimer. Essa doença afeta cerca de 7% dos indivíduos com mais de 60 anos de idade, e 40% dos indivíduos com idade acima de 80 anos. A doença de Alzheimer pode aparecer mais cedo na vida em indivíduos com histórico familiar de demência de aparecimento precoce.

A causa da doença de Alzheimer é desconhecida, e os fatores de risco correspondentes preditivos do distúrbio são imprecisos. Além de uma biópsia cerebral, não há outro teste diagnóstico para a doença de Alzheimer. Esta condição somente pode ser confirmada na autópsia pela presença de alterações patológicas cerebrais características vistas ao microscópio. Essas alterações neuro-histológicas incluem observações de depósitos de proteína anormais (Fig. 25.1) e a degeneração de neurônios em partes específicas do cérebro (Fig. 25.2). Precedendo à morte dos neurônios, surgem anormalidades no citoesqueleto celular. Os **emaranhados neurofibrilares** da proteína Tau (t) estabilizadora de microtúbulos se formam no soma e nos dendritos proximais dos neurônios. Esses emaranhados de proteínas do citoesqueleto a princípio impedem o metabolismo celular e o transporte axoplasmático, levando ao comprometimento da função sináptica e, por fim, à morte neuronal. Após a morte dos neurônios, os emaranhados neurofibrilares insolúveis permanecem no espaço extracelular evidenciando a morte de suas células.

Os depósitos extracelulares de outra proteína resultam na formação de **placas de amiloide senis** no neurópilo (Fig. 25.1B) e nas paredes dos vasos sanguíneos cerebrais. A proteína amiloide deriva de uma proteína precursora amiloide maior sintetizada no retículo endoplasmático e inserida na membrana de dendritos, axônios e corpos celulares dos neurônios. A função da proteína precursora amiloide é desconhecida. O domínio extracelular da proteína precursora amiloide é clivado, resultando na formação de placas amiloides. As placas senis frequentemente estão associadas a neurônios anormais, prolongamentos astrocíticos e micróglia ativada. Considera-se que a proteína amiloide é tóxica para as estruturas adjacentes.

Os emaranhados neurofibrilares e placas senis não estão distribuídos de maneira uniforme no córtex. Os emaranhados neurofibrilares são

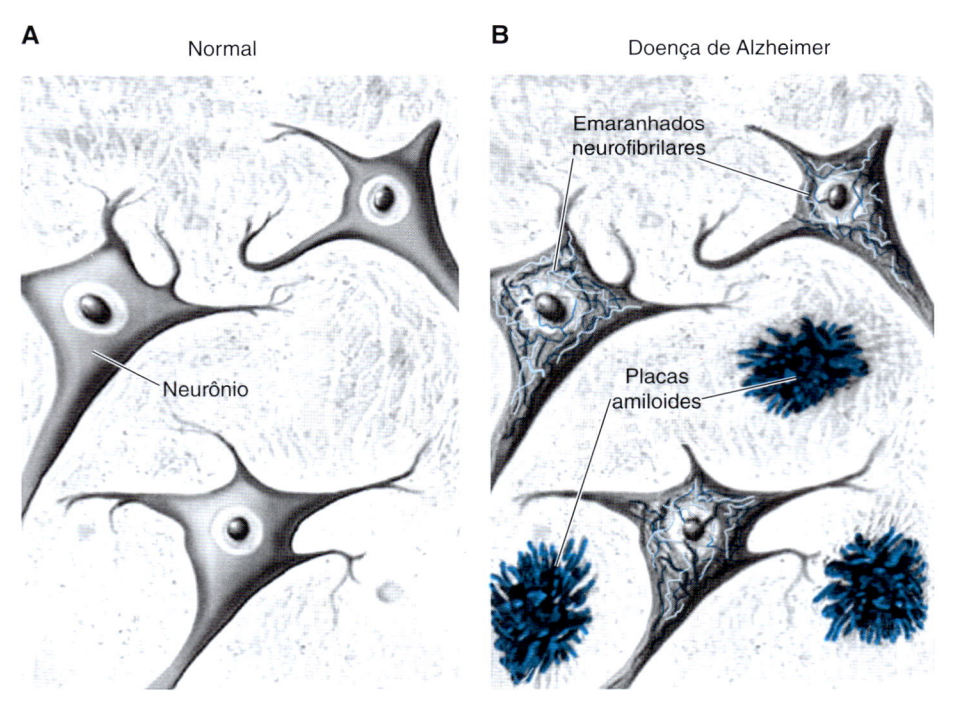

Figura 25.1 Alterações neuropatológicas no cérebro de um paciente com doença de Alzheimer. **A.** Neurônios normais. **B.** Placa senil de proteína amiloide circundando um neurônio intacto. O neurônio circundado por fim sofrerá degeneração como resultado da deposição de amiloide. Os emaranhados neurofibrilares são densamente acumulados no soma e nos prolongamentos de um neurônio. Esse neurônio sofrerá degeneração em consequência do acúmulo anormal dessas fibrilas.

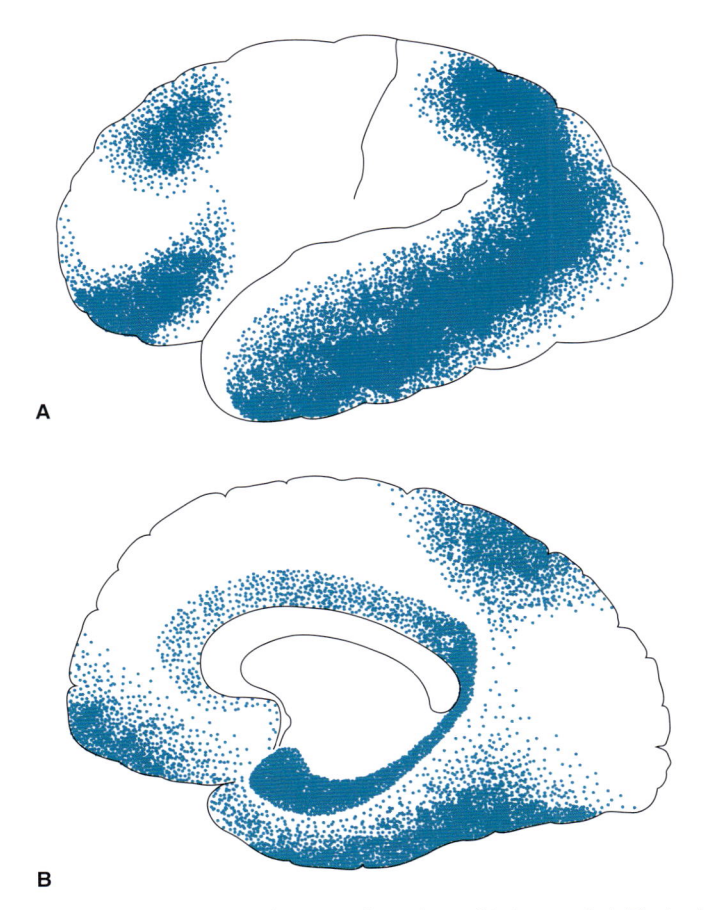

A

B

Figura 25.2 Desenhos representativos das superfícies lateral (**A**) e medial (**B**) dos hemisférios cerebrais, indicando a distribuição e a densidade relativa de alterações neurodegenerativas (morte neuronal, emaranhados neurofibrilares e placas senis) que ocorrem na doença de Alzheimer. A intensidade do sombreado claro-escuro reflete a doença neuropatológica progressivamente intensificada.

mais densos no giro para-hipocampal, córtex entorrinal e polo temporal. Existe uma densidade relativamente baixa de emaranhados nos córtices primários motor e sensorial. Menos espalhadas do que os emaranhados neurofibrilares, as placas senis são mais comuns nos lobos temporal e parietal posterior.

Perda de neurônios

Por volta de 80 anos de idade, o cérebro normalmente terá sofrido uma perda de peso aproximada de 15%. Essa redução é causada em parte pela síntese proteica diminuída que ocorre nos neurônios mais velhos, mas por si só não tem correlação com a senescência. Parte dessa

redução pode ser atribuída à diminuição de tamanho dos neurônios, em particular das células maiores, como os neurônios piramidais corticais, que coincide com a atrofia dos ramos e espinhas dendríticas. Coincidindo com a redução dos dendritos, há 15-20% de perda das sinapses. Em indivíduos com demência, como no caso descrito no início do capítulo, a diminuição dos contatos sinápticos é bem maior.

Tipos específicos de neurônios em partes regionalmente restritas do cérebro degeneram na doença de Alzheimer. Esse processo é caracterizado por um adelgaçamento dos giros e alargamento dos sulcos. Portanto, a combinação de redução dendrítica e morte neuronal resulta em alterações morfológicas caracterizadas como **atrofia cerebral**. Nos lobos pré-frontal, parietal posterior e temporal, os neurônios piramidais degeneram de maneira seletiva (Fig. 25.2), contribuindo para alterações de humor, padrões de sono, consciência em relação ao ambiente externo e memória. A degeneração supranormal de neurônios colinérgicos no núcleo basal de Meynert e de neurônios noradrenérgicos no *locus ceruleus* provavelmente contribui para o comprometimento da memória e também da atenção. A degeneração de neurônios na amígdala e no núcleo anterior do tálamo é subjacente às anormalidades de comportamento. Atualmente, não há tratamento eficaz para a doença de Alzheimer.

Demência vascular e outras

A segunda causa principal de demência em idosos é atribuível à doença cerebrovascular e representa 10-20% de todos os casos de demência senil. A demência vascular resulta de múltiplos infartos subletais que ocorrem durante um período temporalmente prolongado em áreas, no aspecto espacial, amplamente distribuídas do cérebro, que de forma cumulativa resultam em comprometimento da memória e anormalidades do comportamento. Diferente do observado na doença de Alzheimer, a demência vascular tem uma distribuição irregular dos déficits e com frequência pode ser associada à doença cerebrovascular diagnosticável e à lesão cerebral focal conforme a manifestação, por exemplo, de sinais unilaterais do sistema piramidal. A hipertensão é o fator de risco mais preditivo de demência vascular. Outras causas incluem diabetes melito, tabagismo e consumo de álcool, arritmias cardíacas e outras doenças relacionadas com o coração. Conseguir identificar os fatores de risco associados à demência vascular possibilita a adoção de estratégias terapêuticas preventivas que incluam tratamento para hipertensão, interrupção do tabagismo, controle do diabetes e outros regimes terapêuticos.

Os indivíduos afetados também podem sofrer de uma combinação variável de Alzheimer e demência vascular, com vasculopatia e alterações degenerativas no cérebro. Outras formas de demência irreversível têm origem subcortical, como ocorre em pacientes com doença de Parkinson ou doença de Huntington e em algumas ataxias espinocerebelares hereditárias. A demência resultante do alcoolismo crônico é irreversível, mas não é progressiva se o consumo de álcool for interrompido. Entre as causas reversíveis de demência, estão interações farmacológicas tóxicas, desequilíbrios eletrolíticos, infecções e distúrbios metabólicos e endócrinos.

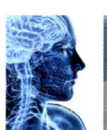

Conexão clínica

As descobertas experimentais, principalmente em ratos idosos, sustentam fortemente a máxima "usar ou perder". De modo similar aos músculos esqueléticos, que atrofiam em consequência da inatividade por desnervação, a estrutura dos neurônios do sistema nervoso central em envelhecimento parece estar firmemente ligada ao trabalho, bem como à atividade e estimulação mentais. Ratos mantidos sob condições ambientais restritas (não muito diferentes das condições em que são mantidos idosos institucionalizados), sofrem perda de sinapses e espinhas dendríticas nos neurônios corticais. Por outro lado, quando ratos de idade semelhante (e de modo não distinto dos neuroanatomistas de idade avançada) são mantidos em ambiente enriquecido, há aumento significativo dos contatos sinápticos (plasticidade). A preservação da capacidade mental também está de forma comprovada ligada à dieta, ao peso e ao exercício.

Questões para revisão

1. Quais são as principais alterações neuropatológicas vistas em cérebros *post mortem* de pacientes com doença de Alzheimer?
2. Qual é a causa mais comum de demência senil?
3. A imagem por ressonância magnética do cérebro de um paciente com atrofia cerebral revelaria quais alterações neuropatológicas?
4. Onde ocorre a maioria das alterações neuropatológicas no córtex cerebral em envelhecimento?

26 Recuperação da função do sistema nervoso: plasticidade e regeneração

Dois homens adultos envolvidos em um acidente de automóvel sofrem lesões no sistema nervoso. Em um paciente (n. 1), o SNP é danificado, enquanto no outro paciente (n. 2) a lesão está no SNC. Embora algumas anormalidades sejam distintas nos dois pacientes, ambos apresentam paralisia dos dedos da mão direita. Os familiares dos pacientes questionam sobre a possibilidade de recuperação funcional.

Por mais de um século e meio, o soma ou corpo celular do neurônio foi considerado o centro trófico em virtude da concentração das organelas que dão suporte metabólico ao neurônio como um todo. Todos os dendritos e o axônio são absolutamente dependentes, para sua nutrição e sobrevivência, dos mecanismos de transporte ativo que movem os nutrientes essenciais do soma para dentro dos axônios e dendritos. O transporte intra-axonal é bidirecional, com diferentes componentes transportados a diferentes velocidades e direções. As organelas e vesículas necessárias à transmissão sináptica geralmente são movimentadas via transporte axonal anterógrado rápido (100-400 mm/dia), enquanto a homeostasia da estrutura axonal é amplamente sustentada pelo transporte axonal anterógrado lento (1-2 mm/dia) de proteínas do citoesqueleto e da membrana plasmática axonal, bem como de metabólitos essenciais necessários para a fosforilação oxidativa e glicólise. O transporte retrógrado (100-200 mm/dia) retorna ou traz para o corpo celular, a partir dos terminais axonais, produtos residuais do metabolismo normal e sinais relacionados ao tropismo celular.

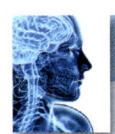

Conexão clínica

Além da sinalização normal relacionada ao tropismo vinda da periferia, o transporte retrógrado pode ter efeito deletério sobre os neurônios, com a incorporação e o transporte de proteínas patogênicas e vírus, tais como a toxina tetânica, e os vírus da raiva e da poliomielite. De forma alternativa, o transporte anterógrado pode promover a movimentação centrífuga do vírus do herpes-zóster e resultar em "zona" (herpes-zóster).

Degeneração walleriana ou axonal anterógrada no sistema nervoso periférico

Os axônios degeneram diretamente como resultado de lesão traumática, ou indiretamente como resultado de toxinas, inflamação, distúrbios metabólicos e mielínicos e isquemia. A degeneração walleriana ou axonal anterógrada ocorre a partir do local de lesão em sentido distal até os terminais axonais (Fig. 26.1). A axotomia, que consiste na separação de um axônio nos segmentos proximal e distal, deflagra uma cascata de eventos ao longo do axônio distal ao ponto de lesão e localmente no axônio proximal ao local de lesão. Em questão de horas após o dano a um axônio, o segmento axonal proximal é vedado por meio da fusão, mediada por cálcio, de vesículas intra-axonais com a membrana axonal (axolema) aberta, resultando na formação de uma abertura progressivamente menor, seguida do fechamento e restabelecimento do equilíbrio de íons. O transporte axoplasmático e a propagação do potencial de ação continuam no segmento axonal distal durante um período de latência pós-lesão relativamente curto. No segmento distal, há uma depleção crescente no sentido proximal-distal dos substratos metabólicos para a produção de energia mitocondrial necessária à manutenção dos gradientes iônicos. A produção diminuída de ATP por fim resulta na alteração da permeabilidade da membrana no segmento axonal distal, começando primeiro no local da lesão e continuando distalmente ao longo do tempo. A perda dos gradientes iônicos permite a entrada de água no axônio, resultando em edema e, de modo mais deletério, no influxo de íons sódio e cálcio. A elevação do cálcio intra-axonal é necessária e suficiente para deflagrar a degeneração física do axônio. O cálcio intra-axonal elevado ativa as enzimas proteolíticas mediadoras da desintegração do citoesqueleto a qual se segue a do axolema. O início da degeneração axonal é seguido de perto pela fragmentação da mielina circundante em gotículas progressivamente menores. Os macrófagos são ativados em alguns dias após a lesão por meio da liberação de moléculas bioativas a partir das células de Schwann. Os macrófagos degradam a bainha de mielina e fagocitam os resíduos proteolipídicos. A rápida remoção dos resíduos de mielina em um nervo periférico é essencial para sua recuperação posterior e necessária para a ativação da mitogênese de células de Schwann e a remoção das proteínas associadas à mielina, que podem bloquear o recrescimento axonal. Embora a degeneração axonal seja sempre seguida de degeneração da mielina circundante, o contrário não é necessariamente o caso. As neuropatias periféricas desmielinizantes não deflagram a degeneração axonal. Em vez disso, os axônios permanecem anatômica e funcionalmente intactos, e tentativas de remielinização são realizadas.

Conexão clínica

Descobertas experimentais recentes feitas em camundongos com uma mutação fenotipicamente caracterizada como degeneração walleriana-símile lenta (*Wlds*) começaram a desafiar o conceito de que o transporte axonal interrompido que leva à disfunção mitocondrial e ao aumento do cálcio intra-axonal deflagram imediatamente a degeneração axonal no segmento distal lesado. Os axônios transeccionados em camundongos *Wlds* continuam a propagar os potenciais de ação por até 2 semanas após a lesão, ao passo que a desintegração física do axônio pode ser prolongada por um período de tempo similar. A ativação de astrócitos, macrófagos e micróglia também é retardada e prolongada em camundongos portadores da mutação. É interessante notar que essa mutação não parece salvar os corpos celulares neuronais da morte após a axotomia. Embora a proteína *Wlds* aparentemente possa promover a sobrevivência axonal via mecanismos ainda indefinidos, existe um enorme potencial para que essa descoberta leve a avanços terapêuticos significativos no tratamento de tratos axonais e nervos danificados.

Recuperação funcional após a lesão axonal no sistema nervoso periférico

Os axônios no sistema nervoso periférico (SNP) podem regenerar após a lesão. A partir de uma expansão globosa do axônio proximal, há formação de brotos em algumas horas, mas isso é um processo malsucedido, uma vez que os brotos não têm o suporte necessário do corpo celular para o crescimento contínuo e, então, degeneram rapidamente. A regeneração axonal bem-sucedida depende de o corpo celular neuronal sobreviver à axotomia.

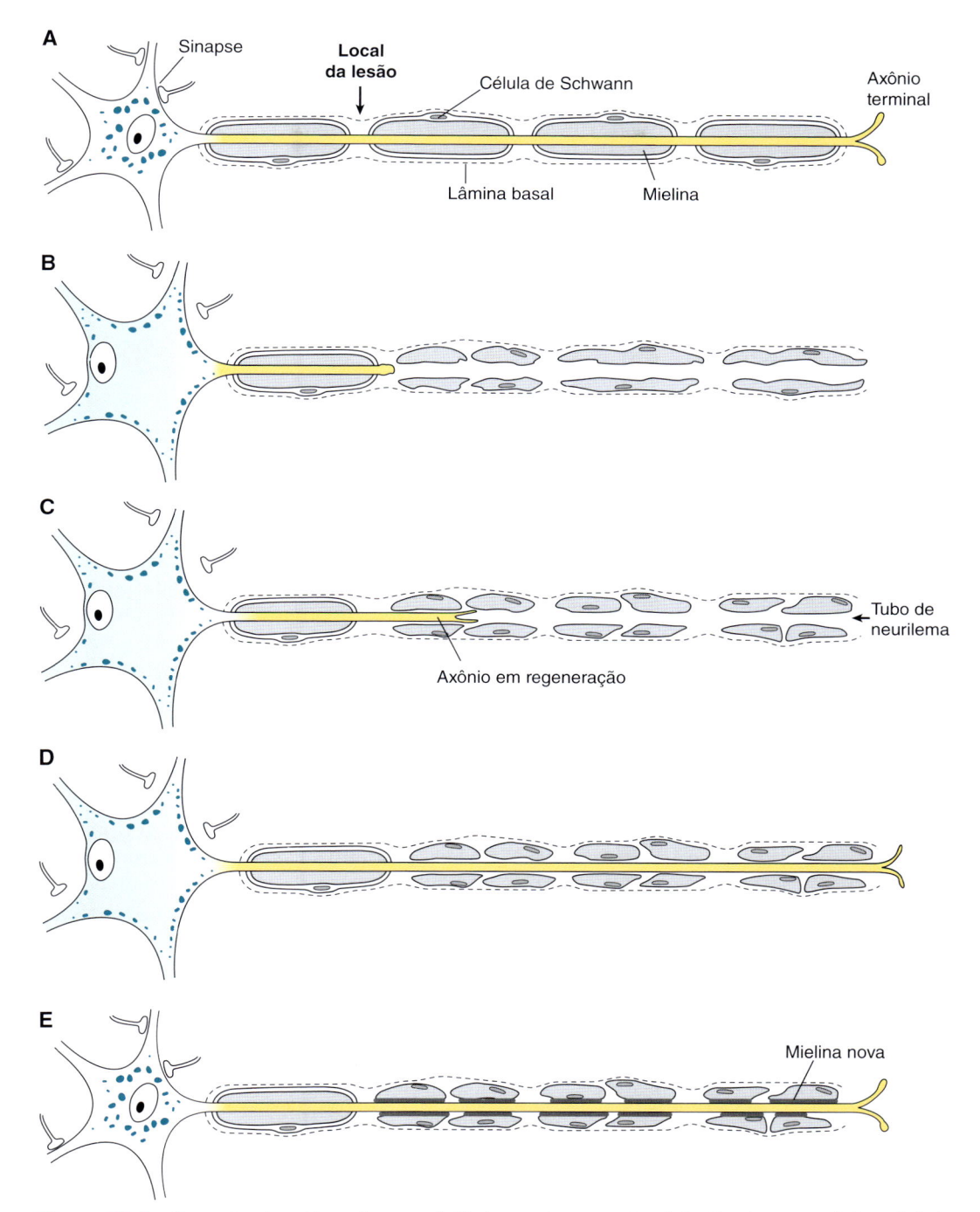

Figura 26.1 Sequela das alterações morfológicas subsequentes à lesão de um axônio mielinizado do SNP. **A.** Corpo celular normal e axônio mielinizado. **B.** Reação axonal caracterizada por cromatólise, edema e núcleo excêntrico no corpo celular, além de degeneração walleriana ou anterógrada do axônio e sua mielina. **C.** Broto de crescimento inicialmente regenerando para dentro do tubo de neurilema formado por células de Schwann. **D.** Axônio em regeneração em direção ao local do efetor. **E.** Retorno ao normal: regeneração funcional.

A reação do axônio

Horas após a axotomia, alterações ultraestruturais são observadas nos corpos celulares dos neurônios axotomizados. Decorridos vários dias, alterações neuro-histológicas características se tornam evidentes constituindo coletivamente a **reação do axônio** (Fig. 26.1B). Essas alterações incluem o movimento do núcleo para uma localização excêntrica adjacente à membrana celular e muitas vezes cruzando diretamente a partir do cone de implantação do axônio. Secundário às propriedades alteradas da bomba iônica e às alterações resultantes na permeabilidade da membrana, o soma se torna edemaciado. Mais característica é a dissolução dos densos aglomerados de retículo endoplasmático rugoso ou corpúsculos de Nissl, levando à **cromatólise** ou perda da coloração basofílica. Há um aumento do tamanho do nucléolo. Por fim, os botões sinápticos se desconectam dos dendritos e do soma do neurônio agora disfuncional.

Existem alguns determinantes para a sobrevivência de um neurônio axotomizado: a proximidade do local de lesão com o corpo celular e a perda correlacionada de axoplasma; a proporção de projeções colaterais sobreviventes que fornecem acesso a fatores tróficos derivados dos órgãos alvo; e, por fim, a idade do paciente, com evidências de que o dano em indivíduos jovens é mais deletério do que em idosos. Se o limiar para a degeneração continuada não for ultrapassado, os neurônios axotomizados tentarão regenerar seus axônios a partir do local de lesão em direção distal.

Regeneração axonal no SNP

O recrescimento sustentado de um axônio começa a partir da terminação proximal de um coto danificado e continua com a adição de uma nova membrana axonal na borda principal do axônio em regeneração. Os cones de crescimento, de modo não distinto daqueles do desenvolvimento, buscam sinais moleculares que os guiem na direção a seus alvos. As células de Schwann são elementos decisivos para o êxito da regeneração. Começando em 3-4 dias após

a lesão, os mitógenos liberados pelos macrófagos que chegam ao local deflagram a divisão das células de Schwann ao longo da extensão do segmento nervoso. Os agentes quimiotáticos liberados pelas células de Schwann fornecem sinais de orientação para os axônios em recrescimento se estenderem distalmente.

O grau de regeneração funcional depende em grande parte do tipo de lesão. A maior chance de regeneração funcional ocorre após a lesão por compressão ou isquemia do nervo, em que o tubo de neurilema e as lâminas basais permanecem quase intactos, como ocorreu no paciente n. 1 do caso relatado no início deste capítulo, que sofreu lesão no SNP por compressão nos nervos mediano e ulnar. Os axônios em regeneração crescem para dentro do tubo de neurilema que originalmente ocupavam. A força de atração dos sinais quimiotáticos para orientação dos axônios em recrescimento é concentração-dependente. Quando os axônios em regeneração são desafiados a crescerem ao longo de um local de lesão, onde os cotos proximal e distal do nervo estão espacialmente separados, as chances de recuperação funcional diminuem e se tornam amplamente dependentes da distância entre as duas extremidades nervosas. Nos tipos de lesão em que a seção ou corte é limpo, por exemplo, cortes feitos com lâmina de barbear ou faca afiada, os cotos proximal e distal podem ser alinhados e cirurgicamente suturados um ao outro, juntando-os. De modo ideal, as extremidades secionadas dos fascículos nervosos maiores podem ser aproximadas e orientadas de maneira a permitir que os axônios em regeneração tenham mais chance de crescer para dentro de seus tubos de neurilema originais. A recuperação funcional é menos provável após lesões de nervo, como as que ocorrem nos ferimentos à bala, em que um segmento relativamente longo do nervo é destruído. Sob tais condições, as estratégias para o reparo cirúrgico da lesão podem incluir a aproximação e sutura dos cotos proximal e distal do nervo por meio do posicionamento e fixação do membro para aproximar as duas superfícies. Outros tratamentos para reunir os cotos nervosos proximal e distal afastados incluem o enxerto de segmentos de nervo extraídos de um nervo diferente do paciente, ou a conexão dos dois segmentos com um tubo biodegradável por meio do qual os axônios em regeneração são grosseiramente guiados para o coto distal. Em todos os casos, é essencial trazer os cotos proximal e distal do nervo a alguns milímetros de distância um do outro, porque a difusão de concentrações suficientes de sinais quimiotáticos (para orientação espacial dos axônios em recrescimento) a partir das células de Schwann no coto distal é limitada por essa distância.

Conexão clínica

Um neuroma pode se desenvolver no local da lesão nervosa periférica quando os axônios sensitivos em regeneração falham em reentrar nos tubos de neurilema. Os axônios sensitivos com suas terminações alteradas podem ser ativados por estímulos não fisiológicos, resultando na transmissão de sensações dolorosas ao SNC. Esse fenômeno é considerado a base da dor do membro fantasma.

No passado, de modo geral, pensava-se que os axônios em regeneração cresceriam para dentro de qualquer tubo de neurilema distal vago. Segundo descobertas recentes, os tubos de neurilema que circundam axônios motores ou sensitivos atraem seletivamente o mesmo tipo de axônios em regeneração.

Os axônios regeneram 1-2 mm/dia, que é a velocidade do transporte axoplasmático lento. Ao alcançarem a extremidade distal do tubo de neurilema e o músculo efetor ou glândula no caso de um axônio motor, ou um receptor no caso de um axônio sensorial, as conexões funcionais são reestabelecidas. Uma vez reconectados, os sinais tróficos são conduzidos de modo retrógrado para o corpo celular, onde, com o passar do tempo, a organização morfológica da célula volta ao normal e as sinapses disponíveis reestabelecem as conexões funcionais com o soma e a membrana dendrítica (Fig. 26.1E). O axônio regenerado também é remielinizado. Se a conexão do axônio regenerado for inapropriada, ou seja, um axônio motor conectado a um receptor sensitivo ou vice-versa, o sinal trófico que retorna ao corpo celular é reconhecido como inapropriado e a célula com seus axônios sofrem degeneração. As células de Schwann que circundam axônios regenerados inadequadamente conectados ou tubos de neurilema vazios sofrerão degeneração ao longo do tempo.

Recuperação funcional após a lesão axonal no sistema nervoso central

Após a lesão, os axônios do sistema nervoso central (SNC) sofrem degeneração axonal anterógrada em razão dos mesmos fatores que levam à degeneração dos axônios lesados no SNP. Os neurônios centrais axotomizados, de modo similar, sofrem reação axonal retrógrada, e a sobrevivência contínua ou eventual morte é baseada em proximidade da lesão com o corpo celular, colaterais de suporte e idade. Entretanto, diferente do que ocorre no SNP, a regeneração funcional não acontece após o dano aos axônios do SNC. Estes têm capacidade intrínseca de regeneração, porém alguns fatores extrínsecos impedem a reinervação funcional. A lesão da medula espinal ilustra melhor essas limitações. No local da lesão espinal, os astrócitos reativos se dividem ou aumentam de tamanho para formar uma barreira física impenetrável ou cicatriz glial em torno do local da lesão a fim de proteger áreas não danificadas contra a propagação das reações degenerativa e inflamatória, bem como reestabelecer a barreira hematoencefálica. Os astrócitos reativos também produzem proteoglicanos que atuam como uma barreira química de inibição ao recrescimento axonal. O traumatismo espinal pode resultar na formação de uma cavidade central circundada por uma borda de tecido intacto ou alternativamente na separação completa da medula espinal. Em um ou outro tipo de lesão, existe um espaço significativo que os axônios em regeneração devem transpor para poderem crescer rumo aos alvos distantes. Por fim, três proteínas presentes na membrana dos oligodendrócitos que envolvem os axônios centrais mielinizados interagem com um receptor único (Nogo) na extemidade principal dos cones de crescimento do axônio em regeneração. Essas proteínas da mielina deflagram o colapso imediato dos cones de crescimento, inibindo assim a regeneração axonal.

Se os axônios em regeneração fossem induzidos a crescer além de uma cicatriz glial, através ou ao redor de uma cavidade ou espaço, e ao longo de um substrato não permissivo de mielina do SNC, o obstáculo final seria o meio pelo qual os axônios alcançariam seus neurônios-alvo apropriados. Diferente do SNP, onde os axônios em regeneração são guiados para seus destinos pelos tubos de neurilema formados pelas células de Schwann e lâmina basal, e onde cada célula de Schwann é dedicada a um único axônio, no SNC não há canais de orientação similares aos tubos de neurilema, e cada oligodendrócito mieliniza muitos axônios diferentes.

Apesar de haver obstáculos significativos para qualquer regeneração axonal funcionalmente considerável no SNC, os achados experimentais são animadores, mostrando que fatores tróficos exógenos, células-tronco, células de Schwann e terapia gênica podem promover de modo limitado a regeneração axonal central.

Plasticidade do SNC

Por muitos anos, acreditou-se que as conexões axonais no SNC, uma vez formadas durante o desenvolvimento, permaneciam imutáveis por toda a vida. A pesquisa básica conduzida ao longo dos últimos 40 anos em animais e, mais recentemente, os estudos de imagem funcionais conduzidos em seres humanos demonstraram que o sistema nervoso é bastante modificável ou plástico. A **plasticidade**, tanto em morfologia neuronal como na responsividade elétrica, ocorre com alterações normais no *milieu* interno ou microambiente do sistema nervoso, com alterações externas do meio-ambiente e com adaptações comportamentais, bem como com a lesão no SNC. A plasticidade funcional ocorre em diversos sistemas no SNC e pode incluir alterações nos núcleos hipotalâmicos durante a gravidez e a lactação, no sistema motor em múltiplos níveis com o aprendizado de novas habilidades motoras durante a prática e o treinamento, e

em sistemas sensoriais em resposta a novos estímulos externos. A plasticidade de conexões pode consistir em alterações simples na eficácia sináptica, como ocorre na facilitação de curta duração e na potenciação pós-tetânica cujas mudanças são pré-sinápticas, ou como ocorre com a potenciação de longa duração e a depressão de longa duração cujas mudanças são pós-sinápticas. As alterações morfológicas podem incluir o remodelamento das arborizações terminais axonais pré-sinápticas ou dos dendritos distais pós-sinápticos, ou ainda das espinhas dendríticas.

Plasticidade induzida por lesão

Como a neurogênese no adulto é bastante restrita, limitada ao nascimento de novos neurônios primários (de primeira ordem) na mucosa olfatória e de novas células granulares no hipocampo, considerando que não há regeneração de axônios no SNC, é possível supor que a recuperação funcional parcial observada após o traumatismo no SNC ou acidente vascular encefálico resulta da **plasticidade induzida por lesão**. A extensão da plasticidade no SNC depende da idade e dos sistemas neurais envolvidos.

Plasticidade do desenvolvimento

Uma forma de plasticidade vista de modo subsequente às lesões ocorridas no início do desenvolvimento do SNC é a persistência de neurônios e conexões normalmente transitórias. Conexões em excesso ou exuberantes se desenvolvem juntamente com os circuitos axonais que normalmente persistem no adulto. Quando essas últimas conexões são danificadas, as projeções axonais em geral transitórias podem persistir e manter a aferência sináptica para neurônios-alvo. Como resultado da contínua expressão de genes relacionados ao crescimento, os axônios intactos de neurônios imaturos podem desenvolver arborizações terminais axonais adicionais ou brotos colaterais, bem como redirecionar o crescimento axonal para alvos desnervados. Também pode haver desenvolvimento de brotamento regenerativo de arborizações terminais ou de colaterais mais distantes a partir de axônios danificados. Axônios novos ou em regeneração podem crescer até várias centenas de micrômetros. Esse crescimento de um axônio novo ou regenerado também é possível porque moléculas inibitórias do crescimento axonal, presentes no adulto, ainda não se desenvolveram a ponto de formar um ambiente não permissivo para o alongamento axonal.

Plasticidade do adulto

A plasticidade induzida por lesão e que ocorre nas conexões axonais do adulto é muito mais restrita espacialmente e demorada ao longo do tempo do que no sistema nervoso imaturo. Em geral, conexões sinápticas novas somente se formam por **sinaptogênese reativa**, em que as sinapses perdidas em consequência de lesão são substituídas por brotamentos terminais a partir dos axônios sobreviventes na área imediatamente adjacente (Fig. 26.2). Estudos quantitativos de sinaptogênese reativa em animais adultos demonstraram de forma convincente que sinapses novas formadas por terminais aferentes sobreviventes são bastante similares em termos de número e eficácia fisiológica aos aferentes sinápticos perdidos. Existe uma especificidade hierárquica no brotamento terminal. Os aferentes homólogos (do mesmo sistema) sobreviventes têm a maior preferência para a substituição das aferências perdidas, seguidos dos aferentes não homólogos sobreviventes e funcionalmente relacionados (p. ex., aferentes sobreviventes excitatórios que substituem os aferentes excitatórios perdidos), seguidos pelos aferentes não homólogos e funcionalmente distintos (p. ex., aferentes inibitórios que substituem os aferentes excitatórios). Algumas sinapses jamais podem ser substituídas, como ocorre no paciente n. 2 do caso apresentado no início deste capítulo. Esse paciente sofreu um traumatismo no SNC que danificou o trato corticospinal lateral, incluindo projeções para os motoneurônios inferiores da medula espinal que inervam os músculos intrínsecos da mão. Embora possa haver recuperação parcial de alguns movimentos proximais, os movimentos voluntários independentes dos dedos da mão jamais retornarão (ver Cap. 7).

Conexão clínica

Dois exemplos ilustram a plasticidade dos sistemas sensoriais no adulto. Primeiro, após a amputação de um dedo, a área cortical de representação para o dedo perdido é substituída por aferências sensoriais que expandem a partir das áreas de representação imediatamente adjacentes dos dedos intactos, aumentando assim a "sensibilidade" cortical para esses dedos. A plasticidade sensorial transmodal ocorre em pacientes cegos treinados para ler em braille. Foi relatado que os pacientes cegos têm maior resolução de discriminação tátil nos coxins dos dedos da mão, em comparação com indivíduos que enxergam. Além disso, a localização de som e a discriminação da fala são intensificadas em indivíduos cegos, em comparação com indivíduos que enxergam.

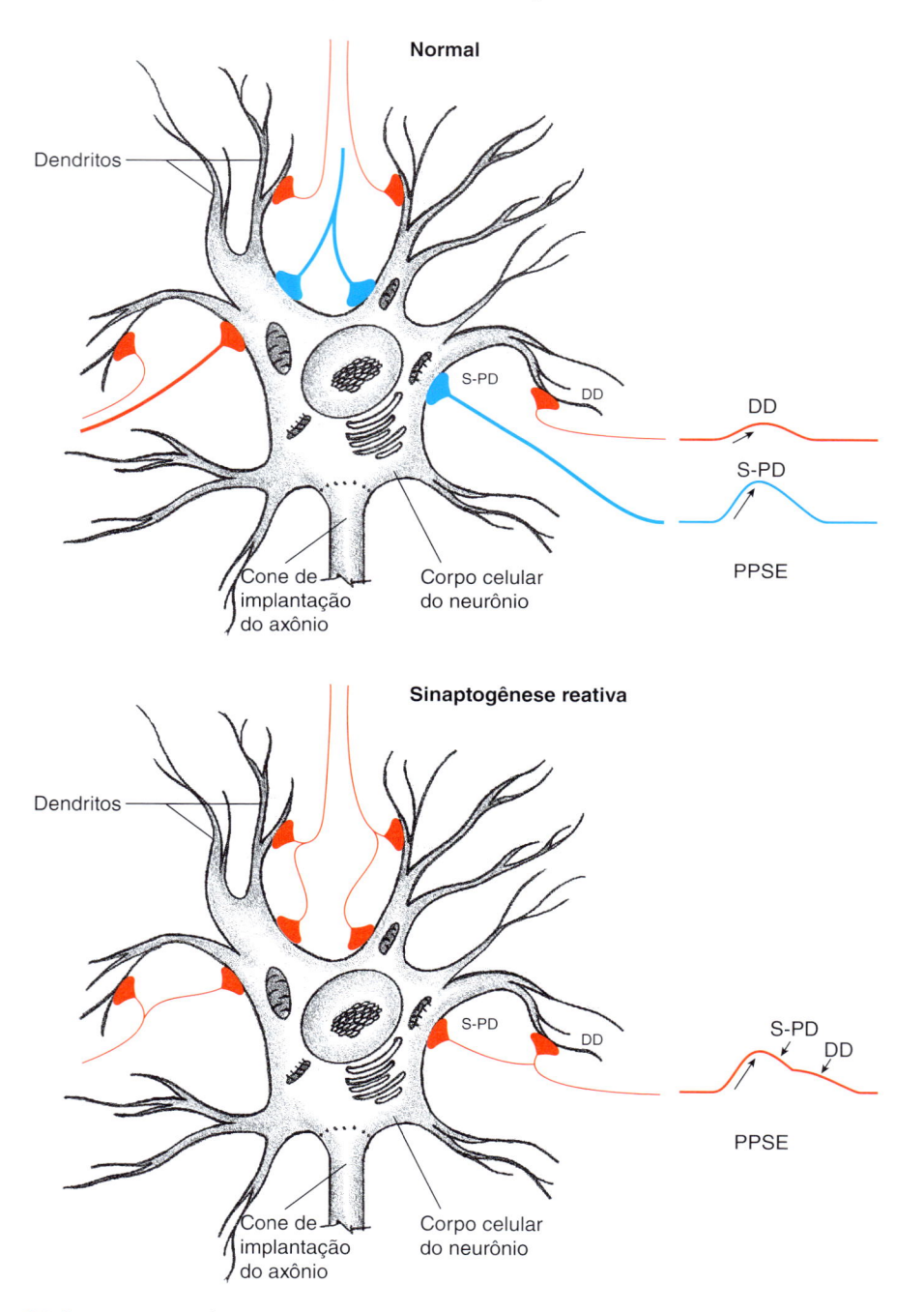

Figura 26.2 Duas vias aferentes distintas são espacialmente segregadas em relação às suas terminações no soma – dendritos proximais (S-DP) ou dendritos distais (DD) de um neurônio. A ativação dos terminais em S-DP evoca potenciais pós-sinápticos excitatórios (PPSE) com tempos de elevação mais rápidos (*setas*) e amplitudes maiores do que os PPSE evocados após a ativação de terminais em DD. Se houver degeneração dos terminais aferentes de S-DP, estes serão substituídos pelo brotamento terminal a partir dos aferentes sobreviventes no DD. A ativação dessas sinapses S-DP e DD combinadas evoca PPSE com propriedades para ambas as localizações de S-DP e DD.

Questões para revisão

1. O que causa a degeneração axonal anterógrada (Walleriana)?
2. Quais são as alterações neuro-histológicas características no corpo celular de um neurônio axotomizado?
3. Qual é o determinante crítico para que um neurônio sobreviva à lesão axonal?
4. Quais são os três fatores que impedem o êxito da regeneração axonal no sistema nervoso central?
5. Qual é a função das moléculas que regulam tropismo celular sintetizadas pelas células de Schwann ativadas por lesão?
6. Qual tipo de lesão em nervo periférico provavelmente resultaria na maior regeneração funcional?
7. Por que um neuroma é formado?
8. A plasticidade induzida por lesão sempre ocorre em qualquer local do sistema nervoso central?
9. Uma criança de 10 anos é levada para a sala de emergência após sofrer um acidente de bicicleta em que o nervo ulnar esquerdo foi cortado na região próxima ao punho. O neurocirurgião assistente suturou e uniu os cotos proximal e distal do nervo, com o mínimo de distorção possível dos fascículos nervosos. Você foi designado para acompanhar a evolução do pós-operatório do paciente. Em uma consulta de acompanhamento, após 2 meses, é mais provável que observe:
   a. Uma completa recuperação funcional do movimento dos dedos mínimo e anelar.
   b. Uma atrofia completa dos músculos na eminência hipotenar.
   c. Uma recuperação parcial da função motora, com paresia leve e sensações limitadas nos dedos mínimo e anelar.
   d. Ausência de recuperação funcional em razão do tempo insuficiente para o axônio em regeneração crescer até os alvos distais.
   e. Nenhuma recuperação funcional, pois a lesão resultou na morte da maioria dos neurônios axotomizados em consequência da proximidade da lesão com os corpos celulares neuronais.
10. Um pequeno acidente vascular encefálico na parte dorsolateral da porção rostral do bulbo à direita resultou em perda de movimentos coordenados do membro inferior ipsilateral. Outras modalidades sensoriais permaneceram intactas. Seria esperado que a terapia (treinamento) ocupacional:
    a. Resultasse em recuperação significativa da função e melhora da ataxia.
    b. Fosse efetiva para o paciente jovem e motivado.
    c. Fosse afetiva, pois o treino mobilizaria projeções sensoriais aferentes sobreviventes no pedúnculo cerebelar médio.
    d. Não melhorasse os movimentos do membro afetado.
    e. Resultasse na restituição gradativa da função em virtude da regeneração das projeções espinocerebelares dorsais danificadas.
11. A regeneração de axônios no sistema nervoso central que leva à recuperação funcional não ocorre em razão de qual dos seguintes fatores?
    a. Proteínas inibitórias na mielina dos oligodendrócitos que inibem o recrescimento.
    b. Uma cicatriz astrocítica constitui uma barreira física que impede o recrescimento.
    c. Ausência de canais de orientação para guiar os axônios em regeneração.
    d. Sinais moleculares no local de lesão inibem bioquimicamente o recrescimento.
    e. Todas as anteriores.
12. O dano a um nervo periférico, como resultado de lesão por compressão ou separação física, resulta na degeneração dos axônios lesados a partir do local de lesão e em sentido distal. Essa degeneração anterógrada é primariamente ocasionada por:
    a. Transporte axoplasmático anterógrado desintegrado.
    b. Isquemia.
    c. Propagação interrompida de potenciais de ação.
    d. Cromatólise.
    e. Perda de um sinal neurotrófico a partir do alvo.

13. Uma secretária de 47 anos de idade apresenta formigamento e dor em ambas as mãos há meses. A paciente está deixando objetos caírem de suas mãos. As sensações anormais são especialmente proeminentes à noite, muitas vezes impedindo-a de dormir ou acordando-a durante o sono. Há certo grau de atrofia dos músculos intrínsecos da mão, além de fraqueza muscular. As sensações no membro inferior estavam normais e a força muscular era condizente com a idade e o sexo da paciente. O diagnóstico mais provável para essa condição é:

a. Neuropatia periférica causada por diabetes
b. Esclerose múltipla.
c. Distrofia muscular.
d. Síndrome do túnel do carpo.
e. Miastenia *gravis*.

Parte IX

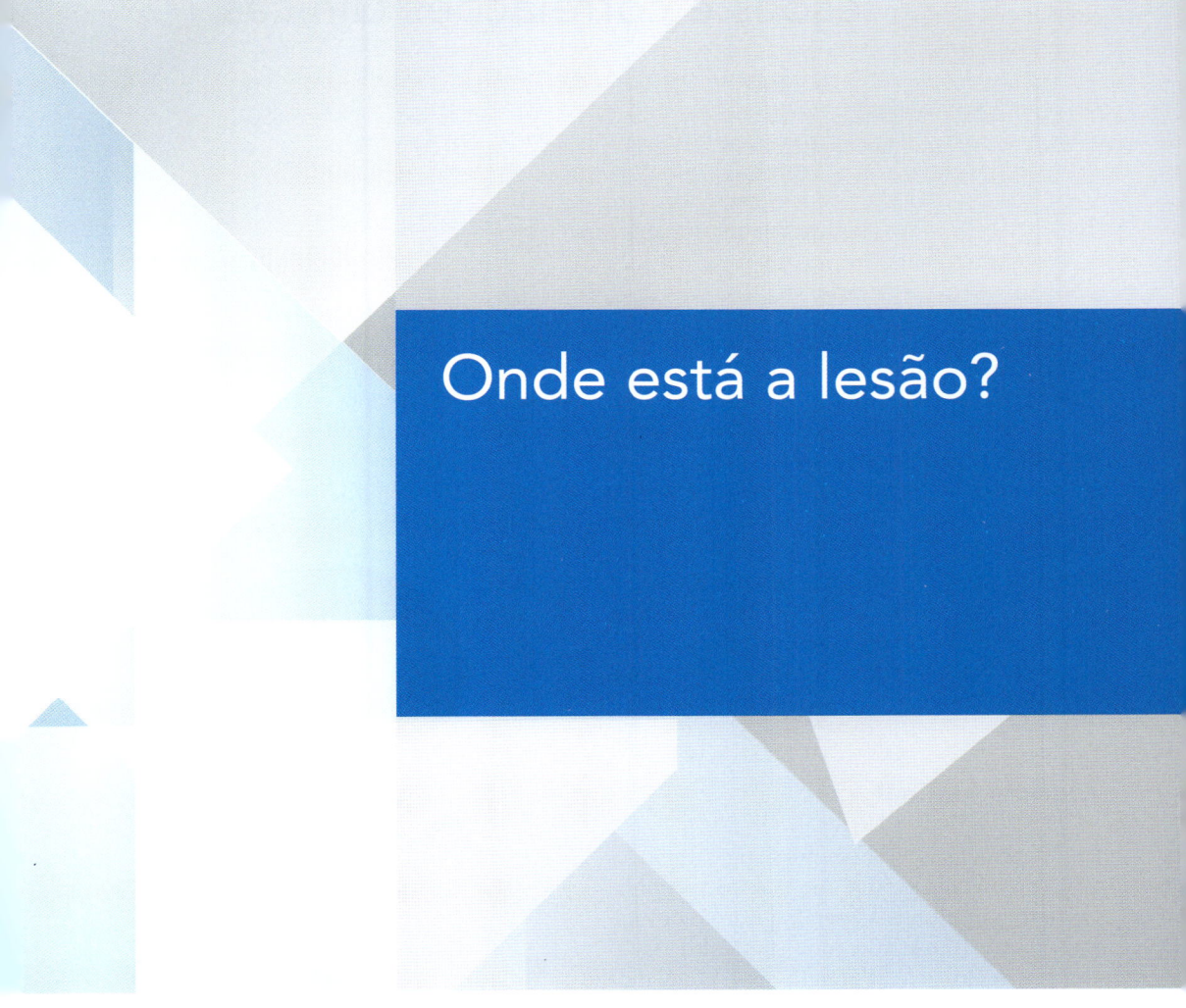

Onde está a lesão?

As lesões focais no sistema nervoso central (SNC) podem ser localizadas por meio das manifestações do envolvimento das vias neurais mais longas (grandes vias sensoriais e motoras) e da distribuição segmentar das anormalidades. As grandes vias sensoriais e motoras mais importantes no tronco encefálico e na medula espinal são o trato piramidal, o trato espinotalâmico, a via da coluna (funículo) posterior-lemnisco medial e o trato espinal do nervo trigêmeo. As grandes vias sensoriais e motoras nos hemisférios cerebrais são os tratos piramidal e corticobulbar (corticonuclear), a radiação talâmica somatossensorial e a via visual.

Medula espinal

As principais vias neurais longas (grandes vias) na medula espinal são o trato piramidal ou trato corticospinal lateral, o trato espinotalâmico e os tratos da coluna (funículo) posterior (fascículos grácil e cuneiforme). O nível de uma lesão medular (na medula espinal) pode ser determinado pela perda das funções nos dermátomos e miótomos.

O ponto-chave para localizar as lesões na medula espinal é a perda das funções motora ou sensorial, ou de ambas, abaixo do forame magno, ou seja, na área de distribuição dos nervos espinais. (Duas exceções são a síndrome de Horner, que pode ocorrer após lesões medulares cervical ou torácica superior; e as perdas somatossenso-

riais na região posterior da cabeça e no couro cabeludo, que podem ocorrer após as lesões medulares que envolvem os segmentos C2 e C3.) A transecção da medula espinal resulta em perda imediata e permanente de todas as sensações e do controle motor voluntário abaixo do nível da lesão (Fig. 27.1). O dano bilateral da parte central da medula espinal (síndrome medular

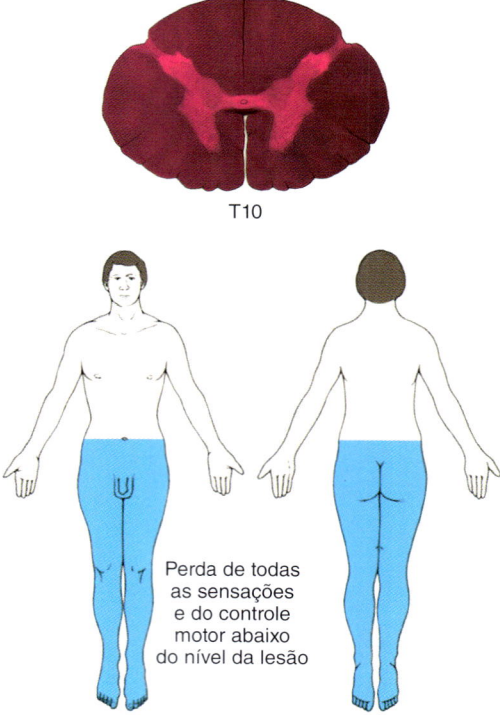

T10

Perda de todas as sensações e do controle motor abaixo do nível da lesão

Figura 27.1 Transecção da medula espinal.

central) resulta na perda das sensações e do controle motor voluntário na área de distribuição periférica dos segmentos medulares mais rostrais abaixo da lesão, porém não nos segmentos mais caudais. Esse fenômeno de "preservação sacral" ocorre por causa da localização somatotópica nas longas vias ascendentes e descendentes, ou seja, os nervos espinais mais rostrais estão representados, na medula espinal, internamente aos mais caudais (Fig. 27.2). A hemissecção da medula espinal causa dano ao trato corticospinal lateral e à coluna (funículo) posterior, resultando em paralisia espástica ipsilateral e perda ipsilateral das sensações tátil, vibratória e proprioceptiva, bem como dano ao trato espinotalâmico, resultando em perda contralateral das sensações de dor (nociceptiva) e temperatura (térmica) (Fig. 27.3). As lesões que envolvem a comissura branca anterior resultam na perda bilateral das sensações de dor e temperatura aproximadamente nos mesmos dermátomos que os da lesão. Esse fenômeno em geral é resultado de siringomielia ou cavitação da medula espinal, sendo chamado síndrome comissural (Fig. 27.4).

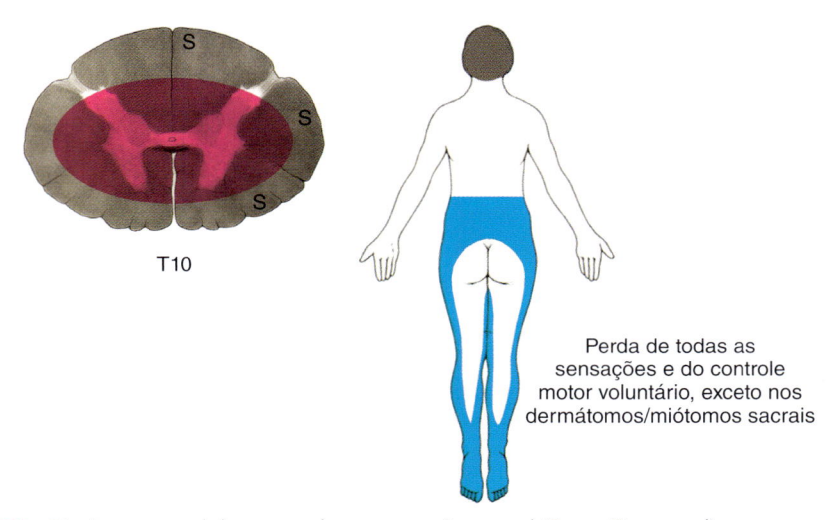

Figura 27.2 Síndrome medular central: preservação sacral (S, região sacral).

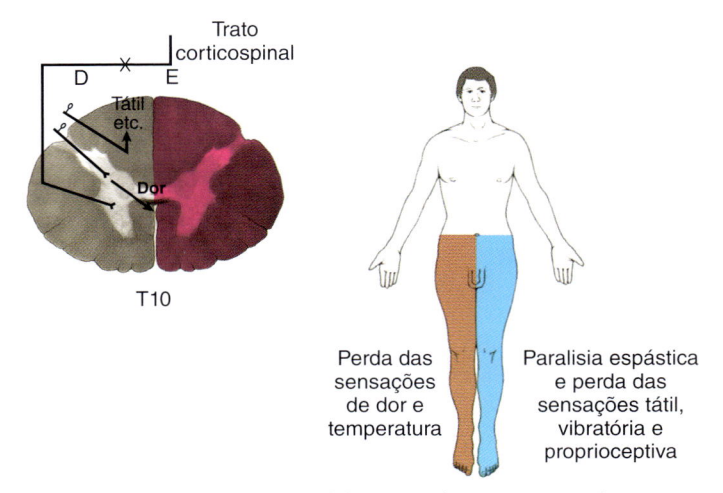

Figura 27.3 Hemissecção esquerda da medula espinal em T10. Paralisia espástica e perda das sensações tátil, vibratória e proprioceptiva no lado esquerdo (E, ipsilateral) e perda das sensações de dor e temperatura no lado direito (D, contralateral).

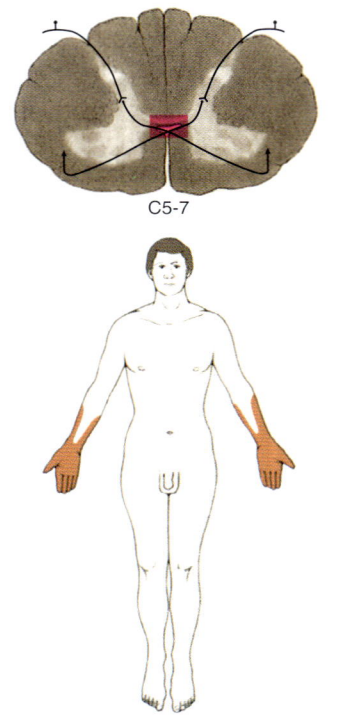

C5-7

Figura 27.4 Síndrome comissural. A lesão da comissura branca anterior resulta em perda bilateral simétrica das sensações de dor e temperatura nos dermátomos dos segmentos medulares envolvidos.

Tronco encefálico

As principais grandes vias no tronco encefálico são os tratos piramidal ou corticospinal, trato espinotalâmico, lemnisco medial, trato espinal do nervo trigêmeo e pedúnculo cerebelar superior. O nível de uma lesão no tronco encefálico é mais prontamente identificado pelo nervo craniano envolvido na lesão. Em geral, as lesões focais no tronco encefálico podem ser divididas em dois grupos – aquelas localizadas nas regiões mediais e aquelas localizadas nas regiões laterais do bulbo, da ponte ou do mesencéfalo.

Lesões mediais no tronco encefálico

As lesões localizadas nas regiões mediais do tronco encefálico envolvem o trato piramidal e resultam em hemiplegia espástica contralateral. O nível da lesão pode ser determinado pelo envolvimento dos nervos hipoglosso, abducente ou oculomotor (Fig. 27.5), os quais emergem perto do trato piramidal.

Lesões laterais no tronco encefálico

As lesões que envolvem as regiões laterais do tronco encefálico em geral incluem o trato espinotalâmico. No bulbo e na porção caudal da ponte, os tratos espinotalâmico e espinal do trigêmeo estão próximos um do outro. Quando uma lesão envolve ambos os tratos, as sensações de dor e temperatura são comprometidas na face ipsilateral, bem como no tronco e nos membros contralaterais (Fig. 27.6). O nível desse tipo de lesão pode ser determinado pelo envolvimento do nervo craniano VII, VIII, IX ou X.

As lesões laterais no tronco encefálico nos níveis mais rostrais envolvem, além do trato espinotalâmico, os núcleos motor e principal do trigêmeo na porção média da ponte (Fig. 27.6), o pedúnculo cerebelar superior nas porções rostral da ponte (Fig. 27.7) e caudal do mesencéfalo, e o lemnisco medial e o trato trigeminotalâmico na porção rostral do mesencéfalo (Fig. 27.8).

Hemisfério cerebral

As lesões focais que envolvem as grandes vias nos hemisférios cerebrais são manifestadas no lado contralateral do corpo. O local mais comum de envolvimento de grandes vias no hemisfério cerebral é a cápsula interna, onde o trato piramidal e as radiações somatossensoriais talâmicas são adjacentes entre si, e o trato corticobulbar (corticonuclear) está próximo (Fig. 16.5A). Esse tipo de lesão resulta em hemiplegia espástica contralateral, hemianestesia contralateral e fraqueza muscular (paresia) na região inferior da face contralateral (Fig. 27.9) quando a lesão está localizada na parte mais dorsal da cápsula interna. Uma lesão da cápsula interna mais ventral também pode envolver a radiação óptica (Fig. 16.5B), resultando em hemianopsia homônima contralateral, além das outras três anormalidades.

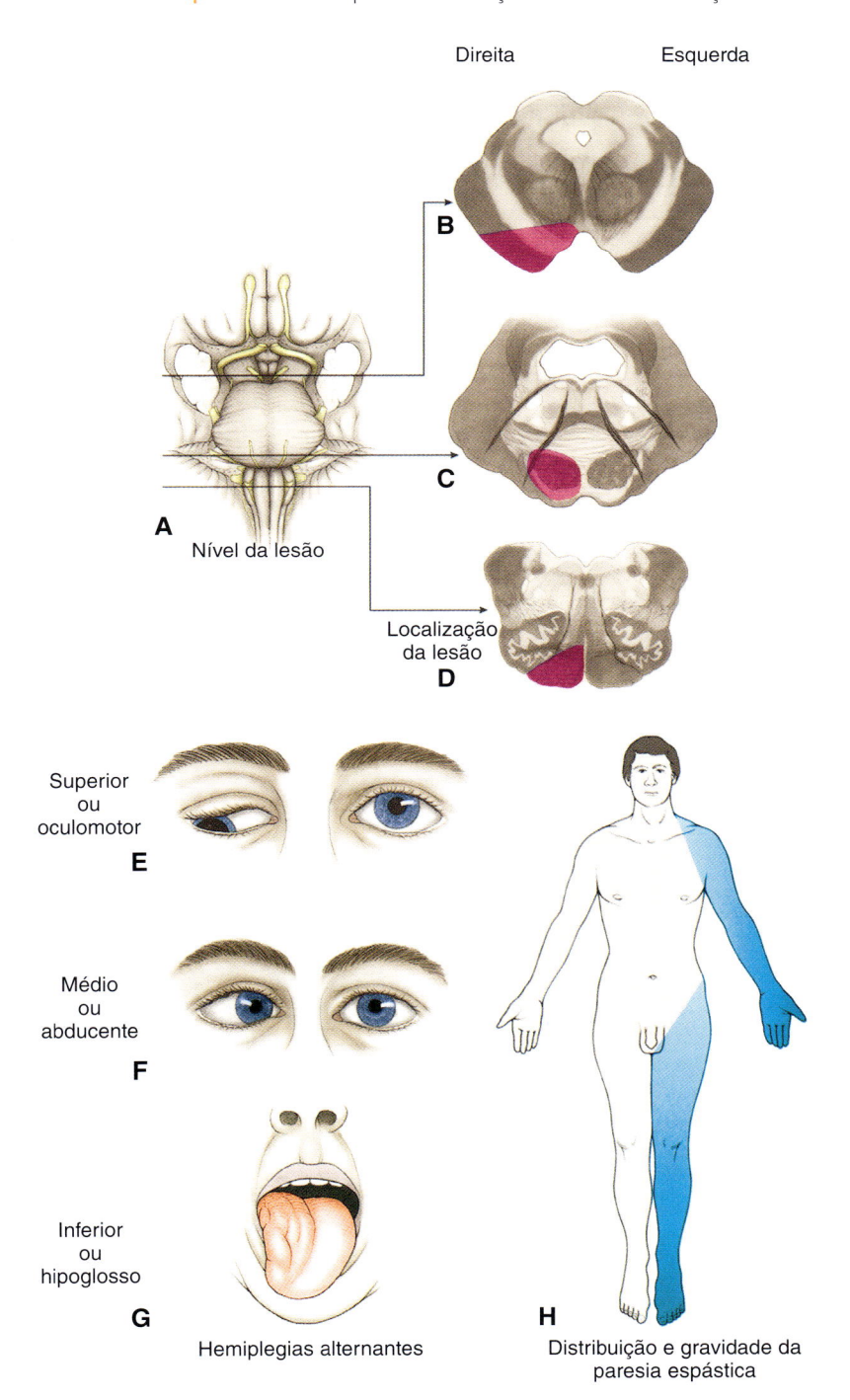

Figura 27.5 Lesões mediais no tronco encefálico nos níveis dos nervos cranianos (NC III, VI e XII). **A.** Nível da lesão. **B.** Lesão do trato piramidal e do NC III. **C.** Lesão do trato piramidal e do NC VI. **D.** Lesão do trato piramidal e do NC XII. **E.** Paralisia do oculomotor. **F.** Paralisia do abducente. **G.** Paralisia do hipoglosso. **H.** Fraqueza muscular (paresia) espástica mais grave nas regiões distais dos membros superior e inferior.

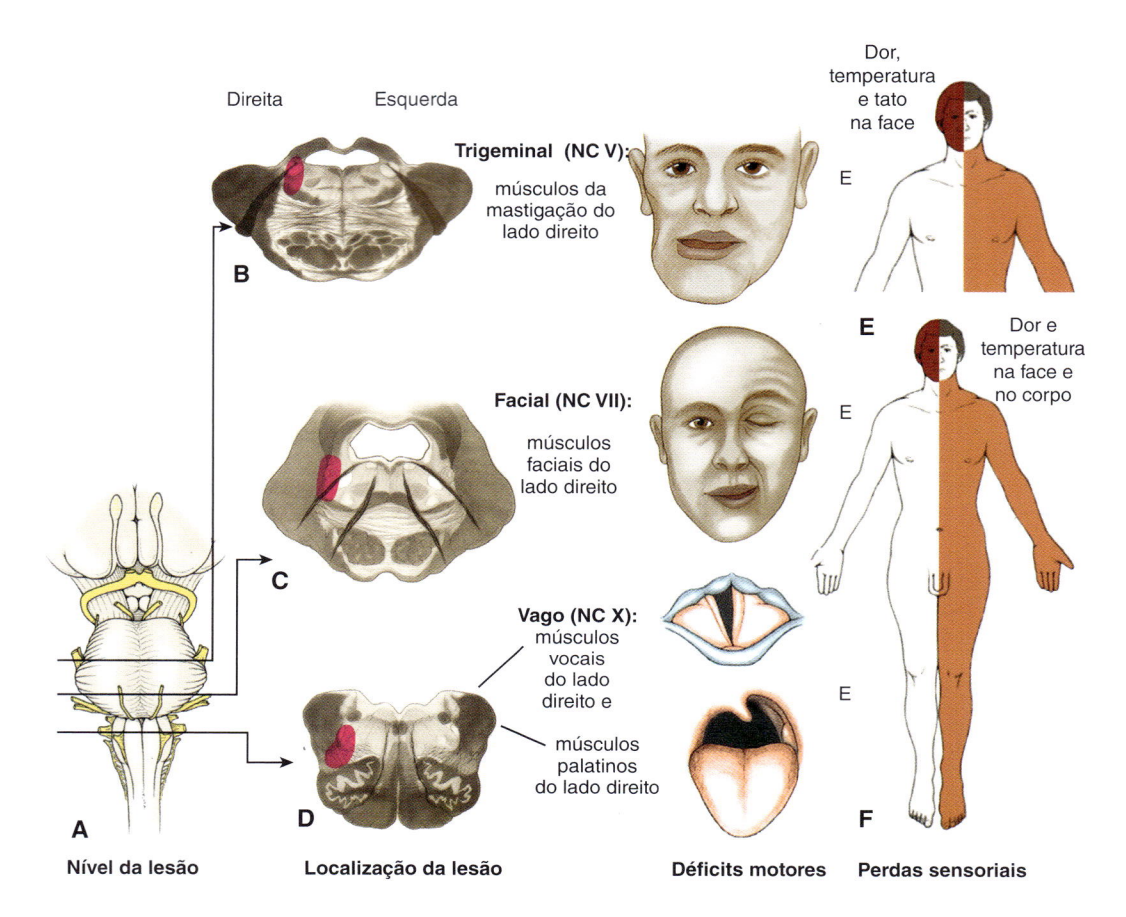

Figura 27.6   Lesões laterais no tronco encefálico. **A.** Nível da lesão, lesão no tegmento lateral. **B.** Na porção média da ponte. **C.** Na porção caudal da ponte. **D.** Na porção rostral do bulbo. **E.** Toda a sensibilidade somática na face ipsilateral (núcleo principal e trato espinal do nervo trigêmeo), dor e temperatura nos membros contralaterais, tronco e pescoço (trato espinotalâmico). **F.** Dor e temperatura na face ipsilateral (trato espinal do nervo trigêmeo) e membros contralaterais, tronco e pescoço (trato espinotalâmico). *Sombreado escuro*: todas as sensações. *Sombreado claro*: apenas dor e temperatura. (NC, nervo craniano.)

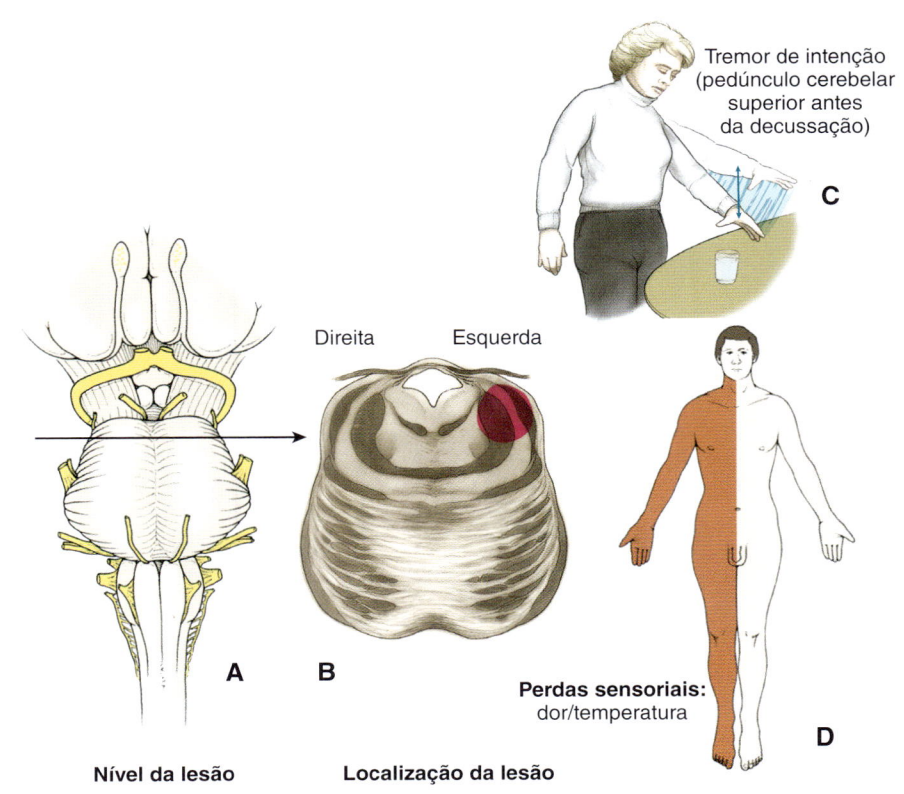

Nível da lesão   Localização da lesão

Figura 27.7   Lesão lateral no tronco encefálico. **A.** Nível da lesão: porção rostral da ponte. **B.** Lesão no tegmento lateral esquerdo. **C.** Tremor de intenção ipsilateral (*esquerdo*) (pedúnculo cerebelar superior esquerdo antes da decussação). **D.** Perdas contralaterais (*direita*) da sensibilidade à dor e à temperatura (trato espinotalâmico esquerdo).

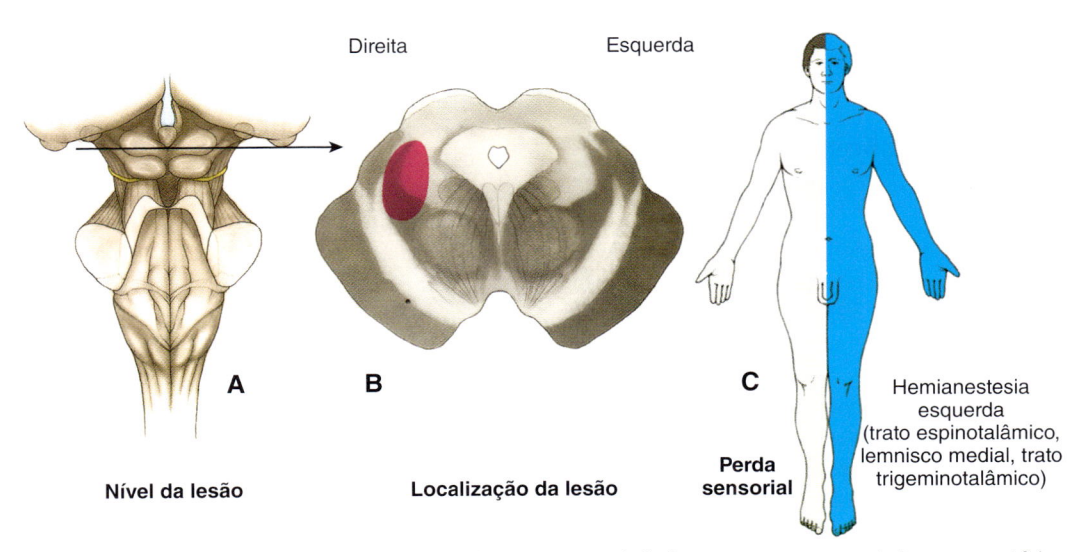

Figura 27.8   Lesão lateral do tronco encefálico. **A.** Nível da lesão: porção rostral do mesencéfalo. **B.** Lesão nas vias somatossensoriais direitas. **C.** Perda da sensibilidade somática contralateral (esquerda).

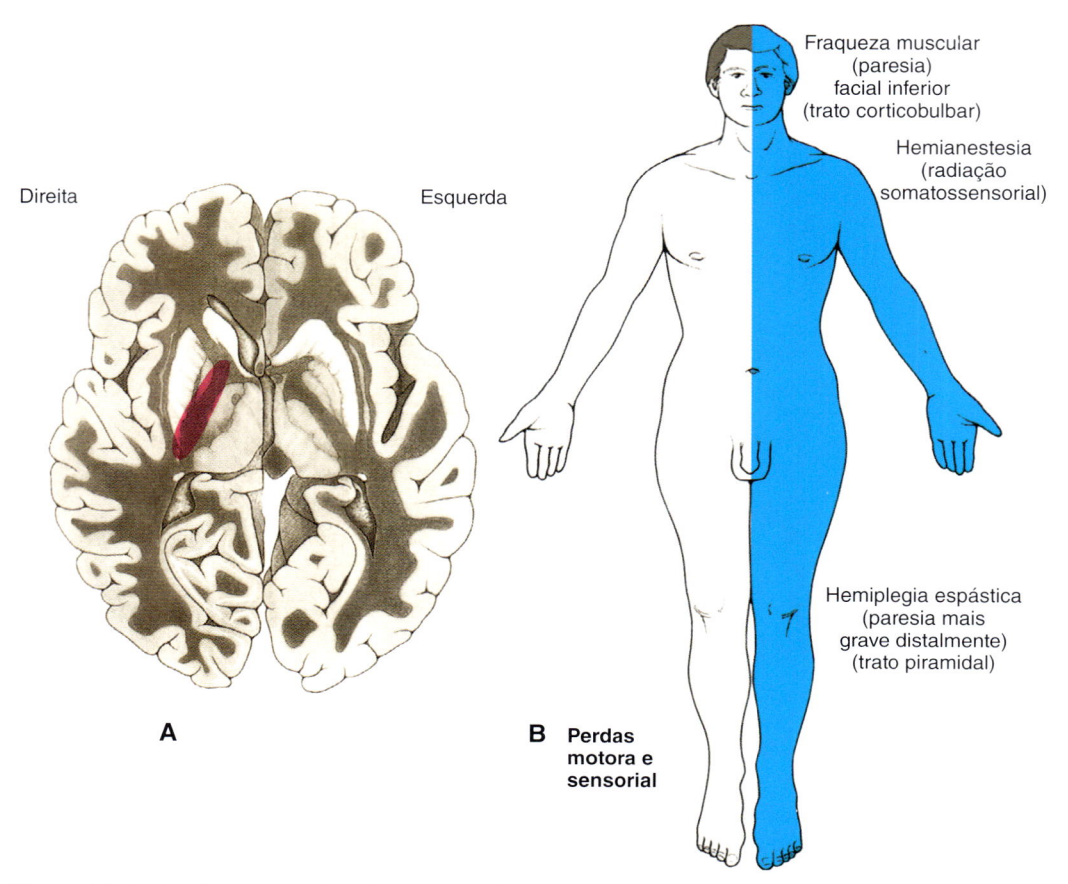

Direita   Esquerda

Fraqueza muscular
(paresia)
facial inferior
(trato corticobulbar)

Hemianestesia
(radiação
somatossensorial)

Hemiplegia espástica
(paresia mais
grave distalmente)
(trato piramidal)

A   **B** **Perdas
motora e
sensorial**

Figura 27.9 Lesão de grandes vias na cápsula interna. **A.** Localização da lesão em corte horizontal. **B.** Perdas motora e sensorial.

Correlações clínicas

1. Uma menina de 11 anos queixou-se de dor no pescoço e no ombro esquerdo, e tinha febre de 38,5-39,5°C. Alguns dias depois, seu braço, antebraço e mão esquerdos ficaram paralisados, enquanto os músculos se tornaram flácidos. O membro superior esquerdo não apresentava reflexos. O controle motor das outras partes do corpo estava intacto. Decorridas 4 semanas, o antebraço e a mão podiam ser ligeiramente estendidos com esforço voluntário, mas não era possível executar nenhum outro movi-

mento voluntário dessas partes. Os músculos paralisados permaneceram flácidos e apresentavam atrofia acentuada.
a. Localize a lesão.
b. Qual condição histórica frequentemente era responsável por esse quadro clínico?

2. Uma mulher de 29 anos, que desde o nascimento do quarto filho (há 2 anos) fazia uso de pílulas anticoncepcionais, de repente apresentou visão dupla e fraqueza dos membros superior e inferior do lado direito. O exame neurológico mostrou fraqueza muscular dos membros superior e inferior do lado direito, acompanhada de resistência aumentada ao estiramento passivo, reflexos

tendinosos exagerados e resposta plantar extensora. Além disso, a paciente apresentava perda das sensibilidades de dois pontos (tato epicrítico ou fino), vibratória e proprioceptiva no lado direito, nos membros superior e inferior, no tronco e no pescoço, além de perda da sensibilidade à dor aguda (a picadas) no lado direito da face. Era possível desencadear um reflexo corneano direito a partir dos dois olhos. O lado esquerdo da face da paciente estava caído, de modo que ela não conseguia fechar o olho esquerdo nem retrair o lado esquerdo da boca. Embora seus olhos convergissem para a visão de perto e ela conseguisse olhar para cima e para baixo, não conseguia olhar para a esquerda e seu olho esquerdo apresentava desvio medial. Em uma tentativa de olhar fixamente para a direita, o olho direito abduziu normalmente, porém o olho esquerdo não executou a adução.

a. Localize o nível da lesão e nomeie precisamente as estruturas envolvidas. Descreva então qual anormalidade está associada a cada estrutura.

b. Explique a perda da sensibilidade à dor no olho direito, porém com presença de reflexo corneano diante da estimulação desse olho.

c. Explique a capacidade do olho direito de se voltar medialmente para a visão de perto, exceto quando a paciente tentou olhar para a esquerda.

d. Explique a paralisia adutora do olho esquerdo durante o olhar fixo para a direita.

e. Se esses fenômenos resultam de obstrução vascular (trombose), qual das principais artérias cerebrais é a mais provavelmente envolvida?

3. Uma mulher de meia idade apareceu no consultório por enfrentar dificuldades para andar e porque o canto da boca estava caído. Seu histórico mostrou que essas anormalidades eram as mais recentes em uma longa série de eventos. Há cerca de 5 anos, a paciente apresentara uma série de tonturas e queixas de zumbido na orelha direita. Depois de vários anos, o ruído desapare-

ceu e a paciente percebeu uma perda de audição na mesma orelha. Pouco depois, ela passou a ter dificuldade para fechar firmemente o olho direito, enquanto o canto da boca no lado direito começou a cair e não levantava quando ela sorria. Recentemente, a paciente apresentou sensações dolorosas intermitentes no lado direito da face que agora está dormente. Nas últimas semanas, notou uma tendência a oscilar para a direita e, ao andar, cambaleia com frequência e às vezes cai para a direita. Esses eventos recentes foram acompanhados de dificuldade de deglutição e rouquidão. O exame neurológico também revelou perda do paladar no lado direito da língua. Nenhum reflexo corneano pode ser desencadeado no olho direito.

a. Localize a lesão.

b. Nomeie as estruturas envolvidas e especifique qual anormalidade está associada a cada uma.

c. Qual é a provável etiologia da lesão?

4. O paciente é um homem de 45 anos, hipertenso, que repentinamente desmaiou. Ele foi internado imediatamente e, neste momento, foi constatada paralisia flácida generalizada dos membros do lado direito e ausência de resposta à estimulação dos tendões. O exame realizado após 3 semanas mostrou uma hemiplegia espástica no lado direito do corpo. Havia uma resposta plantar extensora no lado direito, os reflexos tendinosos dos membros do lado direito estavam exagerados e a resistência aos movimentos passivos estava aumentada. Também foi notada a fraqueza muscular (paresia) dos músculos faciais inferiores no lado direito. A sensibilidade a picadas era imprecisa e pouco localizada, e a perda das sensações tátil e proprioceptiva no lado direito do corpo inteiro era evidente. Além disso, o paciente apresentava uma hemianopsia homônima direita.

a. Em um desenho esquemático do nível da lesão, nomeie e localize precisamente as estruturas envolvidas e relate qual anormalidade está associada a cada estrutura.

b. Explique a paralisia flácida inicial nos membros do lado direito.

c. Explique: (1) a fraqueza muscular dos músculos na região facial inferior direita e não na região superior; e (2) a presença de sensibilidade diminuída a picadas, todavia com ausência completa das sensações tátil e proprioceptiva no lado direito.

d. Qual é uma etiologia comum para esse quadro clínico?

e. Descreva o processo patológico e os locais comuns de ocorrência.

5. Localize e descreva seis anormalidades neurológicas que poderiam ser encontradas em um paciente consciente imediatamente após a destruição à bala das metades direitas dos segmentos medulares C8 e T1.

a. Decorridos 3 meses da lesão, quais diferenças seriam encontradas nessas anormalidades?

6. Uma mulher de 56 anos, que manteve hábitos de tabagismo intenso durante 35 anos, apresentou dificuldade para andar e usar o braço direito, e essas dificuldades pioraram progressivamente ao longo de um período de 4 meses. O exame mostrou tremor de intenção e dismetria nos membros superior e inferior do lado direito ao realizar os testes de dedo-nariz e calcanhar-joelho. Além disso, a paciente tinha dificuldade para andar posicionando pé-ante-pé, tendendo a se desviar para a direita. Ela não conseguia realizar supinação e pronação do braço direito de maneira repetitiva, nem mesmo por breves períodos. Apesar da discreta redução dos reflexos miotáticos e da resistência aos movimentos passivos nos membros do lado direito, não havia paralisia nem perturbações sensoriais nesses membros ou em qualquer outra parte de seu corpo. Uma radiografia torácica obtida imediatamente após a realização do exame físico mostrou a presença de uma massa no pulmão esquerdo da paciente, enquanto uma tomografia computadorizada cranioencefálica revelou a presença de uma massa no SNC.

a. Onde você esperaria que a massa no SNC estivesse localizada e qual(is) estrutura(s) estaria(m) envolvida(s)?

b. Por que as anormalidades somente ocorririam quando a paciente executava um movimento volitivo?

c. Defina o termo "ataxia".

d. Qual é a provável etiologia do quadro?

7. Um homem de 63 anos tem sido atormentado pela pelo tremor de suas mãos e pela rigidez generalizada do corpo, que se tornaram progressivamente mais graves no decorrer dos últimos 3 anos. Ao entrar na sala de exames, o paciente se movia lentamente e de maneira deliberada, arrastando os pés, com os ombros e o tronco curvados para a frente, e com os braços juntos às laterais do corpo, sem oscilar. Durante a anamnese e o exame físico, sua face permaneceu "em máscara", sem alterações de expressão. Em ambas as mãos, um tremor em repouso do tipo "contar dinheiro ou moedas" somente cessava quando o paciente realizava um movimento voluntário, como acender um cigarro ou pegar um lápis. O exame revelou a presença de rigidez em cano de chumbo manifestada como hipertonia generalizada acompanhada de resistência bastante aumentada ao movimento passivo. Embora o paciente se mova com pouca frequência, o exame revelou ausência de paralisia ou de perturbações sensoriais em qualquer parte do corpo.

a. Localize a lesão e nomeie a(s) estrutura(s) envolvida(s).

b. Defina o termo "discinesia".

c. Quais são os sinais positivos e negativos manifestados pelo paciente?

d. Nomeie o provável diagnóstico e a justificativa para os tratamentos farmacológico e cirúrgico dessa condição.

8. Um homem de 28 anos se envolveu em um acidente ao conduzir um carro em alta velocidade. Na hora, não houve perda da consciência e nenhum tipo de lesão craniana foi observada. Subsequentemente, a única queixa do paciente era uma dor

no pescoço e no ombro esquerdo. Ele não apresentou outros problemas por 5 dias, após o acidente, quando então acordou com tontura, náusea, vômito e marcha instável. Após 8 horas, ele foi internado. O exame neurológico revelou uma síndrome de Horner esquerda. O reflexo nauseoso do lado esquerdo estava ausente. Uma ataxia proeminente foi notada no braço e na perna esquerdos, porém a força estava normal. A sensibilidade a picadas estava diminuída em todo o lado esquerdo da face e sobre o pescoço, o tronco e os membros do lado direito. O paciente não conseguia ficar em pé sem cair para o lado esquerdo. Seus reflexos eram simétricos nos membros superior e inferior, e as respostas plantares eram flexoras. Decorridos 6 dias, o paciente recebeu alta hospitalar, apresentando síndrome de Horner esquerda, dismetria leve do braço e da perna esquerdos, e marcha ligeiramente atáxica. Todos os sinais e sintomas se resolveram durante as 4 semanas seguintes.

Decorridas 7 semanas da lesão, o paciente apresentou aparecimento súbito de disfagia, instabilidade da marcha e ptose palpebral esquerda – todas precipitadas pelo levantamento de uma carga leve. Esses sinais e sintomas duraram cerca de 10 minutos. Ele foi internado novamente e a angiografia revelou obstrução parcial de um vaso sanguíneo. O paciente recebeu alta e foi orientado a parar de erguer peso. Passados 8 meses, o exame resultou normal e o paciente estava assintomático.

a. Localize o nível da lesão e nomeie precisamente as estruturas envolvidas, descrevendo qual anormalidade está associada com cada estrutura.

b. Qual vaso sanguíneo estava parcialmente obstruído?

9. Uma mulher de 20 anos, que sofria de endocardite, desmaiou subitamente e permaneceu inconsciente por várias horas. Ao despertar, não conseguia falar e a única coisa que conseguia dizer era "droga!", repetidas vezes, por estar se sentindo frustrada por não conseguir falar. Com letra de forma, ela conseguia escrever palavras para formar sentenças usando a mão esquerda, mas não conseguia usar a mão direita que estava flácida e paralisada. Decorridos vários meses, a perda da fala persistia e a paciente apresentava fraqueza muscular espástica do braço e da mão direitos, com resistência aumentada ao movimento passivo e reflexos tendinosos exagerados. Os músculos faciais inferiores no lado direito estavam paralisados.

a. Localize a lesão, nomeie as estruturas envolvidas e relate qual anormalidade está associada a cada estrutura.

b. Se os sintomas da paciente resultam de um acidente vascular (hemorragia ou trombose), qual artéria está mais provavelmente envolvida?

c. Defina o termo "afasia".

10. Um homem de 63 anos se queixou de episódios breves, com duração aproximada de 1 minuto, em que sentia um odor desagradável ou sensação de ansiedade e medo. Imediatamente após esses episódios, ele sentia como se estivesse em um estado de sonho em que ouvia e via coisas que já havia vivenciado. O paciente tinha consciência de que não conseguia entender o que as outras pessoas lhe diziam durante esses episódios. Ao vivenciar os episódios enigmáticos, parecia preocupado e às vezes os lábios e a língua se moviam como se ele tivesse um fio de cabelo na boca. O exame não revelou qualquer anormalidade, a não ser um defeito no campo visual.

a. Onde está a lesão?

b. O que os episódios representam?

c. Localize as estruturas associadas com:
   1. Odor desagradável.
   2. Ansiedade e medo.
   3. Fenômeno de *déjà vu*.
   4. Movimentos de lábio e língua.

d. Qual defeito de campo visual você esperaria encontrar?

11. Uma adolescente de 15 anos se tornou obesa e apática ao longo do último ano. Ela também apresentou episódios de febre alta

sem causa evidente, além de interrupção dos períodos menstruais por vários meses. A paciente bebia quantidades copiosas de água porque estava sempre com sede, e urinava excessivamente. O exame neurológico revelou uma menina obesa com defeito no campo visual.

a. Onde está a lesão?
b. Localize as estruturas associadas com:
   1. Febre.
   2. Obesidade.
   3. Apatia.
   4. Dismenorreia.
   5. Sede e poliúria.
c. Qual defeito de campo visual você esperaria encontrar?

12. Um jogador de hóquei profissional se queixou que sentia tanto cansaço na perna que mal podia andar, muito menos jogar hóquei. O exame neurológico mostrou fraqueza muscular acentuada na perna e no pé esquerdos acompanhado de uma resposta plantar extensora, resistência aumentada ao estiramento passivo e sacudidas ou espasmos exagerados no joelho e no tornozelo. A sensibilidade a picadas não era tão aguda nem bem localizada abaixo do joelho, no membro inferior esquerdo, em comparação ao observado no restante do corpo. Além disso, com seus olhos fechados, a flexão e a extensão passivas da perna, do pé e dos dedos do pé esquerdos eram descritos de modo incorreto, e as outras sensações táteis mais discriminativas (localização tátil e sensibilidade de dois pontos) na perna, no pé e nos dedos do pé também estavam gravemente comprometidas.
   a. Forneça o nível e a localização da lesão, e identifique as estruturas envolvidas nas anormalidades citadas acima.
   b. Se a natureza for vascular, qual artéria estaria envolvida?

13. Os colegas de faculdade de Robert notaram que a cabeça dele pendia para a esquerda. Posteriormente, Robert notou um tremor ao tentar executar um movimento e, quando pegava um copo de refrigerante, ele com frequência o derrubava. Perturbado, ele procurou um neurologista. Ao exame, seu olho direito não se abaixava (deprimia) suficientemente quando aduzido. Tremor de intenção, dismetria e disdiadococinesia foram observados em seus membros superior e inferior direitos. Robert também apresentava incapacidade de aduzir o olho esquerdo ao olhar fixamente para a direita, mas o aduzia ao desviar a visão de um objeto que estava longe para outro que estava perto.
   a. Localize o nível da lesão e identifique as estruturas para as quais cada anormalidade é descrita.
   b. Por que a cabeça de Robert pendia para a esquerda?
   c. Qual é o provável diagnóstico?

14. Após receber um número excessivo de golpes na cabeça enquanto jogava raquetebol, Mary apresentou as seguintes anormalidades: tinha quadrantanopsia homônima inferior esquerda e não tinha consciência do lado esquerdo do corpo e suas adjacências.
   a. Identifique o nível e a área da lesão, e nomeie as estruturas envolvidas e anormalidades associadas a cada uma.
   b. Um ramo de qual vaso sanguíneo foi mais provavelmente danificado?

15. Certa manhã, um homem chegou ao hospital da cidade após uma noite de bebedeira excessiva. Pouco após sofrer uma queda em que bateu a cabeça, queixou-se de incapacidade de usar o olho esquerdo e de que a pálpebra superior esquerda estava caída. Mais tarde, a pálpebra esquerda estava totalmente fechada e, quando essa pálpebra foi levantada, o olho estava virado para baixo e para fora. Foi notado que os membros superior e inferior direitos apresentavam fraqueza muscular. O exame revelou que o tônus muscular e os reflexos nos membros direitos estavam intensificados. Uma resposta de Babinski foi detectada no lado direito. A pupila esquerda estava fixa na posição dilatada, enquanto a pupila direita respondia normalmente à intensidade aumentada da luz em qualquer um dos

olhos. Quando o paciente sorria, não havia elevação do lado direito da boca.

a. Localize o nível da lesão e nomeie precisamente as estruturas envolvidas, descrevendo qual anormalidade está associada a cada estrutura.

b. Explique por que o olho esquerdo estava fechado e virado para baixo e para fora.

c. Explique por que apenas a pupila direita respondeu à luz aumentada no olho esquerdo.

Respostas

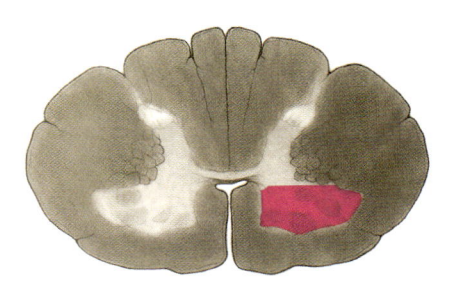

1. a. A extensão da paralisia indica que a lesão está no lado esquerdo e se estende dos segmentos C5 a T1, incluindo esses segmentos.

b. A poliomielite anterior aguda era uma doença infecciosa que resultava em lesões degenerativas que afetavam sobretudo os motoneurônios alfa no corno anterior da medula espinal.

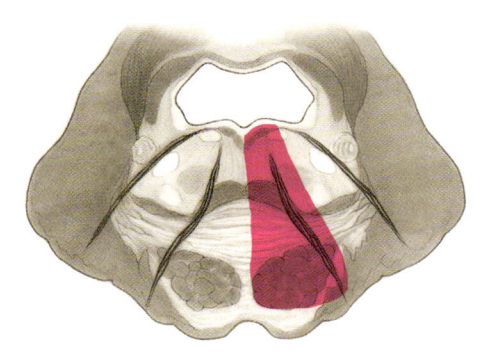

2. a. Nível: porção caudal da ponte.

Estruturas e anormalidades:

Trato corticospinal esquerdo – fraqueza nos membros superior e inferior direitos com resistência aumentada ao estiramento passivo, reflexos tendinosos exagerados e resposta plantar extensora. Lemnisco medial esquerdo – perda das sensações de dois pontos (tato epicrítico ou fino), vibração e propriocepção nos membros superior e inferior, tronco e pescoço no lado direito. Trato trigeminotalâmico esquerdo – perda da sensibilidade à dor aguda (a picadas) no lado direito da face.

Raiz ascendente esquerda do nervo facial – paralisia dos músculos faciais esquerdos (superior e inferior).

Nervo e núcleo abducente esquerdo – esotropia do olho esquerdo e paralisia de abdução.

Formação reticular pontina paramediana esquerda (FRPP) – paralisia do olhar fixo para a esquerda.

b. A perda da sensibilidade à dor no olho direito é atribuível à lesão no trato trigeminotalâmico esquerdo. O reflexo corneano envolve o trato espinal do nervo trigêmeo e seu núcleo, bem como os interneurônios na formação reticular que conduzem impulsos para o núcleo do nervo facial; o trato trigeminotalâmico não está envolvido no reflexo corneano.

c. O olho direito se volta medialmente durante a convergência, sem que haja envolvimento do centro do olhar horizontal da FRPP. O olho não se dirige medialmente na tentativa de olhar fixamente para a esquerda porque a FRPP esquerda danificada resulta em paralisia do olhar fixo para a esquerda.

d. A paralisia adutora do olho esquerdo durante o olhar fixo para a direita é atribuível a uma lesão do fascículo longitudinal medial (FLM) esquerdo.

e. Artéria basilar.

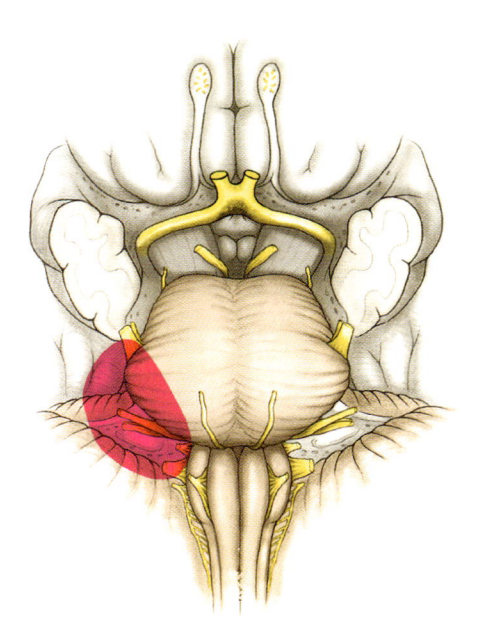

3. a. Localização: ângulo pontocerebelar.

b. Estruturas e anormalidades:
   1. Nervo vestibular (tontura/vertigem).
   2. Nervo coclear (zumbido → surdez).
   3. Nervo facial (paralisia facial).
   4. Nervo trigêmeo (dormência e dor na face).
   5. Cerebelo e pedúnculo cerebelar inferior (ataxia).
   6. Nervos glossofaríngeo e vago (deglutição – rouquidão).
   7. Nervos facial e glossofaríngeo (paladar).
   8. Nervos facial ou trigêmeo (perda do reflexo corneano).

c. Neurinoma do acústico (começando ao longo do nervo vestibular, dentro do meato acústico interno – prosseguindo para o ângulo pontocerebelar).

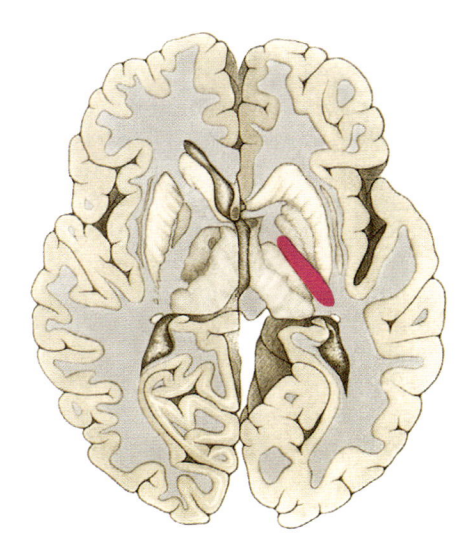

4. a. Nível: ramo posterior da cápsula interna.
Estruturas e anormalidades:
1. Trato corticospinal esquerdo: hemiplegia espástica direita.
2. Trato corticobulbar/corticonuclear esquerdo: fraqueza da musculatura facial inferior direita.
3. Radiação talamocortical esquerda: sensibilidade a picadas (dor aguda) imprecisa e mal localizada, e perda grave das sensibilidades tátil e proprioceptiva em todo o lado direito do corpo.
4. Trato geniculocalcarino esquerdo: hemianopsia homônima direita.
b. Paralisia flácida inicial nos membros direitos atribuível ao fenômeno de choque no SNC, nos motoneurônios inferiores do lado direito, imediatamente após a liberação súbita do controle cortical.
c. O trato corticobulbar influencia o núcleo do nervo facial superior (para os músculos faciais superiores) bilateralmente, porém influencia o núcleo do nervo facial inferior apenas contralateralmente. A sensibilidade diminuída a picadas (dor aguda) se deve ao fato de as vias da dor no tronco encefálico e prosencéfalo serem difusas; dessa forma, somente a localização precisa, intensidade e agudeza da picada (fenômenos corticais) são perdidos com a lesão da via distal para o tálamo.
d. Hemorragia intracerebral hipertensiva relacionada com pressão arterial elevada de longa duração.
e. Doença de pequenos vasos, em especial a formação de microaneurisma no território de distribuição das artérias perfurantes, mais frequentemente a estriada lateral.

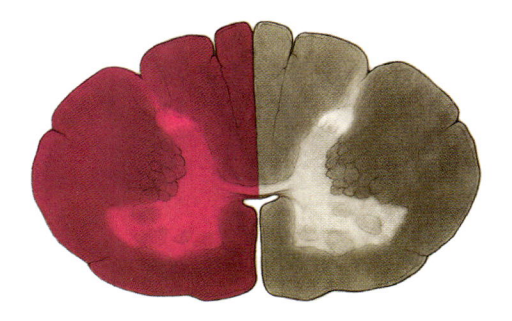

5. Anormalidades e estruturas:
   a. Imediatamente após a hemissecção:
      1. Paralisia flácida na mão direita (corno anterior direito).
      2. Paralisia flácida no membro inferior direito (trato corticospinal lateral direito).
      3. Perda das sensibilidades de dois pontos (tato epicrítico ou fino), vibração e propriocepção no lado direito, a partir da planta do pé subindo para o membro inferior e tronco até a axila e superfície medial do membro superior (fascículos grácil e cuneiforme direitos).
      4. Sensibilidades diminuídas à dor e à temperatura na pele sobre a superfície medial do membro superior direito (trato de Lissauer direito).
      5. Perda das sensibilidades à dor e à temperatura no lado esquerdo, desde a planta do pé subindo para o membro inferior e tronco, até aproximadamente a segunda costela (trato espinotalâmico direito).
      6. Ptose palpebral direita, miose do olho direito e anidrose do lado direito da face – síndrome de Horner (centro ciliospinal direito).
   b. Após 3 meses:
      1. Paralisia e atrofia grave dos músculos intrínsecos na mão direita (síndrome do motoneurônio inferior).
      2. Paralisia de membro inferior direito acompanhada de resistência aumentada ao estiramento passivo, reflexos miotáticos exagerados, clônus e resposta plantar extensora (síndrome do motoneurônio superior).
      3. Permaneceria igual.

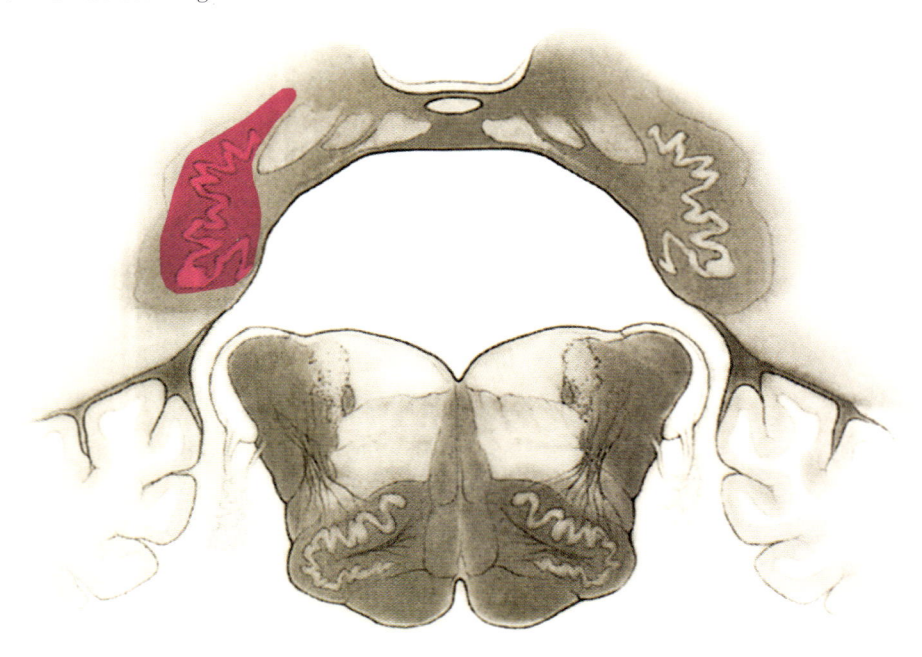

6. a. Nível: cerebelo.
      Estrutura: núcleo denteado direito.
   b. Anormalidades cerebelares estão presentes apenas quando os movimentos volitivos são comandados ou iniciados.
   c. A ataxia é a perda da coordenação muscular.
   d. Carcinoma metastático do pulmão.

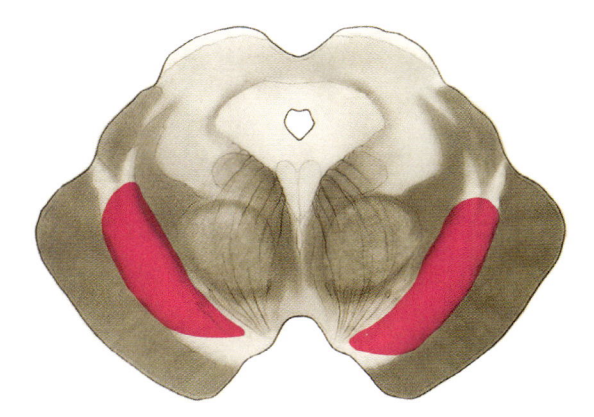

7. a. Nível: mesencéfalo.

Estrutura: substância negra (*pars compacta*).

b. A discinesia é um distúrbio do movimento que ocorre espontaneamente e em geral está associado com doença dos núcleos da base.

c. Sinais positivos: tremor de repouso, rigidez em cano de chumbo. Sinais negativos: movimentos lentos (bradicinesia), ombros e tronco curvados para a frente, braços junto às laterais do corpo e sem oscilar, e expressão facial "em máscara".

d. Paralisia agitante (doença de Parkinson) – o tratamento farmacológico com levodopa repõe a dopamina no estriado. Procedimentos cirúrgicos: as lesões criocirúrgicas da via palidotalâmica nos núcleos motores do tálamo e do segmento medial (interno) do pálido também foram usadas com certo grau de sucesso. O procedimento de escolha atual é a estimulação cerebral profunda, em que os eletrodos são implantados nos núcleos subtalâmicos.

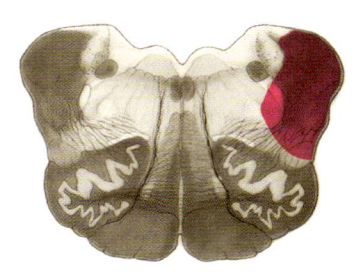

8. a. Nível: porção rostral do bulbo.

Estruturas e anormalidades:

Trato espinal do nervo trigêmeo esquerdo: sensibilidade diminuída a picadas no lado esquerdo da face.

Trato espinotalâmico esquerdo: sensibilidade diminuída a picadas no pescoço, no tronco e nos membros no lado direito.

Pedúnculo cerebelar inferior esquerdo: ataxia e dismetria nos membros esquerdos.

Radículas do nervo vago esquerdo: ausência do reflexo nauseoso (ou de ânsia de vômito) no lado esquerdo.

Interrupção de fibras na formação reticular lateral esquerda que conduzem sinais descendentes para o centro ciliospinal – síndrome de Horner esquerda.

b. Artéria vertebral ou artéria cerebelar inferior posterior (síndrome bulbar lateral ou de Wallenberg).

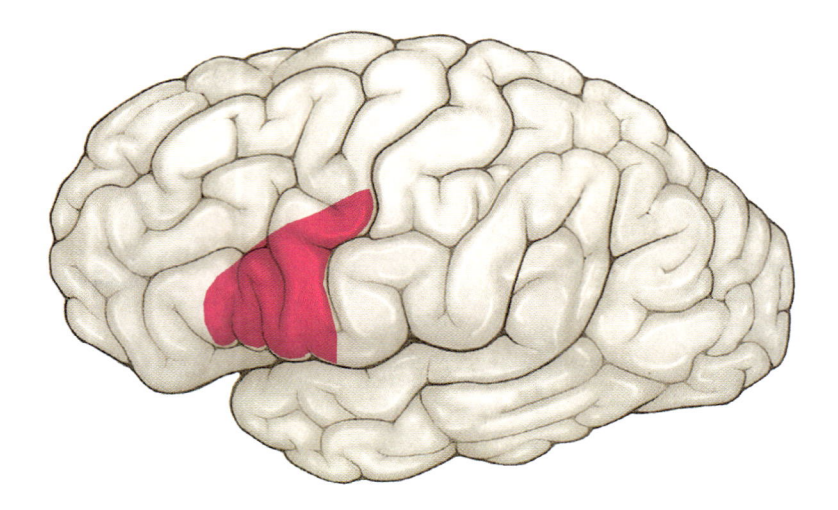

9. a. Nível: córtex cerebral.
Estruturas e anormalidades:
Área da fala de Broca no giro frontal inferior esquerdo: perda da fala (afasia motora).
Parte ventral do giro pré-central esquerdo: fraqueza muscular (paresia) espástica da mão direita e fraqueza (paresia) dos músculos faciais inferiores da direita.
b. Artéria cerebral média: ramos para as regiões ventral do giro pré-central e inferior do lobo frontal.
c. Afasia é a incapacidade de compreender ou de se comunicar por meio da fala, da escrita ou de sinais.

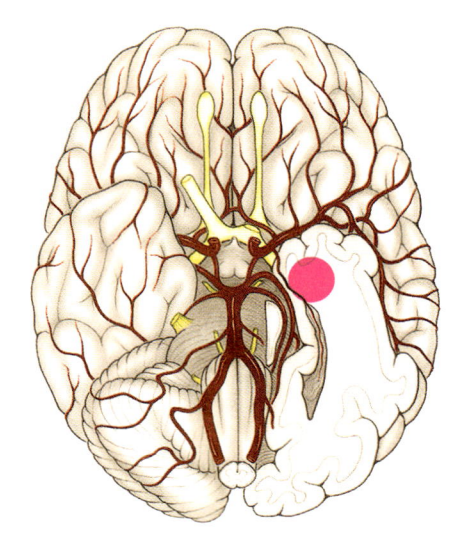

10. a. Nível: lobo temporal – tumor localizado profundamente em relação ao unco e giro para-hipocampal.
b. Epilepsia do lobo temporal.
c. Estruturas:
1. Odor desagradável – centro olfatório no unco.

   2. Ansiedade e medo – amígdala.
   3. *Déjà vu* – amígdala e córtex temporal (memória).
   4. Movimentos dos lábios e da língua – amígdala.
   5. Desatenção – formação hipocampal.
 d. Quadrantanopsia homônima superior contralateral – alça de Meyer.

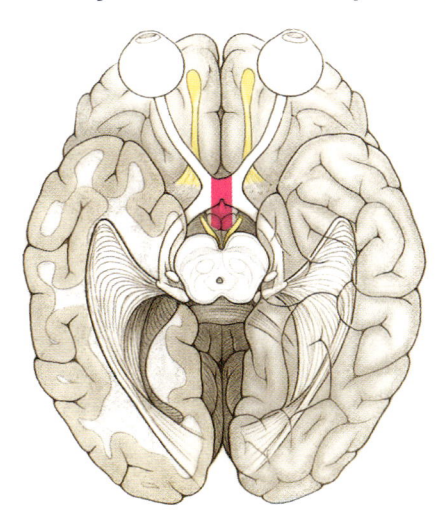

11. a. Nível: hipotálamo (caso de craniofaringioma).
   b. Anormalidades e estruturas:
     1. Febre – área pré-óptica.
     2. Obesidade – área tuberal (núcleo ventromedial).
     3. Apatia – hipotálamo posterior.
     4. Dismenorreia – área tuberal (fatores de liberação para a hipófise anterior).
     5. Sede e poliúria – núcleos supraóptico e paraventricular (diabetes insípido).
   c. Defeito de campo visual: hemianopsia heterônima bitemporal.

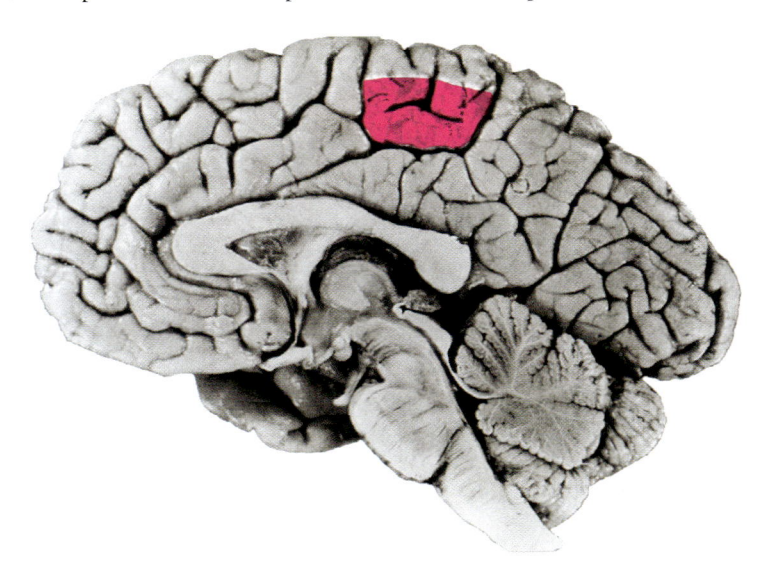

12. a. Nível: córtex cerebral.

Estruturas e anormalidades:

Parte anterior do lóbulo paracentral direito: fraqueza muscular espástica e assim por diante, na perna e no pé esquerdos.

Parte posterior do lóbulo paracentral direito: perda somatossensorial na perna e no pé esquerdos.

b. Suprimento vascular: artéria cerebral anterior direita.

13. a. Nível: colículo inferior (distal à decussação do pedúnculo cerebelar superior).

Pedúnculo cerebelar superior esquerdo: tremor de intenção, dismetria e disdiadococinesia nos membros direitos.

Núcleo troclear esquerdo: o olho direito, quando aduzido, apresenta fraqueza muscular para realizar sua depressão ou para se voltar para baixo.

FLM esquerdo: oftalmoplegia internuclear esquerda (o olho esquerdo não faz adução ao olhar para a direita).

b. Com as lesões trocleares, o olho afetado fica levemente forçado para fora (em rotação externa) e a pessoa compensa isso inclinando a cabeça para baixo e para o lado oposto.

c. Processo desmielinizante, como a esclerose múltipla.

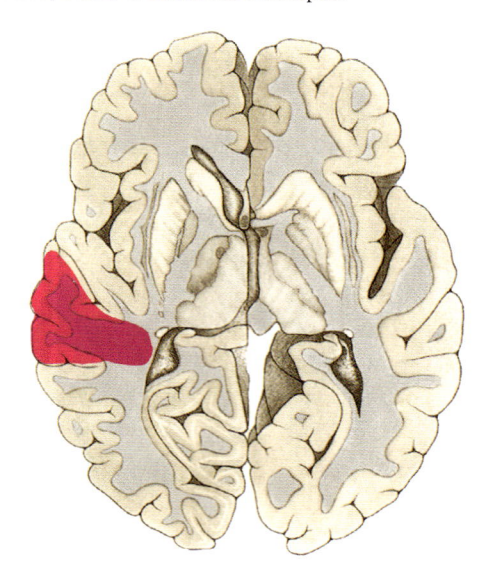

14. a. Nível: lobo parietal.
Estruturas e anormalidades:
Parte dorsal da radiação óptica direita: quadrantanopsia homônima inferior esquerda.
Lobo parietal posterior direito: negligência do lado esquerdo do corpo e adjacências.
b. Suprimento vascular: artéria cerebral média.

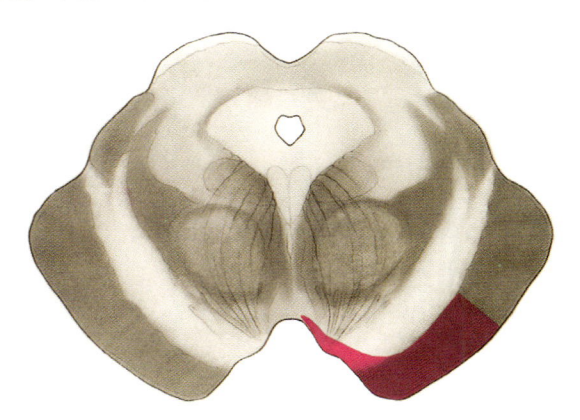

15. a. Nível: colículo superior.
Estruturas e anormalidades:
Trato corticospinal esquerdo: fraqueza muscular nos membros superior e inferior direitos, com tônus muscular e reflexos aumentados e resposta de Babinski.
Trato corticobulbar esquerdo: paralisia dos músculos faciais inferiores do lado direito.
Nervo oculomotor esquerdo: ptose palpebral esquerda, olho esquerdo voltado para baixo e para fora, e pupila esquerda dilatada.
b. O nervo oculomotor inerva todos os músculos extrínsecos do olho, com exceção dos músculos oblíquo superior e reto lateral, que deprimem e abduzem o olho, respectivamente. Com a paralisia do levantador superior da pálpebra, a pálpebra fica gravemente caída.
c. O nervo óptico esquerdo e o nervo oculomotor direito estão intactos, mas o nervo oculomotor esquerdo (que contém as fibras que realizam a constrição da pupila) não está.

Apêndice A: Respostas das questões dos capítulos

1   Introdução, organização e componentes celulares

1. As duas classes principais de células no SNC são os neurônios, as unidades funcionais, e a neuróglia, as unidades de suporte.

2. Uma sinapse é o local de contato funcional, onde os impulsos passam de modo unidirecional de um neurônio para outro. A maioria das sinapses ocorre entre axônios e dendritos (axodendríticas) ou entre axônios e corpos celulares (axossomáticas). Histologicamente, a maioria das sinapses consiste em uma dilatação ou alargamento da extremidade terminal do axônio – o botão sináptico – intimamente aposto à superfície de um dendrito ou corpo celular neuronal. Do ponto de vista ultraestrutural, o botão contém mitocôndrias e vesículas sinápticas, de modo que sua superfície sináptica (a membrana pré-sináptica) é separada da superfície-alvo (a membrana pós-sináptica) por um espaço estreito, a fenda sináptica.

3. A integridade dos axônios, alguns dos quais podem chegar a medir cerca de 90 cm de comprimento, é mantida por sistemas de transporte axoplasmático elaborados entre os corpos celulares, que constituem os centros metabólicos dos neurônios, e os terminais axonais distantes. Existem dois tipos principais de transporte axonal anterógrado, ou seja, o movimento no sentido do corpo celular para os terminais: (1) transporte rápido de organelas membranosas e vesículas sinápticas ou seus precursores; e (2) transporte lento de materiais do citoesqueleto. O transporte axonal retrógrado traz materiais sinápticos usados e substâncias exógenas, como toxinas ou vírus, dos terminais axonais de volta ao corpo celular.

4. As principais diferenças entre astrócitos e oligodendrócitos são: presença nos astrócitos de prolongamentos numerosos e volumosos formando o material de sustentação no SNC, que é metabolicamente muito ativo; as terminações de seus prolongamentos auxiliam na formação das membranas limitantes externas e internas; os astrócitos são altamente suscetíveis a agressões ao SNC e formam cicatrizes gliais; os oligodendrócitos têm menos ramificações e suas principais funções são formar e manter a mielina do SNC.

5.   a. Hematoma subdural – entre a dura-máter e a membrana aracnoide.
     b. Líquido cerebrospinal – no espaço subaracnóideo, entre a membrana aracnoide e a pia-máter.
     c. Hematoma epidural – entre a dura-máter e a parede óssea da cavidade craniana.

6. (b) A formação e a manutenção da mielina é função dos oligodendrócitos no SNC e das células de Schwann no SNP. Os oligodendrogliomas ocorrem primariamente em adultos e representam cerca de 10% dos tumores cerebrais diagnosticados. A manifestação inicial consiste em cefaleias frontais e convulsões em até 80% dos pacientes.

7. **(d)** O transporte axonal retrógrado é responsável pelo movimento de substâncias dos terminais axonais para o corpo celular. Vírus patogênicos, como os da pólio e da raiva, ganham acesso ao SNC via infecção periférica dos terminais axonais e subsequente transporte axonal retrógrado para os corpos das células nervosas. A raiva ocorre primariamente como resultado da mordida de cachorro. Depois que o vírus da raiva alcança o SNC, há desenvolvimento rápido de encefalite aguda seguida da morte do paciente. A poliomielite é uma doença do SNC, tendo sido proposto o transporte intra-axonal retrógrado do vírus a partir da periferia ou do intestino. Outras possibilidades incluem a infecção por passagem através da barreira hematoencefálica ou via entrada de monócitos/macrófagos infectados no cérebro.

8. **(a)** Os astrocitomas são os tumores mais comuns do SNC tanto em adultos como em crianças. Os astrocitomas são caracterizados como de baixo ou alto grau, dependendo da velocidade com que se desenvolvem. Os tumores de alto grau crescem rápido e são encontrados principalmente em adultos. Os tumores de baixo grau crescem vagarosamente e permanecem relativamente localizados, sendo o tipo de tumor prevalente em crianças.

9. **(e)** Antes de se ramificarem e entrarem no parênquima cerebral, as artérias cerebrais são localizadas no espaço subaracnóideo. Sua ruptura, portanto, resulta em hemorragia subaracnóideo. Os pacientes relatam cefaleia lancinante, com vômitos e diminuição da consciência. Uma hemorragia subaracnóidea constitui emergência médica com risco de morte, exigindo assim intervenção neurocirúrgica imediata.

10. **(d)** As progressivas fraqueza e fadiga musculares são os principais sinais do distúrbio muscular conhecido como miastenia *gravis*. Esclerose múltipla, doença de Charcot-Marie-Tooth e síndrome de Guillain-Barré são distúrbios ou alterações da mielina. A síndrome de Lambert-Eaton é caracterizada pela fraqueza e fadiga da musculatura proximal, porém na presença de excitabilidade normal dos músculos, e é ocasionada pela liberação diminuída de acetilcolina pré-sináptica.

11. **(c)** A miastenia *gravis* é causada pela responsividade progressivamente diminuída da membrana muscular à liberação quantitativamente normal de acetilcolina pelo terminal axonal. Um diagnóstico de miastenia *gravis* é confirmado pela observação de que a injeção intramuscular de cloreto de edrofônio (Tensilon) pode resultar em um aumento transitório da força muscular. O cloreto de edrofônio inibe a quebra enzimática da acetilcolina na junção neuromuscular, prolongando assim a eficácia do neurotransmissor.

2   Medula espinal: topografia e níveis funcionais

1. O espaço epidural relacionado à medula espinal contém tecido adiposo e vasos sanguíneos, dentre os quais o de maior importância clínica é o plexo venoso vertebral interno. Esse plexo sem válvulas comunica livremente veias das cavidades pélvica, abdominal, torácica e craniana, podendo fornecer uma via de disseminação de infecções, células cancerosas e assim por diante, das vísceras para o cérebro.

2. O saco dural contém um espaço subaracnóideo ampliado, onde são encontrados principalmente líquido cerebrospinal e as raízes dos nervos lombares e sacrais que formam a cauda equina.

3. Os deslocamentos intervertebrais são mais comuns nas articulações entre VC5 e VC6, VT12 e VL1, e VC1 e VC2, em ordem de frequência. As relações entre coluna vertebral-medula espinal em cada uma delas são:

VC1 a VC2 = C2
VC5 a VC6 = C6 ou C7
VT12 a VL1 = S1 ou S3

4. Em adultos, a medula espinal não corre risco de lesão pela punção lombar realizada abaixo do nível de VL3, uma vez que sua extensão caudal geralmente chega ao nível de VL1, ainda que possa terminar em qualquer lugar entre o meio de VT11 e o meio de VL3.

5. As quatro regiões da medula espinal podem ser distinguidas em cortes transversais, com base no tamanho e no formato da substância cinzenta da seguinte forma:

	Corno posterior	Corno anterior
Sacral	Volumoso	Volumoso com extensão lateral
Lombar	Volumoso	Volumoso com extensão medial
Torácico	Delgado	Delgado
Cervical	Delgado	Grande com extensão lateral

6. **(d)** Nervos espinais acima de C1 a C7 emergem mais ou menos no nível de suas respectivas vértebras. O nervo espinal de C8 emerge entre VC7 e VT1. Todos os nervos espinais abaixo de T1 saem abaixo de suas respectivas vértebras.

7. **(e)** A cauda equina consiste em raízes lombossacrais dorsais e ventrais localizadas no espaço subaracnóideo do saco dural.

8. **(a)** A coluna vertebral é mais longa do que a medula espinal como resultado da taxa de alongamento diferencial durante o desenvolvimento. Esse fato tem significado clínico para a obtenção de uma amostra de líquido cerebrospinal para fins diagnósticos, em que a agulha que penetra o espaço subaracnóideo provavelmente não danificará a cauda equina, mas pode danificar a medula espinal se for realizada em um nível muito alto.

9. **(d)** Os ligamentos denticulados ao longo da face lateral da medula espinal são referenciais importantes para a ressecção cirúrgica das vias ascendentes da dor (Cap. 11) que seguem na substância branca da medula em posição anterior aos ligamentos.

10. **(c)** A lesão por contusão na medula espinal ou a dilatação crônica de uma "siringe" cervical (siringomielia) danifica de forma sequencial os feixes de axônios no sentido dos mais internos para os mais externos. Como a substância branca está somatotopicamente organizada com as fibras relacionadas aos segmentos cervicais localizadas mais internamente e as relacionadas aos segmentos sacrais mais externamente, os últimos feixes axonais a serem danificados são aqueles que seguem para/dos níveis sacrais – daí a preservação sacral.

3 Tronco encefálico: topografia e níveis funcionais

1. Superfície ventral de (a) bulbo – pirâmide; (b) ponte – sulcos transversais da parte basilar; (c) mesencéfalo – pedúnculos cerebrais e fossa interpeduncular.

2. Superfície dorsal de (a) bulbo – porção fechada – tubérculos grácil e cuneiforme; (b) bulbo – porção aberta – trígonos do hipoglosso e do vago; (c) ponte – eminência medial e colículo facial; (d) mesencéfalo – colículo superior e colículo inferior.

3. A formação reticular do tronco encefálico consiste em uma mistura de núcleos e fibras nervosas entremeadas entre eles na parte central do tronco encefálico.

4. **a.** Trígono do hipoglosso – nível caudal da porção aberta do bulbo.
   b. Núcleo motor do nervo trigêmeo – nível médio da ponte.
   c. Colículo superior – nível rostral do mesencéfalo.
   d. Decussação do nervo troclear – nível rostral da ponte.
   e. Tubérculo acústico – nível rostral da porção aberta do bulbo.
   f. Tubérculo grácil – porção fechada do bulbo.
   g. Colículo facial – nível caudal da ponte.
   h. Colículo inferior – nível caudal do mesencéfalo.

5. **(c)** O tronco encefálico está localizado na fossa craniana posterior junto com o cerebelo. Sua superfície anterior está relacionada ao clivo (*clivus*), superfície basal da fossa craniana posterior que se inclina para baixo a partir do dorso da sela turca em direção ao forame magno.

6. **(b)** As fóveas superior e inferior são os remanescentes do sulco limitante embrionário. As estruturas motoras, como os núcleos hipoglosso, motor dorsal do vago e abducente, são mediais, enquanto as estruturas sensitivas, como os núcleos vestibular e coclear, são laterais às fóveas.

7. **(e)** O mesencéfalo está dividido em uma parte dorsal, o teto, e uma parte ventral, o pedúnculo cerebral, que no sentido anterior-posterior consiste na base do pedúnculo cerebral, na substância negra e no tegmento.

8. **(b)** O nervo troclear inerva o músculo oblíquo superior contralateral. À medida que emergem na superfície dorsal do nível mais rostral da ponte, as radículas do nervo troclear cruzam (ou decussam) imediatamente. Como resultado desse cruzamento, ocorrerão déficits contralaterais nos movimentos oculares se as radículas intracranianas do nervo IV forem danificadas. Por outro lado, haverá déficits ipsilaterais em caso de dano ao nervo craniano IV, com as fibras já cruzadas.

9. **(c)** O pedúnculo cerebelar inferior direcionado dorsalmente forma a parede anterior da abertura lateral do IV ventrículo. O assoalho da abertura é formado pelo pedúnculo cerebelar inferior e pelo tubérculo acústico.

4   Prosencéfalo: topografia e níveis funcionais

1. Os 12 pares de nervos cranianos se conectam ao encéfalo e, dessa forma, seguem no interior da cavidade craniana, enquanto os nervos espinais se fixam à medula espinal e, ao saírem do canal vertebral, seguem pelos forames intervertebrais. Outras diferenças adicionais residem no fato de os nervos cranianos não possuírem raízes posteriores (dorsais) nem anteriores (ventrais), e seus componentes funcionais variarem, com alguns sendo puramente motores, alguns puramente sensitivos e outros mistos.

2. Os nervos cranianos I e II se conectam ao prosencéfalo; o III se conecta ao mesencéfalo; e todos os demais se conectam ao rombencéfalo. É importante notar que o NC IV tem origem no mesencéfalo, mas emerge do véu medular superior da ponte.

3. No prosencéfalo, existem dois ventrículos laterais, um em cada hemisfério cerebral. O III ventrículo está no diencéfalo. No rombencéfalo, está o IV ventrículo. No mesencéfalo, está o aqueduto cerebral, que conecta o III e IV ventrículos.

4. Os termos "anterior ou ventral", que significa "para a frente", e "posterior ou dorsal", que significa "para trás", são sinônimos em todas as partes do SNC, exceto no prosencéfalo. Como o eixo do prosencéfalo está orientado quase perpendicularmente ao restante do SNC, no prosencéfalo, o termo "ventral" é sinônimo de "inferior", que significa "na direção da base do crânio"; e "dorsal" é sinônimo de "superior", que significa "na direção do topo do crânio".

5. **(b)** A lâmina medular interna (LMI) separa o tálamo nas subdivisões anterior, medial e lateral. Dentro dessas subdivisões, os núcleos anteriores, mediais, ventrais e laterais são situados adjacentes à LMI, enquanto os núcleos do metatálamo, os da linha média e os reticulares não.

6. **(e)** No sentido anterior-posterior, o hipotálamo consiste nos níveis ou regiões supraóptica, infundibular, tuberal e mamilar.

7. **(e)** O sulco lateral (ou fissura de Sylvius) é o referencial mais profundo, uniforme e proeminente na superfície lateral do hemisfério cerebral. Dorsal a esse sulco, estão o lobo frontal e a parte anterior do lobo parietal; ventral a ele, está o lobo temporal.

8. **(b)** O lóbulo paracentral, assim denominado por conter a parte mais dorsal do sulco central, inclui as continuações dos giros pré- e pós-central na superfície medial do hemisfério cerebral. Assim, inclui partes dos lobos frontal e parietal.

9. **(d)** O sulco hipotalâmico na parede lateral do III ventrículo demarca o tálamo do hipotálamo.

10. **(e)** As duas únicas subdivisões do diencéfalo que podem ser vistas na superfície do cérebro intacto são o hipotálamo e o epitálamo. O subtálamo está "enterrado", dentro do diencéfalo, enquanto as superfícies medial e dorsal do tálamo podem ser visualizadas somente em um corte mediano do cérebro.

5 Motoneurônios inferiores: paralisia flácida

1. Uma unidade motora consiste em um motoneurônio alfa, seu axônio e todas as fibras musculares por ele inervadas. As unidades motoras envolvidas em movimentos grosseiros chegam a englobar 2 mil fibras musculares, enquanto aquelas envolvidas em movimentos delicados podem incluir cerca de uma dúzia de fibras musculares.

2. As lesões em motoneurônios inferiores espinais resultam em paralisia porque os comandos oriundos do SNC já não conseguem atingir as fibras musculares extrafusais, o tônus muscular está diminuído por causa do comprometimento da atividade do motoneurônio inferior, há perda dos reflexos motores porque os motoneurônios inferiores fazem parte dos ramos eferentes desses reflexos, e ocorre atrofia grave resultante da degeneração das fibras musculares desnervadas. As características típicas ("marca registrada") da síndrome do motoneurônio inferior são a paralisia flácida e a atrofia grave.

3. As fibras musculares tipo I são ativadas quando há necessidade de contração muscular sustentada.

4. As fibras musculares tipo II contraem mais rápido e com maior força do que as fibras musculares tipo I.

5. Uma unidade motora é composta por um único tipo de fibra muscular.

6. As propriedades de membrana dos motoneurônios inferiores menores os tornam mais excitáveis do que os motoneurônios inferiores maiores. Os motoneurônios são recrutados por tamanho, com os menores sendo recrutados primeiro e os maiores por último.

7. A esclerose lateral amiotrófica ou doença de Lou Gehrig é um distúrbio do motoneurônio inferior caracterizado por fraqueza muscular, atrofia muscular e fasciculações.

8. As células de Renshaw são excitadas pelos colaterais dos axônios de motoneurônios inferiores e, por sua vez, inibem motoneurônios inferiores adjacentes.

9. A inibição recíproca permite que um movimento executado por músculos agonistas ocorra, enquanto os motoneurônios inferiores que inervam músculos antagonistas são inibidos.

10. **(a)** A paralisia do músculo levantador da pálpebra superior (ptose palpebral), uma pupila dilatada (midríase) decorrente de paralisia do músculo esfíncter da pupila, e perda de todos os movimentos oculares, com exceção da abdução (músculo reto lateral) e depressão do olho (músculo oblíquo superior), ocorrem após dano ipsilateral ao núcleo oculomotor, às radículas do nervo ou ao nervo oculomotor.

11. **(d)** A "via final comum", termo cunhado e consagrado por Sir Charles Sherrington, se refere à conexão única entre o sistema nervoso central e o músculo esquelético voluntário, e que consiste no motoneurônio inferior e seu axônio.

12. **(b)** Todos os músculos no corpo, com exceção dos músculos intercostais, são inervados por múltiplos (2-3) segmentos adjacentes da medula espinal, porém com predominância da inervação a partir de um único segmento (Tab. 5.1). Os músculos tríceps e flexor profundo dos dedos recebem axônios de três segmentos adjacentes da medula espinal, incluindo a raiz de C7. Entretanto, a inervação primária do flexor profundo dos dedos provém de C8, enquanto a do tríceps é primariamente de C7. Dessa forma, o dano em C7 resulta em uma fraqueza muito maior do tríceps que do flexor profundo dos dedos.

13. **(b)** Na paralisia do nervo troclear, o olho afetado fica em extorsão e a depressão do olho aduzido fica comprometida, resultando em diplopia quando o indivíduo olha para baixo. A extorsão é compensada com a inclinação da cabeça discretamente para o lado oposto ao da lesão, alinhando assim as imagens nas retinas.

14. **(d)** A disfagia, ou dificuldade para deglutir em um dos lados, é causada pela paralisia do músculo estilofaríngeo subsequente ao dano ao nervo glossofaríngeo ou à porção rostral do núcleo ambíguo ipsilaterais.

15. **a.** Núcleo ambíguo: a voz rouca e fraca causada pela paralisia dos músculos vocais ipsilaterais, a flacidez do arco palatal (palato mole) ipsilateral e o desvio contralateral da úvula poderiam ser esperados com a lesão nesse nível, que é a parte do núcleo relacionada ao nervo vago.
    b. Núcleo oculomotor: ptose palpebral ipsilateral e oftalmoplegia com o olho voltado para baixo e para fora; midríase como resultado da interrupção dos componentes viscerais que realizam a constrição da pupila.
    c. Núcleo do nervo facial: paralisia dos músculos ipsilaterais de expressão facial; incapacidade de fechar firmemente o olho ou retrair o canto da boca.
    d. Núcleo motor do nervo trigêmeo: paralisia e atrofia dos músculos ipsilaterais da mastigação; durante a abertura da boca, a mandíbula desvia para o lado ipsilateral.

6   O sistema piramidal: paralisia espástica

1. O trato piramidal (corticospinal) é altamente suscetível à lesão, porque se estende de forma ininterrupta desde o córtex cerebral até a extremidade caudal da medula espinal. Dessa for-

ma, está sujeito à lesão por traumatismo, à doença cerebrovascular, a neoplasias e assim por diante, que ocorrem em qualquer nível do encéfalo e da medula espinal.

2. Uma lesão em motoneurônio inferior que afeta os músculos da face é causada pela lesão do núcleo ou nervo facial e resulta em paralisia de todos os músculos faciais ipsilaterais. Uma lesão em motoneurônio superior que afeta os músculos faciais é causada por lesão dos neurônios corticobulbares (neurônios corticais que originam o trato corticobulbar/corticonuclear) ou seus axônios, e resulta na paralisia ou na fraqueza muscular apenas dos músculos faciais inferiores contralaterais. Os músculos faciais superiores são influenciados pelos tratos corticobulbares ipsilateral e contralateral. Dessa forma, os músculos faciais superiores não serão afetados por uma lesão unilateral no trato corticobulbar.

3. **a. 1.** Trato corticospinal: hemiplegia espástica contralateral acompanhada de reflexos miotáticos exacerbados, resistência aumentada ao estiramento passivo e resposta extensora plantar.
    2. Trato corticobulbar: paralisia da musculatura facial inferior contralateral.
    b. 1. Trato corticospinal: (ver a.1.).
    2. Nervo hipoglosso: paralisia, atrofia e desvio da língua em protrusão para o lado ipsilateral.
    c. 1. Trato corticospinal: (ver a.1.).
    2. Nervo abducente: desvio medial (esotropia) e paralisia abdutora do olho ipsilateral.
    d. 1. Trato corticospinal: (ver a.1.).
    2. Trato corticobulbar: (ver a.2.).
    3. Nervo oculomotor: ptose palpebral ipsilateral e oftalmoplegia com o olho voltado para baixo e para fora (midríase também em razão das fibras motoras viscerais no NC III).

4. **(e)** O córtex pré-motor, as áreas somestésicas primária e secundária e os núcleos motores do tálamo ativam motoneurônios superiores em MI.

5. A atividade neuronal no córtex motor suplementar precede a atividade nos motoneurônios superiores em MI.

6. A secção das raízes dorsais (rizotomia dorsal) ou a administração intratecal crônica de baclofeno é usada de forma terapêutica para tratar casos graves de espasticidade.

7. Os movimentos rápidos e fracionados dos dedos da mão são comandados por conexões cortico-motoneuronais monossinápticas.

8. **(d)** As projeções corticobulbares para os núcleos motores inferiores do tronco encefálico são bilaterais, com exceção para a parte do núcleo do nervo facial que inerva os músculos abaixo dos olhos. Essas projeções corticobulbares são estritamente cruzadas em seu término. Do mesmo modo, os músculos risório e bucinador no lado contralateral à lesão seriam paralisados e, portanto, impossibilitados de retrair o canto da boca.

9. **(d)** O umbigo é o referencial para inervação sensitiva e motora no e abaixo do segmento espinal de T10 (ver Fig. 11.2).

10. **(d)** A parte anterior do lóbulo paracentral é a área motora primária para o membro inferior contralateral. O dano limitado a essa área resultará em sinais do motoneurônio superior restritos ao membro inferior contralateral. Um desses sinais é a resposta extensora plantar ou de Babinski.

11. **(c)** O dano ao nervo abducente direito resultará em paralisia do músculo reto lateral ipsilateral.

12. **(d)** O dano ao trato piramidal direito causará hemiplegia espástica contralateral.

13. **(c)** As radículas do nervo abducente seguem lateralmente ao trato piramidal na região caudal da ponte.

14. **(b)** O nível de qualquer lesão que resulte em sinais de motoneurônios superior e inferior é sempre identificado por quais motoneurônios inferiores ou seus respectivos axônios são danificados. Como há envolvimento do nervo abducente, essa lesão está na região caudal da ponte e é chamada hemiplegia alterna média.

7   Organização motora da medula espinal e vias supraespinais do tronco encefálico: recuperação da lesão pós-capsular e postura de descerebração

1. Os motoneurônios inferiores da medula espinal são dispostos no corno anterior no sentido medial-lateral. Os mais mediais suprem os músculos mais proximais, enquanto os mais laterais suprem os músculos mais distais. As vias supraespinais do tronco encefálico exercem maior influência sobre os motoneurônios inferiores mais proximais. As vias ventromediais, ou seja, vestibulospinal e reticulospinal, descem no funículo anterior próximo aos motoneurônios inferiores mais mediais e exercem maior influência sobre os músculos axiais. As vias supraespinais laterais, a vestibulospinal lateral e a reticulospinal e a rubrospinal, descem no funículo lateral e exercem sua maior influência nos músculos das regiões proximal e distal do membro.

2. A paralisia do membro contralateral resultante de lesão no trato piramidal por acidente vascular encefálico capsular é, na maioria dos casos, inicialmente superada de maneira gradativa e quase totalmente pelos movimentos de pescoço e tronco, que recebem fortes sinais de entrada das vias ventromediais descendentes. Da posição proximal para a distal, os movimentos dos membros recebem sinais, que variam de mais forte a mais fraco, das vias descendentes laterais. Assim, de proximal para distal, os movimentos dos membros são recuperados, mas de forma mais lenta e menos completa. Portanto, é considerado que a recuperação da função após o acidente vascular encefálico capsular decorra das ações das vias supraespinais ventromediais e laterais do tronco encefálico. Os movimentos finos dos músculos mais distais são controlados unicamente pelo trato piramidal por meio de numerosas conexões monossinápticas com os motoneurônios inferiores apropriados. Desse modo, os movimentos rápidos e independentes dos dedos da mão são permanentemente perdidos.

3. Os núcleos vestibulares estão na junção bulbopontina, enquanto os núcleos rubros estão na porção rostral do mesencéfalo no nível do colículo superior.

4. **(c)** Os núcleos rubros exercem influência primária sobre os motoneurônios que atuam sobre os flexores do membro superior. Após o acidente vascular encefálico capsular e a interrupção do sistema piramidal, o antebraço contralateral está em postura flexora (Fig. 6.5). O paciente comatoso com dano rostral aos núcleos rubros exibirá uma postura decorticada, caracterizada pela flexão dos membros superiores e extensão dos membros inferiores.

5. **(b)** As vias monoaminérgicas e colinérgicas do tronco encefálico responsáveis pela ativação ou estado de alerta do córtex cerebral convergem na área paramediana da porção rostral do mesencéfalo. A interrupção bilateral dessas vias resulta em falha de ativação do córtex cerebral, constituindo assim a base subjacente ao coma.

6. **(a)** A postura decorticada em decorrência da integridade dos centros motores supraespinais do tronco encefálico: rubral (núcleo rubro), que facilita a flexão do membro superior; e vestibular, que facilita a extensão do membro inferior.

7. **(a)** As vias descendentes ventromediais da medula espinal têm como alvo os motoneurônios alfa presentes na coluna medial de motoneurônios e essa conexão é feita em grande parte por meio dos interneurônios propriospinais longos.

8. **(d)** Os motoneurônios inferiores que inervam os músculos mais distais nos membros superiores e inferiores são inervados apenas pelas projeções supraespinais descendentes oriundas do trato piramidal (corticospinal). Do mesmo modo, os movimentos distais de grande habilidade são total e permanentemente perdidos após o dano ao trato piramidal.

9. **(e)** Um tratamento cirúrgico para dor incurável consiste em seccionar as vias de dor ascendentes na substância branca anterolateral da medula espinal. Essas vias da dor se misturam às vias descendentes oriundas dos centros motores do tronco encefálico. Foi relatado que, quando esses tratos supraespinais descendentes e de dor ascendentes foram seccionados em seres humanos, o movimento voluntário permaneceu normal enquanto os tratos corticospinais laterais se mantiveram intactos.

8 — Os núcleos da base: discinesia

1. Do ponto de vista anatômico, o corpo estriado é composto pelos núcleos caudado e lentiforme, com este último sendo adicionalmente subdividido em um segmento lateral, o putame, e dois segmentos mediais, lateral (externo) e medial (interno) que em conjunto constituem o globo pálido. Em termos funcionais, o corpo estriado é subdividido em estriado, que consiste no núcleo caudado e putame, e pálido, que consiste no globo pálido.

2. Os neurônios espinhosos médios, principal tipo celular no estriado, têm receptores dopaminérgicos D1 ou D2. Por meio desses receptores, a dopamina é seletivamente excitatória ou inibitória sobre os neurônios estriatais.

3. A principal aferência para os núcleos da base é dirigida ao estriado e é composta em grande parte de projeções corticostriadas numerosas e com alto grau de organização topográfica, oriundas de todas as partes do neocórtex. O putame, que tem estreita associação com os movimentos dos membros, recebe projeções das áreas corticais motoras, pré-motoras e somatossensoriais.

4. A ativação da via direta é responsável pela inibição diminuída, referida como desinibição, permitindo que os neurônios do núcleo ventral anterior do tálamo disparem e, dessa forma, possibilitem a execução do movimento desejado.

5. A ativação da via indireta é amplamente responsável pela inibição dos neurônios do núcleo ventral anterior do tálamo envolvidos nos movimentos compensatórios ou indesejados.

6. As projeções talamocorticais (oriundas do núcleo ventral anterior) para as áreas pré-motora e motora suplementar regulam indiretamente os motoneurônios superiores M1.

7. **(a)** A rigidez em cano de chumbo é caracterizada pela cocontração de músculos agonistas e antagonistas, resultando em aumentada resistência bidirecional ao estiramento passivo. O aumento da hipertonia independe da velocidade, diferentemente da espasticidade.

8. As manifestações cardinais das doenças dos núcleos da base são distúrbios de movimento e alterações no tônus muscular. Os distúrbios do movimento, ou discinesias, assumem a forma de tremores, atetose, coreia ou balismo. São mais prevalentes no paciente "em repouso",

ou seja, na ausência de intenção de movimento. A discinesia não pode ser evitada nem interrompida. A alteração no tônus muscular que ocorre nas doenças dos núcleos da base geralmente assume a forma de hipertonia.

9. Os núcleos da base regulam os movimentos voluntários principalmente via sistema piramidal.

10. **a.** Estruturas – parte compacta da substância negra bilateral.
    Anormalidade – doença de Parkinson: expressão facial "em máscara", tremor de "contar moedas ou dinheiro", bradicinesia, rigidez em cano de chumbo e comprometimento dos ajustes posturais.
    b. Estruturas – degeneração estriatal bilateral (núcleo caudado e putame).
    Anormalidade – coreia de Huntington: "puxões ou sacudidas" da cabeça, estalos produzidos com os lábios e a língua e gesticulação com as partes distais dos membros.
    c. Estruturas – núcleo subtalâmico.
    Anormalidade – hemibalismo contralateral: arremessos violentos com os membros superiores e inferiores.

11. **(d)** Esta clássica apresentação de caso de um paciente com doença de Huntington resulta de heredodegeneração de neurônios estriatais.

12. **(d)** O dano ao núcleo subtalâmico resulta em perda das projeções glutaminérgicas excitatórias para o segmento medial do globo pálido, com redução concomitante de disparos dos neurônios de projeção palidotalâmicos GABAérgicos inibitórios. A resultante desinibição dos neurônios de projeção talamocorticais VA (do núcleo ventral anterior) levará ao aumento anormal dos disparos dos neurônios do trato piramidal ipsilateral e suas projeções axonais para os motoneurônios inferiores que inervam os músculos do membro proximal contralateral.

13. **(c)** Os movimentos involuntários anormais ocorrem como resultado da liberação da inibição dos neurônios de projeção talamocorticais VA (do núcleo ventral anterior) por projeções pálido mediais. A via indireta para bloqueio de movimentos indesejados foi perdida.

14. **(e)** O aparecimento imediato de resistência aumentada ao estiramento passivo em pares de músculos agonista e antagonista, seguida de liberação repentina da resistência e de novo aparecimento de resistência, é denominado "roda dentada".

15. **(a)** As doenças neurodegenerativas hereditárias, como a doença de Huntington, são caracterizadas pelo aparecimento insidioso de sinais clínicos bilaterais que persistem ao longo do tempo com aumento progressivo da gravidade.

9　O cerebelo: ataxia

1. O pedúnculo cerebelar inferior emerge do bulbo e sua parte mais lateral, o corpo restiforme, contém principalmente os tratos olivocerebelar, espinocerebelar posterior e cuneocerebelar. Sua parte mais medial, o corpo justarrestiforme, engloba conexões vestibulocerebelares aferentes e conexões cerebelovestibulares eferentes. O pedúnculo cerebelar médio é maior e constituído por projeções pontocerebelares. O pedúnculo cerebelar superior é composto sobretudo pelas eferências cerebelares para o tálamo, embora também contenha alguma eferência para o núcleo rubro.

2. A ativação da fibra trepadeira produz um potencial de espícula complexa excitatório e muito potente nas células de Purkinje.

3. **(e)** As células granulares são os únicos neurônios excitatórios no córtex cerebelar.

4. A depressão sináptica de longa duração se refere à responsividade pós-sináptica diminuída de algumas células de Purkinje a fibras paralelas ativadas de modo temporalmente coincidente com os potenciais de espícula complexa que são ativados quando há aquisição de uma habilidade motora nova.

5. Os núcleos cerebelares, no sentido mediolateral, são o fastigial, o interpósito (constituído pelos núcleos globoso e emboliforme) e o denteado. Cada um recebe uma aferência (sinal de entrada) excitatória oriunda dos colaterais das fibras trepadeiras e musgosas aferentes e uma aferência inibitória das células de Purkinje.

6. As três zonas sagitais do cerebelo, no sentido mediolateral, são a do verme, paraverme ou intermédia, e lateral. As células de Purkinje no verme se projetam para o núcleo fastigial, enquanto aquelas na zona paravermiana ou intermédia se projetam para o núcleo interpósito, e aquelas no cerebelo lateral se projetam para o núcleo denteado.

7. A síndrome floculonodular é caracterizada por ataxia do tronco, a síndrome do lobo anterior por ataxia de marcha, e a síndrome do lobo posterior por ataxia generalizada que inclui tremor intencional, dismetria, disdiadococinesia e, quando bilateral, fala explosiva.

8. **(a)** O hemisfério lateral e os núcleos denteados estão envolvidos no planejamento dos movimentos voluntários e, portanto, há aumento da atividade unitária nessas estruturas antes da atividade no córtex motor primário.

9. A ativação tardia dos músculos antagonistas para desacelerar os movimentos iniciados pelos músculos agonistas é característica no *past-pointing* (ponto ultrapassado).

10. O córtex do lobo anterior compara informações sobre o movimento pretendido transmitidas pelos colaterais dos axônios corticospinais, via projeções pontocerebelares, e informação sobre o movimento em andamento transmitida pelas projeções espinocerebelares.

11. Um meduloblastoma na linha média resultará em ataxia do tronco. Se o paciente tem um suporte postural, como o propiciado pela posição deitada no leito, os movimentos que envolvam as partes distais dos membros serão relativamente normais.

12. Uma lesão do pedúnculo cerebelar inferior danifica os tratos cuneocerebelar e espinocerebelar posterior, resultando em ataxia ipsilateral dos membros inferiores e superiores. Uma lesão do núcleo rubro danifica as fibras do pedúnculo cerebelar superior cruzado, resultando em uma síndrome do lobo posterior contralateral.

13. **a.** Lobo cerebelar anterior (área do membro inferior): ataxia de marcha.
b. Pedúnculo cerebelar superior (antes da decussação): síndrome do lobo posterior; ipsilateralmente – tremor intencional, dismetria, disdiadococinesia e assim por diante.
c. Lobo floculonodular: ataxia do tronco.

14. **(b)** A decomposição dos movimentos multiarticulares complexos do membro em componentes elementares (ombro direito, braço, antebraço, mão) é devida ao núcleo denteado ipsilateral ou direito. Uma lesão de fossa posterior no cerebelo lateral (córtex, núcleo denteado) é manifestada ipsilateralmente.

15. **(b)** A ataxia de membro inferior esquerdo resulta do dano ao trato espinocerebelar posterior esquerdo, enquanto a hemiplegia espástica direita resulta do dano ao trato piramidal esquerdo. Essas duas vias estão mais próximas ao nível da porção fechada rostral do bulbo ou dos núcleos da coluna posterior.

16. **(e)** Esta lesão está no núcleo rubro, no lado esquerdo, danificando as projeções dentatotalâmicas ascendentes já cruzadas, resultando em tremor intencional à direita, e a radículas do nervo

oculomotor que inervam o levantador da pálpebra superior, com consequente ptose à esquerda. O olho esquerdo está desviado para baixo e para fora, porque os músculos reto lateral e oblíquo superior permanecem inervados pelos nervos abducente e troclear, respectivamente.

17. **(e)** A ataxia pode resultar do dano aos aferentes primários do nervo periférico, aos axônios espinocerebelares ascendentes no trato espinocerebelar posterior, ao pedúnculo cerebelar inferior e, por fim, às células de Purkinje do lobo anterior.

18. **(d)** O cerebelo coordena a fala. A perda dessa coordenação resulta em disartria atáxica. Uma forma de disartria é a fala explosiva, que pode resultar do dano bilateral aos lobos posteriores, aos núcleos denteados ou aos pedúnculos cerebelares superiores.

10 | O sistema oculomotor: distúrbios dos movimentos oculares

1. **(b)** O dano ao fascículo longitudinal medial acima do nível do núcleo abducente resultará na incapacidade de aduzir o olho ipsilateral ao olhar para o lado oposto.

2. **(c)** O olhar vertical está comprometido por um tumor pineal em expansão, que está comprimindo a área pré-tetal subjacente e danificando o centro do olhar vertical.

3. **(d)** O centro do olhar horizontal em cada lado é responsável pelos movimentos conjugados dos olhos na direção desse lado.

4. **(a)** Os campos oculares (centros oculógiros) frontais são responsáveis pelo comando dos movimentos voluntários dos olhos para o lado contralateral. O dano a essa área na parte posterior do giro frontal médio geralmente resulta apenas em déficits transientes.

5. **(c)** A visão dupla horizontal resulta da paralisia de um músculo reto lateral em função do dano ao nervo abducente. A esotropia resulta da ação do músculo reto medial intacto que traciona o olho medialmente.

11 | O sistema somatossensorial: anestesia e analgesia

1. Os corpúsculos de Meissner, discos de Merkel e receptores de folículos pilosos são os três mecanorreceptores táteis (Tab. 11.1). Os discos de Merkel tem os menores campos receptivos e sinalizam as menores reentrâncias para a pele, portanto são os mais sensíveis dentre os mecanorreceptores táteis.

2. A intensidade de um estímulo cutâneo é transduzida pelos receptores e sinalizada ao SNC pelo número e frequência dos potenciais de ação conduzidos nos axônios aferentes sensitivos.

3. Um campo receptivo é definido pelo tamanho da área cutânea sobrejacente que, quando estimulada, ativa os receptores subjacentes. O tamanho de um campo receptivo varia de acordo com o tipo do receptor e suas localizações em diferentes áreas da pele (tronco *vs.* pontas dos dedos da mão) no corpo.

4. A terminação mais distal de um axônio sensitivo é encapsulada por células de tecido conjuntivo especializadas que, em conjunto, formam um mecanorreceptor. A deformação mecânica do receptor resulta na abertura de canais iônicos sensíveis ao estiramento na terminação axonal, influxo de sódio e resultante despolarização da membrana (potencial receptor). Se o potencial receptor atingir o limiar, um potencial de ação é iniciado e conduzido em direção central.

5. Ocorre adaptação quando um estímulo sensorial constante e temporalmente prolongado resulta em diminuição gradativa do potencial receptor, por fim se tornando sublimiar para a geração de um potencial de ação.

6. A inibição lateral mantém fisiologicamente a resolução da transmissão somatossensorial por meio do bloqueio da transmissão de uma sensação a partir de neurônios coativados por estimulação dos campos sensoriais adjacentes.

7. A via da dor rápida faz sinapse no tálamo lateral, que se projeta para o córtex SI, onde são percebidos a localização precisa, o caráter agudo e a intensidade da picada. A via da dor lenta faz sinapse no tálamo medial, que se projeta para a área límbica do córtex cerebral, na qual aspectos emocionais ou afetivos da dor são percebidos.

8. A TENS é baseada na estimulação seletiva de grossas fibras aferentes de tato cutâneas que ativam interneurônios da medula espinal. Estes então inibem os neurônios secundários da dor lenta, resultando assim em alívio da dor crônica.

9. **a.** Sensibilidades ao tato na pele e à dor no dermátomo L5 (primeiros quatro dedos do pé e dorso do pé).
   b. Sensibilidades tátil, vibratória e proprioceptiva abaixo do umbigo no lado esquerdo, bem como à dor e à temperatura abaixo do ligamento inguinal no lado direito.
   c. Sensibilidade à dor e à temperatura bilateralmente no nível dos mamilos.
   d. Sensibilidade à dor na face, no lado esquerdo, bem como à picada e à temperatura na região occipital, no pescoço, no tronco e nos membros do lado direito.
   e. Sensibilidades tátil e de propriocepção na região occipital, no pescoço, no tronco e nos membros do lado esquerdo, bem como à picada na face no lado esquerdo.
   f. Sensibilidades tátil, proprioceptiva, à picada e térmica em todo o lado direito.
   g. Perda das sensibilidades tátil e proprioceptiva, e certo grau de diminuição das sensibilidades à picada e à temperatura, bem como sua localização precisa – tudo no membro inferior esquerdo. Somente a localização precisa e a discriminação tátil fina dependem de um córtex somestésico primário intacto para reconhecimento.

10. **(b)** Uma lesão do trato espinal do nervo trigêmeo, na ponte, interrompe as aferências primárias trigeminais oriundas da córnea ipsilateral e dirigidas aos interneurônios reticulares pontinos que contatam os motoneurônios inferiores do núcleo do nervo facial. O componente aferente do reflexo corneano, portanto, foi interrompido.

11. **(d)** A doença desmielinizante danifica os axônios mielinizados Aδ que conduzem a dor rápida, ao mesmo tempo em que os axônios não mielinizados de condução da dor lenta permanecem intactos.

12. **(c)** O núcleo ventral posterolateral transmite sensações somatossensoriais (tato, propriocepção, dor rápida) a partir do lado contralateral do corpo. As sensações oriundas da região da face contralateral são transmitidas através do núcleo ventral posteromedial, enquanto as sensações de dor lenta contralateral são transmitidas via núcleos medial e intralaminar do tálamo.

13. **(d)** As sensibilidades tátil e dolorosa da face cruzam no tronco encefálico e são transmitidas ao córtex S1, via núcleo ventral posteromedial contralateral.

14. **(a)** As vias ascendentes de segunda ordem da dor seccionadas por cordotomia anterolateral na medula espinal terminam em neurônios de terceira ordem no tronco encefálico e no tálamo. O giro pós-central recebe aferências talamocorticais não danificadas pelo procedimento cirúrgico.

12 O sistema auditivo: surdez

1. A inclinação dos estereocílios na direção da rampa do vestíbulo resulta no influxo de potássio a partir da endolinfa para dentro do ducto coclear, resultando em despolarização das células ciliadas e ativação dos axônios aferentes auditivos primários.

2. O tom e o volume do som são primariamente sinalizados por receptores das células ciliadas internas.

3. A representação bilateral do som no sistema auditivo ocorre por causa das conexões bilaterais dos: (1) núcleos olivar superior e trapezoide; (2) núcleos do lemnisco lateral; e (3) colículos inferiores. Desse modo, uma lesão unilateral na via auditiva, em qualquer ponto desde o nível dos núcleos olivares superiores até o córtex cerebral, resulta em quase nenhuma perda de audição em qualquer orelha.

4. A surdez completa ipsilateral ocorre após a destruição unilateral do órgão espiral, do gânglio espiral, do nervo coclear ou dos núcleos cocleares anterior e posterior.

5. Um neurinoma do acústico em crescimento junto ao nervo vestibular causa comprometimento:
   a. Dos nervos coclear e facial no meato acústico interno.
   b. Dos nervos trigêmeo, glossofaríngeo e, talvez, dos nervos vago e abducente no e perto do ângulo pontocerebelar.

6. A surdez por condução resulta de doenças e lesões da orelha externa ou média, as quais interferem na condução das ondas sonoras ou nas vibrações da membrana timpânica ou dos ossículos da orelha média. A surdez nervosa ou sensorioneural resulta de doenças e lesões do órgão espiral ou do nervo coclear. A surdez por condução é incompleta porque as ondas sonoras continuam sendo transmitidas através dos ossos do crânio. No caso de destruição total do órgão espiral ou do nervo coclear, a "surdez nervosa" resultante é completa.

7. (a) A surdez por condução pode ser atribuída ao dano a qualquer um dos três ossículos (martelo, estribo e bigorna). O dano ao órgão espiral, ao gânglio espiral ou aos núcleos cocleares resultará em surdez sensorioneural. O dano ao lemnisco lateral não resultaria em surdez em decorrência da bilateralidade das vias auditivas ascendentes.

8. (b) O primeiro núcleo na via auditiva a receber impulsos de ambos os lados é o olivar superior, sendo que suas projeções ascendentes para o córtex A1 permitem a localização da fonte de sons.

9. (c) A audição desigual ao se colocar o diapasão contra a testa (teste de Weber) indica que há perda da audição à direita. O fato de o tom poder ser ouvido quando o diapasão é posicionado contra o processo mastoide direito (teste de Rinne) e não quando segurado perto da orelha, indica que se trata de uma perda auditiva do tipo por condução.

13 O sistema vestibular: vertigem e nistagmo

1. Os impulsos oriundos das máculas dos utrículos e sáculos passam via gânglio e nervo vestibular para os núcleos vestibulares. A partir do núcleo vestibular lateral esquerdo, os impulsos descem pelo trato vestibulospinal lateral esquerdo para os motoneurônios inferiores que atuam sobre os músculos extensores dos membros do lado esquerdo.

2. **a.** As membranas otolíticas nas máculas do utrículo e sáculo se desviam com a inclinação da cabeça ou sob aceleração linear, iniciando assim os reflexos vestibulospinais associados ao equilíbrio.

   b. As cúpulas das cristas ampulares nos ductos semicirculares se desviam com a rotação da cabeça, iniciando assim os reflexos vestibulo-oculares associados à fixação visual, ou seja, a manutenção dos olhos em um alvo quando a cabeça está em movimento.

3. A base anatômica para a fase lenta do nistagmo rotatório e calórico é o reflexo vestibulo--ocular (RVO).

4. **a.** Em um paciente consciente e com RVO normal, a irrigação com água fria do meato acústico externo direito resultará em nistagmo esquerdo, ou seja, a fase rápida será oposta ao lado irrigado (COWS).

   b. Em um paciente comatoso com RVO normal, a irrigação com água fria do meato acústico externo direito resultará na rotação dos olhos para o mesmo lado, enquanto a irrigação é continuada. Esse fenômeno é o mesmo que a fase lenta do nistagmo induzida pelo RVO. Não há fase rápida no estado comatoso.

5. O reflexo vestibulo-ocular é interrompido na parte central do tronco encefálico, em algum lugar situado entre os níveis dos núcleos vestibular e oculomotor (entre porção média da ponte e rostral do mesencéfalo).

6. **(c)** As sensações dos movimentos da cabeça são oriundas do sistema visual, das aferências da região do pescoço e dos ductos semicirculares do sistema vestibular. Como há sensações anormais presentes neste paciente quando a cabeça está imóvel e os olhos fechados, os impulsos anômalos devem ser originados a partir dos ductos semicirculares.

7. **(c)** A natureza episódica dos sinais manifestados, a tríade de sintomas (vertigem grave e vômito, zumbido e plenitude aural flutuante), bem como a ocorrência desses com os olhos fechados e ausência de movimentação da cabeça são sinais característicos da doença de Ménière. Um diagnóstico diferencial também incluiria a sífilis terciária.

8. **(e)** A queda e a batida da cabeça deslocaram os otólitos na orelha interna. As partículas flutuantes livres resultantes ativam receptores sensoriais que levam à sensação anormal de vertigem. Esse distúrbio é comumente referido como uma vertigem paroxística benigna. Os profissionais de saúde usam a manobra Epley para reposicionar os otólitos deslocados e assim melhorar a vertigem, com relato de sucesso em 90-95% dos casos.

9. **(d)** Antibióticos são administrados como profilaxia em pacientes que sofreram traumatismo e apresentam fratura óssea exposta. A gentamicina, um antibiótico da classe dos aminoglicosídeos, é citotóxica para as células receptoras vestibulares e auditivas, podendo resultar, respectivamente, em déficits de equilíbrio e perda da audição isolados ou associados.

10. **(b)** O equilíbrio é mantido em consequência de três sistemas: visual, proprioceptivo e vestibular. Normalmente, o equilíbrio pode ser mantido com dois dos três sistemas intactos. No diabetes melito avançado, a neuropatia periférica associada altera a estimulação proprioceptiva a partir dos membros inferiores. Isso pode ser compensado pelos sistemas visual e vestibular intactos. Os movimentos desajeitados que o paciente realiza em um quarto escuro são decorrentes da ausência de pistas visuais que guiem ajustes de postura e movimentos.

14   O sistema visual: anopsia

1. O glaucoma resulta da pressão intraocular aumentada, que causa comprometimento da visão resultante de dano à retina e ao nervo óptico. A catarata consiste na opacificação das lentes, a qual compromete a visão por interferir nos raios luminosos que a atravessam.

2. O descolamento da retina ocorre entre as células pigmentadas (camada 1) e as células fotorreceptoras (camada 2). A parte descolada para de funcionar porque os bastonetes e cones são metabolicamente dependentes das células pigmentadas.

3. As camadas 4, 6 e 8 da retina contém os corpos celulares dos fotorreceptores, células bipolares e células ganglionares, respectivamente.

4. A cegueira noturna está associada à deficiência de vitamina A, que auxilia na restauração do fotopigmento rodopsina que há nos bastonetes.

5. A cegueira de cores está associada à ausência de fotopigmentos sensíveis ao vermelho, verde ou azul existentes nos cones.

6. A fóvea central é a área para a visão mais precisa e, nesse local, a maioria das camadas internas da retina são empurradas à parte de modo a permitir que os raios de luz alcancem a fovéola com o mínimo de interferência possível. Dessa forma, apenas as camadas 1, 2, 3, 4 e 10 são encontradas na fóvea. O disco óptico consiste na área onde os axônios das células ganglionares se reúnem e emergem do olho como nervo óptico. Possui apenas as camadas 9 e 10, além de ser o ponto cego em virtude da ausência de fotorreceptores.

7. Sendo um componente do SNP, o nervo óptico é único, porque é histologicamente similar a uma estrutura do SNC. Por se desenvolver como uma evaginação do diencéfalo, a retina e sua conexão com o encéfalo, o nervo óptico, exibem características morfológicas do SNC. Do ponto de vista histológico, o nervo óptico é semelhante à medula espinal ou aos tratos do tronco encefálico, no sentido de que seus axônios são envolvidos por células gliais e, na ausência de células do neurilema, os axônios do nervo óptico não se regeneram após sofrerem lesão. Além disso, como o encéfalo e a medula espinal, o nervo óptico é envolvido pelas meninges em um arranjo que adquire importância médica em casos de pressão intracraniana aumentada, que exerce força sobre o nervo óptico via líquido cerebrospinal no espaço subaracnóideo que o circunda. Dessa forma, a pressão intracraniana aumentada pode ser a causa de um intumescimento por edema do disco óptico – fenômeno referido como edema de disco, papiledema ou "disco constrito".

8. Um fóton de luz incidindo na retina deflagra uma mudança bioquímica nos pigmentos visuais rodopsina e iodopsina. No sistema somatossensorial, um estímulo mecânico altera o potencial de membrana do receptor como resultado de alterações na condutância iônica.

9. a. Cegueira no olho esquerdo.
   b. Hemianopsia bitemporal.
   c. Hemianopsia homônima esquerda.
   d. Quadrantanopsia homônima superior direita.
   e. Hemianopsia homônima esquerda.

10. As células ganglionares da retina e os neurônios do núcleo (corpo) geniculado lateral respondem a pontos focalizados de luz com propriedades de resposta centro-ON ou centro-OFF. Os neurônios presentes no córtex visual primário transformam esse sinal em linhas ou barras de diferentes orientações.

11. A percepção consciente de forma, cor e movimento é interpretada nas áreas corticais a certa distância do córtex visual primário. O reconhecimento da forma e da cor de um objeto ocorre no córtex temporal inferior, enquanto o movimento é interpretado no córtex parietal posterior.

12. O reflexo à luz ou fotomotor direto envolve os nervos óptico e oculomotor ipsilaterais, enquanto o reflexo consensual à luz envolve o nervo óptico ipsilateral e o nervo oculomotor contralateral. Conexões centrais são feitas no centro do reflexo à luz, nos núcleos pré-tetais que se conectam aos núcleos de Edinger-Westphal ipsi- e contralateral. Dessa forma, a porção rostral do mesencéfalo deve estar intacta para que essas respostas reflexas ocorram.

13. As estruturas do SNC e SNP, cujo dano interrompe a via de dilatação da pupila, são:

SNC	Formação reticular lateral do bulbo.
	Funículo lateral da medula espinal cervical.
	Centro ciliospinal em C8 e T1.
	Radículas anteriores intramedulares em T1 e T2.
SNP	Raízes ventrais de T1 e T2.
	Nervos espinais de T1 e T2.
	Ramos comunicantes brancos de T1 e T2.
	Tronco simpático cervical.
	Gânglio cervical superior.
	Plexo carótico interno.

14. A acomodação é o fenômeno pelo qual as imagens permanecem em foco conforme o olhar se desvia de objetos distantes para objetos próximos. Inclui: (1) contração dos músculos ciliares, que permite o abaulamento ou a curvatura das lentes; (2) constrição da pupila; e (3) convergência dos olhos. Considera-se que o centro de acomodação está localizado na região pré-tetal e do colículo superior. Suas aferências se originam no córtex visual, enquanto suas eferências seguem para os núcleos de Edinger-Westphal e oculomotor. Ambos originam fibras do nervo oculomotor: aquelas vindas do núcleo de Edinger-Westphal são axônios parassimpáticos pré-ganglionares que fazem sinapse no gânglio ciliar, a partir do qual as fibras pós--ganglionares seguem via nervos ciliares curtos para os músculos ciliar e esfíncter da pupila; e aquelas oriundas dos núcleos oculomotores passam diretamente para o músculo reto medial de cada olho.

15. (c) Déficits de campo visual acompanhados por déficits de reflexo à luz somente podem ocorrer com o dano da via visual entre a retina e o núcleo geniculado lateral, ou seja, nervo óptico, quiasma óptico ou trato óptico. Uma lesão na via visual distal ao trato óptico, ou seja, no núcleo geniculado lateral etc., preservará as fibras do reflexo pupilar à luz que se desviam do núcleo geniculado lateral no braço do colículo superior.

16. (c) Projeções geniculocorticais para o giro lingual se arqueiam anteriormente a partir do núcleo (corpo) geniculado lateral, em direção ao lobo temporal contornando o ventrículo lateral e, então seguem posteriormente para a borda inferior do córtex calcarino.

17. **(a)** Esta via em 14.16 está transmitindo informação do quadrante superior do campo visual contralateral.

18. **(d)** As projeções talamocorticais que transmitem a informação somatossensorial oriunda do lado contralateral do corpo e da cabeça, as projeções corticospinais para o trato piramidal ipsilateral e as projeções geniculocorticais que transmitem sinais visuais a partir dos hemicampos visuais contralaterais; todas essas vias convergem na parte posterior do ramo posterior e na parte retrolenticular da cápsula interna.

19. **(a)** O acidente vascular encefálico do lobo parietal direito está interrompendo as projeções geniculocalcarinas do campo visual inferior contralateral para o giro lingual.

20. **(b)** As projeções retinogeniculadas oriundas da retina nasal transmitem informações a partir dos campos visuais temporais e decussam no quiasma óptico.

15 Os sistemas gustativo e olfativo: ageusia e anosmia

1. Três nervos cranianos contêm fibras de gustação: facial, glossofaríngeo e vago. As fibras de gustação no nervo facial suprem os dois terços anteriores da língua e têm seus corpos celulares localizados no gânglio geniculado. As fibras de gustação do nervo glossofaríngeo são distribuídas para o terço posterior da língua, enquanto seus corpos celulares estão no gânglio petroso. Por outro lado, as fibras de gustação do nervo vago estão distribuídas para a epiglote e regiões do palato, enquanto seus corpos celulares estão no gânglio nodoso. Os ramos centrais de todos os neurônios gustativos primários entram no trato solitário e são distribuídos sobretudo para a parte rostral do núcleo do trato solitário, às vezes chamado núcleo gustativo.

2. A área gustativa primária está localizada no opérculo frontoparietal e na parte adjacente da ínsula.

3. A membrana olfatória consiste em cerca de 6,5 cm^2 de epitélio na concha nasal superior e septo nasal adjacente. Ela contém os neurônios olfatórios bipolares, cujos prolongamentos periféricos (dendritos) se estendem para a superfície e têm cílios quimiossensíveis que estão banhados em muco. Os prolongamentos centrais desses neurônios olfatórios primários formam os axônios dos nervos olfatórios.

4. A área olfatória primária inclui o unco, o córtex piriforme adjacente e o córtex entorrinal. Diferente de outras áreas sensoriais corticais, essa recebe apenas impulsos olfatórios ipsilaterais.

5. **(b)** As sensações de gustação do terço posterior da língua são transmitidas pelo nervo glossofaríngeo ipsilateral. Os dois terços anteriores são inervados pelo NC VII. Os botões gustativos presentes na epiglote e no palato são inervados pelo NC X. Se o trato ou núcleo do trato solitário tivessem sido danificados, haveria perda total das sensações de gustação no lado da lesão.

6. **(b)** A lesão traumática na base do crânio danificará as fibras aferentes olfatórias primárias, entrando na fossa craniana anterior via lâmina cribriforme do osso etmoide. As estrias olfatórias mediais transmitem sinais ao bulbo olfatório oposto. Os impulsos olfatórios são transmitidos por meio das estrias olfatórias laterais. O córtex olfatório primário na região do unco e na área piriforme, são locais onde os impulsos olfatórios alcançam níveis conscientes. As projeções daqui para as partes lateral e posterior dos giros orbitais, onde se sobrepõem às sensações gustativas, produzem o fenômeno de sabor. Alucinações olfatórias ocorrem com o dano ao unco.

7. **(d)** Embora a congestão nasal possa impedir os odorantes de acessarem os receptores olfatórios nasais, o curso temporal relativamente prolongado da anosmia é sugestivo da presença de um tumor de crescimento lento na base do lobo frontal. As medicações podem atenuar as sensações olfativas. Uma secreção nasal límpida pode sugerir vazamento de LCS, e a ausência de qualquer tipo de traumatismo descartaria uma fratura de base do crânio.

16   O córtex cerebral: afasia, agnosia e apraxia

1. O neocórtex é composto por seis camadas. A camada IV é abundante em células granulares e constitui a principal receptora das fibras de projeção aferentes. As camadas infragranulares são eferentes por natureza e originam fibras de projeção eferentes em grande quantidade. As fibras de projeção eferentes surgem principalmente a partir dos neurônios piramidais grandes da camada V e, em menor extensão, a partir dos neurônios fusiformes na camada VI. As camadas supragranulares são destinadas à associação. A camada II é rica em células granulares e recebe aferências de outras áreas corticais. A camada III contém numerosos neurônios piramidais que originam fibras de associação e fibras comissurais. A camada I fornece fibras de associação entre áreas corticais adjacentes.

2. O planejamento de um movimento complexo ocorre no córtex motor suplementar na superfície medial do giro frontal superior. As lesões focais da área motora suplementar resultam em apraxia motora, ou seja, na incapacidade de realizar movimentos complexos sob comando na ausência de qualquer tipo de paralisia.

3. **a.** Lóbulo paracentral direito.
   b. Campo visual frontal principalmente na parte posterior do giro frontal médio esquerdo.
   c. Córtex visual primário direito em partes do cúneo e giro lingual ao longo do sulco calcarino.
   d. Parte dorsal da área motora primária no giro pré-central esquerdo.
   e. Área da fala de Wernicke na parte posterior do giro temporal superior esquerdo.
   f. Giro angular direito e córtex temporal adjacente.

4. Um acidente vascular envolvendo os giros frontal inferior esquerdo e pré-central, bem como a substância branca subjacente, resulta em perda repentina da fala (afasia de Broca), fraqueza dos músculos faciais inferiores da direita (neurônios com projeções corticobulbares na parte ventral do giro pré-central), e fraqueza da mão direita (neurônios com projeções corticospinais na parte intermediária do giro pré-central).

5. A menor lesão resultando em hemiplegia espástica, fraqueza dos músculos inferiores da face, hemianestesia e hemianopsia homônima, todas à esquerda, ocorre no ramo posterior da cápsula interna direita, onde o trato piramidal, o trato corticobulbar, a radiação talamocortical somatossensorial e a radiação óptica estão localizados.

6. **(e)** Na ausência de informação visual, a capacidade de identificar um objeto com base nas sensações táteis requer vias de sensibilidade somática intactas para o córtex somestésico primário, além de uma "memória" da aparência do objeto (peso, textura etc.). Como as modalidades sensoriais estão intactas, a astereognose ocorre por causa de uma lesão no córtex de associação parietal, em particular o parietal superior, no hemisfério dominante.

7. **(b)** Prosódia é o ritmo e entonação da fala, e está localizada no hemisfério não dominante. Os outros aspectos da fala residem no hemisfério dominante.

8. **(e)** A afasia de condução está associada a uma lesão na parte anterior do lóbulo parietal inferior (o giro supramarginal) e parte adjacente do giro temporal superior no hemisfério dominante.

17   O sistema límbico: amnésia anterógrada e comportamento social inadequado

1. O lobo límbico margeia o corpo caloso e a porção rostral do tronco encefálico, e é composto pelo giro do cíngulo e sua extensão anterior, a área septal, e pelo giro para-hipocampal. O sistema límbico consiste no lobo límbico e nas várias estruturas relacionadas e conectadas a ele, as quais estão associadas à consolidação da memória, do comportamento e das emoções.

2. Os dois centros funcionais essenciais do sistema límbico são a amígdala e o hipocampo, ambos localizados na parte medial do lobo temporal. A amígdala é profunda e contínua com o unco, enquanto o hipocampo é profundo e contínuo com a parte posterior do giro para-hipocampal.

3. O circuito de Papez começa no hipocampo e segue via fórnice para o corpo mamilar, a partir de onde o fascículo mamilotalâmico segue para o núcleo anterior do tálamo. Esse núcleo então envia impulsos para o giro do cíngulo, que se projeta via cíngulo para a parte entorrinal do giro para-hipocampal. Este, então, completa o circuito via conexão com o hipocampo. Embora o circuito de Papez inicialmente tenha sido considerado relacionado às emoções, nos dias atuais seu papel é considerado associado à memória e ao aprendizado.

4. As lesões hipocampais bilaterais (ou nas partes posteriores dos giros para-hipocampais) resultam no comprometimento intenso da capacidade de recordar eventos recentes e formar novas memórias. As lesões bilaterais da amígdala resultam em alterações comportamentais geralmente descritas como apatia ou docilidade, bem como uma completa perda do medo.

5. Doença de Alzheimer: hipocampo ou área entorrinal (memória recente) e neurônios colinérgicos do núcleo basal de Meynert (desorientação e perda da memória de longo prazo). Síndrome de Klüver-Bucy: amígdala. Psicose de Korsakoff: corpos mamilares, partes mediais dos núcleos dorsomediais do tálamo ou núcleos anteriores do tálamo.

6. A alça límbica dos núcleos da base inclui o estriado ventral ou núcleo *accumbens* e suas projeções para o pálido ventral, que envia impulsos ao núcleo medial dorsal do tálamo. Este se conecta com o córtex pré-frontal que, por sua vez, se projeta para o estriado ventral, completando assim a alça. A alça límbica está associada ao comportamento, enquanto o núcleo *accumbens* está relacionado ao prazer ou à recompensa.

7. **(d)** As amígdalas estão fortemente associadas ao medo.

18   O hipotálamo: desequilíbrio vegetativo e endócrino

1. O hipotálamo está dividido, no sentido anterior-posterior, nas regiões supraóptica, tuberal e mamilar.

2. A eferência hipotalâmica neural segue principalmente para o núcleo anterior do tálamo, o núcleo medial dorsal do tálamo e o tronco encefálico, bem como para os centros espinais motores somático e visceral (autonômico).

3. O sistema porta-hipofisário consiste em uma conexão vascular entre a região tuberal do hipotálamo e a hipófise anterior. Os hormônios regulatórios hipotalâmicos, chamados fatores de liberação excitatórios e inibitórios, produzidos sobretudo nos núcleos arqueado e paraventricular, são secretados dentro dos capilares hipotalâmicos e transportados ao longo desse sistema até as células secretoras-alvo localizadas na hipófise anterior, permitindo assim uma influência hipotalâmica amplamente disseminada sobre a atividade endócrina.

4. a. Centro de perda do calor, nas partes anterior e pré-óptica, e centro de conservação do calor, na parte posterior.
   b. Atividade parassimpatomimética nas partes anterior e pré-óptica.
   c. Atividade simpatomimética na parte posterior.
   d. Hormônios regulatórios hipotalâmicos na parte tuberal.
   e. Equilíbrio hídrico na parte anterior.
   f. Ciclo de sono-vigília na parte anterior.
   g. Emoção nas partes tuberal e posterior.

19 O sistema nervoso visceral e o sistema nervoso autônomo: anormalidades viscerais

1. O sistema eferente somático está sob controle voluntário e engloba motoneurônios alfa e seus axônios, os quais inervam diretamente a musculatura esquelética. O sistema autônomo ou eferente visceral geral é involuntário e constituído por dois neurônios eferentes: um neurônio pré-ganglionar, localizado no tronco encefálico ou na medula espinal, cujo axônio faz sinapse em um gânglio; e um neurônio pós-sináptico, localizado em um gânglio autonômico, cujo axônio inerva músculo liso, miocárdio ou tecido glandular.

2. O sistema parassimpático craniano consiste em:
   a. Neurônios pré-ganglionares no núcleo de Edinger-Westphal, cujos axônios estão no nervo oculomotor.
   b. Neurônios pré-ganglionares no núcleo salivatório superior, cujos axônios seguem no nervo facial.
   c. Neurônios pré-ganglionares no núcleo salivatório inferior, cujos axônios estão no nervo glossofaríngeo.
   d. Neurônios pré-ganglionares no núcleo posterior do nervo vago e perto do núcleo ambíguo, cujos axônios seguem no nervo vago.

3. As fibras parassimpáticas sacrais pré-ganglionares surgem de neurônios localizados no e perto do núcleo intermediolateral de S2, S3 e S4.

4. Todas as fibras simpáticas pré-ganglionares surgem do núcleo simpático, que se estende de aproximadamente C7 ou C8 a L2 ou L3. Esse núcleo abrange uma parte intermediolateral no corno lateral, uma parte intermediolateral na parte medial da lâmina VII, uma parte intercalada que une as duas anteriores, e neurônios dispersos no funículo lateral próximo ao corno lateral.

5. As fibras autonômicas aferentes são bastante abundantes nos nervos glossofaríngeo e vago. O nervo glossofaríngeo as distribui principalmente para a cavidade oral, faringe, além do glomo e seio caróticos. Através do nervo vago, os aferentes autonômicos são distribuídos para as vísceras torácicas e abdominais. Nesses nervos, os aferentes autonômicos fazem sinapse no núcleo do trato solitário e são distribuídos para os núcleos viscerais e somáticos que promovem os reflexos cardiovascular, respiratório e gastrintestinal.

6. Como regra geral, as fibras de dor oriundas das vísceras torácicas, abdominais e pélvicas atingem a medula espinal via nervos e troncos simpáticos, bem como via nervos espinais de T1 a L2 e suas raízes dorsais. As exceções a isto são o cólon sigmoide e o reto, o colo da bexiga, a glândula prostática e o colo do útero, a partir dos quais as fibras de dor alcançam a medula espinal via nervos pélvicos e nervos espinais S2, S3 e S4 com suas respectivas raízes dorsais.

7. A dor referida é o fenômeno em que a dor está localizada em uma parte do corpo remota de sua fonte. A base para a referência da dor é a convergência na medula espinal de impulsos viscerais em neurônios somáticos, deflagrando assim a atividade do trato espinotalâmico que é erroneamente interpretada pelo córtex cerebral como tendo sido originada em locais cutâneos. Assim, a dor referida sempre está localizada na área somática inervada pelos segmentos medulares espinais comuns a ambos, aferente visceral e aferente somático.

8. As fibras de dor cardíaca seguem em direção ao SNC nos nervos cardíacos até o tronco simpático. Em seguida, descem pelo tronco e seguem via ramos comunicantes brancos para os nervos espinais e suas raízes dorsais (onde seus corpos celulares estão localizados), e então para dentro da medula espinal. As principais conexões centrais são feitas em T2 a T4, daí a localização retroesternal da dor cardíaca. Conforme a intensidade da dor aumenta, os segmentos T1 e T2 são envolvidos e a dor então irradia para a face interna do braço esquerdo.

9. A estimulação parassimpática resulta em frequência cardíaca diminuída (bradicardia), esvaziamento da bexiga urinária e ereção do clitóris ou do pênis. A estimulação simpática resulta em frequência cardíaca aumentada (taquicardia), relaxamento da bexiga e contração do esfíncter uretral interno, além de contrações vaginais ou ejaculação.

10. (a) As lesões das vias espinais autonômicas descendentes acima da medula espinal sacral resultarão em bexiga reflexa automática esvaziamento reflexo segmentar ou parcial da bexiga, todavia não completamente, em decorrência do dano aos impulsos descendentes oriundos do centro de micção pontino.

11. (d) O dano aos motoneurônios inferiores na medula espinal sacral resultarão em uma "bexiga flácida" não reflexa, na qual a retenção urinária é grave e causa distensão significativa da bexiga. Uma bexiga neurogênica não reflexa também pode resultar de lesões na cauda equina. Entretanto, como a função lombar está normal neste paciente, a lesão deve envolver a medula espinal sacral, pois um dano na cauda equina implicaria déficits sensoriais ocorrendo na face anterior do membro inferior em razão do dano às fibras da raiz dorsal lombar.

12. (c) A tríade de sintomas é identificada como síndrome de Horner, que nesse caso resulta da perda de atividade simpática no SNP. As fibras simpáticas pré-ganglionares de T1 seguem via nervo espinal, ramo comunicante branco e tronco simpático cervical para o gânglio cervical superior, onde fazem sinapse nos neurônios simpáticos pós-ganglionares. As fibras pós-ganglionares formam um plexo ao redor da artéria carótida interna, e a anidrose ocorre por causa da perda de inervação simpática das glândulas sudoríparas da face; a ptose palpebral leve decorre da desnervação do músculo de Müller na pálpebra superior; e a miose ou constrição da pupila é consequência da desnervação dos músculos dilatadores da pupila. Considerando a história do paciente e os achados de seu exame físico, é provável que houve desenvolvimento de um carcinoma de pequenas células, em virtude da exposição prolongada ao tabagismo, no ápice do pulmão direito, que afetou o tronco simpático cervical. Uma lesão no SNC também pode resultar em síndrome de Horner, porém uma lesão central também resultaria em outros déficits somatossensoriais e motores.

13. **(c)** A atividade aumentada nos nervos vagos resultará em aumento da motilidade e secreções gástricas.

14. **(a)** O dano por compressão ao nervo facial resultará em disfunções motoras somática e visceral ipsilateral. O dano aos axônios parassimpáticos na corda do tímpano perturba as aferências pré-ganglionares para o gânglio submandibular, resultando em salivação diminuída e boca seca.

20 Formação reticular: modulação e ativação

1. As principais aferências de nervos cranianos para a formação reticular são os nervos trigêmeo e vestibulococlear. A aferência da formação reticular a partir do trigêmeo é principalmente a dor, enquanto a do vestibulococlear é o equilíbrio e a audição. A aferência da medula espinal advém dos quadrantes anterolaterais, cujos componentes ascendentes estão associados sobretudo com a nocicepção. A aferência prosencefálica vem principalmente do hipotálamo e do córtex cerebral.

2. A formação reticular integra eferências por meio de nervos cranianos associados com movimentos oculares, mastigação, expressão facial, lacrimejamento, salivação, deglutição, fonação e movimentos da língua. Suas projeções para a medula espinal modulam a dor e influenciam a atividade de músculos voluntários, bem como dos sistemas simpático e parassimpático sacral. Suas projeções ascendentes para o prosencéfalo influenciam o tálamo, o hipotálamo, os centros do sistema límbico e o córtex cerebral.

3. A degeneração neuronal em núcleos prosencefálicos basais colinérgicos, em especial o núcleo basal de Meynert, está associada a funções cognitivas comprometidas na doença de Alzheimer.

4. O centro associado ao prazer ou recompensa é o núcleo *accumbens*, que recebe uma forte projeção dopaminérgica da área tegmental ventral do mesencéfalo. Os psicoestimulantes aumentam a atividade da dopamina no núcleo *accumbens*.

5. O centro respiratório, localizado bilateralmente na parte ventrolateral da formação reticular na região do óbex e discretamente rostral a este, controla a inspiração via projeções descendentes para neurônios motores da medula espinal que, pelo nervo frênico inervam o diafragma, e que pelos nervos intercostais inervam os músculos intercostais. As lesões bilaterais do bulbo no óbex ou ligeiramente rostrais a este danificarão o centro respiratório, enquanto as lesões bilaterais nos níveis entre o óbex e o segmento C3 da medula espinal interromperão a via inspiratória e resultarão em parada respiratória.

6. Os neurônios presentes no núcleo anterior do hipotálamo e na área pré-óptica são considerados o centro do sono, cujo comprometimento resulta em insônia. Os neurônios localizados no núcleo posterior do hipotálamo estão associados com ativação cortical e estado de alerta e seu comprometimento acarreta hipersonia (sonolência excessiva).

7. Os neurônios localizados bilateralmente na região dorsolateral da formação reticular pontina, perto do *locus ceruleus*, estão associados ao sono REM. As lesões bilaterais desses neurônios resultam na perda do sono REM.

8. A consciência comprometida em paciente com traumatismo craniano acompanhado de sinais de comprometimento do nervo oculomotor é sugestiva de dano à formação reticular mesencefálica paramediana, pela qual segue o sistema ativador reticular ascendente. O dano irreparável ao SARA nesse nível resulta em coma irreversível.

9. **(a)** O padrão respiratório de Cheyne-Stokes é indicativo de lesão no diencéfalo.

10. **(e)** O dano à calvária (caixa craniana) direita resultou em herniação transtentorial do unco do lobo temporal com compressão do mesencéfalo e do nervo craniano III, resultando em déficits unilaterais no lado da lesão. A herniação central consiste na translocação bilateral forçada para baixo do diencéfalo e de partes do lobo temporal via incisura do tentório. A herniação do giro do cíngulo consiste no deslocamento para baixo do giro do cíngulo, por baixo da foice do cérebro que separa os hemisférios, sendo assim alta demais para causar o envolvimento do nervo craniano III. A herniação transcalvariana é a projeção para fora ou externa do hemisfério cerebral através de uma abertura na abóbada craniana, a calvária. A herniação cerebelar consiste no movimento descendente das tonsilas cerebelares para dentro do forame magno, e na compressão da porção caudal do bulbo e superior da medula espinal, levando à dificuldade respiratória iminente e à morte.

11. **(d)** A ausência de constrição da pupila no olho direito é decorrente da compressão inicial das fibras pré-ganglionares parassimpáticas oriundas do núcleo de Edinger-Westphal, localizadas ao longo da periferia do nervo craniano III. Essas fibras pré-ganglionares parassimpáticas seguem para o gânglio ciliar na órbita onde inervam os neurônios pós-ganglionares. As fibras pós-ganglionares seguem nos nervos ciliares curtos para os músculos ciliar e esfíncter da pupila.

12. **(e)** O comprometimento bilateral dos sistemas piramidais libera os centros motores supraespinais rubral, reticular e vestibular, localizados no tronco encefálico, do controle cortical. Como o paciente está em uma postura de descerebração, com todos os membros em hiperextensão, a lesão deve estar no nível dos núcleos rubros ou abaixo deles. Um sistema rubrospinal intacto resultaria em postura decorticada e flexão dos antebraços do membro superior.

13. **(c)** As vias sensoriais ascendentes e sistemas de ativação cortical difusos seguem pela formação reticular paramediana adjacente à substância cinzenta periaquedutal. O comprometimento bilateral dessa área resultará em coma.

14. **(a)** O dano à parte central do mesencéfalo e a resultante condição de coma também seriam caracterizados por hiperventilação (ver Fig. 20.7).

21 Visão resumida dos nervos cranianos: componentes e anormalidades

1. **a.** O nervo vago inerva os músculos das cordas vocais e do palato mole. Uma paralisia do vago esquerdo resulta em voz fraca e rouca, bem como na flacidez do palato mole esquerdo.
    b. O nervo troclear inerva o músculo oblíquo superior. Uma paralisia do troclear direito resulta no comprometimento da depressão do olho direito aduzido. Se essa anormalidade fosse causada por uma lesão nuclear, teria ocorrido no lado esquerdo porque o nervo troclear é cruzado.
    c. O nervo hipoglosso inerva os músculos intrínsecos da língua. Uma paralisia do hipoglosso esquerdo resulta em paralisia do músculo genioglosso esquerdo, permitindo assim que o genioglosso direito intacto desvie a língua protraída para o lado da lesão.
    d. O nervo trigêmeo direito, com suas divisões oftálmica, maxilar e mandibular, conduz sensações somáticas gerais a partir do lado direito da face (exceto o ângulo da mandíbula), e seu dano resulta em hemianestesia facial direita.
    e. O nervo vestibular esquerdo conduz o componente aferente do reflexo vestíbulo-ocular (RVO), normalmente induzido pelos movimentos da cúpula da crista ampular no ducto semicircular lateral, como resultado das correntes de convexão causadas pela irrigação com água fria ou morna do meato acústico externo esquerdo. O dano ao nervo vestibular es-

querdo interrompe o componente aferente do RVO, resultando na ausência das fases lenta e rápida do nistagmo. O RVO é responsável pela fase lenta, sem a qual não há fase rápida.

f. O nervo abducente direito inerva o músculo reto lateral direito, cuja paralisia resulta em ausência de abdução no olho direito acompanhada de esotropia decorrente da tração do músculo reto medial normal.

g. O nervo glossofaríngeo esquerdo conduz os impulsos gustativos a partir dos botões gustativos presentes no terço posterior do lado esquerdo da língua e, quando danificado, há ageusia nessa área.

2. **a.** Reflexo corneano:
   Componente aferente – nervo trigêmeo.
   Interneurônios – núcleo espinal do nervo trigêmeo.
   Componente eferente – nervo facial.

   b. Reflexo à luz:
   Componente aferente – nervo óptico.
   Interneurônios – núcleos pré-tetais.
   Componente eferente – nervos oculomotores (para os gânglios ciliares).

   c. Reflexo de "ânsia de vômito" ou nauseoso:
   Componente aferente – nervo glossofaríngeo.
   Interneurônios – núcleo do trato solitário.
   Componente eferente – nervo vago.

   d. Reflexo oculocardíaco:
   Componente aferente – nervo trigêmeo.
   Interneurônios – núcleo espinal do nervo trigêmeo.
   Componente eferente – nervo vago.

   e. Reflexo de lacrimejamento/salivação:
   Componente aferente – nervo trigêmeo.
   Interneurônios – núcleo espinal do nervo trigêmeo.
   Componente eferente – nervo facial (para os gânglios pterigopalatino e submandibular).

   f. Reflexo do músculo masseter mandibular ou mentoniano:
   Componente aferente – fibras do nervo trigêmeo do núcleo mesencefálico.
   Interneurônios – nenhum: reflexo de estiramento monossináptico (miotático ou proprioceptivo).
   Componente eferente – nervo trigêmeo.

   g. Reflexo de vômito:
   Componente aferente – nervo vago.
   Interneurônios – núcleo do trato solitário.
   Componente eferente – nervo vago (mais nervos espinais para os músculos do diafragma e do abdome).

22 O suprimento sanguíneo do sistema nervoso central: acidente vascular encefálico

1. As principais características morfológicas das artérias cerebrais são uma íntima fina contendo muitas fibras elásticas e uma lâmina elástica interna proeminente; uma média delgada que frequentemente está ausente no ponto de ramificação dos vasos; e uma adventícia fina sem membrana elástica externa. Portanto, em comparação com as artérias extracranianas, as artérias cerebrais são extremamente finas e têm estrutura que contribui para a formação de aneurismas.

2. O substrato anatômico da barreira hematoencefálica é o endotélio capilar não fenestrado com suas zônulas de oclusão.

3. O círculo (polígono) arterial de Willis é uma anastomose entre as circulações cerebrais anterior e posterior, encontrada na superfície ventral do encéfalo e que circunda o hipotálamo e a fossa interpeduncular. É formado pelas artérias carótidas internas direita e esquerda, lateralmente, e pela artéria basilar e seus ramos cerebrais posteriores direito e esquerdo, posteriormente. O círculo é completado posterolateralmente pelos ramos comunicantes posteriores das artérias carótidas internas, que se anastomosam com as artérias cerebrais posteriores, e anterolateralmente pelos ramos cerebrais anteriores das carótidas internas; bem como anteriormente pelas artérias comunicantes anteriores que conectam as artérias cerebrais anteriores direita e esquerda. O círculo raramente é simétrico e, na maioria dos casos, uma das artérias comunicantes ou uma artéria cerebral posterior é atrofiada. Do ponto de vista funcional, o círculo serve como uma potencial anastomose vascular ou circulação colateral.

4. A medula espinal é suprida por uma única artéria espinal anterior de grande calibre e por um par de pequenas artérias espinais posteriores. A irrigação sanguínea fornecida por esses vasos é complementada ao longo da extensão da medula espinal pelos ramos radiculares das artérias vertebral, cervical ascendente, intercostal e lombar.

5. **a.** Cerebral média.
   b. Cerebral anterior.
   c. Cerebral posterior.
   d. Parte dorsal pelos ramos estriados laterais da cerebral média; e parte ventral pela corióidea anterior.
   e. Vertebral ou cerebelar inferior posterior.
   f. Espinal anterior.

6. **(b)** As "áreas divisoras de água" ou "*watershed areas*" estão nos limites da circulação arterial cerebral, e são mais suscetíveis ao acidente vascular encefálico isquêmico por causa da escassez de anastomoses arteriais desses ramos terminais.

7. **(c)** As artérias lenticuloestriadas são os vasos cerebrais mais comumente afetados na hemorragia hipertensiva.

8. **(e)** A oclusão da artéria calcarina esquerda resultará em hemianopsia homônima direita.

9. **(c)** Para a função cerebral normal, um volume de perfusão de 50 mL/100 g/min é requerido.

10. **(e)** O maior fator de risco para o acidente vascular encefálico é a hipertensão sistêmica. A redução da pressão sistólica em 10 mmHg diminuirá o risco de acidente vascular encefálico em cerca de 40%.

23   O sistema do líquido cerebrospinal: hidrocefalia

1. O LCS atua como proteção para o cérebro e para a medula espinal contra a pressão por contato de superfície e o movimento brusco, como suporte de vasos cerebrais e nervos cranianos, bem como na sustentação de um *milieu* ou microambiente neuronal interno.

2. O ventrículo lateral é composto de: (1) um corno anterior ou frontal que é anterior ao forame interventricular; (2) um corpo localizado embaixo do tronco do corpo caloso; (3) um corno posterior ou occipital, cujo tamanho é altamente variável; e (4) um corno inferior ou temporal que termina cerca de 3 cm atrás do polo temporal. A parte mais ampla do ventrícu-

lo lateral está no átrio, um espaço triangular na confluência do corpo e dos cornos occipital e inferior. Sua localização é abaixo do esplênio do corpo caloso e contém o glomo, um tufo grande de plexo corióideo (Fig. 23.4).

3. O LCS é secretado pelo plexo corióideo dentro dos ventrículos laterais, III ventrículo e IV ventrículo. Flui dos ventrículos laterais para dentro do III ventrículo através dos forames interventriculares (de Monro), bem como do III ventrículo para o IV ventrículo através do aqueduto cerebral. Flui para fora do sistema ventricular passando por três aberturas no IV ventrículo: uma abertura mediana (forame de Magendie) e as aberturas laterais pareadas (forames de Luschka). O LCS entra no espaço subaracnóideo e, em seguida, flui ao redor das superfícies ventral e dorsal do tronco encefálico e sobre o cerebelo. Por fim, passa ao longo da convexidade dos hemisférios cerebrais, seguindo para o seio sagital superior, para dentro do qual é absorvido através das vilosidades (granulações) aracnóideas por diferença de pressão e de suas válvulas unidirecionais.

4. A hidrocefalia não comunicante ou obstrutiva se refere ao bloqueio do fluxo de LCS em qualquer ponto dentro do sistema ventricular em que o fluxo é obstruído na passagem de um ventrículo para outro ou do sistema ventricular para o interior do espaço subaracnóideo. A hidrocefalia comunicante se refere a qualquer interrupção do fluxo de LCS ao longo das cisternas e espaço subaracnóideos ou através das vilosidades aracnóideas.

5. **(c)** O glomo ou bola consiste em uma expansão do plexo corióideo, no ventrículo lateral, encontrada na junção do corpo e cornos occipital e temporal do ventrículo. Calcificações aparecem com frequência como pontos brancos nos exames de neuroimagem, e são consideradas normais no cérebro adulto (Fig. 23.4).

6. **(d)** Na parede medial do corno posterior ou occipital do ventrículo lateral, a extensão lateral do sulco calcarino forma uma elevação denominada *calcar avis* (Fig. 23.4).

7. **(b)** A obstrução do aqueduto cerebral impedirá o fluxo de LCS do III ventrículo para o IV ventrículo. Em razão da produção continuada de LCS nos ventrículos laterais e no III ventrículo, esse bloqueio forçará a expansão dos ventrículos rostrais ao mesencéfalo.

8. **(c)** A degeneração hereditária dos neurônios estriatais na doença de Huntington resulta em atrofia grave da cabeça dos núcleos caudados, com consequente dilatação anormal dos cornos frontais dos ventrículos laterais.

9. **(d)** Sob condições normais, o LCS é sintetizado e absorvido a uma taxa de 450-600 mL/dia.

24   Desenvolvimento do sistema nervoso: anomalias congênitas

1. O SNC se desenvolve a partir do ectoderma de superfície especializado, ao longo da linha média da gástrula.

2. A crista neural origina: (1) neurônios nos gânglios sensitivos dos nervos cranianos, nos gânglios sensitivos espinais e nos gânglios viscerais (autonômicos); (2) células de sustentação em gânglios e nervos periféricos; e (3) meninges em torno do encéfalo e da medula espinal.

3. A anencefalia resulta da falha de fechamento do neuróporo anterior, ocasionando malformação da extremidade rostral do encéfalo que apresenta-se exposto. Essa condição é sempre fatal.

4. Por meio de sinais tróficos difusíveis, a notocorda induz a formação da placa neural, das pregas neurais e do tubo neural.

5. A glia radial estende prolongamentos a partir do lúmen ventricular para a superfície do encéfalo incipiente a fim de guiar fisicamente os neurônios em migração na direção de seus destinos-alvo.

6. Os neurônios sobrevivem à apoptose do desenvolvimento porque competem com sucesso por uma quantidade limitada de sinais tróficos de seus alvos.

7. No córtex cerebelar em desenvolvimento, a migração inicial dos neurônios de Purkinje, em cesto, estrelados e de Golgi ocorre para fora e é seguida pela migração para dentro das células granulares a partir da superfície do córtex. No córtex cerebral, todos os neurônios migram para fora a partir do epitélio germinativo ventricular. No córtex cerebral, os neurônios são estratificados de acordo com sua idade: os neurônios originados primeiro formam a camada mais profunda do córtex, enquanto os neurônios gerados por último formam as camadas progressivamente mais superficiais do córtex.

8. A lisencefalia ocorre quando a neurogênese ou migração neuronal anormal falha em formar os giros corticais.

9. **(e)** Quando os arcos das vértebras inferiores falham em se desenvolver, uma abertura posterior na coluna vertebral resulta em espinha bífida. Se as meninges subjacentes se projetam através da abertura, um saco cheio de líquido (LCS) resulta no desenvolvimento de uma meningocele. Quando o tecido da medula espinal se projeta para dentro do saco externalizado, a condição é denominada mielomeningocele (meningomielocele). Esse defeito é deflagrado pela falha do neuróporo posterior em fechar corretamente. A triagem de alfa-fetoproteína sérica materna e a ultrassonografia fetal detalhada podem ser usadas de modo diagnóstico para descobrir defeitos do tubo neural pré-termo.

10. **(b)** O neuróporo posterior fecha em aproximadamente 28 dias após a concepção. O defeito congênito relativamente comum (1:500) de fechamento do tubo neural (espinha bífida, meningocele e mielomeningocele) pode ser prevenido pela ingestão de ácido fólico pela mãe antes da concepção e durante o período pós-concepção (gestacional) inicial que coincide com o do desenvolvimento do sistema nervoso, antes do fechamento do tubo neural.

11. **(a)** A anencefalia ou holoprosencefalia resulta da falha de fechamento do neuróporo anterior. Esse distúrbio, sempre fatal, é caracterizado pela ausência dos hemisférios cerebrais, todavia com tronco encefálico intacto. Bebês que sobrevivem por um curto período após o nascimento conseguem respirar graças ao tronco encefálico intacto, embora sejam cegos, surdos e irresponsivos a estímulos dolorosos. Não existe nenhuma base etiológica amplamente aceita para a anencefalia. Uma malformação de Arnold-Chiari consiste no desenvolvimento anormal de herniação do tecido cerebelar para dentro do forame magno. Raquisquise descreve a falha de fechamento do neuróporo posterior, causando espinha bífida. Uma mielomeningocele (meningomielocele) consiste em um déficit de fechamento do tubo neural na região da medula espinal (ver 24.9, anteriormente). Em uma encefalocele ou "bífida craniana" por déficit na porção rostral do tubo neural, há uma protrusão semelhante a um saco através de uma abertura no crânio. Quando há tecido cerebral, é referida como meningoencefalocele (encefalomeningocele).

12. **(d)** A lisencefalia ou cérebro liso é considerada resultante da falha na migração dos neurônios de uma zona ventricular para o córtex cerebral em desenvolvimento.

13. **(e)** As cristas neurais originam diferentes populações de células distribuídas pelo corpo. Além dos neurônios dos gânglios da raiz dorsal e dos gânglios dos nervos cranianos, os neurônios dos gânglios viscerais (autonômicos) e células não neuronais com propriedades neuronais

(células cromafins), a crista neural fornece células de suporte para os axônios (células de Schwann) e gânglios (células satélites) periféricos, bem como algumas células do tecido conjuntivo somático, melanócitos e células pigmentadas na íris.

25 Envelhecimento do sistema nervoso: demência

1. Emaranhados neurofibrilares e placas amiloides são as principais alterações patológicas encontradas no cérebro de pacientes com doença de Alzheimer.

2. A doença de Alzheimer é a principal causa de demência senil.

3. As imagens de ressonância magnética de um cérebro atrófico mostram o alargamento de sulcos e o adelgaçamento dos giros resultantes de degeneração neuronal e atrofia dendrítica em áreas selecionadas do córtex.

4. A maioria das alterações neuropatológicas que ocorrem no córtex cerebral em processo de envelhecimento são localizadas nas áreas pré-frontal e parietal posterior, bem como no lobo temporal.

26 Recuperação da função do sistema nervoso: plasticidade e regeneração

1. A interrupção do transporte axoplasmático anterógrado constitui a base da degeneração Walleriana distal ao local da lesão.

2. A cromatólise, um núcleo de localização excêntrica, o edema do corpo celular e o aumento do nucléolo ocorrem em neurônios axotomizados.

3. A quantidade relativa de axoplasma perdida em consequência de lesão é o determinante crítico da sobrevivência neuronal a uma lesão axonal. Neurônios com numerosas ramificações colaterais proximais ao local da lesão ou lesão localizada à distância do corpo celular aumentam a possibilidade de sobrevivência de neurônios axotomizados.

4. A formação de uma cicatriz glial de astrócitos no local da lesão, a presença de proteínas reconhecidas pelo receptor Nogo na mielina dos oligodendrócitos e uma cavidade formada em muitos locais de lesão bloqueiam coletivamente o recrescimento de axônios danificados do SNC.

5. Moléculas que exercem tropismo sobre os neurônios atuam como quimiotáticos para axônios em regeneração no SNP. O efeito dos agentes quimiotáticos depende de sua concentração e é determinado pela distância que as moléculas conseguem se difundir do coto distal do nervo ao local da lesão.

6. Uma lesão por esmagamento que não interrompa os tubos de neurilema da célula de Schwann e a lâmina basal resultará em maior recuperação funcional do que a separação física do nervo em cotos nervosos distal e proximal.

7. O neuroma é formado quando os axônios periféricos em regeneração são fisicamente impedidos de crescerem distalmente além do local da lesão. Isso pode resultar na formação de terminações axonais anormais ativadas por estímulos não fisiológicos, como deformações mecânicas.

8. A plasticidade induzida por lesão depende da idade e dos sistemas. Exemplificando, o dano à via visual desde a retina até o córtex visual sempre resulta em cegueira permanente.

9. **(c)** A recuperação funcional subsequente à lesão axonal no SNP depende bastante do tipo de lesão sofrida pelo nervo. O maior grau de recuperação ocorrerá após as lesões por compressão, em que os tubos de neurilema não forem desfeitos, fornecendo assim canais que guiam os axônios em regeneração para que alcancem seus alvos originais. A lesão mais deletéria ocorre onde um extenso segmento de axônio é danificado. A distância entre os cotos distal e proximal do nervo, a falta de orientação dos tubos de neurilema e a falta de suporte neurotrófico dificultam significativamente a regeneração funcional. Na lesão limpa, por secção, em que os axônios são cortados, o realinhamento espacial dos fascículos do coto distal do nervo com os do coto proximal permitirá uma regeneração ao menos um pouco (se não quase) completa. Os axônios regeneram a uma velocidade de 1 mm/dia, por isso o período de 2 meses pós-lesão é longo o suficiente para que os axônios voltem a crescer e alcancem seus alvos. A localização distal da lesão axonal e a pouca idade do paciente provavelmente não seriam fatores importantes para a regeneração funcional.

10. **(d)** O acidente vascular encefálico lesou os axônios localizados no trato espinocerebelar posterior interrompendo a informação sensorial exterorreceptiva e proprioceptiva, o que resultou em ataxia de membro inferior ipsilateral duradoura. Não há regeneração funcional no SNC. As aferências para o cerebelo a partir do pedúnculo cerebelar médio conduzem em grande parte sinais oriundos do córtex cerebral e não da medula espinal.

11. **(e)** De maneira singular e coletiva, esses fatores impedem/inibem o recrescimento de axônios do SNC danificados. Estudos demonstraram que os axônios do SNC danificados apresentam considerável capacidade de regeneração quando direcionados para um substrato permissivo, como uma "ponte" constituída por nervo periférico.

12. **(a)** A integridade e a função axonais são absolutamente dependentes de um suprimento contínuo, fornecido por transporte axoplasmático anterógrado, de metabólitos essenciais oriundos do soma neuronal. Qualquer lesão que interrompa esse transporte causará degeneração axonal, começando no local da lesão e seguindo na direção distal. De modo similar, a regeneração axonal somente pode ocorrer com o suporte axoplasmático anterógrado a partir do corpo celular.

13. **(d)** Movimentos repetitivos com compressão do punho comprimem a inervação destinada às mãos e aos dedos da mão. Perda de sensibilidade, formigamento e fraqueza muscular também podem ocorrer em consequência de diabetes. Nesse caso, porém, as sensações anormais geralmente afetam o membro inferior antes do membro superior, além de não se limitarem à parte distal do membro.

Apêndice B: Glossário

Abertura lateral. Abertura lateral que conecta o IV ventrículo ao espaço subaracnóideo. Sin., forame de Luschka.

Abertura mediana. Abertura na linha média, entre a parte posterior do IV ventrículo e o espaço subaracnóideo. Sin., forame de Magendie.

Acinesia. Perda da habilidade de iniciar e executar movimento voluntário.

Aderência intertalâmica. Conexão constituída por núcleos, entre os dois tálamos, que cruza o III ventrículo. Sin., massa intermédia.

Afasia. (G., a- + phasis = fala) Incapacidade de compreender ou comunicar a fala, a escrita ou sinais.

Afasia de condução. Afasia associativa. Uma forma de afasia em que o paciente pode falar e escrever de algum modo, todavia ignora ou repete palavras ou suas equivalentes. Está associada a lesões no giro supramarginal.

Afasia expressiva. Ver *Afasia não fluente*.

Afasia fluente. Tipo de distúrbio da linguagem em que as palavras são formadas rapidamente, porém sem fazer sentido em função da perda da capacidade de compreender palavras faladas ou escritas. Associada à lesão na área de Wernicke. Sin., afasia sensorial ou receptiva.

Afasia global. Tipo de afasia mais grave, que combina déficits vistos nas afasias de Broca, Wernicke e de condução.

Afasia motora. Ver *Afasia não fluente*.

Afasia motora transcortical. Distúrbio caracterizado pelo comprometimento da fluência, todavia com normalidade nas repetições, nomeações e leitura. É causada por lesão na área suplementar esquerda ou área pré-frontal.

Afasia não fluente. Distúrbio da linguagem caracterizado pela dificuldade de formar palavras. Associada à lesão da área da fala de Broca. Sin., afasia motora ou expressiva.

Afasia receptiva. Ver *Afasia fluente*.

Afasia sensorial. Ver *Afasia fluente*.

Aferente. Termo aplicado a fibras e/ou impulsos que chegam a determinado neurônio ou área do SNC.

Agnosia. Incapacidade de reconhecer estímulos sensoriais.

Agrafestesia. Incapacidade de reconhecer figuras escritas na pele.

Agrafia. Perda da habilidade de escrever.

Alça de Meyer. Fibras da radiação óptica que, após deixarem a parte lateral do núcleo (corpo) geniculado lateral e entrarem no lobo temporal, arqueiam sobre a parte anterior do corno temporal do ventrículo lateral antes de voltarem na direção do lobo occipital.

Alça gama. Arco reflexo de três neurônios, consistindo em um motoneurônio gama e seu axônio fusimotor, que causa a contração das fibras musculares intrafusais; uma fibra aferente Ia e sua célula ganglionar localizada na raiz dorsal; e um motoneurônio alfa com suas placas motoras terminais, que promovem a contração das fibras musculares extrafusais. Permite que os movimentos e o tônus muscular sejam influenciados pelos motoneurônios alfa.

Alça lenticular. Trato eferente que sai do pálido medial, faz uma volta em frente ao ramo posterior da cápsula interna e entra no campo pré-rúbrico.

Alexia. Cegueira de palavras; perda da habilidade de interpretar palavras escritas.

Amígdala. (G., amêndoa) Coleção de núcleos localizados no interior do unco do lobo temporal, que constitui um importante centro de comportamento e emoção do sistema límbico. Sin., núcleo amigdaloide.

Ampola. (L., jarro) Dilatação na extremidade de cada ducto semicircular, que contém a crista ampular.

Analgesia. (G., insensibilidade) Alívio da dor sem perda da consciência.

Anencefalia. Ausência congênita do encéfalo, causada pela falta de fechamento do neuróporo anterior do tubo neural em desenvolvimento. É sempre fatal.

Anestesia. Perda da sensibilidade somática como consequência da depressão farmacológica da função nervosa ou de doença neurológica.

Aneurisma. Dilatação na parede de um vaso sanguíneo.

Ângulo de filtração. Ver *Ângulo iridocorneano*.

Ângulo iridocorneano. Ângulo da câmara anterior do olho, pelo qual o humor aquoso drena para dentro das trabéculas corneoesclerais. Sin., ângulo de filtração.

Ângulo pontocerebelar. Área na superfície ventrolateral do tronco encefálico, onde cerebelo, ponte e bulbo se encontram. Ponto de conexão dos NC VII, VIII e IX.

Anidrose. (G., an- = sem + hidros = suor) Ausência de sudorese.

Anomia. (G., a- + onoma = nome) Incapacidade de lembrar nomes de objetos ou pessoas.

Anopsia. (G., an- + opsis = vista) Perda de parte do campo visual em um olho.

Anosmia. (G., an- + osmesis = sentido de olfato) Ausência do sentido do olfato.

Ansa. (L., alça, cabo, asa) Qualquer estrutura anatômica na forma de uma alça ou arco.

Apraxia. (G., a- + pratto = fazer) Incapacidade de realizar um movimento voluntário na ausência de paralisia, perda sensorial e ataxia.

Aqueduto cerebral. Canal mesencefálico que conecta o III e o IV ventrículos. Sin., aqueduto de Sylvius.

Aracnoide. (G., aranha) Intermediária dentre as três membranas que revestem o sistema nervoso central (SNC).

Área de Broca. Partes opercular e triangular do giro frontal inferior no hemisfério dominante. Associada aos programas motores de produção de palavras. A afasia não fluente (motora ou expressiva) é atribuída à sua lesão.

Área de Wernicke. Parte posterior do giro temporal superior do hemisfério dominante, que atua como centro receptivo da linguagem. Afasia fluente (sensorial ou receptiva) é atribuída à sua lesão.

Área entorrinal. Parte do giro para-hipocampal adjacente ao hipocampo. Fornece aferências exclusivas para o hipocampo.

Área postrema. Órgãos circumventriculares bilaterais no assoalho do IV ventrículo perto do óbex. Considerada o centro do vômito.

Área septal. Parte do lobo límbico anterior à lâmina terminal e que consiste no giro paraterminal e na área subcalosa.

Áreas de Broadmann numeradas. Subdivisões numeradas do córtex cerebral, originalmente baseadas nas características citoarquitetônicas, mas atualmente relacionadas a funções cerebrais.

Áreas divisoras de águas. "*Watershed areas*". Áreas irrigadas pelas partes mais distais das artérias cerebrais corticais e espinais, que podem se anastomosar e fornecer circulação colateral, mas que são suscetíveis a lesões isquêmicas. Sin., zonas limítrofes.

Arquicerebelo. (G., archi = início) Parte mais antiga do cerebelo. Lobo floculonodular ou vestibulocerebelo localizado inferiormente, anterior à fissura posterolateral.

Artéria terminal. Artéria que transporta o volume de sangue para irrigação de uma determinada região.

Astereognose. (G., a- + stereos = sólido + gnosis = conhecimento) Incapacidade de identificar um objeto pelo toque. Sin., amnésia tátil.

Astrócito. (G., astron = estrela) Célula da glia em forma de estrela, com prolongamentos citoplasmáticos, cujas expansões terminais ou "pés terminais" embainham os vasos sanguíneos e as superfícies do encéfalo e da medula espinal.

Ataques ou episódios isquêmicos transitórios. Breves períodos de disfunção cerebral focal, com duração inferior a 24 horas. São causados por isquemia do sistema carótico ou vertebrobasilar. Sin., AIT.

Ataxia. (G., a- + taxis = ordem) Perda da coordenação muscular.

Ataxia de marcha. Ataxia que afeta os músculos dos membros inferiores.

Ataxia de tronco. Ataxia que afeta os músculos do tronco. Com frequência, é causada por uma lesão na linha média do vestibulocerebelo.

Atetose. (G., athetos = sem posição nem lugar) Distúrbio do movimento que envolve movimentos contorcidos lentos dos membros, em particular dos dedos e das mãos. Associada a distúrbios dos núcleos da base.

Atrofia cerebral. Resulta da retração ou diminuição da espessura dos giros corticais em decorrência de morte neuronal ou perda de dendritos e aumento da largura dos sulcos que separam os giros.

Axônio. Prolongamento da célula nervosa que conduz impulsos para longe do corpo celular.

Axotomia. Separação funcional ou física de um axônio em partes distal e proximal.

Bainha de Schwann. Ver *Neurilema*.

Balismo. (G., ballismos = salto sobre) Movimentos violentos desajeitados ou arremetidos das partes proximais dos membros e ombros, e da musculatura da cintura pélvica. Associado com lesões do núcleo subtalâmico.

Barreira hematoencefálica. Sistema de controle da permeabilidade que regula a passagem de substâncias entre capilares e o parênquima do SNC. Está relacionada com as zônulas de oclusão existentes entre as células endoteliais.

Base do pedúnculo cerebral. Parte ventral do pedúnculo cerebral do mesencéfalo. Contém fibras corticospinais e corticobulbares em sua porção média, e corticopontinas em suas porções medial e lateral.

Bastonete. Fotorreceptor da retina relacionado com a sensibilidade à luz.

Bexiga neurogênica. Funcionamento anormal da bexiga urinária como resultado de uma lesão no SNC ou SNP.

Bexiga neurogênica não reflexa. Incontinência e retenção grave. Um tipo de quadro relacionado ao "motoneurônio inferior" resultante de lesões na medula espinal sacral ou cauda equina.

Bexiga neurogênica reflexa. Condição relacionada ao "motoneurônio superior" que resulta de lesões medulares rostrais aos níveis sacrais da medula espinal.

Bexiga reflexa automática. Incontinência e retenção. Ocorre após as lesões da medula espinal acima dos níveis sacrais.

Bexiga reflexa desinibida. Incontinência, todavia sem retenção. Sucede às lesões bilaterais no lobo frontal.

Bolsa de Rathke. Eversão voltada para cima do estomodeu da cavidade oral, que se une à extensão do III ventrículo voltada para baixo – o infundíbulo – para se desenvolver na glândula hipófise.

Braço. (L., brachium) Um feixe amplo de fibras nervosas que conecta uma estrutura a outra.

Braço do colículo inferior. Feixe proeminente na superfície lateral da porção rostral do mesencéfalo, que contém fibras que passam do colículo inferior para o núcleo (corpo) geniculado medial. Referencial para a transecção cirúrgica do trato espinotalâmico destinada a aliviar dores incuráveis.

Braço do colículo superior. Fibras que se originam principalmente do trato óptico e passam entre o núcleo (corpo) geniculado medial e o pulvinar, entrando então no colículo superior e na área pré-tetal.

Bradicardia. Lentidão do batimento cardíaco, em geral definida por uma frequência cardíaca abaixo de 60 batimentos por minuto.

Bradicinesia. (G., bradi = lento + kinesis = movimento) Lentidão extrema dos movimentos intencionais, com frequência associada à doença dos núcleos da base.

Bulbo. Parte do tronco encefálico em continuidade com a medula espinal. Sin., mielencéfalo.

Calcar avis. Porção da parede medial do corno occipital do ventrículo lateral, que se situa na parte mais profunda do sulco calcarino.

Camada do manto. Camada entre o epitélio germinativo da superfície ventricular interna e a camada marginal externa do tubo neural em desenvolvimento. Contém neurônios pós-mitóticos. Sin., camada intermediária.

Camada marginal. Parte mais externa do tubo neural em desenvolvimento, contendo primariamente os prolongamentos das células subjacentes.

Camada ventricular. Camada mais interna do tubo neural em desenvolvimento, onde ocorre mitogênese, dando origem a todas as células no SNC, com exceção da micróglia.

Campo ocular frontal. Área do córtex cerebral localizada principalmente na parte posterior do giro frontal médio e relacionada com os movimentos oculares rápidos voluntários conhecidos como movimentos sacádicos ou sacadas.

Campo ocular occipital. Áreas visuais primária e de associação do córtex cerebral, que estão relacionadas com os movimentos oculares de vergência.

Campo ocular parietal. Parte do lóbulo parietal superior que regula os movimentos sacádicos.

Campo ocular temporal. Área na parte posterior da superfície lateral do lobo temporal, que está associada com movimentos oculares de perseguição lenta e os optocinéticos.

Canais semicirculares. Canais perilinfáticos do labirinto ósseo que contêm os ductos semicirculares e suas ampolas.

Canal de Schlemm. Canal que drena o humor aquoso. Encontrado circundando a córnea na junção corneoescleral. Sin., seio venoso da esclera.

Candelabro cerebral médio. Formato dos troncos e ramos da artéria cerebral média no sulco lateral, conforme visto por imagens radiográficas.

Cápsula interna. Substância branca entre o núcleo caudado e o diencéfalo, medialmente, e o núcleo lentiforme, lateralmente. Contínua com a coroa radiada, rostralmente, e com a base do pedúnculo cerebral, caudalmente.

Catarata. Perda de transparência da lente do olho ou de sua cápsula.

Cauda equina. (L., cauda = cauda + equus = cavalo) Raízes dos nervos lombares e sacrais, à medida que seguem no canal vertebral, abaixo da medula espinal, para seus respectivos forames intervertebrais lombares ou sacrais.

Caudal. Uma posição mais próxima à cauda ou mais inferior.

Célula amácrina. Neurônio de circuito local, na camada nuclear interna da retina, que influencia a transmissão sináptica entre as células bipolares e ganglionares.

Célula capsular. Células de suporte que circundam os corpos celulares dos gânglios sensitivos da raiz dorsal e células ganglionares autonômicas.

Célula de Müller. Células semelhantes às células gliais, encontradas principalmente na camada celular bipolar (ou nuclear interna) da retina, cujos prolongamentos formam as membranas limitantes externa e interna.

Célula de Renshaw. Interneurônio inibitório da medula espinal ativado por axônio colateral, que inibe reciprocamente o neurônio parental (que ativou o neurônio inibitório).

Célula de Schwann. Célula de origem ectodérmica que forma o neurilema de uma fibra nervosa periférica e contém mielina quando o axônio é mielinizado.

Célula em cesto. Neurônio inibitório encontrado no interior da camada molecular do córtex cerebelar, cujo axônio forma uma ramificação semelhante a uma cesta em torno da base do corpo da célula de Purkinje.

Célula granular. (1) Célula nervosa da camada interna ou granular do córtex cerebelar. O axônio entra na camada molecular e forma as fibras paralelas; é o único neurônio excitatório no córtex cerebelar. (2) Neurônios intracorticais encontrados de modo predominante nas camadas II e IV do neocórtex.

Célula horizontal. Neurônio de circuito local na camada nuclear interna da retina, que influencia a transmissão sináptica entre as células fotorreceptoras e os neurônios bipolares.

Célula piramidal. Grande neurônio triangular do córtex cerebral, com dendrito apical que se estende em direção à superfície pial (da pia-máter), além de dendritos basais horizontalmente dirigidos. O axônio emerge da base da célula e passa para a substância branca como uma fibra de associação, comissural ou de projeção.

Centro ciliospinal. Neurônios no primeiro ou dois primeiros segmentos torácicos superiores, que originam fibras pré-ganglionares simpáticas que conduzem impulsos para o gânglio cervical superior, a partir de onde as fibras simpáticas pós-ganglionares provocam a dilatação da pupila.

Centro de acomodação. Neurônios na porção rostral do mesencéfalo, que recebem estímulo diretamente do córtex occipital e integram as ações dos músculos ciliares, músculos da íris e músculos retos mediais para manter uma imagem focada na retina durante a visão de perto ou de longe.

Centro de conservação de calor. Neurônios no hipotálamo posterior que iniciam a vasoconstrição cutânea, a piloereção e os tremores.

Centro de perda de calor. Neurônios nos núcleos hipotalâmicos pré-óptico e anterior que iniciam a sudorese e a vasodilatação cutânea.

Centro do olhar horizontal. Ver *Centro do olhar lateral*.

Centro do olhar lateral. Neurônios no núcleo reticular pontino paramediano, que deflagram movimentos oculares horizontais para o lado ipsilateral. Antigamente, era chamado núcleo para-abducente. Sin., centro do olhar horizontal.

Centro do olhar vertical. Neurônios dos núcleos oculomotores acessórios na extremidade rostral do fascículo longitudinal medial, no mesencéfalo, que controlam os movimentos verticais do olho. Os movimentos ascendentes são representados mais dorsalmente, enquanto os descendentes são representados mais ventralmente.

Centro pneumotáxico. Neurônios no tegmento dorsolateral da porção rostral da ponte que inibem a fase inspiratória da respiração.

Centro respiratório. Neurônios localizados bilateralmente na região ventrolateral do bulbo, na parte caudal do IV ventrículo. As projeções descendentes ativam motoneurônios inferiores inspiratórios que inervam o diafragma e músculos intercostais. O dano bilateral resulta em parada respiratória.

Cérebro partido. Cérebro em que o corpo caloso e às vezes as comissuras anterior e do hipocampo foram seccionadas no plano mediano.

Cerebrocerebelo. Lobo posterior do cerebelo, com conexões fortes com o cérebro. Sin., neocerebelo.

Choque medular. Arreflexia (perda da atividade reflexa) na medula espinal causada pela interrupção súbita de aferências corticais.

Ciliar. (L.) Semelhante à pálpebra ou aos cílios.

Cinestesia. (G., kinesis = movimento + aisthesis = sensação) Consciência da posição e do movimento das partes do corpo.

Cingulum. (L., cíngulo, cinta ou cinto) Um grande feixe de associação que passa longitudinalmente na substância branca do giro do cíngulo. Conecta os lobos frontal, parietal e occipital ao giro para-hipocampal e ao córtex temporal adjacente.

Cinocílio. (G., kineo = mover + cílio) Estereocílio mais longo encontrado na célula ciliada da crista ampular. A inclinação dos estereocílios aproximando-se ou afastando-se do cinocílio resulta em excitação ou inibição (respectivamente) das fibras nervosas vestibulares.

Circuito de Papez. Circuito neural relacionado com a consolidação da memória e do aprendizado, e considerado reverberante. Inclui o hipocampo, o fórnice, os corpos mamilares, o fascículo mamilotalâmico, o núcleo anterior do tálamo, o giro do cíngulo, o cíngulo e a área entorrinal do giro para-hipocampal.

Círculo (polígono) arterial cerebral. Anel arterial encontrado na base do encéfalo e formado por ramos das artérias carótida interna e basilar. Conecta as circulações anterior e posterior. Sin., círculo de Willis, polígono de Willis.

Círculo (polígono) de Willis. Ver *Círculo (polígono) arterial cerebral.*

Claustro. (L., barreira) Uma delgada lâmina de substância cinzenta, localizada profundamente à ínsula e entre as cápsulas externa e extrema. Tem conexões recíprocas com o neocórtex.

Clônus. Série de contrações e relaxamentos alternados dos flexores e extensores, produzida pelo estiramento passivo de um membro. Observada na lesão do trato piramidal.

Cóclea. (L., concha de caracol) Parte espiral da orelha interna relacionada com a audição. Localizada na parte anterior do labirinto, na parte petrosa do osso temporal.

Colículo. (L.,) Um cone de implantação ou pequena elevação.

Colículo superior. Eminência redonda bilateral em posição rostral ou superior, na superfície dorsal do mesencéfalo. Suas principais conexões aferentes são com a retina, as áreas de associação visuais, o campo ocular frontal e as vias sensitivas ascendentes do tronco encefálico. Suas conexões eferentes são com o tronco encefálico e a medula espinal (tratos tetobulbar e tetospinal), e áreas de associação visuais. Atua como um centro de integração visuomotor.

Colunas corticais. Colunas de neurônios no córtex cerebral, orientadas perpendicularmente às seis camadas horizontais do córtex.

Constituem as unidades funcionais verticais do córtex.

Comissura. (L., que une) Um feixe de fibras nervosas unindo partes correspondentes de ambos os lados, uma a outra.

Comissura anterior. Complexo sistema de fibras que cruzam a linha média na lâmina terminal. Interconecta os giros temporais médio e inferior e bulbos olfatórios.

Condução óssea. Vibrações sonoras conduzidas para a orelha interna pelo osso temporal.

Condução saltatória. (L., salto = pulo) Fluxo de corrente limitado aos nodos (nódulos) de Ranvier presentes em axônios mielinizados, assim aumentando bastante a velocidade de propagação do potencial de ação. Ocorre como resultado de trocas iônicas.

Cone. Fotorreceptor da retina relacionado com a percepção de cores e acuidade visual.

Cone de implantação do axônio. A parte do corpo da célula nervosa onde está a origem do axônio, caracterizada pela ausência da substância de Nissl.

Contralateral. (L., contra = oposto + lotus = lado) Relacionado ao lado oposto.

Cordotomia anterolateral. Seccionamento cirúrgico do quadrante anterolateral da medula espinal para aliviar a dor crônica.

Coreia. (G., dança) Movimentos involuntários desajeitados e espasmódicos dos membros ou dos músculos faciais. Associada com lesões do núcleo caudado e do putame.

Córnea. A parte anterior transparente da camada externa do olho.

Coroa radiada. (L., corona = coroa) Fibras da cápsula interna que se dirigem, em um arranjo em formato de leque, ao córtex cerebral.

Coroide. (G., semelhante à pele) Túnica vascular do olho localizada entre a esclera e a retina.

Corpo caloso. Principal comissura que conecta os hemisférios cerebrais.

Corpo ciliar. Espessamento da úvea do olho. Suspende a lente e contém músculos lisos que a tracionam para a frente durante a acomodação visual. Também secreta humor aquoso.

Corpo estriado. Núcleos caudado e lentiforme.

Corpo justarestiforme. Feixe de fibras na parte medial do pedúnculo cerebelar inferior, que conduz primariamente as fibras vestibulares.

Corpo mamilar. (L., mamilla = mama pequena) Eminência na superfície ventral do hipotálamo que contém os núcleos mamilares.

Corpo restiforme. (L., restis = corda + forma = formato) Feixe de fibras que conecta o cerebelo e o bulbo. Parte lateral maciça do pedúnculo cerebelar inferior.

Corpo trapezoide. (L., trapezodes = em forma de mesa) Fibras nervosas oriundas principalmente da estria coclear ventral, que segue através da linha média na parte ventral do tegmento, na metade caudal da ponte.

Corpo vítreo. (L., vítreos = semelhante ao vidro) Substância gelatinosa que preenche o compartimento posterior do olho, posterior à lente.

Corpos quadrigêmeos. (L., corpora = corpo + quadri = quatro + geminus = gêmeo) Os dois colículos superiores e os dois colículos inferiores.

Corpúsculo de Meissner. Receptor encapsulado sensível a estímulos táteis localizado na papila dérmica.

Corpúsculo de Paccini. Terminação nervosa do tecido subcutâneo, sensível à pressão, dotada de cápsula constituída por lâminas. Relacionado com a sensibilidade à vibração.

Corpúsculos de Nissl. Placas constituídas de retículo endoplasmático rugoso e ribossomos livres encontradas no citoplasma do pericárdio e dos dendritos maiores da célula nervosa.

Córtex motor suplementar. Área localizada no giro frontal superior, onde movimentos "autoiniciados" são planejados e enviados ao córtex motor primário.

Córtex pré-motor. Área localizada principalmente na superfície do giro pré-central, onde

os ajustes posturais que sustentam movimentos complexos são planejados em resposta a estímulos externos.

Crises uncinadas. Estimulação epileptiforme do córtex olfativo primário, que produz sensações olfatórias em geral de natureza desagradável.

Crista ampular. (L., crista = crista + ampulla = jarro) Órgão sensorial de equilíbrio cinético disposto como uma elevação na face interna da ampola membranosa de cada ducto semicircular.

Crista neural. Faixa longitudinal de células de origem ectodérmica, encontrada em cada lado da junção da placa neural com o ectoderma corporal, a partir da qual se desenvolvem células ganglionares sensitivas e células ganglionares autonômicas (viscerais); revestimentos de leptomeninge do encéfalo e outras estruturas.

Cromatólise. (G., chroma = cor + lysis = dissolução) Dissolução da substância de Nissl em resposta ao dano de um neurônio ou de seu axônio.

Cúneo. (L., cunha) Porção do lobo occipital em forma de cunha na face medial do cérebro entre os sulcos calcarino e parieto-occipital.

Cúpula da crista ampular. (L., xícara invertida, em forma de cúpula; cupa = barrica, tonel) Substância gelatinosa disposta sobre as células ciliadas da crista ampular.

Cyton. Corpo celular de um neurônio. Sin., soma.

Decibel. Unidade de medida que expressa a intensidade (altura) relativa de um som em uma escala logarítmica.

Decussação. Cruzamento de tratos nervosos.

Degeneração Walleriana. Degeneração axonal que ocorre distal à lesão axonal ou após a destruição de seu corpo celular. Sin., degeneração anterógrada ou secundária.

Deglutição. O ato de deglutir.

Demência. Comprometimento progressivo, ao longo do tempo, das funções mentais superiores e da memória. A demência pode ser irreversível ou reversível, dependendo da causa subjacente.

Demência senil. Comprometimento da função cortical superior e da memória na senescência.

Demência vascular. Segunda principal causa de demência que ocorre como resultado de numerosos acidentes vasculares encefálicos subletais no córtex cerebral.

Dendrito. (G., dendron = árvore) Prolongamento protoplasmático neuronal ramificado, que conduz impulsos para o corpo celular.

Dermatomiosite. Diminuição progressiva da força muscular, acoplada ao aparecimento de uma erupção cutânea púrpura-avermelhada.

Dermátomo. (G., derma = pele + tomo = corte, parte) Área de pele inervada por um nervo espinal e seu gânglio.

Diabetes insípido. Condição causada pela hipossecreção de ADH, caracterizada por sede e excreção de grandes quantidades de urina.

Diafragma da sela. Prega da dura-máter que recobre a glândula hipófise. Estende-se ao longo da sela turca.

Diencéfalo. (G., dia = através de + enkephalos = encéfalo) Parte do prosencéfalo que consiste no tálamo, subtálamo, hipotálamo e epitálamo.

Diplopia. Visão dupla.

Dis-. Prefixo que denota algo desordenado, difícil, ruim, doloroso e assim por diante.

Discinesia. (G., dis- + kinesis) Distúrbio do movimento voluntário frequentemente associado com doença dos núcleos da base.

Disco de Merkel. Terminação nervosa tátil na epiderme.

Disco ou papila óptica. Área onde as fibras do nervo óptico saem da retina.

Disdiadococinesia. (G., dis + diadochos = sucedendo + kinesis = movimento) Distúrbio cerebelar manifestado como dificuldade de realizar movimentos alternados rápidos e completamente opostos (p. ex., pronação e supinação).

Disfagia. (G., dis- + phagein = comer) Dificuldade de deglutição.

Disfasia. (G., dis- + phasis = fala) Comprometimento da fala, caracterizado pela falta de coordenação e falha em organizar as palavras na ordem apropriada.

Dislexia. (G., dis- + lexis = palavra, fala) Distúrbio que afeta a capacidade de ler, causado por uma lesão central.

Dismetria. (G., dis- + metron = medida) Distúrbio cerebelar manifestado pela dificuldade de controlar a amplitude e a força do movimento.

Distrofia muscular. Miopatia que afeta os músculos esqueléticos, mais os proximais do que os distais, resultando em fraqueza muscular. As distrofias musculares podem ser adquiridas ou hereditárias.

Distúrbios ou transtornos hipercinéticos. Velocidade aumentada ou excessiva na iniciação ou realização de um movimento.

Distúrbios ou transtornos hipocinéticos. (G., hipo = sob + kinesis = movimento) Redução ou demora na iniciação ou realização de um movimento.

Doença de Alzheimer. Demência pré-senil em que amplos números de emaranhados neurofibrilares e placas neuríticas (senis) se formam no córtex. Essa doença está associada à degeneração neuronal no hipocampo e ao giro para-hipocampal e à diminuição dos níveis corticais de colina acetiltransferase em estruturas prosencefálicas basais como o núcleo basal de Meynert e os núcleos da banda diagonal.

Doença de Charcot-Marie-Tooth. Um dos distúrbios neurológicos hereditários mais comuns, que afeta os nervos periféricos. Essa neuropatia afeta os nervos motores e sensitivos, resultando em anormalidades inicialmente localizadas na parte distal do membro inferior e, posteriormente, na parte distal do membro superior. Entre as anormalidades motoras, estão a fraqueza e a atrofia musculares.

Doença de Huntington. Distúrbio hereditário caracterizado pela intensificação progressiva dos movimentos coreicos e demência. Herdado por gene dominante causador de degeneração de neurônios estriatais e corticais colinérgicos e gabaérgicos.

Doença de Ménière. Distúrbio progressivo do aparelho vestibulococlear, caracterizado por manifestações que variam ao longo do tempo e que incluem perda sensorioneural da audição, zumbido, vertigem e náusea grave. Os sintomas são episódicos e em geral progressivamente mais graves.

Doença de Parkinson. Síndrome neurológica caracterizada por tremores em repouso, rigidez, bradicinesia e instabilidade postural atribuída às lesões da substância negra. Sin., paralisia agitante.

Dor lenta. Dor em queimação e latejante que é difusa, em vez de localizada, resultando de lesão tecidual.

Dor rápida. Dor em pontada aguda e bem localizada. Testada com picada de agulha ou alfinete.

Dor referida. Dor que é percebida como oriunda de um local distinto daquele que é de fato a sua origem.

Dura-máter. (L., dura = duro + mater = mãe) A espessa camada externa das meninges.

Ectoderma. Uma das três camadas de células germinativas na gástrula em desenvolvimento.

Edema cerebral. Intumescimento cerebral causado pela captação aumentada de água no neurópilo e na substância branca.

Edema de disco. Edema do disco óptico. Pode ser causado por uma pressão intracraniana elevada. Sin., papiledema, "*choked disc*".

Eferente. Conduz impulsos para pontos distantes de sua origem. Termo aplicado a fibras e/ou impulsos que saem de um determinado neurônio ou área do SNC em direção a outra.

Emaranhados neurofibrilares. Acúmulos anômalos de filamentos intracelulares insolúveis que se tornam patogênicos para a função neuronal, levando à morte do neurônio. Os emaranhados extracelulares se acumulam na doença de Alzheimer.

Eminência medial. Elevação de cada lado da linha média no assoalho do IV ventrículo.

Eminência mediana. Órgão circunventricular que frequentemente é considerado a porção elevada do tuber cinéreo. Junto com a haste e o prolongamento infundibular (lobo neural), forma a neuro-hipófise.

Encéfalo. (G., enkephalos) Conjunto formado pelo tronco encefálico, cerebelo e cérebro.

Endolinfa. Líquido do labirinto membranoso da orelha interna.

Epêndima. (G., epi = sobre + endyma = vestimenta) Epitélio de revestimento do canal central da medula espinal e ventrículos encefálicos.

Epitálamo. Pequena área do diencéfalo dorsal à porção posterior do tálamo, que consiste na glândula pineal, nos trígonos habenulares e na comissura das habênulas.

Esclera. (G., skleros = duro) A camada externa fibrosa do globo ocular, que é contínua com a córnea, anteriormente. Forma a parte branca do olho.

Esclerose lateral amiotrófica. Doença que envolve degeneração simultânea de motoneurônios inferiores do tronco encefálico e da medula espinal e dos tratos corticospinais. Sin., doença de Lou Gehrig.

Esclerose múltipla. Distúrbio inflamatório autoimune temporalmente progressivo, que afeta a mielina do SNC. Placas desmielinizantes na substância branca são observadas nas imagens radiográficas do encéfalo.

Esotropia. (G., eso = dentro + trope = virar) Desvio do olho para dentro, frequentemente causado por lesão no nervo abducente. Sin., estrabismo convergente ou interno.

Espaço de Virchow-Robin. Espaços que circundam os vasos sanguíneos no ponto onde eles entram no SNC.

Espaço epidural. Espaço externo à dura-máter. Espaço virtual na dura-máter craniana; espaço real na dura-máter espinal.

Espaço subaracnóideo. Embaixo da aracnoide. Refere-se ao espaço cheio de LCS.

Espaço subdural. Embaixo da dura-máter, entre a dura-máter e a aracnoide. Refere-se a um espaço virtual que contém líquido seroso.

Espasticidade. Condição de tônus muscular aumentado e reflexos tendinosos exagerados.

Espinha bífida. Anomalia congênita caracterizada pelo fechamento defeituoso dos arcos vertebrais, por meio dos quais a medula espinal e as meninges podem se projetar.

Espinha dendrítica. Brotamento citoplasmático na superfície de um dendrito para estabelecimento de contato sináptico.

Espinocerebelo. Lobo anterior do cerebelo com importantes conexões com a medula espinal. Sin., paleocerebelo.

Esplênio. (G., splenion = atadura) Porção posterior do corpo caloso.

Estereocílios. Grupos de microvilos extremamente longos, finos e imóveis, que se projetam das células neuroepiteliais.

Estereognosia. (G., stereos = sólido + gnosis = conhecimento) Capacidade de reconhecer um objeto apenas pelo tato.

Estimulação elétrica nervosa transcutânea (TENS ou EETN – *transcutaneous electric nerve stimulation*). Estimulação elétrica seletiva de fibras aferentes cutâneas calibrosas para inibir a condução da dor lenta em neurônios espinotalâmicos. Usada no tratamento da dor crônica.

Estrabismo. Desvio de um olho como resultado da função comprometida de um músculo extrínseco do olho ou de nervo relacionado à motricidade ocular.

Estriado. O núcleo caudado e o putame, principais núcleos aferentes (recebem sinais) dos núcleos da base. Sin., neoestriado.

Estrias. (L., sulcos ou ranhuras) Cordão, faixa ou banda longitudinal de fibras nervosas no sistema nervoso central.

Fascículo. (L., fascis = feixe) Feixe de fibras nervosas no SNC.

Fascículo arqueado. Feixe de associação amplo que conecta os giros frontais inferior e médio ao giro temporal superior. Por vezes, considera-se também como parte dele o fascículo longitudinal superior.

Fascículo dorsolateral. Trato (feixe de axônios) da medula espinal localizado entre o corno posterior e o sulco lateral posterior. Composto por ramos curtos ascendentes e descendentes de fibras da raiz dorsal que conduzem impulsos de dor e temperatura, bem como de axônios de neurônios da substância gelatinosa. Sin., trato de Lissauer.

Fascículo occipitofrontal inferior. Feixe de associação que interconecta os lobos frontal, temporal e occipital.

Fascículo lenticular. Feixe de fibras que se origina do pálido medial e atravessa o ramo posterior da cápsula interna para entrar no subtálamo, por onde segue medialmente até alcançar o campo pré-rúbrico e entrar no fascículo talâmico. Sin., campo H2 de Forel.

Fascículo longitudinal medial. Feixe de fibras que se estendem do mesencéfalo até a medula espinal; localizado próximo à linha média, na porção dorsal do tegmento adjacente aos núcleos motores para a musculatura extrínseca dos olhos. Partes pontina e mesencefálica compostas em sua maioria por fibras que ascendem para os motoneurônios dos núcleos que inervam a musculatura extrínseca dos olhos; parte bulbar composta por fibras que descem para os motoneurônios da medula espinal que inervam a musculatura paravertebral.

Fascículo longitudinal superior. Feixe de associação grande que conecta os córtices das superfícies laterais dos lobos frontal, parietal e occipital. Por vezes, é descrito como sendo a parte dorsal do fascículo arqueado.

Fascículo retroflexo. Ver *Trato habênulo-interpeduncular*.

Fascículo talâmico. Feixe composto por fibras oriundas dos núcleos cerebelares (principalmente, o denteado) e dos núcleos da base (principalmente o pálido), que convergem no campo pré-rúbrico e seguem para a parte adjacente e ventral lateral do núcleo ventral anterior do tálamo. Sin., campo de Forel H1.

Fascículo uncinado. (L., uncinatus = em forma de gancho) Feixe de associação que conecta os lobos frontal e temporal.

Fatores tróficos. Substâncias que orientam a migração de neurônios e axônios em desenvolvimento, além de promoverem a regeneração de axônios lesados.

Feixe prosencefálico medial. Sistema difuso de fibras localizado no hipotálamo lateral. Interconecta-se com a região septal rostralmente e com a formação reticular mesencefálica caudalmente.

Fibra arqueada interna. Axônios sensitivos de segunda ordem relacionados às sensibilidades tátil, vibratória e proprioceptiva, originados dos núcleos da coluna posterior, que arqueiam em torno da substância cinzenta na metade caudal do bulbo.

Fibra muscular intrafusal. Fibra muscular que integra um fuso muscular, inervada por motoneurônios gama.

Fibra nervosa Ia. Axônios de células ganglionares da raiz dorsal que suprem os fusos musculares e excitam motoneurônios alfa; formam o ramo aferente do reflexo miotático.

Fibra nervosa Ib. Axônios de células ganglionares da raiz dorsal que suprem órgãos tendinosos de Golgi e inibem motoneurônios alfa via interneurônios espinais; formam o ramo aferente do reflexo miotático inverso e do sinal do canivete.

Fibras arqueadas. Fibras de associação curtas que se situam imediatamente embaixo do córtex adjacente a um sulco cerebral e conectam giros adjacentes. Sin., fibras-U.

Fibras corticofugais. Axônios que conduzem impulsos a partir do córtex.

Fibras corticopetais. Axônios que conduzem impulsos em direção ao córtex.

Fibras de projeção. Axônios que conectam o córtex cerebral aos neurônios subcorticais.

Fibras musculares extrafusais. Fibras musculares esqueléticas grandes que produzem contração muscular e são inervadas por motoneurônios alfa. Devem ser distinguidas das fibras musculares intrafusais dos fusos musculares, as quais são inervadas por motoneurônios gama.

Fibras musgosas. Axônios aferentes originados dos núcleos que enviam sinais ao cerebelo, exceto o núcleo olivar inferior. Ramificam-se repetidas vezes na substância branca e na camada granular, e tem ação excitatória sobre as células granulares e os núcleos cerebelares.

Fibras paralelas. Axônios das células granulares do cerebelo que seguem pela camada molecular do córtex cerebelar em paralelo com o eixo longitudinal da folha (*folium*). Excitatórias para os neurônios de Purkinje, células estreladas, em cesto e de Golgi.

Fibras trepadeiras. Axônios que se originam do núcleo olivar inferior contralateral e conduzem impulsos excitatórios para os neurônios de Purkinje do córtex cerebelar. Seus colaterais também excitam os núcleos cerebelares.

Fímbria. (L., franja) Faixa longitudinal de fibras oriundas do álveo do hipocampo, que continuam como fórnice.

Fissura. Ranhura, fenda ou sulco profundo.

Fissura de Sylvius. Sulco profundo na superfície lateral do hemisfério cerebral. Separa o lobo temporal abaixo dos lobos frontal e parietal acima. Sin., sulco lateral.

Flexura cefálica. Dobra onde o prosencéfalo do tubo neural em desenvolvimento se curva ventralmente, logo anterior ao mesencéfalo.

Foice. (L.) Em forma de foice.

Foice cerebelar ou do cerebelo. Prega da dura-máter situada entre os hemisférios cerebelares.

Foice cerebral ou do cérebro. Prega da dura-máter situada entre os hemisférios cerebrais.

Folium. (L., folha) Uma das dobras da superfície do cerebelo.

Forame de Luschka. Ver *Abertura lateral do IV ventrículo*.

Forame de Magendie. Ver *Abertura mediana do IV ventrículo*.

Forame de Monro. Abertura entre o III ventrículo e o ventrículo lateral. Sin., forame interventricular.

Fórceps. (L., formus = quente + capere = pegar) Instrumento semelhante a uma pinça.

Fórceps maior. Fibras do esplênio do corpo caloso que se estendem posteriormente para dentro do lobo occipital.

Fórceps menor. Fibras do joelho do corpo caloso que se estendem anteriormente para dentro do lobo frontal.

Formação reticular. (L., reticulum = rede) Grupos de células nervosas e fibras nervosas entremeadas no tegmento do mesencéfalo e da ponte e no bulbo.

Fórnice. (L., arco) Feixe de fibras em continuidade com as fímbrias do hipocampo, que constitui a principal eferência do hipocampo. Segue na margem livre do septo pelúcido e se divide no nível da comissura anterior, em um pequeno feixe pré-comissural (originado no hipocampo propriamente dito) e em outro feixe pós-comissural maior (originado no subículo), que terminam na região septal e no corpo mamilar, respectivamente.

Fossa interpeduncular. Depressão profunda na superfície ventral do mesencéfalo entre os pedúnculos cerebrais.

Fototransdução. Conversão de um estímulo fótico em uma cascata bioquímica que leva à propagação elétrica de um potencial de ação sinalizando o estímulo.

Fóvea. (L., cova) Depressão ou cavidade rasa em forma de xícara.

Fóvea central. Depressão existente no centro da mácula lútea da retina, causada pelo deslocamento das camadas internas. Contém somente cones e é a área de maior acuidade visual.

Fovéola. Depressão minúscula localizada no centro da fóvea central.

Funículo. (L., pequeno cordão) Uma das três subdivisões da substância branca da medula espinal.

Fuso muscular. Mecanorreceptor no músculo esquelético.

GABA. Ácido gama-aminobutírico, um neurotransmissor inibitório.

Gânglio. (G., tumefação ou nó) Acúmulo de corpos de neurônios no sistema nervoso periférico.

Gânglio da raiz dorsal (posterior). Grupos de neurônios aferentes unipolares (pseudounipolares) na raiz dorsal (posterior) de cada nervo espinal. Sin., gânglio espinal.

Gânglio do plexo visceral ou autonômico. Neurônios simpáticos localizados nos plexos ao longo da aorta abdominal e seus ramos. Sin., gânglio pré-vertebral ou colateral.

Gêmula. (L., gemma = botão) Brotamento citoplasmático na superfície de um dendrito para estabelecimento de contato sináptico. Sin., espinha dendrítica.

Genu. (L.) Joelho. Qualquer estrutura em formato de joelho dobrado.

Giro. (L., gyros = círculo) Elevações arredondadas proeminentes localizadas na superfície dos hemisférios cerebrais, separadas por sulcos. Pl., giros.

Glândula pineal. Órgão circunventricular do epitálamo relacionado com a secreção de melatonina e o sono.

Glaucoma. Distúrbio ocular caracterizado por aumento da pressão intraocular resultante de interferência na absorção ou de formação excessiva de humor aquoso.

Glia. (G., cola) Células intersticiais de sustentação localizadas no sistema nervoso central. Sin., neuróglia.

Glia radial. Glia que orienta os neurônios em processo de migração para seus destinos.

Glioblastos. Células progenitoras da glia no SNC.

Globo pálido. (L., globus = globo + pallidus = pálido) Parte interna do núcleo lentiforme situada entre o putame e a cápsula interna. Um dos núcleos da base. Sin., pálido.

Glomo. (L., bola) O plexo corióideo no átrio (trígono) do ventrículo lateral. É provavelmente a estrutura de produção mais abundante de LCS. Sin., expansão corióidea.

Glutamato. Neurotransmissor excitatório.

Grafestesia. Capacidade de reconhecer e identificar figuras desenhadas na pele.

Granulações aracnóideas. Grupos de vilosidades aracnóideas, encontradas de modo predominante nas lacunas do seio sagital superior, por meio das quais o líquido cerebrospinal (LCS) é absorvido para dentro do sistema venoso. Sin., vilosidades aracnóideas.

Gustativo. (L., gusto = saborear) Relativo ao sentido de gustação.

Habênula. Conjunto de neurônios situado na borda dorsal e posterior do III ventrículo próximo à glândula pineal. É parte do epitálamo.

Helicotrema. (G., helix = espiral + trema = orifício) Área no ápice da cóclea onde a rampa do vestíbulo e a rampa do tímpano se comunicam entre si.

Hemi. (G.) Metade.

Hemianopsia. Cegueira em metade do campo visual de um ou de ambos os olhos.

Hemianopsia bitemporal. Perda do campo visual temporal em ambos os olhos. Resulta de lesão mediana do quiasma óptico.

Hemiparesia. Fraqueza muscular ou paralisia incompleta de um lado.

Hemiplegia. Paralisia de um lado do corpo.

Hemiplegia alterna. Lesão simultânea combinada dos motoneurônios superior e inferior do tronco encefálico, que afeta o trato piramidal, resultando em hemiplegia contralateral espástica, e as radículas dos nervos oculomotor, abducente ou hipoglosso, resultando em paralisias ipsilaterais nos respectivos nervos.

Hemisfério dominante. Hemisfério responsável pela linguagem, em geral o esquerdo.

Heterônimo. (G., ter nome diferente) Campos visuais diferentes de ambos os olhos.

Hidrocefalia. (G., hydro = água + kephale = cabeça) Acúmulo excessivo de LCS, causado por obstrução do fluxo, interferência na drenagem ou produção aumentada.

Hidrocefalia comunicante. Interrupção do fluxo de LCS para fora do sistema ventricular, localizada geralmente nas cisternas, no espaço subaracnóideo ou nas vilosidades aracnóideas.

Hidrocefalia obstrutiva. Bloqueio do fluxo de LCS dentro do sistema ventricular. Sin., hidrocefalia não comunicante.

Hiper-. (G., hyper = acima) Prefixo que significa acima, além ou excessivo.

Hiperacusia. (G., hyper- + akousis = audição) Aumento anormal da acuidade auditiva.

Hipercapnia. Aumento do dióxido de carbono no nível tecidual.

Hipertermia. Febre ou temperatura corporal aumentada.

Hipertonia. (G., hyper + tonos = tensão) Tônus excessivo nos músculos esqueléticos. Resulta em aumento da resistência ao estiramento passivo.

Hiperventilação neurogênica central. Hiperpneia contínua, rápida e profunda. Resulta do comprometimento da substância cinzenta periaquedutal profunda e da formação reticular paramediana no mesencéfalo ou no istmo da ponte.

Hipo-. (G., hypo = sob) Prefixo que significa abaixo, sob ou deficiente.

Hipocampo. (G., cavalo marinho) Faixa curvada de arquicórtex localizada no lobo temporal entre a fissura corióidea e o giro para-hipocampal. Consiste no giro denteado, hipocampo propriamente dito e subículo. Relacionado ao aprendizado e à memória, bem como ao processamento de informações novas. Sin., formação hipocampal.

Hipocapnia. Concentração diminuída de dióxido de carbono no nível tecidual.

Hipotálamo. Parte do diencéfalo que forma as paredes ventrais do III ventrículo. Principal efetor do sistema límbico e centro de controle mais importante do sistema nervoso autônomo.

Hipotonia. (G., hipo- + tonos = tensão) Diminuição ou perda do tônus muscular. Resulta em resistência diminuída ao estiramento passivo.

Hipóxia. Falta de oxigenação adequada no nível tecidual.

Homônimo. (G., de mesmo nome) Mesmo campo visual em ambos os olhos.

Hormônio antidiurético (ADH). Hormônio produzido por células neurossecretoras nos núcleos supraóptico e paraventricular do hipotálamo, que estimula a reabsorção de água a partir do rim.

Hormônios regulatórios hipotalâmicos. Substâncias produzidas pelos neurônios hipotalâmicos e transportadas para a glândula hipófise a fim de regular a liberação de seus hormônios.

Humor aquoso. Líquido das câmaras anterior e posterior do olho. É secretado pelo corpo ciliar e absorvido através dos espaços trabeculares no ângulo iridocorneano. Um aumento de seu volume está associado ao glaucoma.

Infundíbulo. (L., funil) Eminência mediana e haste infundibular da neuro-hipófise. Sin., haste neural (porção neural da haste hipofisária).

Inibição recíproca. Ocorre durante a ativação de um circuito reflexo, como o reflexo tendinoso patelar, em que o músculo agonista é excitado monossinapticamente (por meio de uma sinapse), enquanto o músculo antagonista é inibido dissinapticamente (por meio de duas sinapses).

Ínsula. (L., ilha) Lobo do cérebro localizado profundamente ao sulco lateral. Sin., ilha de Reil.

Intercalado. (L., intercalare = inserir) Entre. Sin., internuncial.

Iodopsina. Pigmento visual dos cones.

Ipsilateral. (L., ipse = igual + latus = lado) No mesmo lado (p. ex., um distúrbio que ocorre no mesmo lado que o de uma lesão).

Íris. (G., arco-íris) A membrana pigmentada circular que fica atrás da córnea e possui um orifício no centro, a pupila. É a divisão anterior da úvea e está marginalmente presa ao corpo ciliar. Pl., íris.

Isquemia cerebral. Irrigação sanguínea diminuída no encéfalo.

Istmo do rombencéfalo. Parte da ponte, rostral ao cerebelo, que se funde ao mesencéfalo.

Janela oval. Abertura localizada entre a cavidade timpânica e a rampa do vestíbulo da cóclea. Sin., janela do vestíbulo.

Janela redonda. Abertura entre a cavidade timpânica e a rampa do tímpano da cóclea.

Joelho da cápsula interna. Parte da cápsula interna localizada entre a parte posterior da cabeça do núcleo caudado e a parte anterior do tálamo (medialmente) e o núcleo lentiforme (lateralmente).

Justa-. (L.) Perto de.

Kernicterus. Icterícia em núcleos em que o pigmento amarelo é formado em alguns núcleos da base e núcleos límbicos.

Lábio rômbico. Porção do metencéfalo em desenvolvimento que origina o cerebelo.

Labirintectomia. Ablação do labirinto membranoso vestibular para melhorar os sinais clínicos da doença de Ménière.

Labirinto. Os espaços intercomunicantes cheios de líquido da orelha interna.

Labirinto membranoso. Sistema de ductos e câmaras da orelha interna que contém endolinfa. Inclui o utrículo, o sáculo, os ductos semicirculares, o ducto coclear e suas conexões.

Labirinto ósseo. Série de cavidades dentro da porção petrosa do osso temporal, que forma o vestíbulo, a cóclea e os canais semicirculares da orelha interna.

Lâmina. (L., placa) Camada delgada.

Lemnisco. (G., lemniscos = fita ou faixa) Trato sensitivo de segunda ordem que ascende pelo tronco encefálico até o tálamo.

Lemnisco lateral. Trato na parte lateral dos tegmentos pontino e mesencefálico, que se inicia na junção bulbopontina e chega ao colículo inferior, composto por fibras auditivas centrais, embora às vezes o trato espinotalâmico seja incluído.

Lemnisco medial. Trato localizado medialmente no bulbo, ventralmente no tegmento pontino e dorsolateralmente no tegmento mesencefálico. Conduz impulsos de tato, pressão e propriocepção a partir dos núcleos grácil e cuneiforme contralaterais em direção ao núcleo ventral posterolateral do tálamo.

Leptomeninges. (G., leptos = delgado ou delicado + meninx = membrana) Aracnoide e pia-máter, as duas membranas delgadas que revestem o encéfalo e a medula espinal.

Lesão infranuclear. Lesão do motoneurônio inferior que envolve seu axônio em um nervo periférico.

Lesão nuclear. Lesão de motoneurônio inferior envolvendo o corpo celular.

Lesão supranuclear. Lesão em motoneurônio superior.

Ligamento denticulado. Bainha fibrosa presa medialmente à pia-máter, na superfície lateral da medula espinal, a meio caminho entre as raízes posterior e anterior. Ancora a medula espinal à dura-máter por meio de sua parte serrilhada lateral, consistindo em 21 prolongamentos semelhantes a dentes, denominados processos triangulares.

Ligamento suspensor da lente. Fibras que seguem desde o corpo ciliar até a cápsula da lente. Mantém a posição das lentes e atua na acomodação visual. Sin., zônula ciliar.

Líquido cerebrospinal (LCS). Líquido claro e incolor secretado pelos plexos corióideos e encontrado no sistema ventricular e no espaço subaracnóideo. O volume total é de cerca de 150 mL. A taxa de formação aproximada do LCS é 500 mL/dia.

Lissencefalia. Aparência lisa do córtex cerebral em que os giros não se desenvolvem.

Lobo límbico. (L., limbus = borda) Estruturas na superfície medial do hemisfério cerebral que circundam o corpo caloso e a porção rostral do tronco encefálico. Inclui principalmente os giros do cíngulo e para-hipocampal.

Locus ceruleus. (L., locus, lugar + ceruleus = azul-escuro) Núcleo pigmentado na porção rostral e lateral do assoalho do IV ventrículo, constituído por neurônios que contêm catecolaminas.

Mácula do sáculo. Neuroepitélio sensitivo na porção anteromedial da parede do sáculo.

Mácula do utrículo. Neuroepitélio sensitivo na porção anterolateral da parede do utrículo.

Mácula lútea. (L., macula = mancha + luteus = amarelo-açafrão) Área amarelada da retina, lateral e ligeiramente abaixo do disco óptico, em um ponto correspondente ao polo posterior da retina.

Meato. (L.) Passagem ou abertura.

Mecanorreceptor. Receptor que é excitado ao ser deformado em consequência de toque, pressão, estiramento de músculo ou tendão, e assim por diante.

Meduloblastoma. Glioma constituído por células neoplásicas que surgem do revestimento neuroepitelial do teto do IV ventrículo.

Melanina. Pigmento marrom-escuro ou preto encontrado no citoplasma de neurônios em alguns núcleos (substância negra, *locus ceruleus* e outros).

Membrana basilar. Membrana que sustenta o órgão de Corti. Estende-se entre a lâmina espiral óssea e o ligamento espiral. Sin., lâmina espiral membranosa.

Membrana de Reissner. Ver *Membrana vestibular*.

Membrana otolítica. Substância gelatinosa sobrejacente às máculas do utrículo e do sáculo, nas quais seus cílios estão imersos. Contém cristais de carbonato de cálcio, os chamados otólitos.

Membrana vestibular. Membrana localizada na cóclea, que separa a rampa do vestíbulo e o ducto coclear. Sin., membrana de Reissner.

Meninges. (G., meninx = membrana) Membranas dura-máter, aracnoide e pia-máter, que envolvem o sistema nervoso central.

Meningioma. (G., meninges + oma = tumor) Tumor benigno de origem aracnóidea. Tende a ocorrer ao longo do seio sagital superior, nas bordas do esfenoide e próximo ao quiasma óptico.

Meningocele. Protrusão subcutânea do saco meníngeo que contém LCS.

Meningomielocele ou mielomeningocele. Protrusão subcutânea de um saco meníngeo que, além de LCS, contém tecido nervoso.

Mesencéfalo. Segmento médio do encéfalo primitivo que originará a porção mesencefálica (= mesencéfalo) do tronco encefálico. Sin., encéfalo médio.

Metencéfalo. Porções pontina e cerebelar do encéfalo em desenvolvimento. Sin., encéfalo posterior.

Miastenia *gravis*. (G., mys = músculo + asthenia = fraqueza) Doença autoimune caracterizada por fraqueza muscular, que geralmente começa na região orofacial e é causada pela rotatividade aumentada dos receptores de acetilcolina na junção neuromuscular, os quais são alvos de anticorpos.

Microgiria. Giros corticais anormalmente pequenos. Polimicrogiria.

Microsmático. (G., micros + osmasthia = cheirar) Ter uma fraca sensibilidade olfatória.

Midríase. Dilatação extrema da pupila.

Mielencéfalo. (G., myelos = medula + enkephalos) Medula oblonga. Sin., bulbo.

Mielina. Lamelas lipoproteicas regularmente alternadas que embainham ou envolvem os axônios de algumas fibras nervosas.

Miniexame do estado mental. Breve questionário padronizado aplicado ao paciente para avaliar a cognição, incluindo aritmética, memória e orientação.

Miose. (G., meiosis = diminuição) Constrição da pupila.

Miótomo. Músculos esqueléticos inervados por um único segmento da medula espinal.

Modíolo. (L., cubo da roda) Eixo central ósseo da cóclea.

Monoplegia. (G., mono + plege = golpe) Paralisia ou paresia de um membro.

Motoneurônio (neurônio motor) inferior. Motoneurônio alfa do tronco encefálico ou da medula espinal. O axônio conduz impulsos para as fibras musculares extrafusais. Sin., via comum final.

Motoneurônio alfa. Neurônio localizado no corno anterior da medula espinal e em certos núcleos do tronco encefálico, cujo axônio passa diretamente para as fibras extrafusais do músculo voluntário. Sin., motoneurônio inferior.

Motoneurônio gama. Neurônios localizados na mesma região da substância cinzenta que os motoneurônios alfa, mas que inervam fibras musculares intrafusais. Mantém a sensibilidade do fuso muscular.

Movimentos de olho de boneca. Movimentar ou virar os olhos na direção oposta à de rotação da cabeça. Implica que o reflexo vestíbulo-ocular está preservado no paciente comatoso. Sin., reflexo oculocefálico.

Movimentos oculares conjugados ou movimentos conjugados dos olhos. Movimento de ambos os olhos juntos.

Músculo detrusor. Músculo localizado na parede da bexiga urinária.

Mutismo. Incapacidade de falar.

Neocerebelo. (G., neos = novo) Porção evolutivamente mais recente do cerebelo, com importantes conexões com o cérebro. Sin., lobo posterior do cerebelo, cerebrocerebelo.

Neuralgia do trigêmeo. Dor de caráter grave, latejante ou em pontada ao longo do território de inervação do nervo trigêmeo.

Neurilema. Bainha citoplasmática de células de Schwann que circundam uma fibra nervosa periférica.

Neurinoma. Tumor benigno que se origina de células de Schwann.

Neurinoma do acústico. Tumor benigno que surge das células de Schwann do nervo craniano (NC) VIII. À medida que o tumor cresce no meato acústico interno, afeta progressivamente os nervos coclear, vestibular e facial. Com crescimento ainda maior, passa a invadir o ângulo pontocerebelar e por fim os NC V, IX, X e XI. Sin., neuroma acústico, neurilemoma ou schwannoma; tumor do ângulo pontocerebelar.

Neuroblastos. Células progenitoras de neurônios.

Neuroepitélio. Células epiteliais que atuam como receptores especiais nos sistemas auditivo, vestibular, olfatório e gustativo.

Neuróglia. (G., glia = cola) Células de suporte não neuronais do SNC. São dez vezes mais numerosas do que os neurônios. Existem quatro tipos: astrócitos, oligodendrócitos, micróglia e células ependimárias. Sin., glia.

Neuroma. Tumor formado por axônios em regeneração no SNP que, quando ativados, podem levar a sensações dolorosas inapropriadas.

Neurônio (célula) de Golgi (do cerebelo). Célula nervosa da camada granular do córtex cerebelar, cujos dendritos situados na camada molecular são excitados pelos axônios da célula granular e cujo axônio inibe as células granulares.

Neurônio de Purkinje. Grande neurônio eferente do córtex cerebelar, cuja maciça árvore dendrítica se distribui na camada molecular, sobretudo transversalmente em relação ao eixo longo da folha do cerebelo (*folium*), e cujo axônio inibe neurônios principalmente nos núcleos cerebelares.

Neurônios centro-off. Neurônios da retina e do núcleo geniculado lateral ativados pela luz aplicada à área circundante e inibidos por um ponto de luz que os atinge.

Neurônios centro-on. Neurônios da retina e do núcleo geniculado lateral ativados por um ponto de luz e inibidos pela luz aplicada à área circunjacente.

Neurônios propriospinais. Células da medula espinal cujos axônios constituem os fascículos próprios adjacentes à substância cinzenta.

Neuropatias. Distúrbios que envolvem nervos periféricos.

Neurópilo. (G., pilos = sentido) Parte da substância cinzenta que consiste em terminações axonais pré-sinápticas, dendritos e glia, em meio aos quais estão localizados os corpos celulares dos neurônios.

Neurotransmissor. (L., neuro + transmito = enviar por) Qualquer agente químico específico liberado por uma célula pré-sináptica mediante excitação, o qual cruza a fenda sináptica para estimular ou inibir a célula pós-sináptica.

Nistagmo. (G., nystagmus = aceno de cabeça) Movimentos involuntários rápidos dos globos oculares, que consistem nas fases rápida e lenta. São nomeados conforme a direção do movimento dos olhos na fase rápida do nistagmo.

Nistagmo optocinético. Nistagmo induzido pela observação de um objeto em movimento.

Nociceptor. (L., noceo = lesar, machucar + capio = pegar) Receptor que é estimulado por uma lesão tecidual que está ocorrendo ou por uma lesão que está prestes à ocorrer. Receptor para dor.

Nodo (nódulo) de Ranvier. Descontinuidade na bainha de mielina de uma fibra nervosa, na qual uma célula de Schwann nos nervos periféricos, ou um oligodendrócito nos tratos centrais, encontra o seguinte.

Nódulo. (L., nó pequeno) Parte mais posterior ou caudal do verme do cerebelo.

Notocorda. Cordão mesodérmico embrionário que induz a placa neural. Persiste no adulto, como núcleo pulposo localizado na parte central do disco intervertebral.

Núcleo *accumbens*. Expansão ventral, medial e dorsal do estriado, onde a cabeça do núcleo caudado encontra o putame, adjacente à base do septo pelúcido nos níveis do prosencéfalo basal e região septal. Sin., estriado ventral.

Núcleo basal de Meynert. Grupo grande de neurônios localizado na substância inominada da substância perfurada anterior. Principal fonte de projeções colinérgicas para o neocórtex, implicada na doença de Alzheimer.

Núcleo de Edinger-Westphal. Núcleo motor visceral no complexo oculomotor. Origina as fibras pré-ganglionares parassimpáticas dos nervos oculomotores. Atua na constrição da pupila e no mecanismo de acomodação visual.

Núcleo denteado. O mais lateral dentre os núcleos cerebelares. Recebe axônios de células de Purkinje oriundos da parte lateral do hemisfério cerebelar.

Núcleo emboliforme. (G., êmbolos = cunha) Núcleo cerebelar localizado medialmente ao núcleo denteado. Recebe axônios das células de Purkinje oriundos da parte paravermiana ou intermédia do hemisfério cerebelar. Parte do núcleo interpósito.

Núcleo fastigial. É o mais medial dos núcleos cerebelares. Recebe axônios das células de Purkinje da região vermiana.

Núcleo globoso. Núcleo cerebelar localizado lateralmente ao núcleo fastigial. Recebe axônios das células de Purkinje oriundos da parte paravermiana ou intermédia do hemisfério cerebelar. Parte do núcleo interpósito.

Núcleo gustativo. Parte rostral do núcleo do trato solitário que recebe as fibras de gustação.

Núcleo subtalâmico. Massa nuclear localizada no subtálamo. Um dos núcleos da base em uma perspectiva funcional. Mau funcionamento associado com balismo.

Núcleos da base[1]. Massas nucleares no hemisfério cerebral, diencéfalo e mesencéfalo, que influenciam os movimentos voluntários. Incluem o corpo estriado, o núcleo subtalâmico e a substância negra.

Núcleos da rafe. Núcleos serotoninérgicos aglomerados na linha média do tronco encefálico.

Óbex. (L., barreira) Ponto na linha média da superfície dorsal do bulbo, que marca a extremidade caudal do IV ventrículo.

Ocitocina. Hormônio secretado pelos neurônios magnocelulares nos núcleos supraóptico e paraventricular do hipotálamo, que estimula a contração das células musculares lisas no útero gravídico e das células contráteis em torno dos ductos das glândulas mamárias.

Oftalmoplegia. (G., ophthalmos = olho + plege = golpe) Paralisia dos músculos extrínsecos dos olhos.

Oftalmoplegia internuclear. (G., ophthalmos = olho + plege = golpe) Distúrbio dos movimentos oculares causado por lesão do fascículo longitudinal medial entre os núcleos abducente e oculomotor. Manifestada durante a execução de movimentos conjugados horizontais pela falta de adução no olho ipsilateral à lesão.

Oligodendrócitos. (G., oligos = pouco + dendron = árvore + glia = cola) Células da neuróglia com pequenos núcleos ovais elétron-densos e citoplasma escasso. Formam a bainha de mielina no SNC.

Opérculo. (L., cobertura ou tampa) Partes do cérebro que cobrem a ínsula e formam as bordas do sulco lateral.

Ora serrata. (L., ora = borda + serratus = entalhado) Borda anterior serrilhada da porção óptica da retina, posterior ao corpo ciliar. Marca o limite entre as porções neural e não neural da retina.

Órgão de Corti. Órgão que constitui uma terminação sensitiva para audição encontrado no ducto coclear da orelha interna. Sin., órgão espiral.

Órgão espiral. Órgão que constitui uma terminação sensitiva para a audição, encontrado no ducto coclear da orelha interna. Sin., órgão de Corti.

Órgão subcomissural. Órgão circunventricular localizado embaixo da comissura posterior.

Órgão subfornicial. Órgão circunventricular localizado entre as colunas do fórnice.

Órgão tendinoso de Golgi. Terminação proprioceptiva encontrada nos tendões. Seu estímulo apropriado é um aumento na tensão do tendão.

---

1 N.R.C.: No sentido anatômico estrito, "núcleos da base" são massas nucleares na base do telencéfalo e não incluiriam núcleos do diencéfalo e do mesencéfalo. Estes integram funcionalmente os circuitos dos núcleos da base.

Órgãos circunventriculares. Áreas muito vascularizadas, que contém capilares fenestrados. Encontradas principalmente no diencéfalo e desprovidas de barreira hematoencefálica.

Ossículos auditivos. Os pequenos ossos da orelha média: martelo, bigorna e estribo. Estão articulados para formar uma cadeia destinada à transmissão das vibrações induzidas pelo som na membrana timpânica para a janela oval.

Otocônia. (G., otos = orelha + konis = poeira) Partículas cristalinas de carbonato de cálcio e uma proteína que adere à membrana otolítica gelatinosa das máculas do utrículo e do sáculo. Sin., estatocônios ou otólitos.

Otólito. (G., otos + lithos = pedra) Uma das partículas que constituem a otocônia. Sin., estatocônio, otocônio, estatólito.

Paleo-. (G., palaios) Velho.

Paleocerebelo. Lobo anterior do cerebelo dotado de importantes conexões com a medula espinal. Sin., espinocerebelo.

Pálido. Globo pálido.

Papiledema. Ver *Edema de disco*.

Paquigiria. Giros corticais anormalmente grandes.

Paralisia. Fraqueza ou paralisia dos músculos.

Paralisia agitante. Ver *Doença de Parkinson*.

Paralisia cerebral. Distúrbio neurológico geralmente diagnosticado em bebês até os 3 anos de idade, que afeta as contrações musculares e a coordenação dos movimentos. Os movimentos em geral são atáxicos, com tônus muscular aumentado (espasticidade) e reflexos exagerados. Não há uma causa comum de paralisia cerebral. A hipóxia intrauterina, asfixia durante o trabalho de parto e infecções pós-natais ou traumatismos na cabeça podem resultar em paralisia cerebral. Não há cura para essa condição.

Paralisia de Bell. Fraqueza dos músculos faciais superiores e inferiores, e incapacidade de fechar o olho completamente. Em geral, causada pela inflamação do nervo facial no canal facial.

Paralisia flácida. Paralisia muscular com hipotonia. Sinal cardinal de lesão em motoneurônio inferior.

Paraplegia. (G., para = ao lado + plege = golpe) Paralisia de membros inferiores.

Parassimpático. Divisão do sistema nervoso autônomo relacionada com a manutenção do organismo. O componente pré-ganglionar se origina nas porções craniana e sacral do sistema nervoso central.

Paraverme. Porção do cerebelo lateral ao verme e medial ao hemisfério lateral. Sua eferência é primariamente destinada ao núcleo interpósito, que atua principalmente sobre o núcleo rubro.

Paresia. (G., soltar, afrouxar, relaxar) Paralisia parcial ou fraqueza muscular.

Pedúnculo. (L., pediculus = pé pequeno) Uma estrutura semelhante a um pé que sustenta.

Pedúnculo cerebelar. Feixes de fibras que conectam o cerebelo ao tronco encefálico.

Pedúnculo cerebelar inferior. Feixe de fibras que conecta o cerebelo e o bulbo.

Pedúnculo cerebelar médio. Feixe de fibras que conecta o cerebelo e a ponte. Sin., *brachium pontis* ou braço da ponte.

Pedúnculo cerebelar superior. Feixe de fibras que conecta o cerebelo e o mesencéfalo. Sin., braço conjuntivo.

Pedúnculo cerebral. Parte ventral do mesencéfalo, que conecta o prosencéfalo ao rombencéfalo, e consiste na base do pedúnculo cerebral, na substância negra e no tegmento.

Peri-. (G.) Ao redor.

Pia-máter. A mais interna das meninges.

Placa alar. Parte do tubo neural dorsal ao sulco limitante, a partir da qual se desenvolvem as estruturas sensoriais.

Placa basal. Parte do tubo neural ventral ao sulco limitante que dá origem às estruturas motoras.

Placa do assoalho. Porção ventral do tubo neural em desenvolvimento. Embora não esteja envolvida na neurogênese, exerce influência significativa sobre a migração e a diferenciação de neurônios na placa basal e na orientação axonal.

Placa do teto. Parte dorsal do tubo neural em desenvolvimento. Embora não esteja envolvida com a neurogênese, a placa do teto exerce influência significativa sobre a migração e a diferenciação de neurônios nas placas alares.

Placa motora (terminal). Sinapse colinérgica (neurotransmissor acetilcolina) de motoneurônio alfa com fibra extrafusal do músculo. Sin., junção mioneural.

Placa neural. Porção especializada do ectoderma na linha média que origina o tubo neural e, posteriormente, o SNC e o SNP.

Placas amiloides senis. Proteínas intra- e extracelulares que são patológicas para os neurônios adjacentes.

Plasticidade. Modificabilidade da estrutura e função do encéfalo diante de estímulos patológicos e normais.

Plasticidade induzida por lesão. Modificação das conexões axonais sobreviventes em resposta à lesão do SNC.

Plexo corióideo. Epitélio e vasos sanguíneos do ventrículo lateral e do III e IV ventrículos. Secreta LCS.

Plexos caróticos. Fibras simpáticas pós-ganglionares que seguem ao longo das artérias carótidas para a musculatura lisa e as glândulas da cabeça.

Poiquilotermia. (G., poikilos = variado + therme = calor) Condição em que a temperatura corporal varia com o ambiente. Pode resultar de uma lesão no hipotálamo posterior.

Poliomielite. Infecção viral que acomete os motoneurônios inferiores e resulta em paralisia. Sin., pólio.

Poliomiosite. Doença inflamatória das fibras musculares.

Ponte. (L., ponte) Porção do tronco encefálico localizada entre o bulbo e o mesencéfalo.

Ponto cego. Área na retina, no ponto de origem do nervo óptico (II), em que não há células fotorreceptoras.

Ponto de fixação. Ponto em que a visão é focada.

Postura decorticada. Descreve o indivíduo cujo encéfalo sofreu comprometimento acima do núcleo rubro, ou seja, no prosencéfalo. Caracterizada pela extensão dos membros inferiores e flexão dos membros superiores.

Postura descerebrada. Descreve o indivíduo cujo encéfalo sofreu comprometimento entre os núcleos vestibulares e o núcleo rubro, ou seja, no mesencéfalo ou na porção rostral da ponte. Caracterizada pela extensão dos membros superiores e inferiores.

Pregas neurais. Espessamentos da placa neural que se juntam para formar o tubo neural.

Preservação sacral. Persistência da normalidade das funções motoras e sensitivas na região sacral, após uma lesão da medula espinal, mais rostralmente. Associada à síndrome medular central, que preserva a parte externa da substância branca, a qual contém fibras condutoras de impulsos sacrais.

Propriocepção. (L., proprius = da própria pessoa + capio = pegar) Informação referente à posição das articulações, ao estado de contração dos músculos e aos movimentos realizados.

Prosencéfalo. Vesícula encefálica primária mais rostral, que origina o diencéfalo e o telencéfalo. Sin., encéfalo anterior.

Prosopagnosia. Dificuldade em reconhecer faces familiares.

Proteína precursora amiloide. Inserida na membrana de neurônios, o seu componente externo é clivado para formar as placas amiloides senis na doença de Alzheimer.

Ptose. (G., queda) Queda da pálpebra superior.

Pulvinar. (L., pulvinus = travesseiro) Porção posterior do tálamo que se sobrepõe ao mesencéfalo.

Punção lombar. Procedimento pelo qual se insere uma agulha no saco dural geralmente entre VL3 e VL4 ou VL4 e VL5 em adultos, e sempre abaixo de VL4 em bebês.

Pupila de Argyll Robertson. Pupila pequena que não reage à luz, mas apresenta constrição durante a acomodação visual.

Putame. (L., descascar ou debulhar) A porção maior e lateral do núcleo lentiforme.

Quadrante anterolateral. Área da substância branca da medula espinal entre a fixação dos ligamentos denticulados e a emergência das raízes anteriores, onde se localiza o trato espinotalâmico.

Quadriplegia. (quadri + G. plege, golpe) Tetraplegia. Paralisia de todos os quatro membros.

Quiasma. (G., chiasma = duas linhas que se cruzam) Cruzamento das fibras do nervo óptico, localizado embaixo da parte anterior do hipotálamo.

Radiação auditiva. Fibras que conduzem impulsos auditivos oriundos do núcleo (corpo) geniculado medial, via parte sublenticular da cápsula interna, para o giro temporal transverso de Heschl.

Rafe. (G., costura) Linha média da ponte e do bulbo.

Ramo. (L., um ramo) Divisão primária de um nervo.

Ramo anterior da cápsula interna. Parte da cápsula interna entre a cabeça do núcleo caudado, medialmente, e o núcleo lentiforme, lateralmente.

Rampa do tímpano. Espaço perilinfático da cóclea situado posteriormente à lâmina espiral e membrana basilar.

Rampa do vestíbulo. Espaço perilinfático da cóclea situado anteriormente à lâmina espiral e membrana vestibular.

Reação axonal. Resposta do neurônio à axotomia, que inclui intumescimento do soma, movimento do núcleo para uma localização excêntrica, cromatólise, aumento do nucléolo e desorganização dos botões pré-sinápticos.

Receptor de estiramento anulospiral. Terminação nervosa aferente localizada na porção central de um fuso muscular, que responde ao estiramento do músculo.

Receptor Nogo. Reconhece três proteínas presentes na mielina do SNC que inibem o crescimento dos axônios em regeneração.

Reflexo. Uma resposta involuntária a um estímulo.

Reflexo à luz. Constrição da pupila quando há incidência aumentada de luz na retina.

Reflexo à luz direta ou reflexo fotomotor direto. Constrição pupilar em um olho em resposta à incidência aumentada de luz na retina do mesmo olho. Depende de os nervos óptico e oculomotor ipsilaterais estarem intactos.

Reflexo ciliospinal. Dilatação de pupilas em resposta à dor, geralmente deflagrada por um pequeno golpe aplicado contra a lateral da cabeça ou do pescoço. Depende da via neural intacta, incluindo a via autonômica (visceral) central descendente, neurônios do centro ciliospinal e suas fibras simpáticas pré-ganglionares, que ascendem no tronco simpático cervical, e inclui as células do gânglio cervical superior, cujas fibras pós-ganglionares atingem o músculo dilatador da íris.

Reflexo consensual (à luz). Constrição pupilar de um olho em resposta à luz que atinge a retina do outro olho. Depende da integridade funcional do nervo óptico ipsilateral e do nervo oculomotor contralateral.

Reflexo corneano. Fechamento do olho mediante estimulação da córnea. Depende dos impulsos aferentes na divisão oftálmica do nervo trigêmeo e no seu trato espinal, bem como dos impulsos eferentes no núcleo do facial e seu nervo.

Reflexo de extensão cruzado. Resposta automática acoplada ao reflexo flexor, que resulta na contração dos músculos extensores contralaterais aos músculos flexores, ativada de modo reflexo em decorrência de um estímulo doloroso ipsilateral.

Reflexo de tosse. Resposta de tosse deflagrada pela irritação da laringe ou árvore traqueobrônquica. Dependente de fibras aferentes intactas no nervo vago.

Reflexo de visão para perto. Convergência dos olhos quando a visão é dirigida de um alvo distante para um alvo próximo.

Reflexo flexor de retirada. Resposta motora automática de retirada em relação a um estímulo doloroso ipsilateral.

Reflexo miotático. (G., myo = desligar + tasis = alongar) Contração de um músculo induzida por seu alongamento. Sin., reflexo tendinoso profundo de estiramento.

Reflexo miotático inverso. A contração de um músculo causa aumento da tensão e isso dispara um órgão tendinoso de Golgi, que conduz essa informação via fibras Ib para excitar os músculos antagonistas e inibir os sinergistas.

Reflexo nauseoso. Contração dos músculos faríngeos mediante estimulação da parte lateral da orofaringe. Depende da integridade das fibras aferentes no nervo glossofaríngeo e das fibras eferentes no nervo vago.

Reflexo oculocefálico. Virar os olhos na direção oposta a da rotação da cabeça. Significa que o reflexo vestíbulo-ocular está intacto em um paciente comatoso. Sin., movimento do olho de boneca.

Reflexo vestíbulo-ocular. Reflexo integrado por três neurônios que resulta no movimento dos olhos na direção oposta a da rotação da cabeça: (1) gânglio vestibular, (2) núcleos vestibulares e (3) núcleos dos NC III, IV e VI núcleos.

Região septal. Região do sistema límbico anterior e lateral à lâmina terminal. Inclui a área septal e os núcleos septais. Está associada às sensações prazerosas ou de recompensa.

Respiração apnêustica. Inspiração prolongada alternada com expiração prolongada; resulta do dano ao tegmento dorsolateral na porção rostral da ponte.

Respiração atáxica. Caracterizada por movimentos respiratórios cujas profundidades são irregulares e desiguais. Resulta do comprometimento da formação reticular dorsomedial nas partes caudal da ponte ou rostral do bulbo.

Respiração de Cheyne-Stokes. Caracterizada pela alternação de hiperpneia e apneia. Resulta da disfunção bilateral de estruturas profundas nos hemisférios cerebrais ou no diencéfalo.

Respiração em salvas. Caracterizada por várias respirações rápidas e profundas alternadas com períodos de apneia. Resulta de lesão nos níveis da porção média da ponte.

Resposta ou reflexo de Babinski. Extensão anômala em direção ascendente (dorsiflexão) do hálux em resposta à estimulação mecânica (toque) da borda externa da planta do pé; em geral, indica dano ao trato piramidal. Sin., resposta ou reflexo plantar extensor.

Resposta plantar extensora. Ver *Resposta ou reflexo de Babinski.*

Retina. (L., dim. de rete = rede) Camada interna do globo ocular que contém os receptores para visão e origina o nervo óptico.

Retinose pigmentar. Acúmulo de restos de células fotorreceptoras entre estas células e a camada celular epitelial pigmentada.

Rigidez. (L., rigidus = rígido, inflexível) Rigidez ou inflexibilidade manifestada pela resistência difusa ao movimento passivo.

Rigidez em cano de chumbo. Hipertonia bidirecional que resulta do tônus aumentado em todos os músculos que atuam em uma articulação. Associada aos distúrbios dos núcleos da base.

Rigidez em roda dentada. Tipo de rigidez em que os movimentos passivos exibem resistência intermitente, de modo semelhante a rodas dentadas se movendo umas sobre as outras. Manifestação de tremor sobreposto à rigidez vista com frequência no parkinsonismo.

Ritmo circadiano. Atividade biológica (como dormir) que ocorre em períodos ou ciclos de aproximadamente 24 horas. O "relógio" que o controla está situado no núcleo supraquiasmático do hipotálamo.

Rizotomia dorsal. Secção das raízes dorsais (posteriores) dos nervos espinais para aliviar a dor ou a espasticidade.

Rodopsina. Pigmento visual dos bastonetes.

Rombencéfalo. (G., rhombos = romboide + enkephalos = encéfalo) Vesícula encefálica primária em forma de pipa ou losango que origina metencéfalo e mielencéfalo, que formarão ponte, cerebelo e bulbo. Sin., encéfalo posterior.

Rostral. (L., rostrum = bico) Posição mais voltada para local mais superior ou mais alto. Cefálico.

Sacadas ou movimentos sacádicos. Movimentos oculares pequenos e rápidos que ocorrem quando se muda o ponto de fixação da visão.

Saco dural. Continuação da dura-máter desde VL2 até VS2, que contém LCS e a cauda equina.

Sáculo. (L., sacculus = um saco pequeno) Parte do labirinto membranoso localizada no vestíbulo do labirinto ósseo. Situado na frente do utrículo.

Seio dural. Canal venoso sem válvula, encontrado nas pregas e nos pontos de fixação da dura-máter.

Seio venoso da esclera. Canal que drena o humor aquoso. Encontrado circundando a córnea na junção corneoescleral. Sin., canal de Schlemm.

Sensação de dois pontos. Capacidade de distinguir o toque de dois pontos distintos aplicados sobre a pele simultaneamente. Tato discriminativo.

Sensibilidade vibratória. Consciência do tato profundo e pressão na pele testada com diapasão de alta frequência (256 vibrações/segundo).

Septo pelúcido. (L., septum = parede + pellucidum = transparente) Lâmina delgada de tecido que se estende entre o corpo caloso e o fórnice. Forma a maior parte da parede medial dos cornos anteriores dos ventrículos laterais.

Sifão carótico. Segmento da artéria carótida interna, em forma de "S" (ou arqueada como "grampo de cabelo"), no canal petroso e no seio cavernoso.

Simpático. (G., syn = com + pathos = sofrimento) Divisão do sistema nervoso autônomo, cujo componente pré-ganglionar tem origem nos segmentos medulares torácicos e lombares, atuando na preparação do organismo para situações de emergência.

Sinais negativos. Déficits funcionais resultantes de uma lesão.

Sinais positivos. Atividade espontânea e incontrolável resultante de uma lesão.

Sinal de Romberg. Quando um paciente posicionado em pé fica mais instável com os olhos fechados, a condição indica mais a ocorrência de ataxia relacionada à coluna posterior do que de ataxia cerebelar.

Sinal do canivete. Relaxamento ou diminuição súbita da resistência ao estiramento passivo de um membro após um aumento inicial da resistência. Envolve a atividade do órgão tendinoso de Golgi (Ib) e é vista na lesão do trato piramidal.

Sinapse. (G., syn = juntos + haptein = tocar) Local de contato funcional entre neurônios, onde os impulsos passam de um neurônio para outro.

Sinaptogênese. Formação de novas sinapses.

Sinaptogênese reativa. Formação de novas sinapses em resposta à lesão no SNC.

Síndrome. (G., concorrência de sintomas) O conjunto de sinais e sintomas associados a qualquer estado mórbido.

Síndrome bulbar lateral. Distúrbio caracterizado pela perda das sensibilidades à dor e à temperatura na metade ipsilateral da face e metade contralateral do corpo; náusea; vertigem; ataxia ipsilateral; paralisia ipsilateral do palato mole, faringe e corda vocal; além da síndrome de Horner. Causada por lesão vascular envolvendo a artéria vertebral ou a artéria cerebelar inferior posterior. Sin., síndrome de Wallenberg.

Síndrome comissural. Perda das sensibilidades dolorosa e térmica, bilateralmente, causada por lesão da comissura anterior da medula espinal.

Síndrome de Brown-Séquard. Hemissecção da medula espinal; causa paralisia espástica ipsilateral e perda ipsilateral das sensibilidades tátil, vibratória e proprioceptiva, bem como perda contralateral das sensibilidades à dor e à temperatura abaixo do nível da lesão.

Síndrome de Down. Mongolismo. Síndrome da trissomia do 21. Uma síndrome caracterizada por retardo mental associado a uma constelação variável de anormalidades causadas pela representação de pelo menos uma porção essencial do cromossomo 21 três vezes em vez de duas em algumas ou em todas as células.

Síndrome de Gerstmann. Distúrbio caracterizado por agnosia dos dedos da mão, acalculia, confusão direita-esquerda e agrafia. Causada por lesão no hemisfério dominante próximo à junção do lóbulo parietal inferior e lobo occipital.

Síndrome de Guillain-Barré. Neuropatia adquirida causada pela desmielinização de axônios do sistema nervoso periférico, tratada por plamaférese ou terapia à base de imunoglobulina.

Síndrome de Horner. Distúrbio caracterizado por ptose palpebral, miose e anidrose. Causado pela interrupção central ou periférica de impulsos simpáticos para a face e o olho.

Síndrome de Klüver-Bucy. Distúrbio caracterizado por uma acentuada perda do medo, docilidade, tendência à exploração oral dos objetos e hipersexualidade. Resulta da ablação bilateral das amígdalas.

Síndrome de Korsakoff. Distúrbio que envolve perda de memória, confusão e, muitas vezes, confabulação. As lesões costumam ser encontradas nas paredes do III ventrículo, envolvendo os corpos mamilares, núcleos talâmicos dorsomediais ou núcleos talâmicos anteriores.

Síndrome de negligência. Distúrbio perceptivo relacionado com a falta de reconhecimento do lado oposto do corpo e do espaço circunvizinho.

Síndrome de Wallenberg. Ver *Síndrome bulbar lateral.*

Síndrome de Weber. Distúrbio caracterizado por hemiplegia espástica contralateral com oftalmoplegia ipsilateral (com o olho virado para baixo e para fora, ptose palpebral e midríase). Resulta de uma lesão da base do pedúnculo cerebral e do nervo oculomotor de um lado no mesencéfalo. Sin., síndrome mesencefálica ventral, hemiplegia alterna superior ou hemiplegia oculomotora alternante.

Síndrome do choque simpático agudo. Caracterizada por bradicardia, hipotensão e síndrome de Horner bilateral. Ocorre nas lesões medulares cervicais bilaterais agudas como resultado da interrupção dos impulsos descendentes para os núcleos simpáticos.

Síndrome do lobo anterior. Distúrbio cerebelar caracterizado pela perda de coordenação, inicialmente nos membros inferiores (ataxia de marcha), frequentemente como resultado da degeneração das células de Purkinje causada por deficiência nutricional crônica, em geral associada ao alcoolismo.

Síndrome do lobo floculonodular. Distúrbio caracterizado pela instabilidade do tronco (ataxia de tronco), geralmente causado pela presença de tumores próximos à linha média do vestibulocerebelo.

Síndrome do lobo posterior. Distúrbio caracterizado por ataxia, hipotonia, tremor de intenção (intencional), dismetria, disdiadococinesia e, quando bilateral, fala explosiva. Resulta de lesão no lobo posterior do cerebelo, núcleo denteado ou trato dentatotalâmico. Sin., síndrome neocerebelar.

Síndrome do motoneurônio inferior. Distúrbio caracterizado por paralisia flácida, reflexos diminuídos ou ausentes e atrofia muscular grave. Causada pela perda da via comum final, ou seja, perda dos motoneurônios alfa ou de seus axônios que inervam um músculo.

Síndrome do neurônio motor superior. Distúrbio caracterizado por paralisia espástica, reflexos miotáticos exagerados e uma resposta plantar extensora (de Babinski). Causada pela lesão do sistema piramidal.

Síndrome hipotalâmica. Distúrbio que se manifesta com diabetes insípido, alterações endócrinas, comprometimento da regulação da temperatura, anormalidades nos padrões de sono e alterações comportamentais. Resulta de uma lesão no hipotálamo.

Siringomielia. (G., syrinx = tubo + myelos = medula) Anomalia ou lesão da medula espinal em que ocorre cavitação da medula.

Sistema ativador reticular ascendente (SARA). Componentes da formação reticular do tronco encefálico que se projetam para partes do tálamo e do hipotálamo, e conferem ritmo à atividade do córtex cerebral. Se for interrompido no mesencéfalo, o resultado é o coma. Associado ao ciclo de sono-vigília. Os centros do sono na ponte, no bulbo e no hipotálamo projetam para o SARA a fim de desligá-lo e induzir o sono. Sin., sistema reticular ativador.

Sistema límbico. (L., limbus = borda) Estruturas cortical e subcortical que influenciam o comportamento e as respostas autonômicas (viscerais) sobretudo por meio do hipotálamo. Inclui o lobo límbico, a amígdala, o hipocampo, a região septal e o hipotálamo. Alguns autores também incluem o núcleo anterior do tálamo, a porção medial do tegmento mesencefálico, o córtex orbitofrontal e a porção anterior do giro do cíngulo.

Sistema neoespinotalâmico. Sistema espinotalâmico evolutivamente mais recente, que conduz a dor rápida para o núcleo ventral posterolateral do tálamo. Suas fibras periféricas são do tipo A-delta, originando-se principalmente de neurônios marginais no corno posterior da substância cinzenta da medula espinal.

Sistema paleoespinotalâmico. Sistema espinotalâmico evolutivamente mais antigo, conduz a dor lenta para uma área maior do SNC, incluindo a formação reticular e os núcleos intralaminares e medial do tálamo, sendo então menos localizada do que o sistema neoespinotalâmico. As fibras periféricas são do tipo C. Originam-se de neurônios localizados principalmente nas lâminas IV, V e VI do corno posterior da medula espinal.

Sistema porta hipofisário. Conexão vascular entre a eminência mediana e a haste infundibular adjacente e o lobo anterior da hipófise, por onde os fatores de liberação hipotalâmicos são transportados.

Sistema somatossensorial. Referente à sensibilidade (sensações) somática(s) geral(is): sensibilidade à dor somática, à temperatura, ao tato, à vibração e à propriocepção.

Sistemas modulatórios difusos. Grupos de neurônios e seus neurotransmissores associados, localizados principalmente no tronco encefálico, que projetam de modo difuso pelo SNC, via axônios com inúmeras ramificações. Sua função é regular a excitabilidade de um grande número de neurônios.

Somático. (g., somáticos = corporal) Referente à parede corporal e não às vísceras.

Somatotópico. Relacionado a regiões particulares do corpo. Descreve a localização de diferentes partes do corpo nas vias funcionais.

Somestésico. (B., soma + aisthesis = sensação) Denota as sensações gerais de dor, temperatura, tato, pressão, propriocepção e vibração.

Sono NREM. Estágio em que os movimentos oculares rápidos estão ausentes. Gerado por grupos de neurônios presentes no hipotálamo e no bulbo.

Sono REM. Estágio em que ocorrem os movimentos oculares conjugados rápidos. Gerado por centros localizados na formação reticular pontina dorsolateral.

Substância gelatinosa. Lâmina II da substância cinzenta da medula espinal, consistindo de interneurônios que atuam na modulação da dor.

Substância inominada. Substância cinzenta da substância perfurada anterior. Contém o núcleo basal de Meynert.

Substância negra. Massa nuclear localizada no mesencéfalo. Um dos núcleos da base em uma perspectiva funcional. Consiste em: (1) uma parte compacta posterior, com neurônios dopaminérgicos contendo melanina, cujo mau funcionamento está associado à doença de Parkinson; e (2) uma parte reticular anterior que está em continuidade com o pálido medial.

Substância perfurada anterior. Região atrás da superfície orbital do lobo frontal e das estrias olfatórias medial e lateral, por meio da qual numerosas artérias pequenas atingem estruturas internas.

Subtálamo. Parte do diencéfalo encontrada entre o tálamo, dorsalmente, e o pedúnculo cerebral, ventralmente, e ainda o hipotálamo, medialmente. Composto por núcleo subtalâmico, zona incerta e campo pré-rúbrico.

Sulco. (L., sulco) Uma ranhura ou sulco na superfície do cérebro.

Sulco lateral. Fenda mais proeminente na superfície lateral do hemisfério cerebral; começa anteriormente e segue posteriormente, separando os lobos frontal e parietal do lobo temporal. Sin., fissura de Sylvius.

Sulco limitante. Sulco longitudinal na parede lateral do tubo neural em desenvolvimento, separando as placas basal e alar.

Surdez nervosa ou sensorioneural. Surdez perceptual causada pelo dano às células sensitivas da orelha interna ou ao nervo coclear; o grau de perda da audição depende da extensão da lesão.

Surdez por condução ou de condução. Surdez incompleta causada pela interferência na passagem das ondas sonoras pela orelha externa ou das vibrações sonoras ao longo da orelha média.

Tabes dorsalis. (L., tabes = desgaste) Deterioração de raízes espinais dorsais e colunas dorsais posteriores da medula espinal, resultante principalmente de sífilis ou anemia perniciosa, e manifestada como dor e parestesia, comprometimento da postura e da sensibilidade à vibração, ataxia e reflexos de estiramento (miotáticos) diminuídos. Syn., ataxia locomotora.

Tálamo. (G., thalamos = quarto) Divisão do diencéfalo situada medial à cauda e corpo do núcleo caudado e cápsula interna, formando a parte dorsal das paredes laterais do III ventrículo. Sin., tálamo dorsal.

Tapetum. (L., tapete = carpete) Fibras do corpo caloso que passam lateralmente e formam o teto do corno occipital do ventrículo lateral, bem como se espraiam inferiormente para formar as paredes laterais dos cornos posterior e inferior.

Taquicardia. Aceleração cardíaca. Batimentos cardíacos rápidos, termo geralmente aplicado a frequências superiores a mais de 100 batimentos por minuto.

Tegmento. (L., tegmen = cobertura) A parte dorsal do pedúnculo cerebral e da ponte.

Telencéfalo. Vesícula encefálica secundária formada a partir do prosencéfalo, que origina os hemisférios cerebrais.

Terminação de Ruffini. Mecanorreceptor subcutâneo que fornece informação sobre o grau de estiramento da pele e formatos de objetos.

Teste de Ishihara. Determina se há comprometimento da visão de cores. Consiste em pedir ao paciente para identificar números formados por pontos de uma só cor em um fundo formado por pontos de diferentes cores.

Teste do diapasão de Rinne. Ao vibrar o diapasão ouve-se por mais tempo e mais alto quando ele está em contato com o crânio (geralmente, com o processo mastoide), do que quando o diapasão é colocado próximo à orelha externa – indicação de algum distúrbio no aparelho de condução do som.

Teste do diapasão de Weber. Aplicação de um diapasão em vibração na linha média da testa para determinar em qual orelha o som é mais bem ouvido. A orelha que ouve melhor exibe anormalidade no caso de surdez por condução, ou é normal no caso de surdez sensorioneural.

Teto. (L., tectus = teto) Estrutura que proporciona cobertura, como ocorre no teto do mesencéfalo, consistindo nos colículos.

Tic douloureux. (F., espasmo doloroso) Neuralgia do trigêmeo.

Tonotópico. Localização de certos tipos de som ao longo das vias auditivas.

Tonsila. (L., tonsila = estaca) Lóbulo arredondado na superfície inferior de cada hemisfério cerebelar.

Transporte axonal anterógrado. Trânsito de substâncias a partir do corpo celular. Existem duas velocidades de trânsito: (1) transporte rápido, 400 mm/dia; requer neurotúbulos e constitui o meio de transporte de organelas membranosas, vesículas sinápticas e seus precursores; (2) transporte lento, 1-2 mm/dia; transporte de macromoléculas não empacotadas e de todo o citoesqueleto.

Transporte axonal retrógrado. Movimento de produtos do metabolismo celular da terminação nervosa distal para o corpo celular.

Trato de Lissauer. Trato na superfície dorsolateral da medula espinal, que contém fibras curtas (no máximo por dois segmentos medulares) de dor e temperatura oriundas das raízes dorsais e axônios de neurônios da substância gelatinosa. Sin., fascículo dorsolateral.

Trato habênulo-interpeduncular. Feixe compacto de fibras que se origina na habênula e segue ventralmente para o núcleo interpeduncular do mesencéfalo e a formação reticular adjacente. Sin., fascículo retroflexo.

Trato hipotálamo-hipofisário. Fibras amielínicas originadas nos núcleos supraótico e paraventricular do hipotálamo, que chegam ao lobo posterior da hipófise ou neuro--hipófise.

Tremor. (L., tremere = agitar) Tremular ou agitar involuntariamente.

Tremor intencional ou de intenção. Movimento trêmulo de vai e volta, para a frente e para trás, que ocorre quando um movimento voluntário é executado. Associado à disfunção do lobo cerebelar posterior.

Tríade da visão para perto. Convergência dos olhos, constrição pupilar e espessamento (por aumento da curvatura) das lentes para acomodação. Tríade da acomodação visual.

Trigêmeo. (L., trigeminus = triplo) Três nascidos de uma vez.

Trígono. (L., trígono) Triângulo.

Trófico. (B., trophe = nutrição) Relacionado à nutrição. Substâncias que mantêm o metabolismo de uma célula ou seus processos para promoção da sobrevivência neuronal.

Tuber cinéreo. (L., tuber = tumefação + cinis = de cor pálida ou cinza) Área na superfície ventral do hipotálamo, entre os corpos mamilares e o quiasma óptico.

Tubérculo. (L., protuberância) Elevação de uma superfície.

Tubo de neurilema. Canal funcional composto de células de Schwann e lâmina basal circundante para axônios intactos ou preservados e em regeneração.

Tubo neural. Estrutura mais fundamental para o desenvolvimento do SNC. Formado pela união das pregas neurais.

Umami. Sensação gustativa descrita por alguns como sabor associado ao glutamato monossódico ou ao sabor suculento da carne.

Unco. (L., gancho) Espessamento na face medial do giro para-hipocampal sobrejacente à amígdala e situado perto da borda livre do tentório do cerebelo.

Unidade motora. O motoneurônio alfa, seu axônio e as fibras musculares extrafusais que o motoneurônio inerva.

Utrículo. (L., ventre pequeno) Parte do labirinto membranoso localizado no vestíbulo do labirinto ósseo.

Úvea. (L., uva = uva) Camada média ou vascular do globo ocular. Consiste na coroide, no corpo ciliar e na íris.

Valécula. (L., vallis = vale) Depressão profunda na superfície inferior do cerebelo entre os dois hemisférios.

Vasopressina. Ver *Hormônio antidiurético (ADH)*.

Vergência. Quando os dois olhos se movimentam ao mesmo tempo medial ou lateralmente, como ocorre na convergência, quando um objeto se aproxima, e na divergência, quando um objeto se afasta.

Verme. (L., minhoca) A porção do cerebelo situada na linha média. Suas conexões são primariamente com o núcleo fastigial, que atua sobre os núcleos vestibulares para o equilíbrio e os movimentos oculares.

Vertigem. (L., tontura) Sensação de movimento irregular ou rodopiante, seja em si mesmo (vertigem subjetiva) ou de objetos externos (vertigem objetiva).

Vestíbulo. (L., vestibulum = área de entrada) Parte média do labirinto ósseo, que contém o sáculo e o utrículo, e se comunica com os canais semicirculares posteriormente e com a cóclea anteriormente.

Véu. (L., manto ou cobertura) Fina camada de tecido semelhante a um véu ou cortina.

Véu medular superior. Lâmina delgada de substância branca entre os pedúnculos cerebelares superiores. Forma o teto da parte pontina do IV ventrículo na linha média, embaixo da língula do cerebelo. Sin., véu medular anterior.

Via comum final. Termo usado para os motoneurônios alfa, por meio dos quais convergem todos os impulsos oriundos de múltiplas fontes do SNC que se destinam aos músculos esqueléticos. Aqui se incluem somente conexões entre o SNC e fibras musculares extrafusais.

Visão dicromática. Percepção anômala de apenas duas das três cores primárias.

Visão escotópica. (G., slotos = escuridão + opsis = visão) Visão quando o olho está adaptado ao escuro.

Visão fotópica. Visão quando o olho está adaptado à luz.

Visão tricromática. Visão de cores normal, em que as três cores primárias são percebidas.

Zona de entrada da raiz dorsal (ZERD). Área na medula espinal onde entram as raízes dorsais (posteriores), imediatamente externa ao corno posterior. Lesões na ZERD consistem em procedimentos cirúrgicos para abolir a dor da desaferentação crônica.

Zona de Wernicke. Zona triangular na parte retrolenticular da cápsula interna, lateral ao núcleo (corpo) geniculado lateral e que contém as radiações ópticas.

Zona incerta. Núcleo pequeno e relativamente evidente, localizado na porção dorsal e lateral do subtálamo, e em continuidade com o núcleo reticular talâmico.

Zumbido. (L., tinido) Zumbido nas orelhas.

Apêndice C: Sugestões de leitura

Apuzzo MLJ. Surgery of the Third Ventricle, 2.ed. Baltimore, MD: Williams & Wilkins, 1998.

Augustine JR. Human Neuroanatomy. London: Aca-demic Press, 2008.

Bear MF, Connors BW, Paradiso MA. Neurosci-ence Exploring the Brain, 3.ed. Baltimore, MD: Lippincott Williams & Wilkins, 2006.

Blumenfeld H. Neuroanatomy Through Clinical Cases. Sunderland, MA: Sinauer Associates, Inc., 2002.

Brazis PW, Masdeu JC, Biller J. Localization in Clini-cal Neurology, 5.ed. Philadelphia, PA: Lippincott Williams & Wilkins, 2006.

Brodal A. Neurological Anatomy in Relation to Clinical Medicine, 3.ed. New York: Oxford Uni--versity Press, 1981.

Brodal P. The Central Nervous System: Structure and Function. New York: Oxford University Press, 2003.

Burt AM. Textbook of Neuroanatomy. Philadelphia, PA: WB Saunders, 1993.

Crosby EC, Humphrey T, Lauer EW. Correlative Anatomy of the Nervous System. New York: Macmillan, 1962.

Haines DE. Fundamental Neuroscience for Basic and Clinical Applications, 3.ed. Philadelphia, PA: Churchill Livingstone Elsevier, 2005.

Heimer L. The Human Brain and Spinal Cord. Functional Neuroanatomy and Dissection Guide. New York: Springer-Verlag, 1994.

Kandel ER, Schwartz JH, Jessell TM et al. Principles of Neural Science, 5.ed. New York: McGraw-Hill Medical, 2013.

Kiernan JA. Barr's The Human Nervous System: An Anatomical Viewpoint, 8.ed. Baltimore, MD: Lippincott Williams & Wilkins, 2004.

Kingsley, RE. Concise Text of Neuroscience. Baltimore, MD: Williams & Wilkins, 1996.

Martin JH. Neuroanatomy Text and Atlas. New York: Elsevier, 2003.

Nauta WJH, Feirtag M. Fundamental Neuroanatomy. New York: WH Freeman, 1986.

Noback CR, Strominger NL, Demarest RJ. The Human Nervous System: Introduction and Review, 4.ed. Philadelphia, PA: Lea & Febiger, 1991.

Nolte J. The Human Brain: An Introduction to its Functional Anatomy, 4.ed. St. Louis, MO: Mosby-Year Book, 2002.

Parent A. Carpenter's Human Neuroanatomy, 9. ed. Baltimore, MD: Williams & Wilkins, 1996.

Westmoreland BF, Benarroch EE, Daube JR, Reagan TJ, Sandok BA. Medical Neurosciences, 3.ed. Boston, MA: Little Brown & Co, Inc., 1994.

Willis WD Jr, Grossman RG. Medical Neurobiology. Neuroanatomical and Neurophysiological Principles Basic to Clinical Neuroscience, 3.ed. St. Louis, MO: Mosby-Year Book, 1981.

Yasargil MG. Microneurosurgery, Vol. 1. Anatomy. Stuttgart, Germany: Georg Thieme, 1984.

Apêndice D: Atlas de cortes corados para mielina

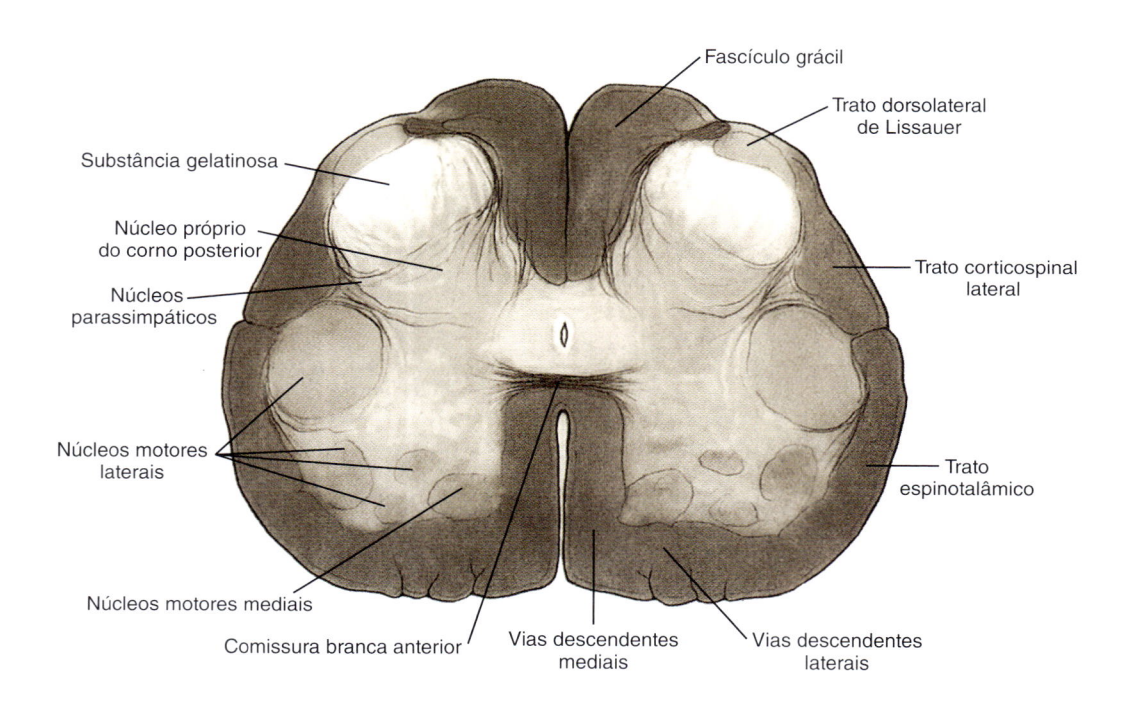

Fascículo grácil

Trato dorsolateral de Lissauer

Substância gelatinosa

Núcleo próprio do corno posterior

Núcleos parassimpáticos

Trato corticospinal lateral

Núcleos motores laterais

Trato espinotalâmico

Núcleos motores mediais

Comissura branca anterior

Vias descendentes mediais

Vias descendentes laterais

Figura D.1 Corte transversal através da medula espinal sacral.

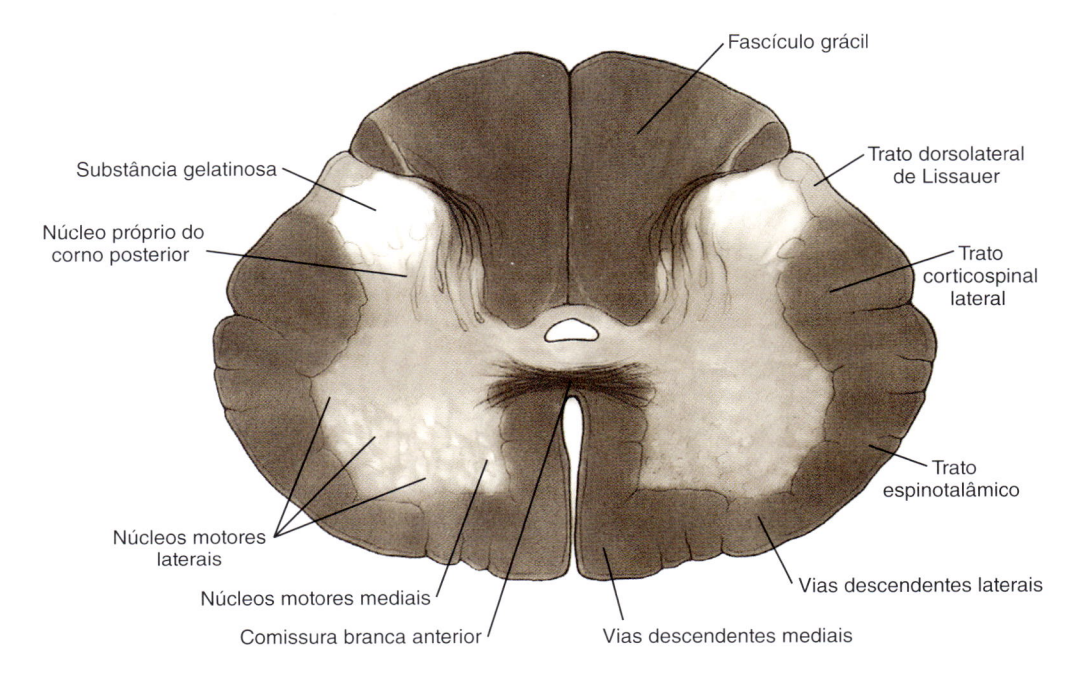

Figura D.2 Corte transversal através da medula espinal lombar.

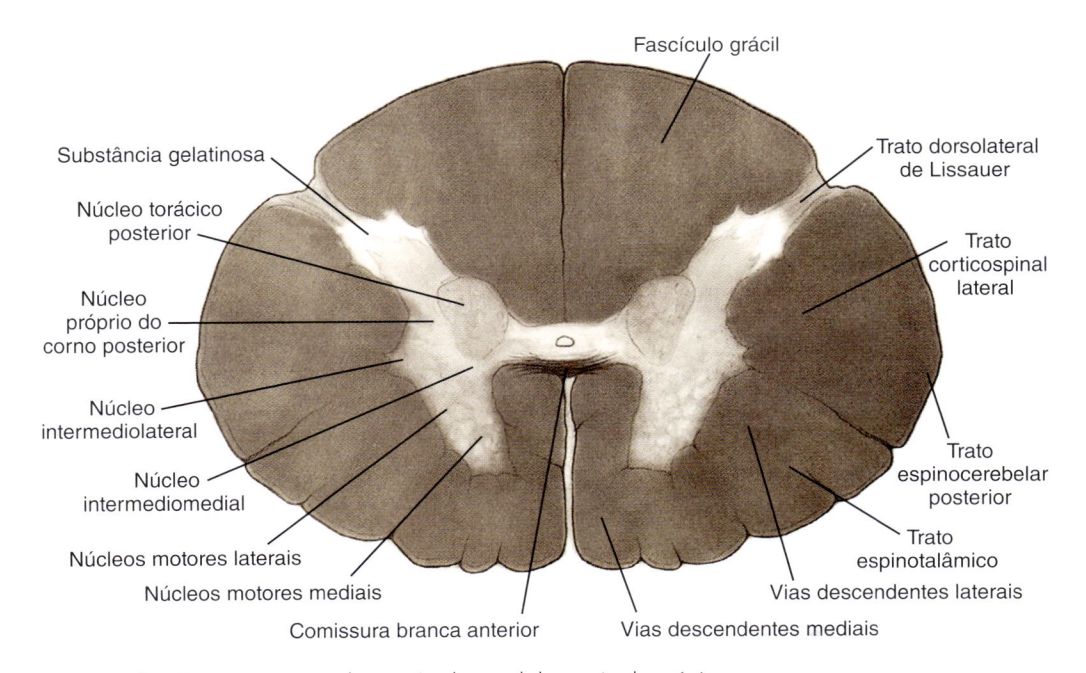

Figura D.3 Corte transversal através da medula espinal torácica.

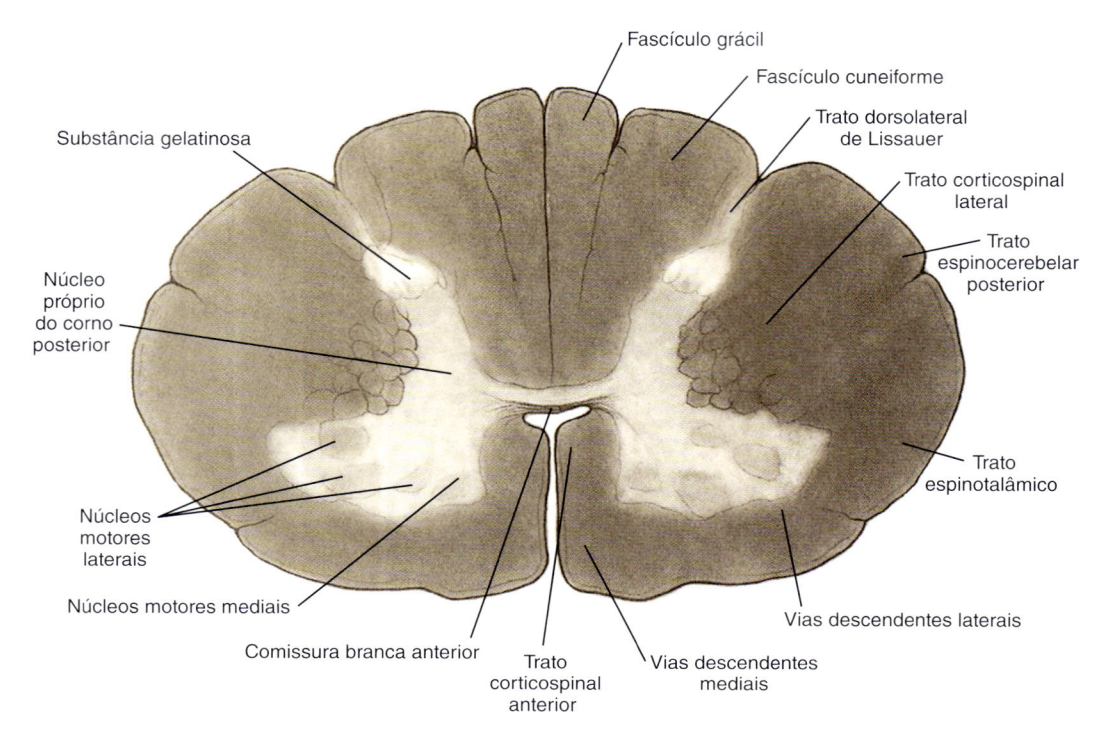

Figura D.4 Corte transversal através da intumescência cervical.

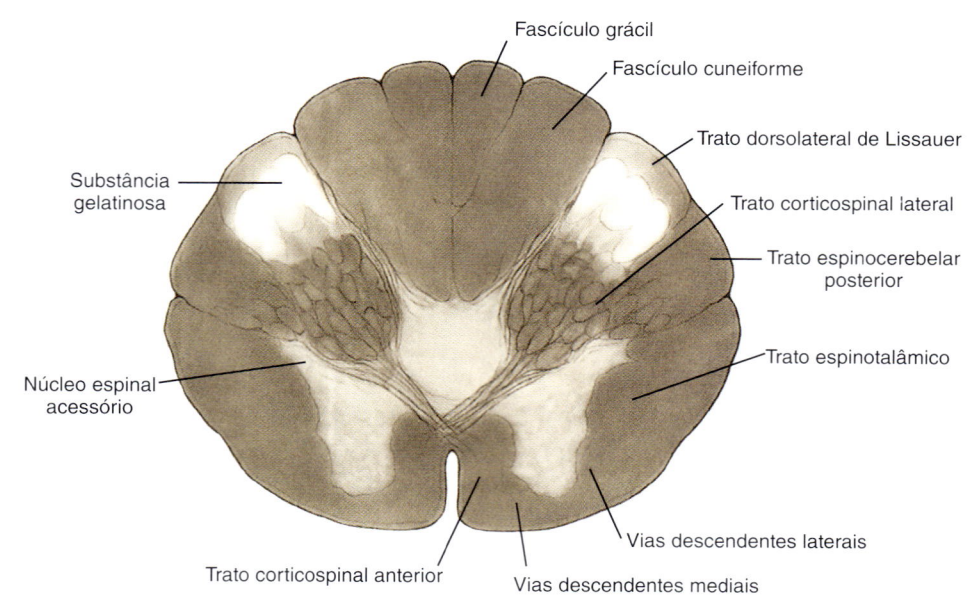

Figura D.5 Corte transversal através de C1, medula espinal.

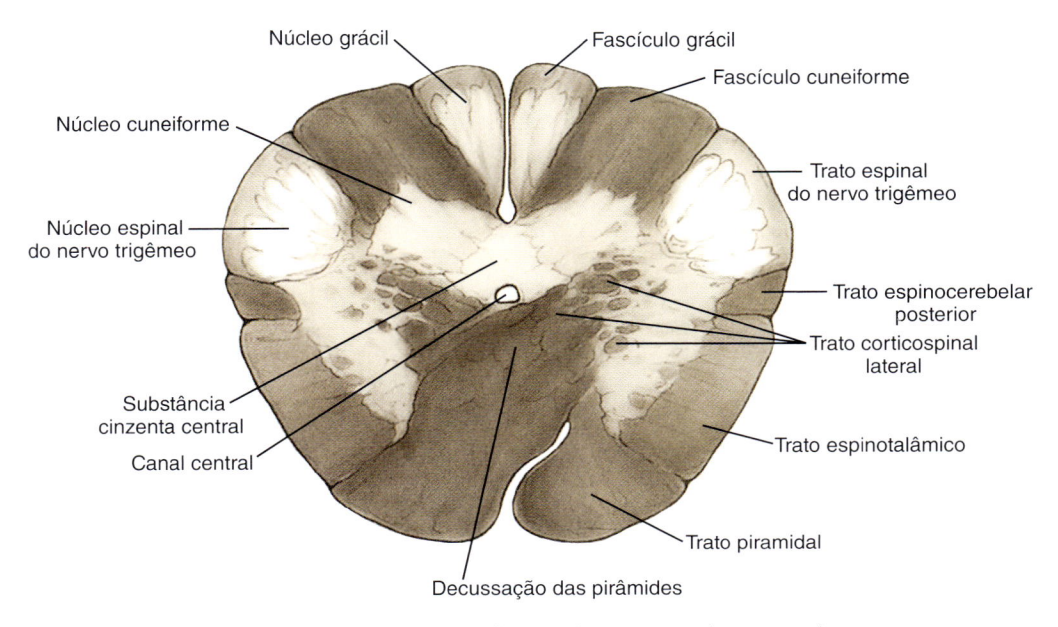

Figura D.6 Corte transversal através do bulbo na decussação das pirâmides.

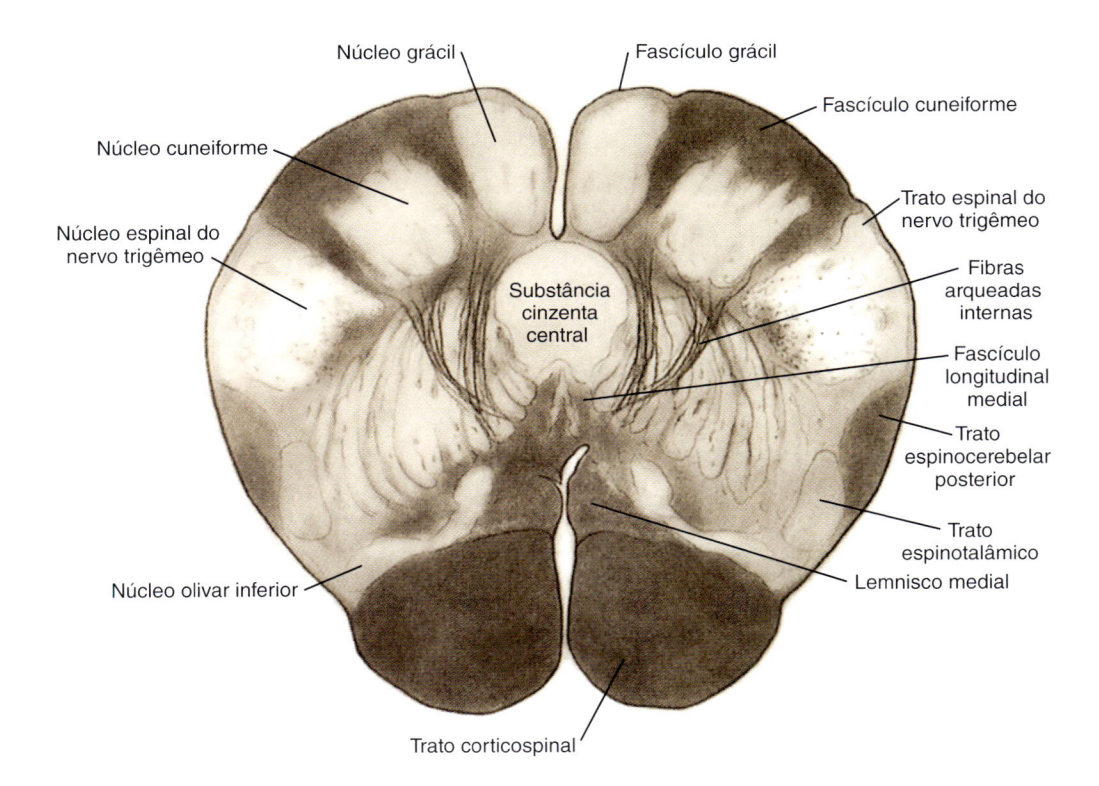

Figura D.7 Corte transversal através do bulbo no nível dos núcleos da coluna posterior.

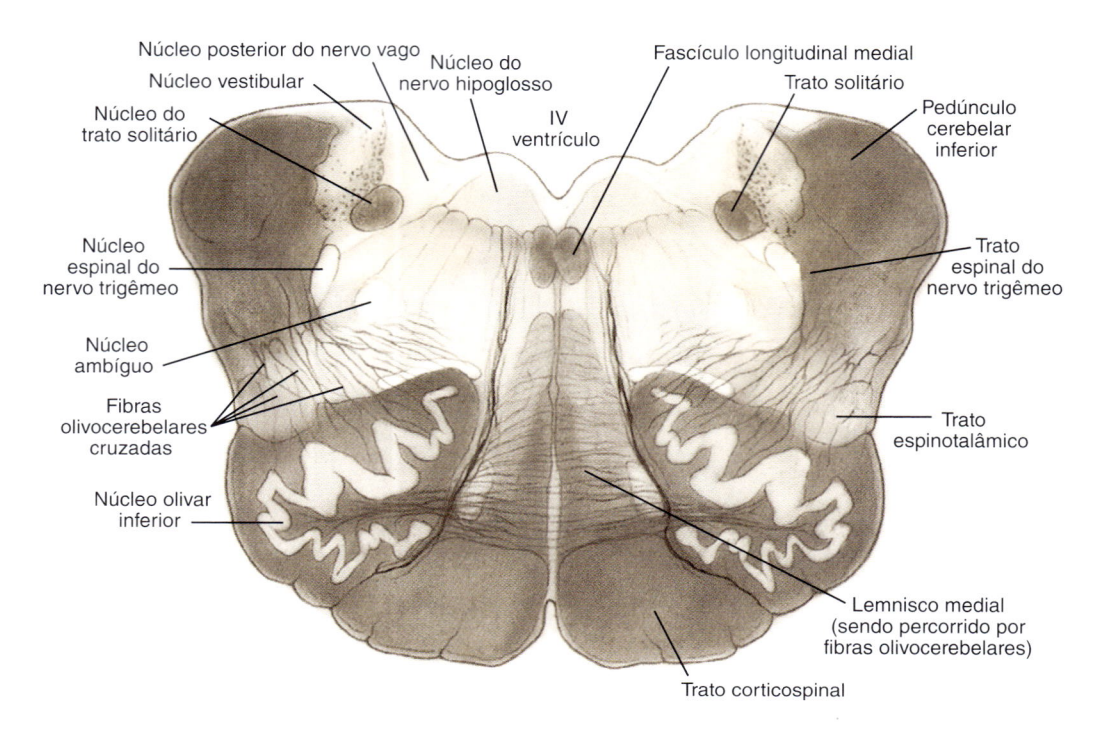

Figura D.8 Corte transversal através do bulbo no nível dos núcleos do nervo hipoglosso e posterior do nervo vago.

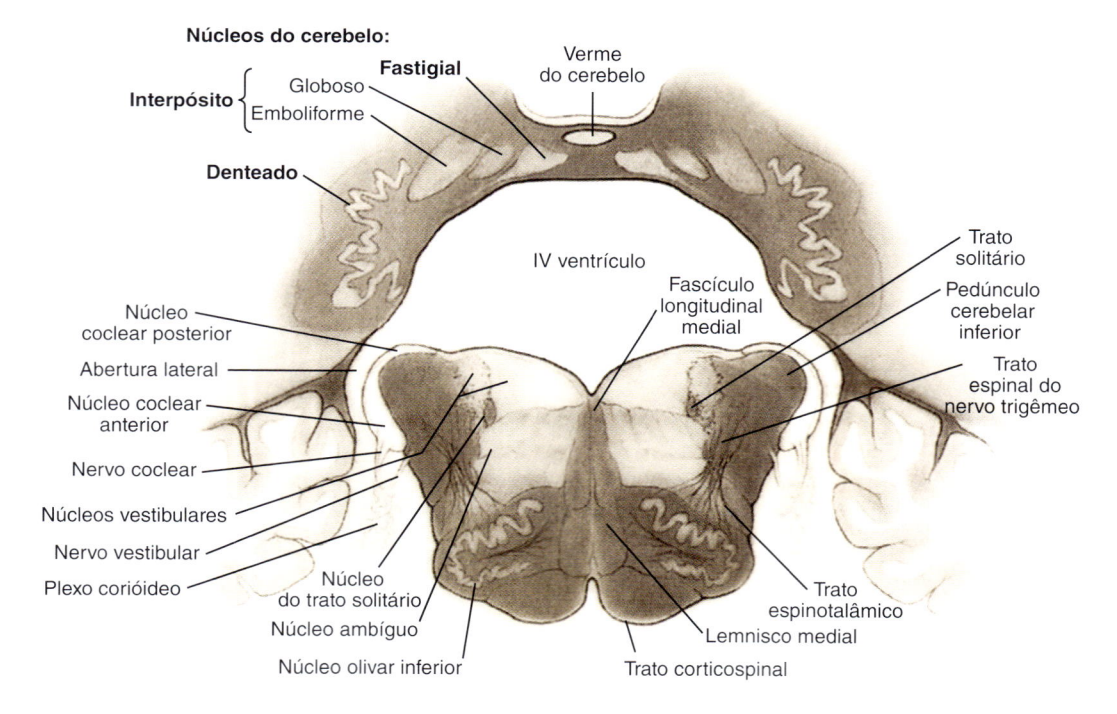

Figura D.9 Corte transversal através do bulbo no nível da abertura lateral do IV ventrículo.

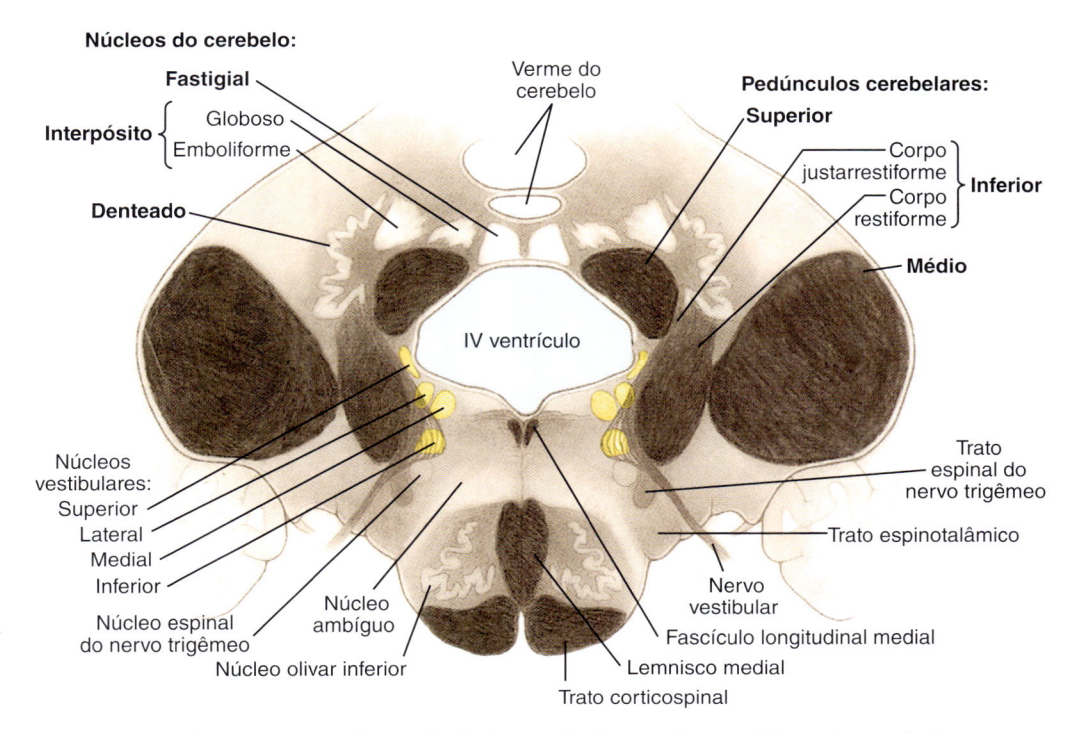

Figura D.10 Corte transversal através da junção bulbopontina e núcleos do cerebelo.

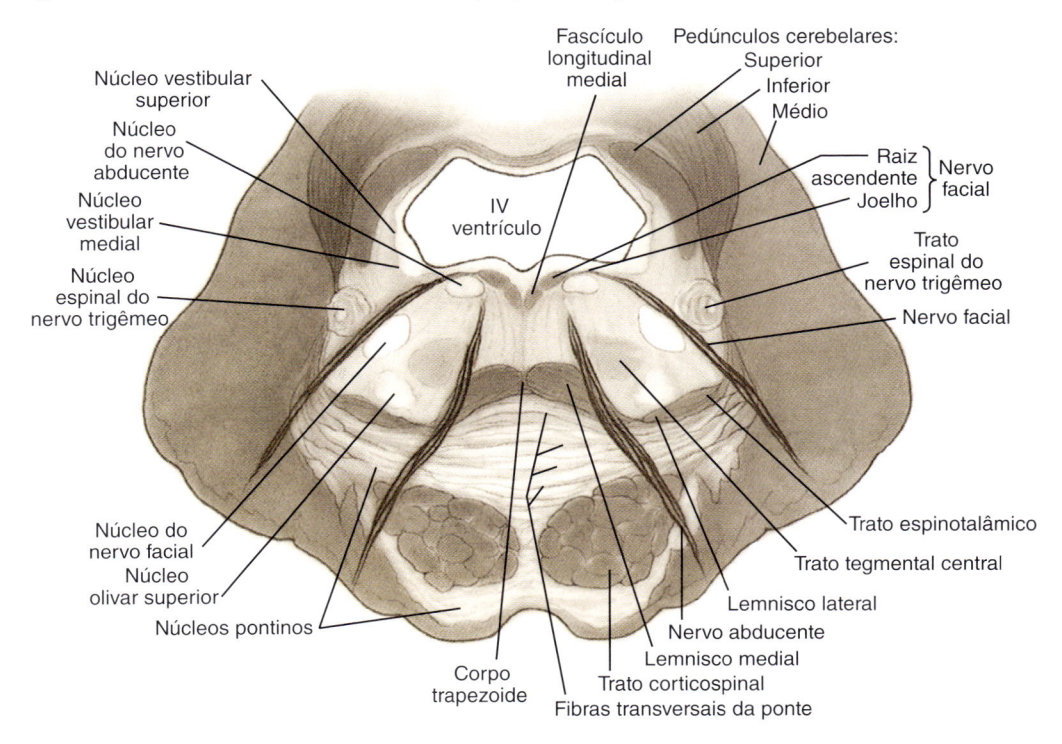

Figura D.11 Corte transversal através da porção caudal da ponte no nível dos núcleos dos nervos abducente e facial.

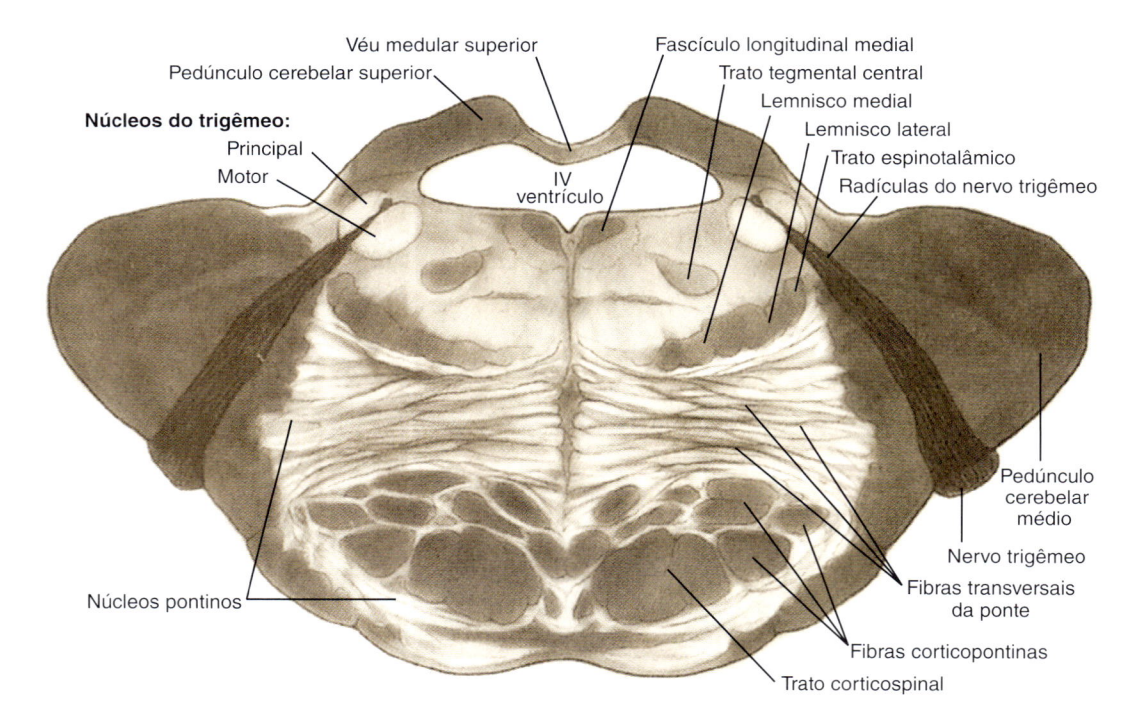

Figura D.12   Corte transversal através da porção média da ponte no nível dos núcleos motor e principal do nervo trigêmeo.

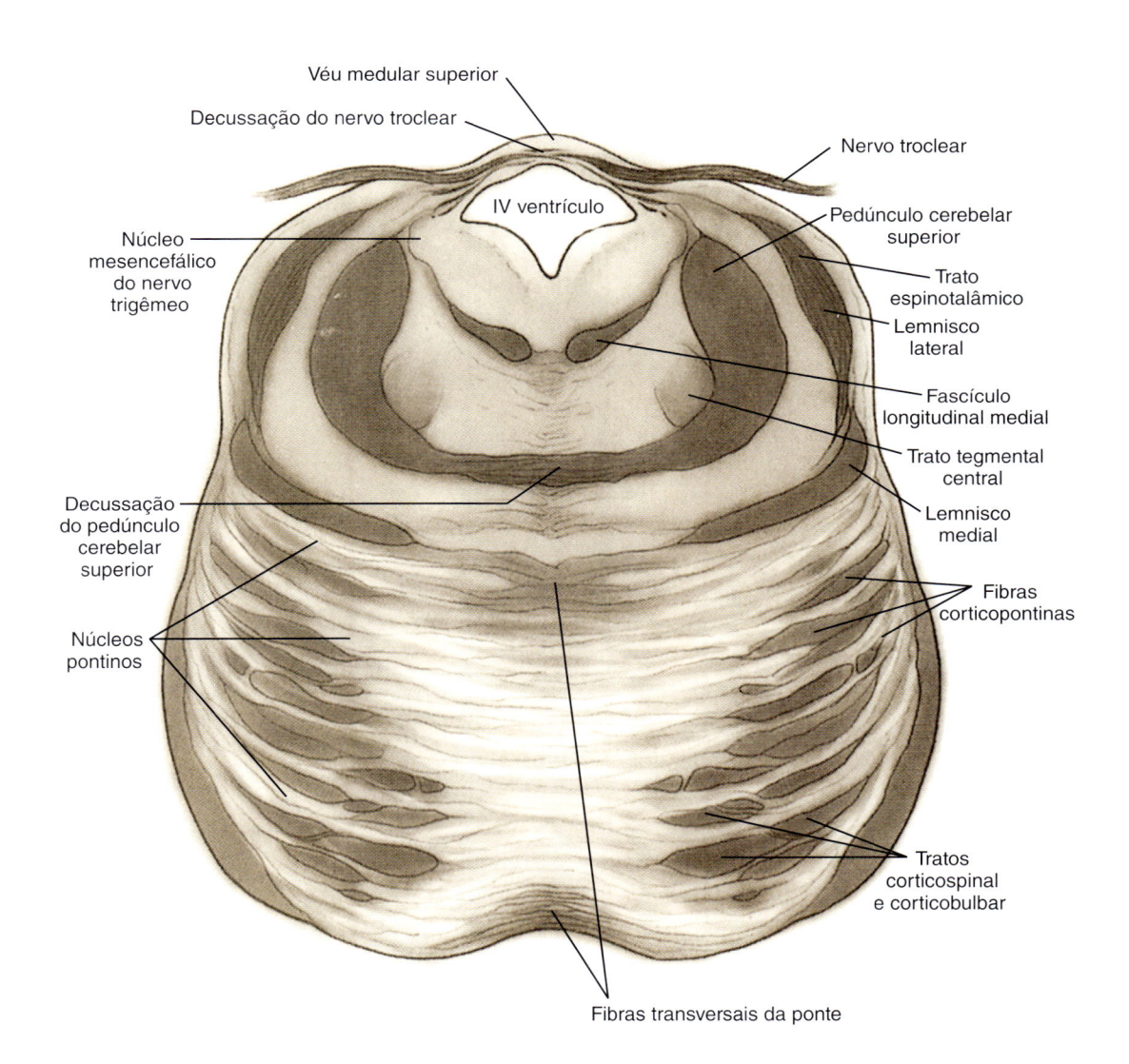

Figura D.13 Corte transversal através da porção rostral da ponte no nível da decussação dos nervos trocleares.

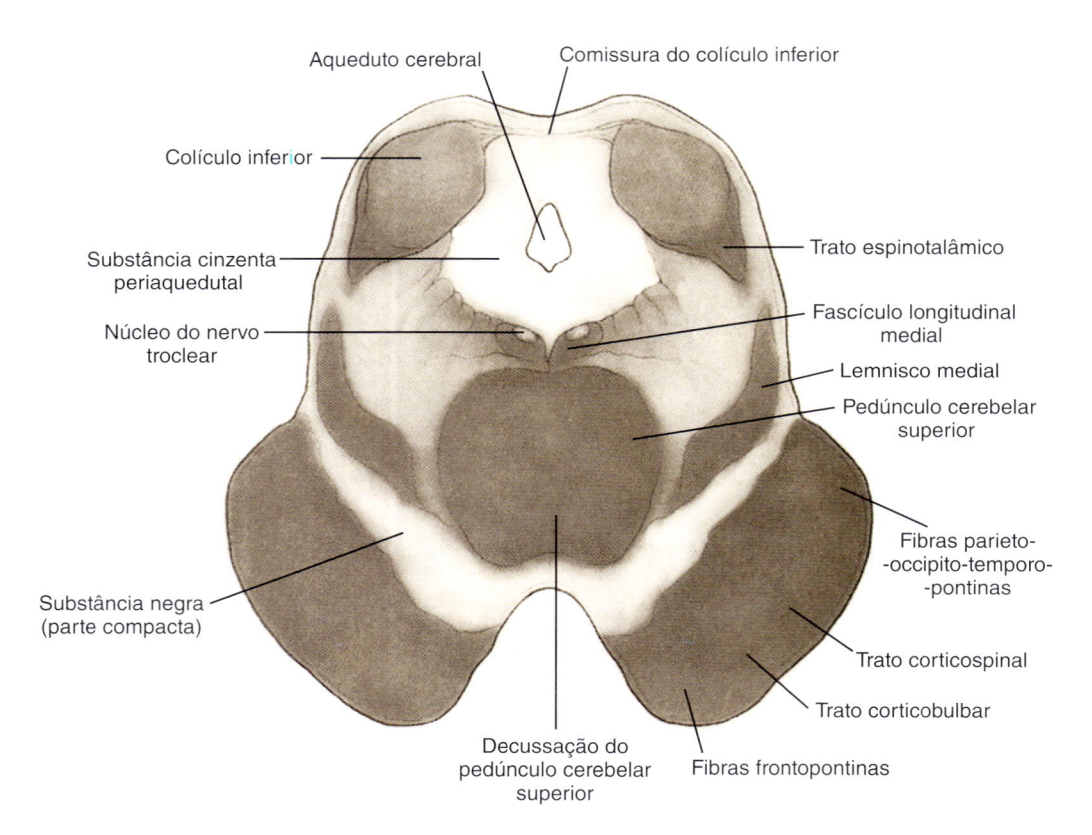

Figura D.14 Corte transversal através do mesencéfalo no nível do colículo inferior.

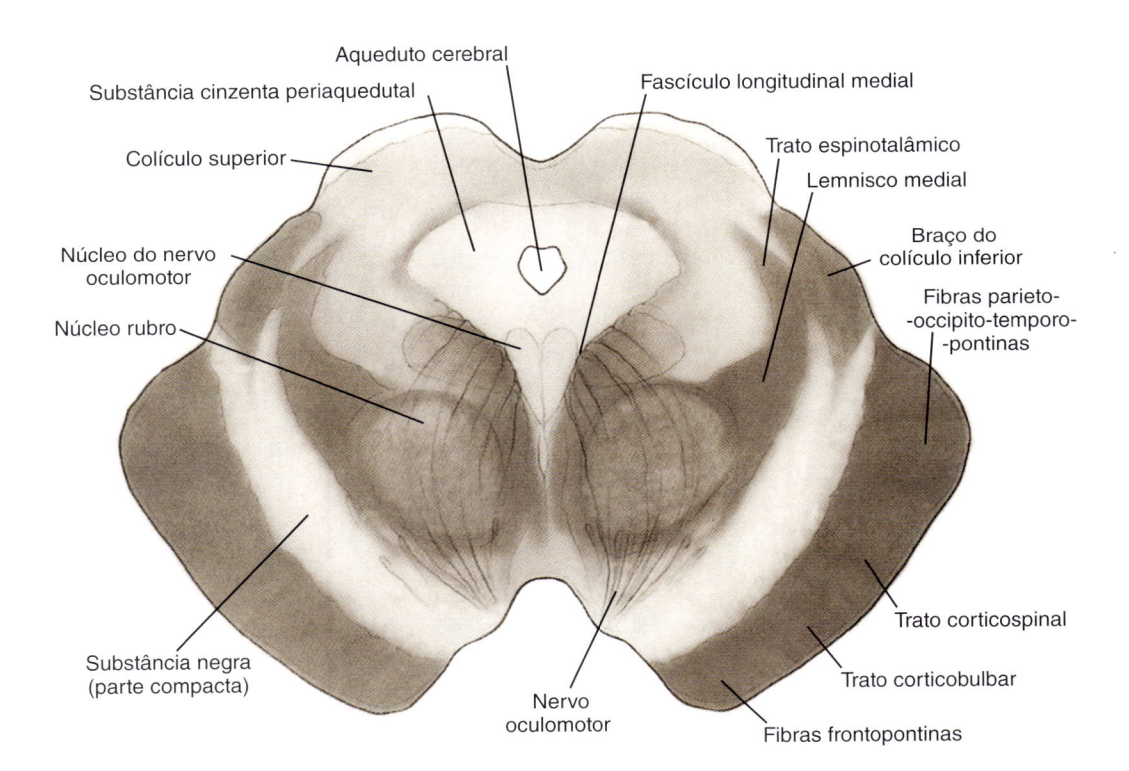

Figura D.15 Corte transversal através do mesencéfalo no nível do colículo superior.

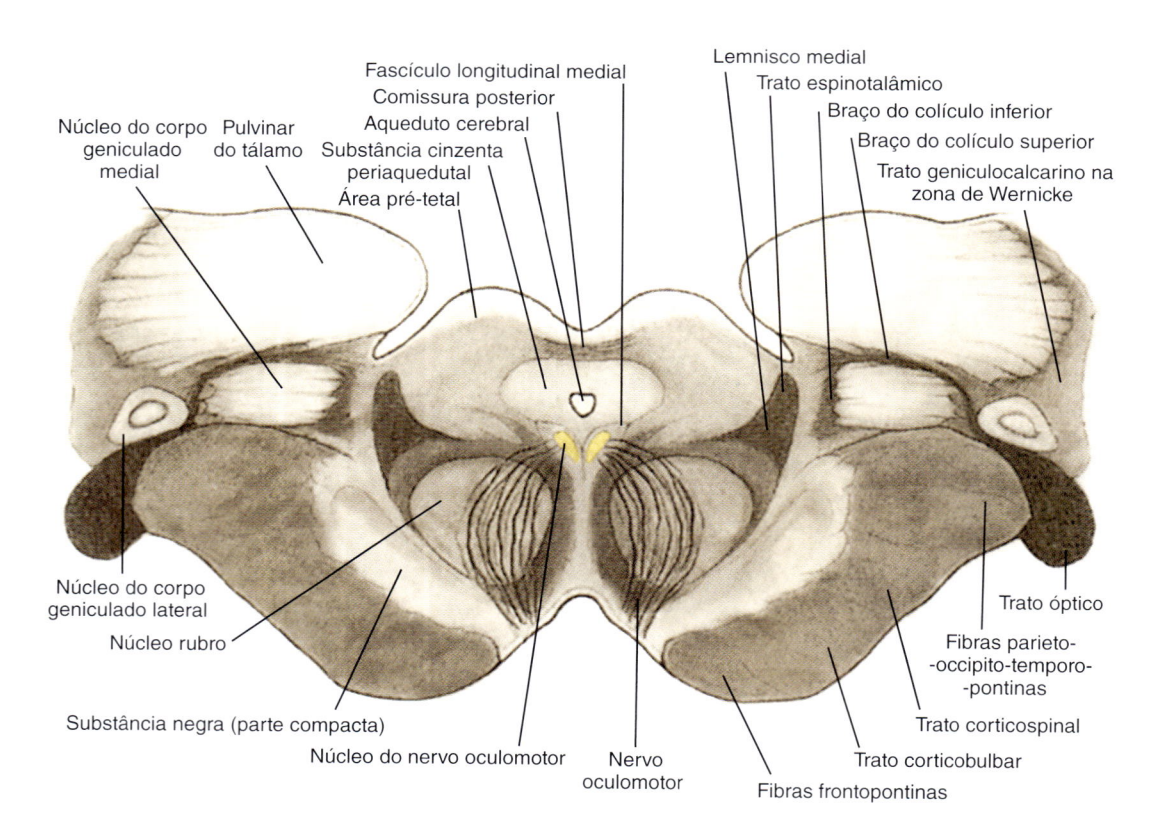

Figura D.16 Corte transversal através do mesencéfalo na região pré-tetal com sobreposição da porção posterior do tálamo.

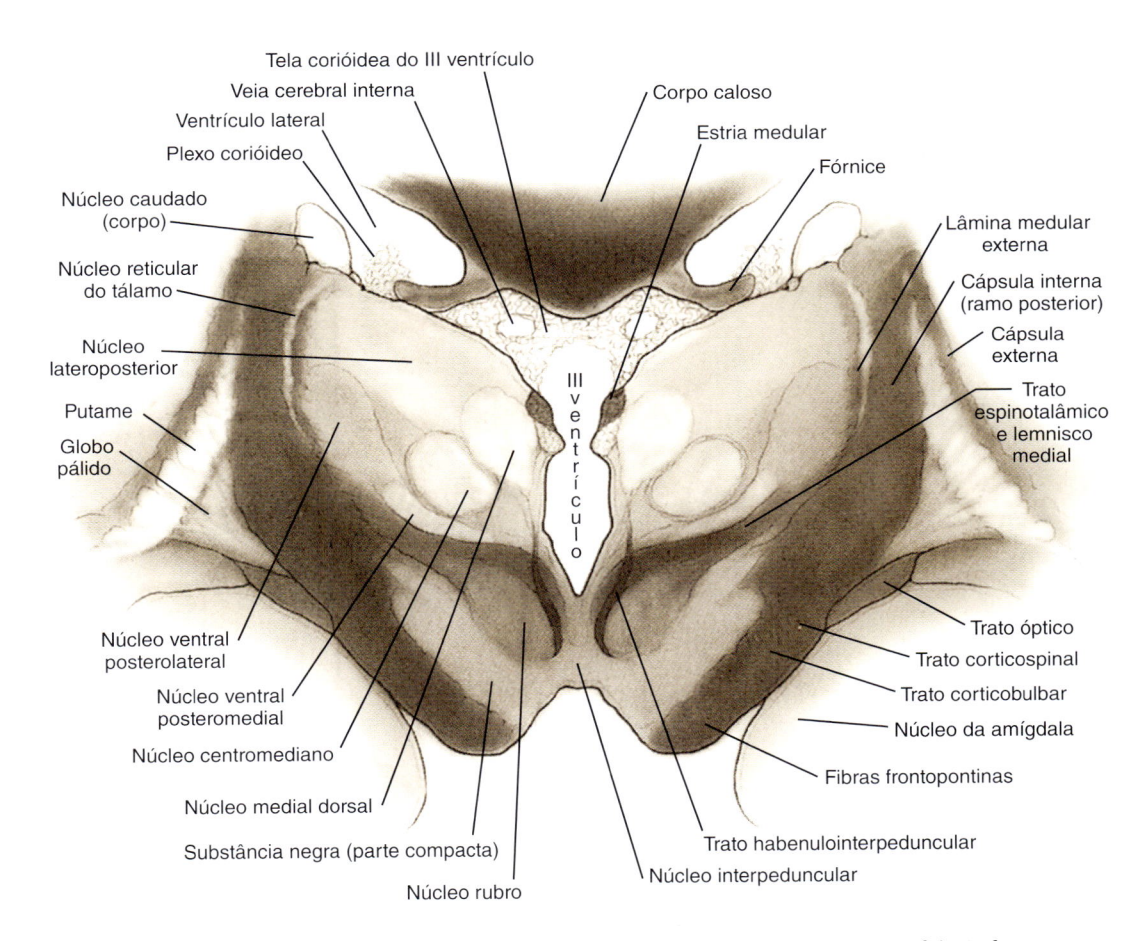

Figura D.17 Corte coronal através da porção posterior do tálamo com mesencéfalo (inferiormente) e núcleos lentiformes (lateralmente).

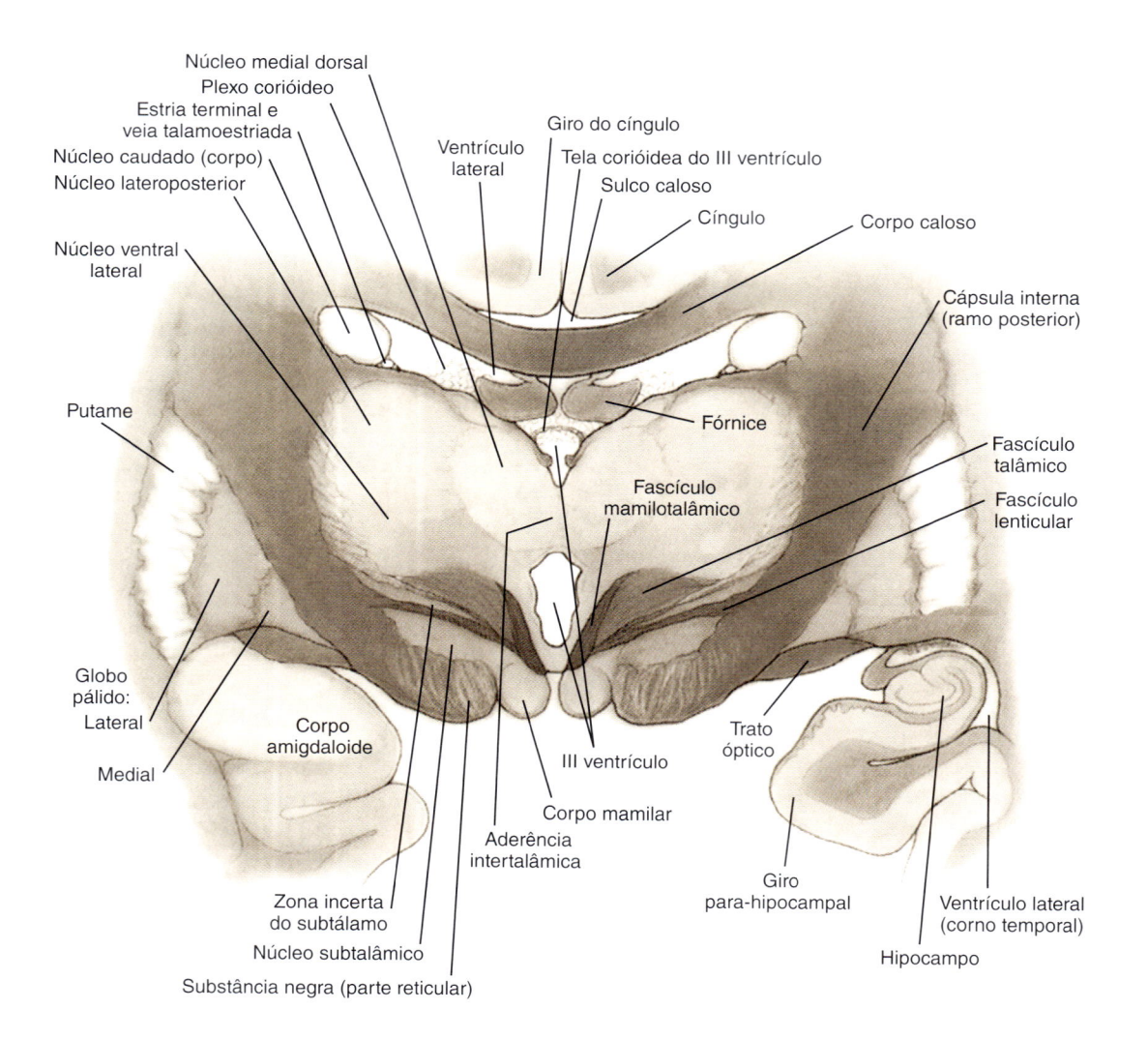

Figura D.18   Corte coronal do cérebro no nível dos corpos mamilares.

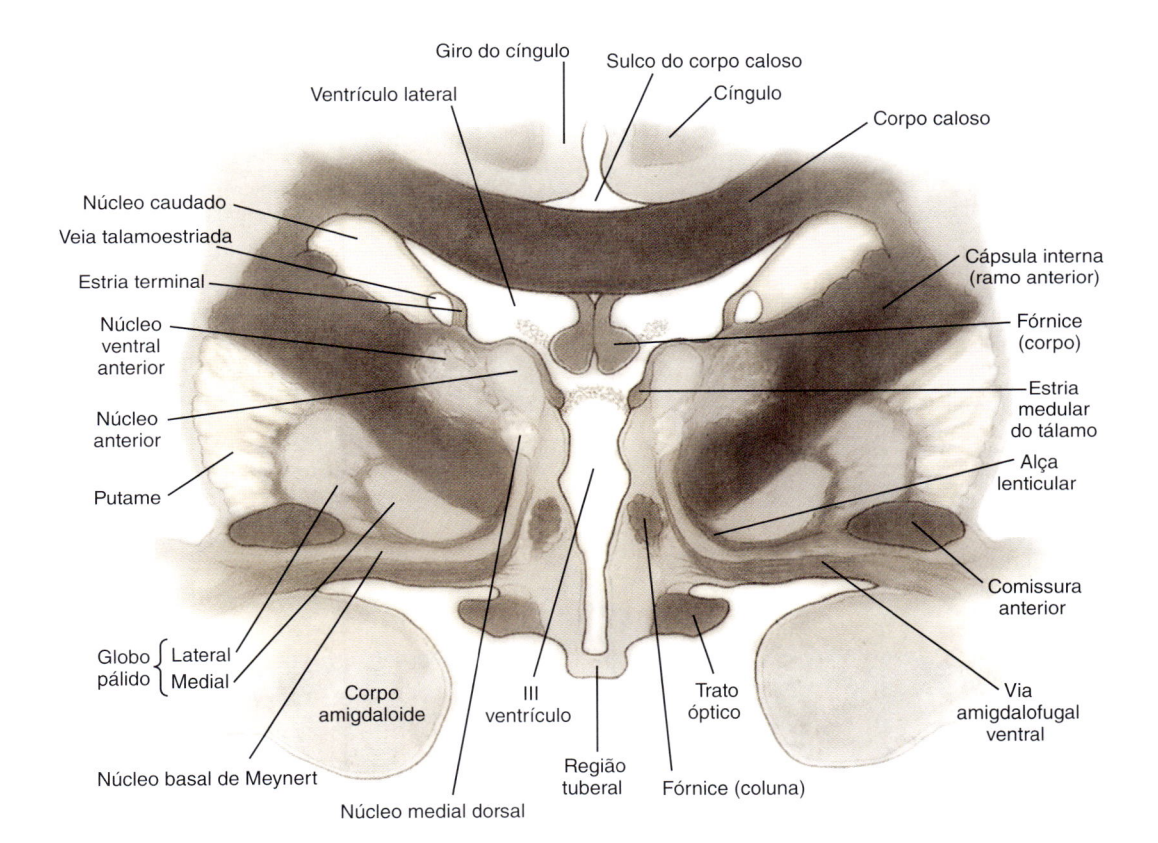

Figura D.19 Corte coronal do cérebro no nível do hipotálamo tuberal.

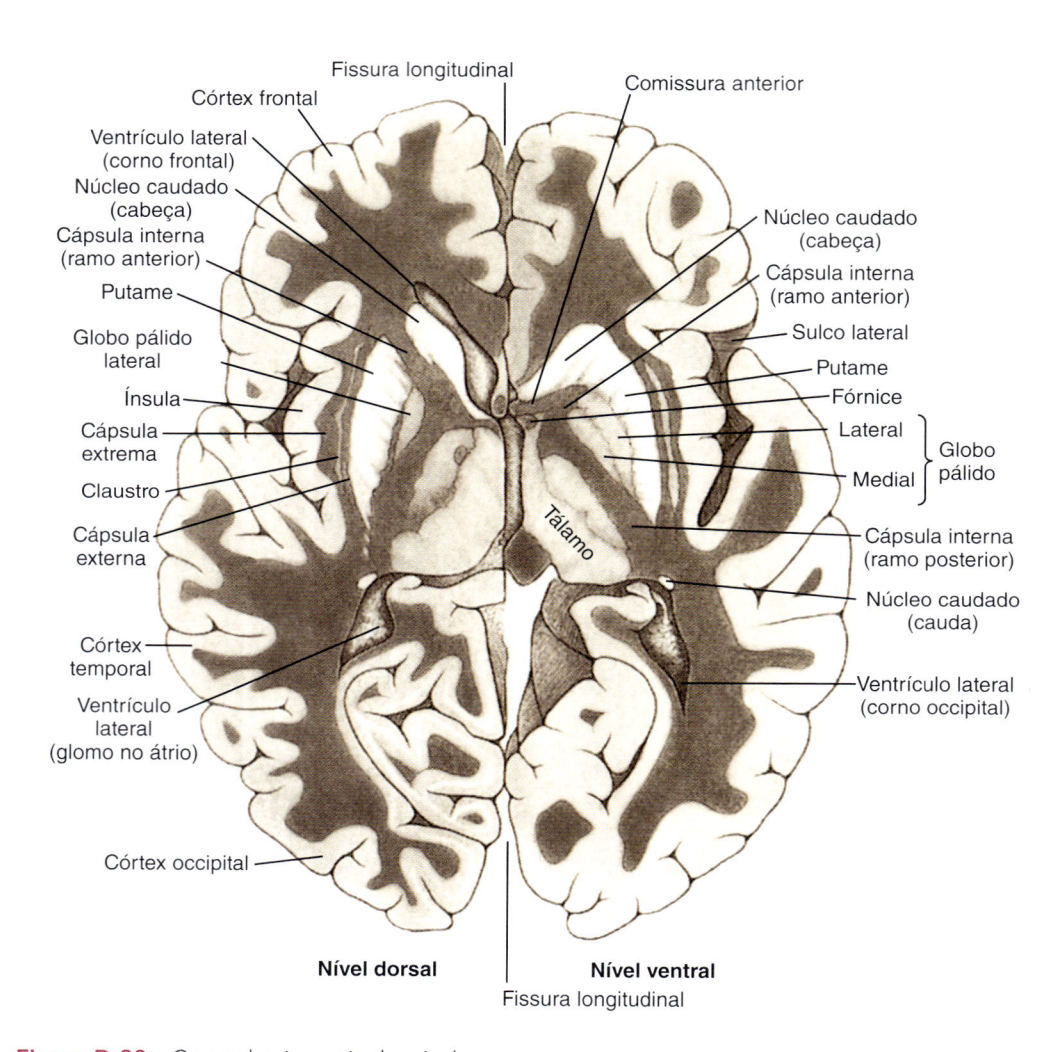

Figura D.20 Cortes horizontais do cérebro.

Índice remissivo